JOHANNES TAULER · PREDIGTEN

JOHANNES TAULER
PREDIGTEN

VOLLSTÄNDIGE AUSGABE

ÜBERTRAGEN UND HERAUSGEGEBEN
VON DR. GEORG HOFMANN

HERDER   FREIBURG · BASEL · WIEN

Alle Rechte vorbehalten — Printed in Germany

© Verlag Herder KG Freiburg im Breisgau 1961

Imprimatur: Freiburg im Breisgau, den 1. März 1961
Der Generalvikar: Föhr

Herder Druck Freiburg im Breisgau 1961

Bestellnummer 13888

VORWORT

DIE 600. WIEDERKEHR des Todestages Johannes Taulers OP läßt den Versuch, die Gesamtheit seiner Predigten und seiner wenigen auf uns gekommenen Ansprachen und Anweisungen aufs neue in die Sprache der Gegenwart zu übertragen, gerechtfertigt erscheinen. Seit der Übersetzung des Very Rev. William Elliot in die englische Sprache (1910, s. die Anmerkung im Verzeichnis der benutzten Übersetzungen), der von W. Lehmann in die deutsche (1913), der von Corin in die französische (1927, 1930, 1935) ist m. W. in unserem Jahrhundert kein solcher Versuch mehr unternommen worden.

Da eine kritische Gesamtausgabe der als echt anerkannten geistigen Hinterlassenschaft Taulers fehlt, geht auch der vorliegende Versuch von dem Handschriftenabdruck aus, den F. Vetter im Jahre 1910 erscheinen ließ. Inzwischen sind jedoch die beiden Wiener Handschriften Nr. 2744 (1924; im folgenden abgekürzt Wi 1) und Nr. 2739 (1929; Wi 2) in der kritischen Ausgabe von A.-L. Corin erschienen, und so war ihre laufende Heranziehung neben der Vetterschen Ausgabe für die Übersetzung eine Selbstverständlichkeit, ebenso wie die der Ausgaben, in denen eine größere oder kleinere Zahl von Taulers Predigten nach kritischen Gesichtspunkten erschienen (L. Naumann, J. Quint, J.-A. Bizet). Daß auch jeweils die angegebenen Übersetzungen des Gesamtwerkes wie die von Auswahlen (L. Naumann, W. Oehl, H. Kunisch, E. Strakosch) herangezogen wurden, ergab sich aus der gestellten Aufgabe.

Die Anordnung der Stücke folgt (bis auf wenige Ausnahmen, s. die vergleichende Liste der Bezifferung am Ende des Buches) der Zählung Corins, die das Kirchenjahr als Ordnungseinheit zugrunde legt. Die vom Prediger benutzten Textstellen sowie die Inhaltsangaben der einzelnen Predigten aus der bei Vetter mit S bezeichneten Abschrift K. Schmidts der verbrannten Straßburger Handschriften A 89, A 88, A 91 sind dem Beginn des Wortlauts der Predigt vorangesetzt. Nach dem Beginn dieses Wortlautes sind die Predigten im Inhaltsverzeichnis aufgeführt. Die Anmerkungen, die keine textkritischen Ziele im engeren Sinn verfolgen, sind den einzelnen Predigten beigefügt. Als Hilfsmittel sind in dem der Übersetzung vorgesetzten Verzeichnis benutzter Hilfsmittel lediglich solche angegeben, die im besonderen Umfange für die Arbeit herangezogen wurden.

Für das Jahr 1961 ist ein „Studienband", vorwiegend von Mitgliedern des Dominikanerkonvents Walberberg, zu erwarten. In ihm werden Untersuchungsergebnisse hinsichtlich der Fragen, die die Person und das Werk Taulers stellen, niedergelegt werden. Dieser Umstand erlaubt, im vorliegenden Übersetzungsband es mit einigen Hinweisen auf die Eigenart Taulerscher Gedanken und ihre Ausdrucksweise bewenden zu lassen; aus dem gleichen Grund konnten die Anmerkungen zu dieser Übersetzung ganz überwiegend auf solche philologischer Art beschränkt bleiben. Aber auch *so* nötigte deren an sich schon beträchtliche Zahl zum Verzicht auf manch erwünschten Hinweis[*].

Ohne die verständnisvolle Unterstützung der Stadt- und Universitätsbibliothek zu Frankfurt am Main, der Nassauischen Landesbibliothek zu Wiesbaden, der Bibliothek der St.-Albertus-Akademie zu Walberberg wäre diese Übersetzung kaum möglich gewesen. Den Leitern genannter Bibliotheken und deren Mitarbeitern sei herzlich gedankt. Von besonderem Wert war mir der Rat Prof. Stammlers, Prof. Wentzlaff-Eggeberts sowie der von Mitgliedern des genannten Ordenskonventes.

Niedernhausen (Taunus), 1. September 1960

Dr. Georg Hofmann

---

[*] Eine an einen weiteren Leserkreis sich wendende Auswahl von Predigten Taulers mit einer Einführung in sein Leben und Werk, ferner mit Anmerkungen, die einer Vertiefung des sachlichen Verständnisses und des religiösen Gehaltes dienen sollen, erscheint als Bändchen der Herder-Bücherei.

INHALT

---

[1] Nach Corin: 2. Predigt auf den achten Sonntag nach Dreifaltigkeit; nach Ms. S für den 10. Sonntag nach Pfingsten.
[2] Nach Hs. S: 3. Auslegung.
[3] Nach Hs. S: 15. Sonntag, wozu Corin erläutert: „nach Dreifaltigkeit".

Predigten und Ansprachen ohne bestimmten Platz im Kirchenjahr

---

[4] Um eine Verschiebung der ganzen Bezifferung zu vermeiden, wurde diese Adventspredigt, die der Abfolge des Kirchengebetes nach die gesamte Predigtreihe einleiten müßte, an diesem Platze belassen.

ZUR EINFÜHRUNG

In einer Zeit schwerster staatlicher und kirchlicher Erschütterung, der eines erbitterten Kampfes zwischen Kaiser und Papst, zwischen Rom und Avignon, erhebt Tauler seine mahnende und beschwörende Stimme. Seitdem der Orden des heiligen Dominikus besonders befähigten Predigern die Seelsorge für seine zahlreichen Frauenklöster übertragen, wanderten viele der besten Männer jenes Ordens von Frauenkloster zu Frauenkloster, in ihren Predigten und Ansprachen die Oberflächlichen beschämend, die Innerlichen bestärkend, die Zaghaften ermutigend, allen den Blick in den Grund ihrer Seele öffnend, wo die Gottesgeburt im Menschen stattfindet, allen den Blick hinaufführend zu jenem Einsinken des geschaffenen Geistes in den ungeschaffenen, jener Verschmelzung beider, die die alte Mystik mit einem schlichten und doch so bedeutungsschweren Worte als „Vergottung" bezeichnet.

Dem wohlhabenden Bürgertume Straßburgs entstammend, alemannischen Stammes wie Seuse, doch ein ganz anderer seiner eigenen Art nach, steht Tauler gleich jenem unter dem erschütternden Eindruck des Schicksals seines „minneclichen meisters", Eckhart, den, einen Sprachschöpfer seiner Zeit wie wenige, das Ringen um den ganz scharfen, den überspitzten Ausdruck zum „Ketzer wider Willen" gemacht hatte. Wohl übernimmt Tauler, den man den „Mund" der deutschen Mystik genannt hat, vieles von dem, was der verehrte Meister verkündet hatte. Aber eigener Gedanken keineswegs bar und nicht aus Furcht vor Tadel und Untersuchung, sondern aus schlichter Ergebenheit gegen Kirche und Orden, „entschärft" er die Überspitzungen Meister Eckharts, führt er Entgleisungen auf den Boden der Lehre Thomas von Aquins zurück. Wohl steigt seine Predigt kaum je zu der Höhe Eckharts. Ihn bewegt etwas anderes. Nicht hohe Gedanken tun seinen Zuhörerinnen not — sosehr manche hingerissen den Worten über das „Nichts, die stille Wüste, den Abgrund Gottes" lauschen mochte — sondern Hilfen, Fingerzeige, wie all dies Erhabene in das Leben des Alltags eingeführt werden, sich in der Rastlosigkeit täglichen Getriebes behaupten könne. Seine Achtung vor menschlicher Vernunft, die spitzfindige Unterschiede ergrübelt und sich dessen brüstet, hat durchaus Grenzen. Wichtig dagegen ist der tägliche Kampf auch im Kloster, der Untugenden im Verhalten, der Geschwätzigkeit, der mangelnden Andacht, des Hanges an Kleidung und Schmuck, ja der Faulheit ledig zu werden. Offenen Auges und eindringenden Blickes läßt Tauler seine Zuhörerinnen wissen, daß mancher Bauer und Handwerker, manche verheiratete Frau Gottes Willen dankbarer und demütiger in die Tat umgesetzt, der Gottesgeburt in ihrem Seelengrunde näher gekommen sei als manche „geistlichen liute", die nach außen hohes Ansehen genießen, in deren Grund aber kein lebendiges Wasser quillt. Fast wie ein Religionspsychologe unserer Tage spricht er von Gebet und Betrachtung, von Anfechtung und Reue, von äußerem und innerem Gebet, seine Zuhörerinnen von Unzulänglichkeit und Zerstreutheit behutsam wegführend in mystisches Erleben, hinaufführend bis dahin, wo dem Menschen die Kraft der Schilderung in Worten versagt ist. Es mag wohl sein, daß Tauler gerade diese Begrenzung schmerzte, denn seine Rede ist fließend, packend, voll des Dranges, deutlich, verständlich, anschaulich zu sein. Bilder aus dem Leben des Landmannes, des Winzers, der Jäger, des Seemanns, des Silberschürfers am Rhein zeigen, wie er sich umgesehen, wie gut er beobachtet hat. Unter seinen predigenden Zeitgenossen steht er vor uns als Mann unermüdlichen seelsorgerischen Willens, der sich und die Seinen kennt, den Schwäche und Fall nicht entmutigen. Bei ihm hat die denkerische Arbeit, Gefühlsansprechbarkeit, Willenszähigkeit zu einer beachtlichen Ausgeglichenheit seines Wesens geführt. Dies unterscheidet ihn von Stürmern wie Meister Eckhart, von einem Manne weicheren Gemütes wie Seuse.

Puer natus est nobis et filius datus est nobis
Ein Kind ist uns geboren, ein Sohn ist uns geschenkt (Is. 9, 5)

1

Diese Predigt Taulers am Weihnachtstag von den drei Geburten
ist den drei heiligen Messen des hohen Festes entnommen und
lehrt uns, wie wir die drei Kräfte unserer Seele zusammenfassen
und auf jegliches eigene Wollen, Begehren und Wirken darin
verzichten sollen.

AM HEUTIGEN TAGE gedenkt die heilige Christenheit dreier
Geburten, die jeden Christen so freuen und ergötzen müßten,
daß er ganz außer sich vor Freude in Jubel und Liebe, in Dankbarkeit und innerer Wonne aufspringen sollte. Und wer solchen
Drang nicht in sich empfindet, der soll sich ängstigen.

Die erste und oberste Geburt ist die, daß der himmlische
Vater seinen eingeborenen Sohn in göttlicher Wesenheit, doch
in Unterscheidung der Person gebiert. Die zweite Geburt, deren
man heute gedenkt, ist die mütterliche Fruchtbarkeit, die jung-
fräulicher Keuschheit in wahrhafter Lauterkeit zuteil ward.
Die dritte Geburt besteht darin, daß Gott alle Tage und zu
jeglicher Stunde in wahrer und geistiger Weise durch Gnade
und aus Liebe in einer guten Seele geboren wird. Diese drei
Geburten begeht man heute mit den drei heiligen Messen.

Die erste feiert man in dunkler Nacht, und sie beginnt mit
den Worten: „Es sprach der Herr zu mir: ‚Mein Sohn bist du,
heute habe ich dich gezeugt.'" Und diese Messe zielt auf die
verborgene Geburt, die im Dunkel der verborgenen, unbekann-

ten Gottheit geschah. Die zweite Messe fängt mit den Worten an: „Heute erstrahlt ein Licht über uns." Und sie bedeutet den Glanz der vergotteten menschlichen Natur. Diese Messe beginnt im Dunkel der Nacht und endet in der Helle des Tages, denn diese Geburt war teils bekannt, teils nicht.

Die dritte Meßfeier begeht man am lichten Tag, und ihr Eingang lautet: „Ein Kind ist uns geboren, ein Sohn ist uns geschenkt." Sie versinnbildlicht die liebreiche Geburt, die alle Tage und alle Augenblicke in einer jeglichen guten heiligen Seele geschehen soll und auch geschieht, wenn sie nur ihr Wahrnehmen und Lieben darauf wendet; denn soll sie diese Geburt in sich fühlen und ihrer gewahr werden, so muß das durch Einkehr und Umkehr aller ihrer Kräfte geschehen. In dieser Geburt wird Gott der Seele in stärkerem Maß zu eigen, gibt er sich ihr inniger hin, als es bei allem Eigentum, das sie je erwarb, geschah.

In der Heiligen Schrift lesen wir: „Ein Kind ist uns geboren, ein Sohn ist uns geschenkt"; das will sagen: er ist unser, und unser Eigen zumal, mehr denn alles, was eigen heißt, er wird zu aller Zeit, ohne Unterlaß in uns geboren. Von dieser liebreichen Geburt, auf welche die letzte der drei Messen zielt, wollen wir nun zuerst sprechen.

Wie wir dahin kommen sollen, daß diese edle Geburt in uns adlig und fruchtbringend vor sich gehe, das sollen wir an der Art der ersten väterlichen Geburt lernen, durch die der Vater seinen Sohn in Ewigkeit gebiert; denn infolge des Überflusses seiner reichen, über alles menschliche Sein weit hinausgehenden göttlichen Güte konnte er sich nicht verschließen, er mußte sich ausgießen und sich mitteilen; wie denn Boethius und St. Augustin sagen, daß es Gottes Natur und Art sei, sich auszugießen und sich mitzuteilen; und so hat der Vater sich ausgegossen beim Ausgang der göttlichen Personen und ferner an die Geschöpfe. Darum sprach St. Augustin: „Weil Gott gut ist, darum sind wir; und alles, was die Geschöpfe an Gutem besitzen, das kommt von der wesenhaften Güte Gottes allein."

Was ist es nun, das wir an der väterlichen Geburt beobachten und kennenlernen sollen? Der Vater in seiner persönlichen Eigenart kehrt mit seiner göttlichen Erkenntniskraft in sich selbst zurück und durchdringt für sich selber in klarer Einsicht den wesenhaften Abgrund seines ewigen Seins; und infolge des bloßen Erfassens seiner selbst sprach er sich gänzlich aus, und dieses Wort ist sein Sohn, und dieses Erkennen seiner selbst ist die Erzeugung seines Sohnes in der Ewigkeit: er bleibt in wesenhafter Einheit in sich selbst und strömt sich aus in Unterscheidung der Person.

So wendet er sich nach innen und erkennt sich selber und strömt sich aus in der Erzeugung seines Bildes (als seines Sohnes), das er in sich erkannt und erfaßt hat, und wendet sich wieder in sich selbst zurück in vollkommenem Wohlgefallen seiner selbst; dieses Wohlgefallen strömt als unaussprechliche Liebe aus, das ist der Heilige Geist. So bleibt Gott in sich selbst und strömt sich aus und kehrt wieder in sich zurück. Daher sind alle Ausgänge um der Wiederkehr willen; darum ist des Himmels Lauf der alleredelste und der vollkommenste, weil er recht eigentlich wieder zu seinem Ursprung und Beginn zurückkehrt, von wo er ausging; so ist auch des Menschen Lauf der edelste und vollkommenste, wenn er im eigentlichen Sinn wieder zu seinem Ursprung zurückkehrt.

Die Eigenart nun, die der himmlische Vater in seiner Einkehr und in seinem Ausgang hat, die soll auch *der* Mensch besitzen, der eine geistige Mutter dieser göttlichen Geburt in seiner Seele werden will, er soll gänzlich sich in sich kehren und dann aus sich herausgehen. Wie nämlich?

Die Seele hat drei edle Kräfte, darin ist sie ein wahres Abbild der heiligen Dreifaltigkeit: Gedächtnis, Erkenntniskraft und freien Willen, und mit deren Hilfe vermag sie Gott zu fassen und seiner teilhaft zu werden, so daß sie aufnahmefähig zu werden vermag für all das, was Gott ist und hat und geben kann, und dadurch vermag sie in die Ewigkeit zu schauen, denn die Seele ist geschaffen zwischen Zeit und Ewigkeit. Mit ihrem obersten Teil gehört sie der Ewigkeit an, mit ihrem niedersten der Zeitlichkeit, nämlich mit ihren sinnlichen, tierischen Kräften. Nun hat sich die Seele mit ihren höchsten und niedersten Kräften der Zeitlichkeit und den zeitlichen Dingen zugewandt, um der Verwandtschaft willen, welche die höchsten zu den niedersten

Kräften haben. So fällt ihr der Lauf in die sinnlichen Dinge denn sehr leicht, und sie ist geneigt, sich in ihnen zu verströmen, und so geht sie der Ewigkeit verlustig.

Fürwahr, es muß notwendigerweise ein Rücklauf geschehen, soll jene Geburt zustande kommen; es muß eine entschiedene Einkehr statthaben, ein Einholen, eine innere Vereinigung aller Kräfte, der niedrigsten wie der höchsten, eine Zusammenfassung gegenüber allen Zerstreuungen, sind doch alle Dinge vereint kräftiger denn jedes für sich allein; wie denn ein Schütze, der ein Ziel genau treffen will, ein Auge schließt, damit das andere um so genauer sehe. Wer ein Ding tief erkennen will, wendet alle seine Sinne darauf und faßt sie alle in der Seele zusammen, aus der sie entsprossen sind; so wie alle Zweige eines Baumes aus dem Stamm hervorgehen, so werden alle Kräfte der Seele, die der Sinne, des Gefühls, des Entschlusses[1] in den höchsten zusammengefaßt, in den Seelengrund, und dies ist die Einkehr.

Soll da ein Ausgehen, ja eine Erhebung außer und über sich selbst stattfinden, so müssen wir auf alles eigenwillige Wollen, Begehren und Wirken verzichten, und es soll da nur ein lauteres Gottmeinen bleiben und nichts von eigenem Sein oder Werden oder Gewinnen, sondern nur ein Ihm-Gehören und ein Raumgeben dem Höchsten und Nächsten, damit sein Werk in dir gedeihen möge, seine Geburt in dir vollzogen werden könne und von dir nicht gehindert werde. Denn wenn zwei eins werden sollen, so muß das eine sich leidend verhalten, während das andere wirkt. Soll mein Auge die Bilder an der Wand oder sonst etwas sehen, so muß es in sich ledig aller Bilder sein; denn hätte es irgendein Bild in sich von irgendeiner Farbe, so sähe es keine andere Farbe mehr; oder vernimmt das Ohr bereits einen Ton, so kann es keinen anderen aufnehmen; also: welches Ding immer aufnehmen soll, das muß jeglichen Dinges leer, ledig und los sein.

Darüber sagt Sankt Augustin: „Gieß aus, damit du erfüllt werden kannst; geh aus, auf daß du eingehen kannst." Und an

---

[1] Nach der Hs. Ge 1, die an dieser Stelle „gevuelichen und beweglichen" hat; s. Corin, Sermons I, 168, Anm. 1.

anderer Stelle: „Edle Seele, vornehmes Geschöpf, was suchst du *den* außer dir, der ganz und gar, in aller Wahrheit und ganz unverhüllt in dir ist, und was hast du noch, da du göttlicher Natur teilhaft bist, mit all den Geschöpfen zu tun und zu schaffen?" Wenn der Mensch so die Stätte, den Grund bereitet, so muß sonder allen Zweifel Gott ihn ganz und gar ausfüllen, eher bärste der Himmel und erfüllte das Leere. Viel weniger läßt Gott die Dinge leer, es wäre das ganz gegen sein Wesen und seine Gerechtigkeit.

Und darum sollst du schweigen! So kann das Wort dieser Geburt in dich gesprochen und es in dir vernommen werden. Aber gewißlich, willst du sprechen, so muß Gott schweigen. Man vermag dem Worte nicht besser als mit Schweigen und Hören zu dienen. Räumst du ihm deine Seele gänzlich ein, so erfüllt es dich ohne Zweifel ganz und gar: ebensoviel wie du ihm einräumst, so viel strömt seines Wesens in dich ein, nicht mehr und nicht weniger.

Diesen Ausgang verdeutlicht uns ein Gleichnis im 1. Buche Moses': daß Gott Abraham aus seinem Land hinausgehen, sein Geschlecht verlassen hieß, da er ihm alles Gut zeigen wollte. „Alles Gut", das ist diese göttliche Geburt, sie enthält allein alles Gut in sich; Land und Erde, die er verlassen sollte, das ist der Leib in all seinem irdischen Genügen und seiner Unordnung; unter Verwandtschaft verstehen wir die Neigungen der sinnlichen Kräfte und ihre Gestalten, die den Menschen an sich ziehen und mit sich schleppen; sie auch rufen Lieb und Leid, Freude und Trauer, Begehren und Furcht, Besorgnis und Leichtsinn hervor. Diese Neigungen sind uns gar nahe Verwandte; man soll sie recht genau beobachten, daß man ihnen gänzlich den Rücken kehre, wenn all das Gut, das jene Geburt in Wahrheit ist, erzeugt werden soll.

Ein Sprichwort sagt: „Ein im Hause erzogenes Kind ist draußen wie ein Rind." Das ist insofern wahr, als die Menschen, die nicht das Heim ihrer Neigungen verlassen haben, nicht über ihre Natur hinausgelangt sind noch über das, was die Sinne ihnen an Sehen, Hören, Fühlen, Bewegen zutragen, *die* Menschen, die dieses Heim und jegliche Stätte der natürlichen Dinge nicht verlassen haben, nicht über sie hinausgegangen sind, wie Rinder und Kälber diesen göttlichen Dingen gegenüberstehen. Ihr inwendiger Grund gleicht einem Berg aus Eisen, in den nie ein Lichtstrahl fiel. Wenn Sinnlichkeit sie beengt und Gestalten und Formen, so ist's mit ihrem Wissen und Fühlen zu Ende. Sie sind noch nicht aus sich herausgegangen, darum erfahren sie jene Geburt nicht. Von diesen sprach Christus: „Wer um meinetwillen Vater und Mutter und Hab und Gut verläßt, soll das Hundertfache dafür erhalten und das ewige Leben dazu."

Bis jetzt haben wir von der ersten und der letzten Geburt gesprochen, wie wir für diese an jener lernen sollen. Nun wollen wir auch noch auf die mittlere Geburt hinweisen, die uns lehrt, daß Gottes Sohn heute nacht von der Mutter geboren ward und unser Bruder geworden ist. Er wurde in der Ewigkeit ohne Mutter und in der Zeit ohne Vater geboren. Augustin sagt: „Maria war beglückter davon, daß Gott geistlicherweise *in* ihrer Seele geboren ward als leiblicherweise *von* ihr." Wer nun will, daß diese Geburt in seiner Seele so edel und geistlich vor sich gehe wie in Mariens Seele, der soll die Eigenschaften betrachten, die Maria besaß, die ja leiblicher- und geistlicherweise Mutter ward. Sie war eine reine Magd, eine Jungfrau, sie war verlobt, versprochen, und sie war in sich gekehrt, von allem Äußeren abgeschieden, als der Engel zu ihr kam. Und so soll auch eine geistliche Mutter dieser Gottesgeburt beschaffen sein.

Sie soll eine lautere, eine reine Magd sein. Hat sie wohl zuweilen die Lauterkeit verloren, so soll sie umkehren: dann wird sie wieder rein und jungfräulich. Sie soll eine Jungfrau sein, das heißt nach außen unfruchtbar sein, innen aber viel Frucht besitzen. Eine solche soll ihre Liebe zu den äußeren Dingen verschließen und nicht viel Umgang mit ihnen haben und nicht viel Frucht an solchen Dingen bringen. Maria hatte Empfindung nur fürs Göttliche. Inwendig aber soll eine Jungfrau viel Frucht bringen: „Die ganze Zier der Tochter des Königs ist innerlich." So soll eine Jungfrau von allem Äußeren losgelöst leben, Sitten, Sinne, Benehmen, alles soll innerlich sein; dann bringt sie viel und große Frucht: Gott selber, Gottes Sohn, Gottes Wort, das alle Dinge umfaßt und in sich trägt.

Maria war eine verlobte Jungfrau; so soll auch jegliche Jungfrau verlobt sein nach Sankt Paulus' Lehre. Du sollst deinen wandelbaren Willen in den göttlichen, unwandelbaren einsenken, damit deiner Schwachheit geholfen werde.

Maria war aber auch in sich gekehrt: so soll auch jegliche Magd Gottes in sich gekehrt sein, will sie die Gottesgeburt wirklich in sich erleben, nicht allein unter Verzicht auf zeitliche Zerstreuungen, die irgendwie schädlich erscheinen, sondern auch auf sinnliche Auffassung ihrer Tugendübungen; vielmehr soll sie Ruhe und Stille in ihrem Inneren herstellen und sich in sich verschließen, vor den Sinnen in dem Geist sich verbergen und einhüllen und sehr dem Sinnlichen entschlüpfen und in sich eine Stätte der Stille, der innerlichen Rast bereiten.

Hiervon wird man am nächsten Sonntag im Eingang der Meßfeier singen: „Mitten in dem Schweigen der Nacht, da alles in tiefster Stille lag und die Nacht ihren Lauf vollendet hatte, da, Herr, kam dein allmächtiges Wort von dem königlichen Stuhl, das ewige aus dem väterlichen Herzen." In diesem mitternächtigen Schweigen, in dem alle Dinge in tiefster Stille verharren und vollkommene Ruhe herrscht, da hört man dieses Wort Gottes in Wahrheit. Denn soll Gott sprechen, so mußt du schweigen, soll Gott eingehen, so müssen alle Dinge ihm den Platz räumen.

Als unser Herr Jesus nach Ägypten kam, stürzten alle Götzen nieder, die in dem Lande waren; das sind deine Abgötter, alles, was den wahren unmittelbaren Eingang dieser ewigen Geburt in dein Inneres hemmt, wie gut und heilig es auch scheine. Unser Herr Jesus sprach: „Ich bin gekommen, ein Schwert zu bringen, zu scheiden alles, was dem Menschen angehört, Mutter, Schwester, Bruder."[2] Denn das, womit du vertrauten Umgang pflegst, das ist dir feind. Denn das Vielerlei der Bilder, die dieses Wort in dir bedecken und verhüllen, hindert diese Geburt in dir, wenn dir diese innere Ruhe auch nicht ganz weggenommen wird. Obgleich sie nicht zu jeder Zeit in dir vorhanden sein kann, so soll sie dir dennoch die geistliche Mutter dieser Gottesgeburt

[2] Sehr freies Zitat von Matth. 10, 34.

sein. Du sollst dieses tiefe Schweigen oft und oft in dir haben und es in dir zu einer Gewohnheit werden lassen, so daß es durch Gewohnheit ein fester Besitz in dir werde; was nämlich einem geübten Menschen wie nichts erscheint, dünkt einen ungeübten ganz unmöglich: denn Gewohnheit erzeugt Geschicklichkeit.

Daß wir nun alle dieser edlen Geburt eine Stätte in uns bereiten, so daß wir wahre geistliche Mütter werden, dazu helfe uns Gott. AMEN.

Accipe puerum et matrem eius et vade in terram Israel . . .

Nimm das Kind und seine Mutter und ziehe in das Land Israel
(Matth. 2, 19)

2

*Diese Predigt aus dem Evangelium des heiligen Matthäus auf
den zwölften Abend in der Weihnachtszeit von der Furcht
Josephs und vom Tod des Archelaus lehrt uns, vorsichtig schon
im Anfang das Ende eines jeden Werkes zu bedenken, und
warnt uns vor drei Feinden, die unserer Seele nachstellen.*

DASS MAN DOCH das heilige, wonnige Wort des Evangeliums
tausendmal überläse, predigte und durchdächte! Stets fände man
eine neue Wahrheit, die von den Menschen noch nie gefunden
ward.

„Nimm das Kind und seine Mutter und kehr zurück in das
Land Israel, denn tot sind, die der Seele des Kindes nachstellten."

Es gibt überall Menschen, die, regt sich in ihnen das Streben
nach einem neuen Sein und guten Dingen, sogleich zu kühn sind
und in der Neuheit[1] dieser Geburt mit Ungestüm ihrem Streben
folgen und weder wissen noch bedenken, ob ihre Natur ihrem
Streben gewachsen und Gottes Gnade in ihnen so groß sei, daß
sie bis ans Ende ausreicht. Der Mensch sollte das Ende bedenken,
ehe er sich irgendeiner neuen Frömmigkeitsübung[2] zuwendet;

[1] Vetter 12, 27 und 13, 4 hat „innekeit". Treffender scheint mir die Lesung
der Hs. Ge 1: „iuncheit" = „Neuheit". Vgl. Corin, Sermons I, 176, Anm. 2
und App. (2) zu S. 1, 9 der Hs. Wi 2.
[2] „wise" im mhd. Text, ein sehr häufiges, in der Bedeutung verblaßtes Wort
wird hier und öfters sinngemäß wiedergegeben.

er sollte fliehen und die Neuheit seines (geistigen) Aufbruchs sogleich in Gott und auf Gott legen. So aber wollen sie davoneilen und vielerlei neue Weisen aufbringen, und in dieser Verwegenheit verdirbt gar mancher Mensch, weil er auf seine eigene Kraft[3] baut.

Als Joseph mit dem Kind und der Mutter geflohen war und ihm der Engel im Traum sagte, daß Herodes gestorben sei, hörte er sagen, daß Archelaus, des Herodes Sohn, im Lande herrsche, und fürchtete gar sehr, daß das Kind getötet würde. Herodes nun, der das Kind verfolgte und es töten wollte, das ist die Welt, die ohne Zweifel das Kind tötet und der man notgedrungen entfliehen muß und soll, will man das göttliche Kind behalten. Wenn man nun die Welt, äußerlich gesehen, geflohen hat, sei es daß man sich in eine Klause oder ins Kloster begibt, so erhebt sich Archelaus dennoch und herrscht trotz allem. Ja eine ganze Welt steht in dir auf, die du nimmer überwindest, es sei denn mit viel Übung und Fleiß und Gottes Hilfe; denn gar starke grimme Feinde, die kaum je einmal überwunden werden, hast du in dir zu überwinden.

Die Welt ficht dich an mit geistlicher Hoffart, daß du gesehen, beachtet und erhoben sein, daß du Gefallen erregen willst durch deine Kleider, deine Lebensart, durch erhabene Worte, dein Benehmen, deine Gelehrsamkeit, deine Freunde und Verwandten, durch Gut und Ehre und derlei Dinge. Der zweite Feind ist dein eigenes Fleisch; das ficht dich an mit geistiger Unkeuschheit, wie nämlich alle in Sünden sind, die sinnliche Lust genießen, in welcher Weise es auch sei. Ein jeglicher aber richte sein Augenmerk dorthin, wo in den Sinnen und sinnlichen Dingen die Sünde ihn bedroht, durch die er seine Reinheit verliert; das kann auch geschehen durch die Hinneigung zu den Geschöpfen, welcher Art sie auch seien, die da mit freiem Willen Tag und Nacht im Herzen gehegt wird. Und so wie die irdische Natur den Leib zur Unkeuschheit verleitet, so führt die innere Unkeuschheit die edle lautere Reinheit des Geistes mit sich fort; und soviel edler der Geist als das Fleisch ist, ebensoviel ist auch

---

[3] Vetter 13,6 hat „gemach". Hier ist die Lesung der Hs. Wi 2, S. 2,7 [Corin] und die der Hs. Ge 1 vorzuziehen: „macht".

die Sünde [des Geistes] schädlicher und besorgniserregender als die des Leibes[4].

Der dritte Feind ficht dich an mit Boshaftigkeit, mit bitteren Erinnerungen, mit Argwohn, bösem Urteil, mit Haß- und Rachegefühlen. Du sprichst: „Da hat man mir das getan und jenes gesagt", und zeigst du dann ein ärgerliches Gesicht, betrübte Gebärden und läßt bittere Worte hören und willst das mit Wort und Werk an denen, die dich kränkten, rechtfertigen, so wisse: dies alles ist ohne jeden Zweifel des Feindes Saat und sein Werk.

Willst du jemals Gott teuer werden, so mußt du dem allem entfliehen, denn das ist so recht Archelaus, der Böse. Fürchte dich und sieh dich vor, denn dies ist's, was dir das Kind töten will.

Joseph aber forschte eifrig, ob nicht noch jemand sei, der dem Kinde nach dem Leben trachte. Wenn also jene Gefahr in Wahrheit überwunden ist, so sind noch tausend Stricke, mußt du wissen, die du zerreißen mußt, die aber niemand erkennt als der, welcher zu sich selbst und in sich selbst gekehrt ist. „Joseph" bedeutet ein eifriges Wachstum[5] im göttlichen Leben und ein emsiges[6] Zunehmen. Wahrlich, dies heißt Sorge tragen für das Kind und auch für die Mutter.

Dieser Joseph ward von dem Engel angetrieben und wieder berufen in das Land Israel. Israel bedeutet ein Land göttlichen Schauens. Hier gehen manche Menschen, die für die Ewigkeit bestimmt scheinen, zugrunde, daran, daß sie die mannigfachen Stricke zerreißen wollen, ehe Gott selbst sie löst und bevor sie von dem Engel befreit oder angetrieben werden, und dann fallen sie in schreckliche Irrungen; sie wollen sich frei machen mit Hilfe ihrer geschickten Vernunft, ehe denn Gott sie befreit, und wollen mit erhabenen Worten und von erhabenen Dingen über die Dreifaltigkeit betrachten und reden können. Welch ein Jammer

---

[4] AT und KT [s. Lesarten zu Corin, Wi 2 S. 4,7] geben durch Interpolation der Stelle einen anderen Sinn. Die Übersetzung ist unter Heranziehung der genannten Lesarten vorgenommen.

[5] Nach einer Korrektur gemäß der Lesart bei Corin, Wi 2, App. (1) zu S. 6, 2.

[6] Lesart der Drucke LT, AT, KT gegenüber Vetters Leseweise; vgl. App. (2) zu Corin, Wi 2, S. 6, 2.

und welche Verirrung daraus schon entstanden ist und noch täglich entsteht, das zu wissen ist schmerzlich; denn sie wollen die Stricke des Gefängnisses der Finsternis von Ägypten nicht dulden, und „Ägypten" bedeutet soviel wie „Finsternis". Und doch, wißt, alle Geschöpfe, die Gott je ins Leben rief, können dich nicht befreien noch dir helfen, nur Gott allein: Durchlaufe, durchsuche, durchjage die ganze Welt, diese Hilfe findest du bei niemandem als bei Gott. Will Gott sich eines Werkzeuges dazu bedienen, durch das er das wirkt, es sei Engel oder Mensch, so kann er dies tun, aber *er* muß es tun und sonst niemand anders. Darum suche es von innen im Grunde und laß dein Laufen und Suchen draußen sein und schicke dich in Geduld und lasse dich und bleib da in dem Ägypterland im Dunkel, bis du von dem Engel hinausgeführt wirst.

Joseph ward im Schlaf angetrieben. Wer schläft, sündigt nicht, auch sogar dann nicht, wenn ihm etwas Böses in den Sinn käme, es sei denn, daß der Mensch zuvor selbst Ursache gegeben hätte. So soll der Mensch in einem wahren Schlaf liegen allen äußeren Leiden und Prüfungen gegenüber, die an ihn herantreten können, und soll nur in gelassener Geduld sich demütig unter Gott beugen und leiden, wie wenn er im Schlaf läge, und sich nicht darum kümmern. Da lasse dich denn, und leide es zu Ende, besser kannst du seiner nicht ledig werden, und bleib ohne Sünde. In diesem Schlaf wirst du hinausgeführt, doch nur in wahrem Lassen und Leiden, so wie es Joseph geschah.

Solch ein Joseph[7] sollten die Prälaten der heiligen Kirche sein: Papst und Bischöfe, Äbte, Prioren und Priorinnen und auch jeder Beichtvater; sie sollten aller dieser Menschen Hüter sein, während der Mensch noch jung ist, ein jeglicher wie es seinem Untergebenen nützlich ist. Wir haben ja nun viele Hüter, viele Vorgesetzte. Ich habe einen Prior, einen Provinzial, einen Ordensmeister, einen Papst, einen Bischof, die alle meine Vorgesetzten sind, und wollten sie alle übel mit mir verfahren, daß sie Wölfen gleich mich beißen wollten, so wollte ich in wahrer Gelassenheit mich unterordnen und leiden. Wollten sie freund-

---

[7] „Dieser Hüter", gestrichen nach Corin, Wi 2, S. 8, 9.

lich und gütig zu mir sein, das sollte ich annehmen; wenn sie aber mir Schaden anfügen wollten, und wären ihrer hundertmal soviel, das sollte ich leiden und in Gelassenheit hinnehmen.

Joseph nun fürchtete sich, obgleich ihm der Engel gesagt hatte, daß die tot seien, die des Kindes Seele nachstellten. Da forschte er eifrig nach, wer im Lande herrsche. Darin irren nun etliche[8] Menschen und wollen jede Furcht ablegen. Und du sollst niemals die Furcht ablegen, solange du auf Erden lebst. „Timor sanctus permanet in saeculum saeculi — Die Furcht des Herrn bleibt bis ans Ende der Welt." Selbst wenn der Engel zu dir spräche, selbst dann noch sollst du dich fürchten und eifrig dem nachforschen, was in dir herrsche, ob etwa Archelaus da irgendwo Gewalt habe.

Dieser Joseph nun nahm das Kind und seine Mutter. Unter dem Kind soll man verstehen vollkommene Lauterkeit. Der Mensch soll sich unbefleckt halten von allen vergänglichen Dingen[9], er soll auch klein sein in unterwürfiger Demut. Unter der Mutter soll man wahre Liebe zu Gott verstehen, denn Liebe ist die Mutter reiner Demut, der Verkleinerung des Menschen selbst in Unterwerfung unter Gottes Willen in großer Lauterkeit. Noch ist der Mensch jung und soll das Land der Beschauung noch nicht nach Gutdünken betreten; wohl vermag er Vergebung dort finden und wieder in das Land Ägypten zurückkehren. Mag er immer dort bleiben, solange er noch jung ist und nicht zu einem vollkommenen Manne durch die Waffen unseres Herrn Jesus Christus herangereift ist. Der hat uns alle Dinge in seinem Leben wohl gelehrt; derart, daß, wenn Gottes Wort uns nicht zu hören vergönnt ist, wir in seinem Leben alles finden. Er kam nach Jerusalem, als er zwölf Jahre alt war, blieb aber dort nicht, er entfloh, denn er war noch nicht herangewachsen; er entfloh, bis er ein reifer Mann geworden war; als er dreißig Jahre alt geworden war, kam er täglich nach Jerusalem und schalt und

[8] Nach den Drucken LT, AT, KT: „etliche"; das bei Corin, Wi 2, S. 9, 11 und bei Vetter 15, 15 stehende „sulche, soliche" gibt zu Irrtum Anlaß: es bezieht sich nicht auf Joseph, von dem unmittelbar zuvor die Rede ist.

[9] Nach der Lesart der Drucke LT, AT, KT bzw. LT, AT; s. Lesarten zu S. 10, 7 bei Corin, Wi 2.

wies die Juden zurecht und nannte ihnen ihre Fehler und lehrte sie gar herrlich die Wahrheit und predigte da und unterwies sie und lebte in dem Lande und weilte dort, wo er wollte, zu Kapharnaum, zu Galiläa und zu Nazareth und in ganz Juda, wie ein Herr, und wirkte Zeichen und Wunder.

Ganz ebenso soll der Mensch tun: er soll in dem edlen Lande, dem Lande des Herrn, sich nicht zum Aufenthalte niederlassen; er kann darin wandeln und soll wieder fliehen, solange er noch nicht voll erwachsen und noch jung und unvollkommen ist. Wenn er aber dieses Ziel erreicht und ein Mann geworden ist, dann soll er in das Land Juda einkehren. Juda, das bedeutet: Bekenntnis zu Gott. In dem wahren Frieden dann, zu Jerusalem, da kannst du lehren und zurechtweisen und dann nach Galiläa fahren; das ist eine Überfahrt; hier sind alle Dinge überwunden, und die Grenze ist überschritten, und dann kommt man zu Nazareth in den wahren Blütengarten, da springen die Knospen des ewigen Lebens auf, da ist wahres, sicheres, gewisses Vorgefühl des ewigen Lebens; da ist ganze Sicherheit, unaussprechlicher Friede, unaussprechliche Freude und Ruhe. Aber dahin kommen nur die, welche sich lassen und in Geduld schicken und in ihrem Begehren so lange beherrschen, bis Gott sie weiterführt; und die nicht nach ihrem eigenen Willen ausbrechen, die kommen in diesen Frieden und in diesen Blütengarten zu Nazareth und finden dort, was sie ewig genießen werden.

Daß uns allen dies zuteil werde, dazu helfe uns der liebreiche Gott. AMEN.

Ubi est qui natus est rex Iudaeorum?
Wo ist der neugeborene König der Juden? (Matth. 2, 2)

3

Diese Predigt auf das Evangelium des heiligen Matthäus vom zwölften Tage (der Weihnachtszeit) von den Drei Königen lehrt, wie man die Geburt Gottes [in der Seele] suchen soll und finden muß im Licht der göttlichen Gnade unter Verlöschen des natürlichen Lichtes durch Beharrlichkeit im Verlangen.

„WO IST DER NEUGEBORENE KÖNIG der Juden? Wir wollen ihn anbeten und ihn durch Darbringung von Myrrhe, Weihrauch und Gold ehren."

Die Seele erkennt wohl, daß Gott ist, sogar mit dem natürlichen Licht der Vernunft, aber wer er ist oder wo, das ist ihr gänzlich unbekannt und verborgen, und davon weiß sie gar nichts. Da aber erhebt sich in ihr ein liebevolles Verlangen, und sie sucht und fragt eifrig und wüßte gar gerne um ihren so verdeckten und verborgenen Gott.

In diesem aufmerksamen Bemühen geht ihr ein Stern auf, ein Schein und Glanz göttlicher Gnade, ein göttliches Licht; sieh, dieser, spricht das Licht, ist jetzt geboren, und weist die Seele auf den Ort der Geburt (Gottes) hin. Denn dahin, wo er ist, kann kein natürliches Licht hinführen. Manche Leute nun wollen mit dem Lichte ihrer natürlichen Vernunft diese Geburt ergründen, aber sie müssen alle Hoffnung fahrenlassen und verderben; aus ihrem Bemühen wird nichts. Diese Geburt kann so nicht gefunden werden; denn dasselbe Licht, das von dieser Geburt

Kunde brachte, muß auch über ihre Art und ihren Ort unterweisen. Diese Toren freilich können und wollen nicht warten, bis ihnen das Licht leuchtet, in dessen Schein jene Geburt gefunden wird, sondern sie ergießen sich nach außen und wollen sie mit der Kraft ihres natürlichen Lichtes finden; aber das ist unmöglich: sie müssen die Zeit abwarten: die ist noch nicht gekommen.

Das Begehren aber läßt ihnen keine Ruhe und wird in manchem so stark, daß es durch Fleisch und Blut und sogar durch Mark und Bein dringt; denn was die Natur nur zu leisten vermag, muß aufgewandt werden, soll dieses Verlangen gestillt und diese Geburt in Wahrheit gefunden werden. Alles nur natürliche Licht läßt sie dich nicht finden.

Drei Dinge sind hier zu beachten: das, was sucht, das ist das Begehren; dann die Art des Suchens; endlich das Finden der Geburt. Und (auch) hier (im Menschen) sind drei Dinge (zu unterscheiden): das eine haftet der Natur an, in Fleisch und Blut, wie die leiblichen Sinne und das leibliche Begehren, das andere ist die Vernunft; das dritte[1] ist eine reine unvermischte Seelensubstanz; die sind alle einander ungleich und empfinden auch ungleich, ein jegliches auf seine Art und Weise. Das Sonnenlicht ist in sich selbst einfach; aber in verschiedenfarbigem Glase wird es verschieden aufgefangen: ein Glas ist schwarz, ein anderes gelb, ein drittes weiß. Bei dem schwarzen mag man denken an das Vermögen der Sinne, bei dem gelben an die Vernunft und bei dem weißen an den lauteren bloßen Geist. Sobald nun das Vermögen der Sinne Helligkeit in die Vernunft bringt und diese in den Geist, wird das schwarze Glas gelb und das gelbe weiß, und es entsteht eine lautere Einfachheit, in der dieses Licht allein leuchtet und nirgendwo anders; und wird dieses Licht recht in Wahrheit aufgenommen, so fallen alle Bilder, Formen und Gleichnisse ab, und es zeigt sich allein die Geburt in der Wahrheit. Der Himmel zeigt jetzt seine natürliche Dunkelheit. Verwandelte er sich nun in gänzlich lauteren klaren Sonnenschein, so könnte keiner mehr des anderen Gestalt wegen des Glanzes

---

[1] Nämlich der „Seelengrund", wie Wyser, a. a. O. S. 211 noch hinzufügt.

der Sonne wahrnehmen. Und wenn dieser Glanz in der Seele leuchtet, so verschwinden alle Bilder und Formen; und wo dieses göttliche Licht sich zeigen soll, muß das natürliche Licht untergehen und verlöschen. Denn der Stern, der den Königen die Geburt anzeigte, war kein natürlicher Stern wie andere. Er stand auch nicht am Himmel auf natürliche Art wie andere.

Die Sinne nehmen (zwar) die Abbilder von den natürlichen Dingen auf, und doch sind diese viel edler in den Sinnen, als die Dinge an sich selbst sind. Das schwarze Glas bedeutet die Sinne; dann kommt die Vernunft und entkleidet die sinnlichen Bilder dessen, was sie zu sinnlichen Bildern macht, und hebt sie auf die Stufe der Vernunft; so wird das Glas gelb. Sobald die Vernunft ihres eigenen Wesens verlustig geht und ihre eigene Art verleugnet und sich in den lauteren bloßen Geist wandelt, wird das Glas weiß, da leuchtet dieser Stern ganz allein. Und hierauf zielt aller Menschen Leben überhaupt gänzlich, und die drei Stufen entsprechen den drei Opfern, welche die Könige hier darbrachten.

Die Könige opferten Myrrhe, Weihrauch und Gold. Denke zum ersten an die Myrrhe. Die ist bitter und bedeutet die Bitterkeit, die dazu gehört, daß der Mensch Gott finde, wenn er zum ersten Male sich von der Welt zu Gott hinwendet, ehe er noch alle Lüste und alle Befriedigung verbannt hat. Denn all das, was der Mensch mit Lust besessen hat, muß notwendigerweise heraus.

Das ist zuerst gar bitter und beschwerlich. Alle die Dinge müssen dir in demselben Maße bitter werden, wie die Lust an ihrem Besitz war; das muß stets so sein. Dazu gehört hoher Sinn und großer Eifer. Je größer die Lust war, um so bitterer ist auch die Myrrhe, und sie ist wahrlich gar bitter.

Nun könnte jemand sagen: wie vermag der Mensch, während er auf Erden lebt, ohne Befriedigung (seiner Bedürfnisse) zu sein? Mich hungert, und ich esse; mich dürstet, ich trinke; ich bin müde und schlafe; mich friert, und ich wärme mich. Fürwahr, dies kann mir nicht geschehen, daß mir dies bitter sei und ich ohne Befriedigung meiner Natur bleiben soll; das bringe ich nicht zuwege, soweit Natur Natur ist. Aber diese Befriedigung soll nicht in dein Inneres dringen und dort keine Stätte haben; sie soll zwischen dem Tun einhergehen und keine bleibende Statt haben, dieses Begehren soll nicht zur Begierde werden, sondern rasch dahinfließen, und nicht wie im eigenen Besitz schalten, daß man etwa mit Befriedigung oder Lust dort raste; nein, laß rasch dahinfahren alle Hinneigung, die du in dir zur Welt und den Geschöpfen findest. Da heißt es Natur durch Natur töten und überwinden, ja die Befriedigung, die du im Verkehr mit den Gottesfreunden und guten Menschen empfindest, dies und alles, wodurch du dich hingezogen fühlst, das mußt du überwinden, so lange, bis Herodes und all sein Gesinde, die des Kindes Seele nachstellen, in dir wirklich und wahrhaft gestorben sind. Darum betrüge dich nicht selbst, schau sorgfältig nach, wie es um dich steht, und sei nicht zu frei.

Aber noch eine andere Myrrhe gibt es, deren Bitterkeit die der ersten weit übersteigt; es ist die, welche Gott gibt, es sind die Leiden, welcher Art sie auch seien, innere oder äußere, O wer doch diese Myrrhe in Liebe und aus dem Grunde heraus, aus dem Gott sie gibt, annähme, welch ein herrliches Leben blühte da in solchem Menschen auf. Welch eine Freude, welch ein Friede, welch edles Ding wäre das doch! Ja, das kleinste wie das größte Leiden, das Gott dir jemals schickte, das gibt er dir aus dem Grunde seiner unaussprechlichen und aus einer ebenso großen Liebe, wie die höchste und beste Gabe, die er dir geben könnte oder je gegeben hat; könntest du sie doch annehmen, es wäre dir so nützlich. Ja, alles Leiden, das kleinste Haar, das je von deinem Haupte fiel und dessen du nicht achtetest, von dem unser Herr sprach, daß sogar ein Haar nicht ungezählt bleiben solle, alles Leiden, so klein es auch immer sei, das auf dich fällt, Gott hat es von Ewigkeit her angeschaut und geliebt und im Sinn gehabt und so es dir gesandt. Wenn dir ein Finger weh tut, wenn dich der Kopf schmerzt, du an den Füßen frierst, dich hungert oder dürstet, wenn man dich betrübt mit Wort oder Tat, oder was immer dich verdrießt, so daß du darunter leidest[2], das wirkt alles an

[2] Nach der Hs. Wi 2 (Corins Ausg.), Anm. 1 zu S. 23,2, die „gewerren" hat, und dem LT.

dir oder dient zu deiner edlen, freudevollen Wesensgestaltung. Es ist alles von Gott so geordnet, wie es dir werden soll, es ist gemessen, gewogen und gezählt, und es kann nicht weniger noch anders sein. Daß ich mein Auge im Kopf habe, das ist von Ewigkeit her von Gott, dem himmlischen Vater, so vorgesehen; verliere ich es und werde ich blind oder auch taub, so hat auch dies der himmlische Vater von Ewigkeit her vorgesehen, daß es so kommen sollte, und einen ewigen Ratschluß darum gefaßt, und ich habe es nach seinem ewigen Ratschluß verloren. Soll ich da nicht meine inneren Augen und Ohren öffnen und meinem Gott dafür danken, daß er seinen ewigen Rat an mir geschehen ließ? Sollte mir das leid sein? Es sollte mir vielmehr zu gar großem Dank Anlaß geben. So ist's mit dem Verlust von Freunden oder von Gut oder Ehren oder Trost, oder was Gott dir immer schickt, dies alles formt dich und dient dir zu wahrem Frieden, wenn du es nur so aufnehmen kannst. Manche sagen: „Herr, es geht mir schlecht, und ich leide gar sehr": da sage ich, ihnen geschehe (nur) gut. Sie sagen: „Nein Herr, ich habe es verdient, ich habe sündhafte Vorstellungen in mir gehegt." Laß dich's nicht anfechten, liebes Kind, ob verdient oder nicht, wenn doch das Leiden von Gott ist, danke ihm; füge dich und überlasse dich seinem göttlichen Willen.

All die Myrrhe, die Gott den Menschen zu kosten gibt, die besteht zu Recht; denn er will sie durch Leiden zu großen Dingen führen. So hat er alle Dinge dem Menschen zur Mühsal gesetzt; ebensowohl und ebensoleicht hätte Gott das Brot wachsen lassen können wie das Korn, nur daß der Mensch sich in allen Dingen üben soll; jeglich Ding hat er in ewiger Voraussicht so geordnet und vorhergesehen. So sieht der Maler niemals in seinem Sinn voraus, wie er einen jeglichen Strich an dem Bild zeichnen solle, wie kurz oder lang oder breit, wie es denn nicht anders sein darf, soll das Bild eine meisterliche Form erhalten, wo er die rote oder blaue Farbe anwenden solle, so wie Gott es tut, der tausendmal mehr darauf aus ist, den Menschen mit manchem Leid und manchem Farbenstrich *die* Form gewinnen zu lassen, in der er ihm am meisten gefällt, sofern er nur diese Gaben und diese Myrrhen recht aufnimmt.

Indessen lassen sich etliche Menschen nicht an der Myrrhe genug sein, die Gott ihnen gibt, sie wollen noch mehr der Bitterkeiten auf sich laden, und so schmerzt sie der Kopf, und sie erzeugen Vorstellungen von geringem Werte und haben lang und viel gelitten und behandeln die Dinge nicht richtig, und es entsteht wenig Gnade daraus, und sie kommen nicht voran, denn sie beharren auf ihrem eigenen Willen, es sei nun in Bußübung oder Abstinenz, in Gebet oder Andacht, immer muß Gott auf ihre Bereitwilligkeit warten, bis sie das Ihre tun; daraus wird nichts. Gott ist mit sich zu Rat gegangen, daß er nur seine eigenen Werke belohne; im Himmelreich krönt er nur seine Werke, nicht die deinen. Von dem, was nicht *er* in dir wirkt, hält er nichts.

Nun gibt es auch eine gar bittere Myrrhe, die Gott kosten läßt: inwendige Bedrängnis und Finsternis; wer diese verkostet und sich darein fügt, dem verzehrt es Fleisch und Blut und die Natur und wandelt sein Aussehen mehr als äußere Übungen; denn Gott kommt mit furchtbaren Versuchungen und auf seltsame, eigene Weisen, die niemand kennenlernt, außer der sie erlebt. Bei solchen Menschen findet man oft erstaunliche Leiden, seltsame Bitterkeiten, daß kaum jemand sich damit zurechtfinden kann; Gott aber weiß wohl, wo hinaus er mit ihnen will[3]. Daß man das überdies nicht wahrnimmt, aus welcher Liebe heraus Gott die Bitterkeiten schickt, das ist besonders schädlich; den daraus entstehenden Schaden vermag niemand in angemessener Weise zu beklagen. Und läßt man solches Leiden in Trägheit und Unachtsamkeit hingehen und wird nichts daraus, so sagen solche zudem: „Herr, ich bin so trocken und so finster im Innern." Liebes Kind, dem unterwirf dich, dann bist du viel besser dran, als wenn du viel in dir fühltest.

Dieser Myrrhe nun wird auf zweierlei Weise widerstanden[4]: mit den Sinnen und mit der Vernunft. Die äußere Bitterkeit wird von den Sinnen abgelehnt, derart, daß solche Leute so

[3] Nach Strauchs Vorschlag, gem. Hs. Be 11, a. a. O. zu Vetters Ausgabe S. 19, 11.
[4] Nach Corins Vorschlag zu seiner Ausgabe der Hs. Wi 2, Anm. (1) zu S. 28, 6.

klug sein wollen und sich einbilden, sie könnten das Leiden mit ihrer Weisheit von sich abwenden, und sie schreiben die äußeren Schicksale dem Glück und Unglück zu und wähnen immerfort, *sie* hätten sich wohl besser vor dem Leiden bewahrt. Wäre es so und so gewesen, dann wäre es gut gegangen, und das Leiden wäre abgewandt worden. Sie wollen gescheiter sein als Gott, wollen ihn lehren und meistern und verstehen nicht, die Dinge von ihm anzunehmen: sie haben davon gar schwere Leiden, und ihre Myrrhe kommt sie gar bitter an.

Die andern widerstehen dem inneren Leid gegenüber auf eine natürlich geschickte Art, sie befreien sich aus dieser Bedrängnis; und zwar durch Vorstellungen ihrer Vernunft.

Oft kommen einfache schlichte Menschen rascher vorwärts als sie mit ihren vernünftigen großen Dingen; denn die einfachen Menschen folgen Gott auf eine schlichte Art; sie kennen es nicht anders. In Wahrheit indessen: folgten die vernünftigen Leute Gott und überließen sich ihm allein, sie kämen viel herrlicher und wonniglicher zu Gott, denn ihre Klugheit dient ihnen gar herrlich zu allen Dingen. Ach, wer sich nur *ihm* überließe, kein Tropfen Blutes wäre so klein, daß er nicht vor allem dazu dienlich wäre (zu Gott zu gelangen). Daraus entsteht ein edles Pflänzchen, ein Zweiglein aus des Weihrauchs Körnlein. Weihrauch hat einen wohlriechenden Duft. Wenn also das Feuer das Körnlein ergreift, so lauert es nur dem Duft auf und suchet nur ihn in dem Korn, es befreit den Gefangenen, der in dem Korn lag, daß er seine Freiheit gewinne und ein edler Duft daraus entstehe. Dieses Feuer bedeutet nichts anderes als brennende Liebe zu Gott, die im Gebet liegt. Der Weihrauch aber läßt den rechten guten Duft heiliger Andacht frei, denn es steht geschrieben: „Gebet ist nichts anderes als ein Aufschwung des menschlichen Geistes[5] zu Gott." Wie denn recht eigentlich das Stroh nur um des Kornes willen da ist und zu nichts weiter dient, es sei denn, daß man ein Bett daraus herstellen wolle, darauf du ruhen kannst, oder aber Mist, so ist auch das äußere

---

[5] Tauler ... las ... für „gemüt" ganz offenbar „mens", den vorwiegenden lateinischen Ausdruck für νοῦς Geist (Wyser, a. a. O. S. 232 f.).

Gebet nur so weit von Nutzen, als es den Menschen zu edler Andacht fortreißt und dann der edle Duft daraus entsteht. Wenn der sich dann bemerkbar macht, so laß das mündliche Gebet kühnlich fahren. Doch schließ' ich hier die aus, die durch Gebot der heiligen Kirche zum Gebet verpflichtet sind.   AMEN.

Surge et illuminare, Ierusalem ...
Steh auf und werde Licht, Jerusalem ... (Is. 60, 1)

5 *

*Eine zweite Predigt vom zwölften Tag (der Weihnachtszeit) aus
der Epistel (Is. 51, 17; 52, 2), die lehrt, wie der Mensch sich von
sich selbst und allen Geschöpfen frei machen soll, damit Gott
seinen Grund bereit finde und sein Werk in ihm wirken könne.*

„STEH AUF, JERUSALEM, und werde Licht!" Gott begehrt
und bedarf in aller Welt nur eines Dinges; das begehrt er aber
so sehr, als ob er seinen ganzen Fleiß darauf verwendete, dies
einzige nämlich, daß er den edlen Grund, den er in dem edlen
Geist des Menschen gelegt hat, ledig und bereit finde, sein göttliches Werk darin zu vollbringen; denn Gott hat alle Gewalt
im Himmel und auf Erden; daran allein aber fehlt es ihm, daß
er sein liebreichstes Werk in dem Menschen ohne des Menschen
Willen nicht zu wirken vermag. Was soll nun der Mensch dazu-
tun, daß Gott diesen lieblichen Grund erleuchten und darin
wirken könne? Er soll aufstehen; „surge", sagt das Wort, „steh
auf"; dies lautet, als ob[1] der Mensch hierbei mitwirken solle;
der Mensch muß aufstehen von allem, was nicht Gott ist, von
sich selber und von allen Geschöpfen; von diesem Aufstehen

---

* Nr. 3 der vorliegenden Übersetzung vereinigt zwei Predigtteile, die in
Vetters Ausgabe als Nr. 3 und Nr. 4 erscheinen. Aus diesem Grund fällt hier
Nr. 4 aus.
[1] Im Urtext unklar: die Übersetzer helfen sich auf die eine oder andere
Weise.

entsteht in dem Grund ein ungestümes Begehren nach Entblößung und Befreiung von allem, was den Menschen von Gott fernhält[2], und je mehr das abgelegt wird[3], um so mehr wächst jenes Begehren, geht über sich selbst hinaus und dringt gar oft bei Berührung des bloßen Grundes durch Fleisch und Blut und Mark.

Doch dieser Berührung gegenüber verhalten sich zwei Arten von Menschen auf verschiedene Weise: die einen kommen mit ihrer natürlichen Geschicklichkeit, mit vernünftigen Vorstellungen, mit hohen Dingen: damit verwirren sie diesen Grund; und dieses Begehren stillen sie damit, daß sie diese Gedanken hören und verstehen wollen, und daraus gewinnen sie großen Frieden und wähnen, in ihren vernünftigen Vorstellungen ein „Jerusalem" zu sein und Frieden zu besitzen. Etliche auch wollen jenen Grund mit ihren eigenen Vorsätzen und auf ihre eigene Weise bereiten, sei es in Gebet oder Betrachtung oder so, wie sie es selber vorhaben oder andere es tun sehen, und darin den Frieden haben; und es dünkt sie dann, sie seien ganz ein „Jerusalem" geworden und haben in dieser Weise und in diesen Werken großen Frieden und nirgends anders als in ihren eignen Weisen und in ihren eigenen Werken. Daß dieser Friede falsch ist, kann man daran merken, daß sie hierbei in ihren Mängeln verharren, es sei Hoffart, Lust des Leibes und des Fleisches, Befriedigung der Sinne, Anhänglichkeit an die Geschöpfe oder Argwohn im Urteil; und täte man ihnen irgend etwas, sogleich stehen Geringschätzung oder ein Scheltwort, Haß oder Ungefälligkeit und viel dergleichen Untugenden in ihnen auf[4], die ihnen aus freien Stücken bleiben; da wird man erkennen, daß sie diesen Grund selber bereiten wollen und darin wirken und daß Gott ihnen diesen Grund nicht bereiten kann, und darum ist ihr Friede falsch, und sie sind nicht in Wahrheit aufgestanden. Diese Menschen sollen sich nicht anmaßen, ein „Jerusalem" zu sein, oder sich ihres eigenen wahren Friedens nicht vermessen,

---

[2] Unter Benutzung eines Hinweises in Corin, Sermons II, 58 Anm. 4 auf Augustins Bekenntnisse VII, 10.

[3] Nach Corin, Wi 2, Anm. (3) zu S. 34, 3 und Anm. (2) zu S. 33, 6.

[4] Nach Corin, Wi 2, S. 35, 2 ff. und Lesarten.

sondern sie sollen und müssen sich noch ganz gewiß die Überwindung ihrer Mängel sauer werden lassen und sich üben nach
dem Vorbild unseres Herrn Jesus Christus in Werken der Demut
und der Liebe und ihren Eigenheiten in allen Dingen absterben
und so aufstehen lernen.

Die anderen aber, das sind edle Menschen, die stehen in
Wahrheit auf und werden davon erleuchtet; sie lassen Gott ihren
Grund bereiten und überlassen sich ganz Gott und entledigen
sich des Ihren in allen Dingen und behalten nichts davon in
keinen Dingen, weder in Werken noch in der Art und Weise
(ihrer Andacht), weder im Tun noch im Lassen, weder so noch
so, weder in Freud noch im Leid; sie nehmen alle Dinge von
Gott in demütiger Furcht und reichen sie ihm gänzlich wieder
hinauf in bloßer Armut ihres Selbst, in williger Gelassenheit
und beugen sich demütig unter den göttlichen Willen; wie Gott
es wolle in allen Dingen, so sind sie es zufrieden, im Frieden
und Unfrieden, denn sie sehen allein auf den guten, wohlgefälligen Willen Gottes. Von diesen Menschen kann man sagen, was
der Herr zu seinen Jüngern sprach, als sie ihn zum Fest (nach
Jerusalem) hinaufgehen hießen, nämlich: „Geht ihr hinauf, eure
Zeit ist jederzeit, aber meine Zeit ist noch nicht da." Dieser
Leute Zeit ist jederzeit, daß sie sich gedulden und Gott überlassen: diese Zeit ist stets; aber seine Zeit ist nicht allerwege;
wann er wirken oder erleuchten solle oder wolle, das überlassen
sie seinem göttlichen Willen, in gelassener, geduldiger Langmut.

Der Unterschied zwischen diesen Menschen und den ersten ist,
daß sie Gott ihren Grund bereiten lassen und nicht sie selber
es tun wollen. Die so sind, haben wohl auch die erste Anfechtung
und den ersten Anreiz (zum Bösen), denn derer ist niemand
ledig. Aber sooft ihnen danach ihre Gebrechen vorgehalten
werden, es sei Hoffart, Fleischeslust oder Anhänglichkeit an
zeitliche Dinge, Zorn, Haß, oder womit sie sonst angefochten
werden und was sie gar schlimm und beschwerlich ankommt,
so übergeben sie es, sogleich nach dem ersten Anreiz, demütig
Gott und überlassen sich seinem Willen und leiden und lassen
sich; diese Menschen stehen in Wahrheit auf, denn sie gelangen
in allen Dingen über sich selbst hinaus; diese werden auch in

Wahrheit ein wahres Jerusalem und haben Frieden im Unfrieden und Lieb im Leid. Sie sind mit Gottes Willen in allen Dingen zufrieden, und daher kann ihnen die ganze Welt ihren Frieden nicht nehmen; hätten alle Teufel und alle Menschen es geschworen, sie könnten ihnen ihren Frieden nicht nehmen. Diese Leute schauen allein auf Gott und niemand anderen, und sie werden in Wahrheit erleuchtet, denn Gott leuchtet in sie kräftig und lauter in allen Dingen, wahrlich auch in der tiefsten Finsternis und noch wahrhaftiger als in dem strahlenden Licht. Ach, das sind liebliche Leute, übernatürliche, göttliche Menschen, und diese wirken und tun in allen ihren Werken nichts ohne Gott, und falls man es so aussprechen darf, etlichermaßen wirken nicht sie, sondern Gott wirkt in ihnen. Ach, dies sind liebenswerte Menschen, sie tragen die ganze Welt und sind deren edle Säulen; wer darin recht stünde — das wäre ein seliges, köstliches Ding.

Der Unterschied zwischen diesen zwei Arten von Menschen ist, daß die ersten, die ihren Grund aus sich selbst bereiten wollen und sich nicht Gott überlassen, damit er ihn bereite, mit ihren Kräften so in ihren Gebrechen gefangen bleiben, daß sie sich nicht davon befreien können. Oder sie bleiben sogar darin mit Befriedigung und behalten das Ihre mit Wohlgefallen, nämlich ihren eigenen Willen.

Die andern edlen Menschen aber, die sich Gottes Willen überlassen, diese edlen, seligen, gelassenen Leute, sind erhaben über sich selber, und sobald sie zu Gebrechen versucht werden und sie dessen gewahr werden, fliehen sie damit sogleich zu Gott, und es ist kein Gebrechen mehr da, denn sie sind in göttlicher Freiheit. Sollen diese Leute nicht wünschen, daß Gott ihren Grund bereite?

Äußere Werke zu tun geziemt ihnen hierzu in keiner Weise. Es ist nicht nötig, nein! Nun lautet doch dieses Wort „surge" und heißt sie aufstehen, das ist doch immer ein Werk. Ja, *ein* Werk gehört ihnen zu, und das sollen sie allerwege tun ohne Unterlaß, solange sie leben. Der Mensch vermag niemals zur Vollkommenheit zu gelangen, es sei denn, er wolle allerwegen aufstehen, seinen Geist zu Gott erheben und seinen inwendigen

Grund frei machen. Immer und überall soll er fragen: „Wo ist er, der geboren ward?" (Matth. 2, 2), in demütiger Furcht und im Wahrnehmen von innen, was Gott von ihm wolle, daß er dem genugtue. Schickt Gott diesen Menschen Leiden, so leiden sie, läßt er sie wirken, so wirken sie, läßt er sie schauen oder genießen, so genießen sie. Der Grund gibt davon in ihnen selbst Zeugnis, daß Gott ihn bereitet und geläutert hat; diesen Grund will Gott allein besitzen, und er will nicht, daß je ein Geschöpf da hineinkomme.

Gott wirkt in diesem Grund mittelbar bei den ersten Leuten und unmittelbar bei den anderen, den edlen, seligen Menschen. Aber was er in diesen in dem unmittelbar berührten Grund wirke, davon kann niemand sprechen, noch vermag ein Mensch dem andern davon zu sagen, sondern wer es weiß, hat es allein wahrgenommen, aber auch er vermag dir nicht davon zu sprechen. Wenn Gott diesen Grund in Wahrheit in Besitz genommen hat, so fallen dem Menschen sogleich alle äußeren Werke ab, aber das inwendige Wahrnehmen Gottes nimmt gewaltig in ihm zu. Und wenn der Mensch zum Höchsten kommt, wohin er durch großen Eifer und Gottes Gnade zu kommen vermag, so soll er sich gänzlich verleugnen, gemäß dem, was unser Herr sprach: „Wenn ihr alles getan habt, was in euren Kräften steht, so sollt ihr sagen, daß ihr unnütze Knechte gewesen seid" (Luk. 17, 10). Niemals wird der Mensch so vollkommen werden, daß er nicht in demütiger Furcht leben müßte; auf dem allerhöchsten Punkt aber soll er stets sprechen und denken: „Fiat voluntas tua — Herr, dein Wille geschehe"; und soll auch sorgfältig bei sich selber darauf achten, ob er an irgendwelchen Dingen hänge und ob Gott nicht in seinem Grund etwas finde, das ihn verhindere, sein edles, unmittelbares Werk zu wirken. Daß wir alle so „aufstehen", damit Gott sein Werk in uns wirken könne, dazu helfe uns der liebreiche Gott. AMEN.

Iugum enim meum suave et onus meum leve

[Die ewige Wahrheit spricht:] Mein Joch ist sanft und meine Bürde leicht

(Matth. 11, 29 f.)

6

Diese Predigt aus St. Matthäus vom Sonntag vor Septuagesima lehrt, wie die Seele in der Mitte zwischen Zeit und Ewigkeit steht; und wenn sie sich von allen (irdischen) Bildern löst, trägt sie ein süßes Joch und der äußere Mensch eine leichte Bürde.

DIE EWIGE WAHRHEIT unseres Herrn Jesus Christus hat gesprochen: „Mein Joch ist süß, und meine Bürde ist leicht." Dem widersprechen alle natürlich gesinnten Menschen, insoweit als sie ihrer Natur folgen, und sie sagen, daß Gottes Joch bitter sei und seine Bürde schwer. Und doch muß jenes Wort wahr sein, denn die ewige Wahrheit hat es ja gesprochen. Ein Joch nennt man ein Ding, das man mit Mühe nachschleppt oder zieht; eine Bürde etwas, das sehr drückt oder schwer lastet. Beim Joch denkt man an den inwendigen Menschen und bei der Bürde an den äußeren, den alten, den irdischen[1] Menschen. Der inwendige edle Mensch ist aus dem edlen Grund der Gottheit gekommen und nach dem edlen lauteren Gott gebildet und wird wieder dorthin eingeladen und hineingerufen und hingezogen, daß er all des Gutes teilhaftig zu werden vermag, das der edle, wonnigliche Grund von Natur besitzt; das kann die Seele durch göttliche Gnade erlangen. Wie Gott in dem inwendigen Seelengrund den Grund gelegt hat und sich verborgen und bedeckt darin aufhält —

[1] Nach Corin, Wi 2, App. (3) zu S. 40, 11.

40

wer dies wahrnehmen, erkennen und betrachten könnte, der wäre ohne Zweifel selig. Und hat auch der Mensch seinen Blick nach außen gekehrt und geht in die Irre, so fühlt er doch ein ewiges Locken und eine Neigung hierzu, und wie er sich ihnen auch entzieht[2], so findet er doch keine Ruhe; alle andern Dinge nämlich können ihm nicht genug sein außer diesem, denn dies — das himmlische Gut — trägt und zieht ihn immer fort in das Allerinnerste, ohne sein Wissen. Es ist dies sein Ziel, wie alle Dinge an ihrem Ziel rasten. Wie es den Stein zur Erde zieht und das Feuer zur Luft aufflammt, so zieht es die Seele zu Gott.

Wem ist nun dieses Joch süß, dieses Ziehen und dieses Tragen? Nur den Menschen, die sich, ihr Antlitz, ihr Gemüt nach innen[3] von den Geschöpfen abgekehrt haben. Die Seele steht so recht in der Mitte zwischen Zeit und Ewigkeit. Wendet sie sich der Zeit zu, so vergißt sie die Ewigkeit. Und rücken ihr die Dinge fern und weit ab, so sind sie klein, wie ja das, was man fern sieht, klein erscheint, und was nahe ist, groß, denn das Hindernis zwischen Auge und Gegenstand ist gering; so ist es z. B. mit der Sonne, obgleich sie sechzigmal größer ist als alles Erdreich; wer aber zur Sommerszeit ein Becken mit Wasser nähme, wenn die Sonne hoch am Himmel steht, und einen kleinen Spiegel hineinlegte, dem erschiene die Sonne allzumal im Spiegel und kaum größer als ein kleines Bodenstück. Und wie klein auch ein Hindernis sei, das zwischen den kleinen Spiegel und die große Sonne käme, es würde dem Spiegel das Bild der großen Sonne gänzlich entziehen. Genauso ist es um den Menschen bestellt, der ein Hindernis errichtet hat, es sei, was es sei oder wie klein es immer sei, daß er nicht in diesen Grund blicken kann. Ohne Zweifel hindert dies ihn, daß sich Gott, das große Gut, in dem Spiegel seiner Seele abbildlich darstellen kann.

Oh, wie edel und lauter auch die irdischen Bilder sind, alle sind sie ein Hindernis dem Bild bar jeder Form, das Gott ist. Die Seele, in der sich die Sonne spiegeln soll, die muß frei sein und

[2] Nach Corin, Wi 2, App. (3) zu S. 41, 7; eine mögliche, doch keine unbedingt sichere Auffassung.
[3] Nach Corin, Wi 2, App. (3) zu S. 41, 13; Corins Lesung „inwert" dürfte der Vetters 26, 2 vorzuziehen sein.

ledig aller Bilder; denn wo irgendein Bild sich in dem Spiegel zeigt, da vermag sie Gottes Bild nicht aufzunehmen. Alle, welche sich um diese Entledigung (von irdischen Bildern) nicht bemühen, so daß sich dieser verborgene Grund nicht aufzudecken und bildlich darzustellen vermag, die sind alle Küchenmägde, und solchen ist das Joch bitter. Und wer nie dahineinblickte noch diesen Grund je verkostete, für den ist dies, sagte Origenes, ein offenbares Zeichen, daß er ewiglich seiner nicht wahrnehmen noch genießen soll. Der Mensch, welcher je nach seinen Kräften nicht zum mindesten einmal am Tag sich in den Grund kehrt, der lebt nicht wie ein rechter Christ. Aber die den Grund säubern und darauf Muße verwenden und die irdischen Bilder ablegen, daß sich die Sonne Gottes darein ergießen kann, denen schmeckt Gottes Joch süßer als Honig und geht ihnen über die Süßigkeit jeglichen Geschmacks, und unschmackhaft und bitter erscheint ihnen alles, was nicht so ist; ja alle die, welche dies verkosteten, denen ist die Welt bittere Galle, denn wo dieser edle Grund genossen ist, da drückt und zieht er so sehr, ja er zieht das Mark aus den Knochen und das Blut aus den Adern. Und wo sich dieses Bild in der Wahrheit abbildlich dargestellt hat, verlöschen alle Bilder und trennen sich los von dem Grunde [4].

Daß dich also die Dinge, welcher Art sie auch seien, hindern, das kommt daher, weil du durch sie an deinem Eigenen festhältst. Wärest du der Bilder und deines Eigenwillens ledig, so könntest du ein Königreich besitzen, es schadete dir nicht. Sei frei von der Gewöhnung an die Dinge und ledig (irdischer) Bilder, und du kannst besitzen, wessen du immer an allen Dingen bedarfst. Von einem der Altväter wird erzählt: Er war so ledig aller irdischen Bilder, daß keines in ihm haftete. Einst klopfte jemand an seine Türe und bat um etwas; er antwortete, er wolle es ihm holen; als er jedoch im Hause war, hatte er es vergessen; jener klopfte wiederum. Er fragte: „Was willst du?" Dieser bat zum zweiten Male; er bedeutete ihm, er wolle es holen; und er vergaß es zum andern Male; zum dritten Male aber klopfte jener;

[4] Vetter 26, 33: „in schedelicher wisen". Corin, Wi 2, schlägt S. 44 App. (3) „in scheidelicher wisen" vor; ich übersetze Corins Vorschlag entsprechend.

der Altvater sagte: „Komm und nimm es dir selber; ich kann dieses Bild nicht so lange bei mir behalten, so ledig ist mein Geist aller irdischen Bilder."

In diese von irdischen Bildern freien Menschen scheint die göttliche Sonne, und sie werden so herrlich aus sich selber herausgezogen und aus allen Dingen; und haben ihren Willen, sich selber und alle Dinge dem göttlichen Willen überantwortet; darein sind sie verflochten; sie werden so liebreich in Gottes Joch gezogen, daß sie der Dinge vergessen; daher erscheinen diese ihnen klein; und ewige Dinge sind ihnen nahe, die sind inwendig und scheinen ihnen wegen ihrer Nähe groß; kein Hindernis trennt sie von diesen, und so verkosten sie deren Lieblichkeit.

Nun nehmen wir das andere Wort: „Meine Bürde ist leicht." Dabei denkt man an den äußeren Menschen, auf den mannigfaches Leiden fällt. O liebreicher Gott, wo sind nun die seligen Leute, denen Gottes Bürde leicht ist? Denn niemand will leiden, und doch muß es immer ein Leiden und ein Lassen geben, wende es, wie du willst. Christus selbst mußte leiden und so in seine Herrlichkeit eingehen. Was sollst du nun leiden? Du sollst leiden die Entscheidungen und die Schickungen Gottes, wo und wie sie auf dich fallen, es sei von Gott oder von den Menschen. Es sterben dir deine Freunde, du verlierst Gut oder Ehre, inwendigen oder äußeren Trost, mag es von Gott oder den Geschöpfen kommen: diese Bürden sollst du leichtlich tragen, und auch deine eigenen Mängel, die dir leid sind und die du nicht überwinden kannst noch vermagst. So leg dich unter die Bürde, um zu leiden in dem göttlichen Willen, und übergib dein Leid Gott.

Das Pferd macht den Mist in dem Stall, und obgleich der Mist Unsauberkeit und üblen Geruch an sich hat, so zieht doch dasselbe Pferd denselben Mist mit großer Mühe auf das Feld; und daraus wächst der edle schöne Weizen und der edle süße Wein, der niemals so wüchse, wäre der Mist nicht da. Nun, dein Mist, das sind deine eigenen Mängel, die du nicht beseitigen, nicht überwinden noch ablegen kannst, die trage mit Mühe und Fleiß auf den Acker des liebreichen Willens Gottes in rechter Gelassenheit deiner selbst. Streue deinen Mist auf dieses edle

Feld, daraus sprießt ohne allen Zweifel in demütiger Gelassenheit edle, wonnigliche Frucht auf.

Wer sich beugte unter diese Bürde und unter alle[5] Entscheidungen und Schickungen Gottes mit demütiger Gelassenheit und sich in Gottes Willen fügte im Haben und Darben, mit anhaltendem Ernst, in demütiger Hoffnung, wer alle Dinge von Gott nähme und sie ihm wieder auftragen wollte in wahrhaftiger Loslösung von allem Äußerlichen und mit Innebleiben in sich selber, mit Einsenken in den ewigen Willen Gottes in Verleugnung seiner selbst und aller Geschöpfe, wer dies täte und darin festbliebe, dem wäre Gottes Bürde in Wahrheit leicht, ja so leicht, daß, würden auf einen solchen Menschen alle die Lasten gelegt, die die ganze Welt trägt, die würden ihm so leicht, daß es ihm wahrlich wäre, es sei ein reines Nichts. Ja es wäre ihm eine Wonne, eine Befriedigung, eine Freude, ein Himmelreich; denn Gott trüge diese Bürde, und der Mensch wäre ihrer[6] gänzlich ledig und ausgegangen aus seinem Selbst. Gott aber ginge ganz und gar, in aller Weise, hinein in dieses Menschen ganzes Tun und Lassen. Daß so der edle Gott in uns wirken möge, daß uns sein Joch süß werde und seine Bürde leicht, dazu helfe uns Gott. AMEN.

[5] Nach dem LT, BT, KT; vgl. Lesart zu Corin, Wi 2, S. 47, 12.
[6] Nach dem LT, AT, KT; vgl. Lesart zu Corin, Wi 2, S. 48, 9.

Simile est regnum caelorum . . .
Das Himmelreich ist gleich . . . (Matth. 20, 1—16)

7

Diese Predigt vom Weinberg nach dem Evangelium des heiligen
Matthäus am Sonntag Septuagesima (bei Wegfall des Alleluja)
lehrt jeden Menschen vor- und aufwärtsschreiten in seiner Ver-
vollkommnung ohne jeden Stillstand und Aufenthalt.

DAS HEUTIGE EVANGELIUM LAUTET: „Das Himmelreich
ist gleich einem Menschen, einem Hausvater, der ausging, Werk-
leute für seinen Weinberg zu suchen; und zwar ging er aus frühe
zur Zeit der Prim, dann zur Zeit der Terz und der Sext und
dingte sie um einen Denar Tagelohn. Als es Abend ward, fand er
wiederum Leute müßig stehen und sprach zu ihnen: ‚Warum
steht ihr hier den ganzen Tag müßig; geht auch ihr in meinen
Weinberg, und ich will euch geben, was recht ist.'" Dieser Hausvater ist unser Herr Jesus Christus, sein Haus ist Himmel und
Erde, Fegefeuer und Hölle; er sah, daß die ganze Natur verwirrt war und daß sein lieblicher Weingarten unbearbeitet da-
lag; und die menschliche Natur, die darum erschaffen war, diesen
edlen Weinberg zu besitzen, die war in die Irre gegangen und
ließ den lieblichen Weinberg unbearbeitet liegen. Nun wollte
dieser Herr den Menschen wieder in seinen Weinberg laden,
wozu er ihn bestimmt hatte, und ging frühe aus.

In einem Sinn ist unser liebreicher Herr früh ausgegangen,
als er in der ewigen Geburt aus dem väterlichen Herzen hervorging und doch darin blieb. In einem anderen Sinn ist unser Herr

45

Jesus Christus früh in die menschliche Natur hinausgegangen, damit er uns dinge und in seinen Weinberg zurückbringe; und er fand Leute zur Zeit der Prim, der Terz, der Sext und der Non. Zur Vesperzeit ging er abermals aus und fand wiederum Leute, und diese Leute standen müßig, und er fragte sie streng, warum sie den ganzen Tag da müßig ständen; und sie antworteten: „Weil uns niemand gedungen hat".

Das sind die Menschen, die noch ihre natürliche Lauterkeit und Unschuld besitzen, und sie sind gar gesegnet, und Gott sah jederzeit, daß sie nicht von der Welt oder den Geschöpfen gedungen sind und daß, wenn sie manchmal verdungen gewesen, sie doch nun frei und ledig und unverdungen sind; dennoch stehen diese Leute müßig, das heißt, sie stehen in Lauigkeit, Kaltheit, lieblos und gnadelos; denn wo nicht Gottes Liebe im Menschen ist, derweilen er sich in seinem natürlichen Zustande befindet (und täte ein solcher Mensch, falls es möglich wäre, alle die guten Werke, die die ganze Welt je getan), er stünde auch dann noch gänzlich müßig und unnütz, und es hülfe ihm dies alles nichts. Dieses frühe Ausgehen bedeutet den Ausgang der Gnade, denn der Morgen ist das Ende der Nacht, da die Finsternis ein Ende nimmt und der Tag der Gnade beginnt.

Der Hausvater sprach: „Warum steht ihr hier müßig; geht in meinen Weinberg, und was recht ist, will ich euch geben." Sie gingen zur Arbeit in den Weinberg, aber auf verschiedene Art und Weise. Die einen, das sind die anfangenden Leute, die gehen dorthin in äußerlicher Arbeit, nach der Weise ihrer Sinne und mit ihrem eigenen Vorhaben und bleiben doch darin stecken, dadurch, daß sie große äußere Werke verrichten, wie Fasten und Wachen; sie beten viel, aber auf ihren Grund achten sie nicht. Sie bleiben bei sinnlichem Genügen stehen, bei Zu- und Abneigung, und daraus entsteht unrechtes Urteil; und viele Mängel wohnen in ihnen, wie Hoffart, ungestümes Wesen, Bitterkeit, Eigenwilligkeit, Störrischkeit und manches, was diesen gleich ist.

Andere haben sinnliche Befriedigung verschmäht und auch große Mängel überwunden und haben sich einer höheren Stufe zugewandt. Sie leben in einer der Vernunft angemessenen Fröm-

migkeitsübung und finden dabei solche Lust und Wonne, daß
sie die tiefste Wahrheit nicht erreichen.

Die dritten aber, das sind die liebreichen Menschen, sie schreiten über alle Dinge hinweg und gehen ordentlich und mit edlem
Sinn in den Weinberg; denn diese Menschen, die richten ihre
Gedanken und ihre Liebe nur auf Gott, wie er in sich selbst ist,
und sehen weder auf Wohlgefallen noch auf Nutzen, noch auf
irgendein ander Ding, nicht auf die Ausflüsse, die aus Gott
kommen können, weil sie in Innerlichkeit und Einfalt in Gott
versinken und allein Gottes Lob und Ehre im Sinn haben, daß
sein ewig wohlgefälliger Wille in ihnen allein erfüllt werde und
in allen Geschöpfen. Dadurch leiden sie und lösen sich von allen
Dingen los: sie nehmen alles von Gott an und bringen ihm alles,
was sie empfangen, wieder dar; ganz in lauterer Absicht, und
maßen sich des Seinen durchaus nicht an. So verhalten sie sich
ganz wie das Wasser, das ausfließt und wieder zu seiner Quelle
zurückkehrt, wie das Meer, das ausfließt und doch immer wieder
zu seinem Ursprung zurückeilt; so auch diese; alle ihre Gaben
tragen sie wieder in den Grund, von wannen sie kommen, und
damit fließen sie in diesen Ursprung selber wieder zurück, denn
weil sie alle ihre Gaben wieder zu Gott hintragen und nicht
zurückgehalten werden, weder durch Begierde noch durch Nutzen, weder durch dies noch durch jenes, weder so noch so, so muß
Gott notwendigerweise ihr innerer Aufenthalt werden.

Obgleich dieses Trachten den Menschen so lauter aus sich heraus-
trägt und so schlicht und ausschließlich auf Gott geht, so strebt
doch die Natur stets ein wenig zu sich selbst zurück. Davon
kann sich der Mensch nicht befreien, er mag wollen oder nicht.
Es ist dies, daß der Mensch Gott gerne besäße und von Natur
begehrt, selig zu sein; aber das sollte gar wenig und nur zum
kleinsten Teile beachtet und in Betracht gezogen werden. Ebenso
wie der Arbeiter des Weinbergs, obwohl er um der Arbeit willen
da ist, doch einen Imbiß haben muß; und darauf wendet er
nur kurze Zeit, und die Arbeit währt gar lange; den ganzen
Tag währt die Arbeit, und kaum eine Stunde muß für die
Labung ausreichen, und sie ist doch allein um der Arbeit willen
da, daß er arbeiten könne; darum ißt er, und die Speise geht

durch Fleisch und Blut, durch Mark und Gebein, und das wird wieder ganz verarbeitet und verzehrt beim Arbeiten. Und sobald dies alles mit der Arbeit verzehrt ist, so ißt er doch wieder ein weniges, daß er es abermals aufzehre in der Arbeit im Weinberg. So soll sich auch der edle Mensch verhalten: Wenn er ein Streben in sich findet, Gott zu besitzen, seine Gnade und was dergleichen ist, soll er das Seine nur gering und wenig in Betracht ziehen, obwohl das doch zur Labung und Kräftigung sein muß, damit er es wieder in der Arbeit verzehren könne. Und wenn es um des höchsten Zieles willen verzehrt wird mit Rückfließen zu Gott, in aller Weise, so wie er es empfangen hat, so muß er wiederum gelabt werden in dem lieblichen Ausströmen, mit Gottes Worten, daß er es wiederum in sich aufnehme.

Ach, ihr Lieben, die, welche die Gaben Gottes leiblicher und geistiger Weise wieder zu Gott ganz zurücktragen, die sind es, welche noch weiterer Gaben empfänglich und würdig werden. Diese Menschen wären es wert, Perlen und Gold zu essen und das Allerbeste, was die Welt haben mag. Aber nun ist da manch ein edler, armer Mensch, der diese Dinge nicht besitzt; der soll in diese allmächtige Kraft Gottes sinken und ihr vertrauen, daß sie helfen werde. Meine Lieben! Mit diesen Menschen verhält es sich recht wie mit dem Rebholz; das ist, von außen betrachtet, schwarz, dürr und ärmlich; und wer es nicht kennte, dem dünkte es zu nichts gut, als in das Feuer geworfen und verbrannt zu werden. Aber in dem Grunde, da innen, sind die lebenden Adern verborgen und die edle Kraft, aus der die alleredelste, süßeste Frucht hervorsprießt, edler und süßer als aus allen anderen Hölzern und Bäumen. Ebenso steht es mit diesen allerliebenswertesten, in Gott versunkenen Menschen, die auswendig, dem Anschein nach, ein unnützes Volk sind, schwarz und scheinbar dürr, denn sie sind, von außen gesehen, demütig und klein; sie haben nicht große Worte noch Werke, noch Pläne, und sie scheinen nichts und sind die geringsten an ihrem Teil. Aber wer die lebende Ader erkennte, die in dem Grunde ist, wo sie ihrem Anteil entfallen und Gott ihr Teil und ihr Aufenthalt ist, ah, welch ein wonniglich Ding wäre es, dies wahrzunehmen.

Nun geht der Winzer bald in seinen Weinberg und schneidet

den Reben das wilde Holz ab; täte er das nicht und ließe es am guten Holze stehen, so brächte der Weinstock nur sauren, geringen Wein; so soll der edle Mensch auch tun, er soll sich selbst beschneiden von aller Unordnung und vom Grund ausroden all seine Arten und Neigungen, in Liebe und Leid; das heißt die bösen Gebresten abgeschnitten, und dabei bricht man weder Haupt noch Arm oder Bein. Aber halt ein mit dem Messer, bis du gesehen, was du beschneiden sollst; verstünde der Winzer nicht die Kunst, er schnitte alsbald das edle Holz, das die Traube hervorbringen soll, weg, zusammen mit dem wilden und richtete den Weinberg zugrunde. So tun alle unkundigen Leute, sie verstehen sich nicht auf die Kunst, lassen Untugenden und böse Neigungen im Grund der Natur stehen und behauen und beschneiden die arme Natur. Die Natur ist an sich selber gut und edel; was willst du daran abhauen? Wenn dann die Zeit der Früchte kommen sollte, das heißt das göttliche Leben, hast du die Natur verdorben.

Danach heftet man die Reben fest, man biegt die Reben nach unten und stützt sie mit starken Stöcken, damit sie festgehalten werden. Dabei mag man an das süße, heilige Leben und heilige Vorbild und das Leiden unseres Herrn Jesu Christi denken, der ganz des guten Menschen Halt sein soll, und daß der Mensch niedergebeugt[1] werden soll, sein Oberstes hernieder in dem Einsinken in wahre unterwürfige Demut, in den Grund, in Christus, und zwar in Wahrheit, nicht nur im äußeren Benehmen, sondern von Grund aus. Ach, wenn alle diese Kräfte, inwendige und äußere, sinnliche, begehrliche und vernünftige Kräfte, gänzlich eine jegliche an ihre Stelle geheftet werden, daß weder die Sinne noch der Wille, noch irgendeine andere Kraft frei wird, und dann aufgebunden und aufgeheftet stehen in rechter Ordnung unter dem göttlichen Wollen, wie es Gott von Anbeginn gewollt hat, in seinem ewigen Willen!

Darauf umgräbt man die Stöcke und jätet[2] das Unkraut aus.

---

[1] Nach Strauchs Korrektur zu: 32,6 bei Vetter: „nider gebouget" (so im LT und BT): PBB XLIV, 21.

[2] Nach Strauchs Korrektur zu Vetter 32,14 f.: „rútet", und „usrúte": PBB XLIV, 21.

Ganz so soll auch der Mensch sich umgraben mit tiefem Aufmerken auf seinen Grund, ob noch irgend etwas da sei, das er ausjäten müsse, damit die göttliche Sonne sich um so ungehinderter dem Grund nähern und scheinen könne; und läßt du die oberste Kraft da wirken, so zieht die Sonne die Feuchtigkeit in die lebendige Kraft hinein, die in dem Holz verborgen lag, und die Trauben kommen gar schön hervor. Ach, welch edle teure Frucht ließe Gott aus dem Menschen sprießen, der seinen Weinstock so pflegte, daß die göttliche Sonne darin wirken und scheinen könnte! Dann scheint die Sonne und wirkt auf die Traube und bringt sie zu herrlicher Blüte. Ach, diese Trauben sind von so gutem edlem Duft, daß alles Gift gänzlich vertrieben wird und weder Kröte noch Schlange diesen Geruch vertragen können. Oh, wo die göttliche Sonne diesen Grund unmittelbar berührt, da ist alle Frucht, die dann hervorgebracht wird, innen und außen, so lauter auf Gott gerichtet und blüht so wonniglich in reinem Gottmeinen, daß sie in Wahrheit so wunderbaren, edlen Duft verströmt, daß alles Gift der alten Schlange notwendigerweise verschwinden muß. Ja, fürwahr, hätten es alle Teufel in der Hölle und alle Menschen auf Erden geschworen, sie könnten dem reinen, gottliebenden Menschen nicht schaden. Je mehr sie es darauf anlegten, ihm zu schaden, um so weiter und höher erhöben sie ihn, befände er sich nur auf dem rechten Weg und würde er mit dieser Blüte in den tiefsten Grund der Hölle gezogen werden, so müßte ihm selbst dort Himmelreich und Gott und Seligkeit zuteil werden. Und darum, wer diese Blume in sich trüge, der brauchte sich in keiner Weise und bei keinem Ding, das ihm entgegenkäme, zu fürchten, was es auch immer sei; darin, wo Gott lauter geliebt wird, kann den Menschen nichts hindern noch stören.

Dann kommt die Sonne noch heller und wirft ihre Hitze auf diese Frucht und macht sie immer durchsichtiger, und die Süßigkeit nimmt immer mehr zu, und die Schale der Frucht wird ganz dünn; so, daß die Schalen zuletzt so dünn werden, daß man den göttlichen Einblick ganz nahe, ohne Unterlaß hat. Sooft und so schnell man sich hinzuwenden vermag, findet man doch von ihm her innen die göttliche Sonne strahlen, viel klarer, als alle Sonnen am Himmel je gestrahlt, und es wird des Menschen ganze Art so vergottet, daß er kein Ding so wahrhaft empfindet noch verkostet, noch in wesenhafter Weise kennt als Gott, doch weit über vernunftgemäßes Wissen und vernünftige Art hinaus.

Hierauf bricht man und löst die Blätter ab, daß die Sonne ohne alles Hindernis die Frucht bescheinen könne: ebenso fallen alle Hindernisse in diesen Menschen weg, und sie empfangen alles ohne Hinderung. Hier fällt das Gebet weg, und das Vorbild der Heiligen und alle Formen und Übungen der Frömmigkeit. Und doch soll der Mensch dies nicht eher abwerfen, als bis es selber abfällt. Danach wird die Frucht so unaussprechlich süß, daß es keine Vernunft verstehen kann, und es kommt so weit, daß der Geist in diesem Menschen so versinkt, daß die Unterscheidung verlorengeht: so wird er eins mit der Süßigkeit der Gottheit, sein Sein von dem göttlichen so durchdrungen, daß es sich verliert, ganz wie ein Tropfen Wasser in einem großen Faß voll Wein. So wird der Geist untergetaucht in Gott in göttlicher Einheit, daß er alle Unterscheidung verliert, und alles, was ihn dorthin gebracht hat, verliert dann seinen Namen, wie Demut und Liebe und er selbst. Es herrscht dann nur noch eine lautere, stille, heimliche Einheit ohne jede Unterscheidung. Ach, hier wird Gesinnung und Demut eine Einfachheit, eine wesentliche, stille Verborgenheit, daß man es kaum begreifen kann. Ach, darin eine einzige Stunde, ja nur einen Augenblick zu sein, das ist tausendmal nützer und Gott werter, als vierzig Jahre bei deinem eigenen Vorhaben zu verweilen. Daß uns dies allen werde, dazu helfe uns Gott. AMEN.

Erat festus Iudeorum
Es war ein Fest der Juden (Joh. 5, 1 ff.)

8

*Diese Predigt nach Johannes am Freitag nach dem Sonntag In-
vocavit*[1] *handelt von der Bewegung des Wassers in dem Teich,
zeigt, wie Gott etliche Menschen in Unwissenheit, Furcht und
Bedrängnis läßt bis zu ihrem Tod und sie erst dann reichlich
entschädigt.*

IN DIESEM EVANGELIUM nach St. Johannes hören wir, daß
ein Fest der Juden war, und Jesus ging hinauf nach Jerusalem.
Da war (am Schaftor) ein Teich mit fünf Hallen, in denen eine
große Menge Kranker lag; die warteten, bis der Engel des Herrn
heruntersteige in den Teich und das Wasser darin für sie in Wal-
lung bringe. Und wer als erster der Kranken nach der Bewegung
des Wassers in den Teich stieg, der ward sogleich gesund, von
welcher Krankheit er auch befallen sein mochte. Nun war da
ein Mann, der schon achtunddreißig Jahre siech gewesen war.
Als den unser Herr Jesus sah und erkannte, daß er so lange da
gelegen hatte, fragte er ihn: „Willst du gesund werden?" Der
Kranke antwortete: „Ich habe niemanden, der mich in das
Wasser trägt, wenn es bewegt wird, und bis ich dahin komme,
ist bereits ein anderer vor mir gewesen." Unser Herr sprach:

---

[1] In der Zeitangabe weichen Vetter 34, 2 — „des fritages noch der grossen
vasnacht" = Freitag nach dem Sonntag Invocavit — und Hs. S, die „Freitag
nach Aschermittwoch" angibt, voneinander ab. Ich habe die Angabe Vetters
vorgezogen.

„Steh auf, nimm dein Bett und gehe." Sogleich wurde der Kranke gesund, nahm sein Bett und ging weg. — St. Johannes' Bericht wird noch lange fortgesetzt[2]. Der Mensch also stand auf und wußte nicht, daß es Jesus war, der ihn geheilt. Danach aber traf ihn unser Herr und sprach: „Du bist nun gesund geworden; sündige nicht mehr, daß dir nichts Ärgeres widerfahre."

Dieser Teich oder dieses Wasser, das ist die liebreiche Person unseres Herrn Jesus Christus, und das so bewegte Wasser in diesem Teich oder Weiher ist das hochgelobte Blut des liebreichen Gottessohnes, der Gott und Mensch ist und uns alle in seinem teuren Blut gewaschen hat und aus Liebe alle die waschen will, die irgendeinmal zu ihm kommen.

Unter der großen Schar der Siechen, die bei diesem Teich lagen und auf die Berührung des Wassers warteten, ist in einem Sinn das menschliche Geschlecht zu verstehen, das in seinem ganzen Leben unter dem Alten Testament gefangen lag; nach ihrem Tod mußten diese Menschen in der Vorhölle weilen und darauf warten, daß dieses teure edle Blut in diesem kostbaren Teich berührt werde, wenn sie gerettet werden sollten; und nicht eher konnten sie gesund noch jemals selig werden. Aber auch in diesen letzten Tagen, den Tagen des Heiles, kann kein Mensch jemals mehr geheilt noch gerettet werden, außer durch das liebliche Wasser dieses Teiches, das heißt das Blut unseres Herrn Jesus Christus.

Nun, die Kranken, die nicht da hineinkommen, die müssen in alle Ewigkeit sterben und verderben. Aber es gibt auch solche Siechen, die in diesen lieblichen Teich kommen, nachdem das Wasser berührt wurde; bei diesen aber ist es nur eine äußere Berührung. Geschieht ihnen, daß sie von Gott gemahnt und gerufen werden durch Krankheiten oder Betrübnisse oder andere Zufälle lieber oder leidiger Art, so wenden sie sich zu Gott; oder sie werden berührt vom Wort Gottes aus der Lehrer Mund und kommen so zu Gott in dieses Wasser. Aber dies geschieht bei ihnen so lau, blind und träge; und darum, obgleich sie ge-

---

[2] Nämlich durch die Schilderung des Streites zwischen Jesus und den Juden wegen Verletzung des Sabbates — ein Bericht, den Tauler für seine Predigt nicht benötigte.

rettet werden, bleiben sie doch (vom Heile) so weit weg, sofern es an ihnen, nicht an Gott liegt; sie bleiben so ungeläutert, daß sie ins Fegfeuer kommen und dort höllische Pein leiden müssen, höllisches Feuer, ein Spott der Teufel zu sein und so lange da zu bleiben, bis sie gereinigt sind.

Nun, an diesem Teich waren fünf Hallen; in diesen lag eine große Menge Siecher, alle, um auf die Bewegung des Wassers zu warten; und wer zuerst hineinstieg, der ward ohne jeden Zweifel gesund, welche Krankheit er auch hatte. Darunter kann man zornige, hoffärtige, gehässige, geizige und unkeusche Menschen verstehen; und von allen denen, die in dieser Weise krank sind und sich in Christi Blut waschen können, dürfen wir annehmen, daß sie ganz gesund werden, falls sie in dieses Wasser kommen wollen.

Die fünf Hallen dieses Teiches kann man deuten in einem Sinn als die fünf Wunden unseres Herrn, durch die und in denen wir alle gesund geworden sind. Aber in einem anderen Sinn sind diese fünf Hallen fünf Tugendübungen, jedoch mit Unterschied. Obgleich wir ihrer aller bedürfen, ist doch ein Mensch an einem Teil schwächer als an einem anderen; und daher bedarf er mehr des Fleißes, sich mit Unterscheidung in einer Tugend mehr zu üben als in einer anderen.

Bei diesen Übungen ist die erste Halle die tiefe, unterwürfige Demut, daß der Mensch von sich selber gar nichts halte und in leidender Weise sich unter Gott beugen könne und unter alle Geschöpfe und ein jegliches Ding, wo es auch herkomme, demütig als von Gott kommend, und von niemand anderem annehme und sich Gott in demütiger Furcht überlasse, in wahrer Verschmähung seiner selbst in allen Dingen, in Lieb und Leid, im Haben und Darben.

Die zweite Halle ist das eifrige Verharren in dem Grunde. O wie not täte dies manchen braven Menschen, die in guter Einfalt ungewarnt ihren Grund verlassen in gut scheinenden Formen und Werken, es sei nun Lehren, Hören, Reden, Wirken, und so in sinnlichem Wohlgefallen in ihre Torheit rennen. Da geschieht es denn, wie der heilige Augustinus sagt, daß ihrer viele so fernab laufen, daß sie nie mehr zurückkehren. Der

Mensch sollte in all seinen Werken und in all seinem Ausgehen stets eifrig auf seinen Grund merken und mit allem Ernst da hineinblicken. Wirkte er aus *diesem* heraus, so bliebe er in all seinem Tun in wahrhaftem Frieden. Aber davon hat er keinen Frieden in seinem Werke und in seinem Ausgang, wenn er unvernünftig nach Anreizung der Sinne und um äußerer Zufälle willen ausgeht und nicht auf göttlichen Antrieb oder Mahnung.

Die dritte von den fünf Hallen ist die wahre, wirkliche Reue über die Sünden. Was ist das? Das ist eine gänzliche und wahre Abkehr von allem, was nicht lauter Gott ist oder wovon Gott nicht die wahre Ursache ist, und eine wahre und völlige Hinkehr zu Gott mit allem, was man ist; und das ist allein Kern und Mark der Reue; und dann mit einem unerschütterlichen Vertrauen ein Versinken in das liebreiche, lautere Gut, das Gott ist, und der Absicht, an und in ihm immer mehr zu bleiben und ihm anzuhangen mit Liebe und lauterem Sinn in dem vollen, bereiten Willen, den liebsten Willen Gottes zu tun, so weit als der Mensch nur kann. Meine Lieben, das ist wahrhafte Reue, und wer diese Reue hat, dem werden ohne Zweifel alle seine Sünden vergeben, und je mehr einer dieser Reue hat, desto lauterer und wahrhaftiger und mehr wird ihm vergeben.

Die vierte Halle bedeutet: freiwillige Armut. Es ist zu unterscheiden eine äußere, zufällige Armut und eine innere Armut, die das Wesen wahrer Armut ist. Die äußere ist nicht Sache aller Menschen, und es sind nicht alle dazu berufen, in äußerer Armut zu leben. Zu der wesentlichen Armut aber sind wir alle berufen, alle, die Gottes Freunde sein wollen, das heißt, daß Gott unseren Grund allein besitze und wir von keinem anderen Dinge besessen sind und daß wir alle Dinge so besitzen, wie Gott sie von uns besessen haben will, (nämlich) in Armut unseres Geistes, wie St. Paulus sagte: „wie die, welche nichts haben und doch alle Dinge besitzen", das heißt, daß sie kein Ding so liebhaben, weder Gut noch Freund, weder Leib noch Seele, weder Lust noch Nutzen, daß, wollte Gott es anders von uns, wir es ihm zuliebe und zu seinem Lob gerne nach seinem guten Willen überlassen, in ganz der Weise, wie er es gelassen haben wollte; dies soll unser ganzer guter Wille sein. Aber obgleich die geschwächte Natur dagegen ist, daran liegt nichts, wenn der Wille hierzu bereit ist.

Das, meine Lieben, ist die wahre wesentliche Armut, die sich für alle guten Menschen in Wahrheit gehört und die Gott von ihnen will, und so, daß sie ein freies, lediges, erhabenes Gemüt haben, von keinem Ding in Fesseln geschlagen, weder von Verlangen noch von Liebe, ein Gemüt, das bereit ist, alle Dinge zu lassen, falls Gott es haben wollte. Hätte dann der Mensch auch ein Königreich, so wäre er doch wesentlich armer Mensch und durch nichts verhindert, Gott aufzunehmen, solange als kein vergänglich Ding dieses Menschenherz zu Ruhe und Frieden bringen kann, sondern der Mensch allein stets die Hand seines Begehrens nach dem barmherzigen Almosen des lauteren Gutes, das Gott selber ist, ausstreckt; das kann ihn allein zufriedenstellen in seinem Willen und in seinem Grunde. Empfindet er dann in den niederen Kräften und im begehrlichen Teil seines Wesens Lust und Unlust bei Nutz und Schaden, so bedeutet das nichts; darin muß man sich schicken und es Gott aufopfern.

Die fünfte Halle bedeutet, daß der Mensch anhaltend alles Gott so aufopfere, daß man alles, was man von Gott empfangen, in lauterer Weise wiederum in den Ursprung, den Grund, von dem es ausgeflossen, zurückbringt. Die, welche wahrhaft und gänzlich in diese Halle kämen, wie herrlich wäre das! Und hierbei bleiben gar manche große Menschen stehen, die gar wohl daran zu sein glauben, und sooft Gott ihnen besondere Gaben schenkt, mit deren Hilfe sie neu geboren werden sollten, so heften sie sich daran mit Freude und Lust und spielen damit und eilen nicht wieder in ihren Ursprung, sondern sie beginnen etwas damit und ziehen sie an sich, als ob sie ihnen zugehörten, und richten tödlichen Schaden damit an. Dem Menschen sollte so ernst zu Gott sein, daß er kein Augenmerk haben sollte für alle die Dinge, die von allen Seiten zu irgendwelchen empfangenen Gnaden hinzutreten; ebenso wie der, welcher ein Ding mit allen Kräften sehr genau durch einen engen Spalt oder ein dünnes Gitterwerk beobachten wollte, nicht durch das Hindernis aufgehalten wird, solange er mit aller Kraft das gerne erblicken will, wonach er schaut. Wendet er aber seine Aufmerksamkeit auf das Hindernis und betrachtet dies, wie klein und wie dünn dies auch sei, so wird er am Betrachten dessen verhindert, was er sehen wollte. Ganz ebenso kann das Hindernis noch so klein sein, durch das man bei den Gaben stehenbleibt, oder die Gnaden können noch so lauter und edel sein, bleibt man dabei mit Freude und Genügen stehen, so hindern sie den Weg zu Gott. Man sollte ihn in den Gaben nehmen und sollte sie wiederum in Gott hineintragen und mit ihnen einsinken in den Ursprung mit aller Kraft, dahin, von wo die Gabe ausströmt.

In den Hallen dieses Teiches nun lagen viele Sieche; und jeder, der in das Wasser hinabstieg nach dessen Bewegung, wurde sogleich gesund. Was bedeutet nun diese Bewegung und diese Berührung anders, als daß der Heilige Geist von oben in den Menschen kommt, des Menschen Inneres berührt und eine große Bewegung darin hervorruft, so daß geradewegs des Menschen Inneres umgekehrt und sogleich in ihm völlig verwandelt wird. Die Dinge, die ihm zuvor schmeckten, munden ihm nicht mehr und ihn gelüstet danach, wovor ihm ehedem graute, wie Schmach, Verbannung, Einsamkeit, Entsagung, inneres Leben, Demut, Verworfenheit, Lostrennung von allen Geschöpfen. Das ist nun seine höchste Wonne. Wenn diese Berührung geschehen ist, dann kommt der sieche, das heißt der äußerliche Mensch mit seinen äußeren Kräften gänzlich und gründlich in diesen Teich und reinigt sich in richtiger Weise in Christus, in seinem kostbaren Blute. Dank dieser Berührung wird er sicher gesund, wie auch anderswo geschrieben steht: „Alle, die ihn berührten, wurden gesund."

Nun läßt unser Herr aus großer Treue die Leute zuweilen für krank liegen, und sie sind doch ganz gesund und wissen es nicht und halten sich ihr ganzes Leben für krank; denn unser Herr weiß das von ihnen, daß, wüßten sie nur um ihre gänzliche Genesung und Gesundung, sie sich mit Wohlgefälligkeit zu sich selber kehrten; und darum läßt er sie, aus großer Treue, all ihre Tage in Unwissenheit leben, in Furcht, Bedrängnis und Demut, und es steht doch stets so um sie, daß sie nur ungern etwas gegen Gott tun wollen in einem jeden Dinge, das ihnen begegnen oder sie treffen könnte. Wenn nun der herrliche Tag kommt,

57

daß sie der liebe Gott mit sich heimführen will, die Zeit ihres Todes, dann macht er sie diese Unwissenheit und diese Dunkelheit vergessen. Er verfährt mit ihnen so väterlich, tröstet sie und läßt sie oft vor ihrem Tod das empfinden, was sie ewiglich genießen sollen, und so sterben sie denn in großer Sicherheit. Und die ihm dann in dieser Finsternis Treue gehalten haben, die führt er ohne jeglichen Aufenthalt in seine unaussprechliche ewige Freude ein: sie werden in der Gottheit begraben; es sind selige Tote: sie sind in Gott gestorben.

Nun kam unser Herr an den Teich; er fand einen Siechen dort liegen, der war achtunddreißig Jahre krank gewesen; zu dem sprach der Herr: „Willst du gesund werden?" Da antwortete der Sieche: „Herr, niemanden habe ich, der mich nach der Bewegung des Wassers hinabträgt!" Und unser Herr erwiderte: „Steh auf, nimm dein Bett und gehe!" Und sogleich war der Kranke gesund, hob sein Bett auf und ging weg. Darauf müssen wir sehr achten, daß dieser Sieche so lange und so viele Jahre dort gelegen hat. Dieser Mensch war für Gottes Verherrlichung und nicht für den Tod bestimmt. Oh, wer diesem Grund wohl nachginge in der wahren Geduld, mit der dieser Sieche achtunddreißig Jahre gewartet hatte, bis ihn Gott selbst gesund machte und ihn gehen hieß! Dies richtet sich gegen die Leute, für die, sobald sie eines besonderen Lebens gewürdigt und ihnen dann nicht sogleich große Gnaden erwiesen werden, alles für verloren halten; sie beklagen sich vor Gott ganz so, als ob er ihnen Unrecht tue.

O wie wenig Menschen besitzen diese edle Tugend, sich zu lassen, in Geduld zu fassen, sich für das zu halten, was sie sind, und ihre Schwachheit, ihre Gefangenschaft, ihre Prüfung zu erdulden, bis der Herr selbst sie gesund macht. Und darum befiehlt er ihnen nicht in Wahrheit aufzustehen, zu gehen, ihr Bett zu nehmen und gesund zu sein. Wer sich in dieser Gefangenschaft hielte und nicht eher ausbräche, bis daß der Herr ihn selber erlöste, welch ein edel, herrlich Ding wäre das! Welche Gewalt, welche Herrschaft würde diesem Menschen zuteil! Zu ihm würde in Wahrheit gesagt: „Steh auf! Du sollst von nun an nicht mehr liegen, du sollst aller Gefangenschaft ledig und entbunden sein, in Freiheit wandeln, sollst in Wahrheit dein Bett tragen, das dich zuvor trug, das sollst du nun aufheben und tragen in Macht und Kraft. O des Menschen, den der Herr selber so erlöste, der würde gar wohl erlöst und wandelte in Freuden und käme nach dieser Zeit des Wartens in eine wunderbare Freiheit, deren alle die entbehren, die glauben sich selber erlösen zu können, und ausbrechen vor der Zeit.

Sowie nun ferner diese Leute in die Freiheit versinken, ihrer Bande ledig sind und sich ganz gesund fühlen, da geschieht es gar wohl, daß sie unversehens und achtlos dann und wann aus diesem Frieden heraustreten unter die Menge oder zu den äußeren Dingen oder in alle Arten und Übungen der Frömmigkeit. Dann geschieht ihnen genauso wie jenem Siechen, daß ihnen Gott fremd wird.

Als die Juden diesen fragten, wer ihn gesund gemacht habe, wußte er es nicht. Als er aber wieder in den Tempel kam, sprach Jesus zu ihm, und erkannte er ihn und verkündigte es allem Volk. So soll sich auch der gottliebende Mensch verhalten. Wird er der Gottentfremdung in sich gewahr, so soll er alle Dinge lassen und rasch in den Tempel gehen, das heißt, er soll in Sammlung all seiner Kräfte in seinem inwendigen Tempel, in seinen tiefen Grund kommen; wenn er ganz da hineinkommt, wird er darin ohne allen Zweifel Gott finden und ihn wiedererkennen.

Und Jesus war da, und er ermahnte ihn, sagte und sprach zu ihm: „Sieh, du bist nun gesund geworden, nun nimm dich ferner mehr in acht!" Und fortan verkündete alles Wirken, Wissen und Leben dieses Menschen nur[3] Gott in Wahrheit. Und wenn so der Mensch durch göttliches wahres Erfahren in lauterer Kenntnis, in dem inwendigen Tempel, in seinem Grunde Gott gefunden hat und auch gar sehr von eigenem Schaden getrieben und dann von Gott gewarnt wurde, oh, so predigt der Mensch seinen Gott und verkündet ihn. Das fließt aus erkannter Wahrheit und ist darum sehr nützlich und auch sehr fruchtbar. Daß dies uns allen zuteil werde, dazu helfe uns Gott.   AMEN.

[3] Nach Strauchs Korrektur zu Vetter 40, 4: „niht dann?" = nur: PBB XLIV, 21.

Exiens Iesus . . .
Jesus ging von dort weg und entwich in das Gebiet von Tyrus und Sidon
(Matth. 15, 21 f.)

9

Diese Predigt nach dem Evangelium Matthäi vom zweiten
Fastensonntag von der kanaanäischen Frau zeigt, wie Gott gar
manche Menschen durch den Wettstreit des inneren und äußeren
Menschen jagt, und bietet ein besserndes Gleichnis.

JESUS ZOG SICH ZURÜCK in das Gebiet von Tyrus und Sidon.
Und eine kanaanäische Frau folgte ihm und rief unserem Herrn
nach und sprach: „Herr, Sohn Davids, erbarme dich meiner,
denn meine Tochter wird gar sehr von einem bösen Geist ge-
plagt." Unser Herr antwortete der Frau kein Wort. Aber die
Frau rief lauter hinter ihm her. Da sprachen die Jünger: „Herr,
diese Frau ruft uns nach, schicke sie doch weg!" Da antwortete
unser Herr: „Ich bin nur zu den verlorenen Schäflein des Hauses
Israel gesandt; es ist nicht gut, daß man den Kindern das Brot
nehme und es den Hunden vorwerfe." Als die Frau dies hörte,
sprach sie: „Ja, Herr, dies ist freilich wahr, aber auch die kleinen
Hündlein werden mit den Brosamen gespeist, die von des Herrn
Tisch fallen." Da antwortete unser Herr: „O Frau, dein Glaube
ist groß; es geschehe dir, wie du willst." Und ihre Tochter ward
zur selben Stunde gesund.

Dieses Evangelium offenbart uns die edelste, nützlichste, sicherste und wesentlichste Umkehr, die man auf Erden haben kann.
Und wenn da jegliche Umkehr nicht geschieht auf diese Weise,
so hilft alles, was der Mensch zu tun vermag, wenig oder nichts.

Nun nehmt dieses Wort: „Jesus zog sich zurück." Von wo? Von den Schriftgelehrten und Pharisäern. Merkt die Ursache! Welches waren die Leute, von denen Jesus sich zurückzog? Die Schriftgelehrten, das waren die Weisen, die etwas von ihren Kenntnissen, und die Pharisäer die, welche etwas von ihrer Frömmigkeit hielten und die beharrten in ihrer Art auf ihren Satzungen. Hierbei soll man sich die zwei schädlichen Abgründe vor Augen stellen, in die geistliche Leute geraten können; und die, welche in diesen bleiben, die gehen zugrunde; denn jene Fehler stürzen sie ins Verderben, und aus keinem von ihnen wird etwas. Und doch sind es wenige Leute, die nicht von einem dieser Fehler ein wenig befallen sind oder von beiden, die einen aber viel mehr als die anderen. Mit „Schriftgelehrten" bezeichnet man die vernünftigen Leute, die alle Dinge in ihre Urteilskraft oder in den Bereich ihrer Sinne ziehen; sie nehmen auf durch die Sinne und ziehen das Aufgenommene in den Bereich ihrer Vernunft, so daß sie große Dinge verstehen; daraus schöpfen sie ihren Ruhm und ergehen sich in großen Worten: ihr Grund aber, aus dem die Wahrheit quellen sollte, erweist sich als nichtig und leer. Und dann die anderen, die Pharisäer, das sind die Geistlichen, die sich für gut und viel von sich selber halten und in ihren Plänen und Weisen beharren und ihre Gewohnheiten über alles stellen und darin geachtet und gerühmt werden wollen. Ihr Grund aber ist voll Geringschätzung all derer, die nicht ihrer Art sind. Von diesen Leuten zog unser Herr Jesus Christus sich zurück.

Diese Leute hatten ihn um ein Urteil gefragt, warum sich seine Jünger nicht an die gute Gewohnheit der Vorfahren hielten und mit ungewaschenen Händen äßen. Da erwiderte unser Herr: „Warum haltet ihr Gottes Gebot nicht?" Genauso verhalten sich diese Leute, sie halten ihre eigene Art und ihren eigenen Willen und all ihre Gewohnheit für göttliche Forderung und göttlichen Willen, achten für nichts und verurteilen die edlen Gottesfreunde, die keinen eigenen Absichten noch eigener Art zu folgen vermögen, weil sie Gott in seinen verborgenen Wegen folgen müssen.

Damit soll nicht gesagt sein, daß man hochfahrende, ruchlose Leute im Konvent nicht verurteilen dürfe: so ginge geistliche

Zucht zugrunde. Vor dieser pharisäischen Art hüte sich ein jedes in seinem Grund, falls sich eine falsche Heiligkeit da verborgen halte, die Ziel oder Ursprung anderswo habe als in dem, was aus Gott geboren ist; von diesen Leuten geht Jesus weg; gewiß, bei denen bleibt er nicht. So findet man Leute, die immer auf gute äußere Art in den Werken und in der Haltung sehen; wenn die gut ist, so ist alles getan; der Grund aber ist zugleich von den Geschöpfen eingenommen und in schädlicher Weise ergriffen, und in dieser Einstellung beten sie viele Psalmen. So verhalten sich auch die Juden: sie bitten auf den Knien, fasten, beten, aber ihr Grund ist dennoch nicht Gott, sondern die böse Kreatur, dahin ist ihre Liebe, ihr Sinn, ihr Begehren gewandt mit allzu großen, heftigen, braven Übungen.

Nein, bei Leuten, die solch pharisäischer Weise ergeben sind, bleibt Gott nicht, das sind die Pflanzen nicht, welche die Hand des himmlischen Vaters gesetzt hat. Seid gewiß, sie müssen mit den Wurzeln ausgerissen werden, denn Jesus selber sprach solchermaßen: „Wer nicht mit mir ist, der ist wider mich; wer nicht mit mir sammelt, der zerstreut." Wisset, und seid dessen gewiß, wenn die Zeit der Ernte kommt, da er sein Korn sammelt, wird Gott alle, die nicht mit ihm gesammelt haben, sondern für einen andern Herrn, sicherlich aufgeben. Die Leute, in deren Grund Gott seine Pflanze nicht findet, werden alle verworfen.

Jetzt herrschen zweierlei Arten falschen Grundes: die natürliche Geschicklichkeit nach der Schriftgelehrten Weise oder die Art der Pharisäer in äußerem Schein oder Satzung. Die Leute sind jetzt in der Weise der Schriftgelehrten so geschickt, daß wir kaum eine Beichte ohne viel gewandte Ausflüchte hören können; so verharren diese Leute in ihrer falschen Art. Nun, von solchen Leuten ging Jesus fort, wie er es ebenso gewiß noch allzeit tut.

Und wohin ging er? Er ging in das Gebiet von Tyrus und Sidon. „Tyrus" bedeutet soviel wie „Bedrängnis" und „Sidon" soviel wie „Jagd". Oh, wenige Leute werden das gewahr, ein wie wonniglich Ding beider Zusammentreffen ist. Oh, ein wie edel Ding entsteht da, wo dieses Jagen recht geschieht und man die Bangigkeit fühlt, die daraus entsteht.

Was ist dies für ein Jagen? Nichts anderes, als daß der innere Mensch gerne zu Gott käme, wo sein eigentlicher Platz ist, und den äußeren Menschen dahin jagt und treibt. Der äußere Mensch aber schlägt einen andern Weg ein und verlangt stets nach niederen Dingen, wo seine — des äußeren Menschen — Heimstatt ist; so entsteht in einem solchen Menschen ein Zwiespalt. Des inneren Menschen Eigentum ist Gott; und nach ihm sehnt sich sein Begehren, sein Wille, seine Liebe: denn dorthin neigt sich seine — des inneren Menschen — Natur. Aber dem äußeren Menschen geht das wider seine Natur, und er kämpft dagegen an, wie St. Paulus sagt: „Ich finde in mir ein stetes Widerstreben; die niedere Natur kämpft gegen das ewige Jagen des Geistes an; was ich nicht will, das tue ich; was ich aber will, das tue ich nicht." So jagen diese beiden gegeneinander; und von oben herein kommt Gott und auch seine Gnade und jagt sie beide. Und wo dieses Jagen richtig verstanden wird, da steht es sehr gut; denn alle, die von dem Geist Gottes gejagt werden, sind Kinder Gottes.

Von diesem Jagen nun kommt große Angst und Bedrängnis. Dennoch, wenn der Mensch sich in dieser Angst befindet und des Treibens in sich gewahr wird, so kommt ohne allen Zweifel Jesus und geht gewißlich in ihn ein. Und wo man diesem Treiben nicht gehorcht noch in dieser Angst sich befindet, in solche Menschen kommt er nicht. Und aus allen Menschen, die diesem Treiben und dieser Angst nicht folgen, wird niemals etwas, und sie bleiben, wie sie sind; sie kommen auch nicht zu sich selber, und daher wissen sie auch nichts von dem, was in ihnen ist, denn manche Versuchung steigt in dem Menschen auf, in Natur und Geist. Demgegenüber sollte man sich beugen und anbeten, weil es dann sicher ist, daß Gott mit dem Menschen ist. Da kommt die Welt mit ihren starken Stürmen und der böse Feind mit seiner gewandten List und das Fleisch und die Sinne und zumal die niederen Kräfte mit großer Schwachheit und neigen sich hernieder zu den äußeren Dingen. Und dagegen wird der innere Mensch wieder von Gott getrieben und von der natürlichen Neigung, die er zu Gott hat; so entstehen, von Rechts wegen, Angst und Bedrängnis.

63

Und was soll der arme Mensch dann tun, wenn er in diesem Treiben steht und keinen Ausweg finden kann? Fürwahr, er soll tun, was jene arme Frau tat, zu Jesus gehen und mit klarer, lauter Stimme und gewaltigem Begehren rufen: „Herr, Sohn Davids, erbarme dich meiner!" Oh, aus diesem Jagen entsteht ein maßloses Rufen, dieses Geistes Ruf, der dringt über tausend und aber tausend Meilen und noch weiter mit einem Seufzen, das da ein unergründliches Seufzen über alle Maßen ist. Das geht weit über die menschliche Natur, und der Heilige Geist muß dieses Seufzen in uns vollenden, wie Sankt Paulus sprach: „Der Heilige Geist bittet für uns mit seufzendem Flehen" (Röm. 8, 26).

Hier wird der Grund bereitet, über alle Bereitung hinaus, die man je erdenken mag auf Erden. Nehmt dies wahr, wie der arme Mensch in diesem Jagen und in unergründlicher Angst ist und mit unaussprechlichen Seufzern zu Gott ruft mit solchem Begehren, daß es durch die Himmel dringt; und wie Gott sich dann verhält, als ob er es gar nicht höre oder nichts davon wissen wolle; wie muß da das Begehren hinwieder sich mehr und mehr in dem Grunde gedulden und bereitwillig werden! O wie kann das sein? Der Brunnen der vollkommenen Barmherzigkeit verschloß sich, als die arme Frau rief; der Brunnen ward verschlossen in dem Ausfluß, der sich anderen[1] erschlossen hatte. Welch Wunder ist dies, daß Gott schweigt?[2] Und die Jünger baten und sprachen für die arme Frau. Zuletzt sprach Jesus gar hart, er sei nur gesandt zu den verlorenen Schafen des Hauses Israel, und „es ist nicht gut, daß man das Brot den Kindern nehme und es den Hunden vorwerfe". Er verfuhr hier noch härter und geringschätziger, indem er ihre Bitte nicht allein abschlug, sondern er stellte sie auf die Probe mit seinen Worten, daß er ihr gegen Recht und Billigkeit Gnade erweisen solle. Er versagte ihr nicht allein das Brot, das doch ein notdürftig Ding genannt wird und allen gemein ist, sondern er leugnete, daß sie ein

---

[1] Oder: der sich Adam erschlossen hatte (?). Hs. S hat dafür: „adren", was wie „andren" zu lesen wäre (?).

[2] Corin, Sermons I, 242, Anm. 3 schlägt mit Bezug auf Ge 1 die hier benutzte Lesart vor.

Kind Gottes sei, er leugnete und sprach ihr menschliches Wesen ab und hieß sie einen Hund. Wie hätte er sie mehr prüfen und versuchen können, sie empfindlicher jagen und treiben können?

Wie begegnete sie all diesem Jagen? Sie ließ sich jagen und jagte sich selber noch tiefer, als er zu tun vermochte; sie ging mit dem Jagen hin auf den Grund, drang noch tiefer hinein in den Abgrund und sprach: „Nein, Herr, nicht nur ein Hund, mehr noch: ein kleines Hündlein." Bei diesem Versinken und dieser Vernichtung ihrer selbst blieb sie doch im Vertrauen und sprach: „O Herr, doch geschieht es zuweilen, daß die kleinen Tiere, die kleinen Hündchen gespeist werden mit den Bröcklein, die von der Herren Tische fallen."

Oh, wem eine solch wahre Entrückung in den Grund der Wahrheit gelänge, nicht mit Auslegungen noch mit Worten, noch mit den Sinnen, sondern in den wahren Grund! Weder Gott noch alle Geschöpfe könnten ihn so tief niederdrücken, vernichten noch versenken, daß er nicht noch viel tiefer sänke in Wahrheit, und daß weder Gott noch alle Geschöpfe ihm alles so versagen, so ihn vernichten, so ihn entblößen könnten. Er bliebe dennoch stets in Ausdauer stehen und schöbe alles noch tiefer in ganzer Zuversicht und ließe sein Streben immer noch wachsen. Ja dies wäre das, woran alles gelegen ist. Und wem dies gelänge, dem wäre wohl gelungen. Wahrlich, diese Wege, die führen in der Wahrheit allein recht in Gott, ohne alle Hindernisse. Gleichwohl können etliche ein unergründliches Vernichten und wahres Verharren in dem Grunde in rechter wahrer Zuversicht sich nicht ausdenken, wie jene Frau tat.

Darum auch ward ihr die Antwort: „O Frau, groß ist dein Glaube, wie du glaubst, so geschehe dir, wie du willst, so werde dir zuteil." Wahrlich, allen, die in dieser Weise und auf diesem Weg wahrhaft gefunden werden, wird *so* geantwortet werden. Alles, was du willst, das soll dir geschehen in all der Weise, wie du willst; denn du bist aus dem Deinen herausgegangen, so mußt du gleichermaßen in all das Meine eingehen. Denn alles, was man will, kann man nur bei voller Vernichtung[3] des Ge-

---

[3] Nach Roethes Vorschlag, „núten" zu lesen; s. Vetter, Lesarten zu 45, 8.

schöpfes in uns besitzen. Alles, was du willst, das soll dir sein und geschehen; dies kann aber nur geschehen, indem der Mensch sich in dem Seinen verleugnet. In dem Maße, in welchem der Mensch das Seine verläßt, in dem Maße wahrlich geht Gott in ihn ein.

Ich will euch nun gar nichts mehr sagen; nur eine kleine Geschichte will ich euch erzählen, die wohl hierher gehört. Ich kenne eine kanaanäische Frau — so darf sie wohl genannt werden; die Geschichte trug sich vor vier Jahren zu, und jene Frau lebt noch. Diese ward aus ihren Sinnen entrückt und kam so weit, daß sie Gott sah und unsere Liebe Frau und alle Heiligen. Als sie diese sah, erkannte sie, daß sie Gott unaussprechlich fern sei. Da ward ihrem Geist unsagbar und unglaublich wehe, und sie fühlte höllische Qualen dieser Entfernung wegen; denn darin besteht die größte Pein der Hölle, daß die Verurteilten sich von Gott getrennt[4] fühlen. In dieser unaussprechlichen Not, in der sich ihr Geist befand, wandte sie sich an unsere Liebe Frau und an alle Heiligen und bat sie allesamt um ihre Hilfe. Aber sie sah, daß diese alle so aufs höchste in Gott versunken und verhaftet waren, daß sie ihres Rufens gar nicht achteten; so groß war deren Freude und Wonne, daß sie ihr Rufen nicht hörten und dessen nicht achteten. Da wandte sie sich in menschlicher Weise zu den göttlichen Schmerzen und der Todespein und den Wunden unseres Herrn Jesus Christus; da erhielt sie die Antwort, was ihr die Anrufung derer solle, denen sie nie Ehre erwiesen habe. Da sie sah, daß ihr weder die Anrufung unserer Lieben Frau noch der Heiligen, noch der Leiden unseres Herrn half, da wandte sie sich an den Herrn selber, und ihr Geist sprach: „O Herr, da mir niemand hilft, so sieh, lieber Gott, daß ich dein armes Geschöpf bin und du mein Gott bist, und nach deinem liebsten Willen fälle dein Urteil; willst du mich in dieser abgrundtiefen, höllischen Qual ewiglich belassen, so überlasse ich das, lieber Herr, allzumal deinem Wohlgefallen." Und dann ließ sie sich in den Grund niedersinken für alle Ewig-

[4] Nach dem LT, BT, AT und der Hs. Ge 1; s. Strauch: PBB XLIV, 21 zu Vetter 45, 18.

keit. Kaum aber hatte sie sich gelassen, da wurde sie weit über alle Hindernisse emporgehoben und sogleich in den Abgrund Gottes gezogen: sie wurde geradezu von der wunderbarlichen Gottheit verschlungen. O welch ein wonniglicher Abgrund ist das! Diese selbe Person wird noch alle Tage auf dem gleichen Weg entweder in den Grund oder auf denselben Weg gezogen; sie ist noch ein junges Mädchen. Ich glaube fürwahr, daß sie in ihrem ganzen Leben nie eine schwere Sünde beging, womit sie Gott erzürnte. Meine lieben geistlichen Kinder, welches Hemmnis wird aber bei denen sich zeigen, die Gott oft erzürnen und so häufig erzürnt haben und so fest an den irdischen Dingen kleben?

Jene Frau überließ sich Gottes Willen, in höllische Qual für die Ewigkeit. So tun die nicht, die es in vier oder fünf Jahren recht deucht, von Gott wunder was zu erlangen, und die so sprechen: „Ach, bitte für mich, daß ich einer der allerliebsten Gottesfreunde werde." Du solltest dich dessen nicht für würdig erachten, daß du der allergeringsten einer werden könntest; setze dich an die allerniedrigste Stelle, wie jenes Evangelium lehrt, so wirst du erhöht; aber die sich selbst erhöhen, die werden erniedrigt. Begehre, wie Gott es von Ewigkeit her gewollt hat und welchen Platz er für dich nach seinem allergefälligsten Willen vorgesehen hat.

In solcher Weise geht man in Gott ein, daß man sich von seinem Eigenen lossagt, ganz und gar, in allem, was man hat. Und wer davon wahrhaftig ein wenig erlangen könnte und wem dies ein Funke würde, das würde mehr bereiten und weiterführen, als wenn der Mensch alle Kleider sich vom Leib risse und sie wegschenkte und er Dornen und Steine äße, falls die Natur dies zuließe. Und einen Augenblick so gelebt, wäre nützlicher als vierzig Jahre nach eigenem Gutdünken. Dies wäre der edelste und kürzeste und der leichteste von all den Wegen, die unsere eigene Vernunft erkennen kann. — Oh, womit geht ihr um und verliert eure edle wonnigliche Zeit und versäumt das liebliche lautere Gut, das in euch ohne Unterlaß könnte und sollte geboren werden, und lauft diese langen Jahre wie in einem Kreis herum und kommt nicht voran, und nach manchem Jahr eures Lebens seid ihr nicht weiter in wahrer Vollkommenheit als in dem ersten, da ihr begannt. Das ist doch gewißlich ein kläglich Ding. Ach, erkenntet ihr doch den unaussprechlichen Schaden!

Nun wollen wir den Herrn bitten, daß wir uns so in ihn versenken können, daß wir (in der Stunde unseres Todes) *in* ihm gefunden werden. AMEN.

Ego sum lux mundi, dicit Dominus
Ich bin das Licht der Welt, spricht der Herr (Joh. 8, 12)

10

Eine Predigt auf den Samstag vor Palmabend zum Evangelium des heiligen Johannes. Sie lehrt uns in unseren Ursprung zurück- kehren, zeigt uns, wodurch wir daran gehindert werden, und gibt auch den Unterschied zwischen den wahren und den falschen Gottesfreunden an, den zu kennen notwendig ist.

UNSER HERR SPRACH: „Ich bin das[1] Licht der Welt!" Die Juden antworteten, er sei von Galiläa und seine Landsleute hätten mit ihm zu tun, nicht sie[2]. Er erwiderte: „Ich bin das[3] Licht aller Welt und aller Menschen." Und von diesem Lichte, das alle Geschöpfe wieder in ihren Ursprung zurückführt[4], emp- fängt das seine jedes Licht des Erdreiches: leibliches, wie Sonne, Mond und Sterne und die leiblichen Sinne des Menschen, und auch geistiges, wie das Licht der menschlichen Denkkraft. Und kehren sie nicht wieder dahin zurück, so sind sie in sich selber eine wahre Finsternis diesem wahren, wesentlichen Licht gegen- über, das ein Licht aller Welt ist. Nun sprach unser lieber Herr: „Gib dein Licht hin, das in Wahrheit eine Finsternis gegen mein Licht ist, und wandle dich meinetwillen um in dein Gegenteil;

[1] So auch Corin, Wi 2, S. 49, 1; s. Lesarten zu 49, 1—2.
[2] Vgl. Corin, Wi 2, S. 49, 4 und Lesarten.
[3] Entsprechend Anm. 1.
[4] Unter Heranziehung Corins Wi 2, S. 49, 9 f. und der Erläuterung Wysers, a. a. O. S. 244.

da ich das wahre Licht bin, will ich dir für deine Finsternis mein ewiges Licht geben, daß es ebenso dein wie mein sei, mein Sein und Leben, meine Seligkeit und Freude." So bat er auch seinen Vater, „daß sie mit uns eins seien, wie wir eins sind, ich in dir und du in mir, nicht vereinigt, sondern völlig eins, daß sie so eins mit uns seien", doch nicht der Natur nach, sondern durch Gnade auf unbegreifliche Art und Weise.

Nun streben doch alle Elemente nach ihrem ersten Ursprunge zurück, der Stein, das Feuer und alle Dinge. Wie mag das nun kommen, daß der Mensch, dieses edle Geschöpf, ein Wunder über alle Wunder, um dessentwillen der liebreiche Gott alles geschaffen hat, Himmel und Erde und alle Dinge, daß der so in sich verharrt und sich nicht auf Gott hinkehrt noch in seinen ewigen Ursprung hineilt, in das Ziel, in das Licht?

Hier ist nun *zweierlei* zu beachten: *das eine,* wie der Mensch wieder zu seinem Ursprung zurückkehren solle, welches der Weg zu diesem Ziel und auf welche Weise dahin zu kommen sei; *das andere,* welches die Hindernisse sind, die von der Verfolgung dieses Zieles abhalten und den Menschen hindern, dorthin zu gelangen; das muß jedenfalls ein großes Ding sein, das den Menschen an der Erlangung eines so unaussprechlich großen Gutes hindert und dich auf Abwege bringt.

Diese Hindernisse sind von zweierlei Art in zweierlei Leuten. Die ersten, das sind weltliche Herzen, die ihre Lust und ihr Genüge in den Geschöpfen suchen und in den Sinnen; und damit zehren sie ihre Kraft auf und ihre Sinne, und all ihre Zeit geht ihnen damit hin. Diese leben gänzlich in der Finsternis und stellen das Gegenteil von diesem Licht dar.

Die andern, das sind solche geistliche Leute, die in großem Ansehen stehen und einen gar großen Namen besitzen und weit über diese äußere Finsternis, so dünket sie, hinausgekommen sind; in ihrem Grund aber sind sie Pharisäer und voll Eigenliebe und Eigenwillens und so recht ihres Strebens eigener Gegenstand. Diese sind sehr schlecht von außen von den Gottesfreunden zu unterscheiden, weil sie wohl zuweilen mehr Zeit auf äußere Übungen verwenden als die wahren Freunde Gottes, auf Beten, Fasten und Strengheit der Lebensführung; so sind sie von außen nicht leicht zu erkennen; doch der Geist Gottes und der Mensch, in dem der Geist Gottes ist, beurteilt sie richtig. Aber ein äußerer Unterschied trennt sie von den wahren Gottesfreunden: sie sind voll des Urteils über andere Leute und die Freunde Gottes; sich selbst aber beurteilen sie nicht; die wahren Gottesfreunde aber sprechen über niemanden das Urteil außer über sich selbst. Jene suchen in allen Dingen das Ihre; sie denken nur an sich; in allem, bei Gott und bei den Geschöpfen, suchen sie das Ihre. Diese pharisäische Art, auf die sie abzielen, die sie suchen, ist so tief und gründlich in ihrer Natur gefestigt, daß alle Winkel (der Seele) des Menschen voll davon sind; und ebenso leicht könnte man eiserne Berge durchbrechen als dies auf natürlichem Weg überwinden. Aber dies kann nur auf *eine* Weise gelingen: nämlich, daß Gott in ihnen ganz die Oberhand gewänne und den Platz einnähme; das geschieht aber nur bei seinen Freunden.

Aber leider ist die ganze Welt voll jener Art, und solch großer Schaden ist fern und nahe daraus entstanden, daß den wahren Gottesfreunden das Herz im Leib verdorren und erkalten könnte, darum daß sie sehen, wie ihrem Gott in vielen Menschen so großes Unrecht zugefügt wird von den verderblichen Fehlern der Menschen.

Auf solchen Grund muß viel Eifer verwandt werden. Solange der Mensch lebt, wird er nie so ganz getötet noch überwunden, daß an ihm nicht noch zu tun übrigbliebe. Dies ist ein schweres Hindernis, auf dem Wege zu dem wahren Licht und zu diesem Ursprung. Menschen mit einem solchen Grund verfallen auf ihr natürliches Licht und verharren dabei, denn das Licht der natürlichen Vernunft gewährt eine so große Lust, daß alle Lust der Welt dagegen nichts ist, was sie auch zu bieten vermag. Und dies haben auch solche Heiden erkannt, die allein in dem natürlichen Licht geblieben und nicht darüber hinausgekommen sind, so daß sie in ewiger Finsternis bleiben mußten. Dies also sind die Hindernisse des wahren Lichtes.

Das andere, was wir hier merken sollen, ist die Weise und der wahre kürzeste Weg, in diesen Ursprung und in dieses wahre Licht zu kommen. Da muß der Mensch sein eigenes Selbst wahrhaft verleugnen und nur Gott in lauterer tiefer Art im Sinne haben und lieben. Er darf nicht das Seine suchen in keinem Ding, sondern allein auf Gottes Ruhm und Ehre abzielen und alles von Gott erbitten unmittelbar, wo es auch herkomme. Und er soll ihm jegliches Ding wieder darbringen, auch ohne alle Umwege und jegliche Umschweife, daß da entstehe ein ganz ungehemmtes Hin- und Wiederfließen: das ist der wahre rechte Weg.

Hier scheiden sich die wahren Gottesfreunde von den falschen. Die falschen beziehen alle Dinge auf sich selber, eignen sich die Gaben an und bringen sie Gott nicht wieder in reiner Absicht dar, mit Liebe und Dankbarkeit und Verleugnen ihres Selbst und völligem lauterem Aufgehen in Gott. Wer dies am meisten besitzt, der ist der vollkommenste Freund Gottes. Wer dies aber nicht sucht und nicht besitzt, sondern auf seiner eignen Liebe verharrt, der sieht — wird er bei seinem Tode in diesem Stande gefunden — das wahre Licht niemals; und dies wird in um so bedenklicherer und schädlicherer Weise vermißt, als man nicht erwägt noch wahrnimmt, daß die Natur sich da ganz findet, wo man Gott zu suchen scheint.

Ob sie die wahre Gottesliebe haben, das wird man auch gewahr, wenn große schwere Leiden über die Menschen kommen; mit diesen fliehen die wahren Gottesfreunde hin zu Gott[5] und erleiden sie um seinetwillen und nehmen sie von ihm an, so daß sie sie mit ihm oder in ihm leiden; oder sie verlieren sie in ihm gänzlich, weil Gott sich ihnen so innig verbindet, daß ihnen Leiden in ihm kein Leiden mehr ist, ja es ihnen zur Freude und Wonne wird. Trifft aber die falschen Freunde Gottes in ihrer pharisäischen Art ein Leiden, so wissen sie nicht, wohin laufen; und sie durchlaufen alles und suchen Hilfe, Rat und Trost; und wenn sie ihn nicht finden, so wollen sie zerbrechen und verzweifeln; da ist denn große Sorge, daß es ihnen an ihrem Ende schlimm ergehen werde; denn sie finden in ihrem Grunde, in sich selbst, Gott nicht. Sie haben ihr Haus nicht auf Christus, der da der Grundstein ist, gebaut, darum müssen sie in den Abgrund stürzen.

---

[5] Nach einem Korrekturvorschlag Strauchs: PBB XLIV, 21 zu Vetter 49, 10.

Diese Leute sind tausendfach schlimmer dran als die gewöhnlichen weltlichen Leute; die halten sich für böse und verharren in demütiger Furcht wie auch das gewöhnliche Volk, das doch unserem Herrn folgte; aber die Pharisäer, die Vorsteher und die Schriftgelehrten, die nach außen so fromm schienen, die leisteten ihm hartnäckig Widerstand und führten seinen Tod herbei: diesen getraut man sich nichts zu sagen, sie widerstehen oder fliehen, wie sie auch taten, als Christus auf die Erde schrieb; da wollten sie ihr Gebrechen nicht zugeben, und die Flucht begann zuerst bei den Meistern und Ältesten, bis alle geflohen waren (Joh. 8, 1 ff.). Den einfachen Leuten ist viel besser zu raten und zu helfen, weil sie ihr Gebrechen bekennen und aller derer gut Rat wird, die sich für gebrechlich halten und in Furcht und Demut leben.

Gegen die mannigfaltigen Hindernisse hat uns der liebreiche Gott große Hilfe und Trost gegeben; er hat uns seinen eingeborenen Sohn gesandt, auf daß sein heiliges Leben und seine große vollkommene Tugend, sein Vorbild, seine Lehre und sein mannigfaltiges Leiden uns aus uns selber herauslocken, daß wir unser dunkles Licht erlöschen lassen in seinem wahren wesentlichen Licht; und er hat uns die heiligen Sakramente gegeben, angefangen mit der heiligen Taufe und der heiligen Firmung; darnach, sobald wir sündigen, die heilige Beichte und die Buße, dazu seinen heiligen Leib und schließlich die heilige Ölung.

Dies sind starke Unterstützungen und Hilfen, um wieder in unseren Ursprung und in unseren Beginn zurückzukehren. So spricht der heilige Augustinus: „Die große Sonne hat unter sich eine kleinere geschaffen und sie mit einer Wolke beschattet, doch nicht, um sie unsichtbar zu machen, sondern um ihren Glanz zu mäßigen, damit wir sie ansehen können": die große Sonne, das ist der himmlische Vater, der hat unter sich eine geringere Sonne hervorgebracht, den Sohn. Und obwohl dieser ihm gleich ist, der Gottheit nach, so hat er sich selbst erniedrigt der Menschheit nach, nicht um sich uns zu verbergen, sondern daß sich sein Glanz mindere, damit wir ihn ansehen könnten. Denn „er ist das wahre Licht, das einen jeglichen Menschen erleuchtet, der in diese Welt kommt".

73

„Dieses Licht leuchtet in die Finsternis, und die Finsternis nahm das Licht nicht an." Dieses Licht empfängt niemand als die Armen im Geist und die sich ihres Selbst in der Eigenliebe und im Eigenwillen entledigt haben. Es gibt ihrer viele, die arm gewesen vierzig Jahre an äußeren Gütern und die gar nichts von jenem Licht wahrgenommen haben. Sie verstehen es wohl und haben es in Sinn und Verstand, aber im Grunde ist es ihnen fremd und ihrem Geschmacke zuwider.

Meine Lieben, setzt hieran alles, was ihr im Geist und in der Natur zu leisten vermögt, daß ihr dieses wahre Licht verkosten könnt. So könnt ihr in euren Ursprung gelangen, in dem dieses wahre Licht glänzt. Begehrt, daß euch dies zuteil werde, darum bittet mit und ohne Natur, daran setzt all eure verfügbare Kraft; bittet die Gottesfreunde, daß sie euch dazu helfen, hänget denen an, die Gott anhangen, daß sie euch mit sich in Gott hineinziehen. Daß dies uns allen werde, dazu helfe uns der liebreiche Gott. Amen.

Si quis sitit, veniat et bibat
Wen dürstet, der komme und trinke (Joh. 7, 37)

11

Diese Predigt auf das Evangelium des heiligen Johannes vom Montag vor Palmsonntag vom Leiden unseres Herrn spricht vom Liebesdurst nach Gott und wie der Mensch gejagt wird von den Hunden mannigfaltiger Versuchungen.

AM LETZTEN TAGE eines hohen Festes rief unser Herr mit starker, lauter Stimme: „Wen da dürstet, der komme zu mir und trinke." Das liebreiche Leiden unseres Herrn, vor dem wir nun stehen, soll kein Mensch aus seinem Herzen lassen ohne große Bewegung, Mitgefühl und Dankbarkeit. Zudem sollen, da Gott unser ewiger Vater und Herr so große Schmach und mannigfache Pein gelitten, alle die, welche gerne seine Freunde wären, gerne leiden, was immer zu Recht oder zu Unrecht über sie kommt; sie sollen sich billig der Ehre und der Seligkeit freuen, daß sie ihm darin gleich werden und ihm auf dem Weg, den er selber ging, folgen dürfen.

Dann, „wenn jemanden dürstet", was bedeutet dieser Durst? Nichts anderes, als daß ein Liebesbrand in der Seele entsteht, sobald der Heilige Geist in die Seele kommt und dort ein Liebesfeuer entfacht[1], eine Liebesqual[2], aus der ein Liebesbrand in der

---

[1] Ge 1 hat „ontfunet": das dürfte eher in den Zusammenhang passen als Vetters Text „enphohet" oder der der Hs. Wi 2 (Corins Ausg.), S. 61, 1. Vgl. zudem die in App. (1) dort gegebenen Hinweise.
[2] Bei den zahlreichen Formen des Wortes „quâl", wie z. B. kôle, kol, Vetter S. 51, 8 „kolen", erscheint die gegebene Übersetzung vertretbar.

Seele entsteht; die Hitze wirft Funken aus, die dann einen Durst nach Gott erzeugen und ein liebevolles Begehren. Und zuweilen weiß der Mensch nicht, was mit ihm ist, denn in sich findet er ein Herzeleid und einen Überdruß an allen Geschöpfen. Dieses Verlangen ist dreifach in dreierlei Leuten, die einander gar ungleich sind. Die erste Art findet sich in beginnenden Menschen, die andere in zunehmenden, die dritte bei denen, die vollkommen genannt werden, soweit das in diesem Leben möglich ist.

Der heilige David sprach im Psalter: „So wie den Hirsch nach der Wasserquelle dürstet, so dürstet meine Seele nach dir, o Gott." Wenn der Hirsch heftig von Hunden gejagt wird durch Wälder und über Berge, so wird von der großen Hitze großer Durst in ihm erregt und Verlangen nach Wasser, mehr als bei anderen Tieren. Ebenso wie der Hirsch von den Hunden gejagt wird, so auch der beginnende Mensch von den Versuchungen, sobald er sich gerade erst von der Welt abkehrt; und besonders von seinen starken, großen, groben Gebrechen wird der Mensch heftig gejagt. Das sind die sieben Hauptsünden, die jagen ihm mit großen, leidenschaftlichen Versuchungen nach, viel mehr als da er noch in der Welt war. Da kam die Versuchung unmerklich über ihn, nun aber wird man ihres Jagens inne. So sprach Salomon: „Mein Sohn, wenn du zum Dienst Gottes herzutrittst, so mache dein Herz stark gegen die Versuchung." Je stärker und ungestümer nun dieses Jagen ist, um so größer sollte auch der Durst, den wir nach Gott haben, und das Verlangen und das Begehren sein. Nun geschieht zuweilen, daß der Hunde einer den Hirsch erreicht und ihm mit den Zähnen in den Leib fährt. Wenn der Hirsch sich von dem Hund nicht befreien kann, so schleift er ihn mit sich bis an einen Baum, schlägt ihn dann wohl heftig dagegen, zerschmettert ihm den Kopf und wird seiner so ledig. Ebenso sollte der Mensch verfahren. Wenn er seine Hunde, das heißt seine Versuchungen, nicht überwinden kann, so soll er mit großer Hast zum Baum des Kreuzes und des Leidens unseres Herrn Jesus Christus eilen und so seinem Hund, das heißt seiner Versuchung, den Kopf zerschlagen, das heißt, er überwindet da alle Versuchungen und befreit sich gänzlich von ihnen.

Wenn der Hirsch sich nun der großen Hunde erwehrt hat, so kommen die kleinen, laufen unter ihn und zwicken ihn hier und da, und davor hütet sich der Hirsch nicht genug, und doch zerbeißen sie ihn ganz so, daß er davon schwach werden muß. Ebenso geht es dem Menschen. Hat er sich der großen Sünden erwehrt und sie überwunden, so kommen dann die kleinen Hündlein, vor denen er sich nicht hütet, das sind Gespielen oder Kleinode oder die Gesellschaft oder Kurzweil oder menschliche Liebenswürdigkeit, und die reißen ihm hier und da Stücklein aus, das heißt, sie zerstreuen ihm Herz und Innerlichkeit, daß er notwendigerweise schwach wird in allem göttlichen Leben und aller Gnade und Andacht. Aller fromme Ernst und Gottsuchen und heilige Andacht verblaßt in ihm. Dies ist ihm oft viel schädlicher als die großen Versuchungen. Vor denen nämlich hütet er sich und hält sie für unrecht, aber der kleinen achtet er nicht. So viel schädlicher sind die Dinge, deren Gefahr man nicht erkennt, als die, deren Gefährlichkeit man erkennt; so ist es auch mit den Umständen, auf die man nicht achten will, wie der Verkehr mit den Gespielen oder Tücher, Kleider, Kleinode.

Wie nun der Hirsch nach jedem Jagen immer mehr erhitzt wird und sein Durst wächst und zunimmt, so sollte in Wahrheit der Mensch von jeder Versuchung immer mehr erhitzt und in wahrem Durst zu Gott hingerissen werden, wo er nichts fände als Wahrheit, Frieden, Gerechtigkeit und Trost.

Wenn der Hirsch nun zu durstig und müde ist, so füttern zuweilen die Jäger die Hunde ein wenig und halten sie zurück, wenn sie des Hirsches in dem Gehege sicher sind; sie lassen ihn sich eine kleine Weile abkühlen, und er wird dann ziemlich gestärkt und kann dann das Jagen ein zweites Mal um so besser aushalten. Ebenso verfährt unser Herr: sobald er sieht, daß die Versuchungen und das Jagen zuviel und zu schwer werden, so hält er beide ein wenig auf, und der Mensch erhält einen Tropfen in den Mund seines Herzens, einen Geschmack der Süßigkeit göttlicher Dinge. Das stärkt ihn so, daß ihm alle Dinge, die nicht Gott sind, nicht mehr zusagen und ihm dünkt, er habe alle seine Not überwunden. Das ist aber nur die Stärkung für ein neues Jagen; und wenn er es am allerwenigsten vermutet, sind ihm die Hunde am Halse und stellen ihm mehr nach denn zuvor; aber er ist nun gestärkt und vermag viel mehr als zuvor.

Aber dies tut Gott aus wunderbarer Treue und großer Liebe, daß er die Jagd über den Menschen kommen läßt, denn durch diese Jagd wird der Hirsch (das heißt der Mensch) von Rechts wegen zu Gott gejagt, und Durst wird in ihm rege nach dem, in welchem aller Friede und alle Wahrheit und ganzer Trost in Wahrheit ist. Das tut er, damit dem Menschen der Trunk, der ihm den Durst stillt, um so süßer und lieblicher und lustvoller hier in der Zeit und später in der Ewigkeit sei. Dort wird man aus dem allersüßesten Brunnen trinken mit vollem Munde, aus seinem eigenen Ursprung und Gottes väterlichem Herzen und hier zu solchem Trost, daß ihm — dem Menschen — alle Dinge klein werden und er alle Mühen um Gottes willen zu tragen vermag.

Wenn so der Hirsch alle Hunde überwunden hat und ans Wasser kommt, so beugt er sich mit dem Munde völlig ins Wasser und trinkt mit vollen Zügen, soviel er nur kann. So tut es auch der Mensch, sobald er sich mit unseres Herrn Hilfe von der ganzen Schar großer und kleiner Hunde befreit hat und aufrichtigen Sinnes mit diesem Durst zu Gott kommt. Was soll er dann tun? So viel des göttlichen Trankes in sich ziehen und mit vollem Munde trinken, daß er ganz trunken werde und Gottes so voll, daß er in Wonne und Überfluß seiner selbst vergißt. Ihm dünkt dann, er könne Wunder wirken; er glaubt, er könne unversehrt und fröhlich durch Feuer, Wasser und tausend Schwerter gehen, ja der Spitze des Schwertes trotzen; er fürchtet weder Leben noch Tod; Lieb und Leid ist ihm gleich. Das kommt davon, daß solche Menschen trunken geworden sind, dies nennt man jubilieren. Zuweilen schreien, zuweilen lachen oder singen sie.

Dann kommen die vernünftigen Leute, die nichts davon wissen, welche Wunder und Werke der Heilige Geist mit den Seinen wirkt, denn sie haben oder verstehen nichts, als was Natur ihnen gibt. „Gott behüte!" sagen diese, „was seid ihr so unbesonnen und ungestüm?" Gott tut das, daß jene so trunken sind, doch davon wissen diese nichts. Dann kommen jene in eine unaussprechliche Freude, daß ihnen alle Dinge zur Freude und Wonne gereichen. Wie es ihnen auch gehe, was man ihnen auch tue, stets sind sie in wahrem Frieden und in wahrer Freude, denn der Liebesbrand liegt in ihnen und glimmt und glüht und verzehrt alles Wasser, das in ihnen ist; so läßt sie das Feuer in Freude und Wonne aufwallen.

Die Dritten, die sterben, denen bricht das Herz davon, daß sie die großen Gotteswerke nicht ertragen können, die so gewaltig und so groß in ihnen sind. Wisset, daß hiervon mancher Mensch gestorben ist, der sich diesem wunderbar großen Werke so sehr hingab, daß es seine Natur nicht ertragen konnte und darunter zerbrach.

Wenn nun unser lieber Herr sieht, daß Menschen auf solche Weise sich übernehmen und ganz (in jenem Erleben) untertauchen, so handelt er wie ein guter wackerer Hausvater, der viel edlen guten Wein in seinem Keller liegen hat, sich niederlegt und schläft. Gehen dann seine Kinder hin und trinken so viel des edlen Weines, daß sie trunken werden, so fertigt der gute Mann, sobald er aufsteht und dies sieht, eine gute Rute und verhaut sie so kräftig, daß sie ebenso traurig werden, als sie zuvor froh waren, und gibt ihnen so viel Wasser zu trinken, daß sie ebenso nüchtern werden, als sie zuvor trunken waren. Ebenso verhält sich unser Herr. Er tut als ob er schliefe und läßt seine Freunde gradewegs von dem Seinen nehmen und es gebrauchen, soviel sie davon haben mögen; aber sobald er sieht, daß es ihnen nichts mehr nützen und ihnen zuviel werden will, entzieht er ihnen das Empfinden und den Trost und den starken Wein und läßt sie so traurig werden, als sie zuvor froh waren, und so nüchtern, als sie zuvor trunken gewesen, derart, daß ihnen dieser Trost und dieses Empfinden fremd zu werden beginnt.

Und was hilft es ihnen nun auch, daß sie so trunken wurden? Es dürstete sie sehr, und man gab ihnen vollauf zu trinken. Aber hiermit lockte und löste sie der Herr aus sich selber und aus allem Schmerz der Gefangenschaft der armen Geschöpfe.

Aber nun sind sie zu wild geworden, und nun will er sie wieder zu sich selber in Nüchternheit bringen. Da werden sie also wohl gezähmt und besonnen und sehen nun, wer sie sind und was sie vermögen, denn sie sind zu sich selber gekommen. Die zuvor niemand hätte hemmen können — sie wollten alles mehr, als ihnen jemand hätte sagen können, sie wollten mehr leiden und wollten mehr wirken —, die werden jetzt so gedämpft. Solange sie auf ihre eigene Kraft angewiesen sind, können sie kaum ein kleines Werk tun ohne große Beschwernis und ein kleines Wörtlein kaum ertragen; nun sehen sie, wer sie selber sind und was sie mit ihrem eigenen Wert und eigener Kraft vermögen, und dadurch werden sie ganz besonnen, ganz gläubig und stille.

Und das ist noch alles im Bereich der niederen Kräfte gewesen, all dieses Empfinden, dieses Stürmen, dieses Werk; und darin will Gott keineswegs wohnen; seine Heimstatt ist da nicht, da ist ihm zu eng und zu klein; er kann sich da nicht bewegen; da kann er sein Werk nicht ausführen; er will und muß in den oberen Kräften wohnen und da göttlich und eigentümlich wirken; da allein ist seine Wohnstatt, da findet er sein eigen Bild und Gleichnis; da wohnt Gott und wirkt da; und wer Gott wirklich finden will, der suche da und nirgendwo anders.

Wer dahin gelangt, der findet, was er weit und auf langen Umwegen gesucht hat. Da wird dann der Geist über alle Kräfte hinweg in eine einsame Wildnis geführt, von der niemand sprechen kann, in die verborgene Dunkelheit des weiselosen Gutes. Da wird der Geist so nahe geführt in die Einheit der einfachen weiselosen Einheit, daß er alles Unterscheidungsvermögen verliert, sogar das von Gegenständen und Empfindungen. Denn in der Einheit verliert man alle Mannigfaltigkeit; die Einheit nämlich einigt alle Mannigfaltigkeit.

Sobald diese Menschen zu sich selber kommen, haben sie eine schönere, lieblichere Unterscheidung von allen Dingen als sonst jemand. Sie ist entstanden in der Einfachheit und Einheit. Eine klare, wahre Unterscheidung aller Artikel des lauteren Glaubens, wie Vater, Sohn und Heiliger Geist *ein* Gott sind, und so von aller Glaubenswahrheit. Es versteht niemand besser wahre Unterscheidung als die, welche in die Einheit gelangen; dies heißt und ist eine unaussprechliche Finsternis und ist doch das wirkliche Licht und ist und heißt eine unfaßbare einsame Wildnis, in der niemand Weg noch Weise findet, denn es ist über alle Weise.

Diese „Finsternis" soll man so verstehen: es ist ein Licht, zu dem keine geschaffene Denkkraft gelangen und das sie auch nicht verstehen kann. Und sie ist darum „wild", weil sie keinen (natürlichen) Zugang hat. In dieser wird der Geist über sich selbst hinaufgeführt, über all sein Begreifen und Verstehen. Da wird der Bronn getrunken aus seinem eigenen Grund, aus der wahren, wesentlichen Quelle; oh, da ist er so süß, frisch und lauter, wie ja alle Brunnen am süßesten sind in ihrem Ursprung, lauter und frisch, im Lauf aber warm und sauer werden. O welch lauterer, wonniglicher Brunnen wird der Seele hier aus der Quelle geschenkt! Hierein versinkt sie zugleich mit allem dem, was sie ist und kann. Gerne wollte sie mit vollem Munde trinken, aber dies kann ihr hier nicht zuteil werden. Doch sinkt sie und versinkt in den Grund, ganz wie ein Wasser, das auf dem Erdreich steht und in den Grund einsickert.

Wollte nun der Mensch, sobald er bis zu dieser Höhe gelangt ist, nach Art der niederen Kräfte müßig liegen und nichts tun, als diese Kräfte schlafen zu lassen, so wird nichts aus seinem Streben. Die niederen Kräfte soll man nach ihrer Art behandeln, sonst geht der Heilige Geist von solchem Menschen ganz und gar weg, und geistliche Hoffart entsteht und ungeordnete Freiheit; er überläßt sich der vernünftigen Selbstgefälligkeit, und aus ihm wird nichts; er verharrt ganz und gar auf seinem Stand. Vielmehr soll man sich in großer Demut unter Gottes Willen beugen. Gott verlangt dann in dem Menschen größere Lostrennung von allen äußeren Dingen denn je, aber stets in edlerer Weise als zuvor, und mehr Lauterkeit, Loslösung, unverbildete Freiheit und Einheit, innerliches und äußerliches Schweigen, tiefe Demut und alle Tugenden, die in den niederen Kräften ihre Statt haben. Ein solcher Mensch wird dann Gott vertraut; aus ihm wird ein gottseliger Mensch.

Seht ihr nun, wie und was? Habt ihr nun erkannt, welch wunderbare Wege Gott die Seele geführt und wie sein Wirken auf sie sich hier offenbart? Zuerst als sie das Seine in ihre Kräfte nahm, wie es ihr da verlorenging und wie sie das Seine nicht festhalten konnte; sie wurde verzagt, geriet in Unordnung, wurde verdrängt. Nun aber führt sie Gott hierher; er hat sie über sich selbst und all ihre Kräfte in sich selber hinausgehoben und gibt sich ihr allhier selbst, anders als zuvor, und hier wird sie gar liebreich geordnet. Das ist gerade das, was die Braut im Hohenlied spricht: „Introduxit me rex in cellarium — der Herr hat mich geführt und geleitet in seinen Weinkeller, und da hat er seine Liebe geordnet."

Wahrhaftig, er hat sie hier allzumal wohl geordnet und auf wunderbaren, ungewohnten Wegen sie geführt und geleitet, in den tiefen Abgrund hinein, in sich selber. Was sie da findet, übersteigt alle Sinne; Vernunft vermag es nicht zu erlangen, niemand kann es begreifen noch verstehen, es ist ein wahrer Vorgeschmack des ewigen Lebens.

Seht, wie die liebreiche Güte Gottes mit ihren Auserwählten spielen kann. Daß er uns zu sich hereinbringen könne und daß uns hiernach dürsten solle, danach verlangt ihn mit großem Sehnen, und darum rief er mit starker, lauter Stimme: „Wen dürstet, der komme zu mir und trinke!" Er hatte solches Verlangen, in uns einen Durst zu finden und den Willen zu solchem Durst; da wollte er uns so reichlich tränken, daß aus dem Leibe derer, die des Trankes genössen, lebende Wasser sich ergössen, die da fortströmen ins ewige Leben.

Was soll das heißen: aus deren Leibe? Ebenso wie der Leib die irdische Speise genießt, sie dann der Magen aufnimmt und sie verteilt wird an ein jedes Glied des Leibes und der ganze Leib zugleich davon gestärkt wird, so empfängt hier der Geist die edle göttliche Speise in diesem Trank, und sie wird von der wahren göttlichen Liebesglut an alle Glieder verteilt, in des Menschen ganzes Leben und Sein, daß alle seine Werke besser geordnet werden, so daß sie nicht besser geordnet sein könnten. Und wie allen Menschen besser wird von der inneren wahren Ordnung, so wird auch da der äußere Mensch wohlgeordnet und wird blühend und groß und stark zu allem, wozu Gott ihn haben will, und wächst fort ins ewige Leben. Daß uns allen dies zuteil werde, dazu helfe uns Gott. Amen.

Tempus meum nondum advenit, tempus autem vestrum semper est paratum
Meine Zeit ist noch nicht gekommen, eure Zeit aber ist immer da (Joh. 7, 6)

12

*Eine Predigt aus dem Evangelium des heiligen Johannes auf
Dienstag vor Palmsonntag, die lehrt, wie wir zum Fest uns mit
göttlicher Liebe erheben sollen und wie alle Regeln eines jeglichen Ordens dazu dienen, daß der Herr verborgenerweise in
unserem Gebet zugegen sei.*

UNSER HERR SPRACH: „Geht ihr hinauf zum Fest; ich will
jetzt nicht dorthin gehen; eure Zeit ist immer da; meine Zeit
ist noch nicht gekommen." Was ist das für ein Fest, zu dem
unser lieber Herr uns hinaufgehen heißt und dessen Zeit immer
da ist? Das oberste und wahrste und allerletzte Fest ist das des
ewigen Lebens, die ewige Seligkeit, da Gott in Wahrheit zugegen ist. Das kann hier nicht sein, aber das Fest, das wir hier
feiern können, das ist von jenem ein Vorgeschmack, ein Gefühl
inwendigen Genusses, inwendigen Fühlens der Gegenwart Gottes im Geist. Das ist die Zeit, die stets unser ist, daß wir Gott
suchen und seine Gegenwart im Sinn haben in all unseren
Werken, unserem Leben, unserem Wollen und Lieben. Und so
sollen wir uns erheben über uns selber und über alles, was nicht
Gott ist, indem wir nur ihn wollen, nur ihn lieben und nichts
anderes; diese Zeit ist stets unser.

Nach diesem wahren Fest des ewigen Lebens begehren nun
alle Menschen von Natur, denn alle Menschen wollen von
Natur aus selig werden. Aber dieses Verlangen genügt nicht;

wir müssen Gott erstreben und suchen um seiner selbst willen. Und diesen Vorgeschmack von dem großen wahren Hochfest, den hätten auch viele Leute gerne, und sie klagen, daß er ihnen nicht zuteil werde. Und finden sie keine höchste Freude in ihrem Grunde, wenn sie beten, und fühlen sie auch Gottes Gegenwart nicht, so verdrießt sie das, und sie beten dann um so weniger oder um so unlieber und sagen, sie fühlten Gott nicht, darum verdrieße sie ihr Wirken und Beten. Das sollte der Mensch nicht tun: wir sollen darum kein Werk weniger eifrig tun, denn Gott ist dabei doch gegenwärtig; aber wenn wir es auch nicht fühlen, er kam doch heimlich zu dem Fest. Wo Gott sich aufhält, da ist in Wahrheit ein hohes Fest; und er kann das nicht unterlassen noch darauf verzichten; er muß notwendigerweise da sein, wo man ihn reinen Herzens erstrebt und ihn allein sucht, da muß er notwendig sein; ist er auch in verborgener Weise zugegen, er ist doch stets gegenwärtig.

Aber daß wir ihn so lauteren Herzens suchen und unsere Gedanken auf ihn richten in allen unseren Werken und oft Einkehr halten sollen und uns über uns selbst emporheben, das ist die Zeit, die er meint, wenn er sagt: „Eure Zeit ist stets da, euch zu erheben"; aber seine Zeit ist nicht immer gekommen, daß er sich offenbaren wolle und solle, sich entdecken und offen zeigen; diese Zeit sollen wir ihm anheimstellen. Aber er ist ohne Zweifel heimlich da, wo er gesucht und erstrebt wird. Und darum nimm keine gute Übung weniger gerne vor, denn du findest ihn gewiß zuletzt doch, denn er ist da, aber dir noch verborgen.

Darauf zielen, dem dienen alle Anweisungen, Übungen und Werke, die wir in unserem heiligen Orden haben, und in allen anderen Orden, sie seien welcher Herkunft auch immer. In allen unseren Vorschriften und Einrichtungen geht es darum, daß wir Gott allein lauteren Herzens erstreben und er Feier halte in uns und wir mit ihm dahin gelangen, einen ungestörten Grund zu besitzen, in dem nur Gott sei, ganz lauter. Und soweit alle unsere Werke und Weisen dazu dienen, so weit sind sie löblich, heilig und nützlich, und wo dies nicht der Fall ist, da ist es wie in der jüdischen Synagoge. Der Alte Bund der hatte viel Ver-

ordnungen, viel Frömmigkeit, Frömmigkeitsvorschriften, große
Werke und dazu mancherlei beschwerliche Übungen; aber mit
alldem konnte niemand gerettet werden; er war nur eine Vorbereitung auf den Neuen Bund, und in diesem ward Gottes Reich
aufgeschlossen und aufgetan. Ebenso ist es mit allen äußeren
Übungen. Sie sind nur Weg und Vorbereitung; und hierin findet
sich von der Gottesfeier nichts, es sei denn das Alte werde versenkt und abgetan und das Neue komme in den Grund, und
zwar in Lauterkeit; sonst ist alles zu gering oder vielmehr nichts.

Meine Lieben, das haben wir alle Gott gelobt und mit Eiden
beschworen, daß wir ihn lieben und nach ihm streben wollten,
damals, als wir zuerst uns durch Eid von der Welt lossagten
und auf sie verzichteten; da schwuren wir ihm, daß wir ihm
dienen wollten und ihn lieben und unsere Gedanken auf ihn
richten und ihm dienen bis zum Tod. Von diesem Eid könnten
uns alle Priester und Bischöfe nicht entbinden, die je geboren
wurden, und dieser Eid bindet viel mehr, wie wenn wir einen
Eid vor Gericht[1] geschworen und gebrochen hätten. In höherem
Grad werden wir hier meineidig dessen, was wir Gott gelobt,
wenn wir mit Willen und Überlegung unser Herz und unsere
Liebe irgendwelchen Geschöpfen schenken. Wir werden dadurch
mehr meineidig als beim Bruch irgendeines Eides. Das ist's, was
unser Orden und alle unsere Gesetze bestimmen und bezwecken.

Dies fragten unsere Brüder unseren heiligen Vater Dominikus,
als er im Sterben lag, und baten ihn, daß er ihnen das unter-
scheidende Merkmal des Wesens seines heiligen Ordens angebe
und den Grund, um derentwillen er alle die Vorschriften erlassen
habe; die Ursache wollten sie wissen; den Tatbestand kannten
sie wohl. So geht es auch mit uns allen, die Gesetze kennen wir
wohl. Da deutete er ihnen den Grund und das Wesen und sagte,
es sei wahre göttliche Liebe und Demut und Armut im Geist
wie an äußerem Besitz. Dies ist die Grundlage unseres Ordens,
Gott zu lieben aus ganzem, reinem Herzen und nichts anderes;
und aus brüderlicher Liebe uns untereinander zu lieben wie uns
selbst; und in einem sich demütig Gottes Willen unterwerfenden

---

[1] Nach Strauchs Korrektur zu Vetter 58,14; s. PBB XLIV,21.

Gemüt und liebevollem Verhalten untereinander; und in Entblößung unseres eigenen Selbst und alles dessen, was nicht lauter
Gott ist, des Eigentums an äußerem Gut wie des Eigenwillens
und in Loslösung von allen Geschöpfen und allem, was uns an
Gott irremachen kann. Wir streben danach, daß Gott diesen
unseren Grund frei und mächtig besitzen möge, in den er sein
göttliches Bild gelegt hat, und daß er darin wohnen möge, woran
all seine Freude und sein Streben liegt[2].

Liebe Schwestern, dies allein will unser Orden. Darum sind
alle Orden und alle geistlichen Gemeinschaften, aller Klöster
Zucht, Gesetze und Vorschriften oder Klausen und allerlei
Lebensweisen, wie sie erscheinen oder heißen; und darum sind
alle unsere Regeln gegeben und eingerichtet; und je mehr sie
hierzu dienen, um so liebenswerter und nützlicher sind sie, und
desto mehr müßt ihr sie lieben und beobachten. Dies ist Absicht
und Grund unseres Ordens; und darum haben wir uns Gott
mehr versprochen und verlobt und sind ihm mehr schuldig;
und halten wir diese Grundlage unseres Ordens nicht, so brechen
wir Gott gegenüber sicherlich unser Gelübde. Aber halten wir
sie ihm, so haben wir die Ordnung, die Grundlage, das Wesen
des Ordens, den unser Vater Dominikus gemeint hat und alle
Väter, es sei Sankt Benedikt, Sankt Augustin, Sankt Bernhard,
Sankt Franziskus. Alle meinen sie diesen wesentlichen Kern, und
dahin zielen alle äußeren Gesetze und Vorschriften.

Diese Regel bitte ich euch, ihr Lieben, zu lernen: von Grund
aus Gott lieben und alle Dinge, soviel sie dazu dienlich sind, sie
seien beschaffen, wie sie wollen. In Wahrheit, dann will und
wird Gott ein großes und vollkommenes Fest mit uns halten
und begehen.

Nun müssen wir auch viel Vorschriften halten, in den Chor
gehen, singen und lesen, es geschehe gern oder ungern: und
darum wollen wir es lieber freudigen Sinnes tun als trockenen
Gemütes und mit Unlust, damit wir das ewige Hochfest nicht
verfehlen noch seiner verlustig gehen. Wohl ist es wahr, ein
Mensch, der ohne Todsünde ist und in heiligem gutem Willen,

---

[2] Nach dem verkürzten Texte im AT, KT.

so daß er nichts tun wollte, was gegen Gottes Willen ist, der wird in dem heiligen Glauben errettet; aber seid dessen gewiß, wollt ihr immer dieses liebreiche Fest Gottes empfinden, bei dem man Gottes Gegenwärtigkeit fühlt und sie gewahr wird, so müßt ihr ihm einen lauteren, mit fremden Dingen nicht beschäftigten Seelengrund bieten: so nur könnt ihr seines Wirkens in freudigem Genießen gewahr werden.

Das heißt wahre Andacht allein, daß dir nichts zusagt und du nach nichts verlangst als nach deinem Gott allein mit Lieben und Denken; dies ist der liebevolle Ruf, um dessentwillen hat uns der liebreiche Gott allein in diesen heiligen Orden gerufen. Diesem Ruf wollen wir folgen! Er hat uns erlöst von der bösen falschen Welt und in das heilige Leben wahrer Buße gebracht; denn von Natur aus sind wir Kinder des Zornes und des ewigen Todes und von uns aus würdig der ewigen Verdammnis.

Sankt Augustin sprach: „Der Mensch ist aus faulendem Stoff, stinkend und verderbend, eine plumpe Masse, ein faules Erdreich, dessen Ende der ewige Tod ist." Das überwindet man durch ein Leben der Buße und dadurch, daß uns der liebreiche Gott dazu eingeladen und gerufen hat aus freier lauterer Liebe ohne irgendwelches eigene Verdienst. Was ist das Leben der Buße seinem Sein nach und in Wahrheit? Nichts anderes als eine völlige, wahre Abkehr von allem Tun, das nicht Gottes ist, und eine völlige wahre Hinkehr zu dem lauteren wahren Gute, das Gott ist und heißt. Je mehr ein Mensch davon hat und je mehr dessen er tut, um so mehr Buße verrichtet er.

Und dafür sollt ihr, meine Lieben, billig und von Rechts wegen Gott überaus danken, daß er euch hierher geladen und gerufen hat, und das soll euch große, gewisse Hoffnung bereiten, daß Gott euch ewiglich bei sich in Ewigkeit behalten will. Er hat euch hierher zusammengebracht aus der falschen Welt und sich zu eigenen, besonders auserwählten Bräuten und Freundinnen berufen und so überaus liebreich eingeladen und zu seiner besonderen vertrauten Gemeinschaft erwählt.

Und dies ist wohl ein offensichtliches Zeichen, daß Gott uns in Wahrheit in dieser Erwählung gegenwärtig ist. Und es ist auch wohl zu erkennen, daß er jungen Menschen gegenwärtig ist, die ihr Herz zwingen, wo sie doch von Natur wild und der Welt zugeneigt sind, so daß sie sich festhalten und zähmen lassen und Gott nachfolgen und alle Geschöpfe verlassen; und obgleich sie kein starkes Empfinden von Gott haben, so schicken sie sich doch in Geduld: das wäre unmöglich, wenn Gott nicht da in einer verborgenen Weise heimlich zugegen wäre.

Wohlan, handelt zu eurem Vorteil! Verwendet allen Fleiß darauf, daß dieses liebreiche Hochfest in Wahrheit euer werde und daß Gott sich in euch enthülle und ihr Wonne und wahre Freude in euch findet und ein ganzes Fest in euch habt und empfindet, wenn immer ihr wollt und euch in eurem Gebete nach innen kehrt und in allen euren Werken, zu denen ihr ja doch verpflichtet seid. Denn da findet man in Wahrheit das wahre Hochfest Gottes, liebreich in der Gegenwart, wo sich der Mensch als Gottes Eigentum und niemandes anderen sonst fühlt. In Wahrheit, Gott ist dann auch *sein* Eigentum; hinwiederum ist dieser Mensch ganz Gottes Eigentum, und Gott läßt ihn nie im Stich und entzieht ihm niemals seine Gegenwart. Ist das nicht ein köstlich Ding! Ein Leben in Festesfreude und Glück! Wir in Gott und Gott in uns, hier in der Zeitlichkeit, dort in der Ewigkeit in unaussprechlichem Glück!

Daß uns allen dies zuteil werde, dazu helfe uns Gott. AMEN.

Oves meae vocem meam audiunt
Meine Schafe hören auf meine Stimme (Joh. 10, 27)

13

Eine Predigt auf das Evangelium des heiligen Johannes, am Mittwoch[1] vor dem Palmsonntag, von der Tempelweihe zu Jerusalem, die von zwei Wintern der Entbehrung Gottes spricht; des einen Ursache ist der Mensch, und dieser Winter ist gar schädlich, der andere ist ohne Ursache: eine förderliche Gottesgabe.

EINST WAR TEMPELWEIHE zu Jerusalem, es war Winter, und Jesus wandelte in der Halle Salomons. Da umringten ihn die Juden und sprachen: „Wie lange willst du uns noch hinhalten? Bist du Christus, so sage es uns offen." Und unter vielen anderen Worten, die unser Herr sprach, sagte er auch: „Meine Schafe hören auf meine Stimme, und ich kenne sie; sie folgen mir, und ich gebe ihnen das ewige Leben, und niemand wird sie mir wegnehmen."

Dies geschah in der Halle Salomons. David sprach: „Er hat seine Wohnstatt im Frieden gemacht." Salomon bedeutet soviel wie „friedsam". Hiermit ist der ewige Salomon gemeint, dessen Heimstatt nirgendwo sein kann als im Frieden, im inneren Frieden.

[1] In einer Straßburger Hs. wird als Tag der Predigt der Donnerstag vor dem Palmsonntag angegeben. Auch sonst entspricht die Vorbemerkung Corins (Sermons I, 278 Anm. 1) nicht dem Vetterschen Text (der nach Hs. Str. 2 mit Vergleich von z. B. Hs. Str. 1 gedruckt ist) und dementsprechend auch nicht dem Lehmannschen Text.

Jesus ging dort in den Tempel, und es war das Fest der Tempelweihe. Der Tempel, in den der gute Jesus eintrat, ist die edle, liebenswerte Seele mit ihrer lauteren Innerlichkeit, auf die Gott mehr Fleiß und Arbeit verwandt hat als auf alle anderen Geschöpfe. In diesem lieblichen Tempel war Weihefest, das bedeutet Erneuerung.

Wie geschieht nun die Erneuerung in diesem Tempel, in dem der liebreiche Gott so gerne, ja viel eigentlicher wohnt als in allen Tempeln, die je gebaut und geweiht wurden? Neu heißt, was sich nahe seinem Anfang befindet; und das findet statt, wenn der Mensch mit allen seinen Kräften und auch mit seiner Seele in diesen Tempel eingeht und einkehrt, in dem er Gott in Wahrheit wohnend und wirkend findet.

Und er findet ihn hier in empfindender Weise, nicht nach der Art der Sinne noch der Vernunft, nicht so, wie man (etwas) hört oder liest[2] oder durch die Sinne aufnimmt, sondern in erfahrender, kostender Weise, wie es aus dem Grund quillt; gleichwie aus eigenem Brunnen und eigener Quelle und nicht (zuvor) hineingetragen; denn ein Brunnen ist besser als eine Zisterne. Die Zisternen vertrocknen, und ihr Wasser schmeckt faulig. Der Quell aber läuft und quillt und schwillt an: er ist wahr, eigen und süß: dann ist in Wahrheit Weihe in diesem Tempel. Und sooft des Tages diese Einkehr geschieht, wenn möglich tausendmal am Tag, so oft geht eine Erneuerung vor sich. Und stets werden mit dieser Einkehr neue Lauterkeit, neues Licht, neue Gnade und neue Tugenden geboren.

Es ist ein wonnig Ding um diese Einkehr, und hierzu dienen alle äußeren Übungen und Werke und erlangen darin ihre Vollkommenheit. Und außer dem besitzen sie nicht viel Macht und Größe. Und wenn man sich auch allezeit in allen guten Vorschriften und Werken üben soll, so gilt es doch vor allem nach dieser Einkehr zu trachten: so wird diese Tempelweihe wahrhaft und vollkommen.

Dies geschah im Winter. Wann ist dieser Winter? Dann in Wahrheit nämlich, wenn das Herz erkaltet und verhärtet ist,

[2] Vgl. Corin, Wi 2, S. 86, 11 und dazu App. (3); dieser Auffassung schließt sich die Übersetzung an.

so daß weder Gnade noch Gott, noch göttliche Dinge in ihm sind, (sondern) nur kalter Schnee und Reif. Das sind die widerwärtigen, verdorrenden und verderbenbringenden Geschöpfe, deren Herz von (irdischer) Liebe und Weltlust eingenommen ist, die bringen das Feuer der Liebe des Heiligen Geistes ganz und gar zum Erlöschen und erzeugen dort eine gar große Kälte an aller Gnade, allem göttlichen Trost und aller liebevollen Vertraulichkeit des Heiligen Geistes, mit der sie diese Gaben zerstören.

Es gibt aber noch einen anderen Winter, in dem ein guter, gottseliger Mensch, der Gott liebt und nach ihm verlangt und der sich mit Eifer vor der Sünde hütet, gleichwohl von Gott in empfindlicher Weise, in Trockenheit, Dunkel und Kälte, sich selbst überlassen wird, ohne allen göttlichen Trost und ohne göttliche Güte.

In solchem Winter befand sich unser lieber Herr Jesus Christ. Er war von der Hilfe seines Vaters und von der Gottheit, mit der er doch seiner Natur nach vereinigt war, so ganz verlassen, daß er nicht einmal mit auch nur ein ganz klein wenig seiner Gottheit seiner kraftlosen, durch und durch leidenden Menschheit einen Augenblick in allen ihren Nöten und all ihrem unaussprechlichen Leid zu Hilfe kam. Er litt von allen Menschen am meisten und erfuhr am wenigsten Hilfe.

Ebenso sollen sich seine auserwählten Freunde mit voller Freude ihres freien Willens freuen, und finden sie, daß sie ihrem liebevollen Hirten, dessen Schafe sie sein wollen, in gelassener Verlassenheit von innen und außen folgen können, wie wären sie überselig, wenn sie ihrem Hirten in diesem Winter nachfolgten! So gänzlich von Gott und allen Geschöpfen verlassen, wäre Gott Jesus ihnen wahrhafter und nützlicher gegenwärtig als in den Sommern fröhlichen Gottgenießens, das sie etwa je und je erlangten. Keine Vernunft vermag das zu begreifen, was in dieser rechten wahren Verlassenheit verborgen liegt.

Wenn es dann gänzlich Winter ist und man in trockener dunkler Verlassenheit drängender, anschwellender Finsternis ist — hielte man sich da in steter Gleichmäßigkeit, das ginge über alles empfindende Genießen.

Nun sagt das Evangelium: „Die Juden umringten ihn." Es waren Juden von zweierlei Art, gute und böse; so ist es auch mit uns. „Jude" bedeutet soviel wie: „einer, der Gott bekennt". Wenn die Kräfte, von denen wir gesprochen haben, sich in Wahrheit mit der Natur und oberhalb der Natur umwenden und Einkehr halten in den inwendigen Grund, in die Wurzel, so bekennen sie Gott in empfindender Weise, und finden sie da Gott, so bekennen sie ihn in Wahrheit in genießender Weise. Das findet sich doch alles (nur) in dem wahren lebendigen Glauben, und alles, was hinausgetragen wird, inwendig in Vernunft und Willen, außen in die äußeren Kräfte, sei es nun im Wirken oder Erleiden, in Worten, Handlungen, im Benehmen, in der Lebensart, alles das empfindet[3] man nur, sei es im Wirken, sei es im Schauen, als ein Bekennen Gottes in der Wahrheit. Dies hat wohl Christus im Sinn gehabt, als er sprach: „Wer mich vor den Menschen bekennt, den werde auch ich vor meinem himmlischen Vater bekennen." Wisse vielmehr, welchem deiner Werke immer du ein anderes Ziel setzest als Gott, in dem vergißt du Gottes, denn er soll von Natur das Ende aller Dinge und jeglicher Absicht sein. Setzest du aber ein anderes Ziel, so tust du, als ob du ihn verleugnen wollest, denn du gibst den Geschöpfen das, was Gottes eigenes Recht von Natur ist.

Es umringten auch böse Juden Jesus, deren Herz war so voll Bitterkeit, daß sie ihn nicht ansehen noch dulden mochten. Ihm gegenüber schienen sie steinerne Herzen zu haben.

Ach, was für Christen findet man doch! Sehen sie Gottes Freunde in guter Art und bei guten Werken, so haben sie einen rechten Widerwillen gegen sie: ihr Herz füllt sich gegen sie mit Bitternis, sie achten deren Leben und Werke für nichts und finden so viele Bemerkungen wider sie; das sind so recht die bösen Juden. Dies ist ein besonders bedenkliches Ding und unter allen Zeichen eines der allergewissesten, daß diese an Gott und allen seinen Freunden niemals Anteil haben werden in alle Ewigkeit, die nicht in sich Wohlwollen, Zuneigung, ja auch nur Nach-

---

[3] Liest man mit Corin, Wi 2, S. 89, 13 (hierzu die Lesarten) „invint" statt mit Vetter und dem LT, AT, KT „empfindet", so muß der Nachsatz „als ein Bekennen . . ." in „wenn man . . . bekennt" geändert werden.

giebigkeit im geringsten zu allem finden, was gut und göttlich ist; Christus sprach nämlich: „Wer nicht mit mir ist, der ist wider mich." Und hinwieder bekennen[4] diese Gott, gleich den guten Juden, die in sich ohne Absicht Liebe und Wohlwollen und Zuneigung zu allem Guten finden; das ist stets ein ganz gewisses Zeichen, daß das Gute in ihrem Grunde ist und sie des wirklichen Gutes ewig teilhaftig werden sollen.

Aber zu denen, die nicht so sind, sprach Christus: „Ihr seid nicht von meinen Schafen, denn meine Schafe hören auf meine Stimme", das heißt die Stimme des Hirten.

Warum nennt unser Herr seine Freunde immerfort Schafe? Das ist um zweier Eigenschaften willen, die die Schafe besitzen und die unser Herr durchaus und besonders liebt: Unschuld und Sanftmut. Lauterkeit und Unschuld, die läßt (die Gottesfreunde) dem Lamm folgen, wohin immer es geht, die Sanftmut steht Gott nahe, ein sanftmütiger Mensch hört[5] Gottes Stimme, die der ungestüme und zornige Mensch nie hört. Denn wenn der Wind stürmt und Fenster und Türe klappern, kann man schlecht hören. Willst du das väterliche, verborgene, heimliche Wort in dir vernehmen, das in heiligem Flüstern zum Innersten der Seele gesprochen wird, so muß in und außer dir alles Ungestüm vernichtet sein, und du sollst ein sanftmütig Schäflein sein, besonnen und gelassen, und von deinem Stürmen ablassen und dieser liebreichen Stimme in stiller Sanftmut lauschen. Das ist allen denen verborgen, die nicht Schafe sind.

Zu seinen Schafen aber sprach er, wie man heute nacht zuletzt las: „Ich will dir ein begehrenswertes Land schenken und ein herrliches Erbe und das Treiben der Heiden, und du sollst mich Vater nennen und nicht aufhören bei mir Einkehr zu halten." Welches ist nun dieses begehrenswerte Erdreich, das er seinen Freunden und seinen lieben Schafen versprach? Das ist das Erdreich ihres Leibes, der von Natur widerspenstig war; daß dieser so begierig und so untertänig wurde, wie sie wollen und wohin sie ihn haben wollen: das bewirkte er mit Bereit-

---

[4] Nach Corin, Wi 2, S. 90,14 und App. (4).
[5] Im Anschluß an Corin, Sermons I, 283/84.

willigkeit und hat daran eine große Freude und danach eine
große Begierde; was zuvor dürr war, das wird nun ein wohl-
durchtränktes weiches Erdreich, in das man säen, das man eggen
kann; so wird dieser lautere Leib begierig zu allem Guten.

Was ist denn nun das verklärte Erbe? Das ist niemand anders
als unser Herr Jesus Christ, der ist das verklärte Erbe, denn er
ist Erbe seines Vaters, und wir sind seine Miterben, wie Sankt
Paulus sprach. Der Sohn hat vom Vater alles empfangen, was
er ist und hat und kann; der Vater hat ihm alle Dinge in seine
Hand gegeben. Dies brachte der Sohn dem Vater von Grund
aus wieder dar, in jeder Art und in allem so, wie er es von
dem Vater empfangen hatte, so daß er ihm gar nichts vorent-
hielt noch sich etwas anmaßte, denn er sucht allein den Ruhm
des Vaters und nicht den eigenen. So sollen wir dem Sohn nachfolgen, in derselben Art soll er unser verklärtes Erbe sein; dem
Vater sollen wir so all das, was wir sind, haben und vermögen,
von Grund aus darbringen, und von allem, was wir je von ihm
empfingen, sollen wir uns auch rein gar nichts aneignen, weder
innerlich noch äußerlich. Ob er nun mittelbar oder unmittelbar
kommt, das überlasse dem, dessen es ist, und maße dir nichts
an, und suche ihn. Die leidigen Sinne und die Natur kleben so
(am Eigenen), und die bösen Augen sind so arglistig, daß sie
stets darauf bedacht sind, das Ihre in allen Dingen zu suchen:
dadurch wird das verklärte Erbe gar sehr verdunkelt. Wo du
also das Göttliche dir zuschreibst, verwandelst du Göttliches in
Geschöpfliches und verfinsterst jenes.

Und er wird dir die Übungen der Heiden geben, die weder
Vorschrift noch Heiligkeit, noch Gesetze [6] kannten; sie empfingen
daher Gnade um Gnade ohne jegliches Verdienst; die Juden
aber verließen sich auf ihr eigenes Tun, sie hatten ihre Feierlich-
keiten, die Gebote, das Gesetz und noch vielerlei; die Heiden
aber hatten keinen festen Halt, darauf sie bauen konnten als
nur auf Gottes Gnade, nur auf seine Barmherzigkeit. Sieh, so
soll auch dein Verhalten sein, daß du dich an nichts festhältst

---

[6] Gemäß der Lesart des Druckes KT nach Corin, Wi 2, S. 93, 10 und den
Lesarten.

denn an der Gnade Gottes allein und seiner Barmherzigkeit und von Gottes Güte Gnade um Gnade empfängst und begehrst[7] und nicht wissest von keiner eigenen Bereitung oder Würdigkeit.

Aber gar viele Leute haben diese jüdische Weise; sie beharren auf ihren eigenen Werken, die wollen sie stets zur Stütze nehmen; und haben sie ihre Werke nicht getan, so ist alles für sie verloren; sie wagen weder Gott noch sonst jemandem zu glauben, noch zu Gott zu kommen; sie bauen heimlich auf ihre eigenen Werke und ihr eigenes Tun und nicht allein auf Gott. Ich meine damit nicht, daß man gute Übungen etwa unterlassen solle; man soll allzeit der Übungen pflegen; aber man soll nicht darauf bauen noch sich darauf stützen. Solche Leute halten viel darauf, daß sie härene Hemden und Halsberge getragen haben und soviel gefastet, gewacht und gebetet und vierzig Jahre in Armut gelebt haben; und alle diese Übungen bedeuten für sie ganz dasselbe wie ein Zugang zu Gott[8]. Ohne diese wären sie nicht so sorglos und kühn. Hätte man aller Menschen Werke, die je getan würden, vollbracht, so müßte man der eigenen Werke so frei und ledig sein in dem Grunde und sich verhalten wie die, welche nie ein gutes Werk getan haben, weder klein noch groß, so daß man dann alles dessen so bloß und ledig ist wie mein Finger; und man dürfte nichts darin sehen als Gnade um Gnade und allein die Barmherzigkeit Gottes, ohne alle Stütze eigener Zuversicht auf eigene Leistung: denn das ist das Hoffen der Heiden und (in diesem Sinn) „sollst du mich Vater nennen und nicht aufhören zu mir zu kommen".

Daß uns dies allen zuteil werde, dazu helfe uns Gott. AMEN.

---

[7] Nach Corin, Sermons I, 286, 2, im Anschluß an Corin, Wi 2, S. 93, 17. Vgl. die Lesarten.
[8] Diese Stelle bis zum Ende der Predigt ist bei Vetter verdorben. Die Übersetzung folgt Corin, Wi 2, S. 94 unter Berücksichtigung von Corin, Sermons I, 286.

Expedit vobis ut unus moriatur homo pro populo
Es ist besser, daß ein Mensch für das Volk sterbe (Joh. 11, 50)

14

*Predigt auf das Evangelium des heiligen Johannes vom Freitag
vor Palmsonntag über das Wort des Kaiphas: „Es ist besser,
daß ein Mensch sterbe, als daß das ganze Volk zugrunde gehe."
Hierin werden dreierlei Leute belehrt, wie sie ihrem Eigenwillen
absterben sollen, wodurch sie ewiges Leben erlangen können.*

SANKT JOHANNES SCHREIBT in diesem Evangelium, was
Kaiphas sagte: „Ihr wißt nichts und denkt nichts; es ist besser,
daß *ein* Mensch sterbe für das Volk, damit nicht das ganze Volk
zugrunde gehe." Dies sprach er nicht aus sich selbst, sondern der
Heilige Geist sprach es durch ihn; und dies war die letzte Wahr-
sagung vor unseres Herrn Tod. Kaiphas fuhr fort: „Dieser
Mensch tut große Zeichen; lassen wir ihn gewähren, so kommen
die Römer, nehmen uns die Stadt weg und töten unser Volk."
Nun wollen wir die unbegreiflich tiefe Liebe betrachten, die
uns Christus in seinem unbegreiflichen Liebeswerk erwiesen, in
dem er so über alle Maßen gelitten hat in allen seinen oberen
und niederen Kräften, in allen seinen Sinnen, innerlich und
äußerlich.
Es gibt viele Menschen, die gerne den allernächsten Weg zur
höchsten Wahrheit kennenlernen möchten. Ja, überlegt! Unser
Herr ruft dreierlei Menschen: den einen mit offenbaren Lastern,
damit er ihm den Grund erhalte und er ihn von innen erwecke[1]

[1] Nach Corin, Wi 2, S. 96, 2; dazu die Lesarten.

und erleuchte. Die, welche voll Demut darauf schauten, würden sich voll Dankbarkeit gar sehr über Gottes Anordnung freuen; aber die, welche nach dem Maß ihrer Sinne darüber urteilen wollten, fügen sich hierdurch selbst schweren Schaden zu.

Die anderen Menschen führt Gott zu sich durch Buße. Was heißt nun wahre Buße? Das heißt, daß dein Mund *dann* schweige, wenn er am allerliebsten sprechen möchte; (das heißt,) daß du dein Auge schließest und nicht mit Verlangen schauest, wenn es am allerliebsten blicken möchte; (das heißt auch,) daß du dich von allem lösest, wonach deine Sinne am meisten verlangen, dich davon abkehrest, dich dessen entschlagest.

Die dritte Art von Menschen zieht Gott (zu sich) durch sich selbst. Nun merket auf! (In uns) muß stets ein Mensch sterben. Was wollen wir mit diesem „Menschen" bezeichnen? Eigenwille oder Selbstgefälligkeit. Was ist das, was im Menschen sterben soll? Hättest du die Marter aller Blutzeugen gelitten, all das Gute getan, das die Christenheit je tat oder noch tun wird bis ans Ende der Welt, so sollte das in dir gar nichts bedeuten; nicht daß dies in sich keinen Wert besäße, aber in dem Maß, in dem du hierzu eine Anhänglichkeit, eine Zuneigung, eine Befriedigung empfinden könntest, wäre es ohne jeden Wert[2]. Wie sollen wir nun dahin kommen, daß der Mensch in solcher Weise sterbe? Dadurch, daß du dich alle Tage tausendmal zu Tod stechen ließest und ebensooft wieder lebendig würdest und dich alle Tage oftmals aufs Rad flechten ließest und Steine und Dornen äßest, damit könntest du dahin nicht kommen; nein, versenke dich in die tiefe, unergründliche Barmherzigkeit Gottes mit demütigem, unter Gott und alle Geschöpfe gebeugtem Willen, und begreife, daß dir Christus allein (jenes Sterben) geben kann aus bloßer Gnade, freier Güte, aus Liebe und Barmherzigkeit. Hier leuchtet solchen Menschen das Wort (voran), das Christus sprach: „Selbst wenn ihr alles getan habt, was in euren Kräften steht, sollt ihr euch dennoch für unnütze Knechte halten."

Und stirbt dieser (eigenwillige) Mensch nicht, so kommen die Römer und besetzen die Stadt. Ist Rom nicht das Höchste auf

---

[2] Nach Corin, Wi 2, S. 97, 5 ff.

der Welt? Ebenso ist innere Hoffart die höchste aller Untugenden: sie nimmt *die* Stätte in Besitz, die Christus besitzen sollte, und tötet alles Volk, das sind die oberen und auch die niederen Seelenkräfte, das Gesinde der Seele. Seht euch vor! Es gibt gar viele seltsame Menschen auf Erden, die mit großem Gehaben und großem Anschein von diesem edlen Weg abkommen. Solange aber jener (eigenwillige) Mensch in uns bleibt und nicht stirbt, breitet er sich durch alle Kräfte des inneren und äußeren Menschen aus, bis er die Stätte, darin Christus pflanzen sollte [3], ganz verdorben hat. O wie viele große Menschen, die so groß erschienen in ihrem geistlichen Leben [4] und mit denen Gott so groß begonnen hat, sind daran verdorben, daß sie die Wahrheit nicht lauteren Herzens wahrgenommen und sich selbst in- und auswendig, im Geist und in der Natur besessen haben [5]. Wir nennen als Beispiel Salomon, mit dem Gott sprach und den er seinen Sohn nannte [6], und Samson, die (beide) durch einen Engel (Gottes) Botschaft erhielten, wie die so betrüblich zu Fall kamen: weil der (eigenwillige) Mensch nicht in ihnen erstarb und sie bei allen Gaben Gottes (dennoch) mit Freude bei ihrer Selbstliebe blieben und Gott undankbar waren; wie sind sie zuletzt unter Gottes Urteil gekommen, so daß die heilige Kirche zweifelt, ob sie errettet wurden.

Nun kommen die Menschen mit hoher Urteilskraft, die in ihrer eigenen natürlichen Einsicht aufgewachsen sind und sich über alle Dinge erhaben dünken. Meine Lieben, daran kehrt euch nicht; alles, was die Natur gibt, nimmt sie auch wieder, und alles, was Christus gibt, nimmt er auch wieder. Nun erhalten diese großen vernünftigen Menschen oft viel eigentlicher diese Anfechtung in ihren Sinnen als ein edler gelassener Mensch; zu dem sagen sie: „Mein Gott! was bist du für ein ungelassener Mensch!" Und das sagen sie zu den edlen Menschen, die doch in ihrem Grund gar sehr gelassen sind!

---

[3] Nach Corin, Wi 2, S. 98, 4 und den Lesarten.
[4] Nach LT, AT, KT gemäß den Lesarten zu Corin, Wi 2, S. 98, 12.
[5] Gemäß den zu Corin, Wi 2, S. 98, 13 gegebenen Lesarten bes. der Drucke LT, AT, KT.
[6] Nach Corin, Wi 2, S. 98, 14, den Lesarten und Anm. 2 aus Ge 1.

Wisset[7], daß *Gott* diese Bedrängnis sendet! Denn er hat Zuneigung zu dem innerlichen Menschen und liebt ihn sehr: so aber ist es mit dem äußeren Menschen nicht. Fürchtet euch also nicht, und laßt euch nicht vom Weg abbringen[8]. Das Vorbild gibt uns unser Herr Jesus Christus, als seine menschliche Natur verzagte und er Wasser und Blut schwitzte. Meine Lieben, lernt ebenso dulden und euch unter Gott und alle Geschöpfe beugen, und entfernt[9] euch nicht (von diesem Vorbilde); einem jeglichen Sterben folgt ewiges Leben. Daß wir so sterben mögen, dazu helfe mir und euch der Vater, der Sohn und der Heilige Geist. AMEN.

[7] Nach Corin, Wi 2, S. 99, 12 und Corin, Sermons I, 291.
[8] u. [9] Zu Corin, Wi 2, S. 100, 2 vgl. Neophilologus VIII, 34.

Clarifica me, Pater, apud temetipsum, claritate quam habui priusquam mundus esset apud te

Verherrliche mich, Vater, bei dir mit der Herrlichkeit, die ich bei dir hatte, ehe die Welt war (Joh. 17, 5)

15 a[1]

Predigt auf das Evangelium des heiligen Johannes zum Abend vor Palmsonntag von der Verklärung. Sie spricht von einem Gebet ohne äußere Form, das wahrhafte Einigung mit Gott verheißt und über alle Worte und Gebräuche äußeren Gebetes hinausgeht (15 a), und berichtet auch von drei Weisen, durch die man zur lautersten Wahrheit gelangt (15 b).

ALS DER LIEBREICHE SOHN GOTTES seine göttlichen Augen zum Himmel erhob und sprach: „Vater, verherrliche deinen Sohn", da lehrte er uns hierdurch, daß wir alle unsere Sinne, unsere Hände und Kräfte und unser Gemüt in die Höhe richten und in ihm, mit ihm und durch ihn beten sollen. Dies war das allerliebevollste, allerwürdigste Werk, das der ewige Gottessohn hier vollbrachte, daß er seinen geliebten Vater anbetete. Das geht weit über alle Denkart hinaus, und wir können auf keine Weise dahin gelangen noch es verstehen, es sei denn im Heiligen Geist. Von dem Gebet sagten Sankt Augustin und Sankt Anselmus, es sei „ein Aufstieg des Geistes zu Gott".

Meine Lieben! Reiche Leute kommen zu euch und geben euch armen, entkräfteten, schwachen Frauen vier Heller oder Sechser

---

[1] Die hier als 15 a bezeichnete kurze Predigt findet sich in dieser Form nicht in Wi 2 (Corin Ausg.), wohl aber die hier als 15 b bezeichnete. Ich bringe beide getrennt, doch in der Reihenfolge, die erlaubt, sie auch als *eine* Predigt zu betrachten, wenn man die im Druck KT hinzugefügte übliche Schlußformel zu 15 a und die Evangelienstelle zu Beginn von 15 b wegläßt.

und heißen euch, ich weiß nicht wie viele Kniebeugungen machen und vielleicht hundert Vaterunser beten. Von solchem Kauf und von dieser und aller solchen Art hält Gott in seiner Ewigkeit soviel, wie er will. Ich aber sage dir eins: Kehre dich in Wahrheit von dir selber und allen geschaffenen Dingen ab, und richte deinen Geist gänzlich auf Gott über alle Geschöpfe (hinweg) in den tiefen Abgrund; da versenke deinen Geist in Gottes Geist, in wahrer Gelassenheit aller deiner oberen und niederen Kräfte, über alle Sinne und Erkenntnis (hinaus), in wahrer Vereinigung mit Gott, innerlich in dem Grund. So läßt du alle Formen, alles Wort, jegliche Übung hinter dir; und nun bitte Gott um all das, worum er gebeten sein will und was du und alle Menschen von dir begehren. Und wisse: so gering ein kleiner unscheinbarer Heller gegen hunderttausend Mark Goldes ist, ebenso gering ist alles äußere Gebet gegen dieses, das wahre Einigung mit Gott ist und heißt, ein Versinken des geschaffenen Geistes in den ungeschaffenen Geist Gottes und seine Verschmelzung mit ihm.

Meine Lieben! Ist diese Vereinigung deinem äußeren Gebet nicht zuwider und hindert dich dein äußeres Gebet an jener Vereinigung nicht, so tu es kühnlich; zwei Arten (zu beten) sind besser als eine; und es ist auch gut, daß du das, worum du gebeten worden bist, in der äußeren Art, wie du geheißen wurdest und wie du es versprochen hast, betest. Und mit und in diesem äußeren Gebet richte deinen Geist in die Höhe und in die innere Öde; dorthin treibe mit Moses alle deine Schafe. Und hindert dich dann irgendeine Übung oder ein äußeres Gebet oder ein äußeres Werk, das laß auf meine Verantwortung kühnlich fahren, die ausgenommen, die an bestimmte Zeiten gebunden sind; sonst ist jegliches Gebet des Mundes wie Spreu und Stroh gegen edlen Weizen, wie (denn) Christus sprach: „Die wahren Anbeter beten an im Geist und in der Wahrheit." In diesem innerlichen Gebet werden alle die Übungen vollbracht, Werk und Weisen, die von Adams Zeiten dargebracht worden sind und bis an den Jüngsten Tag es noch werden: das vollbringen diese Anbeter in einem Augenblick mit dieser wahren wesentlichen Einkehr. Ihr seht ja, diese Kirche und das viele, was dazu gehört, Fundament, Mauern und Steine, die dazu dienen, dies alles trug man um des Gebetes willen herzu; und all dies ward im Gebet, um dessentwillen es alles geworden ist, wesentlich zu wahrer Frucht und in Gott getragen; und alle Dinge werden in einem Augenblick in den liebevollen Grund hineingetragen, von wo alles ausgeflossen ist und worin alles gegenwärtig von aller Ewigkeit her in aller Vollkommenheit ist.

Davon sagte Christus: „Ich habe alles getan, was du mir auf-getragen hast." Hätte er das der Zeit nach verstanden, so wäre es nicht an dem gewesen; denn noch blieb vieles ungetan; er sollte (ja) noch leiden und auferstehen; er verstand es aber im Sinn der Ewigkeit. Darin sind alle Dinge, so wie sie ewig ge-wesen sind und sein werden, auch jetzt in dieser Gegenwart; ebenso ist es auch mit den Menschen, die hierin auf dem rechten Weg sind; sie wirken all ihr Werk außerhalb der Zeit in die Ewigkeit; sie beten in Gottes Geist, leben und wirken in ihm und sind sich selbst gestorben; denn niemand vermag anders zu werden, er entäußere sich denn seines Wesens, das er besitzt. Da beten und wirken jene im Geist; wo der Vater seinen Sohn ge-biert, da werden sie wieder hineingeboren; in den (göttlichen) Grund wird solch ein Geist wieder hineingeflochten, über alle Gestalten und Formen; ihres Selbst werden sie entformt und entbildet und sind so zu einer Überweise gelangt. Diese Men-schen erlangen in solchem Gebet alles: sie bitten den Vater für seinen eingeborenen Sohn, während der Sohn für *sie* gebeten hat.

Aber, Gott bewahre, wie denn bitten *sie* für den Sohn? Unser Herr lehrt uns beten, daß sein Name geheiligt werde. Darum bitten sie alle hier, daß sein Name geheiligt und erhoben, be-kannt und geliebt und so kennengelernt werde, wie er es von Ewigkeit her angesehen, beabsichtigt und erwählt hat in Ewig-keit, und daß ihm sein teures Verdienst und sein Leiden ver-golten, gelohnt und fruchtbar werde. Diese Menschen bitten für die heilige Christenheit, und ihr Gebet wird stets erhört. Solche Menschen nehmen auch alles von Gott mit Gleichmut an, Haben und Darben, Lieb und Leid, beides gleich willig und folgsam: darin liegt ein großes Verdienst. — Unser Herr sagte: „Ich bitte dich, Vater, daß sie eins (mit uns) seien, wie wir eins sind." Diese Vereinigung geschieht in zweierlei Weise, innen und außen, mittelbar und unmittelbar, im Geist und in der Natur. Das wird oft mißverstanden, denn die göttliche Natur erfährt keine Bereicherung. Nicht einmal die Vereinigung der Seele mit dem Leib vermag die Vernunft zu begreifen, und wie sie in der Hand, im Fuß und jeglichem anderen Glied[2] sich auswirkt und bewegt. Wie sollte dann der Mensch die Vereinigung der Seele mit der göttlichen Natur begreifen? Die dazu gelangen, wirken aus der Zeit in die Ewigkeit, aus der Geschaffenheit in die Ungeschaffenheit, aus der Mannigfaltigkeit in die Einfachheit; im Unfrieden bewahren sie Frieden, sinken mit liebreichem Verlangen in den (göttlichen) Grund und opfern Gott alle Dinge wieder auf, so wie es ewig in ihm gewesen ist und er es geliebt und gedacht hat.

Dies ist Gott näher als das (äußere) Gebet; dahinein können die nicht kommen, die in ihrer natürlichen Vernunft aufgewachsen, in ihrer eigenen Sterblichkeit erzogen sind und ihren Sinnen gemäß gelebt haben, ganz gewiß nicht. So lehrt es und sagt euch hiervon ein liebenswerter Meister, aber das versteht ihr nicht. Er sprach aus dem Blickwinkel der Ewigkeit, ihr aber faßt es der Zeitlichkeit nach auf[3]. Meine Lieben, habe ich euch nun zuviel gesagt, so ist es doch Gott nicht zuviel gewesen. Vergebt mir, ich will mich gerne bessern[4].

---

[2] Gemäß einer Korrektur in Corin, Sermons I, 296, Anm. 3.
[3] Zweifellos ist Meister Eckhart gemeint.
[4] Folgt in KT noch die kaum zum Vorhergehenden passende herkömmliche Schlußformel.

In principio erat Verbum
Im Anfang war das Wort (Joh. 1, 1 f.)

15 b

EIN EDLER MEISTER hat von dem Gedanken gesprochen, ohne Anweisung und ohne (vorgezeichnete) Wege (zur höchsten Wahrheit zu gelangen). Das verstehen[1] viele Leute nach der Art der äußeren Sinnestätigkeit und werden vergiftete Menschen, und darum ist es hundertmal besser, daß sie mit Anweisungen und auf gebahnten Wegen dorthin gelangen.

Nun kann man fragen, welche Erscheinungsformen zu der lautersten und höchsten und vollkommensten Wahrheit gehören und welche Wege (dahin führen). Unser Herr Jesus Christus hat Johannes auf dreierlei Weise (zu sich) gezogen, und so zieht er auch noch jetzt alle Menschen, die zur höchsten Wahrheit kommen sollen. Zum ersten Male zog er Sankt Johannes, als er ihn von der Welt wegrief und zum Apostel machte; zum zweiten Male geschah dies, als er ihn an seinem liebevollen Herzen ruhen ließ; (als er ihn) zum dritten Male (zog) — und das war das vollkommenste und geschah zu Pfingsten, als ihm der Heilige Geist gegeben ward —, wurde ihm die Tür geöffnet, und er wurde aufgenommen.

Beim ersten Male nun, wenn der Mensch mit Sankt Johannes aus der Welt gerufen wird, soll er all seine inneren Kräfte beherrschen und ordnen mit seiner höchsten Urteilskraft, so daß du dich selbst erkennen lernst und bei dir selber bleibst, daß

[1] Nach einem Korrekturvorschlag Roethes, vgl. Corin, Wi 2, S. 101,3 und die Lesarten, ferner Strauch: PBB XLIV,21 zu Vetter 69, 31.

du lernest, deine Worte in acht zu nehmen, daß du niemandem
sagst, was du nicht wünschest, daß man dir sage, daß du deine
Bewegungen beachtest, ob sie von Gott kommen und wieder
zu ihm hinstreben, deine Gedanken, ob du keine bösen, unnützen
mit Willen hegst; was dir darüber hinaus von oben eingegeben
wird[2], ist nur eine Bereitung und eine Läuterung zur Besserung
deiner Werke, damit du bei all deinem Tun nichts im Sinn
habest als Gottes Ehre und aller Menschen Friede und Seligkeit.
So nimmt dich unser Herr aus dieser Welt und macht aus dir
einen Sendboten Gottes, und so lernst du, den äußerlichen Menschen zu einem innerlichen umzugestalten. Doch ist dies erst der
Anfang.

Willst du (und dies ist der zweite Ruf Gottes) mit Sankt
Johannes am liebevollen Herzen unseres Herrn Jesus Christus
ruhen, so mußt du, zum lieblichen Vorbild unseres Herrn Jesus
Christus hingezogen, es fleißig betrachten, seine Sanftmut und
Demut anschauen und seine tiefe lodernde Liebe, die er zu Freund
und Feind hatte, die große, gehorsame Gelassenheit, die er allerwege in jeder Art, an jedem Ort besaß, wohin immer ihn der
Vater rief. Denke sodann an seine tiefe Güte, die er allen Menschen erzeigte, und auch an seine gesegnete Armut: Himmel und
Erde waren sein, und doch hing er nicht an diesem seinem Besitz;
sondern alles, was er sprach und tat, zielte auf des Vaters Ehre
und aller Menschen Seligkeit ab. Betrachte nun das liebreiche
Bild unseres Herrn Jesus Christus viel näher und viel tiefer
noch, als ich dich durch äußere Hinweise lehren kann[3], verlange
nach ihm, und jage ihm fleißig nach, und dann betrachte dich
sorgfältig selbst, wie unähnlich du diesem Bild seiest, wie fern
von ihm und wie klein: dann läßt dich unser Herr wohl an
seinem Herzen ruhen. Hierzu gibt es hienieden nichts Nützlicheres und Besseres als das Sakrament des teuren Leibes unseres
Herrn[4] und als gemäß den Ratschlägen eines anderen, dem das

---

[2] Nach Corin, Wi 2, S. 102, 17; vgl. die Lesarten.
[3] Einfügung von „van inbuzen" nach Corin, Wi 2, S. 103, 18, das bei Vetter
und im LT und AT fehlt.
[4] Nach der zweiten Auflage der von Thomas u. Kloos 1826 herausgegebenen
Frankfurter Ausgabe der Predigten Taulers, deren bei Corin, Wi 2, S. 104

Licht der Wahrheit heller leuchtet als dir, dein Tun und Lassen einzurichten.

In diesem[5] liebevollen Bild (unseres Herrn) wirst du reich werden und solchen Trost finden und solche Erquickung, daß du damit allem Trost und aller Annehmlichkeit der Welt entsagen kannst. Diese zwei Arten (dem Ruf Gottes zu antworten) finden sich oft bei vielen Menschen, die wohl daran zu sein wähnen bei (all) der Eigensucht in ihrem ungestümen Geist, und doch sind sie weit entfernt vom nächsten Weg (zu Gott). Zwar hatte Sankt Johannes am Herzen unseres Herrn geruht; und dennoch ließ er seinen Mantel fallen und entfloh, als man Christus gefangennahm. So laß auch du, o Mensch, wie heilig du auch seiest, an diesen beiden Arten, falls du angegriffen wirst, diesen Mantel — ich meine Eigensucht und Ungestüm deines Willens — fahren. Daß du dich in diesen beiden Arten (zu Gott zu gelangen) übest, ist gut und heilig; laß dir durch kein Geschöpf diese Übung nehmen, es sei denn, daß Gott selber dich näher an sich zieht. Zieht dich aber Christus (selbst), so überlaß dich ihm ohne Formen und Bilder; laß ihn wirken, sei sein Werkzeug; es ist ihm löblicher und dir nützlicher, daß du dich hierin (ihm) ein Vaterunser lang (über-) lassest, als dich hundert Jahre lang in den anderen beiden Weisen zu üben.

Nun fragen einige Leute: „Bist du noch nicht darüber hinausgekommen?" — Ich antworte: „Nein, über das Vorbild unseres Herrn Jesus Christus vermag niemand hinauszukommen." Aber fragen solltest du: „Bist du noch nicht über Art und Weise hinausgekommen, die du voll der Selbstgefälligkeit innehattest?" Betrachte[6] nun und nimm wahr von innen Gottes Ordnung, und geh Schritt für Schritt vor. Zum dritten Male ward Sankt Johannes gerufen, als er den Heiligen Geist empfing[7]. Da wurde (ihm) die Tür geöffnet; dies geschieht manchen in plötzlicher

Anm. 1 ausgegebene Übersetzung vor einer zweiten dort angegebenen den Vorzug verdient [zweite Auflage der Frankfurter Ausgabe 1864, herausgegeben von Hamberger].

[5] Nach Corin, Wi 2, S. 104, 4—5.

[6] Nach den Drucken LT, AT, KT: s. Lesarten zu Corin, Wi 2, S. 105, 6.

[7] Nach Corin, Wi 2, S. 105, 8.

Verzückung, anderen in (ihrer) Gelassenheit. Hier wird des heiligen Paulus Wort wahr, daß kein Auge je sah, kein Ohr hörte, in keines Menschen Herz je drang, was Gott hier offenbart. Nie soll der Mensch je damit rechnen — soweit das hienieden möglich ist —, vollkommen zu werden, es sei denn, der äußerliche Mensch werde zu einem innerlichen. Dann (nämlich) wird der Mensch in Gott(es) (Grund) hineingenommen und ein gar großes Wunder, großer Reichtum geoffenbart. Fürwahr, wer solcher Bilder viel hätte, der müßte sich oft zu Bett legen; die (menschliche) Natur könnte das nicht ertragen. Wißt, ehe das, wovon wir hier gesprochen, vollbracht wird, muß die Natur gar manchen ungestümen Tod erfahren, äußerlich und innerlich. Dem Tod (jedoch) folgt ewiges Leben. Dies geht nicht an einem Tag, nicht im Zug eines Jahres vor sich.

Laßt euch nicht bange werden; Zeit ist dazu notwendig, Einfalt, Lauterkeit, Gelassenheit. Dies ist der allervollkommenste Weg; den gebe mir und euch der Vater und der Sohn und der Heilige Geist. Amen.

Expedit vobis ut ego vadam
Es ist gut für euch, daß ich von euch gehe (Joh. 16, 7)

16

Diese Predigt auf das Evangelium des heiligen Johannes vom vierten Sonntag nach Ostern zeigt uns, wie der Heilige Geist uns um all unserer Sünden willen straft, alle weltliche Äußerlichkeit klar in uns aufzeigt und uns befiehlt, niemanden zu richten.

UNSER HERR SPRACH zu seinen lieben Freunden: „Es ist gut für euch, daß ich von euch gehe; denn gehe ich nicht, so kommt der Beistand nicht, gehe ich aber fort, so sende ich ihn euch; und wenn er kommt, wird er die Welt zurechtweisen wegen der Sünde, der Gerechtigkeit und wegen des Gerichtes."

Meine Lieben, hier gilt es, den Sinn sorgfältig zu betrachten; (er besagt) daß den Gottesfreunden der Heilige Geist nicht zuteil werden kann, Christus habe sie denn zuvor verlassen. Was aber bedeutet sein Weggang von euch anderes als Verlassenheit, Trostlosigkeit, Unfähigkeit zu allem Guten, daß wir träge und kalt sind, bekümmert und düsteren Sinnes? Dann hat Jesus uns verlassen. Die Menschen, die das erkännten und sich zunutze machten — das wäre ein edles Ding, dessen man sich freuen könnte. Einem solchen Menschen würde alle Mannigfaltigkeit zur Einfachheit, Leiden zum Troste, Unfrieden zum Frieden, und alle Bitterkeit verwandelte sich ihm in wahre Süßigkeit.

„Es ist gut für euch, daß ich von euch gehe; und wenn ich euch verlasse, sende ich euch den Heiligen Geist, und sobald der Heilige Geist kommt, wird er die Welt zurechtweisen." Was wird er zurechtweisen, und wie wird er das tun? Nun: er wird klar zu erkennen geben und zeigen, ob die Welt in einem Menschen sei, (wenn auch) verdeckt und verborgen: das wird er schelten und bestrafen. Was ist das nun, die Welt in uns? Das ist die Weise, die Wirkung, die Einprägung der Welt, die Empfindung von Liebe und Leid, von Zuneigung und Furcht, von Traurigkeit und Freude, von Begehren, Jammer und Kümmernis. Sankt Bernhard sprach: „Mit allem, worüber du trauerst und dessen du dich freust, wirst du gerichtet werden." Das wird der Heilige Geist, wenn er kommt, deutlich in uns feststellen und offenbaren, und dafür wird er uns tadeln, so daß wir nie zur Ruhe kommen, solange wir diesen bösen schädlichen Besitz in uns finden, nie, ehe wir uns seiner entledigt haben. Und wo das schädliche Böse in dem Menschen ungetadelt und unbestraft verbleibt, derart, daß man mit Anhänglichkeit an die Geschöpfe behaftet ist, sie seien nun tot oder lebendig, da herrscht die Welt, und wer dieses Böse unbestraft (in sich) festhält, der zeigt offenbar, daß der Heilige Geist noch nicht in ihm eingekehrt ist; denn Christus sprach die Wahrheit (als er sagte), der Heilige Geist werde, wenn er komme, diese Dinge tadeln und bestrafen.

Auch um der Sünde willen wird er uns zurechtweisen. Was heißt hier nun „Sünde"? Ihr wißt wohl, meine Lieben, Gott hat alle Dinge erschaffen und ein jegliches auf seinen Endzweck hin geordnet, derart, daß das Feuer aufwärts lodert und der Stein zur Erde fällt. So hat (auch) die Natur dem Auge (die Fähigkeit) gegeben, zu sehen; dem Ohre, zu hören; der Hand, zu arbeiten; den Füßen, zu gehen, und jegliches Glied ist dem natürlichen Willen des Leibes gehorsam, ohne Widerspruch, es komme ihm leicht an oder schwer, es sei ihm süß oder sauer; will es der Wille nur ganz und gar, so gehorcht es, es gehe um Leben oder Tod. Das zeigt sich so recht an den Liebhabern dieser Welt, wie sie auf alle Bequemlichkeit und alles Gut und alle Ehre verzichten, um dessentwillen, was sie lieben.

Nun sagen die Sünder, wer ist Gott so gehorsam, wer seinem

Willen und seinen Geboten so gefügig?[1] Wo wagest du, um Gottes willen, Leib und Gut, setzest Liebe und Leid daran? Läßt du dich selber und alle Dinge aus deinem innerlichen Grunde, da Gott herrschen sollte? Solche Sünden nun deckt der Heilige Geist auf, daß du seinem Willen und seinen Mahnungen so oft und so sehr widerstehst, womit du so oft und so sehr sündigst. Dieses und manch verborgenes Gebrechen tadelt und bestraft der Heilige Geist, wenn er kommt. Das führt zu verderblichem Urteil, zu höllischer Pein und unleidlichem Weh, von dem die natürlichen Menschen wenig wissen. Dies ist der deutlichsten Zeichen eines, daß der Heilige Geist in Wahrheit da ist, wo dieses Urteil in Wahrheit gesprochen wird. Das ist ein ganz sicheres Ding; denn tausend Gebrechen, die du in Wahrheit bekänntest und deren du dich schuldig gäbest, sind dir nicht so gefährlich und so schädlich als ein einziges, das du nicht bekennen und worüber du dich nicht wolltest zurechtweisen lassen und um das du weder Jammer noch Bangigkeit empfändest, weil dich in allem dünken wollte, du seiest im Recht. Die Leute, denen ihr eigenes Tun so wohl gefällt und anderer Leute Tun übel, die leiden an gefährlichen Gebrechen und aus denen wird niemals etwas.

Sodann soll der Heilige Geist richten und bestrafen die „Gerechtigkeit". O was ist unsere Gerechtigkeit vor Gott ein ärmlich Ding! Der heilige Augustinus sprach: „Wehe aller (menschlichen) Gerechtigkeit, wenn Gott sie nicht nach seiner Barmherzigkeit richten will!" Unser Herr sagte durch Isaias: „Eure Gerechtigkeit ist ein Auswurf vor meinen Augen." Und zu seinen Jüngern: „Wenn ihr alles getan habt, was in euren Kräften steht, so sagt dennoch: ‚Wir sind unnütze Knechte'." „Wer sich für etwas hält, wo er doch nichts ist, betrügt sich selbst", sprach der heilige Paulus[2]. Manchem Menschen gefällt seine Art so wohl, daß er sich niemandem lassen will, weder Gott noch den Menschen, und er hütet sich wie seinen Augapfel,

---

[1] Nach Corins Korrektur, der für „genuog" bei Vetter 73,6 „gefuege" setzt. Vgl. Corin, Sermons I, 304, Anm. 1.

[2] Das falsche Zitat Taulers ist stillschweigend berichtigt. Vgl. Corin I, 305, Anm. 3.

um sich (nur ja) Gott nicht zu lassen. Kommt unser Herr mit einer Mahnung, es sei mittelbar oder unmittelbar, so hält er sich an seine eigene Art und kümmert sich keinen Deut um Gottes Mahnung. Das sind ganz ungelassene Leute. Wäre der Heilige Geist da, er bestrafte dieser Menschen Art, denn wo der Heilige Geist ist, da erkennt der Mensch seine Gebrechen deutlich und lernt Gelassenheit und Demut und alles übrige.

Endlich von dem Richten. Was für ein Richten ist das? Des Richtens unterfängt sich ein jeder und hält sich seine eigene Verurteilung und seine größeren Gebrechen nicht vor Augen, und doch hat Christus gesprochen: „Mit dem Maß, mit dem du missest, sollst du wieder gemessen werden"; und ferner: „Du sollst nicht urteilen, damit du nicht verurteilt werdest." Ein Heiliger sagte: „So viele Menschen, wie du mit deinem Urteil unter dich drückst, unter ebenso viele sollst du gedrückt werden."

Manche wollen rechte Priester und Provinziale sein und jeden belehren und wissen nicht, was sie selber sind. Wisset, daß ihr (auf diese Art) große, starke Mauern zwischen euch und Gott aufrichtet! So lieb euch Gott und eure Seele und euer ewiges Leben ist, richtet niemanden als euch selber. Man sollte nichts verurteilen, was nicht Todsünde ist. Lieber wollte ich mir unter Schmerzen in die Zunge beißen, als einen Menschen richten. Solch Richten wird aus Hochmut geboren und aus Selbstgefälligkeit: das ist ein verborgener feindlicher Same, und der Heilige Geist wohnt in solchen Menschen nicht. Aber wo der Heilige Geist durch einen Menschen richtet, sofern das nötig ist, da warte man Zeit und Stunde ab, wie die Gelegenheit sich gibt; nicht, daß man eine Wunde heilen wolle und dabei aus Ungestüm zwei schlage; nicht daß böse Worte, Gebaren oder Abneigung den Nächsten verkleinere und vernichte in anderer Menschen Herzen, sondern daß man aus Liebe und in Sanftmut richte und der richtende Mensch bei sich selbst in Demut bleibe und in Armut seines Geistes. Und dies trägt er an sich, wohin er geht und was er tut, er sei allein oder nicht; und er gebe nur auf sich selbst acht in Einfachheit und lasse ruhen, was ihn nichts angeht oder ihm nicht anbefohlen ist.

(Du aber) frage nicht nach hoher Weisheit, sondern geh in

111

deinen eigenen Grund, und lerne dich selber kennen, und frage nicht nach Gottes Seinslosigkeit, nach dem Ausfluß und dem Rückfluß (der Dinge in Gott), nach dem Seelengrund in der Nichtigkeit [der Seele] und nach dem Seelenfunken[3] in Gottes aus sich selbst seiendem Sein[4]. „Euch ziemt nicht", sprach Christus, „Gottes Geheimnis zu kennen." Wir sollen einen wahren, einfältigen, ganzen Glauben an den einen Gott in der Dreifaltigkeit der Personen haben, einen Glauben allein auf Gott gerichtet, arglos und lauter. Denn wohin sind Arius und Sabellius gekommen, die wunder was von der Heiligen Dreifaltigkeit verstanden! Und Salomon und Origenes, die die heilige Kirche so wunderbar gelenkt haben! Wir wissen nicht, wohin sie gekommen sind.

Darum seht euch selber vor; niemand wird für euch die Verantwortung übernehmen: das müßt ihr selber tun. Seht euch vor, und nehmt Gottes und seines liebsten Willens wahr und des Rufes, mit dem euch Gott gerufen hat, daß ihr dem folgt. Und wißt ihr nicht, was Gottes Wille ist, so folget denen, die vom Heiligen Geiste mehr erleuchtet sind als ihr; und besitzt ihr solche Menschen nicht, so geht zu Gott; ohne allen Zweifel: er wird euch diese Erkenntnis geben, wenn ihr nur beharrlich seid. Genügt dir auch das nicht, so sieh in zweifelhaften Fällen, wozu deine Natur am wenigsten geneigt ist, und das tue; denn in jeglichem Tod der Natur wird Gott innen am wahrhaftigsten lebendig und wirklich.

Meine Lieben! Da (sogar) den heiligen Jüngern der Heilige Geist nicht hätte zuteil werden können, hätte Christus sie nicht zuvor verlassen, so wollen wir sehen, womit wir umgehen. O entschlagt euch aller Dinge, so werden euch alle zuteil werden. Wahrlich, tätet ihr das, ihr erhieltet (schon) in dieser Zeit einen herrlichen Lohn. Und wenn der Heilige Geist kommt, so wird er euch alles lehren und alle künftigen Dinge (dazu).

[3] Nach Strauchs Vorschlag: PBB XLIV, 21 zu Vetter 74, 28.
[4] Zu dem tieferen Sinn dieser Stelle vgl. Wyser, a. a. O. S. 257. Tauler warnt seine Zuhörerinnen vor Spekulationen im Sinn seines Lehrers Eckhart. Auch Strauch (PBB XLIV, 21 zu Vetter 74, 26—28) weist darauf hin, daß hier wohl die Lehre Meister Eckharts gemeint sei.

„Alles", das heißt nicht, daß er euch sagen wird, wie dieser oder jener Krieg beigelegt oder ob das Korn gut wachsen werde. Nein, nein, nicht so! Sondern „alles", das bedeutet das, was uns not ist zu einem wahren göttlichen Leben, zu einer verborgenen Erkenntnis der Wahrheit und der Bosheit (menschlicher) Natur; folgt Gott und geht den heiligen, rechten Weg, was viele Leute nicht tun: will Gott sie drinnen haben, so gehen sie hinaus, und will er sie draußen haben, so gehen sie hinein, und alles (was sie tun) ist verkehrt. Was ich „alles" genannt habe, das sind alle Dinge, deren wir bedürfen, innen und außen, tief und innerlich, lauter und klar, Erkenntnis unserer Gebrechen, Nichtachtung unseres (eigenen) Selbst, großer Tadel, wie wir der Wahrheit fernbleiben und zu unserem Schaden an geringen Dingen haften; das läßt uns in tiefe Demut sinken und uns ganz Gott und allen Geschöpfen unterwerfen. Das ist eine Kunst, in der alle Künste beschlossen sind, deren man zu wahrer Heiligkeit bedarf: das wäre wahre Demut, die erläuternder Worte entbehren könnte, Demut nicht nur in Worten, nicht dem Schein nach, sondern in Wahrheit und im Grunde.

Daß wir so bereit werden, daß uns der Heilige Geist in Wahrheit werde, dazu helfe uns Gott.   AMEN.

Quis vestrum habet amicum
Wer von euch hat einen Freund (Luk. 11, 5 ff.)

17

Predigt aus dem Evangelium des heiligen Lukas vom Montag
vor (Christi) Himmelfahrt, die uns lehrt, zu beten, zu suchen
und anzuklopfen; (auch) sagt sie uns, aus welchen Ursachen
zweierlei Arten von Menschen sich im Gebet verhärten, deren
eine sehr schädlich, deren andere sehr nützlich und fruchtbar ist.

UNSER HERR SPRACH: „Wer von euch hat einen Freund
und geht um Mitternacht zu ihm und sagt: ‚Freund, leihe mir
drei Brote, denn mein Freund ist vom Lande zu mir gekommen,
und ich habe nichts, es ihm vorzusetzen'; und der innen antwortet: „Laß mich in Ruhe! Meine Türen sind verschlossen,
meine Kinder mit mir im Bett, und ich kann nicht aufstehen und
dir Brot geben", usw.

Dieses Evangelium ist sehr lange; das hier Gesagte mag der
Kürze halber genügen.

Unser lieber Herr lehrt uns darin, daß wir bitten sollen, und
spricht: „Wer bittet, dem wird gegeben. Bittet, so wird euch
gegeben; suchet, und ihr werdet finden; klopfet an, und es wird
euch aufgetan. Denn wer bittet, dem wird gegeben; wer suchet,
der findet; wer klopft, dem wird aufgetan."

Welcher Unterschied liegt nun in diesen drei Worten: bitten,
suchen und anklopfen? Das wollen wir zuerst überlegen. „Bitten"
bedeutet: etwas von Gott fordern mit innigem Begehren und
einem (ihm) zugekehrten Gemüt.

Und das Suchen? Daß er uns suchen heißt, bedeutet das Auswählen eines Dinges vor einem anderen. Denn der, welcher sucht, hat seinen Fleiß auf das Besondere gerichtet, dem er vor anderem den Vorzug gibt.

Dann das Klopfen: das bedeutet „ausharren" und „nicht nachlassen", bis man das erhält, was man im Sinn hat. Und somit kann man die Worte „bitten, suchen, klopfen" (in ihrer Bedeutung) wohl unterscheiden.

Nun wenden wir uns zu der Auslegung, die ein Lehrmeister, Beda, in seiner Predigt (über dieses Evangelium) gab. Er sagte: „Dieser Freund, der so vom Lande zu seinem Freund gekommen ist, bedeutet des Menschen Geist. Der verläßt den Menschen gar zu oft, in betrüblicher Weise, und zieht in ein fremdes Land, fern von Gott[1]. Irgendwann kehrt er dann einmal wieder zurück, hungernd und dürstend nach allem Guten; und kann ihm der Mensch nichts vorsetzen, so geht er zu seinem Freund — das ist Gott — und klopft an und bittet vor seiner Tür um drei Brote; das bedeutet: das Verständnis der heiligen Dreifaltigkeit. Und der da innen ist, entschuldigt sich und spricht: ‚Laß mich ungestört; meine Türen sind verschlossen, und meine Kinder sind bei mir im Bett'. Darunter verstehen wir die Lehrmeister, die mit Gott auf dem Ruhelager der heiligen Beschauung sind."

Nun fährt jener aber mit Klopfen fort, bis dieser — Gott — um dessen Beharrlichkeit willen aufsteht und ihm alles gibt, was er will. Das heißt, daß Gott ihm Antwort gibt[2] durch die Lehrer oder unmittelbar durch sich selbst. Und darum sprach Christus: „Bittet, so wird euch gegeben; suchet, so findet ihr; klopfet, so wird euch aufgetan."

Hier ist Gottes unaussprechliche, unbegreifliche Freigebigkeit zu betrachten; er gäbe so gerne, wollten wir nur recht darum bitten; er mahnt uns ja so eifrig, treibt uns an und lehrt uns,

---

[1] Mhd. „ungelicheit" bedeutet u. a. „das mögliche Verhältnis der Ungleichheit". Mit Bezug auf eine Stelle in Augustins „Bekenntnissen" läßt sich diese Stelle sinngemäß, so wie geschehen, übersetzen. Vgl. Augustinus, a. a. O. B. VII, Kap. 10.

[2] Nach Corin, Wi 1, S. 132, 1, der „antweirt" einer anderen Lesung vorzieht.

recht zu bitten. Aber seine Gaben werden den Müßiggängern und den Unnützen nicht zuteil, sondern (nur) den Betern und denen, die im Gebet beharren.

Nun sollen wir wohl beachten, um was und wie wir bitten sollen. Will der Mensch sich zum Gebet anschicken, so soll er vor allem seinen Geist von all dem Herumschweifen und den Zerstreuungen heimholen, bei denen er sich mit äußeren Dingen beschäftigt hat, und soll dann mit großer Demut Gott zu Füßen fallen und Gottes gütige Almosen erbitten; er soll an Gottes Vaterherz klopfen und um das Brot bitten, das die Liebe ist. (Denn) wenn (auch) jemand alle edle Speise besäße, die die Welt hat, (doch) ohne Brot, sie wäre nicht genießbar noch angenehm und nützlich. So ist es auch mit allen Dingen, wenn die göttliche Liebe fehlt.

Nun soll der Mensch darum bitten, daß Gott ihm gebe und ihn um *das* bitten lehre, was ihm — Gott — am allermeisten in des Menschen Gebet und seinen Übungen der Andacht gefällt und dem Menschen am nützlichsten ist. Welche Art (des Gebetes) sich ihm dann darbietet, die soll er für sich anwenden, sie betreffe die Gottheit, die heilige Dreifaltigkeit, das Leiden oder die Wunden unseres Herrn.

Sodann merkt, wie man unseren Herrn um etwas bitten soll. Nicht alle Menschen können im Geist beten, sondern müssen es mit Worten tun. So sollst du unseren Herrn so freundlich und gütlich mit den liebevollsten Worten ansprechen, die du nur finden kannst. Und das wird auch deine Liebe und dein Gemüt entflammen. Bitte den himmlischen Vater, daß er durch seinen eingeborenen Sohn sich selber dir in der wohlgefälligsten Weise zum Gegenstand (deines Gebetes) mache. Und findest du dann eine Weise, die dich am meisten zur Andacht antreibt und (dir) am meisten gefällt, wäre es auch (die Betrachtung) deiner Sünden und deiner Gebrechen, oder was sonst es sei, bleib dabei, und nimm diese. Und Suchen bedeutet, daß man Gottes liebsten Willen suche und des Menschen Bestes und anklopfe mit eifriger Beharrlichkeit; denn wer ausharrt, dem wird die Krone zuteil.

Unser Herr sagt: „Welcher Vater gäbe seinen Kindern, wenn sie ihn um Fisch bitten, eine Schlange?" — unter dem Fisch versteht man wahre Zuversicht —, „und bäten sie um ein Ei, einen Skorpion?" Das Ei aber bedeutet einen lebendigen Glauben. Und er fährt fort: „Wenn ihr, die ihr doch böse seid, euren Kindern gute Gaben geben könnt, wieviel mehr wird euer himmlischer Vater gute, ja allerbeste denen geben, die ihn (darum) bitten."

Nun sprach der Mund der Wahrheit, wer bittet, dem solle gegeben werden. Wie kann das nun jemals geschehen, daß so mancher Mensch bittet und alle Tage seines Lebens bittet, und doch wird ihm dieses lebendige Brot nicht zuteil? Und Gott ist doch so unaussprechlich gütig und gibt und vergibt ohne alles Maß und über alle Weise und ist tausendmal bereiter zu geben, als der Mensch zu nehmen! Und diese Leute sprechen dieselben heiligen Gebete, das heilige Vaterunser und beten gar oftmals die Psalmen und die heiligen Kirchengebete, die der Heilige Geist gelehrt hat, und dennoch werden sie nicht erhört; das muß eine gewichtige Ursache haben und uns wundern.

Nun ich will dir den Grund sagen: Herz und Grund dieser Menschen, ihre Neigung und ihr Sinnen sind von Zuneigung zu anderem (als Gott) eingenommen. es sei, was es sei, Totes oder Lebendiges, ihr eigenes Selbst oder etwas des Ihren. Und dies hat den Raum (ihres Inneren) so mit Beschlag belegt und in Not gebracht, daß die wahre göttliche Liebe, die das wahre lebendige Brot ist, in keiner Weise in sie kommen kann, sie mögen soviel bitten und beten, wie sie wollen. Meister Hugo (von Sankt Viktor) sprach: „Es ist ebenso unmöglich, daß der Mensch ohne Zuneigung zu irgendwelchen Dingen lebe, als daß er lebe ohne Seele."

Ein jegliches achte also darauf, womit es sich zu schaffen macht. Denn: soll die eine Liebe herein, so muß die andere notwendigerweise hinaus. „Gieß aus", sprach Augustinus, „auf daß du voll werdest." Diese Menschen kommen nun mit ihrem weltlichen Herzen, ihrem (von anderen Dingen) besetzten Grunde und bitten und beten, und das Brot wird ihnen nicht zuteil. Das ist nicht Gottes Schuld, sondern ihre eigene. Und diesen wird ein Stein statt des Brotes gegeben, das heißt: ein hart steinern Herz, hart, dürr und kalt, ein Verlöschen ohne

Andacht und Gnade; solch ein Mensch liest schnell die (heiligen) Bücher aus, eins nach dem anderen, findet keinen Geschmack daran, denkt nicht darüber nach, es geht in ihm nicht auf[3], noch dürstet er danach. Hat er das in grober, blinder Weise getan, so legt er sich nieder und schläft. Des Morgens beginnt er wie (tags) zuvor: ein Gebetlein zu sprechen, dünkt ihm, sei genug. Sein Grund wird dabei so hart wie ein Mühlstein, daß man solche Menschen weder brechen noch biegen kann. Kommt man ihnen mit einer Sache, die ihnen zuwider ist, es sei Tun oder Lassen, so wird man ihres Grundes so (recht) gewahr: da kann man wunder was für harte steinerne Berge sehen.

Hüte dich vor solch steinernem Grunde; sprich nicht viel (mehr) mit solchen Leuten, in der Absicht sie zu belehren, als ein Wort, und flieh!

Unser Herr sprach: „Ja, ja; nein, nein!" Denke und handle, wie die klugen Jungfrauen[4] sprachen: „damit es euch und uns an nichts fehle!" Fahren dir auch solche Steine an den Kopf, bücke dich, und hüte dich, zurückzuwerfen, wäre es auch nur mit kleinen Steinen. Nein, deinen Mund verschließe, und öffne dein Herz Gott entgegen!

Meine Lieben, tut es um Gottes und um alles dessen willen, worum ich euch bitten kann, seid sanftmütige und demütige Lämmlein gegenüber denen, die wider euch sind. Schweigt und duldet, und nehmt eures Grundes wahr!

Solche Steine liegen oft und lange in einem Menschen verborgen, bis man sie irgendwie entdeckt. Wisset: Wüßte ich von solchen Leuten, die verborgenen Haß in sich tragen oder Bosheit und sich nicht bessern lassen wollen, ich reichte ihnen Gottes Leib nicht. Viele Menschen findet man, die durch zwanzig oder dreißig Jahre hindurch zur Beichte gehen und nie richtig beichteten und keine (wirkliche) Lossprechung empfingen und so zum

---

[3] Es handelt sich hier wohl, worauf auch Corin, Wi 1, S. 138,7 ff. und Anmerkung** hinweist, um eine Vermischung von „queln" = leiden und „quellen" = hervorquellen.

[4] Nach Corin, Wi 1, S. 139,6, da, wie aus den Lesarten hervorgeht, sich in Vetters Leseweise 281,30—31 ein Irrtum eingeschlichen hat. LT und AT lassen die Stelle aus.

heiligen Sakrament gehen: eine gefährliche, bedenkliche, eine
grausige Sache! Denn (selbst) der Papst, der die oberste Gewalt
hat, könnte einen solchen Menschen nicht lossprechen. Und je
mehr diese zu Beichte und Abendmahl gehen und beten und
gute Werke tun, es sei, was es sei, um so härter und versteinter
werden sie, um so blinder und gröber, denn sie verlassen sich
auf ihre guten Werke. Ihnen wäre bei weitem besser, solche nicht
zu tun; daß sie zum heiligen Abendmahl gehen, da sie doch die
Ursache ihrer Fehler nicht beseitigen wollen und doch ihre
Gebrechen kennen: das läßt Gott nie ungestraft; er straft es nicht
nur an der Seele, sondern auch am Leib. Sie erhalten also die
Schlange anstatt des Fisches; das sind die, welche mit der Verurteilung (anderer Menschen rasch) bei der Hand sind[5]. Wie
die Schlange überall hinkriecht und ihr Gift ausspritzt, so ist es
mit diesen urteilenden Menschen: was sie sehen oder hören,
wird Gift in ihnen, und das verspritzen sie wieder, indem sie
(Gutes) verkleinern und vernichten; und die Schlange in ihnen
ist so lange wie die Spanne von einer Wand zur anderen. Sich
selbst erkennen sie nicht; aber so und so sollte dies und das (bei
anderen) sein.

Zuweilen sind die Schlangen auch klein wie Blindschleichen:
das bedeutet verborgene Mißgunst und geschickte Stiche und
Herabsetzungen, die aus einem bösen Grund kommen, davor
hütet euch. Richtet euch selbst, aber niemand anders. Diese
Menschen erhalten den Skorpion statt des Eies, das bedeutet:
einen falschen Glauben von sich selbst, eine falsche Zuversicht
und Vermessenheit. „Warum sollte es mir“, (so sagen sie,) „nicht
ebensogut ergehen wie dieser oder jener? Ich bete, ich singe, lese
und lebe ebensogut wie sie.“ Wie es mit dem Skorpion ist, der
vorne lächelt und mit dem Mund schmeichelt, mit dem Schweif
(aber) sticht, so ergeht es dieser falschen Zuversicht am Ende;
sowie der Grund offenbar wird, der trügerisch (von Geschöpfen)
eingenommene Grund, werden diese Menschen untröstlich;
Zweifel befällt sie, und (sie) gehen ewiglich verloren: dann

---

[5] Nach der Straßburger Hs. S und Corin, Wi 1, S. 141, 9 und 12: „urteilende
Leute“, nicht wie bei Vetter nach der Hs. E: „urteilte“ Leute.

trifft sie der Stich des ewigen Todes. Das kommt davon, daß man des Grundes und seiner Gebrechen nicht inne wird; das ist eine sehr bedenkliche Sache. Der Papst hat sich selber die Lossprechung einiger Sünden vorbehalten, einige den Bußpredigern übertragen, einige den Bischöfen, andere den Priestern. Dies geschieht nicht zu schmerzlicher Verdammnis, sondern daß die Sünde dadurch erkannt, ihre Schwere gewogen und groß geachtet, die Reue um so tiefer werde, indem (die Sünden) in ihrer Schwere bedacht und (die Menschen vor ihnen) sich besser hüten[6].

Meine Lieben, wüßtet ihr, wie besorgniserregend (es ist, daß) diese Menschen mit so behaftetem Grunde das ehrwürdige, teure Blut, das Gott um unsertwillen vergossen, empfangen und ihres falschen Grundes und ihrer Gebrechen nicht Beachtung schenken, ihr könntet vor Angst vergehen. Und darum hat man in einigen Klöstern geboten (nur) alle drei Wochen zum heiligen Sakrament zu gehen; deshalb eine so lange Zeit, um sich während der ganzen Weile gut und gründlich auf das heilige Mahl vorzubereiten, damit dies seine (gebührende) Wirkung in dem Menschen gewinnen könne.

Ihr dagegen, liebe Kinder Gottes, erweckt eure Begierde danach und verhaltet euch so, daß ihr oft zu dem hochwürdigen Sakramente gehen könnt. Bittet unseren Herrn, daß er euch selber vorbereite, und lebt so voll Liebe und Innerlichkeit; seid sanftmütig, demütig und (von allem Äußerlichen) losgelöst.

Fällt dann wohl Leiden auf euch, so schweigt und antwortet nicht.

Ein Lehrer der Heiligen Schrift ward gefragt, was er davon halte, daß etliche Ordensleute unseren Herrn so oft empfangen wollten, außerhalb (des Gebrauchs) ihrer Gemeinschaft und deren Gewohnheit. Da antwortete dieser Meister: „O lieber Gott, wir sollten uns dessen gar innig freuen, daß es jemanden gäbe, den es nach Gott gelüstete und der seiner begehrte; und in den Klöstern sollten denen, die das tun, die anderen mit

---

[6] In Anlehnung an Corin, Wi 1, 144 ff., wo es an der entscheidenden Stelle heißt: „und der Müwe die meire werde in dem geweigen-werden und verhoyt werden".

Diensten vergelten und ihnen mit großem Fleiß helfen. Niemand verarge es denen, die (oft) zu unserem Herrn gehen; denkt nicht, die Menschen, die es nicht tun, seien bei weitem besser; außer sie unterlassen es aus großer Demut und Ehrerbietung; und das ist etwas Großes."[7]

Wirft euch jemand mit Steinen (bösen Urteils) und schlägt euch mit Worten, so denket, dies komme unmittelbar von Gott selbst.

Es gibt noch andere Steine, so (etwa), daß ein Mensch in seinem Innern sich verlassen fühlt, der von ganzem Herzen Gott begehrt, sich aber hart und dürr, kalt und träge findet. Dann soll der Mensch sich noch innerlicher halten und sich hüten, sobald er innerliche Härte in sich verspürt, etwas zu beginnen, das ihn erleichtere. Dann bleibe bei dir selber, und kommen auch alle deine Fehler mit strenger, schwerer Verurteilung auf dich zu und tadeln dich, bleib nur dabei, und tadle dich selbst mit aller Strenge. Und bliebe diese deine Verurteilung auch eine ganze Woche (hindurch) bestehen, so wäre das sehr gut. Steinige dich selbst mit, vor Gott in dir selber. Und *so* sollst du dich verhalten: sobald du irgendwie in einen Fehler gefallen bist, beichte Gott ohne Säumen. Entfallen dann deinem Gedächtnis deine Fehler, so daß du nicht weißt, was du sagen sollst, wenn du zu deinem Beichtvater kommst, so glaube, die Sünde sei dir besser vergeben, als wenn du sie dem Priester selbst gebeichtet hättest[8]. Aber ich bitte euch, in der Beichte nicht viel äußere Worte zu machen. Die heilige Kirche hat die Beichte für die Todsünde eingesetzt. Und bist du im Zweifel, ob ein Ding Todsünde sei und nicht zu denen gehöre, die täglich geschehen, so mach es schlicht und kurz ab.

Beichte Gott, fürwahr! Dünkt dich aber, daß die äußeren Werke dich hindern, wie Chordienst und Werke dienstbaren

---

[7] Eine unklare Stelle. Die Übersetzung ist in Anlehnung an LT unter Berücksichtigung der bei Corin, Wi 1 S. 146 und S. 147 gegebenen Erklärungsversuche vorgenommen worden.

[8] Hier (wie Corin in einer Anm. auf S. 148 seiner Ausgabe der Hs. Wi 1 will) „Papst" statt „Priester" zu setzen, scheint mir nicht notwendig. Auch die Drucke LT, AT, KT haben „priester".

Gehorsams, so wisse: nicht die Werke hindern dich, sondern deine Unordnung in den Werken, die hindert dich so, daß du Gott in deiner Liebe nicht rein (vor Augen) hast, nicht in deinem Verlangen und in deinem Gemüt; daß du zerstreut, entstellt bist und dir Gott nicht gänzlich innewohnt. Fürwahr, das hindert dich, nicht die (äußeren) Werke und kein anderes Ding als du selber. Das verschließt dir die Tür, wenn du anklopfest, wie es im Evangelium hieß [9].

An anderer Stelle sprach unser Herr, er sei die Tür, durch die man gehen müsse. An diese liebevolle Tür soll der betende Mensch nach drei Richtungen anklopfen, auf daß er in Wahrheit eingelassen werde. Er klopfe voller Andacht an dem liebreichen, aufgeschlossenen Herzen und der geöffneten Seite unseres Herrn Jesus Christus und begebe sich mit aller Andacht dahinein, in Erkenntnis seiner tiefen, tiefen Armut und seines Nichts, wie der arme Lazarus vor der Tür des Reichen die Brocken von dessen Gnade erbat. Die Gnade Gottes verleiht dir ein göttliches, übernatürliches Wesen.

Dann klopfe zum anderen Male an die Türen der heiligen geöffneten Wunden der heiligen Hände, und bitte um wahre göttliche Erkenntnis, die dich erleuchte und zu Gott erhebe.

Schließlich klopfe an die Türen der heiligen Füße Jesu, und bitte allda um wahre göttliche Liebe, die dich allzumal mit ihm vereine, dich gänzlich in ihn versenke und in ihm beschließe.

Daß wir alle so bitten, suchen und anklopfen, damit wir eingelassen werden, dazu verhelfe uns der liebreiche Gott. AMEN.

---

[9] „Zuowurf", bei Tauler nur einmal belegt, heißt zunächst „Zusammenwurf, Vereinigung" (etwa von Ländern). In das vorliegende Bild paßt trotz Bedenken am besten die Vorstellung vom „Zuwerfen der Tür" vor dem zu Unrecht Bittenden.

Recumbentibus undecim discipulis
Als die Elfe zu Tische saßen (Mark. 16, 14)

18

Die vier folgenden Predigten über die Himmelfahrt unseres Herrn sind Stellen aus dem Evangelium des heiligen Markus entnommen, das am Himmelfahrtstag und in der ganzen Oktav verlesen wird; die fünfte über das gleiche Fest hat die Demut des heiligen Matthias zum Gegenstand und baut auf die Epistel seines Festes auf, das (gewöhnlich) in die Fastenzeit fällt. Die erste Auslegung der Himmelfahrt sagt uns, wie allerlei Leute von Gott ihres Unglaubens und der Härte ihres Herzens wegen zurechtgewiesen werden, verwirft gar getreulich alle Vorhaben der Sinne und vergleicht sie Zisternen voll fauligen Wassers.

ALS DIE JÜNGER unseres Herrn beieinander saßen, erschien ihnen unser Herr Jesus und verwies ihnen ihren Unglauben und ihre Herzenshärte.

Diesen Tadel spricht unser Herr noch alle Tage und zu jeder Stunde aus über den Unglauben und die Härte des Herzens, wie sie die Menschen aller Stände in der Welt besitzen[1]. Besonders weist er geistliche Leute zurecht, seien es solche aus erprobten Orden oder angenommene, wie Beginen, Schwestern und dergleichen.

---

[1] Die Übersetzung „in allen Ständen" verdient vor der auch möglichen mit „Zeitpunkt, Verhältnis, Umstände, Lage" mit Rücksicht auf das Folgende den Vorzug.

Diese bestraft unser lieber Herr zuzeiten durch das Wort der Lehrer und zuzeiten durch sich selber in ihrem eigenen inneren Leben, sofern sie überhaupt Strafe hinnehmen wollen.

Geistliche Leute sind auf ganz besondere Weise zu strafen, wenn sie voll Herzenshärte sind und bar des Glaubens, denn es ist etwas außergewöhnlich Großes, daß Gott einen Menschen zu dem hohen Adel geistlichen Lebens auserwählt und beruft. Daher sind wir Gott eine außergewöhnlich große Liebe schuldig und vor allen Dingen eine ebensolche Dankbarkeit. Solche Leute bestraft unser Herr wegen ihres Unglaubens und ihrer Herzenshärte. Könnte es doch dahin kommen, daß sie sich strafen lassen wollten und ihre Herzenshärte und ihren Unglauben erkennen und sich schuldig bekennen[2], so könnte ihrer noch Rat werden.

Sankt Jakobus sprach: „Der Glaube ohne Werke ist tot." Christus sagt: „Wer glaubt und sich taufen läßt, wird gerettet." Wir sprechen unseren Glauben alle mit dem Munde. Ein Wort des heiligen Paulus: „Wir sind alle auf den Tod Jesu Christi getauft"; und eines des heiligen Augustinus: „Das ist kein wahrer Glaube, wo nicht das in lebendiger Liebe und in der Tat zu Gott eilt, was man mit dem Munde bekennt." Solchen Unglauben findet man gar sehr darin, daß uns etwas anzieht oder wir etwas begehren, anstatt zu sprechen: „Herr, *du* bist mein Gott, nur in *dir* ist mir wohl!" (An solchem Verhalten erkennt man), daß diese Leute so ganz den wahren, lebendigen Glauben verloren haben und gerade besonders die, welche den geistlichen Namen tragen und irgendeinmal von Gott in ihrem Grund berührt und gemahnt worden sind — es sei im Schlafen oder Wachen gewesen — und alldem entfallen sind.

Unser Herr straft diese Menschen auch um ihrer Herzenshärte willen. Das ist doch furchtbar, daß Menschen, die Gott zu sich selber gerufen hat, so verhärtet sind, daß ihnen göttliche Dinge nicht mehr zusagen, sei es ihr Gebet oder irgendwelche gute

---

[2] Der Satzteil „und sich schuldig bekennen" muß vor „so konnte ihrer noch Rat werden" treten; die Hs. S, die Drucke LT, AT, KT lassen ihn weg; Lehmann knüpft mit „wenn" an das Vorhergehende an, was auch vertretbar ist.

Art von Übung; und daß andere Dinge ihnen so zusagen[3], so leicht und erfreulich, ihre Herzen aber Gott gegenüber von Stein sind. Von diesen sprach unser Herr durch den Propheten (Ezechiel): „Ich will euer steinernes Herz wegnehmen und euch wieder ein fleischern Herz geben." Was macht diese Herzen so hart, daß sie dem Menschen so dürr und kalt sind zu allem, was er Gutes tun sollte, und daß diese Menschen das Gute in so unfreundlicher[4] Weise tun. Da muß das Herz einen anderen Besitz haben, der nicht Gott ist; es sei der Mensch selber oder was sonst immer. Und solche Menschen wollen sich nicht zurechtweisen lassen!

Von diesen sprach unser Herr durch Jeremias den Propheten: „Ihr Himmel, entsetzt und betrübt euch! Ihr Himmelspforten, öffnet euch über das ungeheuerliche Gebaren meines Volkes: denn zweifach übel haben sie gehandelt; sie haben mich, das lebendige Wasser, verlassen und sich selbst eine Zisterne gegraben, die kein Wasser enthält; was hineinkommt, fällt von außen oder von oben hinein, Regen oder anderes Wasser, das fault und stinkt; von innen (aber) im Grunde haben sie nichts. Das klaget Gott, Himmel, Erde und allen Geschöpfen, dieses ungeheure Vergehen, und allen Freunden Gottes." Was ist das für ein Volk, über das Gott so klagt? Das ist sein Volk, das sind geistliche Leute, die so gänzlich das lebenspendende Wasser verlassen haben und in deren Grunde so wenig wahres Licht und Leben ist, dagegen aber nur Äußerlichkeiten; und dabei verharren sie gänzlich auf ihrer sinngebundenen äußerlichen Art, ihren Werken und Absichten; alles ist von außen hineingetragen vom Hören oder alles durch die Sinne aufgenommen, in bildhafter Weise; und innen, wo Wasser aus dem Grunde herausspringen und quellen sollte, da findet sich nichts, gar nichts!

Sind das nicht wahrlich die Zisternen, in denen nichts aus dem

---

[3] Wi 1 (Corin), S. 154, 15 und Ge 1 haben an dieser Stelle „smechlich", was gegenüber der Lesung bei Vetter 286, 13 „sinneklich" den Vorzug verdient.
[4] Die Lesung bei Corin, Wi 1, S. 155, 3: „unsmeggier" ist der Vetters, 286, 18 „unsinnelicher" und der der Drucke LT, AT vorzuziehen. Die Übersetzung „in so unfreundlicher Weise" — nur ein Versuch! — scheint mir das Gemeinte eher zu treffen als „gedankenlos" bei Lehmann II, 90.

Grunde aufgesprungen oder gequollen, in die alles von außen hineingekommen und aus denen es so rasch abfließt, wie es zugeflossen ist? Und was an ihnen etwas sein soll, das sind ihre (eigenwilligen) Vorsätze und Weisen, die sie nach ihrem Gutdünken eingesetzt und eingerichtet haben. Zum Grunde aber kehren sie sich nicht: da haben sie kein Quellen und Dürsten, und sie suchen auch nicht weiter. Wenn sie ihre Arbeit auf ihre ihnen von außen durch die Sinne zugetragene Weise tun, so genügt ihnen das vollauf. Sie halten sich an ihre Zisterne, die sie sich selbst gegraben, und Gott sagt ihnen nicht zu. Und von dem lebendigen Wasser trinken sie auch nicht, das lassen sie sein. Und so legen sie sich (des Abends) zum Schlaf nieder, und des Morgens fahren sie in der gewohnten Weise fort: und dabei fühlen sie sich recht wohl. Aber in der blinden, kalten, dürren, harten Art, mit der sie bei ihrer Zisterne, die sie sich selbst gegraben, verbleiben, rühren sie den Brunnen lebendigen Wassers gar nicht an. Unser Herr aber sprach: „Du hast viel Unkeusches getrieben und dich befleckt." Und zuvor in einem anderen Kapitel: „Das kommt alles daher, daß du mich, den Brunnen lebendigen Wassers, aufgegeben und dir eine Zisterne gegraben und mich verlassen hast."

Was sich in solchen Zisternen sammelt, fault und nimmt üblen Geruch an; es trocknet aus, und das kommt vom Vorhaben der Sinne. So bleibt im Grunde Hoffart, Eigenwillen, Hartsinn und böses Urteil, schlimme Worte, schlechtes Gebaren und Tadel über den Nächsten, nicht aus Liebe und in Sanftmut, sondern da, wo weder Ort noch Zeit dazu ist. Mancher glaubt das Haus seines Nachbarn zu löschen und brennt das seine nieder. Ja besäßen solche Menschen harter und ungestümer Worte und solchen Benehmens drei Häuser, sie sprächen, käme ein Armer zu ihnen: „Das ist ein Betrüger"; käme eine Arme zu anderen, sie sagten: „Eine Begine!" Geht mir doch! Ihr seid mir die wahren Zisternen! Wäre solches Wasser je eurem dürren Grunde entquollen, man fände bei euch keine Unterscheidung der Person, sondern stets wahre göttliche Liebe, herausquellend aus dem Grunde; da gäbe es kein Verkleinern, kein böses Richten, keinen Hartsinn. Solche Fäulnis entkeimt alle den Zisternen.

Solche Zisternen sind auch die „vernünftigen" Menschen, mit ihren hohen Worten und ihrem hohen Verstand. Den einen genügt an ihren gutscheinenden Werken und ihrem Schein, den anderen an ihrem hohen Verstand. Wie, glaubt ihr wohl, soll es gehen, wenn die starken Winde rauschen, alle Dinge durcheinanderfallen und Plagen auftreten, so furchtbar und ansterregend? Dann wird man unglaublichen Jammer sehen! Die nun einen schönen Schein darboten wegen ihres großen Namens und großen Verstandes und die mit großen behenden Worten redeten und voll falscher Heiligkeit waren und in denen nichts von wahrem lebendigem Grunde ist — alles ist hineingetragen, alles sind Zisternen —, zu denen kommt dann der Teufel am Ende mit einer Axt und schlägt mit einem Hieb hindurch. Sogleich zerstiebt und verfliegt alles, was da war, daß auch rein nichts übrigbleibt: alles ist zerblasen und verschwunden, denn nichts war (im Grunde) drinnen. Fauliges Wasser war in ihren Zisternen: jene Menschen wollten etwas scheinen und sein; und nichts war in ihnen.

Ihr Lieben, wo wird man, glaubt ihr, dies alles mit Augen sehen? Erinnert euch dessen, wenn ihr in jene Welt kommt, daß ich euch das gesagt habe: ich erkenne gar sehr, daß dieser falsche Schein und diese falsche Art jetzt ganz die übliche Art all der geistlichen Leute ist, eine äußere, gutscheinende, sinnengebundene, blinde Weise, daß aber weltliche Eheleute und manche Witwen ihnen weit vorauseilen, weit, zu weit. Und wenn Gott in seiner Barmherzigkeit jenen gewährt, daß sie an ihrem Ende gerettet werden, so müssen sie doch so lange gewaltiges Fegefeuer erdulden, als Gott es angeordnet hat; und sie werden danach gar weit von Gott entfernt sein (und) weit hintenan (stehen).

Seht euch (also) vor, das bitt' ich euch um Gottes willen. Nehmt eures Grundes wahr, und seht euch vor, womit ihr euch einlaßt; seid sanftmütig und demütig, und beugt euch unter Gott und unter alle Geschöpfe, denn Gott erhebt Klage über euch dem Himmel, der Erde und allen Geschöpfen. Dieser Himmel, das sind alle himmlischen Herzen, denn ein jeder gute Mensch ist ein Himmel Gottes, und auch jene tragen den Himmel in sich: aber sie gelangen nicht hinein. Und das ist die größte Pein der

127

Verdammten, daß sie den Himmel in sich vorhanden wissen und niemals hineingelangen werden.

Eben erwähnten wir das Wort, das unser Herr durch den Propheten (Jeremias) sprach: „Ihr habt euch befleckt und du, (mein Volk,) bist einem Fremden und deinem Buhlen nachgegangen; verschmäht hast du mich und bist einem Fremden, deinem Liebhaber, gefolgt; doch komm zu mir, und ich will dir (auch jetzt) noch wahre Ruhe geben; und kämest du gänzlich zu mir, ich wollte dir lebendiges Wasser eingießen."

Nun beachtet wohl, und seht die unbegreifliche, unaussprechliche Barmherzigkeit und Güte Gottes; wie gerne hülfe er uns, wollten wir nur; wie gerne spräche er mit uns, wie ein Freund mit seinem Freund spricht, wenn wir nur zu ihm wollten. Und zuvor sprach unser Herr: „Und folgst du meiner Bitte nicht, so muß ich dich vor dem Gericht bekriegen." Und das ist ein bedenklich Ding, denn er behält die Oberhand.

Hütet euch, daß er dann nicht sage, ihr gehörtet nicht zu seinen Schafen. Denn seine Schafe haben seine Stimme vernommen und sind keinem Fremden nachgegangen, wie er selber sprach. Was ist nun das Unkeusche, das du, wie unser Herr spricht, viel getrieben habest? Das ist in geistlichem Sinn zu verstehen, daß du, wenn anders es nicht in grobem Sinn aufzufassen ist, zum mindesten bei den sinnlichen Vorstellungen stehengeblieben bist. Und der Fremde, dem du nachgegangen bist, deinem Liebhaber, das sind alle die fremden, sinnlichen Bilder und Gegenstände, mit deren Hilfe du zu mir hättest kommen sollen: mit denen hast du dich befleckt. Doch komm nun zu mir; ich will dich aufnehmen und dir lebendiges Wasser eingießen.

Von diesem Wasser sprach unser Herr an zwei Stellen des Neuen Testaments im Evangelium: „Alle", so lauten seine Worte, „die dürsten, mögen zu mir kommen und trinken; und aus dem Leib derer, die an mich glauben, soll lebendiges Wasser fließen und fortströmen ins ewige Leben." Und von diesem Wasser sprach er zu der Frau am Brunnen: „Wer von dem Wasser dieses Brunnens trinkt, den dürstet wieder; aber die von *dem* Wasser trinken, das *ich* ihnen gebe, werden nicht mehr dürsten in Ewig-

keit. Hättest du *das* von mir verlangt, ich hätte es dir gegeben."
— „Ach Herr", sprach sie, „dieses Wasser gib mir, daß ich nicht
mehr hierherkommen muß, um Wasser zu schöpfen." Da antwortete unser Herr: „Geh zuerst, und hole deinen Mann" (das
bedeutet Erkenntnis deiner selbst), und gestehe mir von Grund
aus, daß du so sehr und so lange eine Zisterne gewesen bist, als
du die lebendigen Wasser nicht getrunken hast: dann können sie
dir zuteil werden. Fünf Männer hast du gehabt (deine fünf
Sinne): ach, mit denen hast du gelebt und dich ihrer bedient zu
deiner Lust und dich des lebenden Brunnens unwürdig gemacht
mit deinem sinnlichen Treiben, darin du ganz und gar in ungehöriger Weise beharrt hast. Kehre dich weg von da und wieder
zu mir hin, und ich will dich empfangen.

Er spricht auch durch denselben Jeremias im vierten Kapitel
und beklagt sich dort ebenfalls über dich und spricht: „Ich habe
dich zu meinem auserwählten Weingarten gemacht und darauf
gewartet, daß du mir den allerbesten, den edelsten Wein bräch-
test, Wein von Kypern, Wein von Engaddi." Und er spricht
(dort) von dem großen Fleiß, den er aufgewendet für den Weingarten: „Ich grub ihn um", (so sagt er,) „zog eine Hecke darum
und einen Zaun, baute eine Kelter darin und las die Steine heraus" — obgleich Gott dies zu seinem Volk sprach, so meint er
damit (doch) alle Menschen bis zum Ende der Welt —, „und
nun bereitest du mir (nur) Bitternis. Du brachtest mir sauren
Wein, sauren, schlechten Wein, und statt des edelsten Weines
und der Trauben brachtest du wilde Trauben und unfruchtbare
Ranken, darum muß ich dich vor Gericht ziehen. Wolltest du
dich (aber) zu mir kehren, ich gösse dir lebendiges Wasser ein,
wahre Liebe." [5]

Von diesem lebendigen Wasser (— der wahren Liebe —) sagte
ein Meister mit Namen Richard (von Sankt Viktor), ein großer
Meister der Heiligen Schrift, daß sie vier Grade besitze. Der
erste heißt die „wunde Liebe", denn die Seele wird (auf dieser

---

[5] An dieser Stelle bringt Tauler, der aus dem Gedächtnis zitiert, außer der
angegebenen Stelle aus Jeremias auch eine solche aus Isaias ähnlichen Inhaltes
bei; das nichtssagende „boyse dinck" (Corin, Wi 1, S. 167, 11 und AT, ebd.)
ist durch „unfruchtbare Ranken" ersetzt.

Stufe) von Gott mit den Strahlen der Liebe verwundet (dadurch), daß ihr dieses lebendige Wasser der wahren Liebe geschenkt wird, und (auch) sie (selbst) verwundet Gott wieder mit ihrer Liebe. Von dieser Liebe sprach unser Herr im Hohenlied: „Liebe Schwester, mein Herz hast du verwundet mit einem deiner Augen und einem Haar deines Halses." Das „eine Auge", das bedeutet ein emsiges Schauen der Erkenntniskraft und des Gemütes, das reinen Herzens auf Gott blickt. Und das „eine Haar", das ist die reine, ungetrübte Liebe, durch die Gott von der Seele verwundet wird.

Den nächsten Grad der Liebe nennt jener Meister die „gefangene Liebe"; (denn) es steht geschrieben: „Ich will dich ziehen mit den Stricken der Liebe." [6]

Der dritte Grad wird „quälende Liebe" genannt. Von ihr spricht die Braut im Hohenlied: „Ihr Mädchen Jerusalems, trefft ihr auf meinen Geliebten, so sagt ihm, daß die Liebe mich quält."

Der vierte Grad ist die „verzehrende Liebe", von ihr sagt der Prophet in Ps. 118: „Defecit — Meine Liebe verzehrt sich und schwindet dahin beim Gedanken an dein Heil."

Von den beiden ersten Graden der Liebe wollen wir ein wenig sprechen. Bei der (Betrachtung) der „wunden Liebe" nehmen wir ein Gleichnis (zu Hilfe). Wer von ihr betroffen wird, gleicht einem Kaufmann, der ein Schiff um Gewinnes willen ausrüstet. Sein Herz ist gleichsam vom Verlangen verwundet, vielerlei zusammenzutragen: er rafft hier und sammelt dort, damit sein Schiff voll werde. So tut der (von der Liebe) verwundete Mensch: sosehr er nur kann, sammelt er und zieht zusammen alle seine Vorstellungen und Gedanken und Übungen dem Liebenden zu Gefallen, dem er seine Zuneigung geschenkt hat. Ist das Schiff voll geladen, so stößt es vom Lande. Noch ist er imstande, das Schiff (auch) im Sturm zu führen. So geht es (dem Menschen) der verwundeten Liebe [7]. Er wirft sein Schiff in den Sturm der

[6] Das Zitat aus Os. 11, 4: „Ich sal dich drecken in deme seyle adamz" (Co. in Wi 1, S. 169, 6 f.) dürfte heute unverständlich sein: ich gebe es sinngemäß wieder; auch die Übersetzung bei Parsch lautet so. Zugrunde liegt ein von der Vulgata übernommener Schreibfehler des hebräischen Textes.

Gottheit, fährt herrlich voran und spielt mit dem Sturm nach seiner Gewohnheit und seinem Willen und wirft sein Ruder in das grundlose Meer; und je mehr er des göttlichen Ausflusses in sich zieht, um so weiter wird sie. Ihre (größer gewordene) Aufnahmefähigkeit füllt Gott (jetzt) gänzlich aus; die Ausfüllung aber schafft neue Empfänglichkeit und neue Weite und verursacht neue Wunden der Liebe.

Hierauf schneidet der Herr das Tauwerk des Schiffes entzwei und läßt es gegen den Sturm ankämpfen; da ist dann weder Riemen noch Ruder, die das Schiff halten können. Der Mensch ist nicht mehr Herr seiner selbst: das ist die „gefangene Liebe". Es ergeht ihm wie einem im Kampfe schwer verwundeten Ritter; trotz der Wunden entrinnt er, noch Herr seiner selbst; wird er aber gefangen, so ist er nicht mehr sein eigener Herr; er ist Herr weder seiner Gedanken noch seiner Taten: er muß sich nämlich dem Liebenden und seiner Liebe überlassen.

Von dieser Liebe wäre noch viel zu sagen; das mag später geschehen.

Daß wir also alle (Zisternen) verlassen und uns das Wasser der wahren Liebe eingegossen werde, dazu verhelfe uns die ewige Liebe. AMEN.

---

[7] Der Anschaulichkeit halber habe ich hier den Menschen als Träger der verwundeten Liebe eingesetzt.

Ascendens Christus in altum, captivam duxit captivitatem

Er stieg hinauf zur Höhe, führte Gefangene mit sich (Eph. 4, 8)

19

*Die zweite Auslegung von der Himmelfahrt des Herrn spricht
von fünferlei Gefangenschaft, darin die Menschen hier in der
Zeit schmerzlich gefangen werden, und auch davon, womit der
böse Geist sie in der Gefangenschaft zurückhält und in welcher
Weise man seine Freiheit wiedergewinnen kann.*

UNSER HERR JESUS CHRISTUS fuhr zum Himmel auf
und führte die Gefangenschaft gefangen mit sich. Man findet
fünferlei Gefangenschaft, wodurch die Menschen schmerzlich in
dieser Zeit der Freiheit beraubt werden, und die Christus mit
sich hinaufführt und aus der er die Menschen befreit, wenn
er in uns auffährt.

Die erste ist, daß der Mensch durch *die Liebe zu den Geschöpfen* gefangen wird, sie seien tot oder lebendig, wenn er nicht
Gott in ihnen liebt; und sonderlich durch Liebe zu Menschen,
die so nahe unserer Natur ist wegen der Gleichheit der Menschen.
Der Schaden, der daraus entspringt, ist gar nicht vollends auszusprechen. Er zeigt sich auf zweierlei Weisen: die einen erkennen sich und fürchten sich und fühlen in sich Weh und Angst
mit Gewissensbissen und machen sich selber Vorwürfe. Das ist
ein edles, gutes Zeichen, daß sie nicht von Gott verlassen sind;
denn Gott lädt den Menschen ein[1] Tag und Nacht, er esse oder

[1] Von mehreren Lesarten, so u. a. Vetter 76,18, wähle ich die bei Corin,
Wi 2, S. 107, 15 als am besten dem Sinn der Stelle entsprechend.

trinke. Und der, dessen Ohren nicht verstopft sind und der dessen gewahr wird, wird noch selig.

Andere Leute aber fühlen sich in der schädlichen Gefangenschaft so frei und sind taub und blind zugleich darin und sind durchaus zufrieden und halten sich für so gerecht; sie tun viel gute Werke, singen, lesen, schweigen, dienen und beten viel, (doch nur) damit sie um so eher ihren Willen tun können und man ihnen um so mehr Gott und die Menschen gönne; stets sind sie so andächtig, können so weinen und ist ihnen so wohl. Diese Leute sind gar schlimm daran, und (das) tut ihnen der böse Feind, damit er sie in der Gefangenschaft behalte, und die Natur betrügt dann den Menschen, und er ist in großen, schweren Versuchungen; es wäre ihm viel besser, er betete in diesem Zustand nicht, denn er betet hier gegen sich selbst, und es wäre ihm viel besser, wenn er in großer Bedrängnis und großem Weh sich befände und in großer Traurigkeit[2]; da würde er viel eher der bedenklichen, sorgenvollen Gefangenschaft ledig; denn wird er[3] darin gefunden, so bleibt er sicherlich ewig ein Gefangener des Teufels, davon hilft ihm niemand.

Die zweite Gefangenschaft besteht darin, daß manche Leute, sobald sie aus der ersten erlöst werden, nämlich aus der Liebe zu den Geschöpfen in den äußeren Dingen, in *die Liebe zu ihrem eigenen Ich* verfallen. Diese Liebe steht so schuldlos und in so großer Gemäßheit in ihnen, daß es ein Wunder ist. Darum tadelt sie niemand, auch sie sich selber nicht; sie hängen ihrer Selbstliebe einen so schönen Mantel um und geben ihr einen so rechten, schönen Schein, daß da nichts dagegen einzuwenden ist; und sie kommen so weit, daß die Selbstliebe sie das Ihre in allen Dingen, ihren Nutzen, ihre Lust, ihren Trost, ihre Bequemlichkeit, ihre Ehre suchen läßt, und sie versinken so in ihr eigenes Ich, daß sie in allen Dingen, auch in Gott, das Ihre suchen und ganz und gar nichts anderes. Ach, was wird man hier alles finden, wenn man in den Grund kommt! Welch falscher Grund wird hier unter dem Schein großer Heiligkeit gefunden werden! Ach, wie schwer wird da zu helfen sein, wo solche Leute mit weich-

---

[2] Beide Lesarten, die bei Vetter 76,30 und die bei Corin, Wi 2, S. 108,14, können hier gelten.   [3] Nämlich beim Jüngsten Gericht.

licher Natur und ihrer irdischen Vernunft zum geistlichen Leben
kommen! Wie schwer sind die aus ihrer Gefangenschaft zu befreien! Wenn man so von der Natur eingenommen ist, wer kann
da helfen? Sicher niemand außer Gott. So vieler Dinge scheint
man zu bedürfen, und das Bedürfnis ist so weit und so breit,
und man dünkt sich so schwach und so zart! Zudem geschieht oft,
daß (uns) Dinge entzogen und angetastet werden, es sei Bequemlichkeit, der Freund oder ein Gut oder tröstliche Dinge, daß man
Gott oft von sich weist mit zornigen Worten, mit rachsüchtigen
Handlungen [4], mit Unwahrheit oder mit heimlichen Ausrufen;
und dann ist der Mensch kein Mensch mehr, sondern ein zorniger
Hund oder reißender Wolf. Ja, Selbstliebe ist eine schadenbringende Gefangenschaft!

Die dritte Gefangenschaft ist *die der (natürlichen) Vernunft.*
Darin kommen viele Leute ernstlich zu Fall, denn alles, was in
dem Geist geboren werden sollte, das verderben sie damit, daß
sie sich damit in ihrer Vernunft brüsten, es sei Lehre, Wahrheit,
welcher Art auch immer, daß sie das verstehen und davon reden
können und dadurch etwas scheinen und erhöht werden. (So)
bringen sie es weder zu (guten) Werken noch zu (rechtem)
Leben. Zudem nehmen sie das liebevolle Vorbild unseres Herrn
Jesus Christus in der Weise ihrer natürlichen Vernunft auf;
trügen sie es in das göttliche, übernatürliche Licht, da erschiene
es ungleich anders; ganz so ungleich wie der Unterschied zwischen dem Schein, den ein brennender Faden gibt, und dem der
klaren Sonne; noch viel geringer ist natürliches Licht gegenüber
dem göttlichen. Diesen Unterschied zwischen dem göttlichen
(und dem natürlichen) Licht soll man daran erkennen: das
natürliche Licht läßt alles nach außen sichtbar werden in Hoffart, in eigenem Gefallen, in der Lobpreisung durch die Leute
und im Urteil anderer; zudem führt es alles nach außen in die
Zerstreuung der Sinne und des Geistes; aber wo das göttliche
Licht in Wahrheit ist, da beugt sich der Mensch ganz nieder in
den Grund, er zeigt und dünkt sich der geringste, der ver-

---

[4] Die Erläuterung bei Corin, Wi 2 zu S. 110, 2, in Anm. 1 erscheint annehmbar; „wercken" bei Vetter 77, 19 steht als verdorbene Form für niederrheinisch „wreken". Diese Auffassung ermöglicht die gegebene Übersetzung.

ächtlichste, der schwächste, der blindeste; und das ist wohl
recht, denn ist etwas (im Inneren) da, so ist es gänzlich Gottes.
Auch weist jenes Licht nach innen, nicht nach außen, es sucht
so den inneren Grund, aus dem es geboren wurde, dorthin eilt
es wieder mit aller Kraft; des Menschen ganzes Tun geht dann
innerlich nach den Wurzeln, daraus es entsprungen ist, dahin
strebt es wieder mit allem Fleiß. Und darum ist ein großer
Unterschied zwischen denen, die die Heilige Schrift leben, und
denen, die sie nur lesen. Die sie lesen, die wollen groß erscheinen
und geehrt werden und verschmähen die, welche ihr leben; *die*
halten sie für Toren, für verkehrte Leute und verfluchen und
vertreiben und verdammen sie. Und die die Schrift leben, die
halten sich selbst für Sünder und erbarmen sich der anderen.
Und noch ungleicher als ihr Leben ist ihr Ende. Die einen finden
das Leben, die anderen den ewigen Tod. Paulus sagt: „Der Buchstabe tötet, aber der Geist macht lebendig!"

Die vierte Gefangenschaft besteht in der *Süßigkeit des Geistes.*
Daran ist mancher Mensch in Irrtum gefallen, daß er ihr zu
weit folgte und sich ihr in ungeordneter Weise überließ und sie
zuviel suchte und dabei blieb, wie wenn es ein großes Gut
schiene, sich ihr zu überlassen und sie mit Lust zu besitzen; da
behält die Natur das Ihre, und man ergreift Lust, wo man Gott
zu ergreifen wähnt. Und ob es Gott oder Natur gewesen ist,
das soll man daran erkennen: falls der Mensch sich unruhig und
in Unfrieden fühlt und in Bangigkeit, wenn ihn die Süßigkeit
verläßt und ihm entgeht und er Gott nicht mehr treu dienen
und (ihm treu) sein kann wie zuvor, als er die Süßigkeit (noch)
fühlte: daran soll man es erkennen, daß es nicht Gott gewesen.
Falls man die Süßigkeit nicht von Gott hatte, so könnte der
Mensch noch tief fallen, selbst wenn er sie vierzig Jahre besessen
und sie ihm dann genommen würde. Und käme ein Mensch auf
den obersten Grad der Süßigkeit und stürbe darin[5], so wird
Gott dennoch mit sich zu Rate gehen, ob er ihn retten wolle
oder nicht, und er könnte (selbst dann) noch verlorengehen.

Die fünfte Gefangenschaft ist die *des eigenen Willens,* daß der

[5] Im Anschluß an Corin, Wi 2, S. 113,2 ist „stürbe" übersetzt statt des
sinnstörenden „Stunde" bei Vetter 78,28 und in den Drucken LT, AT.

Mensch seinen Willen erfüllt sehen möchte auch in allen göttlichen Dingen und bei Gott selber. Wirkte Gott in des Menschen
Willen und seinem Wunsch, so daß er aller seiner Gebrechen
ledig werden und alle Tugenden und alle Vollkommenheiten
gewinnen könnte, so schiene es eine Torheit, das nicht zu wollen
oder anzunehmen. Aber ich habe mir's besser überlegt. Wenn ich
Willen und Wunsch in Übereinstimmung mit Gott haben könnte,
so spräche ich: „Nein, Herr, nicht *meine* Gnaden oder Gaben
oder *mein* Wille, sondern, Herr, wie *du* willst, so will ich es
nehmen, Herr, oder so will ich es; wolltest du aber nicht, so will
ich es nach deinem Willen entbehren und darben."

Wenn man so denkt und entbehrt in rechter Gelassenheit,
hat man mehr und empfängt mehr als mit Nehmen und Haben
nach eigenem Willen. Bei allem, was der Mensch nach eigenem
Willen haben möchte, es sei Gott oder ein Geschöpf, da bringt
ihm einen unendlich größeren Nutzen ein williges, demütiges
Entbehren desselben und alles Besitzens in rechter Gelassenheit
und im Verzicht seines Willens in Gelassenheit. Und darum
wäre mir lieber ein gerechter, gelassener Mensch mit geringeren
Werken und geringerem Anschein als ein Mensch gar groß in
Werken und (äußerem) Schein mit gar großen Gedanken, der
aber minder gelassen wäre.

Als unser Herr mit seinen Jüngern lebte, da liebten sie seine
Menschheit so sehr, daß sie vor lauter Liebe zu seiner Menschheit nicht zu seiner Gottheit gelangen konnten. Darum sprach
er: „Es ist gut für euch, daß ich euch verlasse, sonst wird der
Heilige Geist, der Tröster, nicht zu euch kommen." Da mußten
sie noch vierzig Tage bis zu seiner Auffahrt warten, daß er ihr
ganzes Gemüt mit sich nahm und himmlisch machte, und dann
noch zehn Tage, ehe ihnen der Heilige Geist, der wahre Tröster,
gesandt wurde. Was ihnen Tage waren, sind uns Jahre. Denn
da sie der Grundstein sein sollten, war ihre Frist kurz bemessen,
nämlich ein Tag (wurde ihnen) statt eines Jahres (geschenkt).

Der Mensch tue, was er wolle, und fange es an, wie er wolle,
er kommt niemals zu wahrem Frieden, noch wird er dem Wesen
nach ein Mensch des Himmels, bevor er an sein vierzigstes
Lebensjahr kommt. Bis dahin ist der Mensch mit so vielerlei

beschäftigt[6], und die Natur treibt ihn hierhin und dorthin, und manches ist, was die Natur (in ihm) oft beherrscht, während man wähnt, es sei ganz und gar Gott, und er kann nicht zu wahrem, vollkommenem Frieden kommen noch ganz des Himmels werden vor jener Zeit. Dann soll der Mensch noch zehn Jahre warten, ehe ihm der Heilige Geist, der Tröster, in Wahrheit zuteil werde, der Geist, der alle Dinge lehrt. So mußten die Jünger zehn Tage warten, nachdem sie alle Bereitung des Lebens und Leidens empfangen und alles hingegeben hatten und die höchste Bereitung erhalten hatten, die darin bestand, daß sie den von sich gelassen, den sie über alles liebten und um dessentwillen sie alles verlassen hatten, und daß er nun all ihren Geist und ihr Herz, ihre Liebe mit sich gänzlich in den Himmel genommen und alles, ihr Verlangen, ihre Liebe, ihr Herz, ihre Seele, gänzlich *in* ihm und *mit* ihm im Himmel war. Nach all diesem Verzug und der edlen Unterweisung mußten sie dennoch zehn Tage warten, ehe sie den Heiligen Geist empfingen. Sie waren eingeschlossen und versammelt und vereint und warteten.

So muß auch der Mensch tun. Ungeachtet er im Alter von vierzig Jahren zur Besonnenheit gekommen ist und himmlisch und göttlich geworden und seine Natur einigermaßen überwunden hat, braucht er doch zehn Jahre und ist um die fünfzig herum, ehe ihm der Heilige Geist in der edelsten und höchsten Weise zuteil werde, eben dieser Heilige Geist, der ihn alle Wahrheit lehrt. In diesen zehn Jahren, in denen der Mensch zu einem göttlichen Leben gelangt ist und seine Natur überwunden hat, wird er sich in sich selbst kehren, sich einsenken, einschmelzen in das reine, göttliche, einfache innere Gut, wo das edle Seelenfünklein eine gleiche Rückkehr und ein gleiches Zurückfließen in seinen Ursprung hat, von dem es ausgegangen ist. Wo dieser Rückfluß auf rechte Weise geschieht, da wird alle Schuld gänzlich getilgt, und wäre sie so groß wie aller Menschen Schuld seit Beginn der Welt; und alle Gnade und Seligkeit wird von dort eingegossen; und aus dem Menschen wird ein göttlicher Mensch: und solche sind die Säulen der Welt und der heiligen Kirche. AMEN.

---

[6] Corin, Wi 2, S. 114, 15 und die Hs. F 1 haben „Nunne", das gleichbedeutend mit „wise" ist.

Dominus quidem Jesus, postquam locutus est eis, assumptus est in coelum
Nachdem der Herr Jesus so zu ihnen gesprochen hatte, wurde er in den
Himmel aufgenommen (Mark. 16, 19)

20

Die dritte Auslegung von der Himmelfahrt lehrt, wie der
Mensch Christus jederzeit nachfolgen soll, der uns dreiund-
dreißig Jahre durch mancherlei Leiden vorangegangen ist, ehe
er wieder zum Vater kommen konnte.

ALS DER LIEBEVOLLE CHRISTUS auf dem Ölberg mit
seinen geliebten Jüngern gespeist und sie gescholten hatte, daß
sie so lange bei ihm gewesen und noch so ungläubig seien, und
er vor ihrem Angesicht zum Himmel auffuhr, was glaubt ihr
wohl, wie (sehr) jene Herzen, die ihn so wunderbar liebten,
in verlangendem Schmerz ihm nachstrebten; denn: „wo dein
Schatz ist, da ist auch dein Herz". Mit dieser liebreichen Auffahrt will er so recht seiner Freunde Herzen, Sinne und Kräfte,
innere wie äußere, nach sich ziehen, so daß wir niemals mehr
mit Lust und Befriedigung in dieser Zeitlichkeit weilen und
wohnen, sondern all unser Wandel im Himmel sei, Liebe, Verlangen, Befriedigung und Trost. Ihr Lieben! Wie könnte das
auch anders sein? Die Glieder folgen ihrem Haupt, das heute
aufgefahren und von uns gegangen ist, um uns eine Stätte zu
bereiten, uns, die wir ihm nachfolgen, indem wir mit der Braut
im Hohenlied sprechen: „Ziehe mich dir nach." Und wirklich
auch, ihr Lieben, wer kann uns daran hindern, unserem lieben
Haupt ohne Unterlaß nachzufolgen? Denn mit Recht sprach er
auch: „Ich gehe zu eurem Vater und meinem Vater." Sein Ur-

sprung[1] und sein Ziel, seine Seligkeit und die unsere ist recht
eine Seligkeit in ihm; wir sind aus demselben Ursprung ausgeflossen, und mit allem, was wir sind, haben wir dasselbe Ziel
und kehren zu demselben Ursprung zurück.

Ihr Lieben! Nun sehen wir, daß er uns vorangegangen ist in
die Seligkeit; und wollen wir ihm nachfolgen, so müssen wir
uns den Weg merken, den er uns (zu gehen) gelehrt hat, in
Elend, Armut, Bitterkeit über die Maßen, und müssen genau
denselben Weg gehen, wenn wir mit ihm über alle Himmel aufsteigen wollen. Wären auch alle Lehrmeister tot und alle Bücher
verbrannt, so fänden wir an seinem heiligen Leben wahrlich
Lehre genug, denn er selber ist der Weg, und kein anderer;
folgen wir ihm nach, so werden auch wir mit all unseren Gaben
zu jenem lieblichen Ziel kommen, wohin er uns jetzt vorangegangen ist. Ganz wie der Magnetstein das Eisen anzieht, so
zieht der liebevolle Christus alle Herzen, die je von ihm berührt
wurden, nach sich. Sowie (nämlich) das Eisen von dem Stein mit
der (ihm innewohnenden) Kraft berührt wird, erhebt es sich in
die Höhe dem Magnetstein nach, anders wie seine natürliche
Art ist und es seinem Wesen nicht entspricht; es ruht nicht in sich
selbst, es werde denn in die Höhe gehoben. Ebenso hält weder
Liebe noch Leid jeglichen Grund fest, der von dem Magnetstein
Christus berührt wurde: er hebt sich über sich zu ihm empor,
vergißt ganz seiner eigenen Natur und folgt ihm, und je edler
er berührt ist, desto lauterer und beharrlicher und vollständiger
und zudem leichter folgt er ihm. Hier achte jeder auf sich selbst,
ob er von Gott berührt sei oder nicht; denn alle, die das nicht
sind, fangen oft gar schön an, so daß man glaubt, es sollten
große Dinge daraus werden; aber ehe man es denkt, ist alles
wieder vorbei; sie sinken gar bald nieder, fallen auf ihre alten
Gewohnheiten und die natürliche Lust zurück: sie verhalten
sich ganz wie schlechte Jagdhunde, die nichts von dem edlen
Wild wissen; sie laufen dicht hinter den edlen Jagdhunden her;
und blieben sie wirklich auch auf dem Weg, so erreichten sie
mit jenen zusammen das Ziel. Aber nein! denn der Sträucher,

---

[1] „grunt", nach Kunisch, a. a. O. S. 5 als „Ursprung" gefaßt.

bei denen sie warten oder an denen sie haftenbleiben, sind gar
viele; sie lassen jene voranlaufen, und sie selbst bleiben zurück.
Die edlen Hunde aber, die das Wild erspürt haben, gehen durch
Feuer und Wasser, durch Spieß und Speer und alles, bis sie das
Wild erreichen. So tun auch die edlen Menschen, die das lautere
Gut erblickt haben: sie folgen ihm und erreichen es. Die anderen
bleiben ganz zurück, und alle, die hier zurückbleiben, müssen in
alle Ewigkeit zurückbleiben, solange Gottes Ewigkeit währt.

Ihr Lieben! Des Umstandes, daß man von Gott nicht berührt
ist, darf man nicht Gott die Schuld geben, wie die Leute oft in
ihrer Blindheit sagen: „Gott berührt mich nicht und treibt mich
nicht wie andere Menschen." Gott berührt und treibt und mahnt
und verlangt nach allen Menschen in gleicher Weise und will
alle Menschen in gleicher Weise (an sich ziehen); aber sein
Bemühen und sein Mahnen und seine Gaben werden gar ungleich
empfangen und aufgenommen. Wenn Gott mit seiner Berührung
und seinen Gaben kommt, findet er bei vielen Menschen seine
(Wohn)statt besetzt; andere Gäste findet er dort, muß umkehren, kann nicht hinein; wir lieben anderes und verlangen
nach anderem; daher müssen seine Gaben, die er ohne Unterlaß einem jeglichen Menschen darbietet, außen bleiben: dies
die Ursache unseres ewigen Schadens und Verharrens; sie liegt
bei uns und nicht bei Gott. So bereiten wir uns und haben wir
gar törichte Mängel dadurch, daß wir unser selber und Gottes
nicht wahrnehmen, und fügen uns unaussprechlichen Schaden zu;
das können wir ändern nur durch kühne, tapfere Festigkeit und
herzliches, inniges, beharrliches Gebet, damit wir jenes Voranschreiten erlangen, anders nicht, und durch ein herzliches Vertrauen auf Gottes grundlose Barmherzigkeit, an der dies alles
liegt, und durch eine eifrige und getreue Anhänglichkeit an Gott
ohne Vermittlung geschaffener Dinge[2].

Ihr Lieben! Die Stelle, von der der liebreiche Christus auffuhr, war der Ölberg, und das bedeutet einen Berg dreier

---

[2] Nach einer Erläuterung Corins, Sermons I, 348, Anm. 1 ist die gegebene
Übersetzung vertretbar. Lehmann 1, 87 läßt den letzten Teil des Satzes weg.
Auch die Übersetzung „ohne Zuhilfenahme vergänglicher Dinge" dürfte dem
Sinne entsprechen.

Lichter. Das eine Licht kommt (dorthin) von der Sonne, denn der Berg ist hoch und liegt dem Sonnenaufgang zu; und ging die Sonne unter, so wurde er vom Licht des Tempels erhellt. Und auf dem Berg wuchs wirklich die Quelle des Lichtes, das Öl. Kurz, die Seele, in der Gott voll Wonne auffahren soll, muß ein Berg sein, in uns erhaben über die niederen vergänglichen Dinge und aufnahmefähig für drei Lichter, daß sie Platz schaffe in ihr, damit die heilige, hohe Dreifaltigkeit in sie leuchten könne und ihr Werk nach ihrem Willen vollbringen, auf daß der gottfarbene Glanz in sie einströmen könne.

Dieser Berg lag zwischen Jerusalem und Bethanien. Wer Christus nachfolgen will, muß den Berg ersteigen. Es gibt keinen noch so wonnigen, noch so schönen Berg — hinaufzusteigen ist doch mühevoll. Also, ihr Lieben, wer Christus nachfolgen will, muß sich von seiner Natur lossagen. Man findet viele Leute, die ihm gerne folgten, wenn es ohne Pein und ohne alle Mühe ginge und es ihnen nicht sauer würde. Sie wären gerne auf dem Berg, soweit er nach Jerusalem zu liegt, was ja „Frieden" bedeutet, und diese Menschen werden in sich (auch) Frieden, Freude und Trost gewahr. Mehr wird aber nicht daraus, wenn sie nicht auch auf der anderen Seite zu weilen vermögen, die nach Bethanien zu liegt. Und dies bedeutet: „Pein, Gehorsam, Leiden". Von solchen Menschen sagte der Prophet im Ps. 83: „Disposuit in valle lacrimarum — Er hat seine Stätte im Tal der Tränen gewählt." Wisset, wer seinen Platz nicht dort einnimmt, der bleibt zurück und aus dem wird nie etwas, wie schön der Friede auch scheine: er *muß* zurückbleiben.

Der Mensch soll ein sehnendes Verlangen tragen nach dem, den er liebt, der ihm so hoch und so weit enteilt ist und so gänzlich unbekannt und verborgen. Je wahrhaftiger und tiefer sein Grund berührt worden ist, um so wirklicher entsteht auf der einen Seite das Tal der Tränen. Und wäre es nicht mehr da, so müßte es wohl da sein um der Sünde und des Schmutzes willen, der in der schlimmen (Menschen)natur steckt; durch sie wird der Mensch so oft an edler Umkehr gehindert, die ohne Unterlaß stattfinden sollte und könnte, und an so mancher liebevollen Aufopferung, in der er Gott alle Dinge immer wieder darbringen sollte. Daran hindert ihn seine Natur so gröblich. Daß die Natur so versteckt (in uns) regiert, wo es doch Gott ohne Unterlaß und nichts anders sein sollte: das versinnbildet die nach Bethanien zuliegende Seite (des Berges).

Ihr Lieben! Wer dies bei sich beachtete, der könnte nicht gänzlich verderben. Zu Jerusalem wäre nur sein großer Trost, seine Erholung und sein Gefallen; das dient dazu, daß der Mensch gestärkt werde, damit er den Jammer um so eher erdulden könne, daß er nicht zu schwach durch das Leid und das Elend werde und erliege, wenn er von Gott verlassen ist und ungetröstet und in großer Bitterkeit. So sprach der Weise: „In bösen Tagen sollst du der guten nicht vergessen." Beide Seiten, Jerusalem *und* Bethanien, müssen zusammenkommen.

Jerusalem war und heißt „Stadt des Friedens". In dieser selben Stadt (aber) ward Christus getötet und mußte in dieser „Stadt des Friedens" manche Marter erdulden. Fürwahr, auch du mußt im Frieden dem Deinen absterben, es deinem Gott darbringen und deinen Besitz daran verleugnen. Du mußt auch heraus unter die bösen Juden, die werden dich geißeln, dich verurteilen, dich aufs Feld hinausjagen, als seiest du ein treuloser Mensch; dein ganzes Leben werden sie verurteilen und (dein Ansehen) in aller Herzen töten. Liebes Kind, du mußt sterben, soll der liebevolle Gott unmittelbar dein Leben und dein Wesen werden. Fürwahr, Christus sprach: „Die euch töten, werden glauben, Gott damit einen Dienst zu erweisen." Wie wohl wäre doch dem Menschen, wenn er in Jerusalem wohnte und Frieden im Unfrieden hätte; da würde der wahre Friede wesenhaft und so recht (in ihm) geboren.

Meine Lieben! Auf dem Ölberg wächst die Ölpflanze: darunter versteht man wahre Andacht. Wesentliche Andacht ist ein Anhangen des Gemütes[3] an Gott voll bereitwilligen Sinnes, voller Liebe, voll Verlangens nach alldem, was Gott zugehört; Andacht bedeutet, daß man sich Gott innerlich verbunden habe und verbinden wolle und seine Gedanken auf ihn richte in

---

[3] Hier ist vor allem an „‚Gemüt' als Ort der Bindungen des Gefühls und im Gefühl" zu denken. Darum ist hier das für viele Stellen leicht zu Mißverständnissen führende neuhochdeutsche Wort „Gemüt" beibehalten.

allen Dingen. Das ist ein Öl, das obenauf schwimmt und (allen) Wohlgeschmack und (alles) Empfinden übertrifft. Besitzest du dies, so bist du andächtig in der Wahrheit im Grunde. Weiter besteht das Werk der Andacht darin, daß der Grund oft mit Liebe und Eifer erfrischt und erneut werde; daß betrachtet werde, welches der Grund der Gesinnung in allen Weisen und Werken sei, damit sich nichts Falsches darin verberge und die Natur da wirke, wo man wähnt, es sei ganz und gar Gott. Leider liebt der Mensch oft Gott nicht wahrhaft, sondern sich selber oder etwas des Seinigen, sei es nun Süßigkeit oder Seligkeit.

Daß wir alle mit unserem Herrn (zum Himmel) fahren, damit wir ewig seiner Gemeinschaft teilhaftig werden, dazu helfe uns Gott. AMEN.

Hic Jesus qui assumptus est a vobis in coelum
Dieser Jesus, der von euch weg in den Himmel aufgenommen ist (Apg. 1, 11)

21

Die vierte Auslegung von Christi Himmelfahrt lehrt uns Frieden im Unfrieden suchen, Freude in der Trauer, Trost in der Bitterkeit, Gottes Zeuge sein im Leben und in der Nachfolge und ihn bekennen nicht nur in Lust und Trost, sondern auch in Widerwärtigkeit und Leid.

„DIES IST JESUS, der von euch weg in den Himmel aufgenommen ward. Niemand kommt in den Himmel als der, welcher vom Himmel gekommen ist“, Christus, wie das Evangelium sagt. Ihr Lieben! Da Christus, unser Haupt, (in den Himmel) aufgefahren ist, schickt es sich, zu sagen, daß die Glieder ihrem Haupt nachfolgen, in dieser Welt weder Trost suchen noch Aufenthalt nehmen, sondern ihm mit Liebe und Verlangen folgen und den Weg gehen sollen, den er mit so großem Leid (voran) gegangen ist. „Denn so mußte Christus leiden, um in seine Herrlichkeit eingehen zu können.“ Dem liebevollen Führer, der uns das Banner vorangetragen[1], sollen wir folgen. Nehme jeder Mensch sein Kreuz auf sich und folge ihm; so kommt er dahin, wo jener sich befindet. Ihr seht wohl, daß gar mancher Mensch der Welt folgt um eitler Ehre willen, auf ein behagliches Leben, Heimat und Freunde verzichtet und in den Kampf zieht, um zeitliche Ehre und Gut zu gewinnen.

[1] Vgl. Rulman Merswins „Bannerbüchlein“, Hs. Hi 17.

144

Ganz ebenso muß man sein ganzes Zutrauen auf das lautere Gut setzen, das Gott heißt und ist, und unserem liebreichen Haupt nachfolgen. Kein Glied am Leibe, das nicht mit dem Haupt verbunden ist, und empfinge es nicht dessen stete Einwirkung, es verfaulte, verdürbe, und man müßte es bald abhauen.

Unser Herr sprach zu seinen Jüngern: „Ihr sollt meine Zeugen sein, in Judäa, in Jerusalem und Samaria, bis ans Ende der Welt." Jerusalem war eine Stadt des Friedens und auch des Unfriedens, weil Christus da so über alle Maßen litt und eines so bitteren Todes starb. In dieser Stadt sollen wir seine Zeugen sein; nicht mit Worten, sondern in der Wahrheit, im Leben und in der Nachfolge, soweit wir nur können.

Viele Menschen wären gerne Gottes Zeugen im Frieden, wenn ihnen alle Dinge nach Willen gingen, und wären gerne heilig, sofern ihnen Übungen und Arbeit nicht sauer ankämen; sie empfänden, glaubten und bekännten gerne, doch ohne Bitterkeit, ohne Mühe und Entmutigung. Wenn (aber) starke Prüfungen über sie kommen und Dunkelheit und sie Gott weder fühlen noch empfinden und sie inwendig und auswendig so verlassen sind, dann kehren sie wieder um und erweisen sich nicht als wahre Zeugen. Alle Menschen suchen Frieden und suchen ihn überall, in Werk und Weise. Ach, könnten wir uns dem entreißen und Frieden im Unfrieden suchen — *da* wird allein wahrer Friede geboren, bleibend und von Dauer; was du anders suchst, darin irrst du, selbst wenn du Friede wahrnähmest — und Freude in Trauer suchen, Gelassenheit in Unbeständigkeit[2] und Trost in Bitterkeit; so wird man Gottes Zeuge in Wahrheit. Er verhieß seinen Jüngern stets Frieden vor seinem Tod und auch nach seiner Auferstehung; und sie erhielten doch nie äußeren Frieden, sondern gewannen Frieden in Unfrieden, Freude im Leid; im Tod gewannen sie das Leben und frohen Sieg, sobald man sie vor den Richter zog, verurteilte und verdammte. Das waren Gottes wahre Zeugen.

Ja es gibt viele Menschen, so durchflossen mit Süßigkeit in

---

[2] Im Anschluß an Anm. 1, S. 42 in Kunisch [Textbuch].

Leib und Seele — ich habe ihrer welche gekannt —, daß es ihnen recht durch Mark ud Bein ging. Als dann (aber) Leiden und Dunkelheit kamen und sie außen und innen verlassen waren, da wußten sie nicht, wohin, blieben gänzlich zurück, und aus ihnen ward nichts. Wenn furchtbare Sturmwinde kommen, an der inneren Gelassenheit rütteln, äußere Versuchungen von seiten der Welt, des Fleisches und des bösen Feindes — wer da hindurchbräche, der fände wirklichen Frieden, den ihm niemand nehmen könnte. Wer diesen Weg nicht geht, bleibt zurück und findet niemals rechten Frieden. Jene (aber) sind Christi wahre Zeugen.

„Ihr sollt auch meine Zeugen in Judäa sein." „Judäa" bedeutet „Gott bekennen" oder „Gott loben". Hierin sollen wir auch Gottes Zeugen sein, indem wir in allen Werken und Weisen und in jeglicher Absicht Gott bekennen. Das sollst du nicht nur tun, wenn es dir wohl geht und Wohlgefühl und Wohlgeschmack dir reichlich gegeben ist[3]. Fürwahr glauben solche Leute, daß sie dann, wenn es ihnen nach Willen geht, Gott sehr gut bekennen, erkennen und lieben, sobald aber die furchtbaren Anfechtungen kommen, wissen sie nicht (mehr), womit sie Umgang gehabt, und wenn Leiden kommen, woran sie sind. *Was* in ihnen geboren wurde, zeigt sich, wenn der Grund ihres Bekenntnisses offenbar wird: es war nicht wirklich Gott, sondern ihr (eigenes) Gefühl: eine schwache Grundlage, ein rieselnder Sand.

Die aber, welche in Wahrheit Gottes Zeugen sind, stehen in Liebe und Leid ganz auf Gott und in seinem Willen ohne Wanken, er gebe oder nehme. Sie halten auch nicht an ihren eigenen Vorhaben fest. Geht es damit voran und dünkt es sie, daß sie große Dinge vermögen und tun, so bauen sie sehr darauf, was ihr Tun auch sei. Aber Gott bricht das, worauf sie bauen, häufig entzwei, weil er es gut mit ihnen meint, und so geschieht oft, was der Mensch nicht möchte. Will er wachen, so muß er schlafen wider seinen Willen; fastete er gerne, so muß er essen; wäre er gerne in Stille und Ruhe, so kommt es ganz anders;

---

[3] So etwa unter Berücksichtigung der Korrektur Corins „und gefuelet" Sermons I, 355 Anm. 1 gegenüber Vetter 86,22: „in gevöllet".

und das, damit ihm jeder feste (eigene) Halt gebrochen und er auf sein bloßes, lauteres Nichts verwiesen werde und er wirklich auf Gott (angewiesen) bleibe, ihn in einem schlichten, einfältigen Glauben bekenne und an nichts mehr einen festen Halt besitze. Wenn weltliche Leute und sündige Menschen so im Glück der Sinne verbleiben, im (Besitz von) Gut und Ehre, so verharren (geistliche) Leute im eigenen Genügen, es sei in wirkender oder empfindender Weise, und entziehen sich einem reinen, gründlichen Sichlassen in Gott und einer wahren Armut ihres Geistes nach Gottes Willen.

Judäa bedeutet auch soviel wie „Gott loben". Könnte der Mensch den Weg einschlagen, daß er Gott um aller Dinge willen lobte, wie sie auch geschähen, außen oder innen, für ihn oder gegen ihn, so hätte er den rechten Weg beschritten. Und wenn er darüber hinaus alle Dinge Gott dankbar wieder darbrächte, so wäre er ein sicherer und wahrer Zeuge. Trage alles recht wieder in den Grund, von dem es ausgeflossen ist, halte dich bei nichts (Geschaffenem) auf, sondern fließe du selbst mit allen Dingen da hinein. Da wird das wahre Gotteslob geboren und bringet in Wahrheit Frucht in dem Grunde. Da ist Blume und Frucht eins, wo Gott in Gott ist, Licht im Lichte[4]. Dorthin trage, was dir zufällt und einfällt, was es auch sei, woher es auch komme, opfere alles Gott wieder auf und dich damit.

Christus sprach auch: „Ihr sollt meine Zeugen in Samaria sein." Samaria bedeutet „Vereinigung mit Gott". Das ist die allerwahrste, sicherste Zeugenschaft, daß man mit Gott in Wahrheit vereint ist. Da entflieht der Geist sich selber und allen Geschöpfen, denn in Gottes Einheit verliert man alle Vielfalt und wird über sie erhaben. In dieser Zeugenschaft werden die oberen Seelenkräfte in den Himmel[5] hinaufgeführt, (dorthin,) wo der Heilige Gott sich in Einheit befindet; dort empfinden sie ihre Seligkeit, genießen Gottes in der Wahrheit und ziehen die niederen Seelenkräfte sich nach, soweit ihnen das möglich ist. Dann vermag der Mensch (in Gott) zu vergehen und braucht

---

[4] Nach Corins Korrektur, Sermons I, 356 Anm. 3 gegenüber Vetter 87, 17 und der Lesart in Hs. F 1.

[5] Das heißt in den göttlichen Abgrund.

ihn nur noch zu loben um all der liebevollen, ausgezeichneten Gaben willen, die der Herr ihm verliehen hat, denn er erkennt, daß sie Gottes sind, und schreibt sich gar nichts davon zu.

Hierauf wird er in den zweiten Himmel geführt, in das göttliche Sein; da verliert der (menschliche) Geist alles so sehr, daß er sich gänzlich selber verliert und versinkt. Wie es ihm da ergeht, was er da erfährt, empfindet und fühlt, davon kann niemand sprechen noch es sich ausdenken, noch verstehen. Wie sollte das auch jemand mit dem Verstand erfassen oder wissen können! Der Geist (des Menschen) weiß es selber nicht, denn er ist so verschmolzen in den göttlichen Abgrund, daß er nichts weiß, fühlt, empfindet als den einfachen lauteren unverhüllten einigen Gott. Danach sieht der (menschliche) Geist wiederum weit (zurück) in den allertiefsten Grund der allerniedersten Übung, die er je vorgenommen, ob ihm nicht irgend etwas übriggeblieben sei, das ausgefüllt und auf andere Weise hervorgebracht und aufgefrischt werden könne. Und so hängt der Mensch recht zwischen Himmel und Erde: mit seinen oberen Kräften ist er erhaben über sich selber und alle Dinge und wohnt in Gott, mit seinen niederen aber ist er unter alle Dinge erniedrigt in den Grund der Demut und ist ganz wie ein beginnender Mensch; in der allerniedersten Übung kann er verweilen, mit der er zuerst begann; er verkleinert kein Ding, wie gering es auch sei, und hat in einem jeden wahren Frieden; und somit ist er ein wirklicher Zeuge unseres Herrn, erweisend, daß dieser vom Himmel herniedergekommen und wieder zum Himmel und über alle Himmel aufgefahren ist.

Alle, die je dahin kommen wollen, müssen mit ihm vereint werden und in ihm und mit ihm und durch ihn dahin kommen. Ihr Lieben! Wer diesen Weg einschlüge, ginge zuverlässig und sicher und verirrte sich nicht; sein Gewissen würde ihn nicht verwirren, sein Kopf nicht rasen und er uns nicht so viel Zeit verlieren lassen mit Fragen, die ihm sein unbeständiger Sinn eingibt.

Daß dies uns allen geschehe, dazu helfe uns der ewige Gott. AMEN.

In diebus illis . . .
In jenen Tagen gingen die Apostel . . .[1] (Apg. 1, 12 ff.)

22

Die fünfte Auslegung von Christi Himmelfahrt spricht vom Werte der Demut, und wie sie den Gehorsam und die Gerechtigkeit (an Wert) übertrifft, wie am Beispiel des Apostels Matthias deutlich wird, auf den das Los seiner Kleinheit (vor Gott) wegen fiel, und nicht auf Joseph, der doch gerecht und gehorsam war.

ALS DIE JÜNGER unseres Herrn wieder von Jerusalem zum Ölberg hinaufgingen, der bei Jerusalem lag, und in den Speisesaal ihres Hauses (getreten waren), erhob sich Petrus inmitten der Jünger und sprach von dem, der abgefallen war und daß man einen anderen an seine Stelle setzen solle. Da wurden zwei aufgestellt: der eine hieß Joseph (mit dem Beinamen) der Gerechte und war der Sohn des Sabas[2]; der andere war Matthias; von diesen zwei sollte einer gewählt werden, den großen, edlen Platz einzunehmen, den Judas (treulos) preisgegeben hatte. Der neu Gewählte sollte ein (wahrer) Zeuge Christi sein.

Nun merket auf, ihr Lieben! Die Jünger kommen von Jerusa-

---

[1] Apg. 1, 12 ff. berichtet, daß die Apostel *vom* Ölberg *nach* Jerusalem zurückkehrten, also zutal gingen. Tauler hat jedoch umgekehrt die Apostel den Weg *von* Jerusalem *zum* Ölberg nehmen lassen und gebraucht diese Vorstellung des „Aufsteigens zum Berge" als Leitmotiv seiner Predigt, so daß *im Text* die Schriftstelle nicht mehr berichtigt eingesetzt werden kann. Darum habe ich mich oben mit den Anfangsworten jener Schriftstelle begnügt.
[2] Nach Corins Erläuterung, Sermons I, 359, Anm. 3.

lem. Das war, wie wir dieser Tage gesagt haben, eine Stadt rechten Friedens und auch des Unfriedens; denn niemand kommt zu wahrem Frieden, ohne daß er in beidem lebe, nämlich Friede in Unfrieden habe, Freude in Leid, und (daß er) lerne, in Dürftigkeit sich im Besitz zu fühlen.

Die Jünger stiegen also den Ölberg hinan. Von der Bedeutung dieses Namens habe ich kürzlich mehreres gesagt. Halten wir fest: sie stiegen den Berg hinan! Der Mensch muß sich notwendigerweise mit allen seinen Kräften und mit seinem (ganzen) Geiste in die Erhabenheit der Ewigkeit erheben, über alle niederen erschaffenen Dinge; er muß, wie Abraham tat, alle Dinge hienieden zurücklassen; denn Abraham ließ, als er Gott opfern wollte, seinen Esel und seinen Knecht unten zurück, und er und sein Sohn stiegen den Berg hinan. Diesen Aufstieg leitet der Wille. Der allein kann allen Kräften gebieten, recht wie ein Fürst in seinem Lande gebietet und ein Hausherr in seinem Hause. Dieser Fürst soll den Menschen allzeit antreiben, über diese (irdischen) Dinge hinaufzusteigen.

Die Jünger gingen (auf dem Ölberg) auch in das cenaculum, das bedeutet soviel wie Speisesaal, denn cena, das heißt: Abendmahl. Nach dem Abendtisch gibt es keine Tätigkeit für den Gastwirt mehr noch eigentliches Arbeiten, sondern Rasten. Und es ist sehr zu beachten, warum die Jünger in diesem Saale waren. So nämlich sollen Grund und Kräfte rasten und ihr Ziel in wesentlicher und wirklicher Weise in den setzen, in welchem alle Dinge enden und in dessen Wesen keine Widerwärtigkeit noch Mühe hineinkommt; denn in ihm ist ewige Ruhe. Wer sein Streben in dem Grunde innerlich auf irgend etwas anderes richtet und nach irgend etwas anderem verlangt, der erstrebt nicht das lautere Gut, das Gott ist, und befindet sich nicht in wahrer Erwartung des Heiligen Geistes und nicht in wahrer Vorbereitung auf sein Kommen.

Als die Jünger nun im Speisesaal waren, stand Petrus auf. „Petrus" bedeutet soviel wie „Bekenner". Er wollte einen wahren Zeugen setzen an die Stelle, die Judas preisgegeben hatte. Judas war ein Dieb und ein Verräter; das verdroß Petrus, den Bekenner, und er wollte einen anderen an seine Stelle setzen, da jener abgefallen war. Dieser Judas steckt in uns (allen): es ist die böse Selbstsucht, die all das Gute in uns stiehlt und verrät, das Gott aus freier lauterer Güte im Menschen wirkt. Das schreibt sich der Judas in uns zu Unrecht zu, als ob es zu dem Seinen gehöre und er irgend etwas dazugetan habe. Das verdrießt Petrus, den Bekenner, und er will einen anderen an des Diebes Statt setzen.

So wurde das Los über zwei geworfen, der eine war Joseph, der andere Matthias. Joseph bedeutet „der Gehorsame"; mit Beinamen hieß er der „Gerechte"; und in Wahrheit, er war ein gerechter Mann; er war des Sabas Sohn. Barsabas aber bedeutet der „göttliche Trost"[3]. Gegen diesen wurde Matthias aufgestellt, dessen Name bedeutet: „der klein ist vor Gott". Und auf wen fiel das Los zu diesem so lieblichen Dasein, dem so edlen Apostelamt? Nicht auf den gehorsamen Joseph, auch nicht weil er in Wahrheit gerecht war und Sohn des „göttlichen Trostes", was uns doch ein großes Ding bedeutet hätte; dies alles führte nicht dazu, daß das edle Los auf ihn fiel. Es fiel auf den, der „klein vor Gott" war. Diese (Kleinheit vor Gott) fürwahr übertrifft alle Gerechtigkeit, allen Gehorsam, wie groß sie auch seien, und geht selbst noch hinaus über den „göttlichen Trost": das aber ist ein großes Wunder. Darum übertrifft auch der Kleine, der Demütige, alle Dinge, und er allein wird gewählt.

Wisse (also), willst du zu der hohen und allerhöchsten Seinsstufe gelangen, Gottes Jünger und sein wahrer Zeuge in höchster Weise werden, so mußt du dich vor Gott als den Allergeringsten und Kleinsten erkennen und achten: dann fällt das Los auf dich, sonst nicht. Wende deinen ganzen Fleiß darauf, um klein und vernichtet zu werden, so geschieht dir, daß du in Wahrheit erhoben wirst, in das Größte, das Nächste, das Wertvollste eingesetzt wirst, das Gott besitzt, wie ihm ja auch die Apostel allen Menschen voranstanden. Dazu kannst du nur durch die niedrigste Verkleinerung kommen. Ach, ihr Lieben, der Mensch, der in diesen Grund gelangt und in diese Weise, daß er in sein Nichts kommen könnte und sich in Wahrheit vor

---

[3] Die Übersetzung folgt an dieser Stelle einer Korrektur Roethes. Zur Namensdeutung Taulers vgl. Corin, Sermons I, 361 Anm. 3.

Gott gering erkennen! Nicht (nur) in Gedanken oder dem Schein nach wie bei einer[4] gemachten, erdichteten Demut! *Die* ist nur Schwester und Gespielin der Hoffart. Bei der scheinbaren und bei der nur in Worten sich äußernden Demut leidet die große (wirkliche) Demut gröblich Schaden und ist weit entfernt von der Verkleinerung der Unterwerfung unter Gott und alle Geschöpfe. Jenes aber wäre die nächste und wahrste Vorbereitung für den Empfang des Heiligen Geistes. Wer solche Unterwerfung besäße, dem würde (schon) in diesem Leben gute Vergeltung zuteil werden.

Daß wir alle so bereit werden mögen, den Heiligen Geist in Wahrheit zu empfangen, dazu helfe uns Gott. AMEN.

---

[4] Unter Benutzung eines Hinweises Strauchs: PBB XLIV, 21 zu Vetter 90, 24 auf den BT.

23

Diese Predigt am Sonntag nach Himmelfahrt, einer Stelle aus Sankt Peters erstem Brief entnommen, gibt uns Kunde von wahrer Abkehr von den Geschöpfen, Entsagung, Innigkeit und Einsamkeit, als einer Vorbereitung für den Empfang des Heiligen Geistes.

DIE HEILIGE KIRCHE begeht zu dieser Zeit das Fest der Sendung des Heiligen Geistes, der von den Jüngern in besonderer, innerlicher Weise aufgenommen ward. Und dies mußte so sein, denn sie standen im Beginn; ein neues Wesen hub mit ihnen an, und darum war diese Weise des Empfangs notwendig um derer willen, die nach ihnen kommen sollten. Je länger sie auf Erden lebten, um so mehr nahmen sie zu jeglicher Stunde zu im Empfang des Heiligen Geistes.

Ebenso soll jeder Gottesfreund dieses liebliche Fest alle Tage und zu jeder Stunde so begehen, daß er den Heiligen Geist zu jeder Stunde empfange. Je nach seiner Vorbereitung und seiner Empfänglichkeit und je mehr er sich dahin wendet, um so vollkommener wird er den Heiligen Geist in sich empfangen. Diese Sendung, die den heiligen Jüngern am heiligen Pfingsttage ward, vollzieht sich in geistlicher Weise alle Tage an all denen, die sich gründlich darauf vorbereiten. So kommt der Heilige Geist in Besonderheit und mit neuen besonderen Gnaden und Gaben, solange der Mensch lebt und sich innerlich zu ihm wendet und innerlich zu seinem Empfang bereit ist.

Nun kommt Sankt Peter und unterweist uns ganz klar und deutlich, welches die Vorbereitungen hierzu sind, und spricht: „Estote prudentes." Das bedeutet nicht eigentlich: „Seid weise" in unserer Sprache, sondern eher soviel wie: „Seid klug", „Seid besonnen", das heißt, wenn ein Mensch ein Ding gut und oft geübt hat, so ist er dessen kundig; er hat es durchschaut und ist wohl bewandert darin. Der Sinn dessen, was Sankt Peter uns hier anweist, ist, daß wir eine kluge Kenntnis (der Dinge) besitzen und all unser Tun und Lassen mit dem Licht der Vernunft durchschauen sollen, damit wir wissen und uns kund sei, womit wir umgehen. Am nächsten und wahresten könnten Abgeschiedenheit und Ledigkeit, Innigkeit und Einsamkeit[1] den Empfang des lieblichen Heiligen Geistes vorbereiten; durch sie könnte der Heilige Geist unmittelbar in edler Weise aufgenommen werden. Und wer diese besitzt und immer mehr daran zunimmt, besäße die höchste und empfehlenswerteste Art, den Heiligen Geist zu empfangen.

Was bedeutet nun „wahre Abgeschiedenheit", die erste der vier (Voraussetzungen, den Heiligen Geist zu empfangen)? Das bedeutet, daß der Mensch sich von allem abkehre und trenne, was nicht rein und lauter Gott ist; daß er mit dem Licht seiner Vernunft alle seine Werke, Worte und Gedanken betrachte, verständigen Geistes, ob da in dem Grunde nicht irgend etwas sei, das nicht ausschließlich Gott sei oder nicht gänzlich nach Gott verlangt in allen Dingen, im Tun und Lassen; und findet er etwas, das auf anderes als Gott zielt, daß er das absondere und hinaustue. Und dies ziemt sich nicht nur für einen edlen, innerlichen, sondern auch für jeden guten Menschen; findet man doch viele gute Menschen, voll großen, guten Tuns, die vom inneren Leben gar nichts wissen; und doch sind sie alle gehalten, zu betrachten, was sie von Gott trennen könne, damit sie davon ablassen und gänzlich darauf verzichten. Diese Abgeschiedenheit muß man notwendigerweise besitzen, will man den Heiligen

[1] Das Wort „eynicheit" — vgl. Lesarten zu Corin, Wi 2, S. 119, 8 — wird von den Übersetzern verschieden wiedergegeben; die hier gegebene Übersetzung mit „Einsamkeit" versucht der seelischen Lage des einzelnen gerecht zu werden.

Geist und seine Gaben empfangen; der Mensch soll sich ganz auf Gott richten und sich abkehren von allem, was nicht Gott ist.

Diese Abkehr und die Erwartung des Heiligen Geistes ist aber verschieden in den Menschen. Die einen empfangen den Heiligen Geist mit ihren Sinnen in sinnlich vorstellbarer Weise; andere nehmen ihn in viel edlerer Weise in ihre oberen Kräfte und in ihre vernünftigen Kräfte auf, in vernünftiger Weise, weit über die Art der Sinne hinaus. Die dritten empfangen ihn nicht allein in dieser Weise, sondern nehmen ihn in den verborgenen Abgrund auf, in das heimliche Reich, den lieblichen Grund, wo das kostbare Abbild der Heiligen Dreifaltigkeit verborgen liegt, der edelste Teil ihrer Seele.

O in welch lieblicher Weise findet da der Heilige Geist eine Heimstatt! Und seine Gaben werden dort in vorzüglicher Art auf göttliche Weise empfangen! Und sooft der Mensch mit dem Licht seiner Vernunft in diesen Grund schaut und sich hier Gott zuwendet, ebensooft geschieht da eine Erneuerung[2] und neue Einhauchung des Heiligen Geistes in jeglichem Augenblick; der Mensch empfängt neue Gaben und Gnaden, sooft er sich dorthin kehrt mit dieser Einsicht und in wahrer Abgeschiedenheit und wahrem Ernst all sein Tun und seine Wege überblickt und durchschaut, Wort, Werk und Weise, ob nichts darin sei, das nicht Gottes ist, und die Absicht auf ihn allein gehe; und findet er etwas darin, das nicht Gott ist, so muß seine Vernunft das richten und leiten. Dieses Licht soll mit seinem Glanz die natürlichen Tugenden befördern — es sind Demut, Sanftmut, Güte, Barmherzigkeit, Stillschweigen und dergleichen — und zeigen, ob sie ihren Ursprung in Gott haben.

Aber dieses Licht soll auch des Menschen sittliche Tugenden durchleuchten: Weisheit, Gerechtigkeit, Stärke und Mäßigkeit. Sie werden „Haupt- oder Kardinaltugenden"[3] genannt; auch deren Übung soll dies Licht der Vernunft in wahrer lauterer Meinung durchschauen, einrichten und ordnen und in rechte Lage

[2] Nach Corin, Wi 2, S. 121, 4, wo „vernuwunge" zu lesen ist (ebenso wie in der Hs. F 1) gegenüber „vereinunge" bei Vetter 92, 30 und in den Drucken, dem LT, AT, KT.

[3] Da der Text bei Vetter 93, 7 verdorben ist, übersetze ich im Anschluß an

und göttliche Ordnung bringen, damit sie in Gott und auf Antrieb Gottes geübt werden. Findet der Heilige Geist dann, daß der Mensch das Seine getan hat, so kommt er mit seinem Lichte und überstrahlt das natürliche Licht und gießt übernatürliche Tugenden in diesen Menschen: Glaube, Hoffnung, Liebe und seine Gnade. Und so wird der Mensch in dieser Abgeschiedenheit ein erfahrener und wohledler Mensch. Aber dies (alles) muß wohl durchleuchtet sein von dem Licht, denn gar manches sieht so aus, daß man glaubt, Gott sei gemeint, und kommt man in den Grund, so findet man, daß dem nicht so ist.

Doch soll man auch darin sich vorsehen: ein Mensch, der gänzlich nach Gott verlangt, verspürt irgendwann Bangigkeit und Trauer (in der Meinung), er habe gar nicht Gott vor Augen und alles sei nun verloren, und er verzagt. Das kommt zuweilen von einem natürlichen Hang zur Schwermut, oder es ist eine Fügung des Himmels[4], oder es hängt mit dem Wetter zusammen, oder es ist eine Eingebung des bösen Feindes. Das soll man mit sanftmütiger Geduld überwinden.

Es gibt aber Leute, die diese Schwierigkeit mit Gewalt beseitigen wollen, in *einem* Anlauf: die einen schaden damit ihrem Kopfe[5], andere laufen zu Lehrern und Gottesfreunden; aber kaum jemand vermag sich dadurch zurechtzufinden; sie werden gar noch verwirrter. Wird jemand von solchem Sturmwetter heimgesucht, so sollte er tun wie die Leute, wenn ein Unwetter kommt, Regen und Hagel; sie fliehen unter ein (schützendes) Dach und warten, bis das Wetter vorübergeht. Ebenso soll sich der Mensch verhalten, wenn er schlicht und ehrlich in sich gefunden hat, daß er nichts anderes will noch begehrt als Gott. Kommt dann diese Versuchung, so soll er ihr wahrlich ausweichen, bis er wieder ruhig ist, sich in Gelassenheit bewahren und in geduldiger Gelassenheit Gottes harren in der Bedrängnis.

Corin, Wi 2, S. 122,1 „die heizint doirdogende". Vgl. ebd. S. 122, App. 2 und Lesart zu S. 121,15.

[4] „Fügung des Himmels": Versuch einer Erklärung der Stelle aus Corin, Wi 2, S. 123,1, wo es „van deme himel" heißt.

[5] Die Übersetzung: „machen damit böse Köpfe" (Lehmann 1,99) scheint unklar; ich versuchte es auf eine andere Weise.

Wer weiß denn, wohin und in wen Gott kommen will und seine Gaben verleihen? Es ist einem Menschen hundertmal besser, in Sanftmut unter dem Dach des göttlichen Willens zu stehen, als im Aufwärtsstreben der Tugend Großes zu empfinden in blühender, grünender, erleuchteter Art, was er gar oft möchte; denn in jenem Zustand vermag (der Mensch) nicht wohl sein Eigenwesen zu behalten, wie er es kann, wenn er Trost und Gottempfinden verspürt. Da greift sogleich die Natur ein und bemächtigt sich der Gaben (Gottes) mit Lust, und von dieser Lust wird die Seele befleckt; denn Gottes Gaben sind nicht Gott selbst. Und Lust soll man nur in Gott haben und nicht an seinen Gaben. Aber nun ist die böse Natur so sehr zum Greifen bereit und so sehr auf das Ihre bedacht, daß sie sogleich hinzuschleicht und das in Anspruch nimmt, was ihr nicht gehört; so verdirbt sie die Gaben Gottes und befleckt sie und hindert Gott an seinem edlen Werk; denn von der Vergiftung, die infolge der Erbsünde die Natur durchdrungen hat, ist diese ganz zu sich hin gekehrt; Meister Thomas sagt, daß infolgedessen der Mensch sich (selbst) mehr liebe als Gott, seine Engel oder alles, was Gott je erschuf. Das kommt nicht daher, daß Gott die Natur so geschaffen hätte, sondern daß sie so verdorben wurde, indem sie durch die Abkehr von Gott nicht mehr (als dessen Werk) zu erkennen war.

Nun ist dieses Gift so tief in den Grund gedrungen, daß alle hochgelehrten Meister mit Bedacht dem nicht beikommen, mit allem Fleiß ihm nichts anhaben oder es (gar) ausrotten können. Dieser falsche Grund in Geist und Natur findet sich oft da, wo man glaubt, ganz und gar Gott vor sich zu haben: da trifft man oft auf diesen vergifteten Widerstand, und der Mensch zielt in all seinem Tun (doch nur) auf das Seine. Darin war der liebwerte Paulus ein wahrer Prophet, als er sprach: „In den letzten Tagen werden die Menschen sich gar sehr selbst lieben." Denn das ist jetzt so offenkundig, daß man Jammers wieviel davon in aller Welt sieht, wie unbegreiflich sorgerregend jeder dem anderen das Seine raubt, unrechtmäßig, listig und durch Vorenthaltung (des rechtmäßig Geforderten); und die Menschen suchen sich Beichtiger nach ihrem Geschmack und nehmen seltsame Auslegungen aus den heidnischen Schriftstellern in die

157

Heilige Schrift auf. Das sage ich aber, um zu vergleichen: es bezieht sich auf Äußerliches; hundertmal mehr ist es im Geist der Fall, denn da ist wahres lauteres Gut; es ist (nämlich) ein Kleines, Burg und Land, Gold und Silber zu lassen gegenüber dem Festhalten an dem Eigenwillen im Inneren, mag es sich nun um Geist oder Natur, um Tugendübung oder um Gott selbst handeln; immerfort schleicht die Natur sich mit ein, ehe jemand weiß, daß alles voll der ungeordneten Liebe zur Natur ist.

Da hat unser lieber Herr uns zu Sankt Peters Lehre, daß wir klug sein sollen, eine wohlgeordnete Anweisung gegeben und lehret uns, wie wir uns verhalten sollen, und sagt: „Seid klug wie die Schlangen." Beachte, wie der ewige Gottessohn, des Vaters Weisheit, die unaussprechliche Klarheit seiner Weisheit allzeit verbarg unter einfachen, gebräuchlichen, eingängigen[6] Gleichnissen. Da er durchaus demütig war, darum war auch seine Lehre stets demütig und einfach. Vernimm nun, auf welche Weise die Schlange Klugheit zeigt. Wenn sie merkt, daß sie alt und runzlig wird und zu stinken beginnt, so sucht sie eine Stelle, an der zwei Steine beieinander liegen, und zwischen diesen schiebt sie sich ganz genau hindurch, so daß sie die alte Haut ganz abstreift; darunter ist eine neue gewachsen. Ganz ebenso soll der Mensch mit seiner alten Haut verfahren, das heißt mit alldem, was er von Natur besitzt, wie groß oder gut es auch immer sei; denn es ist sicher alt geworden und hat in Wahrheit Gebrechen, es sei denn, daß es durch zwei solche beieinander-liegende Steine gezogen werde.

Welches sind (nun) diese beiden Steine? Der eine ist die ewige Gottheit, welche die Wahrheit ist, der andere die liebreiche Menschheit Christi, der wesenhafte Weg. Zwischen diesen beiden Steinen hindurch soll der Mensch all sein Leben und Wesen gestalten, schleifen und tragen, falls irgend etwas in ihm im Veralten ist, es sei nun eine natürliche oder eine sittliche Tugend.

---

[6] Die von Corin, Sermons II, 11 für „groß" gegebene Übersetzung „fruste" wird u. a. von Münzen gebraucht, deren Prägungen durch häufigen Gebrauch abgegriffen sind. Vielleicht kann man von da zur Vorstellung von Gleichnissen kommen, die der Zeit und dem Verständnis der Zuhörer keine Zumutung bedeuteten, also „herkömmlich" und „eingängig" waren.

Davon wird die heilige Kirche (bald) in einer Sequenz singen: „Sine tuo numine, nihil est in lumine, nihil est innoxium — Ohne deine Gottheit ist nichts hell[7], nichts unschädlich." Also in Wahrheit, nimm deine Tugenden prüfend vor, wie fein und edel sie seien; herrscht Natur in ihnen, so verursachen sie geistliche Blattern, je geschickter sie geübt werden, desto schneller. Sind es aber sittliche oder in die Höhe strebende Tugenden, so erzeugen sie geistliche Flecken und ein Altern. Und werden sie nicht durch den Stein, der Christus ist, abgeschliffen und da mit innerlichem Begehren und herzlichem Gebet erneuert[8], in Gott hineingetragen und wiedergeboren und neu gestaltet, so hilft es nicht, und Gott findet keinen Gefallen an ihnen.

Das ist der liebenswerte Stein, von dem Sankt Paulus sagt, daß auf ihm alle Gebäude errichtet sind, und es ist auch der Eckstein, von dem Christus selber spricht. Und würdest du wahrlich nicht ganz gründlich durch diesen abgeschliffen, so nützte es dir nichts, wärest du auch so weise wie Salomon und so stark wie Samson.

Versenke dich in Christi Armut, seine Keuschheit, seinen Gehorsam. Laß deine Gebrechen durch ihn beseitigen und dich von aller (nur natürlichen) Tugend frei machen[9]; und hier in ihm werden dem Menschen die heiligen sieben Gaben des Heiligen Geistes gegeben und die drei göttlichen Tugenden, nämlich Glaube, Hoffnung, Liebe, und alle Vollkommenheit, Wahrheit, Friede und Freude im Heiligen Geist. In ihm entsteht Gelassenheit und sanftmütige Geduld, so daß man alle Dinge von Gott mit Gleichmut anzunehmen vermag.

Was Gott über den Menschen verhängt und was er zuläßt, Glück und Unglück, Liebe und Leid, dient alles zu des Menschen Seligkeit; denn jeglich Ding, das über den Menschen kommt, ist ewiglich so von Gott vorgesehen und zuvor in ihm gewesen,

---

[7] Der hier übersetzte Text „nihil est in lumine" ist heute verändert in „nihil est in homine" — nicht zu seinem Vorteil.

[8] Nach der Korrektur Corins, Sermons II, 12 gemäß Corin, Wi 2, S. 129, 2 und der Lesart des Druckes KT gegenüber Vetter 95, 28 „vermenget".

[9] Nach der Lesart der Straßburger Hss. A 91, A 88, den Hss. F 1 und Corin, Wi 2 gegenüber der Vetters 96, 3.

daß es sich in dieser Weise und in keiner anderen vollziehen soll; so bewahrt man bei jeglichem Vorkommnis Frieden. Diesen Frieden in allen Dingen, den lernt man allein in wahrer Abgeschiedenheit und Innerlichkeit; wer ihn haben will, soll und muß ihn dort lernen, ihn mit nach innen gekehrtem Geist suchen und nirgendwo anders; hier wird er gefestigt, hier wurzelt er ein.

Alle diese Dinge, von denen wir in dieser Predigt gesprochen haben, gehören dem edlen Menschen zu. Er soll sie alle, in jedem Augenblick, vor Augen haben, in seinen Worten, seinen Werken, seinem Verhalten; und das ist durchaus möglich. Es kommt daher, daß man in der Ruhe des Gemütes in Gott verwurzelt und befestigt ist, in reinem Gottverlangen und in vertrauter Kenntnis und inneren Erhellung aller Tugenden [10], und daß man dies noch alles durch Christus abschleifen läßt; so machen es alle, die hier geboren und gefestigt werden im inneren Leben und in wahrer Abgeschiedenheit. Das (aber) heißt: je mehr dies wächst und zunimmt, um so herrlicher wird der Heilige Geist gegeben, um so höher empfangen.

Von den anderen Stücken, die hier noch nicht behandelt wurden, soll in der nächsten Predigt gesprochen werden.

Daß dies uns allen geschehe, Gott in wahrer Abgeschiedenheit lauter und innerlicher zu erstreben, dazu helfe uns der liebreiche Gott durch sich selbst. AMEN.

---

[10] Nach der Lesart bei Corin, Wi 2, S. 131,2, zu der der Text des Druckes KT paßt, gegenüber der Lesart bei Vetter 96,21 „aller dinge", die auch manches für sich hat. Vgl. Corin, Sermons II, 14, Anm. 1.

Estote prudentes et vigilate in orationibus
Seid besonnen, und verharret im Gebet (1 Petr. 4, 8)

24

Eine zweite Auslegung der obengenannten Briefstelle Sankt
Peters lehrt uns, all unser Tun auf Gott zu richten und auszu-
reuten, umzuwenden und abzuhauen, was nicht Gottes ist, gleich
einem Ackermann, der seine Bäume beschneidet, sein Kraut jätet
und seinen Boden im März umpflügt.

SANKT PETER SPRACH in seinem Brief: „Seid besonnen und
verharret im Gebet." Da wir jetzt das liebliche Fest des Heiligen
Geistes vor uns haben, soll sich jeder Mensch mit seinen besten
Kräften darauf vorbereiten, ihn zu empfangen, so wie gestern
hier gesagt wurde, mit lauterem Gottverlangen. Und jeglicher
soll mit dem Licht seiner Vernunft sein Tun und Leben durch-
suchen, ob darin etwas lebe und wohne, das nicht Gottes sei.
Die Vorbereitung besteht aber aus vier Stücken, die wir gestern
nannten: Abgeschiedenheit, Entsagung, Innigkeit und Einsamkeit[1]. (Und weiter besteht diese Vorbereitung darin,) daß der
äußere Mensch beruhigt sei und geübt in den natürlichen Tugenden, seine niederen Kräfte (aber) durch sittliche Tugenden;
dann wird der Heilige Geist die oberen Kräfte (dieses Menschen)
mit göttlichen Tugenden zieren. Dies alles aber werde durch
das Licht der Vernunft gerichtet und geordnet, in jeglichem
Tun und all seinem Leben, wie es sich gehört. (Der Mensch aber

---

[1] Vgl. Predigt 23, Anm. 1.

prüfe,) ob alles auf Gott gerichtet sei oder nicht, und findet er irgend etwas in seinem Tun, das nicht ganz so ausgerichtet sei, so bringe er dies in Ordnung.

Und er soll ganz so tun wie der Landmann, der im März zu pfropfen hat[2]. Sieht er die Sonne höher steigen, so behaut und beschneidet er seine Bäume, jätet das Kraut, kehrt seinen Boden um und gräbt mit großem Fleiß. Ebenso soll der Mensch mit gar großem Fleiß sich selbst umgraben, in seinen Grund blicken und den verkehrten Grund[3] gründlich umkehren. Er soll seine Bäume — das sind seine äußeren Sinne und seine niederen Kräfte — behauen und sein Unkraut gänzlich ausreuten. Er soll zuerst abhauen und ausroden die sieben Hauptsünden, gründlich und wacker, alle Hoffart innen und außen, alle Habgier, allen Zorn, Haß und Neid, alle Unkeuschheit und Begehrlichkeit in seinem Körper, im Herzen, in den Sinnen, in jeglicher Weise, in der Natur, im Geist; (er soll prüfen,) ob irgend etwas hafte innen oder außen und keine Lässigkeit sich irgendwo verberge. Dergleichen, und was dem gleich ist, soll man alles abhauen und gänzlich ausjäten.

Aber noch ist (die Erde) dürr und hart. Die Sonne steigt höher, hat aber noch nicht (in den winterlichen Boden) hineingeschienen; jetzt naht sie schnell, der Sommer kommt in Eile. Die göttliche Sonne scheint bald in den wohlbereiteten Acker. Sobald der äußere Mensch und die niederen und oberen Kräfte wohl behauen und bereitet sind und der (ganze) Mensch innen und außen, kommt die milde göttliche Sonne und beginnt hell in den Grund, in den edlen Acker zu scheinen, und ein freudvoller Sommer entsteht nun, eine rechte, wahre Maienblüte, wie sie sich jetzt draußen zeigt. Da läßt der liebevolle ewige Gott den Geist grünen und blühen und allerherrlichste Frucht bringen, von der keine Zunge zu sprechen vermag, die kein Herz ausdenken kann; solche Wonne entsteht in dem Geist (eines solchen Menschen).

---

[2] Nach Corin, Wi 2, S. 133, 4 mit den Lesarten und App. (1); diese Lesung ist der des Textes bei Vetter 97, 20 vorzuziehen.

[3] Nach Corin, Wi 2, S. 133, 8—9 und den Lesarten gegenüber dem Texte bei Vetter S. 97, 24.

Sobald der Heilige Geist durch seine Gegenwart seinen wonnigen Glanz und seinen göttlichen Schein ohne Hinderung in
den Grund (des Menschen) gießen kann und der Geist, der da
der wahre Tröster heißt und ist, seinen milden Einfluß dort ausüben kann, o welch liebliches Genießen findet (dann) dort statt!
Da ist Festtag, da duftet die Küche so wohl der edlen, guten
Speise, die dort bereitet wird und so ungewöhnlich köstlich, so
wunderbar anziehend ist! Da steht der Mai in voller Blüte!
O wie duften da die Backstückchen so fein hinaus in die arme
Natur, die dann auch ihr gut Teil Freude daran hat. Der Wonne,
die der Heilige Geist da reichlich und freigiebig[4] hervorruft
und dem wohlbereiteten Geist da schenkt und zu genießen gibt —
einen einzigen Tropfen (davon) gewahren und schmecken, dieser
einzige Tropfen überträfe und verlöschte jeglichen Geschmack
und Wohlgeruch, den alle Geschöpfe hervorbringen könnten,
in irgendeiner Weise, die man denken oder darbieten kann.

Sobald nun etliche Menschen diesen großen, ungewöhnlichen
Trost in sich finden und verspüren, möchten sie sich gerne ganz
darein versenken, darin entschlafen, darin ruhen und im Genießen verharren. Sankt Peter wollte drei Hütten bauen, als er
einen Tropfen dieses Wohlgeschmacks verkostet, und gerne da
verweilen; aber da wahrlich wollte unser Herr nicht; denn es
war noch weit zu dem Ziel, dahin er ihn führen und bringen
wollte. So wie Sankt Peter sprach: „Es ist gut hier verweilen", so
wollen solche Leute auch tun; sobald sie jener Wonne inne werden, glauben sie die Sonne ganz zu besitzen und möchten gerne
in ihrem Schein rasten und sich niederlegen; die das tun, die
verharren allesamt (am gleichen Ort); aus diesen Leuten wird
nichts, sie kommen nicht voran.

Andere (wieder) bleiben auch auf *die* Weise zurück, daß sie in
ihrer Wonne in unrechte Freiheit fallen; und in dieser Freude
und in diesem Empfinden wendet sich die Natur behende auf
sich selbst zurück und besitzt sich dann selbst; dazu (aber) ist
der Mensch am allermeisten geneigt; und nun verläßt er sich

---

[4] Nach Corin, Wi 2, S. 135, 9 und der Erläuterung 3 (App.), wobei nur „ru-
welichen" durch „rivelichen" (freigebig) ersetzt wird.

auf sein Empfinden. Das ist dann ebenso schlimm — ich habe das über die Arzneien sagen hören — wie bei Leuten, die viele Arzneien einnehmen[5]; sowie die menschliche Natur Hilfe verspürt, verläßt sie sich darauf, läßt sich nieder, rastet, und ihr dünkt, daß sie die nötige Hilfe habe, und (nun) wirkt sie (selbst) nicht so eifrig, als sie sonst täte; ist sie aber aller Hilfe nicht sicher, so ist sie tätig und wirkt und hilft sich selber. Seht, ihr Lieben, wie schnell die vergiftete, sich auf sich selbst zurückwendende Natur in alle Dinge einschleicht und (da) ihre Ruhe und Bequemlichkeit sucht, und das in geistlichen Dingen noch tausendmal mehr als sonstwo. Denn dem Menschen dünkt, sobald er diese Freude und dieses ungewohnte Gut in sich wahrgenommen, er könne sich darauf verlassen, und er glaubt sich um so sicherer; er wirkt nicht so eifrig und getreulich mehr, wird sogleich weich und verwöhnt, und es kommt ihm vor, er könne nicht leiden oder tätig sein wie zuvor und müsse sich rechtmäßigerweise ruhig verhalten. Und sobald der Feind sieht, daß der Mensch sich solcher Art ausruht, kommt er und gießt falsche Süßigkeit darein, damit der Mensch (auf seinem Platz) verharre und in unrechter Ruhe verbleibe.

Wie sollen wir uns (da) verhalten? Solchem Trost entlaufen? Ihn von uns weisen? Keinesfalls! Wir sollen ihn mit großem Dank entgegennehmen und Gott in Demut wieder darbringen, ihm sehr dafür danken, ihn dafür loben, uns seiner in uns ganz unwürdig bekennen und uns ganz verhalten wie ein frischer Handwerksbursch, der wenig besitzt, den es hungert und dürstet und der weiterwandern muß und zu sich spräche: „Liefe ich noch vier Meilen weiter, so bekäme ich zu essen, und mein Magen würde gefüllt"; und der (bei diesem Gedanken) so froh und straff und freudig würde, daß er (gerne) noch zehn Meilen weiterwanderte. Ebenso ganz soll sich der Mensch verhalten, den Gott mit seinem Trost und göttlichem Empfinden stärkt und speist; der soll viel mehr tun als zuvor, mehr lieben, mehr danken, mehr loben und mehr (nach Gottes Willen) leben,

---

[5] Nach einer Korrektur Corins zu Wi 2, S. 137, 2. Vgl. die dortigen Lesarten und Erläuterung 1 (App.), ferner Corin, Sermons II, 19 Anm. 1.

viel mehr als zuvor; und sich in herzlichem Verlangen und inniger Liebe Gott entgegenstrecken, und sich so (in seinem Dienste) verzehren, daß Gott mit gutem Grunde noch mehr Gaben böte[6], noch mehr des Trostes, des (göttlichen) Empfindens.

Ganz so, wie wenn ein Mensch zum Papst gehen wollte, ihm *einen* Gulden zu bringen, und der Papst käme ihm entgegen und gäbe ihm hunderttausend Pfund Goldes, (und das) immer und immer wieder, sooft jener Mensch dem Papst einen Gulden böte; ebenso geschieht diesem Menschen, sooft er sich dankbar zu Gott wendet, sich ihm darbietet in Liebe und Dankbarkeit; ein jedes Mal eilt Gott ihm mit mehr Gaben und Gnaden entgegen, mit mehr Trost in jeglichem Augenblick. Und auf solche Weise wird (das Geschenk des) göttlichen Trostes eine Hilfe, ein Weg zu Gott und zu größerem Gut. Wir sollen uns solchen Trostes bedienen, nicht aber ihn genießen. Gleichermaßen, wer auf einem Wagen fahren wollte, der gebraucht ihn nicht zu seiner Lust, sondern zu seinem Nutzen; so soll man (auch) von Gottes Gaben nur den Nutzen nehmen, Freude haben (aber) nur an Gott allein.

Vor diesem Schaden warnt uns Sankt Peter und spricht, daß wir nüchtern sein sollen und wachen; und er warnt uns, nicht im Gefühl dieses Trostes einzuschlafen; denn wer schläft, der ist gleichsam halb tot und vermag von sich aus nichts zu tun. Wir sollen uns recht ermuntern und wacker sein und nüchtern. Der nüchterne Mensch vollbringt sein Werk freundlich, wacker und vernünftig. So spricht Sankt Peter: „Brüder, seid nüchtern und wachet, denn der böse Feind geht umher wie ein brüllender Löwe und sucht euch zu verschlingen; darum widersteht ihm fest im Glauben." Meine Lieben! Seid also nicht schläfrig und träge und verharret nicht in alldem, was nicht lauter Gott ist, sondern blickt eifrig um euch mit dem Licht der Vernunft, und

---

[6] Daß Gott dem sich Mühenden „noch mehr Gaben schuldig werde" — wenn das „mase" wie bei Corin, Wi 2, S. 138, 14 auf Gott bezogen wird —, wollte Tauler wohl kaum sagen; doch kann man „schuldig werde" auch im Sinn von „bewirkendem Zutun überhaupt" nehmen und so die gegebene Übersetzung vertreten (übrigens auch so bei Corin, Sermons II, 20).

achtet auf euch selbst und auf Gott in euch in liebendem Verlangen.

Konnten doch die liebenden Jünger unseres Herrn nicht in
seiner lustvollen Gegenwart bleiben, sollte ihnen der Heilige
Geist zuteil werden. „Wenn ich nicht", sprach Christus, „von
euch gehe, so wird der Heilige Geist, der Tröster, nicht zu euch
kommen." Die heiligen Jünger waren so ganz erfüllt, innen und
außen, mit (der Freude) der Gegenwart unseres Herrn Jesus
Christus, und alle Falten (ihres Wesens), Herz, Sinne, Seele,
Kräfte innen und außen (dieser Freude) so voll, daß das, womit
sie behaftet waren, weg- und herausmußte, sollten sie zu dem
wahren, geistigen, inwendigen Trost gelangen. Dieses Erfüllt-
sein (mit dem am Äußeren haftenden Trost) mußte ihnen weggenommen werden, wie sauer und bitter es ihnen auch immer
wurde, sollten sie je vorankommen; andernfalls wären sie gänzlich auf der niedersten Stufe verblieben, der des Sinnlichen.
Gelangt der Mensch (jedoch) über das Haften an den Sinnen
hinaus, so kommt er in den Bereich der oberen, der vernünftigen
Kräfte, und da wird (jener Trost) viel edler und erhabener
aufgenommen; von da gelangt er in den inneren Grund, in
die Verborgenheit des Geistes; da hat diese Wonne so recht
ihre eigentliche Wohnstätte und wird wahrhaft und wesentlich [7]
empfangen; da erst gewinnt der nüchterne Mensch volles Leben.

Nun spricht Sankt Peter: „Seid wachsam im Gebet, denn der
böse Feind läuft umher wie ein brüllender Löwe." Welches
Gebet meint nun Sankt Peter? Meint er das Gebet des Mundes,
das manche Leute so nennen, weil sie viele Psalter herunter-
beten? Nein, das meint er nicht, sondern jenes Gebet, das unser
Herr Jesus das wahre Gebet nannte, und die wahren Anbeter
die, welche im Geist und in der Wahrheit beten. Heilige und
Lehrmeister sagen, Gebet sei ein Aufstieg des menschlichen
Geistes zu Gott, Lesen jedoch und Gebet des Mundes könne
dazu zuweilen dienen und insofern löblich sein. So wie mein
Mantel und meine Kleider nicht ich selbst sind, mir aber dienen,

---

[7] Der Lesung bei Vetter 101, 5 „wislichen" ist wohl die bei Corin, Wi 2,
S. 141, 5 „weselichen" vorzuziehen.

so dienet (auch) alles Gebet des Mundes; es führt (nämlich) zuweilen zum wahren Gebet, ist es aber (selbst) nicht; sondern dabei muß Geist und Gemüt sich unmittelbar zu Gott erheben: dies allein ist das Wesen des wahren Gebetes und nichts anderes.

Daß das Gemüt in Liebe sich zu Gott erhebe, in innigem Verlangen, in demütiger Unterwerfung unter Gott, das ist wahres Gebet allein; ich nehme hier die Geistlichen aus, Ordensleute und Pfründner[8], die zu den Tageszeiten und dem mündlichen Gebet verpflichtet sind; aber kein äußeres Gebet ist so andächtig, so liebenswert wie das heilige Vaterunser; das hat uns der oberste Meister selbst gelehrt und selbst gebetet. Das führt am meisten zu dem wahren, wesentlichen Gebet, es ist (fürwahr) ein himmlisches Gebet. Man spricht dieses wahre Gebet und betrachtet (seinen Gehalt) ohne Unterlaß im Himmel: es ist ein wahrhaftiger Aufstieg zu Gott, es hebt den Geist (des Menschen) (zu Gott) empor, so daß Gott in Wahrheit und Wirklichkeit in den lautersten, innigsten, edelsten Teil (des Menschen) eingehen kann, in den innersten Grund, wo allein wahre Einheit ist.

Von diesem Grunde sagt Sankt Augustin, daß die Seele (des Menschen) in sich einen verborgenen Abgrund besitze, der mit der Zeitlichkeit und dieser ganzen Welt nichts zu tun habe und weit erhaben sei über den Teil (des Menschen), der dem Leibe Leben und Bewegung gibt. In dem edlen, wonnevollen Abgrund, in dem heimlichen Reich, da senkt sich jene Wonne, von der wir gesprochen haben, (in die menschliche Seele), da ist ihr Aufenthalt für alle Ewigkeit; da wird der Mensch so still, so wesentlich, so besonnen, so abgeschieden und so innerlich; da wird er aufgerichtet in größerer Lauterkeit und Entsagung, gelassener in allen Dingen, denn Gott ist selbst gegenwärtig in das edle Reich gekommen und wirkt und wohnet und herrscht da. Dieser Zustand kann mit dem früheren nicht verglichen werden, denn der Mensch gewinnt jetzt ein wahrhaft göttliches Leben. Sein Geist verschmilzt hier gänzlich (mit Gott) und entzündet sich

---

[8] Die Erläuterung (1) App. zu S. 142, 4 bei Corin, Wi 2, macht die Lesung „geprobente" (das heißt „gepfründete") statt der Lesung bei Vetter 101, 21 „gepruefete" wahrscheinlich.

167

selbst in allen Dingen und wird hineingezogen in das heiße Liebesfeuer, das Gott dem Wesen und der Natur nach selbst ist.

Und von dort steigen (diese Menschen) dann hernieder in all die Not der heiligen Christenheit und begeben sich mit heiligem Gebet und Verlangen an all das, wofür Gott gebeten sein will und für ihre Freunde; sie nehmen sich der Sünder an und (der Seelen) im Fegefeuer und mühen sich um Rat in aller Liebe für eines jeden Menschen Not in der heiligen Christenheit; nicht jedoch so, daß sie für Frau Hinz und Kunz bitten, sondern in einfacher, besonnener Weise. So wie ich euch alle hier vor mir sitzen sehe (und) mit *einem* Blick (umfasse), ebenso ziehen sie alles mit sich hinein in denselben Abgrund, in beschauender Weise in dasselbe Liebesfeuer. Dann blicken sie wiederum (selbst) hinein, verweilen da und tauchen erneut hinein und wenden sich wiederum (hernieder) zu allen Leidtragenden in der heiligen Christenheit und von neuem in das liebevolle, dunkle, stille Rasten in dem Abgrund.

So gehen sie hin und wieder und bleiben doch allzeit in dem lieblichen, stillen Abgrund; da ist ihr Wesen, da ihr Leben, dort auch all ihr Wirken und ihre Bewegung. Wo man auch auf sie trifft, findet man nichts als göttliches Leben in ihnen. Ihr Benehmen, ihr Tun, ihre Art, (alles) ist ganz göttlich (an ihnen). Das sind edle Menschen, der ganzen Christenheit nützlich; sie dienen allen zur Besserung, Gott zum Lob, allen Menschen zum Trost. Sie wohnen in Gott und Gott in ihnen. Wo immer sie sind, soll man sie loben!

Daß dies uns allen zuteil werde, dazu helfe uns Gott. AMEN.

Repleti sunt omnes Spiritu Sancto
Alle wurden mit dem Heiligen Geist erfüllt (Apg. 2, 4)

25

Von den drei nachfolgenden Predigten über das Pfingstfest sind die beiden ersten den Worten der Epistel des Pfingsttages entnommen: „Sie wurden alle erfüllt mit dem Heiligen Geiste ..." *usw. Die dritte Predigt ist über Sankt Johannes' Evangelium am Dienstag in der Pfingstwoche, (nämlich) über das Gleichnis vom Schafstall. Die erste Auslegung jener Worte lehrt uns, daß die Menschen, die vom Heiligen Geist erfüllt werden wollen, zuvor ihr Herz befreien müssen von (aller) Eigenliebe, (allem) Eigendenken und Eigenwillen und gelassen sein müssen in Schwierigkeiten und Widerwärtigkeiten.*

„SIE WURDEN ALLE ERFÜLLT mit dem Heiligen Geist und begannen von den Großtaten Gottes zu reden." Meine Lieben! Heute ist der herrliche Tag, an welchem der edle, teure Schatz (uns) zurückgegeben ward, der in so schadenbringender Weise im Paradies durch die Sünde, und zwar besonders durch die des Ungehorsams, verlorenging. Seit jener Zeit war das ganze menschliche Geschlecht dem ewigen Tod verfallen; der Heilige Geist, der ein Tröster ist, war gänzlich mit seinen Gaben und seinem Trost den Menschen verloren; alle waren dem ewigen Zorn Gottes verfallen und in die Gewalt des ewigen Todes geraten. Diese Gewalt zerstörte unser lieber Herr Jesus Christus am heiligen Karfreitag, als er sich gefangennehmen und binden ließ und am Kreuze starb. Da vollbrachte er eine ganze Süh-

169

nung zwischen den Menschen und seinem himmlischen Vater. Heute nun, am Pfingsttag, hat er diese Sühnung bestätigt; heute ist dieser edle Schatz zurückgegeben worden, der ganz verloren war: der liebevolle Heilige Geist, zu dessen Reichtum und Liebe und zu der Fülle, die in ihm wohnt, alle Herzen und aller Verstand nicht gelangen können.

Dieser liebreiche Heilige Geist kam in die Jünger und in alle, die für ihn empfänglich waren, mit solchem Reichtum, so großer Fülle, solchem Überfluß und überflutete sie innerlich. (Es war,) wie wenn der Rhein, nachdem man Wehr und Hindernis entfernt, seinen freien Lauf nähme. So wie er dann mit vollem überströmendem Erguß dahinflösse, rauschend, als ob er alles ertränken und überfluten wolle und alle Täler füllen und die Gründe, die zuvor waren: so tat auch der Heilige Geist den Jüngern und allen, die er für sich empfänglich fand. So tut er (auch) heute noch zu jeglicher Stunde ohne Unterlaß: er füllt und übergießt alle Gründe und alle Herzen und Seelen, wo (immer) er Raum findet; die füllt er mit all dem Reichtum, den Gnaden, der Liebe und unbeschreiblichen Gaben. Und er füllt Täler und Tiefen, die ihm geöffnet sind.

„Repleti sunt omnes." Geschähe es jetzt wie zu des Elias Zeiten, da es drei Jahre und sechs Monate nicht regnete und man weder säen noch ernten konnte, und käme dann ein milder und überreicher Regen, das ganze Erdreich zu füllen und zu erquicken, und bliebe dann eines einzigen Menschen Acker trocken und dürr, das müßte ihm und all seinen Freunden eine unleidliche Betrübnis bedeuten und (großen) Jammer verursachen.

„Repleti sunt omnes. — Alle wurden sie mit dem Heiligen Geist erfüllt." Wie (aber) mag dem zumute sein, dessen Herz, Seele und Grund, dessen innerer und äußerer Mensch ganz und gar dürr, rauh, gnadelos und liebeleer geblieben ist, leer dieses unaussprechlichen, überragenden Trostes!

Nun wollen wir betrachten, was wir tun müssen zum Empfang dieses überaus herrlichen Heiligen Geistes. Die nächste und allerhöchste Vorbereitung hierzu muß er in dem Menschen selbst vornehmen und wirken. Er muß sich in ihm selbst eine Stätte bereiten und sich im Menschen selbst empfangen. Welches ist aber sein Werk, durch das er den Menschen bereitet, sich dort selbst zu empfangen? Er wirkt zweierlei im Menschen; das eine: er entleert ihn; das andere: er füllt das Leere, soweit und soviel er es leer findet.

Diese Entleerung ist die erste und größte Vorbereitung für den Empfang des Heiligen Geistes. Denn ganz so weit und ebensoviel der Mensch entleert ist, so viel mehr wird er auch fähig, den Heiligen Geist zu empfangen. Denn will man ein Faß füllen, so muß zuvor heraus, was drinnen ist. Soll Wein hinein, so muß zuerst das Wasser heraus, denn zwei stoffliche Dinge können nicht zugleich an einem (und dem selben) Ort sein. Soll Feuer hinein, so muß das Wasser heraus, denn sie sind einander feindlich[1]. Soll Göttliches (in den Menschen) hinein, so muß notwendigerweise das Geschöpfliche (zuerst) den Menschen verlassen. Alles Geschöpfliche muß heraus, es sei von welcher Art auch immer; es muß alles weg, was in dir ist und was du empfangen hast. Die tierische, unvernünftige Seele muß da fort, damit im Menschen die vernünftige Seele erscheine. So muß der Mensch sich fassen lassen, sich leeren und vorbereiten lassen. Er muß alles lassen, dieses Lassens selbst noch ledig werden und es lassen, es für nichts halten und in sein lauteres Nichts sinken. Andernfalls vertreibt und verjagt er sicher den Heiligen Geist und hindert ihn, in der höchsten Weise in ihm zu wirken.

Aber diesen Weg sucht (so leicht) niemand auf. Wann immer diese Vorbereitung im Menschen geschehen ist, wirkt der Heilige Geist sogleich sein zweites Werk in dem so vorbereiteten Menschen: er füllt ihn nach seiner ganzen Empfängnisfähigkeit aus. Soviel du in Wahrheit geleert bist, ebensoviel empfängst du auch; je weniger des Deinen du behältst, um so mehr des Göttlichen empfängst du: der Eigenliebe, der Eigenmeinung, des Eigenwillens, aller dieser sollst du dich entäußert haben. (Selbst) wenn das Himmelreich vor dir offen stünde, solltest du nicht hineingehen wollen, (sondern) zuerst dich vergewissern, ob Gott

[1] Vgl. Corins Erläuterung zu Wi 1, S. 177, 18. Doch muß meines Erachtens die Vettersche Lesung 305, 29 nicht unbedingt geändert werden; sie wurde daher in der Übersetzung beibehalten.

es von dir haben wolle. „In eodem loco", in dieser Leere allein wird der Heilige Geist gegeben, und er füllt sie ganz aus. Selbst wenn der Mensch sich ungerüstet findet (für den Empfang des Heiligen Geistes), selbst wenn Bedrängnis und die Trägheit seiner Natur gegen seinen Frieden aufstehen und er nichts daran ändern kann, selbst dann noch kann er sich seines Selbst entleeren, sich Gott überlassen, sich ihm ohne Prüfung anvertrauen, in diesem und allem, was auf den Menschen fallen kann.

Das sind die wahren Armen im Geist. Sie erfüllt der Heilige Geist; er stürmt in ihre Seelen, er gießt all seinen Reichtum über den Menschen aus, überschüttet ihn mit seinem Schatz, den inneren wie den äußeren Menschen, seine inneren und seine äußeren Kräfte, die oberen und die niederen. Und des Menschen Tun besteht hier darin, daß er sich bereiten lasse, und dem Heiligen Geist eine Stätte und einen Platz gebe, damit er sein Werk in ihm vollenden könne. (Aber) das tut selten jemand, auch solche nicht, die geistliches Gewand tragen, die doch Gott hierzu erwählt hat. Denn der Eitelkeiten der Welt gibt es so viele und der Anhänglichkeit (an das Geschöpfliche), bald hier, bald dort. Dann sind die Gewohnheiten, die äußeren Beschäftigungen, persönliche Vorhaben, (eigenes) Gutdünken. Niemand will sich dem Heiligen Geist lassen, jeglicher wirkt sein (eigen) Ding. So verhalten sich alle in dieser sorgenvollen Zeit.

Alles, was du zu tun hast, ist, den Heiligen Geist in dir sein Werk vollbringen zu lassen und ihm kein Hindernis zu bereiten: dann wird er dich gänzlich erfüllen. Sobald du dich (aber) vorsichtig und fromm (auch) in deinem äußeren Verhalten zeigst, wirklich wie es Gottes Geist geziemt, in Wort und Werk, in aller Ordnung, abgeschieden (von den Geschöpfen) und in Stille, so wirkt der Heilige Geist große Dinge in dem nach innen gewandten Menschen, ungeachtet dessen, daß der Mensch nichts davon weiß; ganz so wie die Seele dem Leib in verborgener Weise das Leben vermittelt, derart, daß der Leib davon nichts empfindet noch weiß, so wirkt der Heilige Geist in Geist und Grund des Menschen ohne dessen Wissen. Soll aber der Mensch dessen gewahr werden, so muß das mit in den Grund zurückgewandten Kräften geschehen, wo der Heilige Geist Wohnstatt und Wirken hat. Wird ein Tor dessen gewahr in sich, so fällt er sogleich darüber her, um dieses Wirken sich selbst zuzuschreiben, und zerstört es so gänzlich; solch ein Mensch verhält sich wie einer, der käme und das Werk, das ein großer Meister begonnen und in der Hand hält, nicht kennte (und damit umginge), so daß er es ganz verdürbe und es zu nichts mehr nütze wäre. So eben tut der Mensch, der sich Gottes Werke zuschreibt. Und das tut der Mensch wegen der maßlosen Lust und Freude, die er dabei fühlt; und sie übersteigt weit alle Freude der Welt. Aber indem (der Mensch) sich so das Werk des Heiligen Geistes selbst zuschreibt, verdirbt er es ganz und gar.

Indes, solange der Mensch nicht in Todsünde fällt, wird der Heilige Geist nicht ganz vertrieben, aber er steht ferne von ihm. Wenn der dem Geschöpf anhangende Mensch nicht seines eigenen Selbst entleert ist, glaubt er oft, daß Gott alles wirke, was in ihm geschieht; es kommt aber alles von ihm selber, ist sein eigenes Werk, kommt von seiner Anmaßung, seiner Selbstzufriedenheit. Selbst wenn ein solcher Mensch erhabene und geheimnisvolle Einwirkungen und Offenbarungen empfinge, große (übernatürliche) Gaben, so ist dennoch zweifelhaft, wie es diesem Menschen an seinem Ende erginge, und er könnte sogar noch ewig verloren sein. Meine Lieben! Es geht nicht so, wie ihr (euch das) denkt. Es bedarf einer lauteren Seele, der Mensch muß sein Selbst aufgegeben haben, wo der Heilige Geist richtig nach seinem Adel und seiner Geschäftigkeit soll wirken können. Und du darfst ihm mit deiner Anmaßung kein Hindernis seines Wirkens sein. Solltest du aber dergleichen bei dir finden, so mußt du damit nicht sogleich zu deinem Beichtvater laufen; nimm den Weg in dein eigen Selbst und damit zu Gott, und gib dich ihm von Grund aus schuldig. Er wird sogleich seine göttliche Hand auf dein Haupt legen und dich gesund machen, wenn du dich ihm in aller Demut unterwirfst und dich vor ihm schuldig bekennst.

Gestern sprach ich von einem der Wunder, die unser Herr ankündigte: „Sie werden den Kranken die Hände auflegen und sie gesund machen." Ein zweites Wunder: „Sie werden den (bösen) Feind vertreiben", auch den Hinterhalt und die Gefahr

173

erkennen, die der Feind dem Menschen bereitet und wie manche
Lockung er dem Menschen darbietet, wodurch dieser betrogen
wird: allen diesen Fallstricken könnte der Mensch durch rechte
Gelassenheit entgehen. „Sie werden auch Schlangen anfassen."
Das sind die Menschen, die falsch wie die Schlangen, mit greulichen Gebärden und lärmenden Worten dich angreifen und sich
eine Gewalt anmaßen, die ihnen nicht übertragen ist: sie verwunden und stechen dich wohl, was die niederen Kräfte betrifft.
Dringen sie nicht bis zu den oberen Kräften vor, so wird (dessen)
noch Rat: schweige und beuge dich. „Giftiges werden sie trinken,
ohne daß es ihnen schadet." Sind das nicht giftige Menschen, in
denen alles Gift wird, was in sie kommt? Wo irgend etwas vor-
fällt, wenden sie es zum Bösen und machen es schlimmer, als es
ist: sie sind von Natur ganz wie die Spinnen. Du bist (etwa)
mit einem löblichen Werke beschäftigt, so daß der Heilige Geist
dich gänzlich erfüllen würde; dann (gerade) fällt Schwester
Zänkisch mit einer Flut scharfer Worte über dich her. Könntest
du dies um Gotteswillen über dich ergehen lassen und es hinnehmen, so wisse, daß dies das Wirken des Heiligen Geistes ist
und für dich eine gute Vorbereitung (seines Werkes in dir), wenn
du schwiegest und es erduldetest; berührte es zuweilen auch deinen
äußeren Menschen, es wird dir nicht schaden.

Ihr Lieben! Wollt ihr jemals vollkommen werden und zu
eurem Besten gelangen, behaltet diese beiden kleinen Punkte
(im Gedächtnis): das eine ist, daß ihr euer Inneres frei und
ledig macht aller geschaffenen Dinge und eures eigenen Selbst
und daß ihr euren äußeren und inneren Menschen in Ordnung
haltet, damit der Heilige Geist in seinem Wirken von euch nicht
gehindert werde. Das andere: daß ihr Schwierigkeiten, wo immer
sie herkommen mögen, von außen oder innen, was immer es sei,
von Gott ohne Widerstreben annehmt und nicht anders, denn
Gott will dich damit selber für sich und seine großen Gaben bereiten, die übernatürlich und wunderbar sind und zu denen du
niemals gelangen könntest, außer durch Erdulden und ohne das
äußere Wirken des Feindes oder feindlicher Menschen.

„Sie werden in neuen Sprachen reden", das heißt: der Mensch
soll seine alte Redeweise, wie er sie von Natur empfangen, in

Zucht nehmen. Meine Lieben! Vor allen Künsten lernt die Kunst, eure Zunge zu hüten, und seht euch vor, was ihr sprecht, oder aus euch wird niemals etwas; seht zu, daß euer Wort zu Gottes Ehre sei und zur Besserung des Nächsten und zu eurem eignen Frieden (diene). Mit Gott aber sollt ihr ohne Unterlaß sprechen. Sankt Bernhard sagt: „Sosehr ich viel äußeres Reden verwünsche und verwerfe, so sehr lobe ich viel inneres Reden mit Gott: dessen kann (gar) nicht zuviel sein." „In neuen Sprachen reden" bedeutet (ferner) Gott sehr loben und ihm danken. Und hättest du Gott für nichts anderes zu danken, als daß er dich duldet und erträgt, deiner schont und wartet und zu all deiner Unordnung voll Güte schweigt, wo er doch sein göttliches Werk in dir nirgends wirken kann, selbst dann hättest du allen Anlaß, ihm dankbar zu sein. „In neuen Sprachen", das heißt: wenn ihr zusammenkommt, sollt ihr von Gott reden und vom tugendhaften Leben und nicht disputieren über die Gottheit nach den Sätzen der Vernunft — das geht euch nichts an — oder auch mit behenden und spitzfindigen Worten, wohl aber aus dem Antrieb[2] der Tugend. Wolltet ihr euch verhalten und disputieren wie die Philosophen, so würdet ihr euch selbst zugrunde richten und auch die, denen ihr solches mitteilt. Auch vor den spitzfindigen Menschen sollst du dich hüten, damit du nicht den ausgetriebenen Schlangen auf dem Weg hoher Geistigkeit wieder in dich Einlaß gewährst.

Der Feind (nämlich) späht ohne Unterlaß, wie er deinen Neigungen gemäß dir auflauern könne. Das ist nicht anders mit dem Werk des Heiligen Geistes (in dir): auch er richtet sich gerne nach den Voraussetzungen, die er in der Natur (eines Menschen) findet, denn Gott will aus den Gaben (die er dem Menschen zugeteilt) Gewinn schöpfen und Geist und Natur (des Menschen) an sich ziehen. Findet er eine gute, fügsame Natur, so richtet er sich nach ihr in seinem Werk. Wie der Platzregen zur Erde fällt und nicht, ohne gewirkt zu haben, wieder-

---

[2] Die Benutzung der Übersetzung Corins, Sermons II, 32: „sous l'inspiration de la vertu" erscheint mir hier aus dem Zusammenhang gerechtfertigt: „grunt" = „Ursprung, Ursache", danach hier: „Antrieb".

kehrt, so will Gott nicht, daß seine Gaben, ohne Frucht gebracht zu haben, (zu ihm) zurückkehren: sie sollen (vielmehr) Natur und Geist wirkfähig mit sich bringen. So wirkt der Heilige Geist, falls er dich in wahrer geistlicher Armut findet, (ledig) alles dessen, was diesen Platz in irgendeiner Weise füllen könnte, frei von aller Anhänglichkeit an die Geschöpfe, unbehindert durch das, was du jemals an dich gezogen haben könntest oder an dich ziehen kannst, frei von aller Härte, allem Bösen, aller Verurteilung (anderer) und aller Dinge, die der Heilige Geist in dir nicht geweckt hat. Doch hier sollst du achten auf all das, was wider deinen Willen in dein Inneres dringt oder dir begegnet: das kann dir keinen Schaden bringen.

Ihr dürft aber (auch) nicht meinen, falls ihr des Heiligen Geistes solcherart warten wollet, eure äußeren guten Werke, als da sind solche des Gehorsams, euer Singen und Lesen, euer Dienst an den Schwestern und die Werke der Liebe, könnten ein Hindernis für den Empfang des Heiligen Geistes sein. Nein, es ist nicht so, daß man sich allen Tuns entschlagen dürfe und nur warten. Wer Gott gerne liebt und nach ihm verlangt, wird alles aus Liebe tun, Gott zum Lobe in rechter Ordnung, wie es an ihn kommt, wie Gott es ihm fügt, in Liebe, sanftmütiger Güte und friedlicher Gelassenheit, zu deinem und deines Nächsten Frieden. Nicht die Werke hindern dich, sondern deine Unordnung in ihrer Durchführung. *Die* lege ab, und richte deinen Sinn ganz auf Gott in all deinem Tun und sonst nichts. Sodann beobachte dich oft selbst, hüte deinen Geist, laß keine Unordnung da Eingang finden; habe acht auf deine Rede und dein äußeres Verhalten: dann wirst du Zufriedenheit in all deiner Tätigkeit bewahren; dann wird der Heilige Geist zu dir kommen, dich erfüllen, in dir wohnen und in dir Wunder wirken, wenn du seine Unterweisungen beobachtest. — Möchte dies uns allen zuteil werden. Dazu helfe uns Gott. AMEN.

Repleti sunt omnes Spiritu Sancto
Alle wurden mit dem Heiligen Geist erfüllt (Apg. 2, 4)

26

Die zweite Auslegung des erhabenen Pfingstereignisses lehrt, wie der Mensch sich in sich selbst sammeln und abschließen muß von allen äußeren Dingen, damit eine Stätte bereitet werde dem Heiligen Geist, der den Menschen bereiten und für sein Wirken empfänglich machen muß.

„SIE WURDEN ALLE mit dem Heiligen Geist erfüllt und begannen von den Großtaten Gottes zu reden." Dies ist der herrliche Tag, da der Heilige Geist in Gestalt feuriger Zungen den heiligen Jüngern gesandt ward und allen denen, die mit ihnen vereinigt waren; der Tag, an dem der herrliche Schatz, der im Paradies durch des bösen Feindes Anstiftung und die Schwäche der Menschen verlorenging, uns zurückgegeben ward. An diesem Tag wurde er uns zurückerstattet.

(Schon) äußerlich war die Art (wie das geschah) wunderbar; was aber inwendig hierin verborgen und beschlossen war, das war aller Vernunft und allen Sinnen und allen Geschöpfen unerkennbar, unbegreiflich und unaussprechlich. Der Heilige Geist ist eine so unbegreiflich große, liebreiche Unermeßlichkeit, daß all seine Größe und Unermeßlichkeit von der Vernunft allein in bildlicher Weise nicht begriffen werden kann; Himmel und Erde und alles, was man darin fassen kann, ist nichts dagegen; alle Geschöpfe, alle miteinander, sind dagegen viel geringer, als es das allergeringste Geschöpf der ganzen Welt gegenüber ist;

noch tausendmal geringer und ohne jeden Begriff sind alle Geschöpfe zusammen gegen das Geringste, was man vom Heiligen Geist denken kann. Und darum muß der Heilige Geist, wo er empfangen werden soll, selbst die Stätte bereiten und die Empfänglichkeit selbst zustande bringen und auch sich selbst empfangen. Der unaussprechliche Abgrund Gottes muß seine eigene Wohnstatt sein und Stätte der Empfänglichkeit und nicht der Wohnort der Geschöpfe[1].

„Das ganze Haus ward erfüllt." Gott erfüllt gänzlich. Wohin er kommt, füllt er die ganze Empfänglichkeit und alle Winkel der Seele ganz und gar.

Die Jünger wurden alle erfüllt mit dem Heiligen Geist. Hier ist zu beachten, welches die Umstände waren, unter denen die Jünger so erfüllt wurden und die bei einem jeden Menschen statthaben sollen. Sie waren versammelt und in sich gesammelt und saßen still, als ihnen der Heilige Geist gesandt ward. Dieser liebreiche Heilige Geist wird einem jeden Menschen so häufig und so oft zuteil, als sich der Mensch mit aller Kraft von allen Geschöpfen weg und zu Gott kehrt; in demselben Augenblick, in dem der Mensch dies tut, kommt der Heilige Geist sogleich mit dem, was sein eigen ist[2], und erfüllt sogleich alle Winkel und den Grund. Und wiederum, in demselben Augenblick und in dem Nu, da sich der Mensch mit Willen von Gott kehrt zu den Geschöpfen, er sei es selber oder welcher Art die Geschöpfe auch seien, da sogleich flieht der Heilige Geist und geht (aus des Menschen Seele) hinweg mit all seinem Reichtum und seinem Schatz. Wohin der Mensch sich auch wendet ohne Gott und außer Gott — er hat immer sich selber im Sinn in allen Dingen.

Das Haus, in dem die Jünger saßen, ward ganz erfüllt. Dieses Haus bedeutet in einem Sinn die heilige Kirche, die ein Wohnhaus Gottes ist; in einem anderen Sinn versteht man darunter

---

[1] Ein sinnänderndes, auf eine Würzburger Hs. zurückgehendes „niht der creaturen" läßt sich sachlich wohl vertreten; doch gilt das gleiche von Vetters Lesart 103, 24.

[2] Das von Tauler hier gebrauchte Wort „husrat" habe ich umschrieben; auch Corin, Sermons II, 37 vermeidet eine wörtliche Übersetzung („cortège de dons").

einen jeglichen Menschen, in dem der Heilige Geist wohnt. Nun, so viele Wohnungen und Kammern in seinem Hause sind, ebenso viele Kräfte und Sinne und Wirksamkeiten sind in dem Menschen. In all diese kommt der Heilige Geist auf (jeweils) besondere Art. Sobald er kommt, drückt, reißt und richtet er den Menschen aus und bearbeitet und erleuchtet ihn. Aber diese Einkehr, diese Wirksamkeit werden nicht alle Menschen in gleicher Weise gewahr; und wirklich wohnt er ja auch in allen guten Menschen; doch wer sein Wirken empfinden soll, sein Dasein schmecken mag oder will, der muß sich in sich selber sammeln, sich von allen äußeren Dingen abschließen und dem Heiligen Geist eine Stätte einräumen, damit dieser in Ruhe und Stille sein Werk in ihm tun könne. Denn so wird der Mensch (den Heiligen Geist) allererst gewahr und so offenbart er sich ihm; je mehr der Mensch von Stunde zu Stunde dazu einwilligt, um so mehr wird er (das Wirken des Heiligen Geistes) gewahr, um so mehr offenbart sich der Heilige Geist in ihm, obgleich er doch schon von Beginn an (dem Menschen) gänzlich gegeben ward.

„Die Jünger waren eingeschlossen aus Furcht vor den Juden." O liebreicher Gott! Wieviel tausendmal mehr not wäre nun den Menschen, vor den bösen Juden zu fliehen und sich einzuschließen; sie sind überall und an allen Enden zu finden, und alle Häuser und Winkel sind von ihnen voll. Ach, meine Lieben, hütet euch vor diesen gar schädlichen Juden, die euch Gott und göttliche Freude, das liebliche Gewahrwerden des Heiligen Geistes und des göttlichen Trostes nehmen wollen. Das tut euch tausendmal mehr not, als es den Jüngern tat; denn diesen konnten sie nur das Leben nehmen; euch aber Gott, eure Seele und das ewige Leben; diese flieht, schließt euch ein, und laßt eure schädlichen Ausgänge sein. Hütet euch vor den Anlässen dazu, vor der Gesellschaft, vor dem Zeitvertreib in Worten, Werken, oder was es sei[3]. Hütet euch, sie schauen zu den Fenstern herein; hütet euch, sie sind den Fenstern allzu nahe! Handelt ihr anders, so verjagt und verliert ihr den Heiligen Geist ganz und gar. Und da antworteten welche: „Nein, Herr, mein Beichtvater sagte,

---

[3] Umschreibung des in seiner Bedeutung verblaßten Wortes „wise".

es schade mir nicht, ich meine es (ja) nicht böse, ich muß mich
ergötzen und Unterhaltung haben." O gütiger Gott, wie kann
das sein, daß das so liebevolle, milde, ewige, göttliche, geliebte
Gut dir weder Freude bereitet noch dich danach verlangt und
daß du Lust und Genüge, Freude und Frieden finden solltest
an den elenden Geschöpfen, die dich verwirren, dich zugrunde
richten, dir den Tod bringen? Daß du das edle, reine Gut, das
dich erschaffen hat, von dir stößt, den Heiligen Geist, der ein
Tröster heißt und ist, aus deinem Herzen treibst? Und das sollte
dir nicht schaden? Welch ein Jammer! Aber, meine Lieben, flieht
(doch) nicht die weisen, seligen Menschen, die nach nichts als
nach Gott und göttlichen Dingen verlangen, in deren Grunde
ein wahres Gottsehnen wohnt. Auch wenn sie ausgehen, bleiben
sie doch allezeit innen und daheim; sie haben den Heiligen Geist
und den Frieden, wohin immer sie sich wenden.

„Die Jünger waren versammelt." Das lehrt uns, daß wir all
unsere Kräfte sammeln sollen, innerlich und äußerlich, damit
der Heilige Geist Raum zum Wirken (in uns) finde, denn wo
er eine Stätte findet, wirkt er Wunderbares. Ferner: „Die
Jünger saßen, als der Heilige Geist (über sie) kam." So mußt
auch du in der Wahrheit deinen Sitz haben und allen Geschöpfen, Freude und Leid, Wollen oder Nichtwollen ihren Sitz in
Gottes Willen geben. Das muß man allen geistlichen Leuten
sagen; denn davon heißen sie ja so, daß sie mit Gott eines
Willens sind, mit ihm übereinstimmen und mit ihm vereint sind.
Das ist sogar eine für alle Christen, die gerettet werden sollen,
geltende Verpflichtung, nichts gegen Gottes Willen zu wollen.
Da fragt man, ob alle geistlichen Leute verpflichtet seien, vollkommen zu sein oder nicht[4]; „sie sind verpflichtet", sagt Meister
Thomas, „zu leben und zu streben nach Vollkommenheit".

Beachtet, daß der Heilige Geist, sobald er in den Menschen
kommt, sieben Gaben gibt und sieben Werke wirkt. Drei derselben bereiten den Menschen zu hoher und wahrer Vollkommenheit vor, die vier anderen vollenden ihn; mit ihnen wird

---

[4] Lehmanns Übersetzung (1, 111) scheint mir hier vor der Corins, Sermons
II, 39 den Vorzug zu verdienen.

der Mensch innen und außen zum höchsten, lautersten, verklärtesten Ziele wahrer Vollkommenheit geführt.

Die erste Gabe, die der Furcht Gottes, ist ein sicherer und zuverlässiger Anfang, ein Weg, um zu dem allerhöchsten Ziel zu gelangen. Sie ist auch eine feste Mauer, sicher und stark, die den Menschen vor allen Gebrechen, Hindernissen und schädlichen Fallstricken bewahrt. In schlimmen Fällen heißt sie ihn fliehen, und dank ihrer verhalten wir uns ganz wie ein wildes Tier oder ein wilder Vogel, der scheut und schnell flieht vor all denen, die ihn fangen oder greifen wollen. Wie Gott dies der Natur gegeben hat, so gibt der Heilige Geist all den Seinen diese schöne Furcht, um sie vor den Hindernissen zu behüten, die sie von ihm fernhalten könnten. Diese Eigenheit besitzt die Furcht Gottes auf Grund ihrer Vollkommenheit: sie behütet (den Menschen) vor der Welt, dem bösen Feind, vor dem Menschen selber, vor den Wegen, Weisen und Werken, durch die der Mensch seinen geistlichen Frieden verlieren kann und seine innere Ruhe, in der in Wahrheit Gottes Wohnstatt ist. All das sollt ihr fliehen, denn die unstete Natur vermag nicht in der Mitte (zwischen Gott und der Welt) zu verharren. Entweder du übergibst dich ganz Gott, oder du verzichtest auf ihn und fällst in viele schwere und todbringende Sünden, du magst wollen oder nicht. Solche Wege lehrt uns die Furcht Gottes meiden, denn sie ist der Anfang der Weisheit, wie der Prophet sagt.

Nun die zweite Gabe! Es ist die der sanftmütigen Milde, die den Menschen zu einem höheren Grad höchster Bereitschaft führt, denn sie benimmt ihm alle ungeordnete Trauer und Bangigkeit, die ihm die Furcht (Gottes) senden und womit sie ihn niederwerfen könnte. Sie richtet ihn auf, bringt ihn in eine göttliche Duldsamkeit, innerlich und äußerlich in allen Dingen, sie benimmt ihm das Gefühl eigener Geringschätzung, der Hartmütigkeit und aller Bitternis in sich selber, macht ihn sanftmütig gegen seinen Nächsten in allem, in Worten und Werken, friedfertig und gütig in seinem äußeren Wandel und besonnen. Dies alles erwirbt man nur in der Furcht Gottes, denn Heftigkeit verjagt und vertreibt den Heiligen Geist gänzlich.

Hierauf kommt die dritte Gabe, die den Menschen noch höher

trägt. So leitet der Heilige Geist den Menschen stets von einer (Gabe) zur anderen; und dessenungeachtet eröffnet die (jeweils) nachfolgende stets zahlreichere und nähere Wege (zur Vollkommenheit) als die vorhergehende. Die dritte Gabe ist die des Wissens. Hier wird der Mensch gelehrt, wie er die Mahnungen und Warnungen des Heiligen Geistes in seinem Inneren beachten soll, denn, so sprach unser Herr, „wenn der Heilige Geist kommt, wird er euch alle Dinge lehren", alle die Dinge, deren der Mensch bedarf; da sind etwa Warnungen, wie „Hüte dich, dies und das kann daraus entstehen; sprich nicht davon, tu dies nicht, geh nicht dorthin"; oder er mahnt: „Halte dich so, wirke dort, sei dabei geduldig und ertrage dies!" Er will den Geist ganz in die Höhe führen, über den Leib und in seinem Adel über alle Dinge hinaus. Er will, daß der Leib hier in seiner Würde bleibe, in Tugenden sich übe, in Mühe und Verschmähung mit Geduld. Jedes, Geist und Leib, sollen in dem Ihren bleiben, um sie dann in tausendfacher hoher Würde zu vereinigen, ohne alle Furcht.

Die Beobachtung dessen, was die Gabe des Wissens ihnen darbietet, führt zur vierten, der der göttlichen Stärke. O welch eine edle Gabe ist dies! Hier führt der Heilige Geist den Menschen so ganz über menschliche Art hinaus, über Schwäche und Furcht. Kraft dieser Gabe erlitten die heiligen Blutzeugen fröhlich den Tod um Gottes willen. Durch diese Gabe wird der Mensch so hohen Sinnes, daß er gerne aller Menschen Werke täte, alle Dinge litte, wie Sankt Paulus sprach: „Ich vermag alle Dinge in dem, der mich stärkt." In dieser Stärke fürchtet auch der Mensch weder Feuer noch Wasser, weder Tod noch sonst etwas und spricht mit Sankt Paulus: „Weder Hunger noch Durst noch alle Mächte können mich an der Liebe hindern." Durch diese Gabe wird der Mensch so stark, daß er nicht allein keine Todsünde begeht, ja daß er lieber sterben wollte, ehe er seinen Gott erzürnte durch eine läßliche Sünde, freiwillig oder vorbedacht. Die Heiligen sagen, der Mensch solle (in solchem Fall) lieber sterben; doch will ich darauf hier nicht eingehen; aber daran ist kein Zweifel, daß der Mensch lieber sterben sollte, als mit Wissen und Willen eine Todsünde gegen Gott zu begehen. Kraft dieser Gabe vermag der Mensch wunderbare Dinge.

Wisset nun, wenn der Heilige Geist in den Menschen kommt, so bringt er allewege große Liebe mit sich, Licht und Lust und Trost; er heißt ja der Tröster. Wird der unbesonnene Mensch dessen gewahr, so fällt er mit Lust auf diesen Trost, er ist zufrieden damit, er liebt diese Lust und geht des wahren Grundes verlustig. So (aber) geht der weise Mensch nicht mit diesen Gaben um; er kehrt sich gänzlich in den Ursprung; er dringt durch alle Gaben und Gnaden vor zu verklärter Läuterung; er blickt weder auf dies noch das; er schaut nur auf Gott, ohne dessen zu achten, was dazukommt.

Dann kommt die fünfte Gabe: der Rat. Und dieser Gabe bedarf der Mensch gar sehr; denn Gott wird ihm nun alles nehmen, was er ihm zuvor gab, und will ihn ganz auf seine eigene Kraft verweisen und will sehen, und auch der Mensch soll es sehen, was und welcher Art er sei und wie er sich in dieser neuen Prüfung verhalte. Hier wird er bis ins letzte sich selbst überlassen, derart, daß er weder von Gott noch von Gnade, noch Trost, noch von alldem, was er oder irgendein guter Mensch je erwarb, weiß; dies alles wird ihm hier gänzlich verborgen und benommen. In diesem Zustand ist dem Menschen jene Gabe sehr nötig, damit er dank dieses Rates sich so verhalte, wie Gott (es) von ihm will. Und vermittels dieses Rates lernt der Mensch Gelassenheit und Sterben und Ergebenheit in die furchtbaren, geheimnisvollen Urteile Gottes, die ihm in schmerzvoller Weise das edle, lautere Gut entziehen, daran all sein Heil, seine Freude und sein Trost liegt.

Der Mensch ist dann seiner selbst entblößt in völliger und wahrer Gottergebenheit, ganz tief sinkt er ein in den göttlichen Willen, in dieser Armut und Entblößung zu verweilen, nicht etwa eine Woche oder einen Monat, sondern, wenn Gott will, tausend Jahre oder eine ganze Ewigkeit; oder, falls Gott ihn auf ewig in die Hölle verwiese, in ewiger Pein, daß er selbst dann von Grund aus sich (in Gottes Willen) lassen könnte. Das, meine Lieben, wäre wahre Gelassenheit! Es wäre eine Kleinigkeit und ein Nichts dagegen, daß man tausend Welten verlöre;

es war eine Kleinigkeit und ein Nichts dagegen, daß die Heiligen ihr Leben ließen, denn sie besaßen Gottes Trost im Innern, so groß, daß sie (das Opfer ihres Lebens) für ein Spiel ansahen und fröhlich und im Gefühle des Glücks starben. Und dabei war ihre Verlassenheit ein Nichts gegen jene. Aber Gottes entbehren und seiner ermangeln, das übersteigt alles.

Und dann stehen im Menschen auch noch dazu alles Unglück, alle Versuchung, alles Gebrechen auf, die zuvor überwunden waren, die fechten ihn nun an, und zwar in der allerschwersten Weise, viel schlimmer als zu der Zeit, wo er mitten drin stak. Hierin nun (über)läßt der Mensch sich (Gott) und leidet es so lange, wie Gott will; denn wird der Mensch sich selbst überlassen, so bleibt er keine Stunde bei sich selbst; da ist bald dies, bald das, bald etwas so oder anders; so aber muß er alles erdulden und sich darin lassen bis zum Grunde. Warum, glaubt ihr wohl, wurde zu Sankt Peter gesagt, er solle siebenmal siebzigmal vergeben? Weil (der Mensch), sich selbst überlassen, so schwach ist. Nicht allein siebenmal siebzigmal sondern tausendmal, unzählige Male, Nacht und Tag wird ihm vergeben, ebensooft als er sich zu Gott wendet und seinen Fall bekennt. Das ist ein edel, gut Ding, daß man seine Schwäche bekennt und stets wieder (damit) zu Gott kommt. Hierin wie in allem muß man sich lassen, dem Rat folgen, auf alles verzichten, alles überwinden und in den Ursprung zurückkehren, in den Grund, in Gottes Willen.

Meine Lieben! Mit den ersten drei Gaben war man wohl ein heiliger, guter Mensch, mit dieser letzten wird man ganz himmlisch und gottgefällig; mit dieser Gelassenheit setzt der Mensch so recht seinen Fuß in das ewige Leben, und nach dieser Pein kommt er niemals mehr in eine andere, weder in die Hölle noch in ein (anderes) Leiden, und es ist unmöglich, daß Gott diesen Menschen je verlasse. Sowenig Gott sich selber verlassen kann, vermag er solche Menschen im Stich zu lassen, denn sie haben sich ihm überlassen und halten sich an das Eine und an den Ursprung. Fiele auch alle Pein und alles Leiden der ganzen Welt auf sie, sie achteten dessen nicht, und es schadete ihnen gar nichts; ihrem Geist wäre das eine Freude, in allen Dingen haben sie das Himmelreich, und da ist ihr Wandel und ihre Wohnung. Sie brauchen nur noch den andern Fuß, mit dem sie noch hier in der Zeitlichkeit stehen, nachzuziehen: dann sind sie ohne jegliches Hindernis im ewigen Leben, das für sie hienieden schon begonnen hat und ewig währen wird.

Nun kommen wir zur sechsten und siebten Gabe: Erkenntnisvermögen und verkostende Weisheit. Diese beiden führen den Menschen so recht in den Grund, über alle menschliche Lebensart in den göttlichen Abgrund, da Gott sich selber erkennt und versteht und seine eigene Weisheit und Wesenheit verkostet.

In dem Abgrund verliert sich der Geist so tief, in so grundloser Weise, daß er von sich selber nichts (mehr) weiß: weder Wort noch Weise, weder Empfindung noch Gefühl, nicht Erkennen und nicht Lieben; denn alles ist ein lauterer, reiner, einfacher Gott, ein unaussprechlicher Abgrund, ein Wesen, ein Geist. Gott gibt aus Gnade dem (menschlichen) Geist das, was er — Gott — von Natur ist, und vereinigt mit dem (menschlichen) Geist sein namenloses, formloses, artloses Sein. Gott wird in diesem Geist alle dessen Werke wirken, erkennen, lieben, loben, genießen; der (menschliche) Geist (aber) erleidet dies alles in einer Gott duldenden Weise. Von diesem und wie das zugeht, kann man sowenig sprechen, wie man vom göttlichen Sein (etwas) aussagen oder verstehen kann, denn es ist allem geschaffenen Verstand, dem der Engel wie dem der Menschen, zu hoch nach dem, was sie von Natur wie auch durch die Gnade Gottes aufzufassen vermögen. So führt der Heilige Geist alle die, welche ihm eine Stätte bereiten, so daß er sie erfüllen kann und sie ihn bei sich Hausherr sein lassen und ihm folgen. O ihr Lieben! Wie gerne und noch lieber möchten wir uns selbst und alle Dinge lassen und diesem gütigen Geist folgen, der (uns) heute gegeben ist und alle Tage, und der jeglicher Stunde all denen gegeben wird, die bereit sind, ihn bei sich zu empfangen. Daß wir ihn alle empfangen möchten in der edelsten Weise, das gönne uns Gott. AMEN.

Dixit Jesus discipulis suis: „Qui non intrat per ostium . . ."
Jesus sprach zu seinen Jüngern: „Wer nicht durch die Tür eingeht . . ."
(Joh. 10, 1 ff.)

27

Die dritte Auslegung des Pfingstfestes lehrt, wie die Schafe durch
die Tür in den Stall eingehen müssen; das bedeutet, daß wir
unser Verlangen stets unverfälscht auf Gott richten sollen und
nicht auf das Unsere; daß wir nichts uns selbst zuschreiben und
niemanden in keiner Weise verurteilen sollen.

EINES TAGES SPRACH UNSER HERR Jesus Christus zu
seinen Jüngern: „Wahrlich, ich sage euch, wer nicht durch die
Tür in den Schafstall geht, sondern anderswo einsteigt, ist ein
Dieb und ein Mörder. Wer aber durch die Tür den Schafstall
betritt, ist der Hirt der Schafe; der Türhüter öffnet ihm, die
Schafe hören auf seine Stimme; seine eigenen Schafe ruft er mit
Namen und führt sie hinaus, und führt er sie draußen, so geht
er ihnen voran, und sie folgen ihm, denn sie kennen seine
Stimme; einem Fremden folgen sie nicht, sie laufen ihm fort
und fliehen, denn seine Stimme ist ihnen unbekannt."

Dieses Gleichnis sprach Jesus zu seinen Jüngern, aber sie verstanden es nicht. Da sagte er: „Ich sage euch in Wahrheit, ich
bin die Tür für die Schafe, aber wie viele der anderen gekommen
sind, sie sind alle Diebe und Mörder, und die Schafe haben nicht
auf sie gehört. Ich bin die Tür; wer durch mich eingeht, wird
errettet, geht ein und aus und wird Weide finden; der Dieb aber
kommt nur, um zu stehlen, zu morden, zugrunde zu richten; ich
indessen bin gekommen, damit sie das vollkommene Leben

haben." Das sind Worte unseres lieben Herrn, wie Sankt Johannes schreibt. — Unser Herr sagte, er sei die Tür des Schafstalles. Welches ist nun dieser Schafstall, dessen Tür Christus ist? Das ist das Herz Gottvaters; an und von dem ist Christus so recht die liebevolle Tür, die uns das gütige Herz des Vaters aufgeschlossen und aufgetan hat, das allen Menschen zuvor verschlossen war. In diesem Schafstall sind alle Heiligen versammelt. Der Schäfer ist das ewige Wort, die Tür Christi Menschheit; unter den Schafen verstehen wir die menschlichen Seelen, aber auch Engel gehören in diesen Stall; in dieses liebenswerte Haus hat das ewige Wort allen vernünftigen Wesen den Weg geöffnet, und er (selbst) ist der gerechte, der gute Schäfer dieses Hauses. Der Türhüter dieses Hauses ist der Heilige Geist, denn wie Sankt Ambrosius und ferner Sankt Hieronymus sagen, alle aufgenommene und ausgesprochene Wahrheit kommt vom Heiligen Geist.

Wie der Heilige Geist des Menschen Herz antreibt, ausrichtet, treibt und jagt ohne Unterlaß, davon haben wir an diesen Pfingsttagen gesprochen: davon besitzen *die* wahres Empfinden, die sich in sich selber gekehrt haben. O wie liebevoll, wie gütig schließt er diese Tür, das väterliche Herz, auf und gewährt uns ohne Unterlaß Zugang zu dem verborgenen Schatz, der Freude, dem Reichtum dieses Hauses! Niemand vermag sich auszudenken oder zu verstehen, wie offen und wie bereit, wie empfänglich und wie dürstend Gott ist und wie er in jeglichem Augenblick und zu jeglicher Stunde uns entgegeneilt! Ach, ihr Lieben, wie oft trifft diese liebevolle Einladung, diese Mahnung, dieses Begehren auf taube Ohren; und man lehnt es in freventlicher Weise ab, dieser Aufforderung zu folgen. Im Buch Esther lesen wir, daß König Aswerus die Königin Vasti zu einem Mahl lud und sie zu sich entbot. Als das Fest aber im Gang war, kam die Königin nicht; darum verschmähte und verwarf er sie und verbot ihr, jemals noch vor sein Angesicht zu kommen, und erwählte eine andere an ihrer Statt namens Esther. O meine Lieben, wie manche Mahnung und Ladung des Heiligen Geistes selbst wird so abgelehnt, und um anderer Geschöpfe willen bleibt man ihm fern und widersteht ihm. Wohin Gott uns auch haben will, immer wollen wir anders.

187

Der Torwächter ruft die eigenen Schafe heraus, und auch der Schäfer, der das Wort des ewigen Vaters ist, ruft sie bei ihrem Namen und leitet sie draußen; er geht ihnen voran, und sie folgen ihm nach. Er leitet und ruft die eigenen Schafe: Wohin? Dahin, wo er wohnt. Er geht ihnen voran, daß sie ihm folgen: Wohin? In den Schafstall, in das Herz des Vaters; da ist seine Wohnung, sein Aufenthalt, seine Raststätte. Aber alle, die dahin kommen wollen, müssen durch die Tür gehen: das ist der mensch-gewordene Christus. Das sind seine eigenen Schafe, die das Ihre nicht suchen noch in irgendeiner Weise danach verlangen, die allein Gott lauter und nur ihn in sich selbst begehren und suchen und nichts anderes als seine Ehre und seinen Willen, nichts sonst. Diesen geht er voran, und sie folgen ihm nach; einem Fremden folgen sie nicht; vor dem fliehen und eilen sie weg; aber diesem folgen sie, denn sie kennen seine Stimme.

Wenn nun Christus selber sagt, daß er die Tür sei in Wahrheit und daß alle die, welche anderswie als durch diese Tür in den Schafstall gelangen, Diebe und Mörder seien, welches sind dann diese Diebe? Das sind alle, die auf ihrer natürlichen Geschick-lichkeit und ihrer Vernunft beharren und damit in den Schaf-stall gelangen (wollen), die Gott nicht allein und lauter ersehnen und dem lieblichen Vorbild unseres Herrn Jesus Christus nicht in demütiger Gelassenheit folgen und sich nicht selber verwerfen und sich nicht für gebrechlich und gering halten. Diese gelangen in den Schafstall durch eine falsche Tür.

Wer ist dieser Dieb, der hier stiehlt? Das ist ein böser, ver-borgener Stachel in dem Menschen, ein widerwärtiger Schmeich-ler, das heißt ein übler Hang, sich alles zuzueignen, alles auf sich zu beziehen, so daß (der Mensch) alle Dinge an sich ziehen will, was er an Gott und allen Geschöpfen (nur) fassen kann, daß er stets voll des Eigenwillens danach greift und nur an das Seine denkt. Und so dünkt ihn von sich selber, daß er es ge-wesen, der etwas vollbracht habe. So will er Freude, Trost, Empfindung, Gefühle; er will groß, heilig und glücklich sein, er will erkennen und wissen, er will immer etwas sein und niemals (auf das Seine) verzichten. Das ist der Dieb, der in teuflischer Weise heranschleicht, Gott die Ehre stiehlt, den Menschen alle

Wahrheit und sie aller Vollkommenheit beraubt. O ihr Lieben! Welch großen Schaden richtet dieser Dieb im Menschen an, mehr als alle Diebe je taten, die im Lauf der Zeit gehangen wurden. Beachtet das in euch, seht euch vor, hütet euch!

Und welches ist der Mörder, von dem Christus sprach? Das ist der unsagbar schlimme Hang, (andere Menschen) zu verurteilen, der sich in der Natur des Menschen findet und dessen viele ganz voll sind. Dieser Hang ist so recht im Menschen verwurzelt, einen anderen stets bessern zu wollen und sich selbst oft nicht bessern zu können. So sehr neigt der Mensch zur Verurteilung anderer: einer spricht ihm zuviel, ein anderer zuwenig, der ißt ihm zuviel, jener nicht genug, dieser weint zuviel, jener sollte mehr weinen; in allen Dingen findet sich dieses todbringende Verurteilen, und begleitet ist es im Herzen und im Grund von einer tiefen Verachtung, die sich zuweilen nach außen im Benehmen und in Worten kundtut. Derart bringt man anderen dieselbe tödliche Wunde bei, die man sich selbst zugefügt, indem man ein schlimmes Urteil zu verstehen gibt; und schließlich versetzt man auch dem Nächsten, dem man eine schlechte Meinung (über den anderen mitteilt), eine tödliche Wunde, wenn er sie mit Wohlgefallen anhört.

Was weißt du (denn) vom Wesen[1] deines Nächsten? Was von Gottes Willen mit ihm, oder auf welchem Weg Gott ihn gerufen oder geladen hat? Und seine Werke willst du nach deinem Kopf ausrichten und beherrschen, willst Gottes Willen ausschalten und mit deinem falschen Urteil verbessern? Solcher Mörder richtet unfaßbar großen Schaden unter geistlichen Leuten an, und sie denken nicht daran, daß Gott sprach: „Richte nicht, damit du nicht gerichtet werdest; mit dem Maße, mit dem du missest, wird dir wieder gemessen werden." Man sollte nichts verurteilen, was nicht (offensichtlich) Todsünde ist. Wäre (aber) ein Mensch in die Lage versetzt, ein Urteil fällen zu müssen, so sollte das der Heilige Geist durch ihn tun: bei passender Gelegenheit, sanftmütig und demütig; und man sollte nicht zehn

---

[1] Nach Kunischs Untersuchung (a. a. O. S. 28) mit „Wesen" wiedergegeben. Doch gäbe auch die Übersetzung mit „Grund" einen befriedigenden Sinn.

Wunden schlagen, wo man eine heilen will; nicht mit Schreien und voller Ungestüm, sondern liebevoll und geduldig. Wo man nicht so vorgeht, befindet man sich in der Finsternis und nicht im wahren Licht.

Meine Lieben! Nehmt euer selbst wahr! Beurteile dich selber, und wisse, all die Tage deines Lebens schleppst du mit dir eine Natur voller Sünden. Darum beurteile dich selber, und laß deinen Nächsten seine Angelegenheiten mit Gott selbst ausmachen und Gott mit ihm, falls du jemals in den lieblichen Schafstall kommen willst. Und wisse: über ebenso viele Menschen, über die du dich mit deinem Urteile und deiner Verurteilung erhebst, unter ebenso viele sollst du gebeugt werden.

Wendet sich der Mensch mit diesem Mörder auf sich selber und will sich in eifrigem, tiefem, innerlichem Betrachten seiner selbst richten, so findet dieser Mörder den Dieb verborgen im Grunde liegen, nämlich die unrechte Anmaßung, mit der der Mensch dem Geiste Gott, die Gnade und den Schatz, der den wahren Reichtum in sich birgt, gestohlen hat und noch stiehlt. Dieser Dieb wird da dem Mörder angezeigt, der ihm vorwirft, solchen Schaden angerichtet zu haben. Dann fängt der Mörder den Dieb und tötet ihn. Geschähe es nun, wie das zuweilen vorkommt, daß ihrer jeglicher den anderen erstäche und beide tot blieben, daß also der Mörder zusammen mit dem Dieb stürbe, das wäre ein seliges, freudvolles Ding! Denn (damit) stürbe alles Richten und fiele gänzlich an Gott, in seinen Willen, seinen Grund, wie, wo und wann er (immer) wollte. Lägen Dieb und Mörder beide tot, so wäre wahrer, wesentlicher Friede (in diesen Menschen eingekehrt).

Solch ein Mensch wäre selig und ginge in den Schafstall zur rechten Tür ein. Ihm öffnete der Türhüter und ließe ihn ganz hinein in den väterlichen Abgrund. Dort ginge er allerwege aus und ein und fände jederzeit volle Weide. Er versänke mit unaussprechlichem Genießen in die Tiefe der Gottheit und ginge voller Liebe aus in die heilige, (durch Christus) vergöttlichte, liebevolle Menschheit, voller Freude und Wonne. An ihm wäre dann verwirklicht, was der Herr anderswo durch den Mund des Propheten Joël sprach: „Ich werde meine Schafe weiden und ruhen lassen" — da wird Wirken und Rasten eins —, „und ich will sie führen auf Israels hohe Berge, zu den grünen Kräutern, auf die väterlichen Weiden. Ich (selbst) werde die Meinigen sättigen." [2] Dieser liebevolle, edle Schäfer, das ewige Wort, geht darin seinen geliebten Schafen voran, und sie folgen ihm, doch keinem Fremden. Darum wird ihnen auch in vollem Maß die edle, kostbare und liebliche Nahrung gegeben; das heißt, sie genießen und nutzen und sind selig durch dasselbe, durch das Gott selig ist in Ewigkeit. Daß dies uns allen geschehe, das verleihe uns Gott.   AMEN.

[2] Freies Zitat nach Ezechiel XXXIV, 13 f.

Quod scimus loquimur, et quod vidimus testamur

Was wir wissen, sagen wir, und was wir gesehen haben, bezeugen wir

(Joh. 3, 1 ff.)

28

Der Text zu beiden folgenden Predigten vom Fest der heiligen Dreifaltigkeit ist dem Evangelium des heiligen Johannes entnommen, Worte des Heilandes, der da sprach: „Was wir wissen, sagen wir; was wir gesehen haben, bezeugen wir." Die erste Auslegung über die Heilige Dreifaltigkeit besagt, daß jeder Mensch zwei Zeugnisse besitzen müsse, die ihm sagen, ob er mit Gott übereinstimmt oder nicht, wenn er zu dem edlen Ziele (der Anschauung Gottes) kommen soll; dazu gehört ein vielfaches Sterben, (derart,) daß man im Leid Freude gewinne und aus der Bitternis Lieblichkeit.

DIES IST DER HERRLICHE TAG, an dem man das Fest der heiligen Dreifaltigkeit begeht. Alle Feste dieses Jahres über, von welcher Art sie auch gewesen sein mögen, waren nur wie Blumen gegenüber dieser Frucht, sie haben nur zur Vorbereitung dieses Festes gedient, denn dies ist Ende und Lohn für die Arbeit (eines ganzen Jahres). So kann ich mir denn auch nicht denken, mit welcher Art von Worten man hierüber sollte würdig sprechen können; es ist über alle Worte und Weisen und übertrifft unaussprechlich jegliche Erkenntniskraft von Engeln und Menschen. Tausendmal mehr als des obersten Seraphs Erkenntniskraft die eines Esels übertrifft, unaussprechlich viel mehr übertrifft dieses Geheimnis der heiligen Dreifaltigkeit alles Erkenntnisvermögen und alle Sinneskraft. Darum sprach Sankt Dionysius: „Alles, was sich hierüber sagen läßt, ist nicht wahr im strengen Wortsinn; es steht der Lüge näher als der Wahrheit."

Nun kommen etliche unwissende Leute und gebärden sich, als ob sie dieses Geheimnis wirklich durchschaut hätten, und sprechen so herrlich davon, wovon (doch) alle Geschöpfe nichts (aus)sagen können. Ach, meine Lieben, unterwindet euch (solch) hoher Weisheit nicht, wie Sankt Paulus sagt, und laßt die hohen Geistlichen dies studieren und darüber disputieren; in ihrer Unwissenheit mögen sie diese Erlaubnis wohl erhalten, darüber um der heiligen Kirche willen zu stammeln, falls sie durch Irrlehren in Not käme; euch aber sei das versagt.

Im Evangelium dieses Festes sagt Christus: „Was wir wissen, sagen wir; was wir gesehen haben, bezeugen wir." Meine Lieben, dies (Geheimnis der heiligen Dreifaltigkeit) kennt niemand, noch hat es jemals jemand gesehen, außer Christus, (und zwar) auf Grund seiner göttlichen Natur; und darum können wir nur über den Zeugen Jesus Christus dazu gelangen. Er ist Zeuge zweier Wege gewesen, von denen der eine seinen oberen und niederen Kräften entsprach, der andere nicht[1]. Und wem dieser Zeugnisse eines fehlt, der kann nicht zu dem edlen Ziel (der Anschauung Gottes) gelangen. Diese Zeugnisse sind wie zwei Schwestern, sie stellen sich dem Menschen stets gemeinsam dar. Nicht daß ein Mensch (jetzt) den einen Weg einschlage und danach den anderen. Die beiden Zeugnisse sollen vielmehr stets miteinander da sein, derart, daß man sich, wenn man ohne Beschwernis lebt, bereit finde, Mühsal auf sich zu nehmen und sich auf dem Weg der Anfechtung in Übereinstimmung mit Gottes Wille verhalte und so aus Leid Freude schöpfe, wie auch

---

[1] Wörtlich: „gleich — ungleich", ein Wortpaar, das auf Augustins „Bekenntnisse" (B. VII, 10) zurückgeht, durchzieht diese Predigt wie ein Leitmotiv. Da die Betrachtung dieses Wortpaares innerhalb der Predigt von wechselnden Gesichtspunkten aus erfolgt — Corin, Sermons II, 58, Anm. 4 nennt den metaphysischen, den psychologischen und den moralischen —, müßte das Wortpaar auf jeweils verschiedene Weise wiedergegeben werden. In dieser Weise ist hier verfahren worden, doch kann dies nur als Versuch angesehen werden. Lehmann übersetzt durchgehend mit „gleich" und „ungleich", Corin mit „convenance" und „disconvenance". Corin fügt Erläuterungen bei, die auch hier herangezogen werden.

Süße aus der Bitternis. Solche Fügung in Gottes Willen findet sich in dem nach außen gewandten Menschen nicht und nicht in der Natur, aber man kann dahin gelangen. Da muß manch bitterer Tod von außen auf die Natur des Menschen fallen in den Widerwärtigkeiten des Lebens. Und wirklich sind wir Gott gegenüber schuldig vielfachen Todes, dem jeglichen wonniges göttliches Leben folgt, wenn wir nur darauf achten.

Meine Lieben, solche Vielfalt des Lebens, des Todes, und alle Dinge, deren wir entbehren, sie könnten uns zuteil werden durch inniges geistiges Gebet, wollten wir nur oft und kräftig beten. Ein (durch Gottes Gnade) erleuchteter Geist liebt und betrachtet ein Leben mit oder ohne Widrigkeiten aus ein und demselben Geist, mag es nun nach seinem Sinn verlaufen oder nicht. Viele Menschen wollten Got gerne folgen, wenn es nach ihren Wünschen ginge, wenn es ihnen aber gegen den Strich geht, kehren sie um. Und doch ist ein angefochtenes Leben viel fruchtbarer, nützlicher und besser als das unserem Willen gemäße: jenes (nämlich) fördert die seiende Wahrheit zutage. Das nach unserem Willen dahinlaufende Leben ist der Blume zu vergleichen, das beschwerliche der Frucht. Jenes ist diesem zu Dienst, es geht ihm voran, es stärkt und hilft die Bürde eines angefochtenen Lebens tragen. Aber (gerade) durch dieses wird der Mensch in Wahrheit (wieder) geboren.

Das ebenmäßige Leben bringt die Frucht nicht hervor, sosehr es auch dazu dient; in ihm will niemand Gott lieben oder an ihn denken, nein, (von Menschen, die solch ein Leben führen,) wird er eigentlich gehaßt. Das entspricht nicht dem Zeugnis Jesu Christi. Denn er ist die Schlange, die Moses in der Wüste aufhing und die alle *die* anblicken mußten, die gesund werden wollten. Ihn sollen wir anschauen, *sein* Zeugnis annehmen und ihm in wahrer Armut des Geistes folgen, in unergründlicher Gelassenheit, mit brennender Liebe; wir sollen Prüfungen und Anfechtungen, innen und außen, erdulden, Bedrängnis im Geist und in (unserer) Natur, von den Menschen, dem (eigenen) Fleisch, dem (bösen) Feind. Und wären die Versuchungen weg und alle überwunden, so sollten wir sie wieder zurückrufen, sie bitten, wiederzukommen, den Rost abzuscheuern, den sie zuvor in den bösen Tagen hervorgerufen, ihn wegzutragen, den sie (selbst) herbeigebracht haben. Es ist wohl möglich, daß einen edlen, lauteren, (einen) geläuterten Menschen die Sünden schärfer anblicken, daß er sie besser erkennt und sie sich in ihm bildlich darstellen, in gefallender und bewegender Weise, in Fleisch und Blut, mehr als bei einem groben, großen Sünder, der in Sünden lebt; jener (nun) steht damit in großer Bitterkeit und ist (doch) ein vollkommener Mensch und geht ein in das ewige Leben, während dieser in den ewigen Tod geht — ein böser, ungerechter Mensch, der von Versuchungen nichts weiß. —

Welches ist die Ursache eines so großen Unterschiedes zwischen diesen beiden Menschen, die beide von der Sünde entstellt sind, aber doch auf verschiedene Weise? Jener gute fügt sich darein, aus Liebe zu Gott, und Gott ist gänzlich sein Grund, sein (ganzer) Gedanke, und er nimmt beides, Ebenes und auch Rauhes von ihm und überläßt sich darin ihm; der böse aber hat Gott nicht vor Augen und fällt in Sünden, auch ohne daß er versucht würde; und wie auch Gott mit ihm verfährt — nie ist er damit zufrieden; könnte er große Dinge ohne Ausgabe und Mühe, und ohne daß es ihm sauer würde, erlangen, das nähme er wohl an. Meine Lieben! Was könnte euch zuteil werden, wenn ihr Gott ohne Nebengedanken liebtet und ihn (allein) im Sinn hättet! Da könnte es euch nicht schaden, wenn alle Teufel der Hölle mit all ihrer Bosheit euch durch Leib und Seele, durch Blut und Mark schössen und die Welt mit all ihrem Unflat — aber gegen euren Willen. Das könnte euch nichts schaden, es bereitete euch (vielmehr) auf großes Gut vor, wenn ihr (nur) lauter und gänzlich Gott im Sinn hättet und nichts des Euren, in keiner Weise, und (wenn ihr) Gottes Willen annähmet in den Stunden, in denen ihr ohne Beschwernis lebt, wie in denen der Widerwärtigkeiten.

Davon sprach Christus auch in der Frohbotschaft dieses Festes: „Wenn ihr nicht von neuem geboren werdet aus dem Geist und dem Wasser, könnt ihr nicht in das Reich Gottes eingehen." In dem Geist ist die Ebenbildlichkeit (des Menschen mit Gott) versinnbildet, in dem Wasser die Verschiedenheit (zwischen Mensch und Gott). Außer der groben äußeren Nichtübereinstimmung (zwischen beiden) gibt es noch das Bewußtsein einer inneren, edleren, lautereren Nichtübereinstimmung[2], und sie entsteht aus der ersteren. Wer sich hierin aufmerksam verhielte, dem würde die Erkenntnis der unaussprechlichen Verschiedenartigkeit (zwischen Gott und Mensch) aufgehen und geoffenbart[3], derart, wie sie alle geschöpflichen Wesen auf keine Weise erlangen können. Denn ein in der äußeren (groben) Nichtübereinstimmung geläuterter Geist liebt und bedenkt mehr die (innere) Nichtübereinstimmung; sie schmeckt ihm besser und genügt ihm mehr, und er findet mehr darin als in all der Freude der Seele[4], zu der man kommen oder die man verstehen kann. Je klarer, unverhüllter, unverhohlener, die innere Nichtübereinstimmung von Gott und Mensch erkannt wird, um so angemessener und innerlicher wird die Übereinstimmung der Seele mit Gott sein, die *da* entsteht und zu der man gelangt. Luzifer hat seine Ungleichheit mit Gott nicht erkannt, als er ihm gleich werden wollte; darum ist er in eine unaussprechliche Gottesferne gestürzt, hat jegliche Gottesnähe verloren und jede Hoffnung, sie jemals wieder zu erlangen. Die lieben, edlen Engel aber wandten ihren Blick auf ihre Ungleichheit (gegenüber Gott) und gelangten so zu einem unaussprechlichen Einklang mit ihm.

Welch unaussprechliche Frucht würde aus diesem Grunde geboren, in den der geläuterte, doch (Gott) nicht gleiche Geist in Liebe sänke und einschmölze in der wahren Erkenntnis seiner Ungleichheit gegenüber Gott und wenn der Geist, (seine eigene) Kraft überbietend, in den göttlichen Abgrund stürzte! Der Mensch, der sich zuvor wohl geübt und sich in Natur und Geist geläutert hat, soweit es seine (menschliche) Kraft vermochte, dem wird ein liebliches Versinken zuteil; sobald dann die (menschliche) Natur das Ihre tut, sie (aber) nicht mehr weiter-

---

[2] „C'est le sentiment pénible que la disconvenance extérieure du péché ou de tout autre mal nous donne de notre misère naturelle" (Corin, Sermons II, 62, Anm. 2).

[3] Beispiel für die metaphysische Deutung des Wortpaares „gleich—ungleich": die Kluft, die den aus sich selbst seienden Schöpfer von dem durch ihn gewordenen, von ihm abhängigen Geschöpf trennt („Ungleichheit").

[4] Beispiel für die psychologische Deutung des Wortpaares „gleich—ungleich": die Freude der Seele über die Übereinstimmung ihres Sehnens mit dem Willen Gottes („Gleichheit").

kann und auf dem höchsten Punkte (ihres Vermögens) angelangt ist, da kommt der göttliche Abgrund, läßt seine Funken in den Geist stieben, und durch die Kraft dieser übernatürlichen Hilfe wird der verklärte, geläuterte Geist seinem (eigenen) Selbst entzogen und zu einem besonderen, geläuterten, unaussprechlichen Gottverlangen geführt. Solche Liebe ist hoch über allem, was die Erde kennt, ohne jegliches Maß; sie kommt aus göttlicher Kraft, und diese Kehr ist über allem Erkenntnisvermögen über aller Sinneskraft wunderbar, unausdenkbar. Und wenn auch diese Kehr weit über allen anderen (Tätigkeiten des menschlichen Geistes) steht, so haben diese alle doch dazu gedient und sie gefördert: jede Tat guten Willens, guten Denkens und Begehrens, jedes (gute) Wort und Werk, jegliches Leiden, jeder Schmerz.

Diese Umkehr können alle Engel und alle Heiligen nicht verleihen noch alles, was im Himmel und auf Erden ist, kein Ding, sondern nur der göttliche Abgrund in all seiner Unermeßlichkeit; denn solch eine Wandlung steht hoch über allem Maß, in göttlicher Unermeßlichkeit. In solcher Kehr versinkt der geläuterte, verklärte (Menschen-)Geist in göttlicher Finsternis, in Stillschweigen und in ein unbegreifliches und unaussprechliches Einssein (mit Gott). In diesem Versinken hört alle Gleichheit und Ungleichheit auf, in diesem Abgrund verliert der menschliche Geist sich selber und weiß weder von Gott noch von sich selbst nichts von gleich und ungleich noch von irgend etwas sonst; denn er ist (ja) in die Einheit mit Gott gesunken und hat den Sinn für jegliche Unterscheidung verloren.

Wer dies erfahren will, meine Lieben, muß allen Geschöpfen und sich selbst sterben und ganz allein Gott leben. Nicht nach seinen Sinnen darf er leben, nicht herumlaufen, bald hierhin, bald dorthin, jetzt so, dann so, in vielerlei Ungelassenheit und Äußerlichkeit; obgleich ihm das ein gutes Werk scheint, ist es ihm (doch) ein großes Hindernis; er muß (vielmehr) Gott leben, ganz und gar, in allen Dingen und Gott in allen Dingen empfangen und alle Dinge in ihm. So gelangt man zu dieser heiligen, freudvollen, hochgelobten Dreifaltigkeit, von der zu sprechen ich mich zu schwach und zu gering bekenne. Daß wir alle dorthin gelangen, dazu helfe uns Gott. AMEN.

Quod scimus loquimur, et quod vidimus testamur

Was wir wissen, sagen wir, und was wir gesehen haben, bezeugen wir

(Joh. 3, 1 ff.)

29

*Die zweite Auslegung von der heiligen Dreifaltigkeit zeigt uns,
wie ihr unbildliches Abbild wirklich in uns ist, (und zwar) in
unserem Grunde; der Mensch findet dort all das durch (göttliche)
Gnade, was Gott von Natur besitzt, sooft als er sich darein
läßt und (dorthin) kehrt und sich jeglichen Abbildes und jeder
Ungelassenheit entledigt.*

UNSER LIEBER HERR SPRACH: „Was wir wissen, sagen
wir, und was wir gesehen, bezeugen wir, aber ihr habt unser
Zeugnis nicht angenommen. Spreche ich euch von irdischen
Dingen, so glaubt ihr nicht; wie könntet ihr mir glauben, wenn
ich von himmlischen Dingen zu euch redete?" Diese Worte liest
man heute im Evangelium der verehrungswürdigen Feier der
hohen, überragenden, herrlichen Dreifaltigkeit. Und alle die
Feiern, die durch das (ganze) Jahr stattfanden, von welcher Art
sie auch gewesen sein mögen, haben alle ihr Ziel und Ende (in
diesem Fest) gehabt und sind alle auf dieses Fest ausgerichtet
gewesen. Und aller Geschöpfe Lauf und vor allem der vernünftigen Geschöpfe Ziel und Ende ist die Heilige Dreifaltigkeit,
denn sie ist so recht ein Beginn und ein Ende. Von dieser hochgelobten Dreifaltigkeit können wir kein (ihr) eigentümliches
Wort finden, das wir sagen könnten, und doch muß man etwas
von dieser über alles Wesen erhabenen, unerkennbaren Dreifaltigkeit sagen. Wovon wir aber sprechen sollen, das zu erreichen

ist für uns ebenso unmöglich, als mit dem Kopfe den Himmel
zu berühren. Denn alles, was man davon sprechen oder denken
kann, ist hundertmal geringer gegenüber der Wirklichkeit als
die Kleinheit einer Nadelspitze gegenüber Himmel und Erde,
ja hundertmal tausendmal[1] und jenseits aller Zahl und alles
Maßes.

Es ist ganz unmöglich für jede Erkenntnis, zu begreifen, wie
die hohe, wesenhafte Einheit einfach ist in ihrem Sein, aber drei-
faltig in den Personen, (ferner) worin der Unterschied der Personen besteht, wie der Vater seinen Sohn erzeugt, wie der Sohn
vom Vater ausgeht und doch in ihm bleibt (in einer Erkenntnis
seiner selbst spricht der Vater sein ewiges Wort) und wie von
der Erkenntnis, die von ihm ausgeht, eine unaussprechliche Liebe
ausströmt, der Heilige Geist, und die ausströmenden Wunder
wieder (zurück)strömen in unaussprechlichem Wohlgefallen ihres
eigenen Selbst und im Genießen ihres Selbst und in wesenhafter
Einheit. Wie der Vater, so ist der Sohn dem Vermögen, der Weisheit und der Liebe nach. Auch der Sohn und der Heilige Geist
ist ganz eins: und doch ist ein so großer unaussprechlicher Unterschied in den Personen, obgleich sie in der Einheit der Natur
in mit den Sinnen nicht wahrnehmbarer Weise ausströmen.
Hierüber könnte man erstaunlich viele Worte machen und hätte
doch nichts gesagt, wodurch wir verstehen könnten, wie die
überragende, überschwengliche Einheit sich zur Mannigfaltigkeit
entfaltet.

Das zu erfahren ist besser, als darüber zu sprechen. Und es ist
nicht erfreulich, von diesen Dingen zu reden oder zu hören, zu
allermeist deshalb, weil die Worte (von außen) hineingetragen
sind und auch wegen der Ungleichheit (zwischen diesem Gegenstand und unserem Verständnis), dem dies alles unsagbar fern
und fremd und uns nicht vertraut ist. Denn (dieser Gegenstand)
übersteigt ja sogar die Fassungskraft der Engel. Überlassen wir
(das Reden darüber) den großen Lehrmeistern: die müssen hierüber etwas sagen können, um den Glauben zu verteidigen, und

---

[1] Nach Strauchs Verbesserung zu Vetter 299, 1, die auch Corins Übersetzung,
Sermons II, 6 benutzt.

sie besitzen darüber auch dicke Bücher. Wir aber wollen in schlichter Weise glauben.

Sankt Thomas sagt auch: „Niemand soll über das hinausgehen, was *die* Lehrmeister gesprochen, die es erlebt haben und dem nachgegangen sind, so daß sie es vom Heiligen Geist empfangen haben." Denn so wie kein Ding erfreulicher und lieblicher kennenzulernen ist, so auch kein Vorkommnis sorglicher, als hierin zu irren. Und darum laßt euer Disputieren darüber sein, und glaubt schlicht, und überlasset euch Gott. Können sich die großen Gelehrten hierin anders verhalten? Und sie sind doch nie so spitzfindig im Gebrauch ihrer Vernunft gewesen wie jetzt. Aber seht zu, daß die heilige Dreifaltigkeit in euch geboren werde, in eurem Grunde, nicht nach Art der Vernunft, sondern in wesenhafter Weise, in der Wahrheit, nicht im Reden, sondern im Sein. *Sie* sollen wir in uns beachten, (darauf sehen,) in welcher Weise wir in Wahrheit ihr nachgebildet sind; denn dieses göttliche Bild findet man eigentlich, wahrhaftig und unvermischt in seinem natürlichen Zustand in der Seele, aber doch nicht so erhaben, wie es an sich selbst ist.

Nun wollen wir davon sprechen, daß wir diesem lieblichen Bild vor allen Dingen unsere Aufmerksamkeit schenken, das in so lieber und so eigener Weise in uns ist. Vom Adel dieses Bildes kann niemand mit bestimmten Worten sprechen, denn Gott ist in diesem Bild, und er (selbst) ist dieses Bild auf eine alle Sinnenkraft übersteigende Weise.

Die Lehrmeister sprechen gar viel von diesem Bild und suchen es in mancher natürlichen Art und Weise und auch in dem, was es seinem Wesen nach sei. So sagen sie alle, daß es in den oberen Kräften sei, im Gedächtnis, im Verstand, im Willen; mit diesen Kräften seien wir imstande, die Heilige Dreifaltigkeit zu empfangen und zu genießen. Das ist aber nur dem allerniedersten Grad nach richtig, denn es wiederholt nur das, was wir der Natur nach in uns vorfinden. Meister Thomas sagt, dieses Bild sei vollkommen nur in seiner Wirksamkeit, in der Übung der Kräfte, also in dem wirkenden[2] Gedächtnis, dem wirkenden

---

[2] „Gegenwärtig", bei Vetter „gegenwirklich" (vgl. Wyser, a. a. O. S. 295). Doch ist wohl „würkelich" = „wirkend" gemeint.

Erkenntnisvermögen und der wirkenden Liebe. Und bei dieser
Betrachtung läßt er es bewenden.

Aber andere Lehrer sagen — und das ist sehr und unsagbar
mehr von Bedeutung —, daß das Bild der Heiligen Dreifaltigkeit
in dem innersten, allerverborgensten, tiefsten Grunde der Seele
ruhe, wo sie Gott dem Sein nach, wirkend und aus sich selbst
seiend besitze; da wirke und sei Gott und genieße sich selbst,
und man könne Gott sowenig davon trennen, wie man ihn von
sich selber zu trennen vermöge. Das komme von Gottes ewiger
Anordnung; er habe es so eingerichtet, daß er sich (von dem
Grunde der Seele) nicht trennen könne und wolle. So besitze
dieser Grund in seiner Tiefe, durch (Gottes) Gnade alles, was
Gott von Natur besitze. In dem Maß, in welchem sich der
Mensch in den Grund lasse und kehre, werde die Gnade geboren
und auf andere Weise nicht nach höchster Art.

Hierzu sagt ein heidnischer Lehrmeister, Proklus: „Solange
der Mensch mit den Bildern, die unter uns sind, beschäftigt ist
und damit umgeht[3], wird er, so glaube ich, niemals in diesen
Grund gelangen. Es gilt uns als Aberglaube, (anzunehmen,) daß
dieser Grund in uns sei; wir können nicht glauben, daß dergleichen sei und in uns sei. Daher", so fährt er fort, „willst
du erfahren, daß er besteht, so laß alle Mannigfaltigkeit fahren,
und betrachte nur diesen einen Gegenstand mit den Augen deines
Verstandes; willst du aber höher steigen, so laß das vernünftige
Hinsehen und Ansehen, denn die Vernunft liegt unter dir, und
werde eins mit dem Einen. Und er nennt das Eine eine göttliche
Finsternis, still, schweigend, schlafend, übersinnlich."

Ach, ihr Lieben, daß ein Heide das verstanden hat und dar-
aufkam, wir aber dem so ferne stehen und so wenig gleich sind,
das bedeutet für uns einen Schimpf und eine große Schande.
Unser Herr bezeugte dieselbe Wahrheit mit den Worten: „Das
Reich Gottes ist in uns." Das bedeutet: nur im Inneren, im
Grunde, über aller Wirkung der Kräfte. Und davon sagt das

---

[3] Unter Benutzung einer bei Vetter zu S. 300, 29 verzeichneten Lesart des
BT: „wandelt da mit so". Corin, Sermons II, 69 benutzt „manquer", Leh-
man bezieht den „fehlenden Mangel" auf die unter uns liegenden Bilder:
2, 105.

heutige Evangelium: „Was wir wissen, sagen wir, was wir sehen, bezeugen wir, aber ihr habt unser Zeugnis nicht angenommen." Wie sollte auch der sinnliche, tierische, nur dem äußeren Tun hingegebene Mensch dieses Zeugnis annehmen können? Denen, die (nur) ihren Sinnen leben und (nur) mit äußeren Dingen umgehen, denen ist dergleichen Aberglaube, denn unser Herr sagt: „So hoch der Himmel erhaben ist über dem Erdreich, so sehr sind meine Wege erhaben über eure Wege, meine Gedanken über eure Gedanken." Unser Herr sagt uns heute dasselbe: „Von irdischen Dingen spreche ich euch, und ihr glaubt mir nicht; wie könntet ihr mir glauben, wenn ich euch von himmlischen redete?" Als ich euch kürzlich von der verwundeten Liebe sprach, da erklärtet ihr, mich nicht zu verstehen, und doch hat es sich nur um irdische Dinge gehandelt; wie solltet ihr Verständnis aufbringen für diese innerlichen, göttlichen Dinge?

Ihr habt soviel äußeres Tun, bald so, bald so, immer mit euren Sinnen, das ist nicht das Zeugnis, von dem es heißt: „Was wir sehen, bezeugen wir." Dieses Zeugnis findet man im Grunde, abseits sinnlicher Bilder; gewiß, in diesem Grund erzeugt der Vater des Himmels seinen eingeborenen Sohn, hunderttausendmal schneller als ein Augenblick nach unserer Fassungskraft und in dem Blick der Ewigkeit, der allzeit aufs neue vollkommen ist, und in unaussprechlichem Glanz seiner selbst. Wer das erfahren will, kehre sich ins Innere, weit über alle Tätigkeit seiner äußeren und inneren Kräfte und Bilder und über alles, was jemals von außen hineingetragen wurde, und versinke und verschmelze mit dem Grunde. Dann kommt die Kraft des Vaters und ruft den Menschen in sich durch seinen eingeborenen Sohn, und wie der Sohn geboren wird aus dem Vater und zurückfließt in den Vater, so wird der Mensch in dem Sohn von dem Vater geboren und fließt mit dem Sohn zurück in den Vater und wird eins mit ihm. Davon spricht unser Herr: „Du sollst mich Vater heißen und nicht aufhören, meiner Höhe nachzustreben [4]; heute

---

[4] Jeremias 3, 19: „ ‚Mein Vater' wirst du mich nennen und von meiner Nachfolge nimmer ablassen" (Parsch. a. a. O., entsprechend Echter-Bibel, Jeremias, S. 16).

habe ich dich geboren durch und in meinem Sohn." Und da gießt sich der Heilige Geist in unaussprechlicher überragender Liebe und Lust aus und durchströmt und durchfließt den Grund des Menschen mit seinen lieblichen Gaben.

Zwei davon sind wirkende Gaben: Frömmigkeit und Wissenschaft; denn (nun) wird der Mensch wohlwollend und milde. Und die Gabe der Wissenschaft läßt ihn unterscheiden, was dem Menschen zu seinem Fortschritt gereicht. Doch sollen alle die dieser Gabe gleichen Tugenden bereits vorangegangen sein, und diese Gaben führen den Menschen weiter voran in der Übung der Tugenden.

Dann kommen die Gaben, die unser Erleiden erheben; die bleiben zusammen: es sind die Gaben des Starkmutes und des Rates. Die dritte Gabe ist der Beschauung zugewandt: die Furcht; sie behütet und stärkt all das, was der Heilige Geist gewirkt hat; schließlich die beiden obersten Gaben: Verstand und verkostende Weisheit. Meine Lieben! Solchen Menschen vor allem legt der böse Feind Fallstricke und vor allem *die* Feinde, deren Vorgehen besonders geschickt ist in Spitzfindigkeiten. Da bedarf der Mensch dann der Gabe des unterscheidenden Wissens. In diesem Zustand auch nur einen Augenblick zu verweilen ist allen äußeren Werken und Lebensregeln vorzuziehen; und in diesem Grund soll der Mensch für seine Freunde beten, lebende und tote: das wäre nützlicher, als hunderttausend Psalter zu beten.

Hier ist das wahre Zeugnis: „Der Heilige Geist bezeugt unserem Geist, daß wir Kinder Gottes sind." Und also finden wir dieses wahre Zeugnis in uns, wie man heute im Evangelium liest. Im Himmel, das heißt im inneren Himmel, sind drei Zeugen: der Vater, das Wort und der Geist: diese bezeugen dir und stellen dir ein wahres Zeugnis aus, daß du ein Kind Gottes bist. Sie leuchten dir in deinen Grund; der Grund (aber) bezeugt es dir selber; dieses selbe Zeugnis spricht auch gegen dich und all deine Unordnung; und dieses Zeugnis leuchtet dir in deine Vernünftigkeit, du magst wollen oder nicht, und gibt dir Zeugnis über dein ganzes Leben, wenn du es nur annehmen willst. Hörst du auf dieses Zeugnis und hältst dich daran, innerlich und äußerlich, so wirst du am Jüngsten Tag gerettet werden; hältst du dich nicht daran, in all deinen Worten, Werken, in deinem ganzen Leben, so wird dieses Zeugnis dich am Jüngsten Tag verurteilen, und das ist (dann) deine Schuld und nicht die Gottes. Meine Lieben! Bleibt bei euch selbst, und beachtet dieses Zeugnis in euch: ihr werdet es nicht zu bereuen haben.

Du bist den Rhein herabgefahren, damit du arm sein könntest; aber bist du nicht in diesen Grund gelangt, so wirst du mit äußerem Tun nicht dahin kommen. Strenge dich nicht zwecklos an! Wenn du deinen äußeren Menschen besiegt hast[5], kehr in dein Inneres, geh in dich, und suche diesen Grund: du findest ihn nicht in den äußeren Dingen, in Anweisungen und Vorhaben. Man findet in der Altväter Buch, daß ein guter Ehemann in den Wald entfloh, um diese Hindernisse zu überwinden, und wohl zweitausend Brüder unter sich hatte, die diesen inwendigen Grund (auch) suchten; und seine Ehefrau hatte viele Frauen unter sich. (Dieser Grund) ist eine einfache, verborgene Einsamkeit, über alles Wesen erhaben, und eine (dem freien Willen zugängliche) Finsternis. Das kann auf dem Weg der Sinne nicht gefunden werden. Ihr sagt mir: „Ich liebe die innerlichen Menschen. Ich hülfe gerne all denen, die solche Berührung erfahren haben und erleuchtet worden sind." Wer solche Leute[6] von da in seine grobe Art äußerer Übungen herüberzieht, so daß sie solche Gnade verlieren, bereitet sich selbst ein furchtbares Urteil. Solche Menschen, wahrlich, mit ihren besonderen Frömmigkeitsübungen, zu denen sie jene Leute herüberziehen wollen[7], legen deren Fortschritt mehr Hindernisse in den Weg, als es je Heiden und Juden taten. Ihr also, die ihr mit heftigen Worten und zornigen Gebärden urteilt, nehmt euch in acht, wenn ihr über innerliche Menschen sprecht!

---

[5] Das „lauf wieder heim" scheint nicht zu stimmen, obwohl es so wörtlich bei Vetter 302, 27 zu lesen ist. Lehmann und Naumann übersetzen den Wortlaut Vetters, wie es scheint, ohne Bedenken. Corin nimmt einen klärenden Einschub vor, der freilich einen Eingriff in den Wortlaut darstellt, aber den Sinn doch wohl trifft. Ich bin ihm hierin gefolgt.

[6] Dem Text Vetters 303, 1 sind mit Corin, Sermons II, 73 die Worte: „wer die" eingefügt.

[7] Corin, Sermons II, 73 liest: „da(z) sie dise in ziehen wellent". Vgl. Vetter 303, 3.

Wenn du nun dahin kommen willst (die Heilige Dreifaltigkeit) (in deinem Grunde zu betrachten), so nimm dreier Punkte wahr; der erste: daß du Gott allein und lauter vor Augen habest und Gottes Ehre in allen Dingen und nicht die deine; der zweite: in all deinen Werken und deinen Schritten achte mit Fleiß auf dich selbst, betrachte mit Beharrlichkeit dein abgrundtiefes Nichts, und sieh zu, womit du umgehst und was in dir ist; der dritte: beachte das nicht, was sich außer dir befindet und dir nicht anbefohlen ist; kümmere dich nicht darum, und laß die Dinge auf sich selber beruhen; Gutes laß gut sein, Böses berichtige nicht und frage nicht danach. Kehre dich in den Grund und bleibe dort und nimm der väterlichen Stimme wahr, die in dir ruft. Sie ruft dich in sich hinein und verleiht dir solchen Reichtum, daß du, wäre es not, die Fragen aller Priester der Kirche beantworten könntest; mit solcher Klarheit wird der gotterfaßte Mensch beschenkt und erleuchtet.

Und solltest du all das vergessen, was hier gesagt wurde, so behalte nur die beiden kleinen Punkte und du wirst (zum inneren Leben) gelangen. Erstens: Sei ganz und gar klein, inwendig und nach außen bis in den Grund, nicht nur deinen Worten nach und deinem Aussehen, sondern in Wahrheit in all deinem Verstehen. Sei ein Nichts in deinem Grunde und in deinen Augen, ohne jegliche (beschönigende) Auslegung. Zweitens: Habe eine wahre Liebe zu Gott, nicht das, was wir nach Art der Sinne Liebe nennen, sondern in wesentlicher Weise, ein allerinnigstes Gottlieben. Diese Liebe ist nicht dieses einfache äußere und sinnenhafte Gottlieben, das, was man so gewöhnlich unter Gott im Sinn zu haben versteht, sondern ein anschauendes Lieben mit dem Gemüt, ein strebendes Lieben, wie einer es besitzt, dem als Wettläufer oder als Schütze ein Ziel vorschwebt.

Daß wir alle in diesen Grund gelangen, wo wir das wahre Bild der Heiligen Dreifaltigkeit finden können, dazu helfe uns die Heilige Dreifaltigkeit. AMEN.

205

Qui manducat meam carnem et bibit meum sanguinem, in me manet,
et ego in illo
Wer mein Fleisch ißt und mein Blut trinkt, bleibt in mir und ich in ihm
(Joh. 6, 55—58)

30

*Die nächstfolgenden vier Predigten über das heilige Altar-
sakrament sind Worten aus dem Evangelium des heiligen Johannes vom Fest Fronleichnam entnommen, und (zwar) den Worten
Christi: „Mein Fleisch ist eine wahre Speise und mein Blut
ein wahrer Trank" usw. (Joh. 6, 55—58). Die erste Auslegung
über das heilige Sakrament lehrt uns drei Grade des Gotteslobes
erkennen, spricht von vielfacher nützlicher Wirksamkeit (der
heiligen Kommunion) und (sagt), wie oft jeder Mensch (sie) nach
dem Stand seines Lebens und seiner Bereitschaft empfangen solle.*

HEUTE IST DER HOCHFEIERLICHE TAG, an dem das
ehrwürdige Fest des Sakramentes des heiligen Leibes unseres
Herrn begangen wird. Obwohl wir dieses in allgemeiner Weise
an jedem Tag des Jahres begehen und besonders am heiligen
Gründonnerstag, hat doch unsere Mutter, die heilige Kirche,
diesen Festtag besonders eingesetzt, damit wir aufs neue angetrieben und gemahnt werden zu neuer, besonderer Ehrfurcht
und Innigkeit in der Verehrung des hochwürdigen Leibes (unseres Herrn) mit neuer Andacht, wie (es) an diesem heiligen Fest
geschieht. Und hiermit hat uns die heilige Kirche genug getan,
und die Leute tun der äußeren Werke (gar viele), um ihre Ehrfurcht vor dem heiligen Sakrament darzutun. Man trägt das
heilige Sakrament von einer Kirche zur anderen; die Leute
breiten goldene und silberne Behänge aus, die Glocken läutet

man gar sehr, laut erklingt der Gesang, die Orgeln tönen gar
mächtig, und was dergleichen mehr ist.

Ihr Lieben! Dies alles dient der inneren Lobpreisung, die man
Gott im Herzen erweisen soll, und es gibt nichts (noch) so
Geringes, das nicht hierzu diene. Aber all dieses äußere Tun —
das ist das allergeringste Lob, das man Gott erweisen kann;
dennoch soll man alles, was man sich ausdenken kann, aus Ehrfurcht von Rechts wegen tun: gibt es doch kein noch so kleines
Würmlein, (auch) kein anderes Geschöpf, das nicht, hätte es
Vernunft, billigerweise sein Haupt höbe, Gott zu ehren und
sich vor ihm zu verneigen.

Doch gibt es noch einen höheren Grad des Gotteslobes: er
besteht darin, daß der Mensch mit all seiner Vernunft und seiner
Urteilskraft Gott gar sehr lobe in (der Kraft seiner) Liebe und
aus dem Grund seines Herzens, und das geht weiter über das
hinaus, was man äußerlich tun kann. Und dann gibt es eine noch
erhabenere Stufe: daß der Mensch in seinem Innersten erkenne,
Gott sei so groß und er selbst so klein, daß er ihn gar nicht zu
loben vermöge; diese Art des Lobes übertrifft alles Reden,
Denken und Verstehen bei weitem.

Ein Lehrmeister sagte: „Derjenige spricht von Gott am besten,
der in Erkenntnis seines inneren Reichtums von Gott schweigen
kann." Ein Meister lobte Gott mit Worten; ein anderer entgeg-
nete ihm: „Schweig still, du lästerst Gott!" Und sie hatten beide
recht. (Denn) das ist ein wunderbar Ding, daß jemand sich
unterfangen wollte, mit Worten die unaussprechliche Größe der
göttlichen Güte zu loben, die doch so groß ist, so unsagbar
erhaben über aller Fassungskraft von Engeln, Menschen und
jeglichem Geschöpf steht.

Dieses Gotteslob überragt in unsagbarer Weise die beiden ersten
Grade dadurch, daß bei Erkenntnis der unbegreiflichen Würde
Gottes (diesem Lobe) von selbst alle Worte und Weisen entfallen, daß dieses Lob versinke und sich selbst entsinke und in
Gott verschmelze, so daß er sich selber loben und sich selbst
danken muß. Der Mensch, der auf solche Weise sich recht entsinkt, den wird Gott — das ist nicht zu besorgen — nicht auf
ewig verlorengehen lassen.

Nun sprach unser lieber Herr: „Mein Fleisch ist wahrhaftig eine Speise und mein Blut wahrlich ein Trank; und wer mich ißt, bleibt in mir und ich in ihm." In diesen Worten sieht man die abgrundtiefe Demut unseres Herrn. Er schweigt vom Allergrößten und spricht (nur) vom Allergeringsten. Das Größte ist seine anbetungswürdige Gottheit; er (aber) sprach vom Fleisch und vom Blut, obgleich seine Gottheit und seine heilige Seele doch ebenso wahrhaftig (gegenwärtig) sind als (sein) Fleisch und Blut. Die unaussprechliche, über alles hinausgehende Liebe zeigt sich an ihm in wunderbarer Weise darin, daß er sich nicht damit begnügte, unser Bruder zu werden, und unsere elende, schwache und verdorbene Natur an sich nahm. Denn er ist Mensch geworden, damit der Mensch Gott werde; aber das war ihm nicht genug: er wollte (sogar) unsere Speise werden. Darum sprach Sankt Augustinus: „Kein Geschlecht ist so groß als das der Christen, dem sein Gott so nahe gekommen ist wie der unsere uns." Wir essen unseren Gott. Welch wunderbare unaussprechliche Liebe, daß er diese wundervolle Weise fand! Und diese Liebe übersteigt alle (menschlichen) Begriffe, und es sollte aller Menschen Herzen verwunden, daß Christi Liebe für uns so unsagbar groß ist.

Nun gibt es keinen stofflichen Vorgang, der dem Menschen so nahe und so vertraut wäre, als Essen und Trinken, das durch des Menschen Mund eingeht; und gerade darum hat Christus, weil er sich aufs allernächste und vertrauteste uns vereinen wollte, dieses wunderbare Verfahren (sich uns mitzuteilen) gewählt.

Nun wollen wir von leiblicher Speise reden: das klingt nicht wohl angemessen, dient (aber) unserem Verständnis. Sankt Bernhard sagt: „Wenn wir diese Speise essen, werden wir gegessen." Die leibliche Speise, die wir zum Mund hereinnehmen, die kauen wir zuerst; dann gelangt sie in angenehmer Weise durch die Kehle in den Magen und wird da durch die Hitze der Leber verbrannt. Der Magen verdaut die Speise und trennt die groben und schlechten Teile von den guten. Nimmt ein Mensch ein Pfund Speise zu sich, so gelangt zu seiner Natur nur ein sehr geringer Teil davon. Alles übrige wirft der Magen, alles verdauend, an verschiedenen Stellen aus. Ist die Speise in den Magen gelangt, so muß sie noch drei Stufen überschreiten, ehe sie in die menschliche Natur gelangt. Hat der Magen sie mit seiner natürlichen Wärme gekocht und verdaut, so greift eine obere Seelenkraft ein, die Gott hierzu bestellt hat, und verteilt die Nahrung ringsum, dem Haupt, dem Herzen, jeglichem Glied (zu), wo sie Fleisch und Blut wird, das durch die Adern fließt. Ebenso verhält es sich mit dem Leib unseres Herrn. So wie die leibliche Speise in unser Fleisch verwandelt wird, so wird der, welcher die (göttliche Speise) würdig in sich aufnimmt, in sie verwandelt.

So sprach unser Herr zu Sankt Augustin: „Nicht ich bin in dich verwandelt, sondern du in mich." Wer diese Speise würdig empfängt, dem geht sie durch die Adern in den inneren Grund.

Nehmen wir das Wort des heiligen Bernhard: „Wenn wir körperliche Speise zu uns nehmen, so kauen wir sie zuerst, und dann sinkt sie sachte in den Leib nieder." Was bedeutet dieses Kauen? Sankt Bernhard antwortet: „Wenn wir Gott essen, so werden wir von ihm gegessen. Er zehrt uns auf."

Wann zehrt er uns auf? Das tut er, wenn er in uns unsere Fehler straft, unsere inneren Augen öffnet und uns unsere Gebrechen erkennen läßt. Gott (nämlich) ißt uns, beißt und zerkaut uns, wenn er unser Gewissen zurechtweist. Wie man die Speise im Munde hin- und herwirft, so wird der Mensch unter der Strafe Gottes hin- und hergeworfen, in Angst und Furcht, in Traurigkeit und großer Bitterkeit, und er weiß nicht, wie es ihm ergehen wird.

Laß dies in Geduld über dich ergehen; laß dich von Gott essen und kauen; entzieh dich dem nicht, und laß dir nicht einfallen, dich selbst zu zerkauen, womit du Gottes Strafe vertriebest, indem du sogleich zum Beichtiger eilst. Dann kommt es dir nämlich vor, alles sei in dir geschehen, um dich gegen den Tadel deines Gewissens zu verteidigen. Nein! Bekenne (deine Schuld) zuerst Gott; ja, und beginne nicht etwa mit einer deiner Übungen oder deinen gewohnten kleinen Gebeten; sondern sprich aus der Tiefe deines Herzens mit innerlichem Seufzen: „Ach, Herr, habe Erbarmen mit mir armer Sünderin!" und verharre in dir. Sieh, das ist dir tausendmal besser als Lesungen oder außergewöhnliche Akte, womit du der Sühne entgingest. Nur nimm dich in acht, daß der böse Feind dir nicht mit ungeordneter Traurigkeit dazwischenkomme. Dergleichen bitteres Gewürz[1] mischt er gerne dazwischen. Das Gewürz, das der Herr uns gibt, ist milde und gut. Nach der Strafe folgt eine zarte Besänftigung des Gemütes, ein liebevolles Vertrauen, eine freundliche Zuversicht, eine heilige Hoffnung.

Dann verschlingt dich Gott. Wenn die Speise gut gekaut ist, so geht sie sanft ein und sinkt so in den Magen. Ebenso gehst du sanft in Gott ein, wenn du im Gewissen gut zerkaut bist und doch mit einer liebevollen und göttlichen Hoffnung dich unserem Herrn überläßt. Solchermaßen prüfen wir uns wohl nach des heiligen Paulus Wort: „Wer diese Speise in sich aufnehmen will, prüfe sich (zuvor)." Die (irdische) Speise gelangt in den Magen, der sie erhitzt und verdaut, und sie läuft durch die Adern in alle Glieder. Ebenso wenn wir uns (vor Einnahme) dieser göttlichen Speise geprüft haben und wir sie ehrwürdig und würdig in uns aufnehmen, dann ißt Jesus uns, und wir werden von ihm verschlungen, gekocht und aufgelöst[2]. Das geschieht, wenn wir uns von aller Selbstigkeit befreit haben und ganz zunichte werden. Denn je mehr die Speise aufgelöst wird, um so mehr wird sie in sich selber zunichte, sich selber um so fremder und unähnlicher.

So wirst du erkennen, daß Gott dich gegessen und verschlungen habe, wenn du dich in ihm und er sich in dir findet, wenn du dich nirgendwo anders findest und nichts anderes in dir (als Gott). Sagt er doch: „Wer mein Fleisch ißt, bleibt in mir und ich in ihm." Willst du also von ihm aufgelöst und gekocht werden, so mußt du deines eigenen Selbst zunichte werden und frei werden des alten Menschen (in dir). Denn soll Speise in die menschliche Natur umgesetzt werden, so muß sie von Not sich ihres eigenen Wesens entäußern. Jegliches Ding, das werden soll, was es nicht ist, muß sich ganz des Wesens

---

[1] Wörtlich: „Senf"; gleich darauf nochmals.
[2] Wörtlich: „verdaut".

entäußern, das es besitzt. Soll Holz zu Feuer werden, so muß es zuvor frei werden von dem, was es zum Holz macht.

Willst du in Gott umgewandelt werden, so mußt du dich deines Selbst entäußern. (Denn) unser Herr sagt: „Wer mich ißt, lebt durch mich."[3] Um dahin zu gelangen, ist dir nichts nutzbringender, als zu dem ehrwürdigen Sakramente zu gehen. Denn das macht dich ganz frei von dir selbst, (und zwar) in solchem Maß, daß der alte Mensch in dir ganz zunichte wird, innerlich und äußerlich. Ebenso wie die (menschliche) Natur verwandelt, auflöst und durch die Adern die Kraft der (eingenommenen) Speise laufen läßt, derart, daß sie ein Leben und ein Wesen mit dem Menschen wird, so befreit dich die göttliche Speise ganz deines Selbsts.

Daran wirst du erkennen, in dir selbst, wie du diese Speise aufgenommen hast, wenn dein Herz sich von allem, was Gott nicht ist, mehr befreit hat und wenn das Leben, das er in dir erweckt hat, durch deine Adern wirkt an deinem äußeren Menschen, deinen Sinnen und Sitten, deinem Wandel, deinen Worten und Werken. Das heilige Sakrament verzehrt und löst auf alles Schlechte, Unnütze und Überflüssige, wirft es aus und hinweg, und Gott geht (in den Menschen) ein, und sobald er mit dieser Speise in den Menschen gekommen ist, so wirkt sich das in jeder Äußerung des Lebens aus, in der Liebe, der Gesinnung, den Gedanken, derart, daß alles neuer, lauterer und göttlicher wird. Dieses Sakrament vertreibt die Verblendung und läßt den Menschen sich selber erkennen, lehrt ihn, sich von sich selbst abzukehren und von allen Geschöpfen. Denn es steht geschrieben: „Er hat uns genährt mit dem Brot des Lebens und der Einsicht" (Eccl. 15, 5). Diese Speise wandelt den Menschen derart in ihr eigenes Wesen um, daß des Menschen ganzes Leben von Gott Regel und Form empfängt, sofern diese Speise ihn geleitet und ihn umgeformt hat.

Empfindet der Mensch diesen Wandel (aber) nicht in sich, bleibt sein Herz leer, sein äußeres Verhalten sorglos, dem Lachen

---

[3] Zitat Taulers: freie Wiedergabe von Joh. 6, 58: „Wer dieses Brot ißt, wird ewig leben."

und dem Geschwätz (preisgegeben); und zeigt sich das in seiner ganzen Lebensführung, in seiner Kleidung, in Albernheiten, (törichten) Vergnügungen, in der Verderbnis des Herzens und er weiß darum und will es nicht anders und geht so zum heiligen Sakrament, so ist das ein bedenklich Ding. Unser Herr stößt solche von sich[4] wie ein Mensch, der seine Speise wieder von sich gibt. Und diesen Menschen wäre tausendmal besser, sie nähmen das heilige Sakrament nicht. Sie beichten, wollen aber von den Ursachen ihrer Sünden nicht lassen. (Selbst) der Papst vermag keine Sünde zu vergeben, wenn man nicht den Willen hat, sich zukünftig vor ihr zu hüten oder sie zu bereuen. Solche aber gehen kühnlich mit anderen zusammen zur heiligen Kommunion.

Man sollte Beichtiger haben, die jedem sagten, wann sie den Leib des Herrn empfangen könnten. Es gibt welche, die können dies oft tun, andere alle acht Tage, andere alle vier Wochen. Und die das tun, sollten eine Woche zuvor und danach kaum „ja" oder „nein" sagen, des Morgens nur das Notwendige, des Abends nur ein weniges essen; andere können an den großen Festen zum Tisch des Herrn gehen, andere zu Ostern, und es will für solche nicht viel besagen, sich eine ganze Fastenzeit auf den Tag des Empfanges vorzubereiten. Es gibt aber etliche, die niemals den Leib des Herrn empfangen sollten, nicht (ein einziges Mal) in tausend Jahren. Wahrlich, nehmt das für gewiß, wer seine Sünden nicht bereut und sich nicht vor ihnen hüten will, der versündigt sich am Leib des Herrn[5]. Darum sind unter diesen Leuten auch so viele krank und schlaff. Ihr (freilich) wißt nicht, wie besorgniserregend und beängstigend solches ist. Haltet ihr es für ein Spiel? Wahrlich, das ist es nicht! Es gibt auch Leute, die gehen die Woche über, wer weiß wie oft, zum Tisch des Herrn, nicht aus großer Neigung, sondern aus Gewohnheit, oder weil sie es andere Leute tun sehen. Nein, so sollt ihr es nicht machen. Wer aber gerne gut wäre und sich vor den

---

[4] Wörtlich: „wirft sie aus seinem Magen hinaus"; die Ausdrucksweise ist gemildert.

[5] Eine offenbar irrtümliche Reihenfolge in Vetters Text 297, 4—6 ist, wie auch z. B. bei Corin, Sermons, II, 87 berichtigt.

Ursachen der Sünden hüten will, kann sehr wohl alle acht Tage den Leib des Herrn empfangen voll Ehrfurcht, um nicht in Schuld zu geraten; nicht (etwa) weil er vollkommen wäre, sondern weil er sich anfällig fühlt. Wißt, fände ich einen Menschen, der in der Welt furchtbare Sünden begangen, sich aber wahrhaftig und gänzlich bekehrt hätte, dem gäbe ich täglich durch sechs Monate hindurch die heilige Kommunion, lieber als solch lauen Leuten, und ich wollte auf diese Weise das Weltliche in ihm ganz auslöschen.

Ich habe herausgefunden, durch welche Ursachen dieselben Menschen, die etwas von Gott empfunden haben, nur wenig von der Wirkung des Leibes unseres Herrn verspüren und lau und kalt bleiben. Es sind deren zwei. Die erste ist, daß sie einen verborgenen Fehler besitzen, der für sie ein inneres oder äußeres Hindernis ist. Vielleicht halten sie ihre Zunge nicht im Zaum. Ach, ihr Lieben, der tödliche Schaden, der dadurch entsteht, ist gar nicht zu ermessen! Seht euch, um Gottes willen, vor! Wenn nicht, werdet ihr es nie zu etwas bringen. Die zweite Ursache ist, daß solche Leute aus Gewohnheit zum Tisch des Herrn gehen und nicht aus wahrer Liebe. Es gibt gute Gewohnheiten wie etwa die, in innerer Sammlung zu verweilen. Das ruft großen Schaden hervor, daß ihr nicht in euch selber bleibt und euch um die Frucht des heiligen Mahles nicht sorgt. Sie würde (noch) am dritten und vierten Tag wirken, wolltet ihr nur darauf achten und in eurem Inneren bleiben: das (aber) tut ihr nie! Die Frucht, die das heilige Sakrament hervorbringt, kann in dir nicht Leben gewinnen, wenn dein Herz nicht auf dich gerichtet ist in liebevoller Sammlung. Das sollte so sein an allen Orten, unter allen Umständen, in all deinen Werken, bei allen Personen, bei denen zu sein dir nötig oder nützlich ist — dies letztere sollte aber sowenig wie nur möglich stattfinden.

Wahrlich, wenn ihr euch mit Fleiß in innerer Sammlung hieltet, so würde der Leib des Herrn in euch wirken und durch euch (auf andere). Er würde euch in herrlicher Weise in sich (selbst) verwandeln und euch zuteil werden durch alle Priester diesseits und jenseits des Meeres. Ja, er könnte in euch mehr Frucht bringen als in dem Priester; und dessen soll der Mensch

213

begehren in allen Opfern, die Priester darbringen[6]. Das bringt große Frucht da, wo wahre Sammlung ist und Liebe zu Gott.

Daß wir dieses ehrwürdige Sakrament so empfangen möchten, daß wir in ihn gewandelt werden, dazu helfe uns Gott. AMEN.

---

[6] Vetter 298, 6: „durch alle priesterliche übunge" wird besser nicht wörtlich (wie bei Lehmann 2, 102), sondern dem Sinne nach übersetzt; so auch bei Corin, Sermons, II, 89.

Qui manducat meam carnem . . .
Wer mein Fleisch ißt . . . (Joh. 6, 56)

31

*Die zweite Auslegung von dem (heiligen Altars)sakrament lehrt
vier Dinge, ohne die man nicht zum Tisch des Herrn gehen soll,
und zeigt uns, wie wir auf mancherlei Weise von innen und
von außen gejagt werden müssen und wir frei werden müssen
(unseres eigenen Selbst) in dem gleichen Maß, in welchem wir
uns selbst besessen haben.*

„WER MEIN FLEISCH ISST und mein Blut trinkt, der bleibt
in mir und ich in ihm." Das liebenswerte Sakrament, von dem
wir dieser Tage viel gesprochen haben und dessen überragende
Würde alle Herzen, alle Zungen, jegliche Erkenntniskraft nicht
erfassen können, ist das Ziel all unseres Eifers, denn all unser
Heil und unsere Seligkeit kommt von ihm und wird durch es
vollendet. Nun müssen wir nochmals die Darlegung des heiligen
Bernhard vornehmen, der von einem leiblichen Essen sprach,
von einem Kauen, Schlingen, von einem Kochen und Auflösen[1],
und diese Stufen auf die heilige Speise anwandte. Wem dies
grob klingt, möge sich — ich meine die Feinfühligen — vor teuflischer Hoffart hüten, denn einem demütigen Geist sind schlichte
Dinge angemessen. Darum sprach unser Herr: „Ich danke dir,
himmlischer Vater, daß du diese Dinge den Großen und Weisen

---

[1] Ich habe die meines Erachtens etwas groben Ausdrücke — Übertragung
von Wendungen des Verdauungsvorganges auf die heilige Speise — gemildert.

dieser Welt verborgen und sie den Kleinen geoffenbart hast." Wir sollen dieses Werk mit verständigem Blick, mit großer Liebe und (Gott) lobend betrachten, in dem unser Herr so unfaßbar demütig ist, daß er sich in einer grob äußerlichen Weise uns gegeben hat, unter den Gestalten des Brotes und des Weines, und daß wir ihn mit dem Mund einnehmen wie eine leibliche Speise. Das bedeutet, daß er sich gar eng und tief in uns senken und drängen will und sich mit uns vereinen, soweit man das mit den Sinnen (und dem Verstand) erfassen kann. Er hätte sich uns in einer erhabeneren, passenderen Weise geben können, in großem Glanz und großer Herrlichkeit. Aber Sankt Hildegard schreibt, daß das alle Tage unsichtbar geschieht. Und ein ähnliches Gesicht hatte eine unserer Schwestern im Oberland. Ein unbegreiflicher Glanz umgab den Priester und den Altar; und sie hatte eine wunderbare Erscheinung von Engeln und lieblicher Dinge, die sie mit ihren leiblichen Augen sah. Aber unser Herr ist nicht auf diese Weise verfahren.

Meine Lieben! So wie keine Handlung besser und nutzbringender ist (als der Empfang des heiligen Sakramentes), so ist auch nichts schrecklicher und besorgniserregender, als unwürdig und unvorbereitet zum Tisch des Herrn zu gehen.

Nun sprach der heilige Dionysius, daß der Mensch, der den hochwürdigen Leib unseres Herrn empfangen wolle, vier Bedingungen erfüllen müsse: Die erste besagt: der Mensch solle frei von jeglicher Sünde sein; die zweite: er solle mit den Tugenden unseres Herrn Jesus Christus bekleidet sein; die dritte: der Mensch müsse seines eigenen Selbst verlustig gegangen und in Gott versetzt sein; die vierte: daß er ein Tempel Gottes werde.

Wir wollen jetzt genauer sagen, wie man ohne Sünde sein könne. Wenn ein Mensch seine Sünden in seinem Innern erkennt, sie beichtet, eine Buße empfängt und alles tut, was die heilige Kirche in dieser Hinsicht vorschreibt, wenn er dann aus gründlicher Erkenntnis seiner Sünden in der Tiefe seines Inneren sie beseufzt, so läutert ihn das mehr als Lesungen und Gebet. So wird er seiner Sünden ledig, zusammen mit dem festen Willen, Sünde und Ursachen derselben zu meiden.

Die zweite Bedingung besteht darin, daß der Mensch die

Tugenden unseres Herrn Jesus Christus an sich nehme: die Demut, Sanftmut, den Gehorsam, die Lauterkeit, Geduld, Barmherzigkeit, das Schweigen, die Nächstenliebe, und was dergleichen Tugenden mehr sind.

Die dritte Bedingung ist folgende: wenn ein Mensch in vorgenannter Weise mit Tugenden bekleidet ist, wird er seines eigenen Selbst entäußert und wird damit in einen innerlichen göttlichen Frieden eingeführt. Da geht ihm die Bedeutung des Wortes auf, das unser Herr sprach: „Wer mich ißt, bleibt in mir und ich in ihm."

Ach, diesen Frieden soll der Mensch mit allem Fleiß hüten, auf daß weder Worte noch Werke ihn zerstreuen und er nicht verzage. Nicht von einem mit den Sinnen faßbaren, natürlichen Frieden ist hier die Rede, sondern von einem inneren Frieden des Geistes, einem göttlichen Frieden. Soviel man in Gott ist, so viel (dieses) Friedens besitzt man; soviel man außerhalb Gottes lebt, so viel des Unfriedens ist in einem (solchen) Menschen. Ist etwas des Seinigen in Gott, so hat es Frieden, wenn außer Gott, dann Unfrieden. Gelangt der Mensch zu diesem Frieden, so wird er im eigentlichen und wahren Sinn ein Tempel Gottes. „In pace, das heißt im Frieden, ist seine Wohnstatt" (Ps. 75, 3). Er ist wirklich ein Tempel des Heiligen Geistes.

Das ist die vierte Bedingung: Dann nämlich wirkt Gott alle des Menschen Handlungen in ihm und durch ihn, und der Mensch tut nichts aus sich selbst; sondern Gott wirkt, und der Mensch ist nur das Werkzeug, durch das Gott wirkt.

Wir kehren zu Sankt Bernhards Worten zurück: „Wenn wir ihn essen, werden wir von ihm gegessen." Gott ißt uns durch die Züchtigung unseres Gewissens, die Gewissensbisse. Gott will uns aber nicht allein strafen, er will, daß wir von allen Geschöpfen gestraft werden. So wird der Mensch gejagt gleich einem wilden Tier, das man dem Kaiser zum Geschenk machen will; es wird gejagt, zerrissen und gebissen von den Hunden; und das ist dem Kaiser viel lieber, als wenn man es ohne Wunden gefangen hätte. Gott ist der Kaiser, der diese erjagte Speise verzehren will. Er besitzt auch seine Jagdhunde; der Feind jagt den Menschen mit mancherlei Anfechtungen; er schleicht von

überallher in dich hinein, auf jegliche Art und jagt dich mit
vielerlei Versuchungen: bald ist es Stolz, Geiz, Laster jeglicher
Art, bald auch Entmutigung[2] oder ungeordnete Traurigkeit.
Halte du aus, es wird dir nichts schaden: du *mußt* gejagt werden. Dann kommen die ungestümen Leute mit harten Schelt-
worten, die dich verurteilen und dich jagen; und (schließlich)
deine eigenen Gebrechen, deine natürlichen Neigungen.

Von alldem gejagt, was um ihn ist, soll der Mensch sich in
Demut halten, in Sanftmut und Geduld; er soll barmherzig sein
gegenüber den schlechten Menschen, die ihn jagen und ihn für
einen schlechten Menschen ausgeben. Sprich aus liebendem Herzen: „Habe Mitleid mit mir und ihnen!" Und hüte dich durch
die Büsche und das Unterholz[3] hindurchzubrechen; denn das
tut das Wild nicht, es läuft geradeaus; es beißt und bellt nicht,
sondern läuft seinen geraden Weg. Hüte dich, ein Hund zu
werden und wieder zu beißen; denn unser Herr hat seine Jagdhunde überall, in Klausen und Klöstern und Häusern, mit denen
ihr gejagt werden müßt. Suche deine Zuflucht bei Gott. Wie
der Hirsch nach der Jagd Durst empfindet, so sollst du immer
geradewegs weiterlaufen und dich in neuer Weise nach Gott
dürsten lassen, (denn) darum wirst du gejagt. Unser Herr jagt
einen jeglichen nach der Art, die ihm nützlich und notwendig
ist. Setze deinen Lauf in Sanftmut und Geduld fort, und du
wirst eine gar zarte Nahrung und schmeckst unserem Herrn
über die Maßen wohl. Und hast du (erst einmal) diesen Grund
erlangt, so steigst du zu dem höchsten Grad (der Vollkommenheit) auf, und das vollzieht sich in dir von selbst durch diese
Tugenden: Demut, Barmherzigkeit und Liebe. Heute freilich ist
die Liebe zum Nächsten fast ganz erloschen allüberall in der
Welt. Wo man einen Menschen fände, der seinem Grunde nachginge, dessen sollte man sich annehmen[4], zu welchem Stand er

---

[2] Bei Vetter 312,21: „missetot" = „Missetat". Die Lesung der Hs. Wi 1
und der alten Drucke: „missetrost" = „Entmutigung", ist vorzuziehen.

[3] Corin, Wi 1, S. 204,2 bringt „ruwe" = „rauhe Gegend" — bei Lexer:
„riuhe, ruhe" — mit dem mndl. ruuchte = „Gestrüpp", französisch „brous-
sailles" zusammen und übersetzt dementsprechend. Ich habe aus dem Bild der
Jagd heraus „Unterholz" gewählt; KT hat „dornheckenn".

[4] Wi 1 bietet S. 206,6 das Wort „vur-sin", das zwei Erklärungen — „je-

auch immer zählte; man findet solchen Grund (ebensowohl) bei Eheleuten — die Hunde, durch die diese gejagt werden (Mann oder Frau), sind ihre Kinder — als in den Klöstern und Einsiedeleien. Deine Liebe darf sich nicht allein denen zuwenden, die deines Standes oder deiner Art sind. Solche Ausschließlichkeit ist Zeichen der Sekten, die die heilige Kirche streng verurteilt.

Und diese Art, (die darin besteht,) daß man sich von allen Geschöpfen soll jagen lassen in rechter Gelassenheit und im Schweigen, steht höher als alle Übungen (der Frömmigkeit), als Fasten oder Wachen, als Beten, Halsberge zu tragen oder tausend Ruten auf dir zu zerschlagen. Wenn du in solchem Stand wärest, könntest du wohl zum ehrwürdigen Tisch des Herrn gehen. Wisset, es ist ein sorgenvoll Ding, daß man zu Gott unwürdig geht, vor allem weltlichen Herzens, mit einem (von weltlichen Gedanken) erfüllten Grunde, und das wissentlich und willentlich, von was das immer auch kommen möge, von Totem oder Lebendigem. Die Menschen aber, die sich bereit finden, alle Dinge zu verlassen, von denen sie wissen, daß Gott sie verlassen haben wolle, und zu leiden, und die sich dem strafenden Gott überlassen und sich (um Erfüllung) der Tugenden Gottes abmühen und in Geduld von Gott und allen Geschöpfen jagen lassen — wie oft sollen *die* zum Tisch des Herrn gehen?

Findest du, daß (das Gefühl) für Gottes Strafe in dir fühlbarer wird, daß du es mit sanftmütiger Geduld erträgst, daß die Liebe zu Gott in dir zunimmt und den Durst nach den geschaffenen Dingen in dir auslöscht, daß die Gottesfurcht (in dir) wächst, so gibt es keine nutzbringendere Übung, als den ehrwürdigen Leib unseres Herrn zu nehmen. Aber wie oft? Darüber sagt Sankt Ambrosius: „Das ist unser tägliches Brot." Woher aber den Priester nehmen, der es uns täglich gäbe? Sollte ein Priester es dir versagen, so trage Sorge, daß du in rechter Gelassenheit und im Frieden bleibest, gedenke deines Nichts, und zweifle nicht, daß dir (der Leib des Herrn) auf geistliche Weise

manden zum Vorbild nehmen" oder „beschützen" (mhd. vorsin, vürsehen) — zuläßt. Die zweite scheint mir den Vorzug zu verdienen.

zuteil werde und vielleicht in fruchtbarerer Weise, als wenn du ihn (nach Art des) Sakramentes empfangen hättest: du wirst ihn dann geistlicherweise empfangen: „Wer mich ißt, der bleibt in mir und ich in ihm."

Das ist eine erste Stufe. Es gibt aber noch zwei weit höhere. Die eine schließt Erkenntnis und Empfindung ein, die andere kennt nur die Empfindung. Die erste besteht in einem reinen Preisgeben und in Entäußerung alles dessen, was unseren Eigenwillen, unsere Wesenheit betrifft. Die zweite besteht in der inneren Angst; diese entsteht aus der (vorhergegangenen) Entäußerung (des eigenen Selbst). Je mehr des Eigenen ein Mensch besaß, je mehr des Selbstbehaupteten, je mehr der Dinge er sich anmaßte, um so bitterer, schwerer und stärker wird der Druck sein. Je mehr eine Speise aufgelöst wird, um so mehr verliert sie ihre eigene Natur. Willst du in Gottes Innerstes aufgenommen, in ihn gewandelt werden, so mußt du dich deiner selbst entäußern, aller Eigenheit, deiner Neigungen, aller Tätigkeit, aller Anmaßung, (kurz) aller Weise, in der du dich selber besessen hast; darunter geht es nicht. Zwei Wesen und zwei Formen können nicht zugleich (am gleichen Ort) nebeneinander bestehen. Soll das Warme hinein, so muß das Kalte notwendigerweise heraus. Soll Gott eintreten? Das Geschaffene und alles Eigene muß (dann) den Platz räumen. Soll Gott wahrhaftig in dir wirken, so mußt du in einem Zustand bloßen Erduldens sein; all deine Kräfte müssen so ganz ihres Wirkens und ihrer Selbstbehauptung entäußert sein, in einem reinen Verleugnen ihres Selbst sich halten, beraubt ihrer eigenen Kraft, in reinem und bloßem Nichts verharren. Je tiefer dieses Zunichtewerden ist, um so wesentlicher und wahrer ist die Vereinigung. Und ließe es sich so wesenhaft und so lauter aufzeigen wie an der Seele unseres Herrn Jesus Christus — käme es dazu, was freilich nicht möglich ist —, so wäre die Gottvereinigung ebenso groß wie bei Christus (selbst). So viel der Entäußerung, so viel des Gottwerdens. Soll Gott wahrhaft (zu dir)[5] sprechen, so müssen alle (deine) Kräfte schweigen. Nicht

[5] Zu Vetter 314, 21 habe ich „zu dir" eingesetzt; die Lesart der Drucke des

um ein Tun geht es, sondern um ein Nichttun. Soll die (leibliche) Speise in des Menschen Natur gewandelt werden, so muß sie vor allen Dingen in ihrer Art zunichte, sich selbst fremd und ungleich werden. Hier geschieht der größte Schaden dadurch, daß die Vernunft des Menschen sich einmengt[6]. Sie will mitwirken, will wissen, worum es gehe, und nicht zunichte werden. Ach, hüte dich davor! Fändest du, daß das Sakrament dir eine Hilfe sei für die Entäußerung (des Deinen), so könntest du es zwei- oder dreimal in der Woche oder sogar täglich empfangen; du sollst aber nicht zum Tisch des Herrn gehen mit hungrigem Verlangen, sondern nur wenn du findest, daß dir dies zu deiner Entäußerung[7] helfe.

In denen, die sich in diesem Zustand befinden, zeigt sich als Folge dieser Entäußerung eine unerträgliche Angst, so daß die weite Welt diesem Menschen zu enge wird. Die menschliche Natur wird so beengt und bedrückt, und der Mensch weiß nicht, woran er ist, so eine seltsame Angst fühlt er. Ich will dir sagen, was du empfindest: deine Entäußerung ist der Grund davon; du willst nicht gerne (des Deinen) absterben. Hier bewahrheitet sich des heiligen Paulus Wort: „Ihr sollt von seinem Tod künden, bis er kommt." Diese Verkündigung geschieht nicht mit Worten, nicht mit Gedanken, sondern sterbend, dich entäußernd, in der Kraft seines Todes.

Auf dieser Stufe hindert dich dreierlei, das du entbehren mußt: der Leib unseres Herrn, das Wort Gottes und Übungen nach deiner Wahl; denn hier bedeutet jede Hilfe für dich ein Hindernis. Könntest du dich in diesem Zustand halten, derart, daß du dich nicht in das Äußere begäbest, das wäre dir nutzbringender und besser als alles Wirken. Das aber wollt ihr nicht, und so lauft ihr den Lehrmeistern nach, einem nach dem anderen. Bliebet ihr ruhig, so würde das wahre Sein in euch geboren.

LT, AT, KT: „in deine Seele" verdeutlicht den Sinn noch mehr, dürfte aber nicht unbedingt erforderlich sein.

[6] Die Übersetzung bei Vetter 324,25 „sich einmengen" stützt sich auf „sich zuoslan", das bei Lexer mit „sich zugesellen" verzeichnet ist.

[7] „Zu deiner Entäußerung" erläuternd aus dem Zusammenhang eingefügt: Vetter 314,30.

Das Verbleiben, das hier statthat, kann man nicht in Worte fassen; da ist das Sterben der behenden Natur, die der Angst gerne ledig wäre; dann kommt die Vernunft, die nach einem Gegenstand (für ihre Tätigkeit) sucht, weiterhin deine eigene Vernünftigkeit, und spricht: „Womit beschäftigst du dich? Du solltest anderes vornehmen; du versäumst deine Zeit; du solltest betrachten und beten." Sodann der Feind: „Warum sitzest du hier? Du solltest irgendeine geistliche Übung vornehmen; steh auf; du verlierst deine Zeit; tu dies oder jenes gute Werk!" Schließlich kommen die ungeschliffenen Menschen und sagen: „Was sitzest du hier und hörst nicht Gottes Wort?" Das sind alles Jagdhunde; und du selbst wirst einer und bellst dich selber an und sagst: „Du solltest Hilfe am Tisch des Herrn suchen!" Aber in diesem Zustand sollst du keinerlei Hilfe suchen. Kämest du damit zu mir und ich wüßte um deinen Zustand und bätest mich um den Leib des Herrn, ich fragte dich, wer dich zu mir gesandt habe, Gott oder deine Natur, für die du Hilfe suchtest, oder deine Gewohnheit. Fände ich bei dir die beiden zuletzt genannten Beweggründe, ich gäbe dir den Leib des Herrn nicht, es sei denn, daß deine Natur zu schwach wäre, ohne Hilfe diesen Druck zu ertragen; du könntest dann ein- oder zweimal in der Woche zum Tisch des Herrn gehen, nicht um deiner Angst ledig zu werden, sondern um sie besser zu ertragen, und auch dann nur unter der Bedingung, daß dies deine Angst nicht verschwinden ließe.

Du sollst wissen, daß die wahre Geburt (Gottes) sich in dir nur vollziehen wird, wenn ihr diese Angst vorausgeht. Alles, was dich davon befreit, kommt in dir selbst zustande und beraubt dich der Geburt (Gottes), die sich in dir vollzogen hätte, wenn du diese Angst bis zuletzt ausgestanden hättest. Die (menschliche) Natur wagt sich eher auf eine Pilgerfahrt nach Rom, als daß sie diese Angst bis zu Ende ertrüge; und dennoch wäre dieses besser als alles, was du statt dessen tun könntest; denn leiden ist besser als wirken. Du aber denkst zurück an die Süßigkeit, die du beim Empfang des Herren-leibes zuweilen verspürtest, an den Wohlgeschmack und an das

Gotteswort; so windet sich die arme Natur hin und her und möchte dies alles gerne wieder erhalten.

Meine Lieben! Versteht mich recht, und sagt nicht, ich habe euch das Sakrament und das Wort Gottes verboten! Wahrlich, nein! Im Gegenteil! Auf den beiden ersten Stufen ist nichts einem wahren und lebendigen Fortschritt nützlicher als das heilige Sakrament und das Wort Gottes. Aber auf der dritten Stufe ist jegliche Hilfe ein Hindernis. Und sucht der Mensch solcherart Hilfe, so tut er, als kehre er Gott den Rücken und den Nacken zu und spräche: „Ich will nichts mit dir zu tun haben, ich will mich anderswo umsehen." Für unseren Herrn ist das, als ob er aufs neue gekreuzigt würde, da er sein Werk in dir nicht vollenden kann. Oh, um welch großes, unermeßliches Gut hast du dich hier gebracht!

Jetzt nehmen wir uns des heiligen Bernhard Wort wieder vor: Ach, wo nimmt dieses Leid ein Ende? Wohin gelangen die, welche unter dieser Entblößung und diesem Druck stehen? Ach, ihr Lieben! Welch köstliches Ende! Sie werden überformt und mit Gott vereinigt. Das versichert uns Sankt Paulus, der edle Kirchenfürst, der es in der Schule der Wahrheit gelernt hat, in der Schule des dritten Himmels, im Spiegel der göttlichen Wahrheit. Er sagt: „Wir werden von Herrlichkeit zu Herrlichkeit zu demselben Bilde (des Herrn) gestaltet. Das kommt vom Geist des Herrn." Wie der Geist den Menschen anzieht und ihn in sich umwandelt — so wie er zu Sankt Augustinus sprach: „Du sollst in mich verwandelt werden" —, wie diese Umwandlung vor sich geht, können nur die wissen, die das erlebt haben. Das kann nicht in der Ungelassenheit geschehen, sondern (nur) in lauterer Gelassenheit.

Es gibt Menschen, die noch in den Übungen der Anfangenden stehen und in die diese Überformung hineinleuchtet, gleichsam in einem übernatürlichen Blick, etwa einmal vielleicht in der Woche oder auch mehrmals, so wie es Gott ihnen gibt, und in dem Maße, wie es von ihnen aufgenommen wird, zuweilen mit deutlicher Erkenntnis, zuweilen ohne diese in Dunkelheit. In solchem Zustand ihrer Seele empfangen diese Menschen die Berührung der verwundenden Liebe, andere

223

werden hereingenommen und gebunden durch die gefangene
Liebe. Was sich in dieser Gefangenschaft ereignet, das ist besser
zu erfahren, als darüber zu sprechen; solche Menschen werden
dann die besonnensten und die geordnetsten aller Menschen.

Könnten wir (doch) alle dahin gelangen. Dazu helfe uns
Gott. Amen.

Scriptum est in Iohanne: „Caro mea vere est cibus,
sanguis meus vere est potus"
Bei Johannes steht geschrieben: „Mein Fleisch ist wahrhaftig eine Speise
(und) mein Blut wahrhaftig ein Trank" (Joh. 6, 55)

32

Die dritte Auslegung vom heiligen Sakrament spricht von seiner
Würde, seinem Nutzen und der Vorbereitung zu seinem Emp-
fang und äußert ganz erhabene Gedanken, wie sie nur einem
lauteren, schlichten, lebendigen Glauben zugänglich sind.

JE MEHR GNADEN der Mensch empfängt, um so mehr steht
er (bei Gott) in Schuld und um so mehr muß er ihm seine
Dankbarkeit erweisen: ihn loben, verherrlichen, ihm dienen.
Nun sind alle Übungen der Frömmigkeit, alle Gaben und alle
Gnaden nur ein *Weg* auf Gott hin, eine Vorbereitung, durch
die der Mensch bis zu Gott und in Gott gelangt. Aber die Gabe
des Herrenleibes ist *Ziel* und Lohn; es ist Gott selbst, unmittelbar, ohne alle Unterscheidung; er selber ist es, der sich
dem Menschen unmittelbar gibt, nicht unter einem Bild und
Gleichnis, und er vereinigt sich mit ihm in aller Schlichtheit
und unvermischt. Das ist denn wahrlich eine überaus liebreiche
Gabe, über alles Wesen erhaben, ein Fest aller Feste. Am Gründonnerstag kann man es nicht angemessen begehen, denn
Ostern liegt zu nahe, und wegen unserer Schwachheit und
seiner Größe können wir es nicht in genügender Weise feiern.
Dem hat die heilige Kirche abgeholfen und hat dieses Fest ein
zweites Mal eingesetzt, damit wir von neuem mit all unserer
Kraft, unserer Liebe zu diesem wunderbaren Werk hinzutreten,
um es mit all unseren Fähigkeiten und der ganzen Kraft unseres

Fühlens zu betrachten, es mit Dankbarkeit und in Liebe zu loben und uns, soweit wir können, (über die Schwäche unserer Natur) zu erheben.

Aber kommen wir zu den Worten (der Heiligen Schrift): „Mein Fleisch ist wahrhaftig eine Speise und mein Blut wahrhaftig ein Trank." Die, welche das heilige Mahl nur von außen, mit den Sinnen, betrachten, sehen darin nur eine Speise, einen Trank, Brot und Wein. Sie schmecken und wissen nichts von der edlen Frucht und der unaussprechlichen Süße, die sich hierin verbirgt. Die anderen Speisen, deren sich der Mensch bedient, sind, für sich betrachtet, niedrig, tot und wertlos; (erst) im Menschen empfangen sie Leben, werden sie (gleichsam) geadelt; im Gegensatz hierzu *lebt* diese edle Speise; sie ist selbst das Wesen des Lebens, und alle, die sich an dieser Speise laben und damit nähren, werden ewig leben, wie denn unser Herr mit eigenen Worten sagt: „Wer mein Fleisch ißt und mein Blut trinkt, wird ewiges Leben besitzen." Als er dies sprach, verließen ihn viele seiner Freunde, weil sie seine Worte nicht verstanden, und sagten: „Wer kann solche Worte anhören?" Sie nahmen sie nur mit den Sinnen auf und darum verließen sie ihn. Aber diese Gabe steht weit über der Fassungskraft der Sinne. Hier sind der Spender der Speise und die Speise selbst eins.

Nun wäre von der hohen Würde dieser Nahrung dreierlei zu sagen: Zu sprechen wäre erstens von der über alle Maßen hohen Würde dieser Speise, zweitens von dem gewaltigen und unbegreiflichen Vorteil, den sie durch ihre Wirkung denen bringt, die sie genießen; drittens von der Art, wie man sich auf ihren Empfang vorbereiten soll. Von alldem will ich gerne zu euch sprechen, soweit mir Gott die Gnade hierzu gibt. Doch kann ich mir nicht denken noch beurteilen, mit welchen Worten man von solch hohen, wunderbaren, geheimnisvollen, kostbaren Dingen sprechen soll, die so unaussprechlich sind und weit über alles Denken und alle Fassungskraft von Menschen und Engeln und allen Geschöpfen im Himmel und auf Erden hinausgehen. Hätten wir hier einen ganz und gar lauteren und innerlichen Menschen, innerlich in der wahren Bedeutung des

Wortes, der könnte hiervon etwas wissen, in fühlender, kostender, schauender Weise[1], aber er könnte es nicht in Worte bringen und niemandem davon mitteilen, ja auch nicht mit den Sinnen noch mit der Vernunft erfassen.

Leider findet man viele Leute in geistlichem Gewand, die all ihr Lebtage, von der Kindheit bis ins Alter, ganz auf ihrem eigenen Selbst stehen, in einem Leben der Sinne und in mannigfaltiger Wirksamkeit, vom einen ins andere wechselnd, von diesem zu jenem. Solche können von dem Reichtum (des heiligen Sakramentes) nichts wissen, den teuren, edlen Schatz nicht verkosten noch seiner gewahr werden, denn sie können nur über den Eindruck ihrer Sinne etwas in sich aufnehmen. Die (aber), welche diesen unsagbaren, unbegreiflichen Adel (des heiligen Mahles) in Wahrheit gewahren wollen, die müssen sich von allen abgeschieden halten, geduldig, allein, innerlich.

Das soll man aber nicht so verstehen, wie viele Leute tun, daß man dahin nur gelangen könne unter Verzicht auf alle Dinge, ganz und gar entsagend, und darum ein ganz abseitiges Leben führen müsse. Geht das nicht, so wenden diese Leute sich (von ihrem Ziel) ab und geben sich zufrieden. So sollst du nicht handeln. Gib dich nicht so leicht zufrieden (mit dem Verzicht) auf das beste und reinste Gut als einer Sache, die dir nicht erreichbar wäre. Wendest du Fleiß darauf, so kannst du Gott gewinnen und das edle, lautere Gut, in welcher Lage und in welchem Zustand du immer seiest. Aber du mußt sorgsam auf dich selbst achten und dich selbst ansehen und in dich hineinsehen in all der Ungelassenheit (deines Tuns), in deinem Gehaben und deinen Handlungen, beim (Verkehr mit) allen Menschen, in dem, was du tust oder läßt; in deiner äußeren Tätigkeit soll der größte Teil nach innen gekehrt sein, soll vorwärtsdrängen und nach innen schauen. Und ist man frei und untätig, dann soll man mit allen Teilen, Kräften und Sinnen nach innen gesammelt, geeint und in den Grund versunken sein.

Ihr Lieben, von diesem unsagbaren Adel zu sprechen ist uns

---

[1] Unter Benutzung von Corin, Sermons II, 104, Anm. 4.

unmöglich, und wir könnten es nicht verstehen. Hätten wir einen Menschen hier, in seinem natürlichen Adel, in der Lauterkeit Adams im Paradies, im Naturzustand ohne jegliche Gnade, nur in seiner bloßen Natur, so wäre dieser Mensch so licht und lauter, so wonnesam und reich an Gottes Huld, daß kein Mensch seine Lauterkeit verstehen noch mit der Vernunft begreifen könnte. Aber wie könnte eine Vernunft diesen über allem Sein liegenden Abgrund erfassen, wo diese liebevolle Speise mit dem Menschen auf wunderbare Weise vereinigt wird, ihn ganz in sich zieht und sich verwandelt! Das ist inniger als jegliche Einigung, die sich menschliche Vernunft erdenken kann, in alle und über alle Verwandlung hinaus, weit mehr als ein Tröpflein Wasser sich in einem Fuder Wein verliert und mit ihm vereinigt wird oder der Sonne Schein mit ihrem Glanz oder die Seele mit dem Leib, die (beide) *einen* Menschen und *ein* Sein ausmachen. In dieser Vereinigung wird der (menschliche) Geist gezogen und erhoben über seine Schwäche, über seinen natürlichen Zustand, seine Ungleichheit (Gottes Wesen gegenüber) hinaus; er wird geläutert, verklärt, erhoben über all seine Kraft, über sich selbst, über seine ihm eigene Art hinaus; all sein Wirken und Sein wird von Gott durchdrungen und in göttliche Weise geleitet und übergeführt; da wird die Geburt in Wahrheit vollendet, der (menschliche) Geist verliert jede (ihm noch eigene) Ähnlichkeit mit Gott[2]: er verfließt in die göttliche Einheit.

So wirkt das Feuer auf das Holz; es nimmt ihm Feuchtigkeit, Grüne, grobe Beschaffenheit und macht es wärmer, hitziger und gleicht es seinem Wesen an. Nähert sich das Holz langsam der Art des Feuers, so verliert es seine Ungleichheit immer mehr und zuletzt entzieht binnen kurzem das Feuer dem Holz seine (eigene) Materie; es wird Feuer und kann nach

---

[2] Wie Corin, Sermons II, 107 Anm. 1 darlegt, ist hier bei der schwierigen Beschreibung der Einigung der Seele mit Gott dem von manchen Hss. gebrauchten Ausdrucke „ungelicheit" = frz. „disconvenance" der gegenteilige „gelicheit" = frz. „convenance" vorzuziehen. Corins Ausführungen haben viel für sich; ich bin daher in der Wahl eines umschreibenden Ausdrucks Corin gefolgt.

gleich oder ungleich nicht mehr mit dem Feuer verglichen werden; denn es ist Feuer geworden, hat nichts mehr Eigenes, ist eins mit dem Feuer. In der Einheit verliert sich (eigenes, vergleichbares) Wesen. So ganz zieht diese liebevolle Speise den Geist aus seiner Ungleichheit (vor Gott) in die Gleichheit und aus dieser in göttliche Einigung. Das geschieht dem verklärten Geist, der (eigene) Ungleichheit und Gleichheit verloren hat. Wem Gottes Brand im Feuer der Liebe alle Feuchtigkeit und Grobheit und Ungleichheit benommen hat, der verliert sich beim Empfang dieser Speise in der Gottheit. So sprach doch unser Herr zu Sankt Augustin: „Ich bin eine Speise großer Leute, wachse und iß mich, du sollst mich nicht in dich verwandeln, sondern du wirst ganz und gar in mich verwandelt werden."

Aber, ihr Lieben, bevor dies geschieht, muß die (menschliche) Natur manchen Todes sterben. Manchen wilden, wüsten, unbekannten Weg leitet Gott den Menschen, zieht ihn und lehrt ihn sterben. O welch edles, fruchtbringendes, wundersam wonniges Leben erwacht in diesem Sterben! Welch erhabenes, abgründiges, lauteres Gut bedeutet (doch) sterben können!

Ihr seht doch, daß unsere leibliche Nahrung, Brot, Wein und alles, was wir zu uns nehmen, sich selbst sterben und sich auflösen muß, ehe sie in unsre Natur aufgenommen und (mit ihr) vereinigt werden kann. Das bedeutet vielfachen Tod. Die Speise muß gänzlich zunichte werden und sich selbst auflösen, ehe sie in den Magen kommt, dann von neuem zunichte werden, bevor sie zum Herzen, zur Leber, ins Haupt gelangt, mit den Sinnen eins und verständig zu werden. In diesem Zustand ist die Nahrung so ungleich (ihrem früheren Aussehen), daß kein noch so lebhaftes und durchdringendes Auge, kein Sinn das fassen kann, daß es (ursprünglich) eine Speise war. Ja sie wird so fein, daß kein Sinn finden kann, wo die verflüchtigten Teile liegen und wirken; man kann es glauben, mit den Sinnen aber nicht fassen.

Noch viel weniger kann man begreifen und dem nachgehen, wie der (menschliche) Geist zunichte wird in der Vereinigung mit Gott, wo er sich so verliert, daß keine Vernunft erkennen kann, ob er jemals ein Geschöpf gewesen. Unbesonnene, törichte

229

Leute fassen das in sinnlicher Weise auf und reden davon, sie würden in die göttliche Natur verwandelt; das ist eine ganz böse, trügerische Irrlehre. Selbst in der höchsten, innigsten, tiefsten Vereinigung mit Gott ist die göttliche Natur und göttliches Sein gar hoch über aller Höhe; da geht (der menschliche Geist) in einen göttlichen Abgrund, den ein Geschöpf niemals erlangt[3]. Keine (menschliche) Vernunft ist so scharf, daß sie die wunderbaren Wege der (leiblichen) Speise oder den Adel der (menschlichen) Natur begreifen kann; wie willst du da dem verborgenen Abgrund nahekommen, den diese (heilige) Speise innerlich in dem geläutertsten Geist wirkt, der verklärt ist, wo doch der arme äußere Mensch träge und schläfrig und unbeholfen zu allen Dingen ist! Das ist ein unergründlich Ding! Laßt daher euer Geschwätz, eure Auslegungen, eure Streitereien darüber. Das ist ein Geheimnis, das im verklärten Geist inwendig im Grunde, in Gott verborgen ist.

Wenn nun einige Leute sich tagsüber drei- oder viermal versammeln, hohe Gedanken haben, beten, sich (darob) wohl befinden, Trost und Süßigkeit verspüren, so glauben sie, alles sei recht getan und sie seien recht gut daran. In Wahrheit sind sie (vom Ziel) noch unermeßlich weit entfernt. Wir sind zu ungemein großen Dingen geschaffen, gerufen und geladen, und der getreue Gott nimmt es (uns) gar sehr aufs höchste übel, daß wir uns an so kleinen Dingen genügen lassen, denn er gibt nichts so freigebig und bereitwillig wie sich selbst, und das in starkem Maß in der höchsten und köstlichsten Weise. Und darum sollten wir bei jeder Gabe recht gedehnt und gespannt sein gegen Gott mit all unseren Sinnen und Kräften und Herzen, mit sehnendem Begehren und mit Qual wie nach Gott selbst und sollten all unser leibliches und seelisches Vermögen ausdehnen, derart, daß uns Geringeres (als Gott) nicht genügte, nicht in sinnlicher[4], bildhafter, sondern in übernatürlicher

---

[3] Nach Naumann (Auswahl), im Anschluß an den BT, der die gegebene Übersetzung ermöglicht.

[4] Vetters Lesart „gefüglicher" (122, 18) ist nach Corins Hinweis (Sermons II, 110 Anm. 1) auf Hs. Ge 1, die „bevoeliker" hat, in „gevülicher" = „in der Weise der Sinne" zu ändern.

Weise. Stets sollten wir dem göttlichen Abgrund zustreben, dem wir niemals so nah und so hoch kommen können, als daß wir nicht noch näher und höher kommen könnten.

O welch großen unermeßlichen Schaden fügen sich viele Menschen zu, denen dies alles in den Sinnen und den niederen Kräften verbleibt, die dies alles in der Weise der Sinne erfassen. Sie kommen nicht voran, und es wird nichts aus ihnen. Bliebe die leibliche Nahrung im Magen und würde nicht weitergeführt und ins Herz, den Kopf, die Gliedmaßen verteilt, so müßte die (menschliche) Natur verderben, und es würde nichts aus ihr. Ganz ebenso ist es bestellt mit den Menschen, die Gott nur im Bereich ihrer niederen Kräfte empfangen, ihrer Sinne, ihrer Gedanken und ihn nicht weiterkommen lassen. Von solchen kommt keiner je zu dem lauteren Gut, zu dem uns Gott kraft dieser hohen, edlen, lieblichen Speise gerufen und geladen hat, es sei denn, der Grund (des Menschen) werde mit allen Kräften, den oberen und niederen, Gott verbunden und ihm mit aller Kraft dargeboten, weit über alles Vermögen hinaus mit lauterem, schlichtem Glauben, der Leben in sich trägt, nicht mit einem gedachten und gemachten, der dem Leben kein Licht verleiht. Sieht die Gottheit Gottes, daß der Mensch nicht mehr vorankommt, so kommt sie und wirkt geheimnisvollerweise, von der die (menschliche Natur) nichts gewahr wird, weit über Natur und natürliche Weise hinaus.

In solcher Weise ist die (göttliche) Hilfe dem Menschen (gerade) am bereitesten, am eigensten, sichersten und erfahrbarsten in diesem edlen, anbetungswürdigen Sakrament, in dem Gott sich wesentlich, persönlich, eigentlich und wahrhaftig (dem Menschen) darbietet. Darum sollen alle Menschen, welche die Liebe und den Wunsch in sich fühlen, zur höchsten Stufe der Wahrheit zu gelangen, sich so verhalten, daß sie oft und zu angemessener Zeit diese lebendige Speise empfangen können. Und bemerken sie, daß dies für sie einen Fortschritt und eine Zunahme ihrer Liebe bedeutet und daß keinerlei Unachtsamkeit noch Mangel an Achtung dabei unterlaufe, so ist ihnen dieses heilige Mahl um so nutzbringender und fördernder, je öfter sie zum Tisch des Herrn gehen. Ganz offen sagt der heilige Augustin hierüber:

231

„Wenn es für die, welche in sich dieses Wachstum und diesen Fortschritt, Liebe und Sehnen nach dem Leib des Herrn verspüren, gut ist, ihn zu besonderer Zeit zu empfangen, warum sollte es nicht fruchtbringend (für diese) sein, täglich zum heiligen Mahl zu gehen?" Denn was uns würdig macht, kommt niemals, in keiner Weise von menschlichem Werk und von unserem Verdienst, sondern nur von der Gnade und den Verdiensten unseres Herrn Jesus Christus, ein reines Überfließen der Gabe Gottes in uns.

Wenn dies einmal des Jahres geschehen kann, einmal im Monat oder in der Woche, warum sollte diese Gnade uns nicht täglich gegeben werden können, wenn ein edler Mensch es begehrt und von seiner Seite alles tut, was in seiner Kraft steht? Und wisset, ich kenne für alle die Menschen, die zur Vollkommenheit gelangen wollen, keinen sicherern, verlockenderen, kürzeren und nützlicheren Weg, und ich wage es, ohne Zögern all meinen Freunden (diesen) gewißlich zu raten, wenn sie nur finden und erfahren, daß ihre Ehrfurcht nicht abnimmt, daß Liebe und Andacht (aber) wachsen und zunehmen. Nichts macht einen Stoff so sehr und so gut fähig, Feuer zu werden, als ihn dem Feuer nahe zu bringen und ihn immer mehr von der Wärme durchdringen zu lassen. Dieser Stoff könnte noch so feucht sein, er könnte Stein oder Stahl sein — bleibt er nur in der Nähe des Feuers, so wirkt dies auf ihn ein und macht ihn sich ähnlich; oder aber es zieht ihn ganz in sich und verwandelt ihn in Feuer oder in einen entflammbaren Stoff. Ebenso kann ein Mensch noch so dem Bösen ergeben, noch so hart, noch so durchtränkt von Sünden, dem Schlechten zugeneigt sein — mag es sich nun um die Welt oder die Geschöpfe handeln —, wenn er sich diesem göttlichen Feuer oft, in ernster Andacht, in reiner Gesinnung nahen will und tun, was er von seiner Seite nur vermag, so wird er diesem Feuer nicht nahe bleiben, ohne daß sein trockenes, steinernes, stählernes Herz warm werde, weich, feurig und göttlich. Es gibt keine bessere, keine höhere Zubereitung (für den Empfang des heiligen Mahles) als Gott selber.

Wäre morgen ein großes Fest und ich wollte mich nach besten Kräften darauf vorbereiten, so wäre die nächste und höchste

Weise die, heute mit aller Andacht den werten Gott im heiligen Sakrament zu empfangen. Wie könnte ich mich besser, liebevoller, heiliger, göttlicher vorbereiten, ihn zu empfangen, als durch ihn selbst? Wie könntest du besser deine grobe Unvollkommenheit, den alten sündhaften Menschen, deine Natur, Sitte und Weise erneuern, wie eine neue Taufe, wie eine zweite Geburt (erleben) als dadurch, daß du den wahren Sohn Gottes, seinen wahren, lebenden, göttlichen, heiligen Leib empfingest, sein heiliges (deine Unvollkommenheiten) abwaschendes Blut, seine heilige Seele, seinen Heiligen Geist, sein liebevolles Herz, seine ewige Gottheit, seine zarte Menschheit, seine Heilige Dreifaltigkeit, alles, was er ist, hat und vermag? Wie kann man einem das Geringste versagen, wenn man ihm das Größte zugesichert hat? Welches Geschenk könnte dem zu groß erscheinen, der sich selbst ganz und gar hingegeben hat? Sein Wille ist ja nicht, im höchsten Für-sich-Sein zu weilen, sondern unter den Menschenkindern zu sein, wie er ja selbst sagt: „Meine Freude ist, unter den Kindern der Menschen zu sein", wie in meinem Herzen und meiner Seele.

Ihr Lieben! Dies habe ich euch gesagt durch die Gnade Gottes, denn es geht über das hinaus, was die Lehrmeister hiervon gesprochen haben, und ist das Beste, was ich gelesen habe. Sankt Thomas sagt: „Alle die Gnade, die unser Herr Jesus Christus der (ganzen) Welt brachte, als er Mensch ward, die bringt er einem jeglichen Menschen mit seinem heiligen Leib, und alle Frucht, die uns sein heiliger Tod, seine Auferstehung und Himmelfahrt, seine Verklärung und die Seligkeit seines heiligen Leibes und seiner heiligen Seele und seine Gottheit haben zuteil werden lassen, bringt er einem jeglichen Menschen." Er nennt hiermit alles, woran man (nur) zu denken vermag.

Nun will ich einen groben Vergleich bieten für Weltleute, denen alles nur in Gestalt sinnlicher Bilder eingeht. Lebte da ein gewaltiger Kaiser, dem alle Schätze, Herrschaft, Reichtum, Schönheit, Wissen, alle Befriedigung der Menschen und Geschöpfe, ganz nach seinem Wunsch und in jeder Weise gehörten, und nähme dieser den alleraussätzigsten Menschen mit Blattern, übelriechend, blind und lahm, (zu sich) und vereinigte sich ganz

mit diesem Menschen in so enger Einheit, daß er sein Herz und
Haupt, seine Hände und Füße und alles, was er innen und
außen wäre, völlig in des armen Menschen Körper einfließen
ließe, so daß des Kranken Glieder die des Kaisers würden, so
wäre das (wahrlich) eine wunderbare, eine über alles Maß hinausgehende Liebe! Tausendmal größer, alles Begreifen weit
hinter sich zurücklassend, ist die Vereinigung, die am Tisch des
Herrn stattfindet, und auch des Heilands Liebe übersteigt all
unsere Fassungskraft. Von der Frucht (dieses Mahles im Menschen) wäre noch mehr zu sagen; aber was ich gesagt habe, ist
nichts demgegenüber, was man darüber sagen müßte. Bitten wir
unseren lieben Herrn, uns das zu geben, woran es uns gebricht.
AMEN.

Caro mea vere est cibus et sanguis meus vere est potus
Mein Fleisch ist wahrhaftig eine Speise und mein Blut wahrhaftig ein Trank
(Joh. 6, 55)

33

*Die vierte Auslegung vom heiligen Sakrament (des Altars) han-
delt von dauernden und von vorübergehenden Hindernissen,
die den Menschen nicht vorankommen lassen, so daß er die
Frucht (des heiligen Mahles) nicht empfängt; es werden mehrere
im einzelnen genannt, Sünden, die immer wieder vorkommen,
eine größer als die andere.*

„Mein Fleisch ist wahrhaftig eine Speise, und
mein Blut ist wahrhaftig ein Trank." Wie ich gestern sagte, wollte
ich sprechen von der Würde des Altarsakramentes — obgleich
das niemand (in angemessener Weise) vermag —, von seinem
Nutzen und von der Vorbereitung dazu. Dieses letzte Stück
ist noch zu behandeln. Obwohl all dies über unsere (menschlichen) Kräfte geht, so erraten wir doch etwas davon; ich sagte
euch, was der heilige Thomas darüber spricht, (nämlich) daß all
die Verklärung und die Gnade und die Seligkeit, die unser Herr
Jesus Christus der ganzen Welt gebracht hatte, durch seine
Menschheit, lebend und tot, leidend und auferstehend und zum
Himmel fahrend, daß er dies einem jeglichen Menschen bringe
durch (den Genuß) seines heiligen Leibes. Ja man kann sich
keine Gnade ausdenken, die irgendein Mensch begehren könnte,
die darin nicht beschlossen und inbegriffen wäre.

Du magst darüber so tief, so hoch, so innerlich nachdenken,
wie du immer willst: alle die Übungen (der Frömmigkeit), die

der Mensch aus eigner Kraft vorzunehmen vermag, sind nichts dagegen; sie können (wohl) göttlich sein, aber hier ist Gott selbst; hier wird der verklärte Mensch in Gott verwandelt, wie er selber zu Sankt Augustin sprach: „Nicht ich (werde) mich in dich (verwandeln), sondern du (wirst) ganz in mich (verwandelt werden)." Was du nur immer willst oder begehren kannst, die Überwindung deiner Gebrechen, Gewinn von Gnade oder Tugenden, Trost, Liebe, das findest du hier, wenn du es nur recht suchest. Hätte ein Mensch hundert Jahre gelebt und täglich hundert oder tausend Todsünden begangen — gäbe ihm Gott eine ganze, wahre Abkehr von seinem Sündenleben, so daß er mit diesem Entschluß zum Tisch des Herrn ginge, so wäre die Vergebung all seiner Sünden in einem Augenblick durch diese hohe, edle Gabe für unseren Herrn ebenso leicht als für dich, ein Stäubchen von deiner Hand zu blasen; und diese Abkehr könnte so kräftig sein, daß alle Pein und Buße damit zugleich weggewischt wäre, und dieser Mensch könnte ein großer Heiliger werden[1].

Es ist eine gute Gewohnheit hier in Köln, oft den Leib des Herrn zu empfangen; aber man empfängt ihn in recht unterschiedlicher Weise. Die einen empfangen ihn mit dem Munde, aber weder mit dem Geiste noch mit der Seele[2]; das sind die, welche ihn (im Stand der) Todsünde nehmen, so wie Judas es getan. Die anderen nehmen ihn (zwar) leiblich, doch auch geistlich in ihre Seele; aber sie erhalten wenig Gnade, Frucht und Trost davon: das sind die, welche ihn mit ihren vielen täglichen Sünden empfangen, unbereitet und unandächtig. Die dritten gewinnen große heilige Frucht und unermeßlichen Nutzen aus dem Empfang. Die vierten nehmen ihn auf geistliche Weise, ohne zum Tisch des Herrn zu gehen. Das sind gute lautere Herzen, die sich nach dem heiligen Sakrament sehnen und denen es

---

[1] Da Tauler in diesem Satz mit der Person wechselt — „wenn er ginge ... du könntest" —, ist hier, wie auch bei Corin, eine Angleichung innerhalb des Satzes vorgenommen worden; vgl. Corin, Sermons II, 116.

[2] Die Übersetzer, z. B. Corin, Sermons II, 117, sagen: „sacramentellement", oder Oehl, S. 58: „sakramentlich". Ich versuche, durch Umschreibung den Gegensatz, auf den es Tauler hier ankommt, deutlicher zu machen.

zur Zeit nicht gegeben werden kann. Diese empfangen die Gnade des Sakramentes vielleicht in höherem Maß als diejenigen, welche es tatsächlich empfangen, je nach ihrem Begehren und ihrer Gesinnung.

Ein guter Mensch kann es hundertmal des Tages auf diese Art nehmen, er befinde sich wo immer, er sei krank oder gesund. Obwohl man den Leib des Herrn keinesfalls mehr als einmal des Tages in der Gestalt des Sakramentes nehmen soll, so kann man ihn doch geistlich empfangen in heiligem Sehnen und heiliger Andacht, und das mit unermeßlicher Gnade und großer Frucht. Empfängt ein Mensch das Sakrament allzeit auf die rechte Weise, so wird ihm das für seine Seele und im ewigen Leben zum Vorteil gereichen, sofern Gott ihm vergönnt, daß er (in der Stunde seines Todes) ohne schwere Sünde ist; doch werden die lieblichen Ausflüsse und die unzähligen Gnaden, die hier gegeben werden, solchen Menschen nie zuteil; denn sie bleiben bei den äußerlichen Zeichen stehen, gelangen nicht in den Grund und werden ihrer täglichen Sünden nicht ledig. Lau gehen sie zum Mahl des Herrn, gnadenlos gehen sie davon, bleiben leer, tatenlos und kalt und schreiten der großen Hindernisse wegen nicht voran.

Was sind das nun für Hindernisse, die dem Menschen solch unaussprechlichen Schaden zufügen, daß sie diesen teuren Schatz nicht erhalten, der Himmel und Erde mit Reichtum erfüllt, während sie selbst (seiner) leer und ledig bleiben, wie ihr es wohl täglich an manchen Menschen seht? Das müßt ihr so verstehen: das sind die täglichen Sünden, die die Liebe in ihren Werken erkalten lassen, das Herz zerstreuen, die Andacht vertreiben und hindern, den heiligen Trost wegnehmen und vertreiben und die Vertrautheit zwischen Gott und Mensch zerstören und diesen jenem entfremden. Wenn diese Gebrechen auch die Gnade in ihrem Sein nicht ganz zunichte machen, so richten sie doch einen Schaden an: sie schaffen Gelegenheit, Nähe und Neigung, die Gnade zu verlieren und in Todsünden zu fallen, obwohl sie selbst nur leichtere Sünden sind.

Diese täglichen Hindernisse, diese Gebrechen sind von zweierlei Art: die einen sind Gewohnheitssünden, die anderen Gelegenheitssünden. Aber die einen wie die anderen hindern den seligen Einfluß der Gnade des heiligen Sakramentes (auf uns). Versteht den Unterschied: die Gewohnheitssünden, die für viele ein großes Hindernis bedeuten, bestehen darin, daß der Mensch sich willig und wissentlich von den Geschöpfen einnehmen läßt und das mit Liebe und Genugtuung (tut), welcher Art diese Geschöpfe auf Erden auch seien, lebende oder tote, ohne daß Gott der wahre Anlaß dieser Anhänglichkeit ist.

Meine Lieben, all das, woran der Mensch ein sinnliches Genüge sucht oder findet, gehört zur täglichen Sünde, und zuweilen ist diese so groß, daß man zehn Jahre oder mehr dafür im Fegefeuer büßen muß. Diese Sünden sind so eingewurzelt, daß der Mensch um der Liebe Gottes willen die Geschöpfe nicht lassen will und nicht die Befriedigung, die er an ihnen findet, derart, daß die Geschöpfe den Platz Gottes in diesem Menschen einnehmen und Gott in solchem Menschen weder wohnen noch wirken kann.

Der Mensch muß also prüfen, was in ihm ist: vielleicht ist er es selbst in ungeordneter Neigung zu sich oder[3] seine Verwandtschaft oder seine Ehefrau. Ach, ihr Lieben, solch Gebresten ist heute sehr verbreitet: jeder will (Besitz) gewinnen, gewinnt (ihn) auch, häuft an, bewahrt (ihn) und dabei ist man so geizig! Das tun geistliche und weltliche Leute; niemand ist zufrieden mit dem, was er besitzt, jeder denkt, wie er viel sammeln kann; und so bauen sie große Häuser und bemalen sie in törichter Weise; dort sammeln sie Wunderdinge, ihre Sinne zu vergnügen, silberne Trinkgefäße, Zierat, Kleider und schönen Hausrat. Und daran wollen sie ihre Freude haben und damit sich sehen lassen.

So befestigen sie so recht die steten täglichen Sünden mit ihren sinnlichen Gelüsten für sich und in sich, und zuweilen ist ihnen leid, daß sie so wenig Zeitvertreib haben, und sie suchen Freundschaft, Kurzweil und leichtfertige Vergnügungen, worin sie Gott weder suchen noch an ihn denken, noch finden. Ach, ihr Lieben, wie nahe verwandt sind solche Dinge dem mörderischen Schaden

---

[3] Vetters Lesart „uf" (127, 9—10) wird von Corin, Sermons II, 119 als niederrheinisch „of" = „oder" aufgefaßt. So entsteht ein verständlicher Text.

der Todsünde, innerlich und äußerlich! Ehe man es denkt oder bemerkt, ist man in eine gefallen.

Meine Lieben! Das sind die gewohnheitsmäßigen Hindernisse, mit denen gar manche Menschen, der eine wie der andere, zum Tisch unseres Herrn geht. Aber jeder will an seiner Weise festhalten und keines dieser Dinge preisgeben. So fühlen solche Menschen weder Gott noch eigenen Trost; aber sie machen sich nicht viel daraus, kehren sich wieder an ihre Dinge, an die Geschöpfe und tragen (dennoch) vierzig oder fünfzig Jahre geistliches Gewand; wisset, es ist sehr die Frage, ob sie (am Jüngsten Tage) gerettet werden können, denn ihr Grund ist an das Geschöpfliche gewöhnt und wissentlich darein verstrickt. Wisset, solche Leute wissen nicht, wie es mit ihnen steht. Freilich finden sie viele Ausreden: „Ich muß dies (nun einmal) haben, dies schadet nichts und das (auch nicht)." So weisen sie den Hindernissen in sich selbst einen Platz an, und diese vereinigen sich so sehr mit ihrer Natur, daß sie keine Gewissensbisse (ihretwillen) mehr spüren und ihnen keine Aufmerksamkeit mehr schenken. Das sind starke, große Hindernisse, wie Trutzburgen gegenüber Gottes Werk, so daß sie dessen gar nicht mehr gewahr werden, was immer sie auch tun; denn in dem Maß, wie die Geschöpfe den Menschen erfüllen, ebensoviel muß Gott mit seinen Gnaden vor ihm umkehren.

Kommen nun die Gelegenheitssünden. Und das heißt, daß ein Mensch von einem Geschöpf, es sei lebend oder tot, nicht besessen oder gefangen ist; er ist allzeit bereit, das zu verlassen, von dem er mit Sicherheit wüßte, daß (seine Anhänglichkeit daran) Gott mißfiele, was es auch sei: Menschen, Freunde oder (irdische) Güter. Aber dennoch ist solch ein Mensch nicht so wachsam, wie er sein müßte, er ist von seiner Natur her geneigt, sich durch seine natürlichen Gebrechen überwinden zu lassen, das sei nun, was immer: Zorn, Stolz, Faulheit, leichtfertiges Gerede. Findet sich eine Gelegenheit zu solchen Fehlern, zu denen er neigt, so vergeht er sich, indem er zu viel redet, trinkt oder ißt oder indem er sich unangemessener Freude oder übertriebener Geschäftigkeit überläßt. Diese Sünden sind, an sich betrachtet, zwar auch größere Sünden; kommen sie aus (menschlicher) Schwäche oder mangelnder Vorsicht, so sind sie (Gottes Wirken gegenüber) unvergleichlich kleinere und viel geringere Hindernisse (als die Gewohnheitssünden), denn der Grund (eines solchen Menschen) ist rein, obgleich die Unbesonnenheit böse ist.

Wollte indes ein solcher Mensch heute oder morgen zum Tisch des Herrn gehen und sich dann vor solchen Dingen nicht hüten, so würde das sicher sehr die liebevolle Zusammenkunft der Vereinigung beeinträchtigen, das Vertrauen verringern, das Gemüt zerstreuen und zerspalten, so daß dieser Mensch unempfänglich würde für den liebreichen Einfluß und das verklärte Licht in seinem Innern.

Wenn dieser Mensch nun gestern und gegen seinen Willen in solcher Weise gesündigt und das in ihm bittere Reue ausgelöst hätte, so hinderte (ihn) das nicht so sehr (zum Tisch des Herrn zu gehen), als wenn es heute geschehen wäre; denn die Bitternis (des Herzens) und die Bedrängnis bei dieser Betrachtung scheuern den Rost des Gebrechens zum großen Teil ab.

Wäre solch ein Mensch aber heute wieder so achtlos und ließe sich (durch die Gelegenheit zur Sünde), wie etwa durch Schwätzereien, Zeitvergeudung oder (ungeordnete) Geschäftigkeit, zerstreuen, so hinderte ihn das sehr (zum heiligen Mahl) zu gehen; ein Hindernis (käme so) zum anderen. Aber der Mensch darf um solcher Dinge willen nicht ganz und gar darauf verzichten, (zum Tische des Herrn zu gehen). Geht man so zum Empfang des heiligen Sakramentes, so sündigt man damit nicht, sofern einem (die Gelegenheitssünden) leid sind; kann man sich doch des nächsten Tages um Besserung bemühen.

Auch die (leibliche) Natur kann zu ungehörigem Verhalten führen, etwa wenn der Mensch zuviel oder zuwenig geschlafen oder gegessen hat. Man sollte zuweilen kaum einen Mundvoll essen und zusehen, ob die Natur das erträgt. Meine Lieben, es muß da ganz lauter sein, wo Gott seine unaussprechliche Heiligkeit hinein ergießen oder einströmen lassen soll. Von solcher Art sind die Hindernisse des göttlichen Einfließens des edlen (im heiligen Mahl) verborgenen Schatzes.

Auch sind gute, lautere Menschen oft träge und schläfrig, aber gegen ihren (eigenen) Willen; sie bedürfen mehr des Schlafes, als ihnen lieb ist[4]; auch sie sollen darum nicht auf den Empfang des heiligen Mahles verzichten. Es gibt freilich noch andere Hindernisse, etwa so, daß etliche Leute nur ihr eigenes Behagen suchen: Trost, Sicherheit und Wohlsein, und wird ihnen das nicht gegeben, so gehen sie nicht zum Tisch des Herrn. Im Grunde denken sie mehr an sich selbst als an Gott. Solche Leute weist Gott oft auf sich selbst, äußerlich mit starken Schlägen, die er auf sie fallen läßt; inwendig läßt er sie von Angst heimgesucht werden, als ob sie die Qualen der Hölle auszuhalten hätten. Verhängt (Gott) keine der beiden Prüfungen über sie, dann — seid dessen gewiß — erwartet sie eine schreckliche Strafe im Fegefeuer. Solche Menschen schreiten nicht voran; es steht in diesem Jahre genauso wie im vergangenen; von ihnen ist nichts zu erwarten.

Es gibt aber auch etliche gute Menschen, die so in blinder Furcht befangen sind, daß sie nicht zum Tisch des Herrn zu gehen wagen, wenn sie nicht in fühlbarer Weise eine Glut oder (göttliches) Wirken in sich verspüren. Zwar wissen sie um kein merkliches Hindernis; dennoch bleiben auch sie (am Weg liegen).

Die aber, welche ihren Grund und ihr Sinnen lauter finden und hinauf zu Gott gehen, empfangen die edle Frucht (des heiligen Mahles) am meisten; sie lassen nicht ab von Gott, er gebe oder nehme, und vertrauen ihm und glauben ihm im Haben und im Darben. Sie werden in Gott geboren und er in ihnen. Begegnet ihnen ein Hindernis, es komme von innen oder außen, so kehren sie sich schnell davon ab und verweilen nicht dabei mit langem Zanken; sie lieben Gott und haben ihn (allein) im Sinn; in ihn versenken sie sich; sie sehen nicht auf seine Gaben, sondern auf ihn selber; sie nehmen alle Dinge von ihm und tragen sie wieder in ihn. In diesen Menschen bewirkt das heilige Sakrament eine edle und wunderbare Verklärung; für sie ist (das heilige Mahl) der nächste und kürzeste Weg.

---

[4] Vetter, 128, 34: „me wenne ir fride si"; im LT, BT: „me wan in lieb sey"; Corin hat in Sermons II, 122 diese Lesart der Frühdrucke übernommen; auch ich halte sie für hier sinngemäß.

Ein solcher Mensch könnte mit so großem Ernst zum Tisch des Herrn gehen, daß, wäre er jetzt auf der Stufe, in den untersten Chor der Engel zu kommen, er mit diesem *einen* Gang (zum heiligen Mahl) erreichen könnte, in den zweiten, dritten oder vierten Engelchor eingereiht zu werden. Ginge er oft und häufig zum Herrenmahl, so könnte er auf diese Weise in den obersten Chor der Engel erhoben werden, ja über Cherubim und Seraphim, ja über alle Engelsnatur aufsteigen. Aber das soll der Mensch nicht erstreben, sondern nur den liebsten Willen Gottes und seine Ehre. Die Wunder, die dieses Sakrament in einem lauteren Grunde wirkt, wie der geläuterte Mensch hier ganz über sich und über alle menschliche Art hinausgehoben wird, wie er in Gott gezogen und mit ihm vereinigt wird, das geht über alles Erkenntnisvermögen von Engeln und Menschen hinaus.

Kann einem edlen, lauteren Menschen diese Gabe nicht als Sakrament zuteil werden, so begnüge er sich damit, es auf geistige Weise zu empfangen. Das sollte er wenigstens einmal des Tages tun, ob er nun der heiligen Messe beiwohnt oder nicht, ob er krank sei oder wo immer er sich befinde.

Ach, meine Lieben! Welche Wunder könnten wir mit Gott vollbringen, wenn wir uns zu uns selber kehrten und dabei beharrten und der Gnaden in uns wahrnähmen! Wir vermöchten alles und fänden wahrhaftig das Himmelreich in uns. Aber *das* tun wir nicht: wir kehren uns in betrüblicher Weise nach auswärts, so sehr, daß es alles Maß übersteigt, indem wir bald dies, bald jenes verfolgen. So ist es auch mit euch! Ihr seid voll des Fleißes hierhergekommen, habt das Wort Gottes gehört, und ehe man sich dessen versieht, habt ihr (alles) vergessen und lauft einem anderen (Prediger) nach, wißt weder, was ihr bei diesem noch bei jenem gehört habt; ihr wendet euch äußeren Dingen zu, und des leidigen Lärmens ist dann viel. Wir sind unstete Wesen, ich und ihr, ihr und ich, beweglich und unbeständig.

Ich bin in Ländern gewesen, wo die Leute in männlicher Weise kräftige Umkehr zeigen und (dann auch) dabeibleiben; da bringt das Gotteswort in einem Jahr mehr Früchte als hier in zehn Jahren. Wunderbares sah man an diesen herrlichen Leuten und große Gnaden(erweise). Aber in manchen Ländern gebärdet man sich so weibisch. An diese mag herankommen, was da will, es wird (doch) nichts daraus. Das hört ihr nicht gerne, daß man euch damit meint. Ja, wir müssen männlich handeln und eine kräftige (Ab)kehr (von den Geschöpfen) vollziehen, sonst wird nichts aus uns. Wie jammervoll, daß Gottes große Gnade von uns so unachtsam behandelt wird! Das Herz im Leib[5] könnte einem davon verdorren!

In manchem Konvent gefällt man sich leider darin, sich Neuigkeiten zu erzählen, was diese und jene oder dieser und jener gesagt oder getan haben. Solche Torheiten lassen Gott in deiner Seele nicht zum Bild werden[6]. Die aber gerne von Gott hören oder sprechen, die können jene (anderen) nicht zufriedenstellen und werden (darum von ihnen) abfällig beurteilt. Hört auf mich[7], und flieht solche Orte und solcher Leute Vertraulichkeit; setzt euch an euer Bett und öffnet euer Herz[8] und wartet, was Gottes und seines Willens sei, und dem folgt (dann)! Und wißt ihr nicht, was Gottes Wille ist, so nehmt einen guten Rat von mir, wie ihr euch verhalten könnt. Wenn ihr die Wahl zwischen zwei Handlungen oder zwei Verhaltensweisen habt, etwas zu tun oder zu lassen, und ihr wißt nicht, was das bessere (in Gottes Augen) sei, so müßt ihr euch zuerst selbst prüfen, und dann ist das sicherste, *das* zu tun, was eurer Natur am

---

[5] Die Vettersche Lesart, 130,14 „und sin lip" wird mit Corin, Sermons II, 125, Anm. 2. besser „in sin lip" geändert; dann ergibt sich in der Übersetzung ein gebräuchliches Bild.

[6] Dieser Satz ist unter Benutzung einer Erläuterung des Wortes „bilde" = „solche, die die Einung der Seele mit Gott hindern", anstelle der wörtlichen Übersetzung, wie bei Corin „de sottes images" (Sermons II, 125) oder bei Oehl, S. 65: „lauter törichtes Zeug" übersetzt.

[7] Die Lesart „uffe mich" (vgl. Strauch: PBB XLIV, 22 zu Vetter 130,18) wird durch die Hildesheimer Hs. bestätigt: „op myne wort". Die Konjektur Corins, Sermons II, 125 erscheint nicht nötig.

[8] Die Lesart, Sermons II, 125, Anm. 4 „entsliessent" anstelle von „entsliffent" scheint mir gegenüber der von Strauch: PBB XLIV, 22 zu Vetter 130,19 den Vorzug zu verdienen. Vgl. Ch. Schmidt, Wörterbuch der elsässischen Mundart, S. 81 a. Die Stelle bereitete schon den Herausgebern der Frühdrucke LT, BT, ebenso wie den Übersetzern, z. B. Lehmann und Oehl, Schwierigkeiten.

meisten zuwider ist. Das zu wählen, was den Neigungen der Natur am meisten entgegenkommt, heißt den weniger sicheren Weg wählen. Denn je mehr ihr der Natur und ihrer Lust lebt, um so weniger folgt ihr Gott und seinem Willen. Je mehr ihr dem Geiste leben wollt, desto mehr müßt ihr lernen, der Natur zu sterben.

Dies also ist es, was ich euch von dem alle Eigenheiten (der anderen) überragenden Sakrament zu sagen habe. Aber es bleibt weit hinter dem zurück, was man darüber sagen möchte, von seinem Nutz und Frommen, von Gottes Ehre und aller Seligen Freude, von aller Menschen Besserung und großer Bekehrung der Todsünder und Erlösung der Seelen aus dem Fegefeuer.

Man liest, daß ein Geist einem Gottesfreunde erschien, gehüllt in lichte Flammen, unmenschlich wie eine Fackel brennend; der sagte, das sei nur darum, weil er im Empfang des Leibes des Herrn säumig gewesen sei, und darum litte er unsagbare Qualen. Und der Geist fügte hinzu: „Willst du einmal für mich in Andacht das heilige Mahl empfangen? Das wird mir eine große Hilfe sein." Jener tat es, und als der Geist ihm am folgenden Tag wiederum erschien, erstrahlte er herrlicher als die Sonne. Der einmalige Empfang der heiligen Kommunion hatte ihn von seinen unerträglichen Qualen befreit, und er war sogleich ins ewige Leben eingegangen.

Gott gebe uns allen die Gnade, gut zu leben! Das verleihe uns allen der Vater, der Sohn und der Heilige Geist. AMEN.

Homo quidam fecit cenam magnam
Ein Reicher wollte ein Festmahl geben (Luk. 14, 16)

34

Diese Predigt über das Evangelium nach Lukas vom zweiten Sonntag nach Dreifaltigkeit[1] — das Gleichnis vom Gastmahl des reichen Mannes — spricht von dreierlei Gastmählern, dargestellt durch die Eingeladenen, die sich entschuldigen; sie wollten der Einladung nicht folgen, da sie mit weltlichen Geschäften zu tun hätten.

EIN MANN WOLLTE EIN GROSSES FESTMAHL geben und forderte die Eingeladenen auf zu kommen: alles sei bereit. Aber jeder entschuldigte sich. Einer sagte, er habe ein Landgut gekauft. „Ich bitte dich, halte mich für entschuldigt." Der zweite sagte „Ich habe fünf Joch Ochsen gekauft. Ich bitte dich, halte mich für entschuldigt." Der dritte gab als Vorwand an, er habe eine Frau genommen, er könne nicht kommen; er entschuldigte sich nicht einmal. Der Herr sagte: „Keiner von ihnen soll von meinem Mahl kosten."[2]

In einem ersten Sinn, den der heilige Gregorius angibt, bedeutet dieses Festmahl, zu dem wir alle gerufen und geladen sind, das allerinnigste, reinste, unverhüllteste, gewisseste Erkennen

---

[1] Bei Vetter ist, vielleicht durch Druckfehler, die Textstelle der Predigt mit Luk. 4, 16 ff. angegeben.
[2] Bei Vetter 317, 12 ist die Lesart „besitzet" offensichtlich aus „enbisset" verdorben. Corin, Wi 1, S. 225, 20—21 „ininbyst", das zu ndl. „ontbijten" gehört.

und Gewahrwerden des inwendigen Grundes (des Ortes), wo sich das Reich Gottes befindet, das Empfinden des Wohnens und Wirkens Gottes in diesem Grunde, eine Erfahrung, die man mit Hilfe der Erkenntnis und der Liebe machen soll[3].

Anders aufgefaßt, versinnbildet dieses Festmahl das würdige heilige Sakrament (des Altares). Eine dritte Auslegung sieht in diesem Festmahl das ewige Leben: da findet das wahre Festmahl statt. Jedes Mahl, das die Geschöpfe in dieser Zeitlichkeit je zu sich nahmen oder zu sich nehmen werden im Geist und in der Natur, ist bei weitem weniger gegenüber diesem Mahle als alles, was die Welt je hervorbringen könnte.

Meine Lieben! Wer immer zu diesem kostbaren Mahl gelangen will, muß vor allem (seinen Blick) voll Eifer auf (jene) zwei anderen Festmähler richten. Die Lehrmeister und die Heiligen sagen: Wer nicht in irgendeiner Weise einen Vorgeschmack des himmlischen Mahles besitze, werde es niemals (in Wirklichkeit) verkosten. Dieser Vorgeschmack aber ist (bei verschiedenen Menschen) gar ungleich; ungleich ist auch der (wirkliche) Genuß.

Wenn dies auch in einer Hinsicht richtig ist, so enthält Gott die fühlbare Empfindung des Grundes manchen lauteren und wackeren Menschen all ihre Lebtage vor, derart, daß sie nicht des geringsten Bröckleins dieses Mahles bis zu ihrem Tod teilhaftig werden oder auch gar bis sie zur Teilnahme (am himmlischen Festmahl) gelangen. Und doch stehen solche Menschen tausendfach höher als diejenigen, die hienieden (den Vorgeschmack des himmlischen Mahles) in überfließender Fülle gekostet haben.

Es gibt auch Menschen, die auf Erden zahlreiche Offenbarungen erhalten; es kann aber sein, daß sie sich ihrer in einer Weise bedienen, die sie ihres Nutzens beraubt; und so befindet sich derjenige, welcher niemals dergleichen erhalten hat, beim himmlischen Mahl Gott hundertfach näher (als jener). Denn Gott bemißt dieses Mahl nach dem Maß der Liebe und gibt einem jeden, was ihm am meisten frommt. Wer aber diesen Grund

---

[3] Nach dem AT: „das sol man befinden mit der bekanntnuß vnd der lieb", s. Corin, Wi 1, S. 226,13, im Abdruck des AT. Die Vorlagen von Vetters Ausgabe weichen hier voneinander ab.

verkosten will, der muß Herz und Sinn von allem abgewandt haben, was nicht lauter Gott ist oder dessen wahre Ursache Gott nicht ist.

Das zweite Festmahl ist das heilige Sakrament, der Leib unseres Herrn. Dieses Mahl bringt eine solche Fülle von Gnaden und von Beglücktheit mit sich, daß es gar nicht zu sagen ist und es über aller Menschen Fassungskraft hinausgeht. Und für solch große Gnaden sollte der Mensch um so dankbarer sein, als wir sie jeden Tag erhalten und nutzen können.

Man könnte fragen, warum man tagtäglich im heiligen Sakrament den Tod unseres Herrn aufs neue begehe, da er doch am heiligen Karfreitag für die ganze Welt genugtat. Ja wären tausend sündige Welten gewesen, er hätte für alle genug getan. Unser lieber Herr hat es so gewollt aus unendlicher Liebe (zu uns). Denn da wir aus menschlicher Schwäche täglich (von neuem) sündigen, hat er diese liebevolle Weise erdacht, daß täglich von neuem das hohe, ehrwürdige Opfer dargebracht werde für die Sünden und die Schwächen der Menschen. Denn nach des heiligen Thomas Worten findet der Mensch all die Frucht und den Nutzen, die der unübertreffliche Gott[4] an dem Tag seines Todes (für uns) gewann, jeglichen Tag in jeder heiligen Messe, und jeder gute Mensch empfängt dieselbe Frucht und denselben Nutzen, wenn er den ehrwürdigen Leib unseres Herrn würdig empfängt.

Dieses heilige Sakrament vertreibt und tötet die Sünde und gibt große neue Gnade; es läßt den Menschen wachsen und zunehmen im Tugendleben. Es behütet den Menschen vor künftigem Fall und den Fallstricken, die der Böse ohne Unterlaß dem Menschen legt. Er müßte schmerzlich fallen, nach Geist und Leib, wäre diese mächtige Hilfe, dieser (mächtige) Schutz nicht. Und auch die Seelen im Fegfeuer verdanken (diesem Sakrament) große und wunderbare Gnaden. Viele tausend Seelen lägen im lodernden Feuer bis zum Jüngsten Tag, wäre das heilige Meßopfer nicht, durch dessen Darbringung sie schnell erlöst werden,

---

[4] Wi 1 (Corin, S. 229, 24) und Ge 1 ziehen „unübertrefflich" zu „Tod" „oůerwirdiche doyt", kaum mit Recht. Die Lesung bei Vetter 318, 25 nach Hs. E läßt sich wohl vertreten. Die Übersetzung folgt dem AT.

besonders wenn dieses Opfer durch heilige und lautere Priester dargebracht wird. Das wirkt unbegreiflich große Wunder im Fegefeuer und auch in dieser Zeitlichkeit.

Jeder Mensch sollte in sich täglich, mit diesem Opfer vereint, den innigen Wunsch erwecken, an allen heiligen Messen aller Priester teilzunehmen, so weit die Welt ist, und besonders an denen der heiligen Priester; er sollte wünschen, das heilige Sakrament durch sie alle zu empfangen und besonders durch jene letzteren, deren Opfer dem Herrn so angenehm ist; und er sollte endlich alle die daran teilnehmen lassen, an die er in seinem Gebet denkt, Lebende wie Tote. Der Mensch hat ja nicht nur teil an der heiligen Messe, bei der er zugegen ist, sondern an jeglichem heiligen Meßopfer, das auf der Welt dargebracht wird, diesseits und jenseits der Meere.

Und einem innerlichen Menschen, der sich in sich selbst sammeln könnte, wagte ich wohl zu raten, wenn er an einer heiligen Messe teilgenommen, sich in sich zu kehren (denn je innerlicher er sich zu Gott kehrte, um so mehr Frucht gewänne er von allen diesen Messen), und sich daran genügen zu lassen. Wie aber kommt es, daß so über alle Maßen große Gnade dem heiligen Sakrament innewohnt und von dort ausgeht und daß mancher im Stand der Gnade befindliche Mensch so oft zum Tisch des Herrn geht und doch so wenig Frucht an ihm sichtbar wird? Das liegt daran, daß diese Menschen nicht eifrig ihrer täglichen Gebrechen wahrnehmen und sie nur in (gleichsam) schlummernder Weise blicken; so bilden diese Gebrechen ein Hindernis für die Gnade und ihre Einwirkung.

Ach, ihr Lieben! Man sollte Leben und Wandel von sehr nahe betrachten, um keine Gebrechen zu behalten. Vor allem aber soll man sich hüten vor unüberlegten und unnützen Worten; denn all die Worte sind unnütz, bei welchen der Gedanke an den Nutzen (für die Seele) fehlt. Der Mensch sollte seine Rede überwachen mit all seiner verfügbaren Kraft.

Das andere Hindernis, das den Einfluß der Gnade hindert, besteht darin, daß dem Menschen die Andacht fehlt (während des Empfanges des heiligen Mahles), daß die Andacht nicht in ihm verweilt, daß er zu sehr auf andere Dinge abschweift und auf die Wirkung der Gnade nicht mit nach innen gekehrtem Gemüt wartet, wo doch bei denen, die darauf achten, die Wirkung des heiligen Sakramentes sich auf zwei oder drei Tage erstreckt.

Wer dieser Frucht teilhaftig werden will, muß Ägypten, das Land der Finsternis, verlassen haben, soll ihm das Himmelsbrot zuteil werden, das den erwünschten Geschmack besitzt. Aber dieses Brot ward dem auserwählten Volk nicht gegeben, solange es auch nur die kleinste Menge des aus Ägypten mitgebrachten Mehles besaß. (Erst) als die Juden dieses Mehl vollkommen aufgezehrt hatten, gab Gott ihnen das Himmelsbrot, an dem sie den Geschmack fanden, den ihr Herz begehrte. Selbst wenn der Mensch das Land Ägypten verlassen, die Welt und weltlichen Wandel aufgegeben hat, wenn er wähnt, ganz und gar die Welt hinter sich gelassen zu haben und zum geistlichen Leben fortgeschritten zu sein, kann er doch die himmlische Speise in all ihrer Vollkommenheit nicht verkosten und nicht mit rechter innerer Freude zu sich nehmen, solange er noch von dem Mahl der Natur oder der Geschöpfe bei sich trägt und (noch) die Neigung zur Äußerlichkeit (besitzt).

Alle, die jemals etwas von Innerlichkeit empfunden haben, sollen diese Anhänglichkeit wohl beachten und diese ehrwürdige Speise zu sich nehmen, nicht um ihrer Vollkommenheit, sondern um ihrer Schwäche willen. Das ist so, wie wenn ein Mensch von einer schweren Krankheit befallen würde und man gar sehr für sein Leben fürchten müßte; erlaubten seine Mittel das und dürfte man hoffen, sein Leben auf diese Weise zu verlängern, so bereitet man ihm einen kostbaren dicken Saft aus Gold und Perlen, auf daß sein Leben verlängert werde. Nicht um des Genusses willen gäbe man ihm solche Speise, sondern um der Gefahr des Todes willen. So soll auch der Mensch diese edle und kostbare Speise nur um seiner Schwäche willen nehmen, damit er nicht dem Tod (der Seele) anheimfalle, das heißt der Liebe zu den geschaffenen Dingen. Und tränke jener Mensch, nachdem er diese kostbare und edle Speise genossen, Wasser danach, so minderte[5] die Kälte des Wassers die Wirkung der

[5] Die Lesart in Corin, Wi 1, S. 235, 23 „verdempte" — danach die Über-

Wärme dieser Speise und setzte sie herab; ganz ebenso geschieht es hier, wenn der Mensch das heilige Mahl, die edle, hohe, würdige Speise zu sich genommen hat und danach fremdartigen Vorstellungen Zugang in sein Inneres erlaubt, Geschäften und der Zerstreuung durch äußere Dinge; da wird (dann) der Mensch gehindert, die Vollkommenheit (des heiligen Mahles) in sich aufzunehmen; die Liebe erkaltet und erlischt; Geist und Natur (dieses) Menschen haben nicht die Kraft, in ihrem Innern auf das göttliche Wirken zu achten.

Will nun der Mensch sich von den Geschöpfen scheiden, so kommt der Böse und sagt, das sei eine Torheit[6]. „Du wirst doch nicht durchhalten können." Der verblendete Mensch handelt hier nun, wie das auserwählte Volk tat. Als nämlich Moses sie aus Ägypten geführt hatte, sah das Volk, daß die Ägypter es mit sechshundert Kriegswagen in voller Eile verfolgten. Da sagte es zu Moses: „Ach, warum hast du uns nicht in Ägypten gelassen, so wäre das Leid nicht über unsre Kräfte gegangen, während wir hier zugrunde gehen müssen!" Ebenso handeln furchtsame, kleingläubige Leute. Wenn der Böse sich ihnen naht und der Boden unter den vielen Kriegswagen der Versuchung erzittert, denken sie: „(Ja,) es ist eine Torheit; es ist besser für mich, in Ägypten zu bleiben, in der Welt, in der Beschäftigung mit den Geschöpfen, in meiner Anhänglichkeit an sie, in der Angst um meine Seele, da ich sie ja doch verlieren werde." So kommt mancher Mensch nicht voran, weil er kein volles Vertrauen zu Gott hat. Da gilt es, sich zu den Füßen unseres Herrn Jesus Christus niederzuwerfen und ihn zu bitten, für einen beim himmlischen Vater einzutreten, und sich ihm mit ganzem Vertrauen zu überlassen.

Von der dritten Bedeutung des (himmlischen) Mahles werden wir erfahren, wenn wir dorthin gelangen. Dazu helfe uns Gott. AMEN.

---

setzung „minderte" — verdient den Vorzug vor der Lesart „verderbet" in der Hs. S und den Drucken, dem LT, AT, KT.

[6] Die Lesart „doirheit" (s. Corin, Wi 1, S. 236, 18—19 und entsprechend der AT, ebd. Z. 20) dürfte vor Vetters Lesung „trogheit" = Langsamkeit, Faulheit den Vorzug verdienen; s. Vetter 320, 30.

Carissimi, humiliamini sub potenti manu Dei
Geliebte, beugt euch unter die gewaltige Hand Gottes (Petr. 5, 6)

35

*Diese Predigt erläutert die Epistel nach dem heiligen Petrus auf
den dritten Sonntag (nach Dreifaltigkeit) und lehrt drei Tugenden: Demut, Liebe zu Gott, Besonnenheit und auch die Wachsamkeit vor dem brüllenden Löwen, der der böse Geist ist.*

„GELIEBTE, BEUGT EUCH unter die gewaltige Hand Gottes,
auf daß er euch erhöhe in der Zeit der Heimsuchung. Werft all
eure Sorgen auf den Herrn; denn er sorgt für euch. Seid nüchtern und wachsam, denn euer Widersacher, der Teufel, schleicht
umher wie ein brüllender, knurrender Löwe, suchend, wann er
euch verschlingen könne: ihm widersteht durch den Glauben.
Wisset, daß ihr dasselbe erduldet wie eure Brüder in der Welt.
Aber Gott, der euch zu seiner ewigen Herrlichkeit geladen hat,
wird sein Werk an euch vollenden, euch stärken, euch festigen
in Jesus Christus, sobald ihr ein weniges um seiner Ehre willen
leidet. Ihm sei der Ruhm in alle Ewigkeit."

Dieses ist die Epistel, die der liebenswerte Fürst der Kirche,
Sankt Petrus, uns (zur Betrachtung) vorlegt. Wir finden darin
eine ganze Lehre, um auszuführen und zu vollenden all das, was
die heilige Kirche uns an allen Festen im Jahreslauf vorgelegt
hat; und all dies wird abgeschlossen und erreicht, falls wir die
Lehre von Sankt Petrus' Epistel halten.

Er sprach: „Liebe Brüder, Geliebte, ihr sollt euch unter Gottes
gewaltige Hand beugen." Hier gibt es drei Tugenden zu merken,

die der Mensch unbedingt besitzen muß und auf deren Erlangung all unsere Übungen, unser Wesen, unser Leben ausgerichtet sind. Fehlt uns eine von ihnen, gleichviel welche, so
nützt uns all unser Wesen, unser Leben, all unsere Übung gar
nichts; all unsere Mühe ist ohne jeglichen Wert. Die erste wird
in Sankt Petrus' Worten angezeigt und fordert, daß wir uns
(unter Gott) beugen sollen. Das ist die Grundlage, auf die der
ganze Bau des Menschenlebens und all sein Tun gerichtet sein
muß; sonst stürzt alles zusammen.

Die zweite (Tugend) ist die wahre Liebe zu Gott, die dritte
Besonnenheit. Mit Hilfe dieser drei erlangt der Mensch jegliche
Vollkommenheit.

Nun hat der liebreiche, barmherzige Gott die Tugenden uns
ganz und gar in unsere Natur gesenkt, da er wohl wußte, sie
seien uns so nötig; darum hat er sie uns in unseren verborgensten
Bereich gebracht und uns (damit) eine große Verwandtschaft
(mit sich selbst) gegeben, nämlich das edle, gottfarbene Seelenfünklein, das uns viel innerer und näher ist als wir uns selbst
und uns (doch) gar fremd und unbekannt unserer Hoffart wegen.
Wäre unsere Natur wohlgeordnet, wir fänden den Stoff zu
diesen Tugenden ohne Unterlaß in uns und könnten uns dank
ihrer (von uns selbst) losmachen, falls es recht mit uns stünde
und wir bei uns selber blieben.

Stoff und Grund zur Demut finden wir in unserem inneren
und äußeren Menschen in zweifacher Hinsicht: in unseren natürlichen Schwächen und unseren sündhaften Neigungen. Um zu
wissen, was jene sind, braucht der Mensch nur zu betrachten,
wie seine Natur der Dinge bedarf, sie verbraucht und (wie) sie
in ihm zunichte werden. Dieser Mangel der (menschlichen) Natur
ist uns allen wohlbekannt: alles endet im Nichts. So wie wir
aus dem Nichts gekommen sind, kehren wir wieder dahin zurück. Der zweite Grund zur Demut ist unsere Neigung zur
Sünde. Wer bei sich selbst bliebe und mit sich selbst vertraut wäre,
wie abgrundtief fände er sich der Neigung zur Sünde verbunden
und wie ohne Maß seine Natur dieser Neigung ausgeliefert; und
er fände, behütete Gott ihn nicht, wie schwach und hinfällig,
wie (dem Bösen) zugeneigt (seine Natur) ist, ohne alles Ende,

in unfaßbarer Weise. Und diese Neigung endet im ewigen Tod, in der Gemeinschaft mit den Teufeln in der Hölle. Bedenke, ist das nicht starke Veranlassung zur Demut? Unsere Natur weist uns auf sie hin, wenn wir uns innen und außen betrachten, wenn wir uns Rechenschaft ablegen, daß wir nichts Gutes besitzen noch vermögen.

Die zweite Tugend ist die wahre Liebe zu Gott. Diese Tugend hat Gott in die (menschliche) Natur gepflanzt und verwurzelt. Der Mensch liebt aus seiner Natur heraus. Auf solche Weise ist die Demut nicht in den Menschen gepflanzt; sie kommt ihm von außen. Die Liebe aber ist im Menschen fest gegründet. Beda sagte, der Mensch könne ebensowenig ohne Liebe sein wie ohne Seele. Wäre die menschliche Natur wohl geordnet, so müßte der Mensch Gott mehr lieben als sich selbst. Es ist (doch) ein kläglich Ding, daß der Mensch sein edles Wesen so verkehrt hat, daß er den Geschöpfen seine Zuneigung schenkt und den Schöpfer der Natur leer ausgehen läßt.

Die dritte Tugend ist die Besonnenheit; sie kommt (dem Menschen zu) aus der Vernunft, denn der Mensch ist ein vernünftiges Wesen. Wisset, welche Arbeit ihr auch vornehmt, wenn sie nicht durch die Besonnenheit geleitet wird, ist sie nicht gut, denn sie ist Gott nicht lieb. Darum sagt Sankt Petrus in seiner Epistel: „Seid besonnen und wachsam!“, das heißt: Eure Besonnenheit soll nüchtern ausrichten und leiten das menschliche Tun, seine Worte, sein Leben, an allen Orten, gegenüber allen Leuten zu allen Zeiten und in jeder Weise, innen und außen.

Nun kehren wir wieder zur ersten Tugend zurück: „Ihr sollt euch unter Gottes gewaltige Hand beugen: dann wird er euch am Tag seiner Heimsuchung erhöhen.“ [1] Findet er unsern Grund bei seiner Heimsuchung nicht voll der Demut, so sind wir übel daran, denn in der Heiligen Schrift steht: „Gott haßt die Hoffärtigen, den Demütigen aber gibt er seine Gnade“. Je größer die Demut (eines Menschen), um so größer die Gnade (Gottes); je geringer die Demut, um so geringer die Gnade. Findet er uns stolz, seid dessen sicher, so beugt er uns nieder; findet er uns

---

[1] Vetters Lesart, 323, 17, „erhoeret“ ist verdorben aus „erhoehet“. Ge 1 hat fol. 115ʳ „verhoecht“.

erniedrigt, so erhöhet er uns; die Erniedrigung erzeugt Erhöhung; darum demütigt und erniedrigt euch, so werdet ihr erhöht. Gottes Hand ist so gewaltig, weise, gut und liebenswert; wir (aber) sind schwach, blind und böse und können ohne ihn nichts tun.

Darum sprach Sankt Petrus: „Werfet all eure Sorge auf ihn, denn er sorget für uns." Und hätten wir von Gott nicht mehr des Vorteils und der Hilfe als die getreue Fürsorge, deren wir täglich innewerden, nicht mehr der Vorsorge in all unseren geistigen und naturhaften Nöten, die uns vor (so) manchem leiblichen und seelischen Herzeleid bewahrt und uns täglich tröstet und befreit, und blieben wir in uns selbst gekehrt, so würden wir seiner wohl gewahr, und (das) würde uns gar sehr zu ihm ziehen und locken. Obgleich alle Dinge in ihm vereint sind, ohne (je) eine Quelle der Sorge zu sein[2], so kommt zu uns niemals etwas noch so Geringes, das von ihm nicht geordnet und vorgesehen sei, das eben gerade so sein sollte und nicht anders.

Sankt Petrus fährt fort: „Seid besonnen und wachsam." Denn wenn der (böse) Feind, der Löwe, sein Gebrüll ertönen läßt, jagt das den Tieren einen solchen Schrecken ein, daß sie niederfallen; dann fällt der Löwe über sie her und verschlingt sie; ebenso stürzt sich der Feind brüllend auf den kleinen und schwachen Menschen, der nicht feststeht; der stürzt dann zu Boden und läßt sich von dem Bösen verschlingen. Hier heißt Sankt Petrus uns wachsam sein, damit wir durch den Glauben den bösen Angriffen (des Feindes) widerstehen können.

Der Mensch muß sich wie die Einwohner einer belagerten Stadt verhalten; weiß man, wo das Heer (der Belagerer) am stärksten und die Stadt am schwächsten ist, so sieht man sich da am meisten vor; täte man das nicht, so verlöre man die Stadt. Ganz ebenso soll der Mensch wacker danach schauen, wo ihm der Böse am meisten zusetze, wo seine (menschliche) Natur am schwächsten sei, worin vor allem sein Gebrechen bestehe, und soll sich da (besonders) wacker vorsehen.

---

[2] Lehmanns Übersetzung zu Vetter 323, 33 (Lehmann II, 129 unten) „ohne . . . sorgfältiges Auseinanderhalten" trifft den Sinn Taulers wohl kaum.

Nun bringt der Feind den Menschen gerne in ungeordnete Traurigkeit; denn sobald der Mensch seine natürlichen Gebrechen und seine sündhaften Neigungen betrachtet, von denen wir zuvor sprachen, kommt Trauer und Angst über ihn. Dann kommt der Löwe, der böse Feind, und raunt ihm zu: „Sieh, willst du so dein Leben in Sorgen und Kummer verbringen? Nein, das ist Torheit. Lebe in Freude wie andere Leute auch, und genieße dein Leben! Gott wird dir schon Reue an deinem Ende geben. Lebe nach deinem Willen, und genieße die Geschöpfe, solange du jung bist! Wenn du alt wirst, kannst du noch immer heilig werden." — Ach, meine Lieben! Hütet euch, solange es Tag ist, daß euch die Finsternis nicht überkomme; seid nüchtern und wacker, und hütet euch, denn von dort kommt niemand zurück; seht euch vor, daß nichts (von dem) in euch gefunden werde, von dem unser Herr selber sprach: „Alle Pflanzen, die mein himmlischer Vater nicht gesetzt hat, müssen mit der Wurzel ausgerissen werden" (Matth. 15, 13). Ach, ihr Lieben, bedenket dies in aller Vernunft!

Der böse Feind redet dem Menschen mancherlei ein: „Ach", denkt der Mensch, „hätte ich einen Beichtvater! Mir ist dies und das eingefallen. Ach, wie steht es mit mir!" Nein, von solchen Einreden weiß ich gar wohl. Aber ich sage dir: ist dir etwas eingefallen, so laß es auch wieder herausfallen, und sei zufrieden, und kehre dein Herz zu Gott, schenke solchen beunruhigenden Gedanken keine Aufmerksamkeit, sprich nicht mit ihnen, laß sie dahinfahren! Mancherlei Bedrängnis wird dir kommen, in die der Feind dich bringt; das kommt alles von ungeordneter Traurigkeit. Schließlich führt der Feind den Menschen in Verzweiflung, und der Mensch sagt: „Alles ist verloren!" Was ist dann zu tun? Gott all seine Sorge auftragen. Verankere dich in Gott! Ist man auf Schiffen in Not und glaubt sich verloren, so wirft man den Anker in den Rheinesgrund; so erwehren sie sich (der Gefahr). Ebenso: wenn der Feind den Menschen mit schweren Versuchungen angreift, es sei innen oder außen; dann soll der Mensch alle Dinge im Stich lassen, den Anker fassen und ihn tief in den Grund werfen: das bedeutet ganzes volles Vertrauen und Hoffen auf Gott. Die Schiffsleute legen (in ähnlichen Fällen) Riemen und Ruder bei und greifen alle beim Anker an. So sollst (auch) du tun, in welcher Not des Leibes oder der Seele du immer seiest.

Ach, könnte der Mensch diesen Anker fassen, in rechter Weise, bei seinem Tod; daß er in Hoffnung und Vertrauen auf Gott stürbe: das wäre ein seliger Tod! Der Mensch sollte sich ans Gottvertrauen wie an die anderen Tugenden gewöhnen: das hülfe ihm in seiner Todesstunde. Freilich darf es kein falsches Vertrauen sein. Daß ein Mensch schlecht leben und dann auf Gott vertrauen will, ist eine Sünde wider den Heiligen Geist, daß man mit Wissen und Willen Böses tut auf Gottes Barmherzigkeit hin.

Nein, unter (wahrem) Vertrauen versteht man, daß der Mensch aus einem Grunde voll Demut und Liebe sein Unvermögen erkenne und so, mit rechtem Urteil über sich selbst, sich Gottes Hilfe anvertraue. Tu das freudig, indem du dich ganz und wahrhaftig (von dir selbst) abkehrst, denn den, der fröhlich verzichtet, liebt Gott. Solltest du dem nicht ganz vertrauen, der dir so unendlich viel und großes Gutes getan hat? Noch ehe du Mensch wurdest, erkannte er deine Schwäche; er wußte, du werdest sündigen, und hatte im voraus die Art gefunden, in der du deine Sünde auslöschen solltest, nämlich durch seinen edlen Tod, nicht zu sprechen von dem unzähligen Guten, das er dir alle Tage und alle Stunden, ohne Unterlaß, erweist. Wende dich gänzlich ab (von allem Geschöpflichen) und zu ihm hin! Wisset, welche Versuchung (auch) an den Menschen herantritt: solange du schwankst, ob du (etwas tun) oder lassen sollst, läßt der böse Feind nie von dir ab, und du bist nahe daran, besiegt zu werden.

Willst du aber (das Böse) überwinden? Dann kehre dich tapfer und gänzlich (von dir selbst) ab; und indem du dich abkehrst, sprich, du wollest dergleichen nie mehr tun, mit ganzer Abkehr; dann hast du gewonnen Spiel, und der Feind entflieht mit Schanden. Daß der Mensch sich je von diesem Feind besiegen läßt, gleicht dem wohlgewaffneten Manne, der sich vor einer Mücke zu Boden wirft und sich zu Tod beißen läßt. Denn der Mensch besitzt gar starke Waffen: den heiligen Glauben, das heilige Sakrament, das Wort Gottes, aller guten Menschen Vorbild, der heiligen Kirche Gebet, anderer starker Befestigung nicht zu gedenken. Gegen all dies ist die Macht des Bösen geringer als die einer Mücke gegen einen Bären, sofern der Mensch nur wachsam widersteht und männlich seinen Anker in Gott wirft, (in Gott,) der ihm so viel Gutes erwiesen hat.

Seht euch vor: wenn ihr in die andere Welt kommt, ohne dem Feind widerstanden zu haben, werdet ihr in seine Hände fallen; und er wird euch gar schlimm dafür belohnen, daß ihr ihm gefolgt seid; und von dort gibt es keine Wiederkehr. Auch soll der Mensch mit allem Fleiß seines Grundes wahrnehmen, denn er lebt (ja) so verkehrt und betrügt sich selbst. Er glaubt Gott und die Menschen zu betrügen und verliert nur seine kostbare Zeit und die Gnade (Gottes). Da gibt (denn) Gott dem Bösen die Macht, den Menschen kein gutes Werk tun zu lassen. Seht euch vor, solange ihr das Licht habt und im Licht wandelt; wachet, daß die Finsternis euch nicht überkomme, und betrachtet wacker und innerlich den Grund (eurer Seele)!

Aber gar manche tun das nicht, ihr ganzes Wirken geht nach außen. Werden sie von innen berührt, so brechen sie sofort auf (und ziehen) in ein anderes Land oder einen anderen Ort. So kommen sie zu nichts; stets beginnen sie eine neue Lebensweise, und viele rennen so in ihr eigenes Verderben. Bald wollen sie ein Leben der Armut führen, bald sich in eine Klause zurückziehen, dann (wieder) in ein Kloster gehen. Wahrlich, die, welche in ein Kloster gehen, in einen bewährten Orden eintreten und unter dem Schutz der Abgeschlossenheit leben, sind gut daran: sie gehen den sichersten Weg; und die Ordensregel ist etwas ganz anderes als deine eigenen Lebensregeln. Daher, obwohl nicht alle die, welche in ein Kloster eintreten, aus göttlichem Antrieb dorthin kommen, sondern nur ein Teil, so sprechen sie, wenn sie dort sind, alle: „Herr, ich danke dir, daß ich hier bin; ich will dir stets dienen, dir danken, dich loben, in welcher Art ich auch hierhergekommen sei." Und wisset dies, das geringste und unbedeutendste Werk, in einem wahren Geist des Gehorsams vollbracht, ist auf Grund (eben) dieses Gehorsams würdiger, besser, verdienstlicher als alle die großen Werke, die ein Mensch auf Grund seines eigenen Willens[3] vollbringen kann.

Will ein Mensch ein neues Werk beginnen, eine neue Übung vornehmen, so versenke er sich damit völlig in Gott, damit er Gottes Ehre fördere, und prüfe sorgsam, ob er genug der Gnade Gottes besitze, ob das, was ihn treibt, recht ist, ob seine Natur Gott folgsam sei und er die Lasten (die das Werk ihm bringt) zu tragen vermöge; er wende sich seinem Unvermögen zu, blicke in den Grund seiner Seele, schenke ihm alle Aufmerksamkeit, schweife nicht draußen herum und schaue, ob er diesen Grund wahrhaft in sich finde, (der da ist) wahre, wesentliche Demut, Liebe und Besonnenheit. Besitzt er diese drei, so wird Gott gewiß in ihm große und wunderbare Dinge wirken.

Sankt Petrus fährt fort: „Brüder, wisset, daß ihr dieselben Leiden erduldet wie eure Brüder in der Welt." Ihr Lieben, ein Leid muß der Mensch immer tragen. Der Mensch sei, wo er sei, er muß stets leiden, auch die[4], welche dem Feinde in der Welt dienen. Seht, wie so mancher stolze Held und frische Geselle sein Leben gewagt hat und es in diesem Dienst verloren hat und keinen anderen Lohn erlangt als: das Fleisch den Würmern und die Seele dem Teufel. Was gibt man ihm dafür? So könnt ihr wohl um Gottes willen leiden, der sich selber, das Himmelreich und das ewige Leben euch geben will und selber gelitten hat. Da das Haupt gelitten hat, sollten die Glieder sich schämen, wenn anders sie ohne Leiden davonkämen.

Wer leidet denn wohl so viel, als unser lieber Herr täglich Schimpf und Verschmähung leidet? Könnte er heute noch leiden, er litte jetzt weit mehr als zu der Zeit, da er getötet ward; denn er wird gar manches Mal des Tages gekreuzigt mit furchtbaren Schwüren, man wirft ihm seinen Tod und seine Wunden

---

[3] Die in den Hss. S und Ge 1 hinzugefügte Wendung „auf Grund seines eigenen Willens" hebt den Unterschied hervor, der zwischen einem im Geist des Gehorsams vollbrachten Werk und einem solchen aus „eigenem Willen" besteht; sie wurde daher in die Übersetzung aufgenommen.

[4] Die Lesung der Hs. S., die der Übersetzung hier zugrunde liegt, ist der Übersetzung der doch wohl mißverstandenen Stelle bei Lehmann II, 133 vorzuziehen.

vor; seine Marter und seine Wunden werden täglich erneut, sein teures Blut mit jeder Todsünde von neuem vergossen. Welche Schmach wird ihm dadurch angetan, daß sein reiner, ehrwürdiger, göttlicher Leib täglich aufgenommen wird in so manch ein unreines, übelriechendes, teuflisches Gefäß, das freiwillig der Welt und der Geschöpfe (so) voll ist! Und könnte er die Pein noch empfinden, so wäre ihm der Empfang (seines Leibes) durch solche Menschen schmerzlicher als durch Judas. Denn jene bekennen in dem Glauben, daß er ihr Gott und Schöpfer ist, und das wußte Judas nicht. Und könnten seine Freunde diese Pein in körperlich-empfindender Weise erleiden, wie sie sie in ihrem Herzen und in schmerzender Liebe empfinden, so müßte das ihr Herz verwunden und ihnen durch Seele und Mark gehen. Und könnten sie (diesem Zustand) durch leiblichen Tod ein Ende bereiten, so wäre ihnen der Tod erfreulicher als ihr natürliches Leben, wo sie sehen, daß ihr Gott und vielgeliebter Herr so beleidigt und entehrt wird.

Ihr Lieben! Das ist, zusammengefaßt, der wahre und der gewißlich rechte Weg, den Sankt Petrus uns gelehrt hat, (indem er sagte): „Wir sollen uns demütigen." Die Demut soll unsere Grundlage sein, Liebe, Vernunft und Besonnenheit unser Gebäude, das wir auf jenen Grund gebaut haben sollen; so wird Gott uns am Tag der Heimsuchung erhöhen.

Es gibt viele, die sich erhoben haben nach Art der Vernunft und eitel geworden sind über die Gaben ihres hohen Verstandes und den hier bezeichneten Weg nicht eingeschlagen haben. Sie werden alle darniederstürzen und in den Abgrund fallen. Denn: je höher der Berg, desto tiefer das Tal.

Möchten wir alle in dem wahren Grunde befunden werden, auf daß Gott uns erhöhe und zu uns spreche: „Freund, steig weiter auf!" Dazu möge er uns allen helfen. AMEN.

Erant appropinquantes ad Iesum
Zöllner und Sünder nahten sich Jesus (Luk. 15, 1)

36

Diese zweite, dem Evangelium des heiligen Lukas entnommene
Predigt auf den dritten Sonntag (nach Dreifaltigkeit) spricht
von vier Arten Sündern und ihrem bitteren Tod (und) zeigt
uns dann, wie Gott durch vielerlei Widerwärtigkeiten jeden
Menschen heimsucht, der guten Willens ist.

IM EVANGELIUM DIESER WOCHE liest man, daß die
Sünder sich unserem Herrn nahten, und das Evangelium berichtet, daß unser Herr ihnen ein Gleichnis sagte und sprach:
„Wer ist unter euch, der hundert Schafe besitzt und, verliert
er eines von ihnen, nicht die neunundneunzig in der Wildnis
läßt und das eine sucht, das er verloren hat, bis er es findet?
Dann nimmt er es auf seine Schultern, lädt seine Freunde und
Nachbarn ein, damit sie sich mit ihm freuen, daß er sein verlorenes Schaf gefunden hat." Diese Worte sollen der Gegenstand
unserer Predigt sein.

Meine Lieben! Wir sind allzumal Menschen und Sünder, und
wer sagen wollte, er sei ohne Sünde, wäre ein Lügner, und die
Wahrheit wohnte nicht in ihm, wie Sankt Johannes sagt
(1 Joh. 1, 8).

(So) will ich (euch) denn von vier Arten von Sündern sprechen.

Die ersten sind die groben, weltlichen, frevelhaften, woll-
lüstigen, sinnlichen und wilden Menschen, die Gott weder fürch-

ten noch lieben und in großen, schweren Todsünden frevlerisch all ihr Leben zubringen und von Gott weder etwas hören noch wissen wollen. Sollen sie eine Messe hören, so stehen sie voll Ungeduld da, und sie kommt ihnen viel zu lang vor. Sie achten Gottes nicht und nicht dessen, was mit den Tugenden zusammenhängt, soweit es Gott und seine Ehre betrifft. Diese nahen sich unserem Herrn, empfangen seinen heiligen Leib zur Fastenzeit und haben doch nicht den festen Willen, von ihrer Lebensweise zu lassen. Sie wollen leben, wie sie bislang taten. Wisset, für diese Menschen wäre es besser, hunderttausend Teufel in ihren Leib zu empfangen, denn sie nehmen den Leib unseres Herrn, ganz wie Judas ihn nahm, und werden „schuldig des Leibes unseres Herrn", wie Sankt Paulus sagt (1 Kor. 11, 27).

Wer zum heiligen Mahl im Stand der Todsünde geht — wüßtet ihr, meine Lieben, welche Angst und Sorge der Zustand dieser Leute erregt, das Herz würde euch im Leibe verdorren. Und wüßten sie selbst, welche Marter, welchen Jammer, welch furchtbares Urteil und welch angstvolle Drangsal sie ewig leiden sollen und müssen, ihre Vernunft könnte (den Gedanken) nicht ertragen; und geht es mit ihnen zu Ende und sehen sie, wie es um sie steht und gestanden hat, dann beginnt erst Jammer und Not in ihnen, so daß sie in Zweifel fallen und Verzweiflung (sie packt), und dann sind sie auf ewig verloren. Und sprechen etliche von ihnen aus (was sie empfinden), wie es vor kurzem geschah, so sagt man, sie sprächen im Wahnsinn. Das kommt von der bitteren Angst, in der sie sich befinden, und auch von der unergründlichen Barmherzigkeit Gottes, der andere Menschen dadurch warnen will. Solche Leute müßten wohlmeinende Beichtiger haben, die ihnen verböten, zum Tisch des Herrn zu gehen, und ihnen sagten, wie sorglich es um sie bestellt sei. Hätten sie wackere Lehrer und Beichtväter, so wäre nie so große, jammervolle Not bei solch verhärteten, steinernen Herzen zu finden.

Die zweite Art von Sündern sind auch große Sünder; aber sie erscheinen nach außen als gut, zeigen auffallende Übungen (der Frömmigkeit), tun viele gute Werke und stellen den Leuten ein gar gutes Vorbild dar; aber sie sind Heuchler, benehmen sich wie die Pharisäer, sind voll des Eigenwillens[1], lieben sich selbst und das Ihre in allen Dingen und sind hoffärtig und ungelassen. Diese Art Leute sind auch große Sünder, halten sich aber selbst nicht dafür; sie lieben sich nämlich selbst.

Ihr Lieben! Auch diese gehen bedenkliche Wege, die Gott ganz zuwider sind; und auf dieselben Weisen, mit denselben Werken, mit denen sie zu Gott gehen sollten, fliehen sie weit von Gott hinweg und entfernen sich von ihm, etwa dadurch, daß sie große gute Werke tun, die tugendhaften Anschein haben, wie Demut in der Rede und im Handeln; aber sie kehren sich mit diesen in Hoffart zu sich selbst und fügen sich damit ewigen Schaden zu. Und diese Leute gefallen sich selbst, und so kommt es, daß kaum jemand vor ihnen bestehen kann. Über andere Leute sprechen sie ein hartes Urteil. So wie unser Herr es den Pharisäern nie recht machen konnte, so ist es auch mit diesen. Sie sind voll des (bösen) Urteils und greifen alle an, die nicht auf ihre Weise leben, denn sie sind in geistlicher Hoffart voll des eigenen Selbst. Und (gerade) diese Sünde hat die höchsten Engel in den tiefsten Abgrund gestürzt. Darum hütet euch davor wie vor dem ewigen Tod.

Kehrt euch zu euch selber, und richtet da, und maßt euch nicht an, irgendwen zu richten! Ginge es selbst um ein ganz böses Ding, so sollt ihr es, wenn ihr könnt, bei euch selbst und gegenüber euren Nächsten entschuldigen, damit niemandem daraus ein Anlaß zur Sünde werde.

Jene Leute gehören zu den neunundneunzig Schafen, die Jesus in der Wüste ließ, um das eine zu suchen. Und ferner: Gott hält gar nichts von diesem verkehrten Volk, er kümmert sich nicht um es, er kennt diese Menschen nicht, wie es ja im Evangelium heißt: „Ich kenne euch nicht" (Matth. 7, 23; 25, 12).

Zur dritten Art von Sündern gehören die kalten, schläfrigen, lauen Menschen. Wie alle haben (auch) sie die heilige Taufe empfangen. Aber Gott hat verhütet, daß sie in bedeutende Todsünden gefallen sind, was die Dinge betrifft, welche die heilige Kirche geboten oder verboten hat. Darauf verlassen sie sich und wenden weder Fleiß noch Ernst an Gott und göttliche

---

[1] Von hier ab folgt Vetter der Hs. E 124 bis Predigt 71.

Dinge. Sie singen und lesen viele Bücher, deren Blätter sie um und um wenden. Aber da ist weder Empfindung (Gottes) noch Gnade dabei, und unter den Geschöpfen fühlen sie sich wohl; zu denen zieht sie ihre Liebe, an ihnen haben sie Wohlgefallen, die sagen ihnen zu, bei ihnen ist ihnen wohl; an den Umgang mit ihnen gewöhnen sie sich aus freiem Antrieb und unbekümmert und suchen da die Lust und die Befriedigung, die sie finden können; und sie selbst regen sich dazu an mit allen (möglichen) Weisen, mit Reden und Tun, in ihrer Kleidung, ihrem Verhalten, in mancherlei Weise und Lebensart, im Gehen und Stehen, mit Gaben, Boten und Briefen; so verlieren sie sich und hüten ihre Sitten und Sinne nicht. Dabei denken sie, daß sie niemals eine Todsünde begingen, keine von denen, die bedeutsam wären.

Aber Gott weiß wohl, wie es um diese Leute steht. Sie hätten Grund, sich zu fürchten. Es geht ihnen wie den Leuten, die einen schwachen Magen haben. Unreine, schlechte Nahrung, faulig und verdorben, die sich darin findet, gibt einen üblen Geruch von sich, steigt ihnen (zum Mund) hinauf, so daß sie keine gute Speise (mehr) zu sich nehmen können, und der Geschmack zu jeglicher guten Speise ist ihnen vergangen, und wenn sie auch (davon) essen, es schmeckt ihnen nicht; gute Dinge dünken sie bitter, weil Böses in ihnen ist, und es geht ihnen wie schwangeren Frauen, die Gelüste haben, Erde und unsaubere Dinge zu essen. Ganz ebenso ist es um diese verdorbenen Menschen bestellt. Der Magen ihrer Zuneigung, ihres inneren Lebens ist voll des Unrats der Geschöpfe; darum haben sie den Geschmack an allen göttlichen und himmlischen Dingen verloren, sie erscheinen ihnen bitter und unschmackhaft. Sie sind in ihrem inwendigen Grunde (gleichsam) schwanger geworden mit Geschöpfen, toten oder lebenden; und daher kommt ihr Gelüste nach Erde und unreinen Dingen. Und ihre Speise ist Lust und äußere Eitelkeit.

Die Lehrmeister sagen, daß die erste Materie nur nach einer Form dürste, die ihre eigene sei. Die Materie im Leib der schwangeren Mutter ist zunächst Materie ohne bestimmte äußere Form[2].

[2] Hierzu vgl. die scholastische Stoff-Form-Lehre, wie sie etwa bei Josef Gredt OSB, Die aristotelisch-thomistische Philosophie I (Freiburg 1935) S. 146 ff., sich findet.

Dann gewinnt sie eine tierische Form; diese erwartet eine menschliche und dürstet danach. Denn sobald die Materie menschliche Form angenommen hat, dürstet sie nach einer ewigen, vernünftigen, nach Gott gebildeten Form. Diese wiederum gewinnt nicht eher ewige Ruhe, bevor sie nicht überformt wird mit der Form aller Formen, die diese alle erfüllt: das ungeschaffene, ewige Wort des himmlischen Vaters.

Die Seele trägt in sich einen Funken, einen Grund, dessen Durst Gott, der doch alle Dinge vermag, nicht löschen kann, es sei denn, er schenke sich ihm selbst. Gäbe er der Seele auch den Geist der Formen alles dessen, was er je im Himmel und auf Erden schuf, das genügte ihr noch nicht und vermöchte ihren Durst nicht zu stillen. Sie hat ihn von Natur. Diesen Grund verderben, diesen Durst ersticken jene verkehrten Menschen; sie reißen den Mund auf, als ob sie glaubten, der Wind werde sie sättigen. Und darum schmecken ihnen alle göttlichen Dinge nicht; ihr Geschmacksempfinden ist verschwunden, der Magenkanal verfault; sie sind dem ewigen Tod sehr nahe.

Meine Lieben! Was, denkt ihr, sollen diese Leute in der Stunde ihres Todes tun, wenn sie sehen, daß sie ihren natürlichen Adel so erniedrigt, mit eitlen Torheiten sich solch unermeßlich Gut haben entgehen lassen, daß sie ihren Grund so geschädigt, so verdorben haben? — Ach, die Not und der Jammer, der da werden wird, geht über alle Not.

Überlegt doch! Der Mensch hat (doch) alle Dinge von Gott empfangen, alles, was er innen und außen besitzt: Güter der Natur, der Gnade, des (ewigen) Glückes. Das hat er alles darum empfangen, daß er es Gott wieder hinauftragen solle in Liebe, Dankbarkeit und Lob. Jene stumpfen Seelen (aber), die so ihre Zeit zubringen, leisten kaum so viel, daß sie die tägliche Schuld begleichen, die durch das entsteht, was ihnen (durch Gott) zufällt. Was wird dann aus der unermeßlichen Schuld, mit welcher der Mensch sich vor Gott belädt? Meine Lieben, blickt man näher zu und erkennt, daß alles bis auf den letzten Posten (der Rechnung) gefordert werden wird, was denkt ihr wohl, was daraus werden soll? Jene Leute mögen zusehen, daß es ihnen nicht ebenso ergehe wie den törichten Jungfrauen; von diesen lesen wir auch nicht, daß sie schwere Sünden begingen, sondern nur daß sie nicht bereit gefunden wurden. Sie wollten sich bereit machen, schienen also recht guten Willens zu sein; und dennoch mußten sie draußen bleiben, wurden ausgeschlossen, und das Wort wurde zu ihnen gesprochen: „Ich kenne euch nicht!"

Ach, es geht wahrlich nicht, wie ihr euch das denkt, wahrlich nein! Jene blinden Menschen denken, es könnten die liebevollen Beispiele unseres Herrn Jesus Christus und sein teures Blut also verspielt werden und ohne Frucht bleiben. Nein, so ist es nicht! Dann sagen sie wohl: wir leben in einem heiligen Orden, in sehr heiliger Umgebung, wir beten und lesen. (Aber) du tust all dies ohne Liebe und Andacht, mit zerstreutem Herzen, blind und kalt. In diesem Zustand beichten sie und gehen zum Tisch des Herrn. Sie handeln wie der (Mann), welcher einen König zu sich einlud und ihn in einem unreinen, stinkenden Stall unter die Schweine setzte. Solchen wäre es tausendmal besser, wenn sie nie den Leib des Herrn nähmen.

Käme einer und warnte sie vor der schrecklichen Gefahr, in der sie lebten, und wie sorgenvoll die Stunde ihres Todes sein werde, so spotteten sie seiner (noch gar) und sagten dann: „Es ist ein Begharde." Sie sagen dann, das seien Neuerer, (und verspotten sie,) wie nie Juden noch Heiden die Christen je verspotteten und beschimpften. Diese falschen Christen behandeln jene noch schmählicher und verspotten sie: „Uns ist ein neuer Geist erschienen! Das sind welche von den hohen Geistern!" So behandeln sie die, welche wohl ihren ewigen und tödlichen Schaden voraussehen und die sie auf den rechten Weg bringen wollen. Wisset, wenn jene in diesem Zustand verharren, ohne Reue und Bekenntnis, werden sie nie das Antlitz Gottes schauen.

Wohl sagen sie, sie hätten niemals etwas Böses tun wollen. Hältst du das für gut? Du gibst Gott das Geringste, dein Äußeres, die (leeren) Hülsen mit deinen tierischen Sinnen, als da ist äußerliches Lesen und Beten; deine Gunst aber, deine Liebe, deine Gesinnung, dein Herz gibst du freien Willens den Geschöpfen; und doch hat der Heiland gerade um diese Dinge den Tod erlitten; um all das andere gibt er keinen roten Heller[3].

[3] Wörtlich: „keine drei Bohnen": Vetter 138, 15.

Das sind die Schafe, die er in der Wüste ließ. Von ihnen ist wenig Frucht zu erhoffen. Aber wisse: falls dir Gott die Gnade der Reue an deinem Ende gibt, wenn große Angst dich überkommt, so daß du errettet wirst, so mußt du (doch) unerträglich Fegfeuer erleiden und wirst gebraten und gebacken werden bis vielleicht zum Jüngsten Tag. Und haben sie das alles gelitten, so erhalten sie (im Himmel) ihren Platz unaussprechlich weit von den besonderen Freunden Gottes in einem abgeschiedenen Winkelchen. Denn diese Leute sind Sünder, halten sich aber nicht dafür. (Denn) sie nahen sich unserem Herrn mit ihrem äußeren Leben, ihrer äußeren Unschuld, ihr Herz (aber), ihr Grund und ihre Liebe sind ihm fremd und stehen ihm fern.

Die vierte Art der Sünder sind selige, liebenswerte Leute. Mag sein, daß sie tiefer als alle die anderen in zahlreiche schreckliche Todsünden gefallen sind. Zahl und Schwere dieser Sünden beachte ich im Augenblick nicht; sie nähern sich unserem Herrn (nämlich) von ihrem Grunde aus, haben dem, was Gott nicht lauter und bloß oder worin er nicht erscheint, gründlich den Rücken gekehrt; sie haben Herz und Grund in solcher Weise zu Gott gewandt, daß sie ihn vor allen Dingen lieben und im Sinn haben, und sie begehren aus dem Grund (ihrer Seele), ihn allein zu lieben und im Sinn zu haben vor allen (geschaffenen) Dingen. In solcher Haltung überlassen sie sich Gott, außen und innen, damit er nach seinem Willen mit ihnen verfahre. Von den Sünden dieser Leute verlangt Gott keine Rechenschaft und will nichts von ihnen wissen. Wie sie sich gänzlich von ihren Sünden abgekehrt haben, so auch Gott. Wollen *sie* nichts mehr davon wissen, so auch *Gott* nicht.

Welche (Lebens)weise gehört hierzu? Der Mensch muß in sich finden, und wahrlich ohne alles Herumreden, daß er im Sinn habe, von Grund seines Herzens Gott allein zu leben und auf niemanden sonst seine Gedanken zu richten; daß er ihn allein vor allen (geschaffenen) Dingen begehre und über allen Dingen ihn liebe in Lauterkeit und ihn im Sinn habe in allen seinen Werken; daß er in sich einen bereiten Willen finde zu allem, von dem er wüßte, daß Gott es von ihm wollte; daß er, was es auch immer sei, sich bereit finde, es zu tun; und wollte Gott etwas von ihm gelassen haben, daß er es ließe, und wäre es ihm das liebste Ding auf Erden; daß er seine Gedanken darauf richte, Gott zu folgen, welchen Weg er ihn auch ziehen oder führen wolle, es sei mittelbar oder unmittelbar, daß er diesen Weg gerne gehe durch Leiden und durch Abgeschiedenheit, wie Gott es will und in welcher Weise.

Das Evangelium sagt, daß Christus dieses Schaf suchte.

Wie soll man dieses Suchen verstehen?

Gott sucht und will haben einen demütigen und sanftmütigen Menschen, einen armen und lauteren Menschen, einen gelassenen Menschen, der in Gleichmut verharre. Das bedeutet nicht, daß man sich niedersetzen soll und ein Fell über das Haupt ziehe; wahrlich, ihr Lieben, nein! Aber du sollst Gott dich suchen lassen, dich drücken und vernichten, damit du Demut lernst in allen Lebenslagen, wo oder durch wen es komme. Wer ein verlorenes Ding sucht, sucht es nicht nur an einem Platz, sondern an vielen Orten, da und dort, so lange, bis er es findet. Sieh, so muß dich Gott auf mannigfache Weise suchen. Laß dich nur finden in all den Weisen, in all den Schickungen, die auf dich fallen, wo es auch herkommt, durch wen er es will, in welcher Geringschätzung, in welcher Erniedrigung; das nimm auf als von Gott gesandt: auf solche Weise sucht er dich.

Gott will einen sanftmütigen Menschen haben. Darum sollst du ebensooft und viel hin und her geworfen werden, daß du im Leiden ganz zertreten werdest und da so die Sanftmut lernest.

Gott will einen armen Menschen haben. Überlaß dich ihm! Man kann dir dein Gut nehmen oder deinen Freund, deinen Verwandten, deinen Schatz, was es auch immer sei, woran dein Herz hängt; (es geschieht,) damit du deinen Grund bloß und arm Gott überantworten könnest. Gott sucht dich darin: laß dich finden!

Gott will einen lauteren Menschen haben: den sucht er. So sucht er dich mit so vielen Widerwärtigkeiten heim, damit du da und in allem, was dich trifft oder treffen kann, wo es nun herstiebe oder -fliege, durch wen es komme, es sei Feind oder Freund, Mutter oder Schwester, Nichte oder Muhme, es nicht nehmest (als) von den Menschen (kommend), sondern nur lauter und gänzlich (als) von Gott (kommend) und du dich Gott dadurch suchen lassest.

Hätte ein Mensch eine Wunde, in der sich etwas Böses oder Faules bildete, er ließe sich schneiden und schmerzhaft behandeln an mancher Stelle, daß ihm nichts (Schlimmes) widerführe; er schonte seiner selbst nicht, nur damit das Böse herauskäme und er so genese.

Meine Lieben! In gleicher Weise solltet ihr die Schläge, durch die Gott euch sucht, erdulden, damit der Grund ganz und gar gesund und heil werde in alle Ewigkeit. Sprich also, wenn Leiden unversehens auf dich fällt, es sei von innen oder von außen: „Sei willkommen, mein lieber, einziger, getreuer Freund; hier hatte ich mich deiner nicht versehen, deiner nicht gewartet", und neige dich ihm demütig entgegen. Wisset also, Gott sucht dich in allen Dingen. Er will in dir einen gelassenen Menschen besitzen. Nun wohl, übergib dich Gott, und werde ein gelassener Mensch.

Gott sucht nicht große Rosse und starke Ochsen, das sind die Leute von großer, ungestümer Übung in der Frömmigkeit; er sucht auch nicht die, die große äußere Werke tun. Er sucht nur Demut und Sanftmütigkeit, das heißt die kleinen, gelassenen Menschen, die sich von Gott suchen lassen, und die, wo man sie sucht, sich als Schafe erweisen.

Willst du ein solches Schäflein werden und sein, so stelle in dir einen wahren, gleichmäßigen Frieden her in allem, was dich treffen mag, in welcher Weise das auch sei. Wenn du das Deine tust, so sei in Frieden und ohne Furcht in allen Dingen, wie sie auch kommen. Befiehl alle Dinge Gott an, und überlasse dich ihm gänzlich, selbst was deine Fehler betrifft, nicht in der Weise der Sinne, sondern nach der Vernunft, das heißt, indem du dich von den Sinnen abwendest und Mißfallen an ihnen bezeigst. Dessen mag es nie zuviel sein; aber in sinnlicher Weise wäre es ein großes Hindernis[4]. Also halte dich in allen Dingen in Frieden, auch was die Gaben Gottes betrifft. Er gebe oder nehme

---

[4] Eine bei Vetter 140, 25 in der Hs. Wi 1, im AT nicht recht klare Stelle; die Lesarten helfen nicht weiter; die Übersetzung versucht der Stelle einen sinnvolleren Zusammenhang zu geben. Vgl. auch Corin, Sermons II, 159, Anm. 1.

dir: bleib stets in gleicher Lage des Gemüts. So wirst du ein gelassener Mensch, wenn du alle Dinge von Gott auf gleiche Weise entgegennimmst: Lieb und Leid, Saures und Süßes, in wahrem, vollkommenem Frieden.

Das, meine Lieben, ist das geliebte Schaf, das der Herr gesucht und wirklich gefunden hat. Er verließ die neunundneunzig; ja neunundneunzighundert der selbstgefälligen Leute ließ er in der Wüste, wo wenig Frucht zu finden ist; so ist auch in diesen selbstgefälligen Leuten wenig oder gar keine Frucht. Und als er das zierliche Schaf fand, das er gesucht hatte, nimmt er es auf seine Schultern oder seine Achseln, geht zu seinen Freunden und Nachbarn und spricht: „Freut euch mit mir, denn ich habe mein (verlorenes) Schaf (wieder)gefunden."

Die Freunde und Nachbarn, das ist das ganze himmlische Heer: Engel und Heilige und alle seine geliebten Freunde im Himmel und auf Erden. Die haben alle eine unaussprechliche Freude, und die Freude, die sie über das (wiedergefundene) Schaf empfinden, ist unsagbar. Diese Freude, die über dieses (wieder-gefundene) Schaf herrscht, könnte kein menschliches Verständnis begreifen oder verstehen; die ist wahrlich abgrundtief.

Dann nimmt er das schöne Schaf und setzt es auf seine Schultern und nimmt es mit sich. Die Schulter ist zwischen Rumpf und Haupt und berührt beide. Das bedeutet: er setzt dieses liebenswerte Schaf zwischen seine überheilige Menschheit und seine hochgelobte Gottheit. Die überheilige Menschheit (Jesu) wird diesen Leuten zur Stütze und trägt sie hinüber in die ehr-würdige Gottheit. Seine liebenswerte Menschheit nimmt sich dieser lieben Schafe an und trägt sie in allen ihren Werken; bisher taten sie ihre Werke in sich und außer sich selber. Nun aber trägt Gott sie und wirkt all ihre Werke in ihnen und durch sie: sie sprechen, sie essen, sie stehen; alle ihre Werke wirkt Gott in ihnen: sie leben und schweben in Gott. Sie gehen aus der Menschheit in die Gottheit und wieder zurück und gehen ein und aus und finden gute Weide. Diese Wonne und Freude, die da dem Geist geschenkt wird, schon hier in der Zeit, überragt in unbegreiflicher Weise alle die Freude, sogar die Summe, die alle Welt je erfuhr, die alle Geschöpfe in der Welt erfuhren, gegenüber dieser Freude. Ja die allergeringste Freude, die der Geist hierüber hat, ist wie ein Tropfen Wasser im Vergleich zum großen Meer.

Das sind die Leute, von denen das Evangelium sprach, daß mehr Freude bei allen Heiligen und Engeln sei über die Bekehrung eines Sünders denn über hundert, ja über tausendmal tausend; denn Gott hat durch sie Ehre, und *das* sind die Sünder, die Gott in Wahrheit genaht sind.

Nun bleibt noch übrig das Gleichnis von dem Pfennig, den eine Frau verloren hatte, und der Stoff, der dazu gehört; davon wollen wir morgen sprechen.

Bitten wir unseren Herrn, daß wir uns so suchen lassen, daß man uns als (wahre) Schafe finde in Wahrheit. Dazu helfe uns Gott! Amen.

Quae mulier habens dragmas decem...
Eine Frau besaß zehn Drachmen... (Luk. 15, 8 f.)

37

Diese Predigt, der ein anderes Wort aus dem gleichen Evangelium nach Lukas zugrunde liegt, das (nämlich) über den verlorenen Groschen, spricht von mehreren Arten heißer Liebe und sagt, wie der Mensch Gott auf zwei Weisen sucht und wie Gott ihn sucht durch Entziehung aller ihm angenehmen Dinge.

AN DIESEM TAGE habe ich über den Teil des Evangeliums gesprochen, der uns berichtet, wie die Sünder sich dem Herrn nahten, wie ihr ja gehört habt, und wie das Schaf verloren, gesucht und gefunden ward.

Meine Lieben! Wendet es, wie ihr wollt, ihr müßt den Schafen gleichen in wahrer Demut, in Stille, in edler Gelassenheit und Empfänglichkeit (für Leiden), damit ihr ein Gott unterworfenes Gemüt habt und durch ihn unter alle Geschöpfe in Geduld. Wie Gott dich sucht oder suchen will, in welcher Weise und durch wen, durch sich selbst oder die Menschen, durch den (bösen) Feind oder alle Geschöpfe im Himmel und auf Erden, durch furchtbar hartes Reden oder Benehmen, wie ungestüm man dich auch angreift, nicht daß du dich dann rechtfertigst. Und darin sollst du dem liebenswertesten Vorbild, unserem lieben Herrn Jesus Christus, folgen, der das sanftmütigste Lämmlein war und seinen Mund nicht auftat, als er zum Scherer geführt ward.

Also, man wird dich scheren mit harten Worten und Werken, womit der Herr dich suchen will; so wirst du ihm gleich und wirst zu dem liebenswerten Schäflein, das er auf seinen Achseln tragen wird, (um es aufsteigen zu lassen) von der vergotteten Menschheit, der du nach seinem Vorbild gefolgt bist, bis zum göttlichen Sein, wo alle vollkommene Weide ist. Dies vor allem ist notwendig.

Nun wisse, wenn du auf solche Weise ein Schäflein geworden und dem liebenswerten Vorbild, unserem Herrn Jesus Christus, nachgefolgt bist, wie das notwendig ist, dann erst bist du ein guter, heiliger Mensch. Aber ist dir bestimmt, ein edler Mensch zu werden, so wisse, daß die Höhe, die du übersteigen mußt, unermeßlich ist. Ihr Lieben, dieses Evangelium sprach davon, daß eine Frau ein Geldstück verloren hatte, eine Laterne anzündete und das Geldstück suchte.

Diese Frau bedeutet die Gottheit; die Laterne die vergottete Menschheit (unseres Herrn), das Geldstück die Seele.

Dieses Geldstück muß drei Eigenschaften haben, und fehlt ihm (auch) nur eine davon, so ist es nicht richtig mit ihm; es muß sein Gewicht haben, (sodann) seinen Stoff, (schließlich) Stempel und Bild: dies alles muß es notwendigerweise besitzen; es muß von Gold oder Silber sein; aus solchem Stoff muß es sein.

Ach, ihr Lieben, was wunders ist es um diese Münze! Es ist wohl ein Goldstück, und es ist etwas Unermeßliches und Unbegreifliches um dieses liebenswerte Stück. Es muß sein (richtiges) Gewicht haben. Wisset: sein Gewicht ist unwägbar. Es wiegt mehr als Himmelreich und Erdreich und alles, was darin beschlossen ist. Denn Gott ist in diesem Geldstück und darum wiegt es ebensoviel wie Gott.

Die Prägung[1] dieses Geldstückes versinnbildet die hineingesunkene Gottheit, die sich mit dem Übersein ihrer unaussprechlichen Liebe in diesen Geist (des Menschen) eingesenkt hat und ihn wiederum ganz und gar in sich selbst verschlungen und ertränkt hat. Soll das geschehen, so mußt du wahrlich einen viel näheren und kürzeren Weg gehen, der weit über das hinaus-

---

[1] Corin tritt in seinen Ausführungen zu Wi 1 S. 25 für die Lesung dieser Hs. „muntze" = „Prägung" [„la frappe"] ein; ich habe den vorgebrachten Gründen Rechnung getragen.

geht, was der äußerliche Mensch suchen kann, und über alle
Übungen (der Frömmigkeit) des äußerlichen Menschen, es sei
in leidender oder wirkender Weise, oder wie man es nehmen
will, in Bildern oder Formen. Wie nun aber? Die Frau zündete
eine Laterne an und kehrte das ganze Haus um.

Diese Laterne entzündete die ewige Weisheit. Und was hier
entzündet ward, darunter verstehen wir die wahre göttliche
Liebe; die soll entzündet sein, die soll brennen. Meine Lieben!
Ihr wißt nicht, was Liebe ist. Ihr meint, das sei Liebe, was ihr
stark empfindet und wahrnehmt und woran ihr Freude habt;
das nennt ihr Liebe. Nein: das ist keine Liebe; das ist nicht von
ihrer Art. Aber *das* ist Liebe, wenn man ein Brennen verspürt
in der Entbehrung und Beraubung, in der Verlassenheit; wenn
ein stetes, unbewegliches Quälen da ist und man das erträgt in
rechter Gelassenheit, und in der Qual ein Verschmelzen und
Verdorren im Brand dieses Darbens und man (auch dies) in
gleicher Gelassenheit (erträgt): das ist Liebe und nicht, was ihr
euch darunter vorstellt. Das bedeutet die Entzündung der
Laterne.

Die Frau (also) kehrt das Haus um und sucht die Münze. Wie
geschieht dieses Suchen in dem Menschen? Die eine (Art) geschieht wirkend in ihm, die andere leidend. In der wirkenden
Art sucht der Mensch (selbst), in der leidenden wird er gesucht.
Das Suchen, bei welchem der Mensch selbst sucht, geschieht auf
zweierlei Weise. Das eine Suchen des Menschen ist äußerlich,
das andere innerlich; und dieses ist so (hoch) über jenem wie
der Himmel über der Erde und ist jenem ganz und gar ungleich.
Das äußerliche Suchen, mit dem der Mensch Gott sucht, besteht
in äußerer Übung guter Werke mancherlei Art, so wie der Mensch
von Gott gemahnt und getrieben wird, wie er von seinen Freunden angewiesen wird, vor allem durch Übung der Tugenden,
als da sind Demut, Sanftmut, Stille, Gelassenheit und alle anderen Tugenden, die man übt oder üben kann.

Aber die andere Art des Suchens liegt weit höher. Sie besteht
darin, daß der Mensch in seinen Grund gehe, in das Innerste
und da den Herrn suche, wie dieser es uns selbst angewiesen hat,

als er sprach: „Das Reich Gottes ist in euch!" Wer dieses Reich finden will — und das ist Gott mit all seinem Reichtum und in seiner ihm eigenen Wesenheit und Natur —, der muß es da suchen, wo es sich befindet: nämlich im innersten Grunde (der Seele), wo Gott der Seele näher und inwendiger ist, weit mehr als sie sich selbst.

Dieser Grund muß gesucht und gefunden werden. In dieses Haus muß der Mensch gehen, und alle Sinne und alles, was sinnlich ist, müssen ihm verlorengehen; und ebenso all das, was (ihm) mit den Sinnen zugetragen wird und in (ihn) hineingetragen wird an Bildern und Formen; und entfallen muß ihm alles, was die Phantasie, die Einbildungskraft und alle sinnlichen Vorstellungen in ihn getragen haben in der ihnen eigenen Weise; ja er muß darüber hinaus auch den Bildern der Vernunft und ihren Wirkungen nach vernünftiger Weise und ihrer Wirksamkeit entsagen. Sobald der Mensch in dieses Haus kommt und Gott da sucht, so wird das Haus umgekehrt, und dann sucht Gott ihn, (den Menschen,) und kehrt das Haus um und um, wie einer, der sucht: das eine wirft er hierhin, das andere dorthin, bis er findet, was er sucht.

So geschieht diesem Menschen: sobald er in dieses Haus kommt und Gott in diesem innersten Grunde gesucht hat, kommt Gott und sucht den Menschen und kehrt das Haus ganz und gar um und um.

Jetzt will ich einen Gedanken aussprechen, den nicht ein jedes versteht, und doch spreche ich stets gut deutsch. Die nämlich verstehen diesen Sinn allein, denen etwas davon aufgegangen und eingeleuchtet ist; sonst niemand.

Dieses Hineingehen ist auch nicht so, daß man zuweilen (in dieses Haus) gehe und es dann wieder verlasse und sich mit den Geschöpfen zu schaffen mache.

Darin (nun) besteht das Umkehren dieses Hauses und die Art, in der Gott den Menschen sucht: alle die Weisen, solche und andere, welcher Art sie auch seien, in der Gott sich dem Menschen darstellt, werden dem Menschen, sobald Gott in dieses Haus, in diesen inwendigen Grund kommt, völlig entzogen, und alles wird so völlig umgekehrt, als ob er es nie besessen hätte. Und wieder und wieder werden alle die Weisen, die Lichter, alles, was da je gegeben, geoffenbart ward oder sich zutrug, bei diesem Suchen um und um gekehrt. Und falls es der Natur möglich wäre, das zu ertragen, und diese Umkehrung während der Nacht und dem Tag siebenmal siebzigmal stattfände, wenn der Mensch das aushielte und er sich dem anheimgäbe, so wäre ihm das nützlicher als all das, was er je verstanden hat oder ihm je gegeben wurde. In solcher Umkehrung wird der Mensch, könnte er sich ihr überlassen, so unaussprechlich weit geführt, weiter als in all den Werken, Weisen und Vorhaben, die je und je erdacht oder gefunden wurden.

Ja die auf rechte Weise dazu kommen, werden die liebenswertesten Menschen, und es wird ihnen leicht, wenn sie wollen, in jedem Augenblick sich in sich zu kehren und sich über die Natur emporzuheben; diese ist bei vielen Menschen so zäh und will stets etwas haben, woran sie hängen kann und was ihr Halt bietet. Und etliche Menschen sind so ungelassen und zäh; mit ihnen steht es wie mit denen, die eine Tenne herrichten sollen und dreschen. Die ist dann so rauh und höckerig, und in solchem Fall muß man einen starken, harten Besen nehmen und (sie) scharf und hart ausfegen und bearbeiten, bis sie eben und glatt ist. Ist eine Tenne aber glatt, so braucht man nur mit einem Federwisch darüber zu fahren. Ebenso sind manche Menschen höckerig und ungelassen; über die muß Gott mit einem harten, scharfen Besen mannigfacher Versuchung, mannigfachen Leidens hinwegfahren, daß er sie lehre, sich (ihm) zu überlassen. Aber die liebenswerten Menschen, die schlicht und gelassen sind, deren Ding geht ganz von selber; und daraus werden solch liebenswürdige Menschen geboren, die all dem entsinken und entfallen, woran die Natur einen Halt finden könnte oder wollte; sie dringen ganz für sich in den Grund, doch ohne sich an etwas anzuhängen oder zu halten, und sie bleiben in Armut und Blöße in wahrer Gelassenheit.

Ließest du dich so suchen, wie bloß, blind, gelassen der Herr wollte, und in jeder Weise, wie er wollte, und dein Haus umkehren, so würde das Geldstück gefunden, weit über das hinaus, was irgendein Mensch erdenken oder erkennen kann.

Ach, ihr Lieben! Wer sich in solcher Weise umkehren ließe — das ginge weit über alle Vorhaben und alle Werke und Weisen, die die ganze Welt zu wirken vermöchte in sinnlicher Art und sinnlichem Werk. Das bestätigte unser Herr mit den Worten: „Wer zu mir kommen will, der entäußere sich seiner selbst und komme zu mir." So also muß der Mensch sich seiner selbst entäußern und sich an nichts festhalten, was ihn am wahren Fortgang hindert.

Kommen dann die ungelassenen Menschen in starke Prüfungen und fühlen die Streiche des harten, scharfen Besens auf sich, so meinen sie, alles sei verloren, und sie geraten in große, heftige Versuchungen, in Zweifel und Angst. Dann sagen sie: „Nein, Herr, es ist alles verloren. Ich bin alles Lichtes, aller Gnaden beraubt." Wärest du ein schlichter, gelassener Mensch, so ginge es dir nie so gut und du wärest nie besser daran als zur Zeit, da der Herr dich sucht; und das genügte dir, und du fändest dabei wahren Frieden. Wollte er dich blind oder finster, kalt oder warm, arm oder wie immer es ihm gefiele, im Haben, im Entbehren; worin er immer dich suchte, würdest du dich finden lassen.

Ach, wer diesem Weg folgte und sich so von innen und außen (Gott) überließe, wie denkt ihr, daß Gott mit solchen Menschen verfahren werde? Ach, er würde sie liebreich über alle Dinge hinwegführen.

Ihr lieben ehrbaren Leute[2], fürchtet euch nicht; es gibt auch Menschen, und sie leben auch, die Wasser trinken und gutes Gerstenbrot essen. Sie kommen auch an ihr Ziel. Wenn ihr nicht höher kommen wollt, so braucht ihr euch darum nicht zu fürchten.

Diese Münze muß ihr Gewicht und ihre Prägung haben: ihr Gewicht, daß sie wieder hernieder in den Grund falle und einsinke so, wie sie herausgefallen ist, in all der Lauterkeit, der Unbeflecktheit, ebenso bloß und rein, wie sie herausgekommen ist.

[2] Hier ist wohl an eine gemischte Zuhörerschaft zu denken.

Ihre Bildseite liegt offen zutage[3]. Dieses Bild bedeutet nicht nur, daß die Seele nach Gott gebildet sei; sondern es ist dasselbe Bild, das Gott in seinem eigenen, lauteren, göttlichen Sein selbst ist; und hier in diesem Bild, da liebt, erkennt und genießt Gott sich selber. Gott lebt, west und wirkt in der Seele.

Dadurch wird die Seele ganz gottfarben, göttlich, gottförmig. Sie wird durch Gottes Gnade all das, was Gott von Natur ist, (und zwar) in der Vereinigung mit Gott, in dem Einsinken in Gott, sie wird über sich hinaus in Gott geholt. Ganz gottfarben wird sie da; könnte sie sich selber erblicken, sie hielte sich für Gott. Wer sie sähe, erblickte sie in dem Kleid, der Farbe, der Weise, dem Wesen Gottes, alles durch Gnade, und wäre selig in dieser Erscheinung, denn Gott und die Seele sind eins in dieser Vereinigung, durch (Gottes) Gnade, nicht von Natur.

Und umgekehrt, wer eine Seele in ihrem Grunde sähe, die mit Willen ihre Liebe und ihren Grund nach den Geschöpfen gefärbt hat, die wäre zweifellos nicht anders geschaffen wie der Teufel, der doch so grausig und unleidlich geschaffen ist; sähe ihn jeder Mensch in seiner rechten Gestalt, sie würden (in alle vier Winde) zerstieben vor dem greulichen Anblick; und diesen furchtbaren Anblick wird die Seele ewiglich haben ohne Ende und ohne Unterlaß, wenn sie (in ihrer Todesstunde) gefunden wird in ihrem Grunde an die Geschöpfe gebunden, ebenso unnütz und angsterregend wie der Teufel selbst. Die lautere, göttliche, freie Seele (aber) wird ewig angesehen werden wie Gott und wird alle ihre Seligkeit haben in sich und außer sich in dieser Vereinigung, und sie wird sich selber als Gott ansehen, denn Gott und sie sind eins in dieser Einung.

Ach, wie selig und überselig sind die, welche sich so suchen und finden lassen, daß der Herr sie so (in sich) hineinführe und sie mit sich in unaussprechlicher Weise vereine! Das geht weit über alle Sinne und alle Erkenntniskraft und alles, was man in Worten aussprechen oder denken kann.

Wer dahin gelangen will, muß diesen Weg und diese Straße

---

[3] Vetters Lesung 146, 17 spricht eine Tatsache aus, nicht, wie Corin es übersetzt, eine Forderung.

mit Bedacht gehen, dann kann er sich nicht verirren. Tut er das aber nicht und verharrt in den Sinnen bei den Geschöpfen und in den geschaffenen Dingen, so bleibt er mit Notwendigkeit zurück, jetzt und in alle Ewigkeit[4].

Könnten wir doch alle (diesen rechten Weg) einschlagen! Dazu möge der Herr uns helfen.   AMEN.

---

[4] Über die Frage, ob Tauler hier die Verdammnis meint, sind die Ansichten geteilt; Kunisch, Textbuch, S. 85, Anm. 2 bejaht die Frage; Corin, Sermons II, 172, Anm. 1, denkt an eine niedrigere Stufe des ewigen Lebens.

Estote misericordes sicut et pater vester misericors est
Seid barmherzig, wie auch euer Vater barmherzig ist (Luk. 6, 36)

38

Diese Predigt über das Evangelium aus Sankt Lukas vom vierten
Sonntag (nach Dreifaltigkeit) lehrt uns, barmherzig zu sein, uns
des Urteils über andere zu enthalten, unsere Gebrechen zu er-
tragen, innerliche Menschen zu werden und alles, was von Gott
kommt, ausgeglichenen Gemütes anzunehmen, Erfreuliches und
Schmerzliches.

SANKT LUKAS SCHREIBT im Evangelium, daß unser Herr
zu seinen Jüngern sprach: „Seid barmherzig, wie euer Vater
barmherzig ist! Richtet nicht, so werdet ihr nicht gerichtet werden, vergebet, auf daß euch vergeben werde; gebt, so wird euch
gegeben: ein gutes, ein volles, ein gerütteltes, ein überfließendes
Maß wird man euch in den Schoß schütten; denn mit demselben
Maß, mit dem ihr meßt, wird euch wieder gemessen werden."
In diesem Evangelium werden uns zwei Dinge gelehrt. Unser
Herr sagt uns zunächst, was wir tun sollen. Sodann bezeichnet
er uns etliche Dinge, die wir vermeiden sollen. Es geht hier also
um ein Tun und ein Lassen. Das Tun, von dem hier gesprochen
wird, befiehlt uns, barmherzig zu sein; das Lassen, daß wir niemanden verurteilen sollen.

Meine Lieben, davon sprach ich gestern, wie sorgenvoll und
angsterregend es ist, wenn ein Mensch den anderen richtet, und
daß jeder Mensch auf sich sehen muß, wie er sich davor bewahre.
Denn der Mund der Wahrheit sagte hierzu: „Mit demselben

Maß, mit dem ihr messet, werdet ihr in jeder Weise wieder-
gemessen werden." Bist du oft barmherzig, so wirst du viel
Barmherzigkeit erfahren; wenn selten, dann wenig. Fehlt dir
aber Barmherzigkeit, so wirst du keine finden. Diese Barmherzigkeit soll der Mensch wahrnehmen und üben an seinem
Nächsten[1], innerlich, und sie hegen, so daß er darin ein gründ-
liches, getreuliches Mitleid mit seinem Nächsten empfinde, wo
immer er den in Leid weiß, innerlich oder äußerlich, und daß er
Gott in herzlichem Mitleid bitte, jenen zu trösten. Kannst du
ihm auch äußerlich helfen mit Rat oder Gaben, mit Worten oder
mit Werken, so sollst du das tun, soweit du dazu imstande bist[2].
Kannst du nicht viel tun, so tu doch etwas, es sei mit innerer
oder äußerer Barmherzigkeit, oder sag ihm doch ein gütig Wort!
Handelst du so, so hast du hierin genug getan und wirst einen
barmherzigen Gott finden.

Nun das andere Wort: „Du sollst nicht richten, auf daß du
nicht gerichtet werdest." Wisset, daß dieses Gebrechen jetzt so
großen, tödlichen Schaden allgemeinhin unter den Leuten an-
richtet, daß man es gar nicht schildern oder aufzählen kann. Tut
so viele gute Werke, wie ihr wollt, große, äußerlich sichtbare
Werke, (führt) große Vorhaben (durch), welcher Art sie auch
immer seien; der Teufel spottet über eure guten Werke, wenn
ihr (zugleich andere Menschen) richtet. Niemand maße sich an,
des anderen Richter zu sein, er habe sich denn zuvor selbst gerichtet. Es zeugt wohl von jammervoller Blindheit, daß der
Mensch von einem anderen fordert, er solle sich seinem (eigenen)
Willen und Wohlgefallen fügen, und er selbst kann sich mit
allem Fleiß und aller Mühe nicht so verhalten: kann er es doch
nicht dahinbringen, so zu sein, wie er sollte oder es an sich selbst
gern sähe. Der Mensch sollte niemandes Gebrechen schwer wägen,
wenn er will, daß Gott seine eigenen voll Barmherzigkeit über-
sehe. Wüßte er selbst ganz sicher, daß bei einem anderen Menschen etwas ganz und gar böse ist, so sollte er, bei seinem Leben,

---

[1] Nach einer Lesart der Hs. S; vgl. Vetter zu 148, 3.
[2] Die Übersetzung von Vetter 148, 8 durch Corin, Sermons II, 174: „dans
la mesure du possible", scheint mir vor der Lehmanns I 155, 6, „sofern es an
dich kommt", den Vorzug zu verdienen.

nicht davon sprechen[3]. Der Mensch sollte zuerst den Balken aus seinem eigenen Auge entfernen, ehe er darangeht, den Splitter aus seines Nächsten Auge zu ziehen.

Kehret euch zu euch selbst, achtet auf eure eigenen Fehler und nicht auf die der anderen! „Ist dir (aber) durch dein Amt auferlegt, zu beurteilen, so nimm der Stunde und Gelegenheit dazu wahr, tu es in Güte und Sanftmut, mit freundlicher Miene und wohlwollenden Worten", sagt der heilige Gregor. Es ist den Priestern, die die Richter der Kirche sind, streng verboten, hart zu richten. Wie könnt ihr es wagen, solche Urteile vor Gott und den Menschen (auch nur) zu denken? Wisset, ihr könntet eines Tages, indem ihr über euren Nächsten so richtet, auf euch selbst, eure Werke, euer Leben das Urteil Gottes herabziehen, derart, daß ihr es vor Gott nie mehr gutmachen könnt und Gott euch ein furchtbarer Richter sein wird.

Um Gottes willen, hütet eure Zungen! Dieses leidige Geschwätz findet man so häufig, daß es ein Jammer ist, und ihr verliert damit Gott, seine Gnade und die ewige Seligkeit! Niemals sollt ihr den Mund auftun, ohne euch dreimal gefragt zu haben, ob eure Worte zur Ehre Gottes dienen, zur Besserung eures Nächsten, zu eurem inneren und äußeren Frieden. Weil vom gesprochenen Wort so ungeheurer Schaden ausgeht, haben die heiligen Gründer der heiligen Orden mit so großem Nachdruck überall in den Klöstern jegliches gesprochene Wort verboten; nur an einem Orte war Sprechen gestattet, und dies nur mit besonderer Erlaubnis. Welch ein Schaden von (unbedachter) Rede kommt, das könnte die ganze Welt nicht dartun.

Die Schrift spricht sodann[4] von einem vollen Maß. Das bedeutet den Geist des Menschen, mit ihm wird gemessen. Und dieses Maß dient dazu, zu bestimmen, in welchem Ausmaß Gott dir geben werden wird. Ach, ihr Lieben, dieses Maßgefäß, in

---

[3] „nummer me draf gewagen" in der Hs. Wi 1. Im AT „nicht vrtail fellen", ähnlich in LT, KT; die Hs. S dürfte dem Sinne Taulers am nächsten kommen: „nicht davon sprechen"; vgl. Corin, Wi 1, Text u. Lesarten zu S. 41, 23, im AT Zeile 22.
[4] „sodann" gibt „vort" wieder, wie es bei Vetter öfters durch „vor" gegeben wird. Vgl. Corin, Neophilologus, a. a. O.

dem Gott so köstlich wohnen sollte, ist so unsauber und beschmutzt und so voller übelriechender Fäulnis, daß Gott nicht da wohnen kann; und doch wäre da recht eigentlich seine Wohnung. Aber dieses Maß ist voll übelriechender Dinge, irdischer Fäulnis und voll des Schmutzes. Dieser Geist ist zum größten Schaden (des Menschen) verpfändet. Zur Stunde selbst deines Gebetes ist dein Geist verpfändet, du bist nicht Herr darüber, und Gott kann auf keine Weise dort einziehen. Wahrlich nicht, denn du hast zu Torhütern die Geschöpfe dorthingesetzt: die sind's, die Gott den Eintritt verwehren! Und wenn du darum ohne (Teilnahme deines) Geistes betest, so sagt dir dein Gebet nicht zu [5], denn Gott hat daran keinen Anteil; dein Gebet ermüdet dich rasch, und du läufst weg.

Löse deinen Geist von allen Zwecken, denen er verpfändet ist, von aller Liebe, allen Gedanken, allem Wohlwollen der Geschöpfe; denn soll Gott in deinen Geist eingehen, so muß notwendigerweise das Geschöpfliche heraus. Entleere deinen Geist (von den Geschöpfen), mache dich frei von unnützen Beschäftigungen, denn das Feuer steigt nicht so leicht nach oben, noch fliegt ein Vogel so leicht (durch die Luft), als ein lediger Geist aufsteigt zu Gott. Und darum sei euch wahrlich gesagt: sollen wir je in Gottes Grund gelangen und in Gottes Innerstes, so müssen wir zuvor mindestens in unseren eigenen Grund und in unser Innerstes kommen, und das muß in lauterer Demut geschehen. Da soll die Seele sich ganz mit allen ihren Gebrechen und all ihren Sünden (zu Gott) hinaufheben und sich niederlegen vor der Pforte von Gottes Herrlichkeit, wo Gott in Barmherzigkeit zerfließt. Sie soll mit allem, was sie an Gütern, an Tugendhaftem von Gottes Gnaden in sich findet, sich an die Pforte von Gottes Reichtum setzen, durch die Gottes Güte und unaussprechliche Liebe in mancherlei Weise entströmt.

Wenn du mit aller Kraft dich der Hinneigung und der Beschäftigung mit den Geschöpfen entledigt, abgezogen und hinaufgehoben hast (zu Gott), so kann es sein, daß dich die Bilder der Dinge hindern und du dich nicht so verhalten kannst, wie

[5] Statt wörtlich: „schmeckt dir nicht", Vetter 149, 26.

wohl möglich wäre. Das sollst du (dann) für eine Übung halten
(die Gott dir auferlegt); überlaß dich darin Gott, bleib bei dir
selber, lauf nicht weg, sondern gedulde dich hierin, und sprich
mit großer Demut: „Lieber Herr, erbarme dich meiner! Deus
in adiutorium meum (intende), ach ja, lieber Herr, hilf mir!"
Dringe in dich selber, beginne nicht[6] eine andere Arbeit; dieses
Hindernis fällt ohne allen Zweifel von selber ab und löst sich
auf. Wo man Silber gräbt, habe ich das Wasser so anschwellen
sehen, daß man das Mineral nicht gewinnen kann[7]. Das hat man
dann mit Geschicklichkeit so eingerichtet, daß das Wasser von
selbst abfließt. Und so findet man das wertvolle Metall, das
alle Kosten bezahlt macht, die man (auf die Gewinnung) verwandt hat, und überdies großen Gewinn abwirft.

So sollst (auch) du erdulden und dich überlassen diesem Druck
und diesen Bildern und den widerwärtigen Gebrechen, von
denen du gegen deinen Geist und dein Herz dich peinigen lassen
mußt; gewiß, es fließt von selbst ab, und das wird all die Mühe
belohnen, und du wirst dadurch ein großes Gut gewinnen. Dann
wird unser Herr (zu dir) sagen: „Ach, du liebenswerter Mensch,
ich danke dir und freue mich deinetwegen, daß du mir mein
Leiden vergolten und mit deinen Fehlern, die du bis ans Ende
erduldet hast, die schwere Bürde meines Kreuzes hast tragen
helfen; sieh, nun sollst du mich in alle Ewigkeit selbst besitzen."

Willst du ein inwendiger Mensch werden, so mußt du ein
übervolles Maß besitzen. Aber wie? Wahrlich, du mußt die
äußeren Dinge abstreifen, soweit sie dem inneren Leben zuwider sind. Sieh dich selber an in all deinem Betragen, deiner
Zuneigung, deinen Gedanken, deinen Absichten, in Wort und
Werk, in Kleidern und Kleinodien, in Freunden und Verwand-

---

[6] Infolge unterschiedlicher Zeichensetzung entsteht bei Vetter 150, 12 und
Lehmann 1, 158 einerseits und Corin, Wi 1, S. 46, 25 wie dem LT und KT
andrerseits ein gegensätzlicher Sinn. Der AT läßt die Stelle aus! Dem Ge-
dankengang nach ist der Hs. Wi 1, den Drucken LT, KT der Vorzug zu
geben.

[7] Lehmanns Übersetzung „vermischen" hat die irrtümliche Lesart des LT
übernommen (1, 58), während es nach der überwiegenden Zahl der Lesarten
„anschwellen" heißen muß. Corin, Wi 1, S. 47, 5 und Erläuterung 2 verweist
auf mndl. „verwassen".

ten, in Gut und Ehre, in Bequemlichkeiten, Freuden, Haltung und Sitte. All das, was in deinem Leben Gott hindert, in dir zu leben, zu wirken, alles, dessen wahre Ursache nicht Gott ist, das, wahrlich, sollst du alles ablegen, willst du ein edler, innerlicher Mensch werden.

So sollst du auch die äußeren (Frömmigkeits)übungen prüfen, die großes Aufsehen erregen; hindern sie dich (auf deinem Weg zum innerlichen Leben), so lege sie ab! Warum spreche ich nicht von großem Fasten und Wachen? Weil sie eine große und starke Hilfe zu einem göttlichen Leben sind, wenn der Mensch sie zu ertragen vermag. Wenn aber ein Mensch schwächlich ist und leicht Kopfschmerzen bekommt (und das ist hierzulande bei vielen der Fall!), wenn ein Mensch findet, daß es seine Natur drückt und sie zugrunde zu richten droht, so mag er sich des Fastens entschlagen. Und sollte es ein gebotener Fasttag sein, so laß dir Erlaubnis von deinem Beichtvater geben; und ist das nicht möglich, so magst du sie von Gott erbitten und etwas zu dir nehmen, um des anderen Tages den Beichtiger oder Pfarrer aufzusuchen und ihm zu sagen: „Ich fühlte mich schwach, und ich aß", und so eine nachträgliche Erlaubnis zu erhalten. Die heilige Kirche hat zu keiner Zeit gewollt oder gewünscht, daß jemand (seine Gesundheit) schädige.

Meine Lieben! Das ist doch klar und deutlich gesagt! Alles also, was dir auf dem geradesten Weg zur Wahrheit ein Hindernis ist, schiebe es weg, sei es etwas Äußeres oder Inneres, Leibliches oder Geistiges, von welchem Aussehen und Namen es immer sei. Auf solche Weise könnt ihr zu einem hohen Grad der Vollkommenheit gelangen, wenn ihr in wohlgeordneter Weise auf diesem Weg voranschreitet; so könnt ihr edle Menschen werden.

Es soll (aber auch) ein gedrücktes, vollgepreßtes Maß vorhanden sein. Meine Lieben! Versteht (recht), was ich (jetzt) sage: wenn der Mensch diese geordneten Wege gegangen ist und alle Hindernisse abgestreift hat, so kommt manches erfreuliche Ding auf ihn zu; davon wird ihm so große Wonne und Freude in fühlbarer Weise zuteil, daß solcher Genuß ihm durch Geist und Natur geht. Und seine Genugtuung, sein Trost, sein Gottempfinden überragen in unsagbarer Weise alle Freuden dieser Welt.

Was da im Menschen entsteht, ist (so) erfreulich und wonnevoll. Aber darüber hinaus wird dem Geist ein solcher Druck zuteil, daß ihm alle Wonne und Genuß ganz und gar benommen wird, wie wenn er sie nie gekannt hätte, und ihm wird ein eingedrücktes und gerütteltes Maß zuteil, und er wird so in sich selbst niedergeschlagen, daß ihm jeglicher Genuß ganz und gar benommen ist. Will der Mensch (unter solcher Belastung) Frieden haben, so muß er diesen Mangel und diesen Druck so gelassen und so frei hinnehmen, daß er von all dem Genuß nichts halte; er muß sich nur in Gelassenheit in den einfachen Grund des allerliebsten Willens Gottes einfügen, um da Armut von Gott zu nehmen und sie zu ertragen, selbst wenn Gott sie bis zum Jüngsten Tag wollte ausgehalten haben.

Ach, ihr Lieben! Dieser Druck wird da so unerträglich, so beschwerlich und so schmerzhaft, daß der armen Menschennatur die weite Welt zu enge wird und sie vor Jammer ausgedörrt wird, wenn ihr die liebevollen Lichter und der große Genuß ganz und gar benommen werden, so als hätte sie sie nie besessen. Manche Menschen kleben aber an diesen Dingen so sehr, daß sie sich mit der Entziehung nicht abfinden können. Diese Unfähigkeit zum Leiden hat zwei Ursachen. Die eine besteht darin, daß der Mensch sich noch nicht bis auf den Grund seines (eigenen) Selbst gestorben, noch nicht tot ist. Die zweite, daß er Gott noch kein uneingeschränktes Vertrauen entgegenbringt. Darum ist ein solcher Mensch so ungelassen, bricht aus und kann sich diesem Druck nicht fügen; und das hat für ihn einen großen, erstaunlichen Schaden zur Folge.

Halte dich daran: vertraue auf Gott; er wird dich ohne Zweifel erlösen. Bewahre die Demut und Ehrfurcht! Strecke die Hand deines Begehrens nur aus nach dem jenseits allen Seins stehenden, einfachen, lauteren Sein, das Gott allein ist, und gib dich mit nichts zufrieden, das geringer ist als dies; und benimm dich nicht wie jemand, der ein Kleinod erhalten und nur noch an dieses denkt, nur noch sich damit vergnügt und darüber den vergißt, der es ihm gegeben hat.

Verhalte dich wie ein Schlafender gegenüber allem, was dir Genuß verspricht oder wohlschmecken mag, mit alleiniger Ausnahme des Herrn selbst. Es sei vernünftig oder nicht: um alles, was da verwehen oder zerstieben kann, kümmere dich gar nicht; beuge dich ganz und gar in wahre Demut, in dein Nichts und in Gottes liebsten Willen in wahrer Gelassenheit.

Die Jünger mußten den Herrn wohl von sich gehen lassen und auf seine allerliebste Gegenwart verzichten, die ihnen ein so überragender und göttlicher Trost war. Um noch höhere Gaben zu erhalten, mußten sie sich lassen: „sich dem Größeren entgegenstreckend[8]". Du mußt, wie der liebe Paulus sprach, ausgespannt sein zur höchsten der obersten Berufungen, daß du ledig bist all dessen, was an Wert darunterbleibt und was so lustvoll und erfreulich war. So fühlt der arme Mensch sich, wie wenn er zwischen zwei Wänden hinge, und ihm ist, als habe er weder hier noch dort Raum, und ihm ist zumute wie einem, der unter einer Kelter liegt und gepreßt wird.

Halte fest an dich, und brich nicht aus! Es wird bald besser werden, es war noch nie so nahe, und das wird dir guttun! Des Druckes wirst du frei werden, und keinen anderen Gedanken sollst du haben, als nur den Willen Gottes zu tun und nach seinem Willen dein jammervolles Leid zu tragen so lange, als es ihm gefällt, was auch aus dir werde. Und sieht unser Herr dein erbarmungswürdiges Leid, daß du das trägst und dich wacker dabei verhältst und es mit Ergebung auf dich nimmst — woran alles liegt —, dann kommt der Herr mit dem über- fließenden Maß und gießt sich selber darein, denn nichts anderes könnte das Maß füllen, und bringt so das Maß zum Überfließen von dem alles übersteigenden Gut, das er selber ist, derart, daß es nach allen Seiten überquillt. Dann strömt der Geist über in den göttlichen Abgrund. Er ergießt sich und bleibt doch ebenso voll wie zuvor; es ist, wie wenn jemand einen kleinen Krug in das grundlose Meer senkte: er wäre sogleich voll, liefe über und bliebe doch voll.

Hier gibt Gott sich dem Geist in überströmender Weise, weit über das hinausgehend, was die Seele je begehrte. Und findet er sie in trostlosem Schmerz, dann tut er dasselbe, was von

---

[8] Vetter 125, 19; aus: Paulus, Phil. 13.

König Aswerus geschrieben steht: als er die beglückte, geliebte Esther vor sich stehen sah mit bleichem Antlitz, ihres Geistes nicht mächtig und nahe daran, umzusinken, da bot er ihr sein goldenes Zepter dar, erhob sich von seinem Königsthron, umfing und küßte sie und bot ihr an, seine Königsherrschaft mit ihm zu teilen.

Dieser Aswerus ist der himmlische Vater. Sobald er die geliebte Seele bleichen Antlitzes vor sich sieht, allen Trostes beraubt, ihres Geistes nicht mächtig und nahe daran, umzusinken, bietet er ihr sogleich sein goldenes Zepter dar, steht von seinem Thron auf — ich spreche hier im Gleichnis und verzichte darauf, den wirklichen Vorgang zu beschreiben —, umfängt sie mit göttlicher Umarmung und hebt sie darin über all ihre Schwächen hinaus.

Ach, was wunders glaubt ihr, daß da im Geist geschehe? In dem Neigen des Zepters gibt Gott der Seele seinen eingeborenen Sohn, und mit dem gütigsten Kusse läßt er zugleich die gar hohe, alles Sein überschreitende Lieblichkeit des Heiligen Geistes in sie einströmen. Er teilt ihr sein Königreich mit, das besagt, er gibt ihr ganze Gewalt über sein Reich, über Himmel und Erde, ja über sich selber, daß sie als Herrin all das besitze, dessen er der Herr ist, und daß Gott in ihr von Gnaden das sei, was er ist und besitzt von Natur.

So überfließend wird das Maß, daß alle Welt davon bereichert [9] wird. Gäbe es solche Menschen nicht in der Christenheit, so stünde die Welt nicht eine Stunde lang; denn die Werke dieser Menschen sind weit zahlreicher und besser als alle Werke, die die ganze Welt je zustande bringen kann. Gott nämlich wirkt all dieser Menschen Werke, und darum reichen deren Werke um so viel über aller Menschen Werke hinaus, als Gott besser ist denn die Geschöpfe.

So überfließend ist dieses Maß geworden, daß es über alle Sinneskraft, über alles Erkenntnisvermögen der Menschen, ja der Engel geht. Hier herrscht wahre und selige Freude, und das ist wohl der Friede, von dem der heilige Paulus spricht (Phil. 4,

[9] Vetters Lesart 153, 24 „gerichtet" muß nach den übrigen Lesarten berichtigt werden; die Form „gericht" gehört zu „rîchen" = „reich werden".

7). Das ist ein klares Wort, und wißt: der Umgang mit Gott ist nicht so furchtbar, wie ihr denkt.

Meine Lieben, wer diese Wege, von denen ihr sprechen gehört habt, gehen will, kommt zu diesem Ziel. Aber nehmt auch dies für lautere Wahrheit: welcher Mensch diesen Weg nicht geht, kommt nie zur lebendigen Wahrheit. Er kann wohl zu vernünftiger Erkenntnis gelangen, so wie rotes Messing zuweilen wie Gold glänzt, aber es ist doch sehr verschieden davon. So gibt es viel des falschen Scheines; die lebendige Wahrheit aber muß auf diese Weise und auf diesem Weg gesucht werden.

Der wahrlich wäre ein Tor, der seinen Weinberg hinter einer Höhe anlegte, wohin die Sonne niemals schiene, oder einer, der die Sonne erblicken wollte und ihr den Rücken zukehrte und sein Gesicht von ihr abwendete. Nun, unter hundert Menschen, die gut sein wollen, findet man kaum einen, der sich gänzlich zur Wahrheit hinkehrt.

Daß wir uns alle in *die* Richtung wenden möchten, da uns das volle und überfließende Maß zuteil werden könne, dazu helfe uns Gott! AMEN.

Estote misericordes sicut et pater vester misericors est
Seid barmherzig, wie auch euer Vater barmherzig ist (Luk. 6, 36 f.)

39

Diese zweite Auslegung des (in der vorigen Predigt) bereits
genannten Evangeliums spricht von vier Maßen, die Menschen
gegeben werden sollen, und von zwei Graden göttlichen Lebens,
und wie wir unseren Nächsten lieben sollen.

MAN LIEST IM EVANGELIUM von dieser Woche, daß unser
Herr sprach: „Seid barmherzig, wie euer Vater barmherzig ist;
verzeiht, damit euch verziehen werde; gebt, damit euch gegeben
werde; mit demselben Maß, mit dem ihr meßt, wird man euch
wieder messen. Man wird euch ein gutes Maß in den Schoß
schütten, ein volles, ein gerütteltes, ein überquellendes Maß."
    Von dem ersten (Punkte) ein Wort: „Seid barmherzig, wie
euer Vater barmherzig ist." Meine Lieben! Diese Tugend ist jetzt
gar unbekannt geworden; jeder (sollte barmherzig sein) gegenüber seinem Nächsten in jeder Weise, in welcher jener dessen
bedarf, nicht nur was Geschenke betrifft, sondern auch indem er
dessen Gebrechen voll Barmherzigkeit erträgt. Statt dessen fällt
ein jeglicher über den anderen mit (bitterem) Urteil her. Trifft
einen Menschen ein unvorhergesehenes Unglück, so kommt sein
Nachbar sogleich und legt von dem Seinen dazu; so erschwert
er jenem sein Leid, verschlimmert es und läßt es im schlimmsten
Licht und noch drückender erscheinen. Und die böse Zunge, von
der so unendlich viel Leid kommt, wird sogleich gehört, bevor
einer sich die Sache richtig überlegt hat. Armer Mensch, warte

doch, bis du Zeit zum Nachdenken habest und du zumindest wissest, was du sagst. (Was du da tust,) ist doch ein beschämendes, ein schändliches Ding. Wer hat dir solches Urteil befohlen? Unser Herr sagt: „Wer urteilt, dem soll in gleicher Weise sein Urteil gesprochen werden, denn so, wie du missest, wirst du wieder gemessen werden" (Matth. 7, 2).

Doch genug davon! Versuchen wir, zu verstehen, was unser Herr von den Maßen sagt! Er erwähnt vier Arten von Maßen, die den Menschen gegeben werden sollen: ein gutes, ein volles, ein eingedrücktes und ein überfließendes Maß. Die Heiligen legen das so aus. Das gute Maß bedeutet, daß der Mensch sein Leben so führe, daß er zum ewigen Leben gelangen könne. Sodann bezeichnet das volle Maß, daß Leib und Seele nach dem Letzten Gericht verklärt werden. Das eingedrückte Maß weist darauf hin, daß der Mensch an der Seligkeit aller Heiligen teilnehmen soll, das überfließende, das große Maß, daß er mit Gott unmittelbaren Umgang pflegen werde.

Wir wollen indes diese Unterscheidung noch auf eine andere Art auslegen. Da müssen wir beachten, welches dieses Maß sei, welches Gefäß dies ist, mit dem man mißt; und ferner: wer hier mißt. Das Gefäß, mit dem hier gemessen wird, ist die Liebeskraft, der Wille. Das ist so recht das eigentliche Maß, womit des Menschen Werk und Leben und seine ewige Seligkeit gemessen wird. Davon wird ihm weder etwas genommen noch etwas hinzugefügt als im Hinblick auf Größe und Weite dieses Maßes. Und deine eigene (durch Gottes Gnade) erleuchtete Urteilsfähigkeit ist es, welche mißt.

Nun merket von dem guten Maß (daß es darin bestehe), daß der Mensch seinen Willen zu Gott kehre, nach seinen und der heiligen Kirche Geboten lebe, und das in guter Ordnung im Gebrauch der heiligen Sakramente und im Glauben: daß ihm seine Sünde leid sei und er den festen Willen habe, sie nimmermehr zu begehen, daß er ein Leben der Buße führe, was heutzutage nur wenige tun wollen, in Gottesfurcht lebe und Gott wie auch seinen Nächsten liebe.

Dies, meine Lieben, ist und heißt ein rechtes Christenleben und ein Christenmensch, und das ist ein gutes Maß; solch einem

Leben gebührt das ewige Leben ohne (allen) Zweifel. Und hierzu muß ich noch etwas sagen: nämlich daß Gott eine ganze Anzahl von Menschen zu diesem Maß eingeladen und gerufen hat; und mehr (als das bereits Gesagte) verlangt er nicht von ihnen, und es könnte wohl geschehen, daß diese selben Menschen auf diesem Weg so lauter lebten, daß sie (bei ihrem Tod) ohne jegliches Fegefeuer in das ewige Leben gelangten.

Doch ist das der niederste Grad des Weges, auf dem man zu Gott kommt. Andere Menschen sind von Gott zu einem viel höheren Grad und zu einem höheren Ziel gerufen. Und dennoch werden diese Menschen ins Fegefeuer kommen, da gesotten und gebraten werden und so furchtbare Qualen leiden, daß kein Herz das ergründen kann. Wenn dies aber ausgelitten ist, so gelangt ein solcher Mensch um tausend Grade höher als jene. Fängt ein Mensch ein geistliches Leben an, so nimmt er sich viele gute äußere Werke vor: Beten, Sich-(vor-Gott-)Niederwerfen, Fasten und dergleichen guter Frömmigkeitsübungen mehr. Dann wird ihm ein volles Maß gegeben, eine innerliche Übung, derart, daß der Mensch all seinen Fleiß darauf verwendet, Gott in seinem Grunde zu suchen, denn da befindet sich das Reich Gottes. Meine Lieben, das ist jener ersten Art zu leben so ungleich wie Laufen und Sitzen. Könnte ein Mensch es dahin bringen, daß das äußere Leben (der Frömmigkeit) jenes innere nicht hinderte, so zählten diese beiden Arten der Lebensführung mehr als eine. Findest du jedoch, daß dich die äußere Frömmigkeitsübung an der innerlichen Übung hindert, so laß entschlossen von jener (ersten) ab. Seht, wie wir Priester uns in der Fastenzeit verhalten: da beten wir gar viele Psalmen und viele Gebete verschiedener Art. Zu Ostern aber verkürzen wir unser Pflichtgebet und beten während einer ganzen Zeit nur drei Psalmen (zur Matutin), eine Antiphon und ein Altargebet. An höheren Festen lassen wir das Gebet unserer Lieben Frau weg und die Bitten.

Also jedesmal, wenn dir die große Feierstunde innerlicher Einkehr geschenkt wird, laß deine äußere Frömmigkeitsübung kühnlich beiseite, wenn sie dir zum Hindernis wird, denn das innere Gebet ist köstliches göttliches Leben. Nimm dir zur Betrachtung vor, was dich am meisten zur Liebe führt, (etwa) das Leben, das Leiden, die göttlichen Wunden (Christi), das Wesen Gottes, die heilige Dreifaltigkeit, die Macht, die Weisheit, die Güte Gottes, das Gute, das er dir erwiesen hat. Was dich am meisten anregt, damit laß dich voll Dankbarkeit in den Grund sinken, und erwarte dort Gott. Solch eine Übung, mit Liebe durchgeführt, befähigt uns weit mehr, Gott zu empfangen, als alle äußere Übung; je innerlicher eine Übung ist, um so besser ist sie; denn Äußerliches nimmt all seine Kraft vom Innerlichen. Es ist, als ob du einen guten Wein besäßest, stark genug, um ein (ganzes) Fuder Wassers in edlen Wein zu verwandeln; so ist es mit dem inneren Leben bestellt, von dem ein einziger Tropfen dem ganzen äußeren Frömmigkeitsleben einen höheren Wert verleiht.

Nun gibt es Menschen, die große, breite, weite Gefäße besitzen; sie können wohl betrachten und innig sein; aber ihre Tiefe beträgt kaum zwei Finger; ihnen fehlt die Demut und die allgemeine Liebe. Der heilige Augustinus sagte: „Nicht auf die Länge der Zeit noch auf die Zahl der Werke kommt es (bei Betätigung der Frömmigkeit) an; sondern auf die Größe der Liebe." Man sieht es bei denen, die Korn und Wein bauen; vom besten erhalten sie nichts, sie essen Roggenbrot und trinken Wasser.

Nun sprechen wir vom gehäuften und eingedrückten Maß; das ist die fließende Liebe. Diese Liebe zieht alles an sich: alle guten Werke, alles Leben, alles Leiden. Sie zieht es in ihren Schrein[1], alles, was da Gutes in der Welt geschieht, von seiten aller Menschen, guten und bösen. Wenn (nämlich) deine Liebe größer ist als die Liebe dessen, der etwas Gutes tut, so gehört dieses Werk dank deiner (größeren) Liebe dir mehr zu als dem, der es tut. Ach, wie viele Psalter und Vigilien werden gebetet, wie viele Messen gelesen oder gesungen, wie manch großes Opfer gebracht, deren Ertrag dem nicht zuteil wird, der dies alles tut, sondern dem, der die Liebe besitzt (von der wir sprechen). All dieses Gut drückt dieser in sein Maß hinein. Nichts in der gan-

---

[1] Zu Vetter 388, 28 wörtlich: „ihr Gefäß".

zen Welt kann ihm entgehen; dieser wie aller Werke, deren Ziel nicht Gott ist, nimmt Gott sich nicht an. Davon sagt Sankt Paulus: „Wenn ich all meine Habe den Armen gäbe, meinen Leib dem Feuer und hätte der Liebe nicht, so wäre ich nichts."

Alles liegt an der Liebe. Hat jemand Böses getan, so bleibt es ihm; das Gute wird der Liebe zugeschrieben. Es ist, wie wenn man Korn in ein Gefäß schüttet, so laufen die Körner und drücken sich das eine gegen das andere, als ob sie alle eins werden wollten. Die Liebe zieht auch alles Gute an sich, das im Himmel in den Engeln und den Heiligen ist und in aller Martyrer Leiden; und ferner all das Gute, das die Geschöpfe Himmels und der Erden in sich haben und wovon ein so großer Teil verlorengeht oder doch verloren scheint. Die Liebe läßt es nicht verlorengehen. Die Lehrmeister und die Heiligen sagen, daß im ewigen Leben eine gar große Liebe herrsche; wenn (dort) eine Seele erkenne, daß eine andere mehr Liebe besitze als sie selbst, so freue sich diese Seele darüber so sehr, als ob sie diese Liebe selbst besitze. Und je mehr ein Mensch (auf Erden in seiner Haltung) jener Seele gleicht, um so herrlicher wird sein Glück im ewigen Leben sein.

Wessen Maß der Liebe nun am meisten des Guten in sich birgt, der wird dort am besten empfangen. Das haßt der böse Feind, und er verleitet den Menschen dazu, sich eine falsche Gerechtigkeit zuzuschreiben, seinen Nächsten zu verachten, (auch) sein Verhalten und gewisse seiner Werke, daß sie nicht so gut seien (wie seine eigenen). Dabei verliert dieser Mensch die Liebe, er urteilt, (die Tat seines Nächsten) sollte so oder so sein; aus dem Urteil kommt der Schuß der schadenbringenden giftigen Zunge, wie ein Pfeil vom Bogen fliegt. Wohin fliegt dieser Pfeil? Auf deine eigene Seele und bringt ihr den ewigen Tod, und all das, was du in deinem Maß geborgen hattest, das schüttet er aus und zerstört dir alles: das ist ein beängstigender, sorgenbringender Vorgang, mehr als jeder andere.

Hütet euere Zungen! Oder der Feind kommt und flößt dir eine Abneigung ein, ein (scharfes) Urteil über einen guten Menschen; und du sprichst deine Abneigung aus. Sogleich nimmt deine Teilhabe an dem Ausfluß seiner Liebe, seiner guten Gaben und Werke zum größten Teil ein Ende, an dem innigsten Teil seiner Liebe. Von dieser Teilhabe am Gut hat der Prophet gesagt: „Ganz wie das Öl, das niederfließt vom Haupt in Aarons Bart" (Ps. 132, 2). Der Bart hat viele Haare, die alle den einen Bart ausmachen und alle das milde Öl empfangen, das in den Bart fließt. Aber *das* Haar, das sich vom Ganzen des Bartes trennte, und wäre es noch so klein, erhielte nichts von dem kostbaren Salböl. So ist es auch mit der Liebe bestellt. Solange die Liebe allseitig, solange sie ihre Gunst nicht mit Unterschied zuteilt, so lange fließt in den Menschen das kostbare und milde Salböl alles Guten: schließest du aber jemanden oder etwas von deiner Liebe aus, so empfängst du nichts von diesem Öl.

Meine Lieben, achtet darauf, daß eure Liebe allen zugewandt sei, schenket einem jeglichen liebevolles Wohlwollen, bringt niemanden um seinen Frieden[2], zerstört nicht Gottes Tempel, der von dem höchsten Papst geweiht ist, und meidet Gottes Gericht! Leider ist die (menschliche) Natur vom Weg brüderlicher Liebe abgekehrt. Sieht ein Mensch seinen Nächsten fallen, so mag es ihn vielleicht sehr schmerzen; (aber) er sieht es mit an und läßt es geschehen; so sehr wird seine Liebe (ins Gegenteil) verkehrt. Achtet eurer Gebrechen; seht zu, wie es mit eurer Liebe steht, lernt die Furcht Gottes, solange ihr auf Erden weilt; denn einmal aus dem Leben geschieden, ist alles vorbei; da könnt ihr nichts mehr zu- oder abtun. Betete auch Gottes Mutter mit allen Heiligen für einen solchen Menschen, vergösse sie selbst blutige Tränen, das hülfe nichts. Also, seht euch vor! Gott wartet allezeit auf uns und will uns stets neue Gaben verleihen; was wir jetzt versäumen, wird uns nie mehr zuteil. Rechte Liebe versäumt nie etwas. Sankt Paulus sagt dazu: „Die Liebe ist nie untätig, sie wirkt und duldet alles" (1 Kor. 13, 7). So ist es bei den Menschen, von denen ihr hier gehört habt.

Nun sprechen wir noch vom überfließenden Maß. Dieses Maß ist so voll, so reich an Gehalt, so ausgiebig, daß es an allen Enden zugleich überströmt. Unser Herr rührt dieses Gefäß (nur) mit

[2] Nach S. 455 des von Lehmann zusammengestellten Wörterbuchs zu Vetter 340, 6.

einem Finger an, und sogleich strömt (sein Gehalt an Gaben Gottes) über alles hinaus, was es je enthielt und (sogar) über es selbst; es ergießt sich mit einem in den Ursprung, von dem es ausgeflossen ist; dorthin fließt es wieder hinein, unmittelbar, und verliert sich dort ganz und gar: Willen, Wissen, Lieben, Erkennen, alles ist übergeströmt, alles ist in Gott verloren und eins mit ihm geworden. Gott liebt sich (selbst) in solchen Menschen und wirkt alle ihre Werke in ihnen. Und das Überströmen erfaßt nicht sie allein; sie haben einen Drang, ihre Liebe wirken zu lassen. „Ach, lieber Herr", so denken sie, „hab Mitleid mit den armen Sündern, die (gute) Werke gewirkt und sich um ihren Ertrag gebracht haben. Gib ihnen die Brosamen, die von deinem reichen Tisch fallen, und bekehre sie dann völlig im Fegfeuer."

„Ach, Herr, gib ihnen von diesen Bröcklein!" Und so überströmt ihr Maß die ganze heilige Kirche, Gute und Böse; und alles tragen sie wieder in den Grund, was je (an Gutem) gewirkt wurde. Sie lassen nichts verlorengehen, vom Geringsten zum Größten, was je geschah; kein noch so kleines Gebet, kein (gutes) Beispiel, nicht den kleinsten Glaubensakt. Sie tragen alles zu Gott hinauf in wirkender Liebe und bieten es alles dem himmlischen Vater dar, alles, was alle Engel und Heiligen im Himmelreich besitzen: ihre Liebe, ihre Seligkeit, nichts entgeht dem Überströmen ihres Maßes. Meine Lieben! Hätten wir diese Menschen nicht, so wäre es schlimm um uns bestellt.

Bitten wir jetzt unseren Herrn, daß wir dieses Maß allesamt erlangen mögen. AMEN.

Carissimi, estote unanimes in oratione
Geliebte, seid eines Sinnes im Gebet (1 Petr. 3, 8)

40

Diese Predigt über die Epistel vom fünften Sonntag nach Drei-
faltigkeit lehrt uns, mit all unserer Kraft nach oben zu streben,
im Geist zu beten, all unsere Tätigkeit zu vergöttlichen, und
zeigt uns drei Stufen eines innerlichen Lebens.

HEUTE LIEST MAN in der Sonntagsepistel die Worte des
heiligen Petrus: „Meine Lieben, seid eines Sinnes im Gebet." [1]
Hier rührt er an das nützlichste, wohlgefälligste, edelste aller
Werke. Beten ist die fruchtbarste und liebenswerteste Tätigkeit,
die wir auf Erden vornehmen können.

Nun vernehmt, was Gebet sei, Wesen und Art des Gebetes,
wie, wo und an welchem Platz man beten solle.

Was also ist das Gebet? Sein Wesen ist die Erhebung des
Geistes zu Gott, wie die Heiligen und die Lehrmeister sagen.
Beten soll man im Geist, als dem Ort, da man beten soll, wie
unser Herr selber gesagt hat.

Was nun die Art betrifft, wie man beten solle, wie man sich
dazu schicken, wie dabei verhalten solle, davon will ich ein wenig
sprechen. Jeder gute Mensch, der beten will, soll seine äußeren
Sinne auf sich selbst wenden und zusehen, ob sein Geist ganz

---

[1] Die „Einheit der betenden Seele" dient als Leitmotiv für Taulers Predigt;
also nicht der Sinngehalt der Briefstelle 1 Petr. 3, 8 in der üblichen Übersetzung.

auf Gott gewandt sei: Diese Sammlung kann auf drei Stufen geschehen: der höchsten, der niedersten und der mittleren. Und dazu ist gut, daß ein jeder Mensch prüfe, was ihm für sein Gebet am förderlichsten sei und ihn am allermeisten zu rechter, wahrer Andacht anrege, und dieser Weise und dieser Übung soll er sich bedienen. Wisset aber: welcher gute Mensch sich zu dem wahrhaften und rechten Gebet hinwenden will, muß, damit sein Gebet in Wahrheit erhört werde, den Rücken gekehrt haben allen zeitlichen und äußeren Dingen, (all dem,) was nicht göttlich ist, es sei Freund oder Fremder; von aller Eitelkeit (muß er sich abwenden), es seien Kleider oder Kleinode oder alles, dessen wahre Ursache nicht Gott ist. Und er muß ferner sein Wort in Zucht halten und auf seinen Wandel achten und sie von aller inneren und äußeren Unordnung bewahren.

So soll der Mensch sich auf das wahre Gebet vorbereiten. Wenn Sankt Peter sagt, es solle eines Sinnes sein, so bedeutet das, daß des (betenden Menschen) Geist ganz und allein an Gott hafte, daß der Mensch den Blick seines Grundes und seines Geistes ganz gegenwärtig zu Gott gewandt habe und ein geduldiges und liebendes Anhangen an Gott besitze.

Ihr Lieben! Alles, was wir unser eigen nennen, haben wir doch von Gott. Das Geringste (was wir tun können) ist, all das, was wir empfangen haben, wieder zu ihm hinaufzutragen mit einem nach innen gewandten Blick und einem Geist, der ungeteilt und eins ist. Und so soll der Mensch all seine äußeren und inneren Kräfte anspannen und sie alle zu Gott hinauftragen.

Das ist die rechte Weise des wahren Gebetes. Glaubt doch nicht, das wahre Gebet bestehe darin, daß man viel außen mit dem Mund plappert, viele Psalmen und Vigilien betet, den Rosenkranz durch die Finger gleiten und die Gedanken (dabei) hier und dorthin laufen läßt! Wisset wahrlich: alle die Gebete oder Werke, die euch am Gebet aus einem Sinn hindern, die laßt kühnlich beiseite, es sei oder heiße wie immer oder wie groß und gut es scheine, außer dem Tagesgebet bei denen, die es auf Anordnung der heiligen Kirche zu beten verpflichtet sind; von diesem abgesehen, laß entschlossen alles fahren, was dich an dem wahren und wesentlichen Gebet hindert.

Nun geschieht es zuweilen, daß einer Gemeinde ein großes und schweres äußeres Gebet aus irgendwelchem Grund auferlegt wird. Wie soll sich da ein innerlicher Mensch verhalten, den die Gebete des Mundes mit ihrer Äußerlichkeit am inneren Gebet hindern? Er soll beide lassen und auch nicht; aber wie? Er soll sich in sich selbst sammeln und in seinen inneren Grund sich kehren mit (auf Gott) erhobenem Geist und angespannten Kräften, mit einer inneren Anschauung der Gegenwart Gottes und einem inneren Verlangen nach dem liebsten Willen Gottes vor allen anderen Dingen; er soll in seinem Selbst allen Menschen und allen geschaffenen Dingen entsinken und immer tiefer eintauchen in den verklärten Willen Gottes. Und so soll der Mensch in Treue alle die Dinge, die ihm anbefohlen sind, dorthinein ziehen und begehren, daß Gott da seine Ehre und sein Lob wirke und Nutzen und Trost spende den Menschen, die ihm, dem Beter, anbefohlen sind. So hast du viel besser gebetet, als wenn du das Gebet von tausend Menschen mit dem Mund gesprochen hättest.

Das Gebet im Geist übertrifft bei weitem alles äußere Gebet. Denn der Vater begehrt solcher Beter, und alles andere Gebet dient hierzu. Und dient es dazu nicht, so laß es entschlossen fahren. Es soll aber alles hierzu dienen. Es ist wie beim Bau eines Domes; dazu gehört mancher Art und Weise Werk; darin arbeiten vielleicht mehr als hundert Menschen, und mancherlei Anweisung gehört dazu. Die einen tragen Steine, die anderen Mörtel, alle diese verschiedenen Dinge. Dieses Dienen geschieht alles zu dem einen Werk, daß der Dom vollends gebaut und fertiggestellt werde, alles um dessentwillen, daß es ein Gotteshaus werde. Und all dieser Aufwand geschieht um des Gebetes willen; all diese mancherlei Werke und Weisen dienen alle diesem (einen) Zweck. Und wird dieses innerliche Gebet des Geistes getan, so ist alles wohlgetan und zu einem guten Ende gebracht, was hierzu gedient hat. Und das geht weit über das äußere Gebet hinaus, es sei denn, daß der Mensch so geübt wäre, daß sich das äußere Gebet zu dem inneren ohne Schwierigkeiten fügte; wenn das eine das andere nicht hinderte, dann wäre Genießen und Wirken eins, so wie es in Gott ist. Da ist das allerhöchste Wirken und das allerlauteste Genießen, eine einzige Einheit ohne (wechselseitiges) Hindern, und jedes im allerhöchsten Maße, ohne dem anderen im Weg zu stehen. Das Wirken liegt in den (drei göttlichen) Personen, das Genießen in dem einfachen Seienden.

Der himmlische Vater nach der Eigenheit seiner Vaterschaft (betrachtet) ist reines Wirken. Alles in ihm ist Wirken, da er in der Erkenntnis seiner selbst seinen geliebten Sohn gebiert. Beide hauchen in unbegreiflicher Umarmung den Heiligen Geist aus. Ihrer beider Liebe ist ein ewiges, wesentliches Wirken der Personen und danach das aus sich selbst seiende Sein und Einfachheit des Seins. So ist da ein stilles, einfaches Genießen und ein einfaches Zehren seines göttlichen Seins, und Wirken und Genießen sind in Gott eins. So hat Gott nach seinem Gleichnis alle Geschöpfe wirkend gemacht: den Himmel, die Sonne und die Sterne; dann weit über alle Dinge die Engel und den Menschen, jegliches nach seiner Weise. Es gibt kein noch so kleines Blümlein, kein Grashälmlein, der große Himmel, die Sterne, Sonne und Mond, alles wirkt darin, und vor allem Gott durch sich selbst. Sollte da der edle, nach Gott gebildete, werte Mensch nicht wirkend sein (er, der) nach Gott, in Gott gebildet (ist) an seinen Kräften und ihm vergleichbar nach seinem Sein? Dieses edle Geschöpf (der Mensch) muß in viel vornehmerer Weise wirkend sein als die unvernünftigen Geschöpfe, als der Himmel. Und diese sollen, was die Gleichheit betrifft, ihm (dem Menschen) wiederum nachfolgen im Wirken und Schauen. In welcher Richtung der Mensch mit allen seinen Kräften, den oberen und niederen sich auch kehre, er ist immer wirkend. Und jegliche seiner Fähigkeiten wirkt auf den ihr angemessenen Gegenstand. Seien sie nun von Gott oder den Geschöpfen, die Kräfte (des Menschen) wirken auf sie nach dem, was ihm dargeboten wird.

Wer nun alle die Gegenstände (seiner Tätigkeit) göttlich und himmlisch machte und allen zeitlichen Dingen den Rücken kehrte, dessen Werke würden damit göttlich. Die edle, liebenswerte Seele unseres Herrn Jesus Christus [2] war in ihren oberen

---

[2] Unter Berücksichtigung der von Corin bei Vetter vorgenommenen Änderung der Zeichensetzung.

Kräften ohne Unterlaß auf die Gottheit gerichtet; sie war vom ersten Beginn ihrer Erzeugung an auf dieses Ziel gerichtet; sie war von da an ebenso selig und genießend, wie sie jetzt ist. Und seinen niederen Kräften nach war er wirkend, bewegend und leidend, und es war (in seinem Leben) Genießen, Wirken und Leiden vermischt. Als unser Herr am Kreuz hing und starb, da besaß er in seinen oberen Kräften dasselbe Genießen, das er auch jetzt besitzt. Die nun, welche ihm als seine Getreuesten nachfolgen in der Hingabe an göttliche Dinge, in denen Wirken und Genießen eins wird, die werden ihm nach ihrem Tod im wesentlichen und ewigen Genießen am ähnlichsten sein.

Ja, ihr Lieben, die Menschen, die solch edles Werk vernachlässigen und ihre edlen Kräfte ungenutzt liegenlassen, fügen sich selbst großen, seltsamen, angsterregenden Schaden zu; sie leben in sorgniserregender Weise; solch ein Mensch verliert seine wertvolle Zeit und verdient maßlose und unerträgliche Strafe im Fegfeuer und wird nur bescheidenen Lohn in der Ewigkeit erlangen. Recht wird ihnen geschehen wie einem groben Bauern, der nicht geschickt ist für den vertrauten Umgang mit dem König und nicht sich eignet zum persönlichen Dienst in seiner Kammer. Noch tausendmal und viel mehr werden diese eitlen, äußerlichen Menschen ungeschickt sein, ewiglich zu sehn, wie die edlen, vertrauten Freunde Gottes in Gott wohnen werden in alle Ewigkeit. Und diese Müßigen, die innen und außen ohne Gott leben, reizen (geradezu) die bösen Geister zur Versuchung und geben ihnen (selbst) große Gelegenheit (dazu).

Nun sagten wir zuvor, daß der Mensch das mit Gott gemein habe, wirkend und genießend zu gleicher Zeit zu sein, das besagt, daß der innerliche Mensch eine unwandelbare Anhänglichkeit an Gott habe, in einem innerlichen, vollkommenen, lauteren Verlangen nach Gott. Dieses Verlangen ist so verschieden von dem, was in äußerer Weise Gottverlangen heißt, wie das Laufen vom Sitzen. Es ist das ein gegenwärtiges, inneres, anschauendes Verlangen; mit der Innerlichkeit hat es das Genießen gemein; außerhalb desselben kehrt es sich, der Not und dem Nutzen folgend, dem (äußeren) Wirken zu; doch kehrt es sich von der Innerlichkeit nur weg, um wieder dahin zurückzukehren. Das

Innere überwacht (hierbei) das Äußere gar schnell wie ein Werkmeister, der viele Gesellen und Dienstleute unter sich hat; sie alle arbeiten nach der Anweisung des Meisters; er selbst aber arbeitet nicht (mit ihnen); auch kommt er nur selten, ihre Arbeit zu besehen; rasch gibt er ihnen Regel und Form (für ihre Arbeit), und danach arbeiten sie alle an ihrem Werk; und doch sagt man seiner Anweisung und Meisterschaft wegen, er habe es allein getan, all das, was sie gewirkt haben; und alles wird sein genannt, weil er das Gebot und die Anweisung gegeben hat; so ist es eigentlicher sein (Werk) denn derer, die die Arbeit durchgeführt haben.

So verhält sich der nach innen gewandte, verklärte Mensch; dem Genießen nach ist er innerlich; mit dem Licht seiner Vernunft überblickt er rasch die äußeren Kräfte und unterweist sie für ihre Wirksamkeit; inwendig ist er versunken und verschmolzen in genießendem Anhängen an Gott und bleibt in Freiheit, ungehindert durch seine Tätigkeit. Doch alle seine äußeren Werke dienen dem Inwendigen, so daß kein noch so kleines (äußeres) Werk ist, das nicht hierzu diene. So kann all die mannigfaltige Tätigkeit (eines solchen Menschen) ein gutes Werk genannt werden.

In der heiligen Kirche besteht eine Ordnung, die „Corpus mysticum" heißt: ein göttlicher Leib, dessen Haupt Christus ist. Dieser Körper besitzt viele Glieder. Das eine ist das Auge: es sieht den ganzen Leib, aber nicht sich selbst; ein anderes ist der Mund: er ißt und trinkt alles für den Leib und nicht für sich selbst; ebenso ist es mit der Hand, dem Fuß und so vielen, verschiedenartigen Gliedern. Und jedes hat seine besondere Arbeit, und dies alles gehört zum Leibe und unter das eine Haupt. So ist denn in der ganzen Christenheit kein Werk, es sei noch so gering und klein, wie (etwa) das Geläut der Glocken oder der Schein der Kerzen, das nicht zur Vollendung dieses inneren Werkes diene.

Ihr Lieben, in diesem mystischen Leibe soll eine ebenso große Einträchtigkeit herrschen, wie ihr sie unter euren (eigenen) Gliedern herrschen seht; es soll kein Glied, als wenn es nur für sich selber da wäre, den anderen ein Leid oder eine Bedrängnis zu-

301

fügen; es muß alle gleich sich selbst achten; alle müssen für jeden einzelnen, ein jeder für alle dasein. Und sollten wir in diesem (mystischen) Leibe ein Glied kennen, edler als wir uns selbst wissen, so sollten wir es mehr schätzen als uns selbst. Wie der Arm oder die Hand mehr des Hauptes, des Herzens oder der Augen achthaben als ihrer selbst, so sollte unter Gottes Gliedern eine aus freiem Antrieb kommende Liebe herrschen, daß wir uns eines jeden (Nächsten) mit desto wohlwollenderer Liebe freuen sollten, je werter und lieber er dem edlen Haupt (Christus) wäre. Und alles, was unser Herr (dem Nächsten zufügen[3]) wollte, sollte nur sein, als ob es mein wäre. Und liebe ich es mehr in ihm, als er es selbst liebt, so ist es mehr mein als sein. Böses, das er hat, bleibt ihm[4]. Das Gute, das ich in ihm liebe, gehört eigentlich mir.

Daß Sankt Paulus entrückt ward, hatte Gott ihm bestimmt und nicht mir. Koste ich (in diesem Ereignis) den Willen Gottes, so wird mir diese Entrückung in ihm lieber sein als in mir, und liebe ich es in ihm wahrhaft, so ist das und alles, was Gott ihm je tat, ebenso mein wie sein, wenn ich es in ihm ebenso liebe wie in mir. Und ebenso sollte ich mich verhalten gegen einen, der jenseits des Meeres lebte, wäre er auch mein Feind. Solche Eintracht gehört zu diesem geistigen Leibe. So würde ich reich all des Gutes, das im Himmel und auf Erden ist, in allen Gottesfreunden und in dem Haupte (dieses mystischen Leibes); wirklich und wesentlich flösse in mich alles, was dies Haupt mit all den Gliedern im Himmel und auf Erden, in Engeln und Heiligen besitzt, wenn ich so in Gottes Willen gestaltet würde unter dieses edle Haupt in Liebe, den Gliedern in diesem geistlichen Leibe gleich, und ich dann gänzlich diesem gleich und dahinein geformt und meines eigenen Selbst enthoben wäre.

Wahrlich, sehet, hier wird gar deutlich, ob wir Gott lieben und seinen Willen oder uns selber und das Unsere mehr oder minder. Oft ist das, was hier wie Gold glänzt, im Grunde, in sich selbst betrachtet, nicht soviel wert wie Kupfer. Die aber, welche

---

[3] Die in Klammer gesetzten Wörter gehen auf Naumann zurück; sie dienen der Verdeutlichung.
[4] Vetter 159, 9: „blibet" bei Naumann u. Lehmann als Konjunktiv übersetzt; bei Corin, Sermons II, 207, m. E. richtiger, als Indikativ.

auf das Ihre durchweg verzichtet haben, das sind die wahren Armen im Geiste, besäßen sie auch alle Dinge (dieser Welt). Ach, ihr Lieben, sich stets gleichbleibende Liebe, Mitfreude und Mitleiden ist ein recht seltenes Ding, überall in der Welt.

Nun will ich von drei Graden (des mystischen Lebens) sprechen, die der Mensch als unteren, mittleren und höchsten Grad besitzen kann. Der erste Grad eines inneren Tugendlebens, der (uns) geradewegs in Gottes nächste Nähe führt, besteht darin, daß der Mensch sich gänzlich den wunderbaren Werken und Offenbarungen der unaussprechlichen Gaben und dem Ausfluß der verborgenen Güte Gottes zuwende; daraus entsteht dann ein Zustand (der Seele), den man „iubilatio" nennt. Der zweite Grad ist geistige Armut und eine sonderliche Entziehung Gottes, die den Geist quälender Entblößung überläßt. Der dritte Grad ist der Übergang in ein gottförmiges Leben, in Einigung des geschaffenen Geistes mit dem aus sich selbst seienden Geist Gottes. Das kann man eine wahre Umkehr nennen, und es ist nicht glaubhaft, daß die, welche wahrhaft zu diesem Ziel gelangen, jemals von Gott abfallen könnten.

Zum ersten Grad, dem Jubel, gelangt man, indem man eifrig beachtet, wie Gott uns köstliche Liebeszeichen in den Wundern Himmels und der Erde gegeben, wie er eine Fülle von Wohltaten uns und allen Geschöpfen erwiesen; und ferner, indem man erwägt, wie alles grünt und blüht und Gottes voll ist und wie Gottes unbegreifliche Milde alle Geschöpfe mit seinen großen Gaben überschüttet hat; indem man bedenkt, wie Gott den Menschen gesucht, geführt und begabt, wie er ihn geladen und gemahnt hat und mit welcher Langmut er auf ihn harrt und wartet; wie er um des Menschen willen (selbst) Mensch geworden ist, gelitten und sein Leben, seine Seele, sich selber für uns eingesetzt hat, zu welch unaussprechlicher Nähe seiner selbst er den Menschen berufen, wie seiner die hochheilige Dreifaltigkeit geharret und gewartet hat, damit er sie ewiglich genieße. Und wenn dies der Mensch in liebevollem Erkennen betrachtet, so entsteht in ihm eine große, wirksame Freude. Und der Mensch, der diese Dinge in rechter Liebe betrachtet, wird von innerer Freude so überwältigt, daß der schwache Leib die Freude nicht

zu halten vermag und (sie) in eigener, besonderer Weise ausbricht. Und täte er das nicht, vielleicht stürzte ihm das Blut
aus dem Munde, wie (man es) schon oft beobachtet (hat), oder
der Mensch fühlte sich, wie wenn er zerdrückt würde. Unser
Herr schenkt ihm dann seine große, liebliche Güte, und er erfährt
die Vereinigung mit Gott in innerlichem Umfangen. So lockt
und zieht und reißt Gott den Menschen zuerst aus seinem
(menschlichen) Selbst und (dann) aus aller Ungleichheit zwischen
beiden zu sich selber.

Das (aber) sei allen Menschen verboten, sich mit diesen Kindern Gottes etwas zu schaffen zu machen, ihnen Hindernisse in
den Weg zu legen, sich durch Zuweisung äußerer grober Übungen
und Werke zu zerstreuen: ihr richtet euch selbst damit zugrunde.
Der Prior hat nicht zu fragen, wohin ein Bruder aus dem Chor
gehe, wenn das Chorgebet zu Ende ist, außer es handle sich um
einen unnützen Menschen; eines solchen Weg und Werk muß
er überwachen. Eines Tages bot unser Herr einem seiner besonderen Freunde seinen göttlichen Kuß an. Der Geist dieses Gottes-
freundes aber sprach: „Wahrlich, Herr, erlaß mir dies; die
Freude (die ich dann empfände) brächte mich außer mir, und ich
könnte dir nicht mehr nützlich sein. Wie könnte ich dann noch
für die armen Seelen bitten und ihnen (durch mein Gebet) den
Aufenthalt im Fegefeuer verkürzen und für die armen Sünder
beten?" Die Sünder und die armen Seelen können sich selber
nicht helfen. Wir (aber) müssen ihnen zu Hilfe eilen, die wir
noch auf Erden leben. Gott kann ihnen ohne unser Zutun nicht
helfen, denn seine Gerechtigkeit verlangt Genugtuung; und das
ist die Pflicht der Gottesfreunde, die noch in der Zeitlichkeit
sind. Welch eine Liebe besaß jener Mensch, daß er um eines
solchen Grundes willen auf eine so große Tröstung verzichten
wollte!

Vom zweiten Grade ist das zu sagen: wenn Gott den Menschen
so sehr aus allen (irdischen) Dingen herausgezogen hat und er
kein Kind mehr ist und wenn Gott ihn mit der Labung seiner
Lieblichkeit gestärkt hat, dann, wahrlich, gibt man ihm gutes,
hartes Roggenbrot, denn er ist ein Mann geworden und zu
Tagen gekommen. Dem erwachsenen Menschen ist harte, kräf-

tige Speise nützlich und gut; er braucht keine Milch und kein (weiches) Brot mehr; nun zeigt sich ihm ein gar wilder Weg, ganz finster und einsam; und diesen wird er geführt. Und auf diesem Weg nimmt ihm Gott alles (wieder) ab, was er ihm je gegeben hat. Und da wird der Mensch sich so sehr selbst über-lassen, daß er von Gott gar nichts mehr weiß; und er gerät in solche Drangsal, daß er nicht weiß, ob er je auf dem rechten Weg gewesen ist, ob es einen Gott für ihn gebe oder nicht, ob er (selbst) lebe[5] oder nicht, und darum wird ihm so seltsam wehe, so wehe, daß ihm diese ganze weite Welt zu enge wird. Er hat weder irgendein Empfinden noch ein Wissen mehr von Gott, und alles andere ist ihm zuwider, und ihm ist, als hänge er zwischen zwei Wänden und ein Schwert bedrohe ihn von rückwärts und ein scharfer Speer von vorne. Was soll er dann tun? Er kann weder nach rückwärts noch nach vorwärts aus-weichen. Er kann sich nur niedersetzen und sprechen: „Gott grüße dich, bittere Bitterkeit, voll aller Gnaden!" Könnte es in diesem Leben eine Hölle geben, so deuchte das solche Menschen mehr als Hölle: lieben und des geliebten Gutes entbehren müssen. Was man dem Menschen da sagen kann, tröstet ihn nicht mehr als ein Stein (ihn trösten könnte). Und von den Geschöpfen will er noch weniger etwas sagen hören. Je stärker sein Emp-finden und Fühlen (Gottes) zuvor war, um so größer und unleid-licher (nun) die Bitterkeit und der Jammer dieser Beraubung..

Ei nun, fasse Mut! Der Herr ist sicherlich nahebei; und halte dich an den Stamm des wahren, lebendigen Glaubens; es wird (schon) bald gut werden. Aber in solcher Qual vermag die arme Seele es nicht zu fassen, daß diese unleidliche Finsternis je Licht werden könne.

Wenn unser Herr den Menschen so durch diese unleidliche Drangsal wohl vorbereitet hat — solches bereitet ihn mehr vor als alle Übungen (der Frömmigkeit), die alle Menschen vornehmen könnten —, dann kommt der Herr und hebt (den Menschen) auf die dritte Stufe. Und hier zieht der Herr ihm so recht den Mantel von den Augen weg und läßt ihn die Wahrheit schauen.

---

[5] Nach der Lesart der Hs. E zu Vetter 161, 17—18.

Da geht die Sonne in lichtem Glanz auf und enthebt ihn aller Not; der Mensch fühlt sich wie einer, der vom Tod zum Leben zurückkehrt. Da führt der Herr den Menschen aus seinem Selbst heraus in sich — den Herrn — hinein. Und nun entschädigt ihn Gott für all sein Elend, all seine Wunden heilen, und so zieht Gott den Menschen aus seiner menschlichen in eine göttliche Art, aus allem (irdischen) Jammer in göttliche Sicherheit. Und jetzt wird der Mensch so vergottet, daß alles, was er ist und wirkt, Gott in ihm wirkt und ist; solch ein Mensch wird weit über seine natürliche Weise hinaufgetragen, daß er so recht von Gottes Gnade *das* wird, was Gottes Sein von Natur ist. In diesem Stand fühlt sich der Mensch wie verloren: er weiß, noch empfindet, noch fühlt er etwas von sich selbst; er ist sich nur eines einfachen Seins bewußt.

Meine Lieben! Dahin wahrlich zu gelangen heißt den tiefsten Grund rechter Demut und Vernichtung erreicht zu haben; das überschreitet (all), was man in Wahrheit mit den Sinnen erfassen kann. Hier nämlich haben wir die allerwahrste Erkenntnis des eigenen Nichts; und hier das allertiefste Versinken in den Grund der Demut; denn je tiefer man sinkt, desto mehr steigt man: Höhe und Tiefe ist hier ein und dasselbe. Und stürzte der Mensch aus solcher Höhe auf die eine oder andere Weise in menschlicher Anmaßung auf sich oder sein eigen Selbst herab, es wäre ein Fall gleich dem Luzifers.

Auf dieser Stufe gelangt man auch zu jener wahren (inneren) Einheit des Gebetes, von der die Epistel (heute) sagt, daß man da eins wird mit Gott.

Daß dies uns allen zuteil werde, dazu helfe uns Gott! AMEN.

Ascendit Jhesus in naviculam qui erat Symonis
Jesus stieg in ein Boot, das dem Simon gehörte (Luk. 5, 4)

41

Diese Predigt gibt eine zweite Auslegung des Evangeliums nach
dem heiligen Lukas vom fünften Sonntag (nach Dreifaltigkeit),
(in dem erzählt wird, wie Christus) von dem Boot (aus das Volk
lehrt). Sie warnt uns vor künftigen Strafen (Gottes) und lehrt
uns, unsere Herzen freizumachen von allen Geschöpfen und ver-
klärte gottförmige Menschen zu werden.

„Und Jesus stieg in ein Boot, das dem Simon gehörte."
Im Evangelium dieser Zeit von dieser Woche lesen wir unter
anderem, daß unser Herr Jesus in ein Schifflein stieg, das dem
Simon gehörte, und ihn bat, daß er das Boot ein wenig vom
Land abstoße. Und er saß und lehrte das Volk vom Schiff aus;
dann sagte er zu Simon: „Fahre dein Boot hinaus auf die hohe
See, und wirf deine Fangnetze aus!" Simon erwiderte: „Herr,
wir haben uns die ganze Nacht abgemüht und nichts gefangen.
Aber auf dein Wort hin will ich die Netze auswerfen." Und so
taten sie und fingen so viele Fische, daß das Netz zu reißen an-
fing (Luk. 5, 8).

Nach viel anderen Worten heißt es, daß die Fischer das Boot
derart mit Fischen füllten, daß sie (beinahe) versanken. Da fiel
Petrus dem Herrn zu Füßen und sagte: „Geh weg von mir,
Herr, denn ich bin ein sündiger Mensch."[1]

[1] Die freien, nicht immer zuverlässigen Zitate Taulers aus dem Gedächtnis
sind hier *wie anderwärts* stillschweigend berichtigt.

Von dieser Barke wollen wir sprechen. Das Schifflein, das unser Herr auf die hohe See fahren hieß — „Duc in altum" —, ist nichts anderes als der zu Gott strebende Grund des Menschen und seine Gesinnung.

Dieses Schifflein fährt auf dem sorgenbringenden, aufgeregten Meer dieser gefährlichen Welt, die allerwege auf den Menschen einwirkt und ihn erregt[2]; bald durch Freude, bald durch Leid, bald so, dann so. Wie sorglich es um alle die steht, deren Grund mit Neigung und Sinnen sich in solcher Erregung befindet und sogar noch daran hängt — wer das erkennte, dessen Herz könnte vor Leid brechen. Aber was nachkommen wird, daran denkt ihr nicht! In Blindheit und Torheit befangen, kümmert ihr euch nur um Kleidung und Schmuck. So vergeßt ihr euch selbst und das furchtbare Urteil, das eurer wartet, ob heute oder morgen, wißt ihr nicht. Wüßtet ihr, welch schreckliche Angst und welche Gefahr die Welt bedroht und die, welche Gott nicht lauter in ihrem Grunde anhangen! Allen, die nicht wenigstens denen anhangen, die in Wahrheit (Freunde Gottes) sind, wird es übel ergehen, wie eine Offenbarung kürzlich den wahren Gottesfreunden gezeigt hat. Und wer das wüßte, wie der Glaube untergehen wird, der könnte es mit seinen menschlichen Sinnen nicht ertragen. Die das erleben, mögen daran denken, daß euch dies gesagt wurde!

Nun denn zu unserem Gegenstand: „Duc in altum — Fahre hinaus auf die hohe See!" Das ist der erste Weg, der vor allem notwendigerweise eingeschlagen werden muß, daß der Seelengrund hinaufgeführt werden soll und muß in die Höhe, daß seine Liebe, sein Sinnen, seine Gunst, weg von allem geführt werden muß, das nicht Gott, sondern Geschöpf ist. Wer also in diesem furchtbaren Meere nicht zugrunde gehen, nicht ertrinken will, der muß notwendigerweise über alle Geschöpfe, mögen sie sein oder heißen wie immer, erhoben sein.

Nun sagte Sankt Petrus zu dem Herrn: „Gebieter, wir haben die ganze Nacht gearbeitet und nichts gefangen." Das war in der

---

[2] „wûetent" bei Vetter 170, 17 an „wüetec" = „aufgeregt" angepaßt, mit Rücksicht auf das folgende „bald durch Freude".

Tat wohlgesprochen. Alle, die mit den äußeren Dingen umgehen, sie arbeiten im Dunkel der Nacht und fangen gar nichts.

Unser Herr (aber) sprach: „Werfet die Netze aus, und ihr werdet einen Fang tun." Und sie fingen so viele Fische, daß das Netz zu reißen drohte. Dies geschah vor unseres Herrn Auferstehung. Als sie später fischten, da drohte das Netz nicht mehr zu zerreißen, sagt die Schrift (Joh. 21, 6).

Ja, was bedeutet dieses Netz, das unser Herr sie auswerfen hieß und mit dem sie soviel fingen? Das Netz, das man auswerfen soll, ist der Gedanke: seine Erinnerungskraft soll der Mensch zuerst „auswerfen" in heiliger Betrachtung und soll mit ganzem Fleiß all die Gegenstände sich vornehmen, die ihn zu heiliger Andacht ziehen oder ihn dazu geneigt machen können: das ehrwürdige Leben und Leiden, den heiligen, liebevollen Wandel und das Werk unseres lieben Herrn. Dahinein soll sich der Mensch so tief versenken, daß ihm Liebe und Freude all seine Kräfte und seine Sinne durchströme mit so großer Zuneigung und solcher Freude, daß er diese Freude nicht in sich verbergen kann und sie in Jubel ausbricht.

Nun (also): „Duc in altum — Führe das Schiff auf die Höhe", denn dies war noch der niederste Grad. Es muß höher hinauf geführt werden. Soll der Mensch außen und innen ein gelassener und geläuterter Mensch werden und innen ein verklärter, das, was Sankt Dionysius einen verklärten, gottförmigen Menschen nennt, so muß sein Schiff (noch) weit höher geführt werden; das heißt: der Mensch gelangt dahin, daß ihm all das entfällt, was seine niederen Kräfte erfassen können: all die heiligen Gedanken und liebevollen Bilder, die Freude und der Jubel, und was ihm je von Gott geschenkt ward. Das alles dünkt ihm nun grob und wird von da ausgetrieben, so daß es ihm nicht mehr zusagt und er nicht dabeibleiben kann, und das will er (auch) nicht; was ihn aber anzieht, das besitzt er nicht; und so befindet er sich zwischen zwei einander widerstreitenden Richtungen und ist in großem Weh und großer Drangsal.

Nun ist das Schifflein auf die Höhe geführt, und dazu, daß der Mensch in dieser Not verlassen steht, erhebt sich in ihm noch all die Drangsal und die Versuchung und all die Bilder und die

Unseligkeit, die der Mensch seit langem überwunden hatte; die streiten nun wider ihn; sie kommen mit aller Kraft und stürzen sich mit schwerem Unwetter auf sein Schifflein. Und die Wogen schlagen hinein in das Boot.

Fürchte dich nicht! Ist dein Schiff nur fest und gut vertäut und verankert, so können ihm die Wellen nichts anhaben; so wird noch alles gut. Im Buch Job lesen wir: „Nach der Finsternis hoffe ich auf das Licht." Bleibe allein mit dir selber, lauf nicht fort, ertrag dein Leiden bis zum Ende, und suche nichts anderes! So laufen etliche Menschen, die in dieser inneren Armut stehen, weg, und suchen immer nach etwas anderem, womit sie der Drangsal entgehen können. Das ist gar schädlich. Oder sie beklagen sich und fragen die Lehrmeister und werden (dadurch) nur noch mehr verwirrt. Halte dich in dieser Not frei vom Zweifel: nach dem Dunkel kommt der helle Tag, der (lichte) Sonnenschein. Hüte dich, wie wenn es um dein Leben ginge, davor, daß du auf nichts anderes verfällst, sondern harre aus! Wahrlich, wenn du dabeibleibst, so ist die Geburt (Gottes in dir) nahe und wird in dir vor sich gehen. Und glaubet mir auf mein Wort, daß keine Drangsal im Menschen entsteht, es sei denn Gott wolle eine neue Geburt in ihm herbeiführen. Und ferner: was immer die Drangsal oder den Druck wegnimmt, ihn stillt oder löst, das eben auch wird in dir geboren und ist die neue Geburt, es sei Gott oder das Geschöpf. Und nun prüfe dich: wenn dir ein Geschöpf (diese Drangsal abnimmt), es sei wer immer, ist es mit der Gottesgeburt in dir vorbei.

Bedenke nun, welchen Schaden du dir damit zufügst! Wäre dein Schifflein, dein Geist, dein Herz an dem festen Stein verankert, von dem der edle Paulus spricht, weder Tod noch Leben, weder (die Engelchöre der) Herrschaften oder Gewalten könnten dich zum Weichen bringen. Hätten sich alle Teufel und alle Menschen verschworen, je feindlicher sie dir wären, um so mehr drängten sie dich in dein Schifflein, um so mehr stiegest du zur Höhe. Auf diese Art nähme der Mensch mehr zu und stiege höher als durch all die äußeren Übungen, die alle Welt zusammen vornehmen könnte, (dadurch) daß er dieses Dunkel und diese Drangsal bis zum Ende durchleidet und sich darin (dem

Willen Gottes) überläßt, welcher Art es ihn auch schmerze oder bedrücke, und er keinerlei Vorwand sucht (sich dem zu entziehen). Mag da kommen, was will, von außen oder innen: laß alles ausschwären, suche keinen Trost, dann wird Gott dich sicher erlösen; mache dich frei davon, und überlaß alles Gott.

Ihr Lieben! Das ist der allerkürzeste und nächste Weg zur wahren Gottesgeburt, die da unmittelbar in all das hineinleuchtet. Oft verfällt ein äußerlicher Mensch einem äußeren Leiden: vielleicht wird ihm etwas nachgeredet oder zugefügt, das ihm als Unrecht erscheint; und davon[3] wird ihm so eng, als ob ihm die Welt zu eng sei. Könnte der Mensch das in sich unterdrücken und ließe es in sich ausschwären den Wunden Gottes zuliebe und beklagte sich nicht und rächte sich nicht: seiner Wunde würde ein wonniger Friede entstehen. Wodurch wird dann (erst) einem inneren Menschen, der sich ganz Gott überließe, Frieden und Freude erwachsen? Durch keinen Geringeren als durch Gott selbst.

Meine Lieben! Wollt ihr euch an ganzen und wahren Zeichen selbst erkennen, wie ihr seid, so betrachtet, was euch am allermeisten zu Lust oder Leid, zu Freude oder Jammer bewegt; es sei, was immer es wolle: das ist dann euer Bestes, es sei Gott oder ein Geschöpf. Bist du von Gott ganz erfüllt, so können alle Geschöpfe dir dein Schifflein, (das heißt) deinen auf Gott strebenden Grund weder (vom Ufer) wegtreiben noch dich seiner berauben. Dem Menschen gibt der allergütigste Gott ein solches Kleinod, nämlich solche Freude, daß er in seinem Innern solchen wahren Frieden und solche Sicherheit hat, die niemand verstehen kann, außer wer sie (selber) besitzt. Es ereignet sich wohl, daß die Wellen im Sturm oft von außen an sein Schiff schlagen, als ob sie ihn jetzt ertränken wollten: doch kann das nicht so ungestüm geschehen, daß er nicht innen in gutem Frieden bleiben könnte. Oder sein Schifflein wird von außen zum Schwanken gebracht und geschüttelt; aber niemals wird es ihm entrissen: denn ihm bleibt stets sein innerer göttlicher Friede und seine wahre Freude.

[3] „denne aber" bei Vetter 173,7 von Corin in „danabe" geändert, das sich auch im KT findet.

Erschreckt nicht, ehrbare Leute[4], wenn euch dies nicht zusagt. Es gibt ja ebenso viele arme Fischer wie reiche. Doch sollt ihr eines wissen: ein Mensch mag sich noch so wenig in der Frömmigkeit üben, hat er es aus dem Grunde (seiner Seele) im Sinn und begehrt er es, Gott von ganzem Herzen[5] zu lieben, und bleibt dabei und liebt die Gottesfreundschaft bei all denen, die bereits Freunde Gottes sind, und verharrt hierin in aller Einfalt, ohne daß ihn Hindernisse beirren, und liebt er Gott in allem seinem Tun: seid sicher: jener Friede wird (auch) ihm zuteil, und wäre es in der Stunde seines Todes.

Aber in dem Frieden, dessen sich die wahren Freunde Gottes erfreuen, bleibt eine Art Unfrieden: ihr „Netz" dehnt sich so sehr aus, daß der Gottesfreund dem Herrn nicht so viel sein kann, wie er es gerne wäre, und daß (umgekehrt) ihm Gott nicht so viel ist, um ihm vollkommen zu genügen.

Da liest man von einem, der ging im Wald vierzig Jahre auf allen vieren (um Gott nahe zu kommen) und fand (doch) nie göttlichen Trost. Es ist aber gar nicht zu bezweifeln, daß er mehr göttlichen Trost besaß als tausend andere. Aber das genügte ihm nicht: er wollte ihn im höchstmöglichen Maß besitzen. Dieser Friede im höchsten Maß, das ist der wesentliche Friede, von dem geschrieben steht: „Suche den Frieden, und jage ihm nach."[6] Dieser Friede folgt der wesentlichen Umkehr, der Friede, der alle Sinne überragt. Wenn sich das Ungenannte, das namenlos in der Seele ist, ganz zu Gott wendet, so folgt und wendet sich zu Gott alles, was in dem Menschen einen Namen besitzt. Auf diese Wendung zu Gott hin gibt sich allezeit alles, was in Gott namenlos ist, das Ungenannte und alles, was in Gott Namen hat: das alles gibt sich dem Menschen, der sich zu Gott kehrt.

In diesen Menschen sprach Gott seinen Frieden, und dann kann der Mensch wohl sprechen: „Ich will hören auf die Stimme des Herrn in mir; denn er sagt: Friede seinem Volk und denen, die

---

[4] Vgl. Pred. 37, Anm. 2.
[5] Zu Vetter 173, 30 wörtlich: „ein starker, großer Liebhaber Gottes zu sein".
[6] Vetter 174, 13: „si suchent den friden, und der volget in". Vgl. Corin II, 221 Anm.

ihm ihr Herz zuwenden."[7] Das sind die Menschen, die von Sankt Dionysius gottförmig genannt werden. Diese Menschen hat der heilige Paulus wohl gemeint: „Möchtet ihr in der Liebe verwurzelt sein. Dann vermöget ihr mit allen Heiligen die Breite und Länge, die Höhe und Tiefe Gottes zu erfassen" (Eph. 3, 17 ff.).

Die Höhe und die Tiefe, die sich in diesen Menschen enthüllt, können weder Vernunft noch Sinne eines Menschen erfassen; das geht über alle Sinne; das ist der Abgrund. Dieses Gut wird nur denen geoffenbart, die nach außen geläuterte und innen verklärte und in ihrem Innern verweilende Menschen sind. Diesen Leuten bedeuten Himmel und Erde und alle Geschöpfe ein reines Nichts, denn sie sind selber ein Himmel Gottes, denn Gott wohnt in ihnen.

Unser Herr saß im Schiff und lehrte das Volk: so weilt Gott in diesen Menschen und herrscht und lenkt in ihnen die ganze Welt und alles Geschöpf.

Ja, kommt der Mensch so recht in diesen Grund und in dieses Sein, so muß das Netz notwendigerweise reißen. Glaubt nicht, daß ich in eigenem Erleben bis dahin gelangt sei. Gewiß sollte kein Lehrer von Dingen sprechen, die er nicht selbst erlebt hat. Doch zur Not genügt, daß er liebe und das im Sinn habe, wovon er spricht, und ihm kein Hindernis bereite. Doch wisset, daß es nicht anders sein kann.

Als so viele Fische ins Netz gegangen und gefangen worden waren, fing das Netz zu reißen an. Gelingt dem Menschen ein solcher Fang, daß er (in diesen Grund und in dieses Wesen) gelangt, dann muß des Menschen Natur, die hierzu zu schwach ist, reißen, derart, daß dieser Mensch nie einen gesunden Tag mehr sieht. Das fügt sich gut zu Sankt Hildegards Worten: „Gott nimmt seine Wohnung nicht in einem starken und gesunden Leibe"; und Sankt Paulus sprach: „Die Tugend vollendet sich in der Schwachheit." Diese Schwachheit aber schreibt sich nicht von äußerer Übung her, sondern von dem Überfließen der über-

---

[7] Mit Corin auf Grund der Septuaginta, die hier einen klaren Sinn gibt. Vgl. Corin, Sermons II, 222, Anm. 3. Vgl. Echter-Bibel, Würzburg 1953: Psalmen S. 173, Ps. 85 (84), 9.

strömenden Gottheit, der diesen Menschen so überflutet hat, daß der arme irdische Leib das nicht ertragen kann. Denn Gott hat diesen Menschen so ganz in sich gezogen, daß der Mensch ganz gottfarben wird. Alles, was in ihm ist, wird in einer über alles Sein hinausgehenden Weise durchtränkt und überformt, daß Gott selbst die Werke dieses Menschen wirkt. Und das nennt man mit Recht einen gottförmigen Menschen. Denn wer diesen Menschen recht betrachtet, sähe ihn als Gott — nur von Gnaden, versteht sich —, denn Gott lebt und west und wirkt in ihm alle seine Werke und hat in diesem Mensch an sich selbst seine Freude. In solchen Menschen findet Gott seinen Ruhm. Sie haben wahrlich ihr Schiff in die Höhe geführt, ihr Netz ausgeworfen und viel gefangen.

Kommt das Schiff an die Stelle des hohen Meeres, wo dies am tiefsten ist, so versinkt das Schiff mitsamt dem Netz, und alles bricht auseinander. Mit Recht wird die (menschliche) Eigenheit zerbrochen und zerrissen. Denn: soll ein jeglich Ding werden, was es nicht ist, so muß das, was es ist, zunichte werden.

Hier gehen auf gewisse Art Leib und Seele unter in diesem Meer; sie büßen ihre natürlichen Werke und Tätigkeiten ein, verlieren, was sie in natürlicher Weise nach ihren eigenen Kräften getan haben. Und beim Versinken in dieses grundlose Meer bleiben ihnen weder ihre natürliche Weise zu denken noch deutliche Begriffe[8]. Dann tut der Mensch ganz so, wie Sankt Petrus tat; er fiel vor unserem Herrn nieder und sprach das „unsinnige" Wort: „Geh weg von mir, Herr, denn ich bin ein Sünder." Dem Menschen ist da Wort und Begriff entfallen. Das ist das eine; das andere ist, daß der Mensch hierbei in sein grundloses Nichts fällt, er wird so klein, so gar nichts, daß er all dem entfällt, was er je und je von Gott empfing, und das gänzlich wieder Gott zurückgibt, dem es (ja) auch gehört, als wenn er es nie erhalten hätte; und er wird mit all dem so nichts und bloß, ebenso wie das, was nichts ist und nie irgend etwas empfing. Da versinkt das geschaffene Nichts in das ungeschaffene Nichts: aber das ist etwas, was man weder verstehen noch in Worten auszusprechen vermag.

[8] Das farblose Wort „wîse" in Vetters Text 175,31 nach Corins Vorschlag, Sermons II, 224 Anm. 4 sinngemäß übertragen.

Hier wird das Wort des Propheten wahr: „Abyssus abyssum invocat — Ein Abgrund ruft den anderen in sich hinein." Der geschaffene Abgrund ruft den ungeschaffenen in sich hinein, und beide werden eins: ein lauteres göttliches Wesen, und da hat sich der Geist (des Menschen) im Geist Gottes verloren, ist untergetaucht, gleichsam ertrunken in dem Meer ohne Grund. Und doch ist hier ein solcher Mensch besser daran, als man verstehen oder begreifen kann. Er wird dann so wesentlich, so bereit zur Hingabe, so tugendhaft und gütig und so liebevoll in seinem Verhalten, gegenüber allen Menschen freundlich und umgänglich, (doch so, daß) man keinerlei Gebrechen an ihm sehen noch finden kann. Solche Menschen sind vertrauensvoll gegenüber allen anderen und barmherzig, auch nicht strenge oder hart, sondern milde; man kann gar nicht glauben, daß sie jemals von Gott sollten geschieden werden können.

Daß uns allen solches zuteil werde, dazu helfe uns Gott. Amen.

Duc in altum et laxate retia vestra in capturam

Fahrt auf die hohe See, und werft eure Netze zum Fang aus (Luk. 5, 4 f.)

42

Diese zweite Auslegung des ersten Evangeliums vom fünften Sonntag (nach Dreifaltigkeit) lehrt uns, wie wir Gott gehorsam sein, seinen Einsprechungen Folge leisten und die Armut in rechter Gelassenheit unseres Geistes und unserer Natur lieben sollen.

IM HEILIGEN EVANGELIUM dieser Woche liest man, daß unser Herr zum See Genesareth kam; er stieg in Simons Schiff und bat ihn, etwas vom Ufer abzufahren; dann setzte er sich und lehrte das Volk. Zu Simon sprach er: „Fahr hinaus (auf die hohe See), und werfet eure Netze zum Fang aus." Simon antwortete: „Herr, wir haben die ganze Nacht gearbeitet und nichts gefangen; aber auf dein Wort hin will ich das Netz auswerfen." Als sie das getan hatten, fingen sie so viele Fische, daß das Netz zu reißen begann und sie beinahe gesunken wären. Sankt Petrus fiel auf seine Knie und sprach: „Herr, geh weg von mir, denn ich bin ein Sünder."

Dieses Ereignis, liest man, trug sich vor des Herrn Tod zu. Aber danach fuhren sie zu neuem Fang aus: man fing hundertdreiundfünfzig große Fische, und dieses Mal riß das Netz nicht, und die Barke war nicht vom Versinken bedroht. Dahinter steckt ein verborgener Sinn, ein ganz wunderbarer; und wer eine erleuchtete Vernunft hätte, der könnte, bliebe er nur bei sich selber, in diesem Bericht viel heilsame Belehrung finden.

Dieses Schiff gehörte dem Simon, dem Mann des Gehorsams; er war Gott wirklich gehorsam.

Was versinnbildet nun die Barke, in die unser Herr zum Lehren sich niedersetzt? Das bedeutet das Innere, den Grund des Menschen. Da hat unser Herr den Ort seiner Ruhe erwählt; da findet er seine Freude. Wer auf diesen seinen Grund achtete, von innen, und alle Dinge hinter sich ließe und sich zum Grund kehrte — aber das tut (ja) niemand, und es geschieht oft, daß der Mensch inmitten seiner äußeren Tätigkeit zehnmal zur inneren Einkehr gemahnt wird, und selbst dann folgt er der Mahnung nicht. Hier ist nicht Simon; der Mensch bleibt bei seinem Willen, bei seiner Gewohnheit und gehorcht Gott nicht. Kein Gehorsam ist dem gleich (der Gottes Einsprechungen folgt), denn dieser Gehorsam geht über jeden anderen. Und träfe es sich, daß eine Schwester beim Chorgesang wäre und fände, daß Gott sie mahnte, sich in ihr eigenes Selbst zu kehren, und daß das gute (äußere) Werk (des Chorgesanges) sie an der Einkehr hinderte, so müßte sie den Gesang abbrechen, der Eingebung Gottes folgen und die anderen weitersingen lassen nach Herzenslust. Könnte sie aber beides (zu gleicher Zeit) tun, das äußere (Werk) mit dem inneren (verbinden), so wäre das besser. Der Gesang, der aus dem Grunde kommt, der stiege gar hoch.

Meine Lieben! Wüßtet ihr, welches Übel ihr euch zufügt, wenn ihr den Mahnungen Gottes widersteht und ihm ungehorsam seid, ihr erschrecktet darüber; wie man im Fegefeuer dafür leiden muß, ihr wagtet Gott nicht zu glauben und ihm zu vertrauen. Und doch kommt das von der unerschöpflichen Güte Gottes, daß die Seelen, die er zu einem höheren Ziel bestimmt und die dem Grunde den Rücken kehren, durch Leiden *das* erreichen können, was sie durch ihre Lebensweise nicht erlangen. Solche Menschen fühlen sich in der Stunde ihres Todes sehr unglücklich, weit mehr als andere, und haben dann ein gar schreckliches Fegefeuer zu überstehen; aber nach all diesem werden sie auf wunderbare Weise über *die* emporgehoben, die (nur) zur untersten Stufe (der Seligkeit) gerufen sind.

Meine Lieben! Das Schiff, in dem unser Herr saß und lehrte, gehörte Simon; seid dessen sicher: in des gehorsamen Menschen

Grund läßt Gott sich nieder, um zu lehren. Da läßt Gott (dem Menschen) so große Gnaden zuteil werden und solche Belehrungen dadurch, daß er ihn von innen lehrt. Wäre es not, dieser Mensch könnte all der Welt genug an Lehre (weiter)geben.

Unser Herr befahl dann Simon, das Schiff vom Ufer abzustoßen. Das Herz des Menschen — das ist der niederste Grad — muß unbedingt von der Erde entfernt werden, von aller Liebe zu den irdischen und vergänglichen Dingen, von aller Lust an den Geschöpfen und der (menschlichen) Natur. Will der Mensch zu Gott gelangen, so muß er an diese Loslösung einen steten unerschütterlichen Fleiß setzen, nicht also heute beginnen und morgen (wieder) ablassen; er muß in dieser Übung (der Loslösung) zu jeder Stunde, jeglichen Tag fortfahren, wenn er zu seinem Posten kommen will; und er darf nicht heute für Gott leben und morgen für die Natur oder die Geschöpfe. Davor graut einigen Leuten; sie wagen Gott nicht zu glauben und sich Gott anzuvertrauen; das scheint ihnen ein (zu) gewaltig Ding. Sie wenden sich wieder (von ihrem Vorhaben) ab und denken, daß es ihre Kräfte übersteige. Sie wollen leben wie diese oder jene, die ihrer Natur nachleben, wollen es sich ebensogut gehen lassen und kehren zur Welt zurück. Welt ist all das, was nicht Gott ist. Da reißt denn das Netz, und alle Fische, die darin waren, fallen heraus.

Wisset, meine Lieben, daß Gott sich um alle Werke, wie groß und gut sie auch sein mögen, deren Ursache nicht er (selbst) ist, gar nicht kümmert: denn sie haben alle etwas von Simonie an sich. Das bedeutet, daß man ein geistliches Gut für ein leibliches und weltliches gibt, und das ist eine der schwersten Sünden. Nun, dieser Sünde machen sich in etwa schuldig auf geistliche Weise *die* Menschen, die gute geistliche Werke tun — die göttlich sein sollten und auch als solche erscheinen — und die ihrer Gesinnung nach mit ihren Werken einen zeitlichen und vergänglichen Vorteil suchen. Dabei macht es wenig aus, ob dieser Vorteil ein äußerer oder innerer ist, sobald es in Wahrheit nicht Gott ist.

Sie mußten ihre Netze flicken: so soll (auch) der Mensch sein Netz, das ihm bei der Suche nach einem äußeren Gut zerrissen ist, durch eine gründliche Umkehr wieder in Ordnung bringen; er soll sich so verhalten wie ein Mensch, der einen krummgewachsenen Stock geradebiegen will; er biegt ihn in entgegengesetzter Richtung über die gerade Richtung hinaus, und von diesem Gegenbiegen wird er gerade. Und in wahrer Erkenntnis (seines Zustandes) und tiefer Demut klage er Gott mit Sankt Petrus' Worten: „Herr, ich habe die ganze Nacht gearbeitet und habe nichts gefangen." Jegliche Arbeit, die der Mensch ohne Gott tut, bleibt im Dunkel und führt zu gar nichts. So überkommt ihn auch wohl auf Gottes Wegen Trägheit und Schläfrigkeit, so daß seine Natur nichts mehr an Gutem hervorbringen kann: dann ist es Nacht. Dann muß der äußere Mensch mit Arbeit beschäftigt werden, der Arbeit seiner Hände, seiner Füße, seines Rückens, und all seine Gesinnung muß wieder auf den Grund gerichtet werden. „Herr, auf dein Wort will ich das Netz auswerfen", das sollen all dieses Menschen Werke, seine Worte, seine Gedanken sein: Essen, Trinken, Schlafen, Wachen, alles soll geschehen auf des Herren Wort hin.

Unser Herr sprach zu Sankt Petrus: „Fahr dein Schiff auf die hohe See!" Das bedeutet: Erhebe deinen Geist und all deine Kräfte über dich selbst hinaus zur Höhe und über die niederen, sinnlichen Dinge; denn unser Herr kann mit diesen niederen Dingen nichts anfangen: die engen ihn zu sehr ein; er kann sich da nicht (einmal) umwenden. Er ist geschickt und zart, und die niederen Kräfte sind (für ihn) zu grob, und darum (spricht er): „Fahr dein Schiff auf die hohe See!" Erhebe dich mit deinen oberen Kräften über die Zeit, denn dort hat Gott seine Stätte, da ist er in Wahrheit, da lehrt er das alles Wesen übersteigende Wort, in und mit dem alles geschaffen ist.

Dies (in uns) gepflanzte Wort soll man in Sanftmut aufnehmen. Wer das täte — und das ist unbedingt notwendig — und mit all seinen Kräften sich in die Höhe erhübe über die Zeit in die Ewigkeit, dem würde das Wort Gottes liebreich eingesprochen und er dadurch erleuchtet werden, weit über das, was man mit den Sinnen erfassen kann. Der Reichtum, der sich hier auftut, ist so überschwenglich. Wo unser Herr dieses Wort lehrt und man es von ihm, wie es recht ist, aufnimmt, da zerreißt das Netz, und das Schiff sinkt und geht unter, das heißt, die (menschliche) Natur glaubt ganz der Vernichtung preisgegeben zu sein. Dann soll der Mensch nicht herumlaufen und nach Hilfe suchen, sondern soll sich verhalten wie Sankt Petrus. Der schrie nicht und lief nicht, sondern gab heimlich seinen Genossen ein Zeichen, besonders dem heiligen Johannes. Das bedeutet: man muß sich an seine (durch die Gnade) erleuchtete Vernunft wenden und sich ihrer bei diesem Untergang bedienen. Denn wenn das wahre Licht, das heißt Gott, zu leuchten beginnt, muß das geschaffene verlöschen; wenn das ungeschaffene Licht zu glänzen und zu strahlen beginnt, muß das geschaffene notwendigerweise seinen Glanz verlieren und dunkler werden, ebenso wie der klare Schein der Sonne am Himmel das Licht der Kerze düster und dunkel erscheinen läßt.

Ach, ihr Lieben, wer dieses Lichtes einen Strahl wahrnähme, fände Wonne, Freude, Zufriedenheit, die, mehr als man das in Worte fassen kann, über all die Wonnen, die Freude, die Zufriedenheit, die die ganze Welt zu geben vermag, hinausgeht; das geht über alle Maße hinaus. Und doch findet sich dieses große Empfinden des göttlichen nur in den niederen Kräften.

Unser Herr sprach: „Wirf das Netz auf der rechten Seite aus, und du wirst einen (guten) Fang tun." Und als sie das taten, fingen sie hundertdreiundfünfzig große Fische, und doch riß das Netz nicht, und das Schifflein sank nicht. Das geschah nach unseres Herren Tod. Da sprach unser Herr: „Kinder, habt ihr nichts zu essen?" Der Mensch muß (nämlich) rein sein, losgelöst von allem und arm an dem, was ihn selbst betrifft. Sie antworteten: „Nein!" — „So werfet zur rechten Hand aus." — „Herr, auf dein Wort will ich das Netz auswerfen." In diesem Wort (des Herrn) tut der Mensch einen Fang, hoch über das hinaus, was in den unteren Kräften vor sich gehen konnte. Denn in diesem Wort wird der Mensch überformt und über menschliche Weise hinausgeführt und mit göttlichen Formen überkleidet, wie Sankt Paulus sprach: „Wir werden in dasselbe Bild umgeformt werden, von Klarheit zu Klarheit."

Bevor aber der Mensch dahin gelangt, muß der Herr in ihm geboren werden, sterben und wieder auferstehen. Ein solcher

Mensch spricht zu jeder Zeit, so wie *die* sprachen, die der Herr fragte, ob sie etwas (zu essen) hätten, und die ihm antworteten: „Nein!" Diese Menschen halten sich in der wahresten, der gänzlichen Armut und in völliger Verleugnung ihres eigenen Selbst. Sie wollen, haben, begehren nichts als Gott und nichts ihres eigenen Nutzens. Es trifft sie oft, in der Nacht zu arbeiten, das heißt in Gelassenheit, in Armut, in dichter, schwerer Finsternis und im Mangel an jeglichem Trost, so daß sie keine Stütze finden, kein Licht, keinen Glanz weder empfinden noch verkosten.

Wenn nun in diesem Dunkel der Mensch sich in einer so tatsächlichen und wahrhaftigen Verlassenheit befände und Gott ihn für alle Ewigkeit in dieser Armut, Entblößung, Trockenheit belassen wollte: so wäre dieser Mensch dazu willigen Herzens bereit. Niemals käme ihm der Gedanke, daraus einen persönlichen Vorteil zu ziehen. Ja, meine lieben Schwestern, solch ein Mensch wäre wahrlich arm, und wenn ihm die ganze Welt gehörte.

Wie wenig doch, meine ich, findet man solche Menschen in aller Welt, die nicht auf ihr eigenes Selbst sehen, auf Stützen in ihrem eigenen Wesen, die auf nichts hoffen, nichts anderes suchen, als daß der liebste Wille Gottes sich in ihnen vollziehe, und das in keiner anderen Weise, als sie unser Herr in die Worte faßte: „Wenn ihr alles getan habt, was in euerer Macht steht, dann sagt: ‚Wir sind unnütze Knechte gewesen.' " Ein unnützer Knecht leistet nur unnütze Arbeit. Und (doch) will niemand ein unnützer Knecht sein; man will stets wissen, daß man etwas getan habe; darauf baut man heimlich, und das will man wissen. Nein, baue auf nichts als dein ausschließliches Nichts, und damit wirf dich in den Abgrund des göttlichen Willens, was er auch mit dir machen will. Tu, wie Sankt Petrus tat, der sprach: „Herr, geh weg von mir, denn ich bin ein Sünder." So sinke du nieder auf deine Kleinheit, auf dein Unvermögen, deine Unwissenheit, und überlaß dich damit dem hohen Adel des göttlichen Willens, laß nichts anderes dazukommen, sondern halte dich elend und arm in seinem Willen. Wenn solche Menschen sich auch nur für die Dauer einer Messe zu ihrem Grunde kehren, so haben sie all ihr Werk getan; und fürderhin zeigt all ihr Wirken großen Frieden, all ihr Leben ist ruhig und voll der Tugend, sanftmütig, gelassen und gütig. Sie haben ihr Netz rechter Hand ausgeworfen und die verwundete Liebe gefangen.

Wollten wir doch alle uns bemühen, daß auch wir einen Fang tun! Dazu helfe uns Gott in seiner Güte. AMEN.

Johannes est nomen eius
Johannes ist sein Name (Luk. 1, 63)

43

*Diese Predigt auf die Geburt des heiligen Johannes des Täufers
spricht von zwei Arten Leiden, wodurch die Gnade Gottes in
jedem Menschen geboren wird, so daß er auf geistliche Weise das
Priesteramt auszuüben vermag; auch lehrt sie, das falsche Licht
vom wahren zu unterscheiden.*

HEUTE BEGEHT MAN den ehrwürdigen Festtag des auserwählten heiligen Johannes des Täufers; keines anderen Heiligen
Geburt wird in dieser Weise begangen. Der Name „Johannes"
bedeutet, kurz gesagt, den, „in dem die Gnade ist". Wo aber die
Gnade geboren werden soll, da muß zuvor *der* Weg beschritten
werden, von dem ich gestern sprach. Ich sprach da von zwei
Arten von Leiden: das eine liegt in der Natur und rührt vom
ersten Fall des Menschengeschlechtes her; das andere ist ein
Leiden in Pein.

Das erste Leiden besteht darin, daß der Mensch zu Gebrechen
geneigt ist, und das ist seiner Natur eingepflanzt, und diese
Anfälligkeit soll dem Menschen allerwegen zuwider sein, und
er soll seinen Willen mit ganzer Kraft davon abkehren, soweit
nur immer dieses Übel Gott widerwärtig ist.

Das andere Leiden ist aus dem ersten entstanden: das ist eine
Pein und ein Schmerz, der soll den Menschen bereitwillig finden
und ihm willkommen sein; denn dieses Leiden fällt auf ihn,
damit er dem liebevollen Vorbild unseres Herrn Jesus Christus

nachfolge, der zeit seines Lebens großes und schweres Leiden erduldete.

Nun läßt Gott oft die Leiden menschlicher Gebrechlichkeit auf einen Menschen kommen in der Absicht, daß dieser in schmerzlichem Fall sich besser erkenne, daß er zu lieben lerne, sich bereitwillig auf den Weg der Pein führen lasse in seinen Leiden, die auf ihn fallen oder auf ihn zukommen. Wer, ihr Lieben, sich diesem Weg überlassen könnte, das wäre ein köstlich Ding, und auf diesem seligsten Weg des Leidens soll der Mensch allzeit auf seine Schwäche herniedersehen, auf sein Unvermögen, seine Unwürdigkeit, sein Nichts.

Ja, wer diesen Weg (zu gehen) lernte und ihn verstünde und sonst keine Übung (der Frömmigkeit) vornähme, als daß er nur ohne Unterlaß niedersähe auf sein Nichts, sein Nichtssein, sein Unvermögen, in dem würde wahrlich Gottes Gnade geboren.

Nun hat, meine Lieben, der Mensch gar nichts von sich selbst; alles gehört ganz und ausschließlich Gott, Großes und Kleines, zu vollem und unmittelbarem Eigentum. Der Mensch ist von sich aus nichts, als daß er ein Verderber alles Guten ist, in- und auswendig; und wenn etwas in ihm ist, so ist das nicht des Menschen Eigentum.

Dessen sollte er stets gedenken und in sein Nichts blicken; und da er sehr zu allem Bösen neigt, soweit die Natur frei ist, sollte er sehr trachten, sich selber zu erkennen, zu sehen, wohin sein Grund ziele, seine Gesinnung, Zuneigung, sein Streben, ob kein Unkraut darunter wachse. Denn der Grund muß lauter und einzig auf Gott gehen und nichts anderes im Sinn haben als ihn.

Auch sollst du in jeder Weise deinen äußeren Wandel betrachten, dein Reden und Tun, deine Sitten und dein Verhalten, deine Kleidung und deinen Umgang; und findest du, daß du irgendwie gefehlt hast in all deinen Tagen, so sollst du es voll Schmerz Gott klagen, dich ihm schuldig geben, ein innerliches Seufzen[1] zu Gott senden, und so ist alles bald in Ordnung gebracht.

[1] Die Lesart der Drucke, des LT, AT, BT, KT „seufftzen" entspricht dem Sinn der Stelle; Corin, Wi 1, S. 65, 13 „sûchten" ist die niederrheinische entsprechende Form, die nichts mit „suchen" (Vetter 164, 2) zu tun hat.

Dieses inwendige Forschen von Grund aus ist sehr nützlich. Dies taten die heiligen Apostel nicht ihrer Sünde wegen, sondern weil das Verbleiben im Irdischen bei allen Menschen so stark ist und weil sie ohne Unterlaß ein Drängen zu Gott hin fühlten. Wenn dem Menschen gegeben wird, einen Blick in die Ewigkeit zu tun und ihrer einen Vorgeschmack zu genießen, entsteht in ihm ein innerliches Seufzen, das die äußeren Sinne durchdringt; das ist gleichsam der äußere Altar, der außen vor dem Allerheiligsten[2] steht, auf dem man Gott Böcke und Ochsen darbrachte. So opfert hier der Mensch sein fleischliches Blut als Entgelt für das so teuere Blut unseres Herrn Jesus Christus.

Bei diesem Blick in seine Gebrechlichkeit soll sich der Mensch sehr demütigen und sich Gott zu Füßen werfen, daß er sich seiner erbarme. So darf er ganz und gar hoffen, daß Gott (ihm) alle Schuld nachsieht. Und aus diesem Grunde der Demut wird allsogleich Johannes, das heißt die Gnade, geboren; denn je niedriger die Demütigung, desto höher die Erhebung: das ist ein und dasselbe.

Hiervon sprach Sankt Bernhard: „Alle äußere Übung der Frömmigkeit, die man nur immer vernimmt, gleicht nicht dem Besitz tiefer Demut. In dem Tal der Demut wächst Sanftmut, Gelassenheit, Stille, Geduld, Güte. Das ist der rechte, (der) wahre Weg. Wer *den* nicht einschlägt, geht in die Irre. Und wie viele äußere Werke auch einer tut, das hilft (ihm) doch gar nichts; solche Werke erzürnen Gott mehr, als sie ihn versöhnen.

Werfen wir jetzt einen Blick ins Evangelium, so lesen wir da unter anderem, daß Zacharias oberster Priester war und er und seine Frau unfruchtbar und daß dies für sie eine große Schande bedeutete.

Zacharias ging allein in das Allerheiligste, das ganze Volk blieb draußen, und er sollte sein hohes priesterliches Amt ausüben. Da sah er den Engel Gabriel beim Altar stehen, der ihm ankündigte, ein Sohn werde ihm geboren, der Johannes heißen solle, welcher Name soviel bedeutet wie einen, „in dem die Gnade wohnt". Da Zacharias dieser Botschaft keinen vollen

---

[2] Hier ist an den Tempel zu Jerusalem zu denken.

Glauben schenkte, verlor er die Sprache, bis all dies vollendet war. Der Name Zacharias (aber) bedeutet soviel wie „an Gott denken, sich Gottes erinnern". Dieser Mensch, dessen Gedanken bei Gott sind, ist ein innerlicher Mensch; er soll Priester sein und darf das Allerheiligste betreten und das ganze Volk außen stehen lassen.

Bedenkt nun, was das Wesen eines solchen Menschen sei und sein Amt, wodurch ein Priester (wirklich) Priester ist. Sein Amt, wodurch ein Mensch Priester ist und heißt, besteht darin, daß er den eingeborenen Sohn seinem himmlischen Vater für das Volk zum Opfer darbringe.

Nun fürchte ich, und es zeigt sich auch (deutlich), daß nicht alle Priester vollkommen sind und daß, stünden sie am Altar nur in eigener Person, anstatt in dieser die (ganze) Christenheit darzustellen, manche (von ihnen) der Christenheit mehr Schaden brächten als Nutzen und Gott mehr erzürnten, als daß sie ihn versöhnten. Aber sie üben ihr heiliges Amt aus anstelle der heiligen Kirche, und darum üben sie ihr Amt sakramentalich aus. In dieser Weise können nur Männer dieses Amt verrichten, den heiligen Leib konsekrieren und segnen und sonst niemand. Aber in geistiger Weise — was wahrhaft den Priester ausmacht und wodurch er Priester ist (denn was recht eigentlich sein Amt ausmacht, ist eben das Opfer) —, in geistiger Weise also kann eine Frau dieses Opfer ebenso darbringen wie ein Mann, und das, wann immer sie will, des Nachts oder des Tages. Dann soll sie allein ins Allerheiligste treten und das ganze niedrige Volk draußen lassen. Allein soll sie da hineingehen, das bedeutet, daß sie mit gesammeltem Geist in sich selbst gehen und alle sinnlich (erfaßbaren) Dinge außen lassen soll und da das liebliche Opfer dem himmlischen Vater darbringen: seinen geliebten Sohn mit allen seinen Werken, Worten und all seinem Leiden und seinem heiligen Leben, für alles, wofür sie es begehrt, und für alles, was in ihren Gedanken ist; und mit aller Andacht soll sie da einschließen alle Menschen, die armen Sünder, die Gerechten, und die Gefangenen des Fegfeuers. Das ist eine sehr wirksame Übung.

Bischof Albrecht schreibt, daß der oberste Priester auf folgende

Art seinen Dienst versah: er betrat das Allerheiligste und nahm mit sich Blut von einem roten Kälblein und brennendes Feuer. Und drinnen bestrich er all die goldenen Gefäße mit dem Blut und zündete dann eine Mischung der alleredelsten Kräuter an, wovon ein wohlriechender Rauch, einem Nebel gleich, entstand. Und in dem Nebel erschien Gott und redete zu ihm. Meine Lieben! Dieser oberste Priester, das ist ein jeder gute, innerliche Mensch, der in sein Inneres geht und mit sich das hochwürdige Blut unseres Herrn Jesus Christus führt und das Feuer der Andacht und der Liebe, und alle die goldenen Gefäße werden mit diesem Blut bestrichen. Das sind alle, die in Gottes Gnade stehen und die noch zu seiner Gnade kommen sollen, und die armen Seelen, die der Seligkeit harren. Alle diese werden getröstet und bereichert durch das priesterliche Amt.

Ihr, meine Lieben, wißt nicht, was für ein liebliches Ding das ist. Und der Mensch soll sich selbst in das Herz des (göttlichen) Vaters hinaufheben und in seinen väterlichen Willen, damit der Vater mit ihm verfahre, wie es ihm gefällt, in Zeit und Ewigkeit.

Nun wenden manche ein: „Wenn wir uns solcher innerlichen Weise zuwenden, so geht uns das Bild des Leidens unseres Herrn verloren." Nein, meine Lieben! Wendet euch zum Grunde: da allein wird Gnade wahrhaft geboren. Und mit ihrer Hilfe blickt Leiden und Leben unseres Herrn in dich hinein in völliger Liebe und Einfalt mit *einem* Blick der Einfachheit, wie wenn alles vor dir stünde, nicht in der Vielfalt einzelner Bilder, (sondern) *so,* wie ich euch alle mit *einem* Blick sehe, als ob ein jegliches vor mir stünde[3] — und so werde es dem Vater dargeboten.

Und dieses Aufblicken ist weit nützlicher, als wenn du fünf Monate zubrächtest und in getrennten Betrachtungen daran dächtest, wie Jesus sich an jedem Punkt seines Leidens verhalten habe, an der Geißelsäule oder da und dort. In dieser liebevollen Ausführung des priesterlichen Amtes, wenn der Mensch allein (das Allerheiligste) betreten hat und mit gespannten Kräften

---

[3] Die Lesart der Drucke, des LT, AT, KT „vor mir stunde" beseitigt eine Schwierigkeit an dieser Stelle — vgl. Lesarten zu Z. 12, S. 72 in Wi 1 (Corin). Corin, Sermons II, 240—241 gibt eine anspruchsvollere, doch vielleicht richtige Deutung; auch Lehmann übersetzt entsprechend 1, 175.

dasteht und kein Wort fällt: da steht der Engel Gottes, der Gabriel heißt, bei dem Altar, wo der würdige, heilige Dienst getan wird. (Der Name) Gabriel bedeutet „göttliche Kraft". Diese Kraft wird dem Priester gegeben, damit er alle Dinge im Namen unseres Herrn vollbringen könne. Der Hohepriester legt wohlriechende Kräuter zuhauf, entzündet sie, und aus dem entstehenden Dampf spricht Gott zu ihm. Diese Kräuter sind eine Vereinigung heiliger Tugenden, wie Demut, Gehorsam, Sanftmut und vieler anderer. Denn wer die Tugenden nicht besitzt noch sie sammelt, es sei in dem niedersten, mittleren oder obersten Grad, dessen Leben ist Unwahrhaftigkeit und taugt nichts.

In dieser Vereinigung der Tugenden geschieht die Entzündung des Feuers durch den Brand der Liebe, und ein Nebel, eine Finsternis entsteht, in der dein Geist (dir) geradewegs entzogen wird, etwa für die Dauer eines halben Ave-Maria, derart, daß du deinen Sinnen und deiner Vernunft entrückt bist. Und in diesem Dunkel spricht Gott in Wahrheit zu dir, wie geschrieben steht: „Als alles in völliger Ruhe lag und die Nacht, das Dunkel seinen Lauf vollendet hatte, da ward dein göttliches Wort von dem höchsten Königsstuhl herabgesandt." Hier wird ein geheimes Wort gesprochen, und die, welche Ohren haben, vernehmen den Hauch seines Flüsterns[4].

Hier wird die Geburt verkündet, von der große und viele Freude ausgehen wird. Und sie soll durch Elisabeth geschehen; dieser Name bedeutet soviel wie „göttliches Vollbringen". Dann wird von der göttlichen Kraft verkündet (durch den Engel Gabriel), daß dieses Werk der Liebe, diese frohe Geburt geschehen solle. Doch dies alles geht noch in den niederen Kräften vor sich.

Da kommen die „Vernünftler" mit ihrer natürlichen Einsicht und leuchten mit ihrem inneren natürlichen Licht in ihren ledigen, leeren, bilderlosen Grund und bedienen sich da ihrer natürlichen Einsicht als ihres Eigentums, gerade als ob es Gott (selbst) sei, und es ist doch nichts als bloß ihre natürliche Ver-

---

[4] Die bei Vetter unklare Stelle, 166, 34 f., kann auf mehrfache Weise geklärt werden. Auch Corins Darlegungen, Wi 1, S. 74, 13 mit Lesarten und Erläuterungen wollen nur ein Versuch sein.

nunft. Bei Gott (aber) ist mehr Freude, als alle Sinne zu geben vermögen. Da jene aber bleiben wie sie sind und ihr natürliches Licht mit Eigensinn besitzen, so werden sie die bösesten (Menschen), die (da) leben, und die schädlichsten.

Man erkennt sie an folgenden Zeichen: sie sind nicht den Weg der Tugend gegangen, und um die Übungen (der Frömmigkeit), die zum heiligen Leben und zur Überwindung der Laster führen, kümmern sie sich nicht. Denn sie lieben ihre innere falsche Willensträgheit, die nicht nach der Betätigung der Liebe strebt, weder innen noch außen, und haben vor der Zeit auf die Bilder der Sinne, die sie zur Frömmigkeit führen könnten, verzichtet. Dann kommt der Teufel und flößt ihnen ein falsches Behagen und falsche Erleuchtung ein, und damit verleitet er sie, so daß sie ewig verlorengehen. Wozu er sie ihrer Natur nach geneigt findet, es sei Unenthaltsamkeit, Geiz oder Hoffart, dahin führt er sie. Und weil sie in ihrem Innern empfinden, sie seien erleuchtet — was ihnen der Teufel vorspiegelt —, sagen sie, es komme von Gott, und wollen sich nichts nehmen lassen von dem, was sie mit Eigenwillen besitzen; davon fallen sie in ungeordnete Freiheit und treiben das, wozu ihre Natur sie zieht. Solche Menschen soll man mehr fliehen als den bösen Feind, denn sie sind, soweit man sie sehen kann, außen wie innen (den Gerechten) so ähnlich, daß man sie nicht leicht zu durchschauen vermag.

Aber die Gerechten unterscheiden sich auf folgende Weise von ihnen. Sie haben den Weg der Tugend durchlaufen: Demut, Gottesfurcht, Gelassenheit, Sanftmut. Und diese sind in großer Besorgnis und wagen es nicht, sich der Freiheit zu überlassen, trauen sich aus eigener Kraft nichts zu, befinden sich in großer Bedrängnis und (schwerem) Druck und begehren, daß Gott ihnen helfe. Aber jene, welche sich falscher Freiheit überlassen [5], sind dreist, vermessen, streitsüchtig und ungelassen, und wo man sie trifft, zeigen sie bald Bitterkeit, fallen lästig in Benehmen und Worten, sind voller Hoffart und wollen nicht erniedrigt sein.

Ach, welch eine Überraschung, welch furchtbaren Jammer wird man erleben in jener Welt, die man nicht mehr verlassen,

[5] Gemeint sind die sog. „Freien Geister" jener Zeit.

wo man sich nicht mehr bekehren kann, mit dem, was nun so schön scheint. Und man muß dort immer bleiben und furchtbare Schmerzen erdulden. Hütet euch davor, das rate ich euch, kehret euch zum wahren Grunde, wo die wahre göttliche Geburt statt-findet, von der der ganzen Christenheit so viel Freude kommt, fürwahr Gottes heiliger Christenheit!

Nun braucht ihr mich nicht mehr zu fragen, ob ihr den rechten oder unrechten Weg eingeschlagen habt; ihr habt die Unter-schiede gehört, wenn ihr prüfen wollt, ob ihr den geraden oder den krummen Weg geht. Seid ihr den sicheren Weg der Tugend gegangen? Befindet ihr euch auf der untersten, der mittleren, der höchsten Stufe? Das müßt ihr nachprüfen!

Diese Geburt (Gottes im Seelengrunde) wird große Freude mit sich führen. Wenn sie geschieht, erzeugt sie im Geist eine solch große Freude, daß man es gar nicht zu sagen vermag. Solche Menschen soll man nicht stören, indem man sie nach außen zieht in die Mannigfaltigkeit (äußerer Werke); lasse man doch Gott sein Werk in ihnen vollenden! Im Hohenlied sagt unser Herr: „Ich beschwöre euch, ihr Töchter Jerusalems, bei den Hin-dinnen oder Gazellen auf freier Flur: weckt die Liebe nicht, bis sie es selbst will!"[6] Jene Menschen sollen auch selber keine Lehr-meister fragen, die sie nicht verstehen würden; diese würden sie gar sehr verwirren, und es könnte wohl gar so ausgehen[7], daß sie auch innerhalb von zwanzig oder vierzig Jahren nicht mehr an ihren Ausgangspunkt zurückgelangen könnten. Diese Leute müssen auf sich selber sehr achten, denn jene Freude ist so groß, daß sie innen quillt wie neuer Wein, der im Faß steigt. Es ist besser, daß (die Freude) nach außen ausbreche, als daß die Natur die Spannung nicht mehr ertrage[8]. Denn dann bricht das Blut aus Mund und Nase. Aber (auch) das ist vom höchsten Grad weit entfernt und bleibt noch in der niederen Natur, im Bereich der Sinne.

---

[6] Unter Heranziehung von Parsch und der Echter-Bibel, a. a. O. Hohel. 2, 7.
[7] Zu Vetter 168, 17: dem Sinnzusammenhang nach wiedergegeben; Corin, Sermons II, 244 gibt eine etwas andere, doch auch dienliche Übersetzung.
[8] Nach Corin, Wi 1, S. 79, 15: „Zu quait werde", was dem gegebenen Wort-laut in etwa entspricht. Vgl. den AT zur gleichen Stelle, S. 79, 12.

Der Engel (der die Geburt des Johannes verkündete) sprach jedoch: „Diese wahre Frucht (der Gnade Gottes) soll keinen Wein noch anderes berauschendes Getränk zu sich nehmen." Das bedeutet, daß der Mensch, in dem diese Geburt vor sich gehen soll in der obersten Weise und auf der höchsten Stufe, einen höheren Weg geführt wird, denn es gibt (hierin) drei Grade: den guten, den besseren, den ausgezeichneten Weg. Die Menschen dieses Weges dürfen nichts von dem trinken, was in ihnen eine Trunkenheit erzeugen könnte, wie es bei denen der Fall war, von deren Freude wir gesprochen haben, die ihnen in den Gegenständen (ihrer Betrachtung) geschenkt wurde, es sei in wahrnehmender oder empfindender Weise, beschauend oder genießend. Aber jene werden auf einen engen Weg gebracht und gezogen, der ganz finster und trostlos ist, auf dem sie eine unleidliche Drangsal verspüren und den sie doch nicht verlassen können. Nach welcher Seite sie sich auch wenden, sie finden nur tiefes Elend, wüst, trostlos, finster. Dahinein müssen sie sich wagen und sich dem Herrn auf diesem Weg überlassen, solange es ihm gefällt. Und zuletzt[9] tut der Herr, als ob er von ihrer Qual nichts wisse; da ist ein unleidliches Darben und großes Verlangen, und doch (muß alles) in Gelassenheit (ertragen werden). Das nennt man eine wesentliche Umkehr: ihr entspricht der allerwesenhafteste Lohn. Anderen Arten der Umkehr folgt nur zufallender Lohn.

Hierüber schreibt Sankt Thomas, daß große äußere Werke, wie groß sie auch sein mögen, insofern sie Werk sind, nur zufallenden Lohn erhalten. Aber die Einkehr des Geistes innerlich zu Gottes Geist, aus dem Grunde ohne allen Zufall, die Gott allein sucht, ledig und lauter, jenseits aller Werke und Weisen, jenseits aller Gedanken und aller Vernunft — Sankt Dionysius sprach fürwahr: „Das ist eine unvernünftige, eine unsinnige Liebe" —, die ist eine wesentliche Einkehr; ihr muß allerwege wesenhafter Lohn zuteil werden und Gott mit sich selber.

[9] Hier scheint die von Corin, Wi 1, S. 80, 25 vorgezogene Lesart „in deme leyst in der herre" (ebenso der KT) gegenüber Vetter 169, 1, dem LT, AT nicht überzeugend: *beide* geben einen guten Sinn.

Eine andere Umkehr kann wohl auch in gewöhnlicher äußerer Weise eine wesenhafte Kehr genannt werden: dann nämlich, wenn der Mensch nur Gott in Lauterkeit im Sinn hat, nichts sonst, kein Warum als nur Gott durch sich selbst und in sich selbst.

Die erste Kehr besteht jedoch in einem form- und weiselosen, inneren Gefühl der Gegenwart (Gottes), in einem Hineintragen des geschaffenen Geistes jenseits alles Seins in den ungeschaffenen Geist Gottes. Könnte der Mensch zeitlebens eine solche Kehr erleben, ihm wäre wohl geschehen.

Dem Menschen, der Gott so folgsam ist und ihm in dieser Drangsal treu geblieben, dem wird Gott dadurch vergelten[10], daß er sich ihm selber gibt und ihn so unergründlich in sich selbst und seine eigene Seligkeit hereinzieht. Dahinein wird der (menschliche) Geist in so köstlicher Weise gezogen, so ganz von der Gottheit durchflossen und überströmt und so in die Gottheit entrückt, daß er in der göttlichen Einheit alle (menschliche) Vielfalt verliert.

Das sind die Menschen, die Gott (schon) in der Zeitlichkeit für all ihre Not entschädigt, und sie haben einen wahren Vorgeschmack dessen, was sie ewiglich genießen sollen.

Auf diesen beruht die heilige Kirche, und wären sie in der heiligen Christenheit nicht vorhanden, so bestünde diese keine Stunde. Denn ihr Dasein allein, die bloße Tatsache, daß sie sind, ist etwas, viel köstlicher und nützlicher als alle Tätigkeit der Welt. Von ihnen sagte der Herr: „Wer sie angreift, greift mir ins Auge." Darum hütet euch, ihnen Unrecht zuzufügen!

Könnten wir doch alle auf die schnellste und die für Gott löblichste Weise dahin gelangen! Dazu helfe uns Gott! AMEN.

[10] Zu Vetter 169, 21: eine dem Sinne der Stelle entsprechende Wortwahl.

Hic venit ut testimonium perhiberet de lumine
Er kam, Zeugnis von dem Licht zu geben (Joh. 1, 7)

44

Diese zweite Predigt über Johannes den Täufer spricht von zweierlei Licht, dem der Gnade und dem der Glorie, und sagt uns, wie wir das Zeugnis aufnehmen sollen, damit wir die lieb-reiche, die schmerzhafte, die entrückende[1] Liebe empfinden.

„ER KAM, ZEUGNIS ZU GEBEN von dem Licht." Unsere Mutter, die heilige Kirche, begeht diese Woche das Fest des ehr-würdigen heiligen Johannes des Täufers. Ihn mit (unseren) Wor-ten zu loben, will nicht viel bedeuten; denn unser Herr Jesus Christus hat ihn auf würdige und erhabene Weise gelobt und gesagt, unter den von einer Frau Geborenen sei keiner so groß wie er.

Er hat auch gesagt: „Was seid ihr zu sehen gekommen? Einen Propheten? Hier ist mehr als ein Prophet! Wozu seid ihr ge-kommen? Einen Menschen in weichlichen Kleidern zu sehen? Ein Rohr, das vom Wind hin und her bewegt wird? Dergleichen werdet ihr hier nicht finden." Und Johannes sagte von sich selbst, er sei die Stimme eines Rufenden in der Wüste: „Bereitet den Weg unserem Herrn, und ebnet seine Pfade." Man singt diese Woche von ihm, er sei eine Leuchte, hell brennend. Sankt Jo-

---

[1] Versuch, das von Corin, Sermons, S. 248, Anm. 1 gebrauchte Wort „libé-rateur" zu veranschaulichen: es handelt sich hier um Liebe, die zur Ekstase führt.

hannes, der Evangelist, schreibt von ihm, daß er „ein Zeugnis des Lichtes" sei. Und von diesem Wort wollen wir (heute) sprechen.

Könnten wir diesen Heiligen noch mehr loben? Wir greifen dieses Wort auf: „ein Zeuge des Lichtes". Das Licht, dessen Zeuge er war, ist ein seinshaftes[2], ein alle Erkenntnis überschreitendes, ein alles übertreffendes Licht. Dieses Licht leuchtet in das Allerinnerste, in den tiefen Grund (der Seele) des Menschen. Aber wenn dieses Licht und dieses Zeugnis auf den Menschen trifft und ihn berührt, so wendet sich der Mensch, statt es zu pflegen, da wo es ist, von seinem Grunde ab, kehrt die Ordnung um[3] und will fortlaufen auf Trier zu oder was weiß ich, wohin sonst, und nimmt das Zeugnis nicht an um seiner (Neigung zu) sinnenhaften äußeren Werken willen. Es gibt auch noch andere Leute, die dieses Zeugnis nicht annehmen: „Er kam in sein Eigentum, und die Seinen nahmen ihn nicht auf." Solche leisten dem Licht Widerstand. Sie sind weltlichen Sinnes, so wie die Pharisäer, die Sankt Johannes „Natterngezücht" nannte und die sich doch als Kinder Abrahams bezeichneten. Sie widerstreben allen, die das Licht lieben. Das ist ein sorgenerregendes, beängstigendes Ding. Diese Menschen hängen kaum (noch) mit einem Faden an dem Licht und dem Glauben.

Nun sollen wir bedenken, daß die Natur schwach ist und nichts vermag; darum hat ihr der barmherzige Gott eine übernatürliche Hilfe gewährt, eine übernatürliche Kraft verliehen: das Licht der Gnade, ein erschaffenes Licht: es hebt die Natur hoch über sich hinaus und bringt alle Kost mit sich, deren die Natur nach ihrer Art bedarf. Darüber gibt es noch ein ungeschaffenes Licht: das Licht der Glorie, ein göttliches Licht, Gott selber. Denn wenn wir Gott erkennen sollen, so muß das geschehen durch Gott, mit und in Gott, Gott durch Gott, wie der Prophet sagt: „Herr, in deinem Licht sehen wir das Licht." Das ist ein überströmendes Licht, das jeden Menschen erleuchtet,

---

[2] Hierzu ist die Erläuterung, die Kunisch in seinem Textbuch zu S. 93 in Anm. 5 gibt, heranzuziehen, ebenso Anm. 5 bei Corin, Sermons II, 249.

[3] Lehmann ist an dieser Stelle Opfer eines Mißverständnisses geworden, indem er schreibt: „ ... verläßt seinen Orden": 2, 135.

der in diese Welt kommt. Dieses Licht leuchtet über alle Menschen, böse und gute, so wie die Sonne scheint auf alle Geschöpfe: sind sie blind, ihrer ist der Schaden. Wäre ein Mensch in einem finstern Hause, so wäre er in dem Licht, könnte er nur soviel Helligkeit haben, um ein offenes Fenster oder ein Loch zu finden, durch das er seinen Kopf steckte. Ein solcher Mensch gibt Zeugnis von dem Licht.

Nun wollen wir hören, wie der Mensch sich zu Beginn dem Zeugnis gegenüber verhalten solle, damit er es aufnehmen könne: er muß sich von allem, was zeitlich und vergänglich ist, trennen. Denn dieses Zeugnis wird den niederen und den oberen Kräften (in ihm) gegeben. Die niederste ist die Kraft des Begehrens und des Zürnens: es ist (also) die (Kraft des) Begehrens, die das Zeugnis (zuerst) aufnehmen soll: die muß sich zum ersten trennen von dem natürlichen und sinnlichen Verlangen da, wo es seine Befriedigung findet, es sei an Menschen oder an Kleidern oder, kurz gesagt, das, woran die Sinne ihre Freude finden; was der Mensch braucht, das gönnt Gott dem Menschen wohl. Es ist wahrlich eine Einsamkeit, in die Gottes Stimme (den Menschen auf diese Weise) ruft: das nennt man ein abgeschiedenes Leben, diese Loslösung von aller Lust des Geistes und der Natur, der inneren wie der äußeren.

Sodann wird dieses Zeugnis der zürnenden Kraft gegeben: da wird dem Menschen Stetigkeit und Stärke gelehrt, daß der Mensch unerschütterlich werde, einem stählernen Berg gleich, wenn er dieses Zeugnis empfangen hat, und sich nicht mehr niederwerfen lasse wie ein Rohr. Wenn unser Herr sagte, Johannes sei kein Mensch, der sich weichlicher Kleider bediene, so versteht man darunter Leute, die des Leibes Behagen lieben und suchen. Nun gibt es zwar solche, die das verschmähen; aber sie gleichen darin dem Rohr, daß sie durch ein törichtes, dummes, spöttiges oder hartes Wort hin und her bewegt und umgeworfen werden. Fürwahr, beglückter Mensch, was kann dir ein Wort schaden? Aber da kommt der böse Feind und flüstert dir jetzt dies, dann das zu, und du wirst in ungeordneter Weise traurig: bald froh, bald unfroh, jetzt so, dann so: ihr seid doch ein Volk, hin und her bewegt wie das Rohr.

Dieses Zeugnis wird auch in die oberen Kräfte gegeben: in die Vernunft, den Willen und die Liebe. In der Vernunft wirkt es wie ein Prophet. Dieses Wort bedeutet jemanden, der weithin sieht: videns. Die Vernunft sieht weit, so weit, daß es ein Wunder ist, wie weit sie sieht. Wenn ein erleuchteter Mensch darin noch nicht so weit gelangt ist und er verborgene, geheimnisvolle Dinge hörte, so gibt ihm sein Grund davon Zeugnis und spricht: „So ist es recht!" Nun sagt unser Herr: „Er ist mehr als ein Prophet", das bedeutet: in diesem Grunde, in den die Vernunft nicht gelangen kann, sieht man das Licht in dem Licht, das heißt, befindet man sich in dem inwendigen Licht, das heißt, im Licht der Gnade; so sieht und versteht man in dem geschaffenen Licht (das heißt mittels der Vernunft) das Göttliche[4].

Das geschieht zuerst in verdeckter Weise; in diesen Grund können die Kräfte nicht gelangen, nicht einmal sich ihm bis auf tausend Meilen nähern. Die Weite, die sich in dem Grund da zeigt, besitzt weder die Form eines Bildes noch einer Gestalt, noch (sonst) eine Art und Weise; es gibt kein Hier noch Dort; denn es ist ein unergründlicher Abgrund, der in sich selber schwebt, ohne Grund, so wie die Wasser wogen und wallen; jetzt sinken sie in einen Abgrund, und es scheint, als sei gar kein Wasser da; kurz darauf rauscht es daher, als ob es alles ertränken wolle. (So auch hier.) Es geht (wie) in einen Abgrund: darin ist Gottes Wohnung, viel eigentlicher als im Himmel oder in allen Geschöpfen. Wer dahinein gelangen könnte, der fände wahrlich Gott darin, und sich selbst fände er mit Gott vereint[5]; denn Gott würde sich nie mehr von ihm trennen; ihm wäre Gott gegenwärtig; und die Ewigkeit wäre hier zu empfinden und zu verkosten; es gibt da weder ein Zuvor noch ein Nachher.

In diesen Grund kann kein geschaffenes Licht hineinreichen oder hineinleuchten, denn hier ist allein Gottes Wohnung und

---

[4] Eine bei Vetter 330, 29 ff. offensichtlich verdorbene Stelle. Die Übersetzung kann dem Sinn der Stelle nur nachspüren: so auch Kunisch, Textbuch S. 96 Anm. 1; Corin, Sermons II, 252 Anm. 1; Lehmann 2, 136—137.

[5] Ich versuche Taulers Sinn — Vetter 331, 10 — unter Vermeidung von Wörtern wie „einfältig" (Lehmann 2, 137) oder „einfältiglich" (Kunisch Textbuch S. 96) zu treffen.

Statt. Diesen Abgrund können alle Geschöpfe nicht ausfüllen; sie können seinen Grund nicht erreichen; sie können ihm mit nichts Genüge tun noch ihn befriedigen; niemand kann das außer Gott allein in seiner Grenzenlosigkeit. Diesem Abgrund entspricht allein der göttliche Abgrund. „Abyssus abyssum invocat." Dieser Grund — wer darauf fleißig achtete — leuchtet in die Kräfte unter sich; er neigte und risse die oberen wie die niederen zu ihrem Beginn, ihrem Ursprung, wenn der Mensch nur darauf achtete und bei sich selber bliebe und auf die liebevolle Stimme hörte, die in der Einsamkeit, in diesem Grunde ruft und alles immer mehr da hineinführt. In dieser Wüstung herrscht eine solche Einsamkeit, daß ein Gedanke nie da hineinkommen kann. Wahrlich, nein! All die Gedanken der Vernunft, die je ein Mensch über die heilige Dreifaltigkeit gedacht hat — manche machen sich viel damit zu schaffen —, keiner kann je in diese Einsamkeit gelangen. Nein, ganz gewiß nicht. Denn (dieses Sein)[6] ist so innerlich, so weit, so weit (drinnen): es hat weder Zeit noch Ort. Es ist einfach und ohne Unterschied, und wer auf rechte Weise da hineinkommt, dem ist, als ob er hier ewig gewesen sei und er eins mit Gott sei, obwohl das (stets) nur für Augenblicke gilt. Aber diese kurzen Augenblicke werden empfunden und erscheinen wie eine Ewigkeit. Dies erleuchtet und bezeugt, daß der Mensch, ehe er geschaffen wurde, von aller Ewigkeit her in Gott war. Als er in ihm war, da war der Mensch Gott in Gott.

Sankt Johannes schreibt: „Alles, was gemacht ist, hatte Leben in ihm." Dasselbe, was der Mensch jetzt in seiner Geschaffenheit ist, war er von Anbeginn her in Gott in Ungeschaffenheit, mit ihm ein seiendes Sein. Und solange der Mensch nicht zurückkehrt in diesen Zustand der Bildlosigkeit[7], mit dem er aus dem Ursprung herausfloß, aus der Ungeschaffenheit in die Geschaffenheit, wird er niemals wieder in Gott hineingelangen. Solange

---

[6] Um im Hinblick auf Kunisch, Textbuch, S. 97 Anm. 3 den Eindruck des Gemüthaften zu vermeiden, füge ich „dieses Sein" hinzu.

[7] Um die irrige Vorstellung zu vermeiden, die sich für uns heute mit dem Worte „Lauterkeit" verbindet, habe ich im Anschluß an Kunisch, Textbuch, S. 97, Anm. 8 das Wort „Bildlosigkeit" gewählt.

er nicht ganz und gar die Neigungen, die Anhänglichkeit, die Selbstgefälligkeit ablegt, überhaupt alles, was den Grund durch irgendein Gefühl des Habenwollens befleckt hat, was der Mensch je mit Lust sein eigen nannte, freien Willens, im Geist oder in seiner (menschlichen) Natur, was je Eingang in ihn fand, in ungeordneter Weise und mit Wissen und Willen aufgenommen wurde, kurz, solange das (in ihm) nicht restlos ausgetilgt wird, wie es war, als der Mensch aus Gott hervorging[8], so lange gelangt er nicht wieder in seinen Ursprung.

Aber damit ist der Befreiung (des Menschen) von menschlichen Bildern und Formen noch nicht Genüge geschehen, es sei denn, der (menschliche) Geist werde zuvor mit dem Licht der Gnaden überformt. Wer dieser Überformung (seines menschlichen Wesens) nun völlig folgte und in rechter Ordnung in seinen inneren Grund eingekehrt wäre, dem könnte wohl (schon) in diesem Leben ein Anblick der höchsten Überformung zuteil werden, obwohl sonst niemand in Gott gelangen noch Gott erkennen kann als in dem ungeschaffenen Licht, das heißt in Gott selber: „Domine, in lumine tuo videbimus lumen." Wer oft in seinen Grund sich kehrte und ein vertrautes Verhältnis zu ihm hätte, der erhielte wohl manchen erhabenen (kurzen) Blick auf diesen inneren Grund, der ihm noch klarer und deutlicher zeigte, was Gott ist, deutlicher als seine leiblichen Augen die Sonne am Himmel zu sehen vermögen.

Mit diesem Grunde waren (schon) die Heiden vertraut; sie verschmähten vergängliche Dinge ganz und gar und gingen diesem Grunde nach. Dann aber kamen die großen Meister Proklos und Platon und gaben denen, die das nicht selbst finden konnten, eine klare Auslegung. Sankt Augustinus sagt, daß Platon das Evangelium „Im Anfang war das Wort..." schon völlig ausgesprochen habe bis zu der Stelle: „Es ward ein Mensch von Gott gesandt." Das geschah freilich mit verborgenen, verdeckten Worten. Aber die Heiden fanden die Lehre von der heiligen Dreifaltigkeit. Das, meine Lieben, kam (ihnen) alles

---

[8] Die Feststellung des Sinnes der Stelle bei Vetter 332, 9 führt bei Kunisch, Lehmann und Corin zu einem voneinander abweichenden Ergebnis.

aus diesem inneren Grunde zu: sie lebten für ihn, sie pflegten seiner.

Es ist doch ein schwerer Schimpf und eine große Schande, daß wir armen Nachzügler, die wir Christen sind und so große Hilfe haben — die Gnade Gottes, den heiligen Glauben, das heilige Sakrament und noch manch andere große Unterstützung —, recht wie blinde Hühner herumlaufen und unser eigenes Selbst, das in uns ist, nicht erkennen und gar nichts darüber wissen: das ist die Wirkung unseres zerteilten und nach außen gerichteten Wesens, und daß wir zuviel Nachdruck auf die Sinne legen, wenn wir tätig sind, auf unsere (eigenen) Vorhaben, (das Beten der) Vigilien, Psalter und ähnlicher Übungen, die uns so stark beschäftigen, daß wir niemals in uns selbst kommen können.

Liebe Schwestern, wer seine Fässer nicht mit edlem Zypern-wein füllen kann, der fülle sie doch mit Steinen und Asche, damit sie nicht ganz leer und ungefüllt bleiben und der Teufel sich darin niederlasse. Das wäre immer noch besser, als vielmals Rosenkränze herunterzubeten[9].

Noch ein anderes Zeugnis findet sich in den oberen Kräften, das ist die Kraft des Liebens, des Wollens. Wir haben diese Woche vom heiligen Johannes gesungen: lucerna lucens et ardens: er ist ein leuchtendes, ein brennendes Licht. Diese Leuchte gibt Wärme und Licht. Du empfindest die Wärme an der Hand und siehst doch kein Feuer, es sei denn, daß du oben hinein-blicktest, und das Licht siehst du nur durch die Hornscheiben schimmern. Ach, wer doch den Sinn (in diesem Vergleich) wahr-nähme und auf dieses Licht und diese Wärme häufiger achtete! Da ist die verwundende Liebe, die dich in diesen Grund führen wird. Und solange du sie in dir fühlst, sollst du dich antreiben und mit ihr voranstürmen und deinen Bogen auf das aller-höchste Ziel hin spannen.

---

[9] Corin, Sermons II, 257 f. und Lehmann 2, 139 weichen hier in der Auf-fassung von Kunisch ab (Textbuch S. 99). Bei der Stellung Taulers zu äußeren Frömmigkeitsübungen, zu denen keine entsprechende innere Haltung kommt, ist es wohl denkbar, daß er selbst ein geringes Maß inneren Lebens — die Füllung der Fässer mit Asche und Steinen — der äußerlichen Übung des Ge-betes vorzieht.

Kommst du aber in diesem verborgenen Abgrund in die gefangene Liebe, so mußt du dich ihr nach ihrem Willen überlassen; da hast du nicht mehr Gewalt über dich selbst; du hast in dir weder einen Gedanken noch eine Übung der Kräfte, auch kein Werk der Tugend. Aber gewinnst du so viel Platz und so viel Freiheit, daß du wieder einen Gedanken fassen kannst und zurück in die verwundende Liebe fällst, so nimm deine ganze Kraft zusammen, richte dich auf, und reiße dich (wie) im Sturm mit der Liebe voran, und begehre und er(bitte) und treibe sie vorwärts. Kannst du nicht sprechen, so denke und begehre, wie der heilige Augustinus es ausdrückte: „Herr, du befiehlst mir, dich zu lieben, gib mir das, was du mir gebietest; du befiehlst mir, dich zu lieben von ganzem Herzen, aus ganzer Seele mit allen Kräften, aus meinem ganzen Gemüte. Gib mir, Herr, daß ich dich vor allem und über alles liebe." Und kannst du das nicht in Gedanken fassen, so sprich es mit dem Mund aus. Das versäumen die zu tun, die sich ohne Übung niedersetzen, als ob alles (bereits) getan sei: die lernen diese Liebe nicht kennen.

Hierauf kommt die quälende Liebe und schließlich, an vierter Stelle, die entrückte Liebe. Ach, liebe Schwestern, die Liebe ist (heute) gar sehr untergegangen und die Vernunft recht aufgestiegen. Die Menschen waren (noch) nie so vernünftig beim Zahlen und Verkaufen wie heute. Die Liebe der Entrückung ist gleich der Lampe. Der Mensch wird ihres Feuers wohl gewahr; sie macht ihn ungestüm in all seinen Kräften: er seufzt (voll Angst) nach dieser Liebe und weiß nicht, daß er sie besitzt. Sie verzehrt ihm Mark und Blut. Hier sieh dich vor, daß du die Natur nicht mit deinen eigenen äußeren Übungen (der Frömmigkeit) verdirbst. Wenn die Liebe ihr Werk tun soll, so darfst du dich ihr nicht entziehen, du mußt ihr in ihren Stürmen und in ihrem Hinausdrängen folgen. Da sagen etliche, sie wollten sich vor dem Sturm schützen, um nicht zugrunde zu gehen: das gehöre nicht zu ihrem Leben. Meine Lieben! Wenn die Liebe der Entrückung (über einen Menschen) kommt, geht alles menschliche Werk unter; da kommt unser Herr und spricht durch diesen Menschen ein Wort: erhabener und nutzbringender als hunderttausend Wörter, die alle Menschen je sprechen könnten.

Sankt Dionysius sprach: „Wenn das ewige Wort in den Grund der Seele gesprochen wird und der Grund so viel Bereitschaft und Empfänglichkeit zeigt, daß er das Wort aufnehmen kann in seiner Ganzheit und in erzeugender Weise, nicht (nur) teilweise, sondern gänzlich: da wird der Grund eins mit dem Wort in Wesenheit; doch behält der Grund seine Geschaffenheit in seinem Wesen noch in der Vereinigung. Das bezeugt unser Herr mit den Worten: ‚Vater, laß sie eins werden (mit dir), wie wir eins sind‘; und zu Augustinus: ‚Du sollst in mich verwandelt werden.‘ " Dazu kommt niemand außer über die Liebe. — Nun sagte Johannes, er sei die Stimme eines Rufenden in der Wüste: „Bereitet den Weg des Herrn"; damit meint er den Weg der Tugenden. Dieser Weg ist gar eben. Und er fährt fort: „Machet gerade, richtet aus seine Pfade." Fußpfade führen rascher zum Ziel als Wege. Wer (freilich) jetzt im Korn die Fußpfade suchen wollte, dem müßte das wohl sauer werden, und er verliefe sich gar; und doch führen sie auf einem geraderen und kürzeren Weg zum Ziel als die allgemeinen, breiten Straßen.

Meine Lieben! Wer die Pfade auffinden könnte, die in den Grund führen, wie würde der seinen Weg zielgerecht wählen und ihn so sehr abkürzen, daß er irgend etwas des Grundes wahrnähme und vor allen Dingen bei sich selbst bliebe und auf die Pfade achtete; denn die sind gar wild, (nur) für den Geschickten geeignet, dunkel, unbekannt und (unserer Natur) fremd. Wer das beachtete, der träfe auf keine Widerwärtigkeit, auf keine Drangsal, weder außen noch innen, ja auch nicht auf die Gebrechen, die den Menschen befallen: alles würde zum Grunde hinleiten, locken und treiben.

Man sollte die Pfade auch im Innern ebnen, auf sie achten und auf die Wege des (menschlichen) Geistes zu Gott und Gottes zu uns, denn die sind nur mit Geschick zu begehen und verborgen. Und das kehren viele Leute um und laufen ihren äußeren (Frömmigkeits)übungen und äußerer Wirksamkeit nach; sie verhalten sich wie jener, der nach Rom reisen wollte, das ist landaufwärts, und das Land abwärts ging auf Holland zu. Je mehr er voranging, um so mehr kam er von seinem Ziel ab. Und wenn diese Menschen (dann) zurückkommen, sind sie alt, der Kopf

341

schmerzt sie, und sie können dem Werk der Liebe und ihren Stürmen nicht mehr genügen.

Meine Lieben, wenn der Mensch in diesem Sturm der Liebe steht, soll er nicht an seine Sünde denken noch an Demut, noch an irgend etwas anderes, sondern nur daran, daß er der Liebe in ihrem Werk genugtue. Der Sturm der Liebe kann auch einen kalten, gelassenen, harten Menschen überkommen. Da soll man sich der Liebe überlassen, ihr ganze Treue bewahren und sich frei und ledig halten alles dessen, was nicht Liebe ist; begehre nach dieser Liebe stets eifrig, habe ein ganz festes Vertrauen zu ihr, halte dich an ihr fest, und du wirst ebenso stark und ebensoviel empfinden, als je ein Mensch in dieser Zeitlichkeit empfand. Wenn deine Treue nicht vollkommen ist, so wird dein Begehren geschwächt, und deine Liebe verlischt, und aus (all) dem wird nichts. Und wenn du alle Wahrzeichen hast, die man haben kann, und empfindest nicht das Zeugnis der Liebe, so ist alles verloren.

Das mag dich wohl hart bedrücken; der Feind läßt dir gerne alle anderen Merkmale, wenn dir nur das wahre Zeugnis der Liebe nicht wird. Die betrogene Liebe überläßt er dir. Manchen Menschen bedünkt, er besitze die Liebe; sähe er aber tief in seinen Grund, er fände wohl, wie es um seine Liebe steht. Alles, woran es euch gebricht, ist: ihr könnt nicht in den Grund gelangen; gelangtet ihr dahin, ihr fändet die Gnade, die euch ohne Unterlaß antriebe, euch mit erhobenem Geiste über euch selbst zu erheben. Dieser Mahnung widersteht der Mensch so sehr und so oft: er macht sich (dadurch) ihrer so unwürdig, daß sie ihm in alle Ewigkeit nicht mehr zuteil wird; das verdirbt der Mensch alles durch seine Selbstgefälligkeit. Wäre der Mensch dem Gnadenblicke (Gottes) gehorsam, er würde ihn zu solch einer Vereinigung (mit Gott) führen und bringen, daß er in dieser Zeitlichkeit das empfände, dessen er sich in alle Ewigkeit erfreuen soll; das hat Erfahrung uns bereits gezeigt.

Daß uns allen dies geschehe, dazu helfe uns Gott. AMEN.

Qui spiritu dei aguntur, hij fiilij dei sunt
Die sich vom Geist Gottes leiten und treiben lassen, sind Kinder Gottes
(Röm. 8, 14)

45

Diese Predigt auf den achten Sonntag (nach Dreifaltigkeit) aus
der Epistel des heiligen Paulus sagt, wie Gott bereit wäre, unsere
Werke selbst zu tun, wenn wir unsere eigenen Vorsätze auf-
geben wollten; sie berichtet sodann, wie manche Menschen Gott
nur gezwungen dienen, andere Mietlinge sind; schließlich, daß
es zwei Arten von Gotteskindern gibt.

ALLE WERKE, die alle Menschen und Geschöpfe schufen oder
die bis zum Ende der Welt geschaffen werden, das alles zusammen ist ein reines Nichts, wie groß das Werk auch sei, das man
ausdenken oder verwirklichen mag, gegenüber dem geringsten,
das von Gott in den Menschen gewirkt wird, damit der Mensch
von Gott angetrieben werde. Um so viel mehr als Gott besser
ist denn alle Geschöpfe, um so viel mehr überragt sein Wirken
das Werk, die Handlungsweisen, das Vorhaben, die die Menschen
mit all ihrer Anmaßung ausdenken können.

Nun kommt der Heilige Geist oft in den Menschen, mahnt und
treibt ihn an in seinem inneren Grund oder auch durch die Lehrmeister, so als ob er spräche: „Lieber Mensch, wolltest du dich
mir überlassen und mir allein voll und ganz folgen, so wollte
ich dich auf den rechten Weg bringen; ich könnte in dir wirken
und dich selber wirken."

Ach, es ist wahrlich ein Jammer, daß nur wenige diesem
weisen, guten Rat folgen oder ihn auch nur anhören wollen;

vielmehr bleibt jeder bei seinem eigenen Vorhaben, seiner eigenen, gewohnten Art und Weise, bei seinen blinden, sinnlichen
Werken und seiner Selbstzufriedenheit; das hindert die liebevolle Einwirkung des Heiligen Geistes, daß (der Mensch) dessen
Sprache weder hört noch versteht und seinem gütlichen Wirken
weder Stätte noch Raum gewährt. Warum (wohl)? Man muß
es aussprechen, daß, um das Wort (des Heiligen Geistes) zu
vernehmen, man nichts besseres tun kann, als sich zu besänftigen,
zuzuhören, zu schweigen. Soll Gott sprechen, so müssen alle
Dinge schweigen. Soll Gott in eigentlicher und edler Weise
wirken, so muß ihm eine Stätte, ein Platz eingeräumt werden,
und man muß ihn gewähren lassen. Denn zweierlei Werk ver-
trägt sich nicht miteinander. Eins muß leiden, das andere wirken. Hiermit will ich nicht sagen, daß junge, starke, ungeübte
Menschen sich nicht in werktätiger Weise üben sollten, denn die
haben nötig, sich viel und sehr zu üben durch manche gute
Art und viele gute Werke, innerlich und äußerlich, wie man sie
anweist. Ich spreche von geübten Leuten, die gerne die besten
aller Gotteskinder wären und deren Wege andere sein müssen
als die derer, die am Beginn (ihrer Heiligung) stehen.

Betrachten wir die Welt im ganzen, so sieht man, daß der
größte Teil (der Menschen) dieser ganzen Welt leider Feinde
Gottes sind. *Andere* wieder sind erzwungene Knechte Gottes, die
man zum Dienst Gottes nötigen muß. Und das wenige, was sie
tun, geschieht nicht aus Liebe zu Gott oder aus Andacht, sondern
aus Furcht. Und das sind geistliche Leute ohne Gnade und Liebe,
die man zum Chordienst und zu vielen anderen Diensten drängen
muß. *Dann* sind (ferner) da die gewöhnlichen gedungenen
Knechte Gottes. Das sind Geistliche und Ordensfrauen und alle
die, welche Gott dienen um des Ertrages ihrer Pfründe willen
oder ihrer Präsenzgelder; wären sie derer nicht sicher oder
erhielten sie die nicht, so wäre es mit ihrem Gottesdienst vorbei;
sie gingen ins andere Lager und würden Gefährten der Feinde
Gottes.

Von all diesen Leuten hält Gott nichts, derart, daß sie nach
der Art, wie sie Gott dienen, nicht Kinder oder Söhne Gottes
sein können; freilich tun sie nach außen viele große Werke:

aber Gott kümmert sich darum nicht, denn nicht *er* ist der Grund (dieser Werke), sondern diese Leute selbst sind die Ursache dessen, was sie tun.

Die Leute der *vierten* Gruppe sind Kinder Gottes, doch nicht seine allerliebsten: sie beharren auf ihrem äußeren oder inneren Vorhaben, auf ihrer eigenen Weise; so wirken sie ihre guten Werke; und weiter geht ihr Streben nicht.

Diese Leute stehen unten an des Baumes Rinde; und daran halten sie sich mit aller Kraft fest; aber auf den Baum steigen wollen sie nicht. Sie lassen sich in ihrer eigenen Art genügen, die sie in ihrer Anmaßung üben, denken gar sehr in sinnhafter Weise und lieben nach eigener Absicht, in bildhafter Weise und ebensolchen Übungen. Doch lieben sie Gott gar sehr, und unser Herr liebt sie auch. Sie sind zwar Kinder Gottes, aber nicht seine allerliebsten: denn sie beharren auf ihren eigenen Werken und haben keinen Frieden, wenn sie *die* nicht vollenden (können).

Die liebsten Kinder Gottes, die, von denen Sankt Paulus spricht, werden vom Geist Gottes angetrieben gemäß dem Wort, daß man vom Geist Gottes getrieben werde. Wie dieser Antrieb geschehe, davon sagt Sankt Augustinus: „Das Wirken des Heiligen Geistes in den Menschen geschieht auf zweifache Art: die erste ist so, daß der Mensch zu jeder Zeit vom Heiligen Geist geleitet und bewegt wird, der ihn stets zu einem geordneten Leben mahnt, antreibt, lockt und zieht. Das tut der Heilige Geist bei all denen, die ihn erwarten und seinem Wirken Raum geben, um ihm zu folgen. Die andere Art, die der Heilige Geist befolgt in seinem Wirken in den Seinen, besteht darin, daß er sie plötzlich und auf einmal über alle Weisen und Wege (des Lebens) an ein Ziel bringt, das hoch über ihrem Wirken und ihren Fähigkeiten liegt: das sind Gottes liebste Kinder.

Nun wagen es viele Menschen nicht, und sie wollen es (auch) nicht, sich Gottes Wirken zu überlassen. Sie wollen stets auf ihrem eigenen Wirken beharren. Man könnte ihr Tun vergleichen mit dem von Leuten, die einen großen, teuren, edlen Schatz fortbringen sollten über einen schrecklich tiefen See und die ihn mit großer Mühe und viel Anstrengung auf einem Irrweg wegbrächten, der finster und neblig wäre und wo unreine

Tropfen auf den Schatz fielen und ihn beschmutzten und ihn rostig und fleckig machten. Käme dann ein ehrenhafter, wackerer Mann und spräche: „Folge mir! Wende dein Steuerruder! Ich will dich führen und auf einen köstlichen Weg bringen, wo das Wetter heiter, klar und schön ist, ruhig und hell, wo die Sonne scheint und dir deinen Schatz schön und trocken machen wird, wo der Rost verschwindet und du dich nicht so sehr abmühen mußt wie jetzt inmitten dieser Wogen!" wer antwortete nicht: „Gerne!" So ist es mit dem Menschen bestellt, der einen solch teuren Schatz über das wilde Meer dieser schrecklichen Welt geleiten muß.

Das Schiff, in dem wir fahren, ist unsere Sinnestätigkeit. Auf diesem Schiff fahren wir weit voran gemäß unserer Anmaßung und Wirksamkeit und arbeiten stets nach unserem eigenen Vorhaben; so fahren wir in finsteren Nebel hinein, das ist wahrhafte Verblendung und mangelnde Selbsterkenntnis. Auf diesem Weg läßt der böse Feind unreine und schädliche Tropfen in uns fallen, die unseren Schatz beschmutzen: das Behagen an unserer eigenen Wirksamkeit und anderer Art Hoffart mehr, Eigenwilligkeit, Selbstzufriedenheit, Ungelassenheit, Schwermut, Mißgunst und manch andere unreine Tropfen, die der Feind in uns fallen läßt, womit er uns unseren edlen Schatz befleckt.

Wird der Mensch dieser Tropfen in ihm gewahr, so will er alles durch die Beichte in Ordnung bringen und gerät durch Laufen und Suchen da draußen noch mehr in den Nebel. Kehrtet ihr euch zu euch selber, erkenntet ihr eure Schwächen, klagtet ihr sie Gott und bekenntet ihr ihm eure Schuld, dann wäre alles gut: dafür wollte ich meinen Kopf lassen.

Dann kommt der Heilige Geist: „Wolltest du mir glauben, du lieber Mensch, und mir folgen, ich führte und geleitete dich auf einem sicheren Weg." Wer wollte einem solch guten, getreuen Rat nicht Glauben schenken und ihm nicht folgen? Wäre der Mensch so beglückt und weise, daß er sich (diesem Ruf) überließe und dem Geist Gottes folgte, seinen Weisungen, seinen Mahnungen, seinem Antrieb sich fügte, das wäre ein köstliches Ding! Aber leider tut das der arme Mensch nicht und bleibt bei seinen äußeren Vorhaben, bei seinen äußeren, sinnlich faßbaren

Weisen (der Heiligung), die er sich nach eigenem Gutdünken zurechtgelegt hat.

Versteht das nun nicht so, als ob man gute Vorsätze und Gewohnheiten guter innerlicher Übung nicht haben solle. Aber man soll nicht an ihnen hängen, sondern in ihnen auf den allerliebsten Willen Gottes warten, auf sein Wirken in aller Gelassenheit, und Gottes Tätigkeit nicht zunichte machen in vermessener Selbstgefälligkeit.

Mit denen, die bei ihrer vernunftgemäßen Verstandeskraft beharren, steht es so wie mit einem Obstgarten voll fruchtbeschwerter Bäume. Die Äpfel fielen noch unausgereift ab und würden alle wurmstichig. In dem gleichen Garten wüchse aber gutes Kraut, das dahinwelkte. Dann kämen die unreinen Würmer aus den wurmstichigen Äpfeln und fielen über das gute Kraut her und fräßen Löcher hinein. Die Äpfel aber, die da am Boden liegen, sehen so frisch und schön aus wie die guten, ehe man sie anrührt, aufhebt und in die Hand nimmt.

Jeder sehe also zu, daß sein Grund nur Gott sei, ganz lauter; anders wird nichts daraus. Unter jenen Früchten fände man, glaube ich, kaum zwei wirklich gute Äpfel, die nicht wurmstichig wären; wie schön sie auch von außen anzuschauen sind, innen sind sie voller Löcher. Ebenso ist es mit gar vielen guten Übungen (der Frömmigkeit) bestellt. Es gibt da solche von großem und hohem Aussehen und wunderbarer Lebensführung an hohen Worten und Werken. Und doch ist das alles in dem Grunde wurmstichig oder kann es noch werden; davon ist weder tätiges Leben noch Beschauung, noch Jubel, auch nicht Betrachtung (ausgenommen), nicht daß man bis zum dritten Himmel entrückt werde, wie das dem edlen Paulus geschehen ist, der sagte, er habe die Nackenschläge der Versuchung erfahren, um sich nicht selbst falsch einzuschätzen und in der Höhe der (ihm erwiesenen) Gnade zu irren: all das und auch das große Voraussagen und Zeichen, Krankenheilungen, Durchschauung der innersten Geheimnisse (eines Menschenherzens), Unterscheidung der Geister, Blick in die Zukunft, kurz gesagt: alle Lebensführung, alles kann wurmstichig werden, wenn der Mensch nicht auf seiner Hut ist.

Besprechen wir jetzt das unterste und gröbste. Die Leute geben Almosen, tun große Werke oder Dienste der Liebe, geben große Gaben: und ist ihnen (doch gar) nicht gleichgültig, ob die Menschen es wissen oder erfahren und vernehmen oder niemand anders als Gott allein; solche Gaben, solche Dienste, das merket, sind wurmstichig. Da geben die Leute Almosen und wollen, daß andere darum wissen, damit diese für sie beten. Oder sie stiften Kirchenfenster, Altäre und Priesterkleidungen und wollen, daß die Menschen das erfahren; sie lassen ihr Wappen darauf anbringen, daß jedermann den Stifter erfahre. Wisset: sie haben ihren Lohn bereits empfangen.

Sie entschuldigen sich (damit), daß sie wollen, man bete für sie. In Wahrheit, freilich, wäre ihnen ein kleines Almosen, verborgen im Schoß Gottes, ihm allein bekannt, nützlicher, als daß sie eine große Kirche bauten mit Wissen aller Leute und daß diese alle für sie beteten. Gewiß, Gott würde ihnen wohl das geben, was alle Leute mit ihrem Gebet für sie (bei ihm) gewönnen, wenn sie ihm (nur) ihre guten Werke überließen und Vertrauen zu ihm hätten. Denn die Almosen, die aus einem Gott ergebenen Herzen kommen und nichts als Gott im Sinn haben, bitten mehr durch sich selbst, als alle Menschen, die (von jenen Almosen) wissen, es könnten. Und so gibt es gar manche Menschen, die all ihr Werk verdorben und zerstört haben, so daß sie all ihr Lebtage wenig (gute) Werke getan haben; sei es Dienst Gottes oder der Menschen, Gebet, Wachen, Fasten oder Almosen, immer haben sie ihren Nutzen dabei im Auge, sei es von seiten Gottes oder der Menschen; immer wollen sie die Gewißheit eines Entgeltes haben, irgend etwas des Ihren von ihrem guten Werk davontragen, Anerkennung, Belohnung, Gunst, Gegendienst, Sicherheit, (kurz) irgendeinen eigenen Nutzen.

Alle solche Werke sind wurmstichig, und reichten sie über die ganze Welt. Das faßt nicht als meine eigene Meinung auf; ich verweise euch an den Mund der Wahrheit. Er sagt dergleichen gar oft (in der Heiligen Schrift) und bekräftigt dies im Evangelium des heiligen Matthäus, wo er spricht: „Macht es nicht wie die Heuchler, die ihr Fasten zur Schau tragen; sie haben ihren Lohn dahin. Verbirg dein Fasten" — und ein gleiches gilt von allen deinen guten Werken —, „und dein Vater, der ins Verborgene sieht, wird dir vergelten." Und anderswo heißt es: „Habt acht, daß ihr eure Gerechtigkeit nicht vor den Menschen übt, um von ihnen gesehen zu werden; sonst habt ihr keinen Lohn von eurem Vater im Himmel zu erwarten. Und posaune (deine guten Werke) nicht aus" — das bedeutet die Wappen, mit denen ihr eure frommen Stiftungen ziert —, „wie die Gleisner tun. Wahrlich, ich sage euch, sie haben ihren Lohn (bereits) empfangen. Wenn du Almosen gibst, so wisse deine linke Hand nicht, was deine rechte tut, damit dein Vater, der ins Verborgene sieht, es wisse und dich belohne." Und anderswo heißt es: „Wenn du betest, geh in deine Kammer, schließ die Tür hinter dir zu, und im verborgenen sprich zu deinem Vater." Ihr Lieben! Haltet euch an Gottes Wort und nicht an das meine! Und jeder sehe zu, welche Frucht er bei Gott finden könne für Werke, die nicht allein für euren Vater im Himmel getan wurden, und ob sie nicht wurmstichig sind.

Vier Stücke gibt es zu beachten. Wer dies täte, der wäre gegen den Wurmfraß wohl gesichert, daß er dem nimmer verfiele.

Das erste wäre, daß der Mensch entschlossen sei, von seinen Werken nichts für sich zu erhalten, sondern sie innen und außen täte im ausschließlichen Hinblick auf Gott und daß er ihn allein liebe und im Sinn habe. Sind diese Werke Gott lieb und wert, so mag er sich dessen freuen; sind sie das nicht, so sind sie gewißlich verloren, weil er sie nicht Gott zuliebe und zum Lobe getan hat[1].

Das zweite Stück besteht darin, daß der Mensch sich Gott und allen Menschen unterordne in grenzenlosem Gehorsam und tiefer Demut, die er vor den geringsten wie vor den höchsten zeigen soll. So tat der große, ehrwürdige Meister Thomas, der, ohne zu zögern und ohne ein Wort zu sagen, eine Laterne in der Hand, einen scheltenden Bruder in die Stadt begleitete, wo er wohnte, und ihm in aller Demut folgte. So soll der Mensch sich jeglichem unterwerfen in dem Gedanken, daß alle Menschen

[1] Corins Vorschlag, Sermons II, 277 und Anm. 1 zu Vetter 187,7 darf angesichts der verdorbenen Stelle in den Texten als befriedigende Lösung gelten.

mehr im Recht seien als er, und niemandem und auf keine Weise Widerstand leisten und jeden recht haben lassen, denn er soll denken im Grunde, daß alle Menschen mehr im Recht seien als er.

An dritter Stelle soll der Mensch eine tiefe Demut besitzen und sich halten an das, was ihm eigen ist, das heißt an sein Nichts. Was an anderem noch in ihm ist, das ist in keiner Weise sein eigen. Er soll all seine Tätigkeit und all seine Werke, soweit sie von ihm sind, für böse halten und sich selbst auch. So stand (einst) ein heiliger Mitbruder, durch den Gott manche Zeichen und große Wunder getan hatte infolge seines gottseligen Lebens, in unserem Chor und sprach aus dem Grunde seines Herzens zu mir: „Wisse, daß ich der allerböseste und gröbste Sünder bin, der in der ganzen Welt lebt."

Diese Meinung soll der Mensch von sich haben vom Grunde seines Herzens aus. Denn hätte Gott dem schlimmsten Sünder soviel und so mancherlei Gutes erwiesen, als er dir getan hat, so wäre der wohl ein großer Heiliger geworden. Und die auf diesem wahren, sicheren Grunde stehen, die brächten es nicht fertig, einen Menschen in irgendeiner Weise, deren sie fähig wären, zu verurteilen. Und wäre (was ein anderer Mensch tut) auch durch und durch böse, sie schauten sogleich auf ihre eigene Schwäche, und (in diesem Gedanken) würden sie auf eines anderen Menschen Verurteilung verzichten.

Das vierte Stück besteht darin, daß der Mensch sich allzeit demütig verhalte und in Furcht vor den verborgenen Urteilen Gottes, nicht so wie die, denen es an Vertrauen gebricht, sondern wie ein wahrhaft liebender Freund, den stets die Furcht bewegt, sein lieber Freund könne ihm zürnen. — Diese vier Punkte sind vom heiligen Bernhard aufgestellt, einem Heiligen voller Liebe, und wisset: wer in Wahrheit sich nicht auf diesen Boden stellt, könnte so viele gute Werke tun als alle Menschen zusammen: sie würden alle wurmstichig.

Meine Lieben, wisset, wie es sich damit verhält. Im Garten der heiligen Kirche gibt es viele köstliche, fruchttragende Bäume, das heißt viele gute, demütige Menschen: diese allein tragen Frucht und sonst niemand. Aber zwischen den guten Bäumen sind solche, die wurmstichiges Obst tragen. Ihr Obst oder ihre

Äpfel sind von Aussehen (zwar) üppig und schön, vielleicht üppiger und schöner als das Obst der guten Bäume. Und solange das Wetter still und milde ist, bleiben sie hängen. Kommen aber Unwetter, Wind und Sturm, so fallen alle diese Früchte ab, und da sieht man (denn), daß sie voller Würmer und zu nichts gut sind, und dazu verderben und beschmutzen ihre Würmer auch noch das gute Gemüse, das im Garten wächst.

Die Bäume, die diese schlechten Früchte tragen, das sind die selbstsüchtigen, ungelassenen, ungezügelten Menschen, die sich auf ihre großen guten Werke stützen; sie tun auch mehr und stehen daher in besserem Ansehen als die gerechten Menschen. Sie beharren bei ihren absonderlichen Weisen, die die heilige Kirche nicht eingeführt hat; sie verlassen sich auf ihre Frömmigkeitsübungen, ihr gutes Verständnis, auf ihre Werke und ihr großes Ansehen.

Meine Lieben! Solange gut Wetter ist und sie ihren Frieden haben und die Sonne ihnen scheint in ihrer Lebensführung und in ihrer Selbstgefälligkeit, so lange erscheint ihr Tun schön und besser als das anderer guter und gerechter Leute. Kommen aber Wind und Wetter über sie, das heißt schreckliche Versuchungen und Anfechtungen ihres Glaubens, wie man dies auch zu unserer Zeit erleben kann, oder andere heftige Erschütterungen, dann fallen sie gänzlich ab und sind in ihrem Grunde durchaus wurmstichig, so daß ihrer keiner etwas taugt; die Würmer aber, die in ihnen sind, schlüpfen heraus und beschmutzen das gute Kraut, das heißt, sie verderben arme, unwissende, schlichte Leute mit ihrer falschen Freiheit und ihren Lehren.

Ach, ihr Lieben, welche Angst, welchen Jammer wird man dann in der Stunde ihres Todes erleben, wenn Gott nicht seinem Sein nach, sondern nur als erdichtetes Ding in ihrem Grunde gefunden wird. Wird (auch nur) einer von diesen (Menschen) gerettet, so hat er großes Glück!

Diese Leute sind den weiten, breiten Weg gewandelt, heimlich, in Befolgung ihrer eigenen natürlichen Antriebe und ihrer Neigungen. Aber den engen Pfad wahrer, unergründlicher Gelassenheit, den haben sie nie betreten, denn sie wollten sich nie von Grund aus lassen und der (eigenen) Natur entsagen. Zu-

weilen streifen sie den schmalen, engen Pfad, aber gleich schwen
ken sie wieder auf den breiten Weg der Natur ein.

Wir kehren jetzt wieder zu unserem Gegenstand zurück, der
wir über den wurmstichigen Leuten (doch) nicht allzusehr ver
gessen haben. Die Menschen, die von Gottes Geist angetrieben
werden, das sind Gottes liebste Kinder. Das sind die, denen
stets daran liegt, den allerliebsten Willen Gottes zu befolgen
und seinen Einsprechungen und seinen Mahnungen genugzutun.

Diese werden zuweilen auf einen gar wüsten und beschwer
lichen Weg gewiesen, auf dem sie sich voranwagen müssen. Wag
ten sie kühn diesen Weg zu betreten im Geist, im Glauben und
voll Vertrauen, wahrlich, daraus entstünde ein edel Ding! Kehr
ten sie sich nur in sich selber und achteten auf Gottes Wirken
in sich: da sähen sie wunderbare Werke, die Gott in ihnen
wirkte, Werke, die alle Sinne, alle Natur, allen Verstand über
träfen. Und ließe ein Mensch ein gutes Jahr verstreichen und
täte nichts anderes, als Gottes Wirken in sich zu betrachten: dann
wäre kein Jahr von ihm je so gut genutzt worden. Und hätte
er während dieser Zeit nie ein anderes gutes Werk verrichtet,
gleich welcher Art, und es würde ihm zu Ende eines Jahres ein
einziger Blick gewährt in das verborgene Wirken Gottes in
seinem Grunde, ja und würde ihm dieser Blick sogar *nicht*
gewährt: selbst *dann* hätte dieser Mensch dieses Jahr besser
genutzt als alle die, welche aus ihrer eigenen Wirksamkeit große
Werke getan hätten. Denn mit Gott kann man sich in nichts
versäumen; und dieses Werk ist Gottes Werk und nicht des
Menschen.

Nun ist kein Zweifel: Gott ist bei weitem edler als ein
Geschöpf. So steht auch sein Werk hoch über allen Geschöpfen.
Jenem Menschen fällt alle äußere Wirksamkeit ab; doch hat er
noch immer genug des inneren Werkes zu tun. Da wird er
Friede und ganze Sicherheit finden. Das wollen die Leute nicht
glauben und machen mir mit ihren Einwänden den Kopf warm.
Wisset: „Alle Pflanzen, die unser himmlischer Herr nicht ge
pflanzt hat, werden mit der Wurzel ausgerissen werden.“

Aber mit welcher Liebe, glaubt ihr wohl, würde Gott den
Menschen lieben, der ihm in seinem Herzen einen Platz bereitete

damit er dort sein edles, köstliches Werk vollenden und sich seiner selbst erfreuen könnte? Welche Liebe ist so groß und überragend? Das überschreitet alle menschliche Erkenntniskraft, ja, weit auch die der Engel, denn (hier) wird der Mensch mit der Liebe geliebt, mit der der himmlische Vater seinen eingeborenen Sohn umfaßt. Der Stand, in den der Mensch hier versetzt wird, führt in einen Abgrund.

Timotheus war einer jener Menschen, der Gott in sich wirken ließ und diesem Wirken entsprach. Die Schüler des heiligen Dionysius wunderten sich, wie er so gewaltige Fortschritte vor ihnen allen machte; sie übten ebenso viele gute Werke wie er, und (doch) überragte er sie alle und schritt ihnen weit voraus. Der Meister sagte, das komme daher, daß er Gott in sich wirken lasse.

Das alles vollzieht sich in den Grenzen des lebendigen Glaubens und geht unaussprechlich hoch über all das hinaus, was alle Welt außerhalb dieses Glaubens wirkt. Für dieses höhere Leben muß sich der Mensch vor allem tief in den Grund seines eigenen Nichts sinken lassen, derart, daß er sich nichts, aber auch gar nichts von Gottes Werk zuschreibe, daß er Gott das Seine lasse und er das Seine behalte: das (aber) ist sein Nichts. Denn wollte der Mensch sich dessen etwas anmaßen, so wäre das der bedenklichste Sturz von allen.

Gebe uns Gott, der liebreiche, daß wir uns seinem Wirken gegenüber edel verhalten; dazu helfe uns der, welcher es allein uns geben und (in uns) wirken kann. AMEN.

Cum appropinquaret Jhesus Jerusalem videns civitatem flevit super illam
Als Jesus sich Jerusalem näherte und die Stadt (vor sich liegen) sah, weinte
er über sie (Luk. 9, 41)

46

Diese Predigt aus dem Evangelium des heiligen Lukas auf den
zehnten Sonntag nach Pfingsten[1] *spricht davon, daß unser Herr*
über Jerusalem weinte und die Käufer und Verkäufer aus dem
Tempel jagte; sie tadelt streng Weltleute und Geistliche, die
leichtsinnig dem Vergnügen nachgehen, und bedroht sie mit den
furchtbaren Strafen der ewigen Verdammnis.

ALS UNSER HERR sich Jerusalem näherte und die Stadt (vor
sich liegen) sah, weinte er über sie und sprach: „Jerusalem, wenn
du die Tage kenntest, die dir bevorstehen, so würdest auch du
weinen, denn deine Feinde werden eindringen, dich zerstören
und keinen Stein auf dem anderen lassen." Dann setzte er seinen
Weg fort, trat in den Tempel, trieb die Käufer und Verkäufer
mit Schlägen hinaus und sagte: „Mein Haus ist ein Haus des
Gebetes, ihr aber habt es zu einer Räuberhöhle gemacht."

Die Stadt, über die unser Herr geweint hat, ist vor allem die
heilige Kirche, die heilige Christenheit. Sodann hat unser Herr
über die weltlich gesinnten Menschen geweint, und in der Tat
ist hierzu aller Grund. Alle Menschen könnten und vermöchten

---

[1] Diese Angabe entstammt wie die über den Predigten stehenden Inhaltsangaben zumeist den von K. Schmidt abgeschriebenen Straßburger Hss. A 89,
A 88, A 91, bei Vetter zusammenfassend als Hs. S bezeichnet, oder auch nur
einer von ihnen. — Corin III, 283 gibt an: 2. Pred. auf den 8. Sonntag nach
Dreifaltigkeit.

nicht genug über diese weltlichen Menschen weinen; diese nämlich kennen nicht den Tag ihrer Heimsuchung, und sie wollen
ihn auch gar nicht kennen. Und wenn sie ihn kännten! Das
würde ihre Ruhe nicht stören. Auch die Einwohner von Jerusalem beunruhigte das nicht, daß der Heiland über sie weinte. Was
sind das für Leute? Alle die, welche nach Lust und Begier ihrer
äußeren Sinne leben, die bewahren Ruhe. Wenn sie des Gutes
genug haben, Herrschaft, Freunde und Verwandte, Gut und
Ehre, und wonach ihr Herz gelüstet, so haben sie Ruhe nach
Herzenslust, nach Herzens Begehr; sie haben Wonne und Freude,
als ob sie ewiglich leben sollten. Sie gehen wohl zur Beichte,
beten auch: es dünkt sie, sie seien gut daran. Sagt man ein einzig
Wort, daß es nicht gut um sie stünde, so ist das in den Wind
gesprochen. Sie ruhen sich in ihrer (Selbst)gerechtigkeit aus und
glauben sich darin vollkommen sicher.

Aber was kommt nach diesen Freuden, diesem Frieden, dieser
Sicherheit? Ihre Feinde werden über sie kommen und keinen
Stein auf dem anderen lassen. Wenn die Zeit ihrer Heimsuchung
kommt, dann, wenn Gott sie heimsuchen wird, in der Stunde
ihres Todes, dann kommt der Feind und schließt sie mit den
Gräben qualvollen Verzweifelns ein; welchen Weg sie dann auch
fliehen wollen, sie stürzen stets hinein und können nicht einen
einzigen Gedanken an Gott denken. Das ist kein Wunder: Gott
war nie in ihnen, sie haben nie auf ihn gebaut, nie ihn als
Grundfeste (ihres Lebens) betrachtet, ihm nie Aufmerksamkeit
geschenkt, sondern (nur) ihren sinnlichen, zeitlichen Freuden.
Und stürzt der Grund, das Fundament, dann stürzt auch der
Friede, der darauf gebaut war. Und daraus folgt ein qualvoller,
ewiger Unfriede, vor dem alle Menschen erbeben, nicht allein
Tränen vergießen, sondern verdorren müßten, außer sich geraten und blutige Tränen darüber weinen.

Christus hat nicht ohne triftigen Grund geweint; es war und
ist Grund, zu weinen, zu klagen, daß sie ihren Zustand nicht
erkennen, wie Christus sprach: „Erkenntest du (was dir bevor-
steht), du weintest." Ach, welche Genugtuung, welche Ruhe! Es
steht im ersten Brief des heiligen Johannes geschrieben: „Die
ganze Welt kennt nur Befriedigung der Sinne, Lust des Leibes,

Hoffart des Lebens." Wie Gott das richten wird, wollte Gott, ihr wüßtet das und hättet eineVorstellung von diesem schrecklichenTag des Urteils, von diesem Unfrieden, auf den nie Friede folgen wird. Das hört nicht als mein Wort, sondern als das des heiligen Gregor in seiner Erläuterung (zu dieser Stelle der Heiligen Schrift).

Dann ging unser Herr weiter in den Tempel und trieb mit Schlägen alle die hinaus, die dort verkauften und kauften, und sprach: „Mein Haus soll ein Haus des Gebetes sein, ihr habt es zu einer Mördergrube gemacht." Ein Mordhaus, eine Mördergrube! Beachtet, welches der Tempel ist, der so zur Mördergrube geworden ist! Das ist Seele und Leib des Menschen, im eigentlicheren Sinn ein Tempel Gottes als alle Tempel, die je gebaut wurden, denn Sankt Paulus sprach: „Der Tempel Gottes ist heilig, und der seid ihr." Wenn unser Herr diesen Tempel besuchen will, findet er ihn zum Mordhaus und Kaufhaus geworden. Was bedeutet „kaufen" und „verkaufen"? Die Leute geben zum Beispiel Korn (das sie haben) gegen Wein, den sie nicht haben: das ist ein Kauf.

Wer sind diese Kaufleute? Das sind die, die das, was sie haben, gegen das geben, was sie nicht haben. Nun hat der Mensch nichts so sehr eigen als seinen freien Willen; mit dessen Preisgabe erkauft er die Genugtuung an zeitlichen Dingen, welcher Art sie immer seien. Sie geben ihren eigenen Willen hin und suchen Befriedigung an Speisen, an Kleidern, die sie ansammeln, an Schmuck, Gefallen an sich selbst und an den Leuten, wo immer sie können. „Wahrlich, wir müssen schließlich auch einen Liebhaber haben, ein Herz, das schadet nichts, es ist eine geistliche Liebe, wir müssen uns ergötzen, Zeitvertreib haben; darauf wollen wir nicht verzichten." Nun wisse von mir, solch einen Kauf tust du stets, wenn du deinen freien Willen hingibst; solange du in solchen Umständen bleibst, wird dir Gott immer fremder und ferner. Sankt Bernhard sprach: „Göttlicher Trost ist so zart, daß er in keiner Weise sich da findet, wo man anderen Trost empfängt." — „Aber, Herr, wir sind Ordensleute, wir gehören einem Orden an." — „Nun, tu alle Mäntel und Gewänder an, die du willst, tust du nicht das, was von Rechts wegen tun sollst, so nützt dir das alles nichts."

Ein Mann hatte ein Unrecht begangen; er trat in einen Orden, machte sein Unrecht aber nicht gut; der Teufel kam, zerriß ihn in hundert Stücke, ließ die Kutte ganz und nahm den Mann mit Leib und Seele mit sich, daß man es sah. Seid also ferner mehr auf der Hut! Wie ist doch die Welt solcher Kaufleute voll, unter Priestern und Weltleuten, Ordensleuten, Männern wie Frauen; ach, das ist ein weitläufiger Gegenstand (für einen), der das erkunden wollte, wie so voll des Eigenwillens jeglicher ist, so voll, so voll! Und gerade unter den starken Männern sind wenige, die sich Gott unterwerfen. Die es tun — und wie gering an Zahl sind sie —, sind arme Frauen; denn alles wird von der Natur beherrscht, von der Eigensucht: und damit suchen sie das Ihre in allen Dingen.

Wollten sie mit Gott einen Kauf tun und ihm ihren Willen geben, es wäre ein seliger Kauf! Was haben sie jetzt davon? Sie haben steten Unfrieden. Und doch sind sie besser daran als die (von denen wir oben sprachen), sie haben doch Leid und Schmerzen; und dadurch werden sie vor dem ewigen Tod bewahrt, was bei jenen nicht der Fall ist. Diese sind in stetem Unfrieden; denn wie die Schrift sagt, daß ein jeglicher ungeordneter Geist sich selbst eine Marter und eine Last ist, leben sie in Unruhe und wissen selbst nicht, was mit ihnen ist: und das heißt, daß ihr Tempel ein Kaufplatz ist und sie nicht davon lassen wollen. Sankt Bernhard sagt auch: „Wenn der Mensch Freunde und Verwandte verläßt, Erbe und Eigentum und die ganze Welt, hat er sich nicht selbst verlassen, so ist das nichts. Er soll seines Eigenen so frei sein, als er war, da Gott ihn schuf." Nun, der Mensch muß sich selbst genugtun: er muß essen, trinken, schlafen, sprechen, hören und dergleichen noch mehr, was alles ihm bildhafte Vorstellungen bringt.

Merke: der Mensch soll Gott gänzlich im Sinn haben, er soll ihm nachjagen, ihn in all seinem Tun suchen; und hat er das getan, so lasse er die Bilder der Dinge ganz und gar fahren und leere seinen Tempel und halte ihn rein, als wenn es nie anders gewesen wäre; dann darf er mit der Braut (im Hohenlied) sprechen: „Unser Lager ist mit Blumen geschmückt"; es ist voll himmlischer Vorstellungen und Gedanken. Wäre der Tempel

357

entleert und hättest du Käufer, Verkäufer und die Phantasien, die ihn eingenommen haben, hinausgeworfen, so könntest du ein Gotteshaus werden, nicht eher, was du auch tust; du hättest den Frieden deines Herzens und Freude, und dich störte nichts mehr (von dem), was dich jetzt stets stört, dich bedrückt und dich leiden läßt.

An anderer Stelle heißt es: Unser Herr ließ einen Propheten den Tempel von Jerusalem schauen und sprach: „Grabe durch die Mauern in den Tempel durch." Als der Prophet das getan, sprach er: „Herr, hier innen sind furchtbare Bilder zu sehen." Unser Herr antwortete: „Diese furchtbaren Bilder hat die Tochter Israel sich selbst geschaffen; die hat sie sich selber gemacht mit manchem nichtigen Bild; davon muß sie (nun) auch manche ungeordnete Traurigkeit haben." Und daran wird man den Unterschied zwischen den Erwählten und den Nichterwählten erkennen: denn die Erwählten finden in ungeordneten Dingen keine vollkommene Ruhe. Selbst wenn sie zuweilen sich selbst verlieren und ihr Wesen (als das eines Erwählten) abgestreift und alle göttlichen Dinge hinter sich geworfen haben, so haben sie doch große Furcht, großen Schmerz, den Vorwurf des Gewissens, sobald sie zu sich selber kommen: das bewirkt der Heilige Geist; wie denn geschrieben steht, daß der Heilige Geist für uns bitte mit seufzendem Flehen. Diese Leute bereuen schließlich ihr ungeordnetes Leben; sie weinen darüber, und so werden sie zuletzt gerettet: aber das dauert zuweilen recht lange. Das ist eine unermeßliche Gnade Gottes; selig der, dem Gott das gibt, daß er gemahnt und gewarnt wurde, es sei von innen oder von außen.

Aber es ist leider an dem, daß die Dinge sich ändern werden; in vielen Ländern kann man nicht mehr lehren, nicht predigen, nicht warnen. Das sage ich euch im voraus, solange ihr das Wort Gottes noch habt; denn man weiß nicht, wie lange das noch sein wird: macht es euch zunutze! Laßt das Wort zu eurer Vernunft gelangen, wo man es verstehen kann. Das edle Gotteswort wird wenig verstanden; das liegt daran, daß es in den Sinnen steckenbleibt und nicht bis ins Innere gelangt. Was trägt Schuld daran? Das kommt daher, daß der Weg versperrt ist, eingenommen, gestört durch andere Bilder, daß also das (göttliche) Wort nicht zur richtigen Stelle kommen kann, es sei denn, die Wege würden geräumt, die (gott)fremden Freuden, die Bilder der Geschöpfe ausgetrieben: sonst wird die Wahrheit nicht verstanden. Heute predigt man eine Wahrheit, morgen dieselbe, und so oft; und doch soll man dasselbe stets mit Liebe und Fleiß anhören, denn allerwege ist eine neue Wahrheit verborgen, die entdeckt werden muß und nie ganz und gar verstanden wird; die vor allem haben großen Nutzen, die mit freier Seele dahin kommen; aber viel vom Wort Gottes geht verloren und bleibt unverstanden bei denen, deren Seele noch[2] nicht frei ist; es gelangt bei ihnen in die Sinne, die Phantasie und kommt der Hindernisse wegen nicht bis an seinen wahren Platz.

Wären diese Hindernisse weg, die Kaufleute ausgetrieben, der Tempel geräumt, so würde der Mensch gänzlich ein Haus des Gebetes, ein Haus Gottes, in dem Gott wohnte: er wäre ganz und gar ein Haus des Gebetes.

Welches dieses Gebet und welches dieses Beten sei, davon ein andermal! Daß wir so die Kaufleute austreiben und von uns tun, damit unser Haus Gott genehm werde, dazu helfe uns Gott. Amen.

---

[2] Wörtlich: „die nicht frei sind"; erläuternd: „deren Seele noch nicht frei ist", oder: „die in sich noch nicht frei sind" (letzteres Hs. S).

Divisiones ministrationum sunt, idem autem spiritus
Es gibt verschiedene Ämter, der Geist aber ist der gleiche (1 Kor. 12, 6 ff.)

47

Diese Predigt auf den zehnten Sonntag (nach Dreifaltigkeit)
aus der Epistel nach dem heiligen Paulus mahnt einen jeglichen
Menschen, zu prüfen, zu welchem Dienst er von Gott berufen
sei, lehrt die Werke der Liebe zu tun, die Tugenden zu üben
und auf unseren eigenen Willen Verzicht zu leisten.

DER HEILIGE PAULUS SAGT in der heutigen Epistel: „Es
gibt verschiedene Ämter, aber der Geist ist der gleiche, der alles
zu Nutz und Frommen des Menschen wirkt." Es ist wiederum
derselbe Geist, der alles in allen Dingen wirkt. Jeder Mensch
empfängt eine Offenbarung des Geistes zu seinem Nutzen und
Gewinn. So wird einem die Kunst der Rede (zur Erklärung des
Glaubens) in demselben Geist (wie er in einem anderen wirkt)
gegeben; und der heilige Paulus nennt viele unterschiedliche
Gaben, aber in allen wirkt ein Geist, und der Apostel spricht
viel zur Bewährung des Glaubens.

Vormals wirkte der Geist Gottes in seinen Freunden große,
wunderbare Dinge zur Bewährung des Glaubens: es geschahen
große Zeichen und mannigfaltige Prophezeiungen; die Heiligen
vergossen ihr Blut und erlitten den Tod. Dessen ist nun heute
keine Not mehr; wisset aber, daß leider der wahre, lebendige
wirkliche Glaube in manchen Christen so gering ist wie bei
Heiden und Juden.

Wir betrachten jetzt das Wort des heiligen Paulus: „Es gibt

vielerart Werke und Dienste, aber in allen wirkt ein und derselbe Geist." Meine Lieben, ihr seht schon äußerlich, was ein Leib ist und wie derselbe Leib viele Glieder und Sinne besitzt, und jedes Glied hat seine besondere Aufgabe und seine besondere Tätigkeit, wie das Auge, das Ohr, der Mund, die Hand und der Fuß, und keines nimmt sich heraus, das andere sein zu wollen oder anders zu sein, wie Gott ihm zugeordnet hat. So sind auch wir alle ein Leib und Glieder untereinander, und Christus ist das Haupt dieses Leibes; und an diesem Leib sieht man einen großen Unterschied der Glieder. Das eine ist das Auge, ein anderes die Hand, ein drittes der Fuß, weitere Mund oder Ohr. Die Augen des Leibes der heiligen Christenheit sind die Lehrmeister. Das geht *euch* nichts an. Aber wir gewöhnlichen Christen sollen gut prüfen, was *unser* Anteil sei, zu dem uns der Herr gerufen und eingeladen hat, und welches die Gnade sei, die der Herr uns zugeteilt hat. Denn jeder Dienst und jede Tätigkeit, wie gering sie auch sei, sind allesamt Gnaden, und derselbe Geist wirkt sie zu Nutz und Frommen der Menschen.

Beginnen wir mit dem Geringsten: einer kann spinnen, ein anderer Schuhe machen, wieder andere verstehen sich gut auf andere solcher äußeren Dinge und sind darin geschäftig, und ein anderer kann das nicht. Und das sind alles Gnaden, die der Geist Gottes wirkt.

Wisset, wäre ich nicht Priester und lebte nicht in einem Orden, ich hielte es für ein großes Ding, Schuhe machen zu können, und ich wollte es besser machen als alles andere und wollte gerne mein Brot mit meinen Händen verdienen.

Meine Lieben! Fuß und Hand sollen nicht Auge sein wollen. Jeder soll *den* Dienst tun, zu dem ihn Gott bestellt hat, wie schlicht er auch sei; ein anderer könnte ihn vielleicht nicht tun. So soll auch jede unserer Schwestern die ihr zugewiesene Tätigkeit ausüben. Die einen können gut singen, die sollen ihre Psalmen singen[1]. Alles dies kommt von Gottes Geist. Sankt Augustinus sprach: Gott ist ein einförmiges, göttliches, einfaches Wesen und wirkt doch alle Vielfalt und alles in allen Dingen,

[1] Weitere Beispiele gibt Tauler nicht.

einer in allem, alles in einem. Es gibt keine noch so geringe Arbeit, keine noch so verachtete und bescheidene Kunstfertigkeit: auch sie kommt ganz von Gott und ist ein Erweis seiner besonderen Gnade. Und jeder soll für seinen Nächsten *das* tun, was dieser nicht ebensogut kann, und soll aus Liebe ihm Gnade um Gnade erweisen. Und wisse: welcher Mensch sich nicht übt, nichts gibt, nichts tut für seinen Nächsten, muß davon Gott strenge Rechenschaft ablegen, wie denn das Evangelium sagt, daß jeder für seine Verwaltung verantwortlich sei und von ihr Rechenschaft geben müsse: was er von Gott empfangen hat, das soll und muß ein jeglicher einem seiner Brüder wiedergeben, so gut er nur kann und wie es ihm Gott gegeben hat.

Woher kommt das nun, daß so viel geklagt wird und jeder sich über seine Arbeit beschwert, als sei sie ihm ein Hindernis (für seine Heiligung)? Ist sie ihm doch von Gott gegeben, und Gott legt niemandem ein Hindernis in den Weg. Woher doch das Schelten im Inneren so mancher Menschen? Kommt nicht die Arbeit von Gottes Geist? Und doch läßt man sie nicht gelten und erzeugt Unzufriedenheit! Wisse: nicht die Arbeit läßt dich unzufrieden werden, sondern die Unordnung, die du in deine Arbeit trägst. Tätest du deine Arbeit, wie du sie nach Recht und Billigkeit tun solltest, hättest du Gott lauter und allein im Sinn und nichts des Deinigen, liebtest oder fürchtetest du weder Gefallen noch Mißfallen und suchtest du (bei deiner Arbeit) weder (eigenen) Nutzen noch (eigene) Lust, sondern nur die Ehre Gottes und diente deine Tätigkeit Gott allein, so könnte es nie zu Tadel oder Gewissenbissen kommen. Und ein geistlicher Mensch sollte sich wahrlich dessen schämen, seine Arbeit so unordentlich und so unlauter getan zu haben, daß sie ihn nach seinen eigenen Worten beunruhigten. Denn (auf diese Weise) erfährt man, daß seine Werke nicht in Gott noch in rechter, lauterer Meinung getan waren, noch aus wahrer, lauterer Liebe zu Gott und dem Nächsten zu Nutz. Und daran, ob du zufrieden bleibst (bei deiner Arbeit) oder nicht, sollst du auch erkennen und soll erkannt werden, ob du nur im Hinblick auf Gott gearbeitet hast.

Unser Herr tadelte Martha nicht um ihrer Arbeit willen, denn die war heilig und gut, sondern weil sie (zuviel) Sorge darauf verwandte.

Der Mensch soll gute, nützliche Arbeit verrichten, wie sie ihm zufällt; die Sorge aber soll er Gott anheimstellen, und seine Arbeit gar behutsam und im stillen tun. Er soll bei sich selbst bleiben, Gott in sich hereinziehen und oft in sich schauen mit in sich selbst gekehrtem Gemüte[2], gar innig und andächtig; und immer soll er auf sich selbst achten (und auf das), was ihn zu seiner Arbeit treibt und ihn ihr geneigt macht. Auch soll der Mensch gar innerlich darauf achten, wann ihn der Geist Gottes zum Ruhen oder zum Wirken treibt, daß er jedem Antrieb folge und gemäß der Weisung des Heiligen Geistes handle: jetzt ruhen, jetzt wirken, und daß er dann seine Arbeit voll guten Willens und in Friede vornehme. Wo ein alter, schwacher, behinderter Mensch ist, dem sollte man (noch ehe er darum bittet) entgegenkommen; einer sollte dem anderen die Gelegenheit, ein Werk der Liebe zu tun, streitig machen und ein jeder des anderen Last tragen. Und tust du das nicht, sei gewiß, Gott wird dir nehmen (was du hast[3]) und es einem anderen geben, der sich seiner gut bedient; und dich wird er an Tugend leer und ledig lassen und ebenso an Gnade. Und erfährst du in deiner Arbeit eine innere Berührung, so gib auf sie in deiner Arbeit recht acht, und lerne so Gott in deine Arbeit tragen und entziehe dich nicht allsogleich jener Berührung.

So, ihr Lieben, soll man lernen, sich in Tugenden zu üben. Denn üben mußt du dich, willst du ein Meister werden. Doch erwarte nicht, daß Gott dir die Tugenden eingieße ohne deine Mitarbeit. Man soll nie glauben, daß Vater, Sohn und Heiliger Geist in einen Menschen einströmen, der sich der Tugendübung nicht befleißigt. Man soll von solchen Tugenden auch nichts halten, solange der Mensch sie nicht durch innere oder äußere Übung erlangt hat.

Ein wackerer Mann war gerade beim Dreschen seines Korns, als er in Verzückung geriet. Hätte sein Engel nicht den Dresch-

---

[2] Beispiel für das „Niederbeugen des Gemütes in den Grund". Vgl. Wyser, a. a. O. S. 234.

[3] Zweckmäßige Einfügung nach Corin, Sermons, S. 295 zu Vetter 179, 5.

flegel gehalten, er hätte sich selbst geschlagen. Ihr freilich möchtet am liebsten (von jeder Arbeit) frei sein (um der Betrachtung willen, wie ihr sagt)[4]. Das sieht sehr nach Faulheit aus: ein jedes will Auge sein; alle wollen betrachten und nicht arbeiten.

Ich kenne einen der allerhöchsten Freunde Gottes: der ist all seine Tage ein Ackersmann gewesen, mehr denn vierzig Jahre, und ist es heute noch. Der fragte einst unseren Herrn, ob er seine Arbeit drangeben und zur Kirche gehen solle. Da sprach dieser: Nein, das solle er nicht tun; er solle im Schweiß seines Angesichtes sein Brot gewinnen, zu Ehren des kostbaren Blutes des Herrn. Der Mensch soll sich bei Tag oder in der Nacht eine Zeitspanne nehmen, in der er sich in seinen Grund senken kann, jeder nach seiner Weise. Die edlen Menschen, die in Lauterkeit ohne Bilder und Formen sich in Gott versenken können, mögen es auf ihre Weise tun. Die anderen mögen, ein jeder auf seine Art, eine gute Stunde auf diese Übung verwenden, denn wir können nicht alle Auge sein (nicht alle der Beschauung obliegen).

Dann sollen sie sich *der* Tugendübungen befleißigen, wie Gott sie ihnen bestimmt hat, und dies in großer Liebe, in Frieden und Güte, gemäß dem Willen Gottes. Wer Gott dient nach Gottes Willen, dem wird Gott antworten nach des Menschen Willen. Wer aber Gott dient nach seinem eigenen, menschlichen Willen, dem wird Gott nicht antworten nach des Menschen, sondern nach seinem, nach Gottes Willen.

Von diesem Verzicht auf den eigenen Willen entsteht und geht aus wesentlicher Friede, der aus der Tugendübung erworben wird. Seid dessen gewiß: jeder Friede, der nicht aus der Übung der Tugend kommt, ist trügerisch; der will im Innern und Äußeren geübt werden; der Frieden, der von innen kommt, den kann euch niemand nehmen.

Da kommen nun die eingebildeten Leute mit ihrer dünkelhaften Art: es sollte (sagen sie) dies so oder so sein; und sie wollen einen jeden nach ihrem Kopf beurteilen, nach ihren Sinnen, auf ihre Weise. Vierzig Jahre haben sie in geistlichem

---

[4] Die Einfügung in der Klammer zu Vetter 179,18 nach Corin, Sermons II, 296 und Anm. 2 dient der Verdeutlichung der knappen Ausdrucksweise Taulers.

Gewand gelebt und wissen heute noch nicht, woran sie sind. Die sind viel kühner als ich. Ich bin zum Lehren bestimmt; aber wenn ich diese Leute höre, frage ich, wie ihnen sei und wie sie dazu gekommen sind. Doch selbst dann wage ich kein Urteil über sie und wende mich an unsern Herrn; und erhalte ich es nicht von ihm, so sage ich: „Liebe Leute, wendet euch selbst an unseren Herrn; er wird es euch geben." Ihr aber wollt einem jeden seinen Platz anweisen und jeden nach euerer Art und eurem Gutdünken beurteilen.

Da kommen denn die Würmer und fressen das gute Kräutlein auf, das in Gottes Garten wachsen sollte. Jene sagen dann: „Das pflegten wir *so* nicht zu machen; das ist eine neue Art und sieht nach Neuerung aus." Und sie vergessen dabei, daß ihnen die verborgenen Wege Gottes unbekannt sind. Ach, was Wunders wird man sehen hernach bei denen, die sich jetzt in Sicherheit wiegen!

Sankt Paulus sagt: „Der Geist wirkt und verleiht die Gabe der Unterscheidung der Geister. Wer, glaubt ihr wohl, seien die Leute, denen Gott diese Gabe verleiht? Wisset: die Leute, denen diese zuteil wird, die sind durch und durch geübt auf jegliche Weise, derart, daß es ihnen durch Fleisch und Blut gegangen ist; sie haben die schrecklichsten und schwersten Versuchungen ausgehalten, der böse Feind ist durch sie gefahren und sie hinwiederum durch ihn; und so ging diese (ihre) Übung (ihnen) durch Mark und Bein. Diese Leute besitzen die Gabe der Unterscheidung der Geister. Wenn sie sich dieser Gabe bedienen wollen und sie die Leute anschauen, so erkennen sie sogleich, ob ihr Geist von Gott ist oder nicht, welches für sie die nächsten Wege (zur Heiligung) sind und was sie am Voranschreiten hindert.

Ach, wie bringen wir uns selbst in so schädlicher Weise um die edle, höchste Wahrheit, und das um so nichtiger Dinge willen. Und immer und ewig sind wir dann jener höchsten Wahrheit beraubt, solange Gottes Ewigkeit währt. Was wir jetzt versäumen, das wird uns nie mehr zuteil.

Daß wir alle in Wahrheit Dienst und Arbeit, die Gottes Geist uns gegeben und gelehrt hat, so verrichten, ein jeder wie Gottes Geist es ihm eingegeben hat, dazu helfe uns Gott. AMEN.

Duo homines ascenderunt, ut orarent
Zwei Menschen gingen zum Tempel hinauf, um zu beten (Luk. 18, 10)

48

Diese Predigt erläutert das Evangelium nach dem heiligen Lukas auf den elften Sonntag (nach Dreifaltigkeit), das die Parabel vom Pharisäer und vom Zöllner enthält. Es hält uns unsere Schwäche und unser Unvermögen vor Augen und gibt allen Ordensleuten eine gute Anweisung für die Art, wie ein jeglicher Konvent sich verhalten soll (Straßburger Hs.).

Zwei Menschen stiegen zum Tempel hinauf, um zu beten; der eine war ein Pharisäer, der andere ein Zöllner.

Diese zwei gingen zum Tempel hinauf. Dieser Tempel bedeutet den so liebenswerten inneren Grund der Seele, darin die heilige Dreifaltigkeit in so liebreicher Weise wohnt und in so erhabener Weise wirkt; in den sie all ihren Schatz so freigebig hineingelegt, wo sie ihr Spiel und ihre Freude hat und worin sie ihr edles Bild und Gleichnis genießt. Von der Erhabenheit und der hohen Würde dieses Tempels genug zu sagen — das ist unmöglich. Dorthin soll man zum Gebet gehen. Und es müssen zwei Menschen sein, die hinaufsteigen, daß heißt, die sich über alle Dinge und über sich selbst erheben und sich nach innen wenden. Es müssen zwei sein, der äußere Mensch und der innere, wenn dieses Gebet recht geschehen soll. Was (nämlich) der äußere Mensch ohne den inneren betet, das taugt wenig, ja wohl gar nichts.

Meine lieben Schwestern, um auf dem Weg zu diesem rechten

und wahren Gebet voranzukommen, gibt es keine größere noch nützlichere Hilfe als den heiligen, ehrwürdigen Leib unseres Herrn Jesus Christus; ihn soll der Mensch zu angemessener Zeit empfangen, und sich dadurch ganz erneuern und wiedergeboren werden. Meine Lieben! Ihr müßt ganz besonders dankbar dafür sein, daß diese große Gnade (des heiligen Abendmahles) euch jetzt häufiger zuteil werden kann als früher, und ihr solltet sie euch mehr zunutze machen als alle andere Hilfe; denn die (menschliche) Natur ist heute so schwach und so geneigt, in eine Fülle von Gebrechen und Sünden zu fallen, daß der Mensch gar sehr großer Hilfe und festen Haltes bedarf, um sich wieder aufzurichten und zu stützen, und eine solche Hilfe ist diese göttliche Nahrung vor allen Dingen.

Einer der beiden Menschen (die zum Tempel hinaufgingen) war ein Pharisäer: das Evangelium erzählt uns, wie es mit diesem zuging; der andere war ein Zöllner: der blieb von ferne stehen, wagte die Augen nicht zum Himmel zu erheben und sprach: „Herr, sei mir Sünder gnädig!" Dessen Gebet fand Gehör[1]. Ich wollte, ich könnte mich in Wahrheit ebenso verhalten wie dieser und allezeit in mein Nichts schauen: das wäre der edelste und nützlichste Weg, den man je einschlagen könnte. Dieser Weg führt Gott in den Menschen hinein, ohne Unterlaß und unmittelbar; denn wohin Gott mit seiner Barmherzigkeit kommt, dahin kommt er mit seinem ganzen Sein und mit sich selbst.

Nun findet sich dieses Zöllners Weise in manchen Leuten: im Bewußtsein ihrer Sünden wollen sie Gott und dieses heilige Mahl fliehen und sagen, sie getrauten sich nicht (zum Tisch des Herrn zu gehen). Nein, liebe Schwestern, um so lieber sollt ihr dorthin gehen, damit ihr eurer Sünde ledig werdet, und sprechen: „Komm, Herr, komm bald, daß meine Seele in ihren Sünden nicht zugrunde gehe; es ist not, daß du schnell kommst, ehe sie ganz sterbe." Wisset, wahrlich: fände ich irgendwo einen Menschen in der rechten Geisteshaltung jenes Zöllners, der sich in Wahrheit für sündig hielte, wenn er in diesem demütigen

---

[1] Wörtlich zu Vetter 267,6: „Dem erging es selig"; so übersetzen Lehmann, Naumann, Oehl.

Gefühl gerne gut sein wollte und Ehrfurcht (vor dem heiligen Sakrament) besäße, nach dem liebsten Willen Gottes leben und sich von der Anhänglichkeit an die Geschöpfe, sosehr er nur könnte, freimachen wollte — so würde ich diesem Menschen mit gutem Gewissen und ohne Zaudern den heiligen Leib unseres Herrn ein über den anderen Tag geben und wollte solch Vorgehen aus der ganzen Heiligen Schrift rechtfertigen. Als wir zur Taufe gebracht wurden und uns Gott verbanden, da erwarben wir uns ein Recht auf dieses heilige Sakrament. Dieses Recht können uns alle Geschöpfe nicht nehmen, wir täten es denn selber.

Meine lieben Schwestern! (Um zum Tisch des Herrn zu gehen,) bedarf es keiner großen fühlbaren Andacht und keiner großen äußeren Werke; es genügt, daß man ohne Todsünde sei, den Wunsch habe, gut zu sein, eine demütige Ehrfurcht (vor dem heiligen Sakrament) besitze, sich dessen unwürdig bekenne und seine Bedürftigkeit erkenne. Damit ist es genug; aber das ist auch notwendig und nutzbringend. Will der Mensch daran festhalten, daß er ohne schwere Sünde und ohne schweren Fall bleibt, so ist es für ihn sehr notwendig, mit dieser edlen, starken Speise genährt zu werden; sie zieht ihn voran bis auf den Gipfel eines göttlichen Lebens. Und darum sollt ihr euch nicht leichthin dem heiligen Mahle entziehen, weil ihr wißt, daß ihr gesündigt habt; sondern im Gegenteile euch um so mehr befleißigen, zum Tisch des Herrn zu gehen; denn von dort kommt euch, dort ist niedergelegt und verborgen alle Kraft, alle Heiligkeit, alle Hilfe, jeglicher Trost.

Aber verurteilt nicht die, welche es nicht tun, ebenso wie die anderen euch, die ihr es tut, nicht verurteilen sollen. Denn der heilige Augustinus sagt: „Man soll keinen Menschen verurteilen um irgendeines Dinges willen, das er tut, es sei denn, die heilige Kirche habe ihn verurteilt, geistlich und weltlich." Sofern ein Mensch in seinem inneren und äußeren Leben ein frevles, hoffärtiges Wesen zeigte und sich den Dingen, die ihm den Zugang zum Tisch des Herrn wehrten, den Geschöpfen, mit vollem, freiem Willen überließe: wollen wir das Urteil darüber, ob sie würdig dieses heilige Mahl empfangen können, ihren Oberen

368

überlassen; sie mögen zusehen, ob sie es jemals ohne Gefahr tun (können).

Dies alles sollt ihr, meine Lieben, nicht beurteilen, damit ihr nicht diesem Pharisäer gleich werdet, der sich (selbst) erhöhte und den verurteilte, der hinter ihm stand. Hütet euch davor wie vor dem ewigen Verlust eurer Seelen, und fürchtet euch nicht, falls man euch eure Gebrechen mit Strenge vorhält; aber hütet euch vor der gefährlichen Sünde eines solchen Urteils.

Früher, als ich die frommen Brüder betrachtete, die die Gesetze des Ordens mit (äußerster) Strenge hielten, hätte ich gerne getan wie sie. Das aber wollte unser lieber Herr nicht: ich mußte mich als zu schwach bekennen; ich fürchte, ich hätte lange Zeit in pharisäisches Wohlgefallen an mir selbst fallen können. Darum, meine Lieben, fürchtet euch nicht; denn unser Herr meint es gut: er läßt oft einem Menschen guten Willens ein sichtbares Gebrechen all seine Lebtage, damit dieser Mensch dadurch vor sich selbst gedemütigt werde und auch in den Augen seiner Umgebung und so auf sein Nichts verwiesen werde. Und darum soll der Mensch nicht (dem Tisch des Herrn) fernbleiben, sondern mit Liebe zu dem heiligen Mahl gehen und sprechen: „Ach, Herr, ich bin nicht würdig, daß du unter mein Dach kommst; im Vertrauen aber auf deine unergründliche Barmherzigkeit und den reichen Schatz deines ehrwürdigen Verdienstes komme ich zu dir; mir fehlt es an Reue, Liebe und Gnade; das alles finde ich bei dir; da finde ich Tugend, Begehren und alles Gute."

Meine Lieben! Die bedenkliche Lebensweise, um deretwillen der himmlische Vater so zornig war, daß er zu Zeiten unseres heiligen Vaters Dominikus die ganze Welt vertilgen wollte und er es nur auf dessen Gebet unterließ, dieselben Unsitten und Gebrechen sind jetzt wieder überall sichtbar geworden, und wir wissen nicht, wie es uns ergehen wird. Wir hätten sehr nötig, etwas zu finden, wodurch wir die Barmherzigkeit Gottes erlangen könnten, und da gibt es nichts Besseres, als daß der Mensch alle Dinge von sich tue, hinter sich werfe und sich durch den heiligen Leib unseres Herrn voll Liebe mit Gott vereine.

Das, meine lieben, teuren Schwestern, sollt ihr immer mit allem Fleiß tun, sooft das nur möglich ist, und dies niemals mit

Bedacht versäumen[2], wollt ihr in euch den Wunsch fühlen[3], Gott lauter zu leben; und wo ihr diesen Wunsch in euch vermißt, daß euch *das* leid und zuwider sei, und ihr alle Ursachen fliehen wollt, die euch an der unbeschwerten Lauterkeit (eures Strebens) hindern, soweit ihr das könnt, und das in allen Treuen.

Meine Lieben! Und euer heiliger Orden, dem ihr angehört — spräche ich zu Weltleuten, so wollte ich ihnen (im Hinblick auf das heilige Mahl) keine solche Freiheit geben (wie euch), es wären denn besondere Menschen, von denen ich das kennte und wüßte —, der heilige Orden, in dem ihr mit mir seid und ich mit euch bin, ist eine gar ehrwürdige Einrichtung; und wir sollten alle dankbar sein, daß uns der Herr dahin eingeladen und gerufen hat aus dieser gefahrvollen Welt, damit wir nur ihm dienen, nur ihm allein leben. Diesem Ruf sollen wir in allen Treuen und in Andacht folgen.

Liebe Schwestern! Achtet gar oft auf diesen ehrenvollen Ruf, damit ihr selbst erkennt, wie ihr ihn befolgt, und es auch von anderen erkannt werde, und richtet euer Augenmerk auf die Früchte, die euch der Gang zum hochwürdigen Sakrament bringt (und die darin bestehen), daß ihr mit all eurer Kraft nach den Vorschriften dieses heiligen Ordens lebet.

Nun denke ich bei diesen Vorschriften nicht daran, daß eine alte, schwache Schwester wachen oder fasten oder äußere Werke tun solle, über ihre Kräfte; auch nicht an euer Stillschweigen zu all den Zeiten und an all den Orten, an welchen es der heilige Orden vorschreibt. Die Frucht und den Nutzen, der von der Befolgung dieser Regel kommt, kann niemand vollends erkennen und ergründen. (Ich meine) etwas anderes: die Worte, die man spricht, sollen freundlich, gütig und ruhig sein. Entfährt euch ein hartes Wort, so sollt ihr euch sogleich vor Gott und den Menschen demütig niederwerfen. Greift euch jemand mit

---

[2] Das zusätzliche „uf den grunt" — Vetter 269, 9 — bereitete den Herausgebern der Drucke wie den Übersetzern Schwierigkeiten; brauchbar erscheint sein Ersatz durch „mit sinnen" in den Drucken, dem LT, AT, KT, = „mit Bedacht".

[3] Die Lesarten — s. Corin, Wi 1, S. 113 zu Z. 2 — weichen stark voneinander ab; doch ergeben sie alle mehr oder weniger befriedigende Lesungen.

harten, verletzenden, lauten Worten an, so sollt ihr ihm nur mit gütigem, freundlichem Gesicht in ein oder zwei Worten antworten und nicht mehr.

Ihr sollt euch selbst gut beobachten, daß ihr an kein Ding euer Herz hängt in Besitz oder Gebrauch, daß ihr kein Wohlgefallen an euch selbst oder jemand anderem habt, nicht an Kleidern, Tüchern, an Kleinodien oder im Umgang mit euresgleichen. Das aber, was ihr verständiger- und ordentlicherweise braucht und soviel ihr davon braucht, es seien Kleider oder Pelze: das erlauben euch Gott und der Orden wohl. Ihr sollt wie leibliche Schwestern in großer Liebe miteinander verkehren und euch wechselseitig in Liebe und Güte einander unterwerfen, niemals eine die andere mit Härte oder Unfreundlichkeit behandeln, um keiner Sache willen, die zwischen euch kommen mag. Ihr sollt euch in den Werken der Tugend üben, in wechselseitigem Erweis, ja im Wettstreit der Liebe, darin, euch, eine der anderen, Dienste zu leisten; nicht (nur) unter Freundinnen, sondern jeder alten, schwachen Schwester; ihr sollt ihr, freudig und gütig, ihre Arbeit oder ihre Last aus den Händen nehmen und sie für sie tun oder tragen. Wenn ihr das (nur denen) tut, denen ihr zugetan seid, was kümmert Gott sich darum? Das tun ja auch die Heiden, wie unser Herr im Evangelium sagt.

Wenn man euch nun um einer guten Tat willen angreift, euch verspottet, euch schmäht, darauf sollt ihr nicht antworten noch euch rechtfertigen, noch euch beklagen. Im Chor sollt ihr um euer Stillschweigen eifrig besorgt sein, wie an allen Orten, wo Reden nicht gestattet ist, so im Schlafsaal und an vielen anderen Orten. Auch sollt ihr im Chor euch sehr ehrerbietig benehmen, denn unseres Herren Leib ist da in Wahrheit gegenwärtig; schlagt die Augen nieder; euer Herz sei gesammelt und geeint in des ewigen Königs Gegenwart und unter seinem Blick. Stünde ein junges Mädchen vor einem König und wüßte sie, daß er sie mit besonderer Aufmerksamkeit betrachtete, sie betrüge sich, wäre sie klug, mit besonderer Bescheidenheit und zeigte ihm besondere Achtung, gute Sitte und feines Verhalten. Wie sollte nicht jeder Mensch (um so mehr) nach all seinen Kräften sich gut halten, innerlich und äußerlich, vor seinem Herrn und Gott und ihr vor eurem erwählten Bräutigam, der in euer Inneres blickt und euch von außen anschaut!

Auch sollt ihr, meine lieben Schwestern, euer Stundengebet mit großer Andacht singen oder lesen und, soweit ihr vermögt, gesammelten Sinnes. Aber um der Ruhe eures Gewissens willen genügt ihr dem Gebot, wenn ihr die Worte gänzlich aussprecht, und ist euer Gedanke nicht bei euren Worten, so braucht ihr das Gebet nicht zu wiederholen; so erfüllt ihr die Vorschrift mit dem Aussprechen der Worte, sofern man nicht mit Willen etwas tue oder denke, was dem Gebet zuwider sei.

Nun lesen wir im Evangelium: „An ihren Früchten sollt ihr sie erkennen." Euer Verhalten, das sind die äußeren Früchte, an denen ihr euch selber erkennen und erkannt werden sollt; und daß man Liebe und Treue untereinander habe und Geduld und Sanftmut; zu solchem Verhalten insgesamt ist niemand zu alt oder zu schwach; das könnte ein Mensch auf seinem Lager bezeigen, so krank wie er immer auch wäre. Was die Früchte eures inneren Lebens betrifft, so erkennt ihr sie, wenn ihr euch von all dem frei haltet, dessen wahre Ursache nicht Gott ist. Zeit zu vergeuden soll euch wie ein gefährliches Gift sein.

Gerne sollt ihr euch an abgelegene Plätze oder in Einöden zurückziehen und indem ihr euch Gott überlaßt, euch mit ihm vereinen, den blühenden, liebreichen Baum des würdigen Lebens und Leidens unseres Herrn Jesus Christus ersteigen, eingehen in seine ruhmvollen Wunden und euch von da höher erheben bis zur Höhe seiner anbetungswürdigen Gottheit; dort werdet ihr ein- und ausgehen und volle Weide finden. Und bei den Früchten eines solchen Lebens werdet ihr euch der überaus edlen Gnade des hohen Sakramentes mit großem Nutzen und Fortschritt bedienen.

Und falls den Schwestern, die aus Furcht nicht so oft wie ihr zum Tisch des Herrn gehen — was auch gut ist —, eure Art nicht gefällt und wenn euch daraus Leiden entstünde, man euch harte Worte sagte, durch (lästiges) Verhalten Schmerz zufügte — es gibt ja kein gutes Werk, an das sich nicht irgendein Leid heftete —, so sollt ihr das demütig und sanftmütig ertragen. Und wenn es auch gut ist, sich vom heiligen Mahl fernzuhalten aus tiefer, versinkender Demut, so ist es dies doch unzählige Male und unbegreiflich viel mehr und bei weitem besser, wenn man zum Tisch des Herrn aus Liebe geht.

Der Kranke bedarf des Arztes und vor allem eines solchen, dessen Gegenwart Gesundheit bringt. Demütige Furcht soll euch nicht fernhalten; wenn euch (euer Gewissen) eure Fehler nachdrücklich vorhält, so ist das ein sicheres Zeichen, daß das heilige Sakrament in euch Wirkung getan hat. Wenn die Arznei die Krankheit nach außen treibt, daß sie nach auswärts schlägt, so sieht es aus, daß der Mensch genesen und seine Krankheit vergehen soll. Ebenso wenn ein Mensch seine Gebrechen vor seiner Einsicht groß und schwer erscheinen sieht und sie ihm sehr zuwider sind, so ist das ein großes und sicheres Zeichen, daß der Mensch durchaus gesund werden solle. Wenn er in sich fühlte, daß er gerne nach dem liebsten Willen Gottes lebte und recht und gut lebte, sosehr er es kann, und er (zum Tisch des Herrn geht), nicht aus törichter Kühnheit oder blinder Vermessenheit oder Eigendünkel oder aus (eitler) Prahlerei: wenn er von diesen giftigen Dingen nichts in sich findet, so darf er frei und sicher den Leib des Herrn empfangen, wenn er das Böse, das er getan, bereut; und je öfter er das tut, um so besser und nützlicher und fruchtbarer ist es (für ihn).

Und wenn nun unsere lieben Schwestern nicht gleich (nach dem Empfang) des Morgens ihre Aufmerksamkeit der Frucht und dem großen Gut, das in ihnen das heilige Mahl gewirkt hat, schenken können, vielleicht weil sie zum Chorgesang oder -gebet gehen oder mit der Gemeinschaft all das tun müssen — etwa im Speisesaal —, was Regel und Gewohnheit vorschreibt, so hat das alles keine Bedeutung: so warten sie eben damit bis nach der Mahlzeit oder bis zur Vesper oder bis nach der Komplet. Unser Herr wird auch dann (in euch) sein Werk tun. Wartet nur immer! Das heilige Sakrament wirkt stets da, wo man ihm einen Platz einräumt.

Nun, liebe Schwestern, was die alltäglichen (leichteren) Fehler und Sünden betrifft, von denen sich der Mensch in diesem Leben nicht wohl (ganz) zu befreien vermag, so dürft ihr euch nicht beunruhigen, wenn sie nicht alle gebeichtet werden; bekennet sie demütig und ernst Gott, und gebt euch vor ihm schuldig in Reue, Aufrichtigkeit und Andacht. Man soll auch den Beichtigern nicht soviel von ihrer Zeit nehmen; Sünden dieser Art gehören vor das Schuldkapitel[4]; notwendigerweise gehören in die Beichte nur die Todsünden. Die geringen Sünden werden getilgt durch (innere) Reue, das Vaterunser, durch Kniebeugungen und dergleichen mehr. Und hat ein Mensch keine Reue, so bereue er diesen Mangel. Darin (schon) besteht Reue, daß man Reue um (des Fehlens) der Reue willen habe. Und hat man kein Verlangen, so begehre man (von Gott) dieses Verlangen und liebe die Liebe zur Liebe.

Vor allem aber soll man sich in der tätigen Liebe üben; das ist über alle Maßen nützlich und fruchtbar. Das bedeutet, daß der Mensch dankbar sei für das mannigfache Gute, das Gott ihm und allen Menschen und Engeln erwiesen hat; daß er sich mit allen Kräften in die großen Liebeserweise versenke, die Gott ihm gegeben hat in jeglicher Art und in jedem seiner Werke gemeinhin und ihm besonders, und zwar durch sich selbst in all seinem Leben und Leiden. Dem stelle der Mensch seine Kleinheit und Unwürdigkeit und sein Nichts gegenüber; er fordere Himmel und Erde und alle Geschöpfe auf, ihm danken zu helfen, denn das kann er (allein) nicht (in angemessener Weise).

Und (in diesen Dank) beziehe[5] er mit ein mit einem reinen Blick die ganze Christenheit, Lebende und Tote und besonders die, für welche er beten will. Und im Namen all dieser erhebe er (seinen Sinn) in innerem liebevollem Verlangen (zu Gott), sie alle mit einem reinen Blick umfassend, und (bringe vor Gott) seine besondere Liebe zu dem Leben und Leiden unseres Herrn Jesus Christus. Dies alles geschehe mit einem einzigen Blick, wie wenn man tausend Menschen mit einem Blick übersieht. Und dieses Hinkehren des Geistes zu Gott soll man oft und oft wiederholen, (nur) einen Augenblick lang, immer wieder, und

---

[4] Nur bei Corin, Sermons II, 310 findet sich der Hinweis auf das, was Tauler offenbar hier im Sinn hat: das sog. Schuldkapitel.

[5] Vetter 273,10 und der LT: „ziehe denne", der AT, KT: „zieche": diese Lesarten dürften vor der von Wi 1 — vgl. Corin, Wi 1, S. 125, 1, dazu Lesarten und Erläuterung — den Vorzug verdienen.

mit all dem in Gott zurückfließen, mit seiner Wirksamkeit, seiner Vernunft und tätigen Liebe.

Alles aber, was man jemals (an Gutem) von Gott empfing, soll man sich nicht als sein eigen zuschreiben; sondern ihr sollt es ihm wieder darbieten, nichts davon halten, nur an euer lauteres Nichts und an eure Armut denken; und laßt euer Fragen und Disputieren, ob es Gott sei, der sich euch innerlich zeigt und darbietet; haltet euch allein an eure Kleinheit, eure Armut, euer Nichts, wie es ja der Wahrheit entspricht. Lasset Gott, was Gottes ist; bemüht euch, in euren Ursprung zurückzukehren, wie es unser Herr Jesus Christus tat; der strebte mit all seinen Kräften, den oberen und den niederen, allezeit zur Höhe. Wer ihm am allergenauesten nachfolgt, ist der Beste. Denn der Mensch kann nicht so leicht und schnell niederwärts sinken, ohne etwas von seiner Übereinstimmung mit Gott zu verlieren und an seiner Lauterkeit Schaden zu leiden.

Dann (aber) soll der Mensch in unergründlicher Demut wieder (von neuem) beginnen und nach innen blicken und sich von neuem in seinen Ursprung versenken. Und dies alles durch das Leben und Leiden unseres Herrn Jesus Christus hindurch: je getreuer er ihm nachfolgt, um so höher wird er sich erheben, um so wesenhafter, göttlicher und wahrer wird (seine Nachfolge) sein; und das alles mit Selbsterniedrigung und Vernichtung seines eigenen Selbst. Er soll tun und denken wie die kranke Frau (im Evangelium), die sprach: „Wenn ich nur den Saum seines Kleides berührte, so würde ich gewiß gesund werden." Der „Saum" oder „Rand" seines Kleides: das bedeutet das Geringste von allem, was je von seiner heiligen Menschheit ausging. „Kleid" versinnbildet die heilige Menschheit; „Saum" kann einen Tropfen seines heiligen Blutes bedeuten. Nun muß der Mensch wohl erkennen, daß er seiner Ärmlichkeit wegen nicht auch nur das Allergeringste von all diesem berühren kann; könnte er das in seiner Schwachheit tun, er würde ohne Zweifel von all seinen Krankheiten geheilt.

So muß sich denn der Mensch vor allem in sein Nichts hineinversetzen. Kommt der Mensch auf den Gipfel aller Vollkommenheit, so hat er es nötiger denn je, niederzusinken in den allertiefsten Grund und bis zu den Wurzeln der Demut. Denn wie die Höhe eines Baumes von der Tiefe der Wurzeln herrührt, so die Erhöhung des (menschlichen) Lebens von der Tiefe der Demut. Und darum ward der Zöllner, der seine gar tiefe Niedrigkeit erkannte, so daß er die Augen nicht zum Himmel zu heben wagte, in die Höhe erhoben: er ging gerechtfertigt nach Hause.

Möchten wir uns doch alle mit diesem Zöllner in Wahrheit so demütigen, daß wir gerechtfertigt werden können! Dazu helfe uns der Vater, der Sohn und der Heilige Geist. AMEN.

Bene omnia fecit: surdos fecit audire et mutos loqui
Alles hat er gut gemacht: die Tauben macht er hören und die Stummen reden
(Mark. 7, 37)

49

Diese Predigt vom gleichen zwölften Sonntag (nach Dreifaltig-keit) nach dem Evangelium des heiligen Markus zeigt uns, wie ein gottliebender Mensch, dessen Ohren durch die sieben Gaben des Heiligen Geistes geöffnet sind, sich in der Freude nicht über-hebt und im Leid nicht verzagt.

ZUM HEUTIGEN TAGE lesen wir im Evangelium, daß man, als der Herr aus einer Landschaft in eine andere ging, ihm einen Mann brachte, der von Geburt an taubstumm war. Beides tritt notwendigerweise vereint auf: wer taub geboren ist, muß auch stumm sein. Denn er besitzt kein Gehör und weiß daher nicht, was sprechen ist. Unser Herr legte seine Finger in des Taub-stummen Ohren und befeuchtete dessen Zunge mit seinem Speichel. Dann sagte er: „Ephpheta", das heißt: „Tu dich auf!" Als das Volk das Wunder sah, lief alles zusammen, und sie sprachen voller Verwunderung: „Er hat alles gut gemacht; den Tauben gibt er Gehör, den Stummen die Sprache."

Hier gilt es nun, sehr genau zu prüfen, was den Menschen taub macht. Dadurch, daß unsere Altvorderen, das erste Men-schenpaar, den Einflüsterungen des bösen Feindes ihr Ohr liehen, sind sie taub geworden und wir nach ihnen; daher können wir die liebevolle Einsprache des ewigen Wortes weder hören noch verstehen. Und doch wissen wir, daß das ewige Wort uns so un-aussprechlich nahe und in uns ist in unserem Grunde, daß wir uns selbst, unsere eigene Natur, unser Gedanke, alles, was wir nennen, sagen oder verstehen können, uns nicht so nahe, nicht so in uns ist wie das ewige Wort. Dies spricht ohne Unterlaß in den Menschen; der Mensch aber hört dies alles nicht wegen großer Taubheit, die ihn befallen hat. Wessen Schuld ist das? Ich will es euch sagen: es ist dem Menschen, ich weiß nicht was, in die Ohren gefallen und hat sie ihm verstopft, daß er das liebevolle Wort nicht hören kann. Und davon wurde sein Wesen so verdunkelt, daß er auch die Sprache verlor und sich selbst nicht mehr erkennt. Wollte er von seinem Innern sprechen, er könnte es nicht; er weiß nicht, woran er ist, und kennt seine eigene Art und Weise nicht. Das ist die Ursache. Der Feind hat ihm ins Ohr geflüstert, und dem hat er zugehört; und davon ist er stumm und taub geworden. Was hat es dann mit dem schädlichen Geflüster des Feindes auf sich? Das ist all die Unordnung, die in dich leuchtet und auf dich einspricht, sei es nun über Liebe oder Gunst der Geschöpfe oder die Welt, und was der alles anhaftet: Gut und Ehre, Freunde oder Verwandte, deine eigene Natur, und was dir die Liebe oder Gunst der Geschöpfe einträgt: von all dem flüstert er dem Menschen etwas ein, denn er ist allezeit bei ihm.

Merket: Wozu der Mensch geneigt ist, in seinem Inneren oder Äußeren, es sei Freud oder Leid, sofort mischt er sich da ein und verseucht den Menschen damit und redet es ihm ein. Und die Bilder, die der Mensch auf diese Weise erhält, fließen in die Ohren seiner Innerlichkeit, derart, daß das ewige Wort von diesem Menschen nicht mehr verstanden werden kann. Wollte nun der Mensch sogleich seine Ohren, seinen Seelengrund rasch von (solcher Versuchung) abkehren, sie wäre gar leicht zu überwinden. Aber solange der Mensch sein Ohr der Einflüsterung leiht, sie betrachtet, mit ihr (gleichsam) verhandelt, geheime Aussprache zustande kommen läßt und schwankt, ob er sich der Versuchung entziehen oder ausliefern soll, so ist er schon so gut wie besiegt, und die Versuchung ist auf einem sehr kritischen Punkt angelangt. Kehre (vielmehr) schnell und entschlossen dein Ohr von der Einflüsterung ab: und du hast die Versuchung schon fast überwunden. Das ermöglicht dir, das ewige Wort zu hören.

und befreit dich von deiner Taubheit. Von dieser werden nicht nur weltliche Leute befallen, sondern auch geistliche, die sich mit Liebe und Zuneigung den Geschöpfen zuwenden und in ihrer Macht sind. Der Teufel nimmt dies wahr und führt ihnen diese Bilder vor, wenn er sie bereit zu deren Aufnahme findet. Manche werden auch taub dadurch, daß sie ihren eigenen Vorhaben und ihren Gewohnheiten in der sinnlichen Wirklichkeit nachleben, das heißt mit Eigenwillen und äußeren Gepflogenheiten, die sie bei den Geschöpfen wahrgenommen und von diesen übernommen haben[1].

All dies gleitet in des Menschen Ohren, derart, daß das ewige Wort dadurch nicht gehört und verstanden werden kann. Wohl muß der Mensch gute innige Angewohnheiten besitzen, doch ohne Eigenwillen, Gebet oder heilige Betrachtung und dergleichen mehr, damit die Natur ermuntert, der Geist erhoben, der Mensch in sein (eigenes) Innere gezogen werde. Doch muß das ohne jeglichen Eigenwillen vor sich gehen, so daß er mehr ein inneres Hinhorchen habe auf das ewige Wort und den inneren Grund. Man darf es nicht machen wie gewisse auf ihrem Stand verharrende Menschen, die sich bis an ihren Tod an ihre äußeren Übungen halten und sich nicht bemühen voranzukommen. Will Gott in ihr Inneres sprechen, dann dringt ihnen sogleich stets etwas anderes in die Ohren, so daß sie Gottes Wort nicht vernehmen können. Meine Lieben! Solcher Hindernisse sind gar viel, und es gibt viele Leute, die auf diesem Stand beharren, daß man großen Schmerz am Ende, wenn alle Dinge offenbar werden, erblicken wird.

Freilich wird Gottes Wort in keines Menschen Ohr gesprochen, wenn er nicht Gott liebt. Die Schrift sagt: „Wenn ihr mich liebt, werdet ihr mein Wort vernehmen." Sankt Gregor sagt: „Willst du wissen, ob du Gott liebst, so achte aufmerksam darauf, wie du dich verhältst, wenn schwerer Schmerz und schweres Leiden auf dich fällt, es sei von innen oder außen, woher es immer komme; wenn deine innere Drangsal so groß ist, daß du dich weder hierher noch dorthin wenden kannst, wenn du nicht

---

[1] Unter Mitbenutzung der wörtlichen Übersetzung, die Corin, Sermons II, 315 Anm. 1 gibt.

weißt, woran du bist, und nichts mehr zu unterscheiden vermagst; wenn von außen sich ein unerwarteter Leidenssturm erhebt mit großer Bedrängnis: wenn du dann in deinem Grunde innen in Frieden und frei von Verstörtheit bleibst, derart, daß (in solcher Lage) du dich nicht zu ungestümen Worten und Handlungen, zu ungestümem Betragen verleiten läßt, dann ist kein Zweifel, daß du Gott (wirklich) liebst." Wo wirklich wahre Liebe ist, überhebt sich der Mensch bei freudigen Vorkommnissen nicht und verzagt nicht in traurigen. Man mag dir nehmen oder geben, wenn dir der geliebte Liebende bleibt, bist du in innerem Frieden. Selbst wenn der äußere Mensch klagt oder weint, muß man das wohl hingehen lassen, wenn nur der innere Mensch seinen Frieden bewahrt, ihm an Gottes Wille genügt, wenn (nur) *Gott* ihm bleibt. Findest du das nicht in dir, so bist du in Wahrheit taub, und du hast das ewige Wort nicht wirklich vernommen.

Auch an folgendem sollst du erkennen, ob du eine tätige Liebe besitzest. Fühlst du Dankbarkeit für das viele Gute, das Gott dir erwiesen hat, dir und den anderen Geschöpfen Himmels und der Erden, in seiner heiligen Menschwerdung und den verschiedenen Gaben und Gnaden, die er ohne Unterlaß aller Menschen erweist? Übst du eine allen Menschen zukommende Liebestätigkeit, nicht allein gegenüber den Deinen, sondern gegenüber allen? Es seien Ordensfrauen, Mönche oder Beginen welcher Art und Weise (ihr Leben) sei, immer sollte sich tätige Liebe zeigen. Nicht aber darfst du dich selbst lieben, dich und das Deine! Diese tätige, allen zukommende Liebe ist von unermeßlichem, wunderbarem Nutzen. Wisset, meine Lieben, der wahren geläuterten, verklärten Freunden Gottes schmilzt das Herz vor Liebe zu allen Menschen, sie seien lebendig oder tot. Und gäbe es diese Leute nicht, wir wären übel daran.

Du sollst deine Liebe auch nach außen sehen lassen, sosehr es dir möglich ist, durch Gaben, Tröstung, Hilfeleistung, (guten) Rat, ohne dich darum des Notwendigen zu berauben. Kannst du das nicht, so sollst du deine Liebe allezeit antreiben, es, falls du es könntest, gerne es tun, soweit du (nur) vermagst. An diesen Zeichen erkennt man wahrhaftig die Liebe (eines Menschen), und daß dieser Mensch nicht taub ist.

Da nun kommt unser Herr, legt seinen heiligen Finger in des Menschen Ohr und befeuchtet mit Speichel seine Zunge: und der Mensch beginnt zu reden.

Davon, ihr Lieben, wäre Wunders viel zu sagen. Wir nehmen uns hier (aber nur) die heiligen sieben Gaben des Heiligen Geistes vor, die dem Menschen (mit dem Augenblick) gegeben werden, da unser Herr seinen Finger in des tauben Menschen Ohr legt. Dies bewirkt, daß der Mensch in Wahrheit Gottes Wort hört.

Zum ersten wird ihm gegeben der Geist der (Gottes)furcht. Sie entzieht dem Menschen den Eigenwillen, lehrt ihn (die Einflüsterung des bösen Geistes)[2] zu fliehen, sich in allen Dingen (Gott) überlassen (und befreien) von aller ungeordneten Anmaßung und Selbstgefälligkeit.

An zweiter Stelle empfängt der Mensch den Geist der Sanftmut, der ihn gütig, freundlich und barmherzig sein läßt; er greift keines Menschen Tätigkeit mit selbstischem, hartem Urteil an, wird (vielmehr) verträglich.

Mit der dritten Berührung[3] gibt (Gott dem Menschen) den Geist der Wissenschaft; dadurch wird der Mensch klug, das heißt, er wird innerlich getrieben, zu erfahren, wie er in seinem Inneren gemäß dem liebsten Willen Gottes sich verhalten soll.

Die vierte Gabe ist die des göttlichen Starkmutes: der Mensch wird so stark im Herrn, daß es ihm ein leichtes und kleines ist, alle Dinge um Gottes willen zu leiden, zu tun oder zu lassen.

Zum fünften erhält der Mensch die Gabe des (guten) Rates: wer sich diesem Geist öffnet und ihm folgt, wird ein gar liebenswerter Mensch.

An sechster und siebenter Stelle vermittelt des Herrn Berührung die Gaben des Erkenntnisvermögens und der verkostenden Weisheit. Diese beiden, meine Lieben, sind so erhaben und von so überragendem Adel, daß man sie eher erfahren sollte, als davon zu sprechen.

Möchten unsere Ohren in Wahrheit aufgetan werden, daß wir das ewige Wort in uns hören könnten! Dazu helfe uns Gott. AMEN.

[2] Die Klammer zu Vetter 194, 6 dient der Verdeutlichung.

[3] Vetter, 194, 11 wörtlich „mit dem dritten Finger".

Littera occidit, spiritus autem vivificat

Der Buchstabe tötet, der Geist aber macht lebendig (2 Kor. 3, 6)

50

Diese Predigt aus dem Brief des heiligen Paulus auf den zwölf-
ten Sonntag (nach Dreifaltigkeit) lehrt, wie wir Gottes Schik-
kungen in wahrer Langmut über uns ergehen lassen sollen, seine
Gaben (ebenso) wie die Lasten (die er uns auferlegt).

„DER BUCHSTABE TÖTET, der Geist macht lebendig." Es
gibt zweierlei Wesen, zweierlei Weisen des Volkes und der
Freunde Gottes: die eine Weise war der Alte Bund, das alte
Gesetz; die andere der Neue Bund, das neue Gesetz. Das alte
Gesetz mußten alle Menschen beobachten, die gerettet werden
wollten, bis zur Geburt Christi, mit all seinen Diensten, bis der
Neue Bund kam mit seinen Gesetzen und seinem Gottesdienst.
Das alte Gesetz war ein Weg, ein ganzes Abbild des neuen, ein
jegliches seiner Stücke ist wie im Hinblick auf das neue (gestaltet)[1], und durch das alte Gesetz wird man auf das neue vorbereitet; denn jedes Ding, das empfangen soll, muß zuerst empfänglich werden. Das alte Gesetz hatte viel unerträgliche Lasten
und furchtbare Verurteilungen und strenge Beweise für Gottes
Gerechtigkeit und (nur) eine dunkle und entfernte Hoffnung
auf Erlösung; denn die Tore (des Himmels) waren (dem Menschen) ganz und gar verschlossen, daß sie mit all ihrem Leid

---

[1] Der Sinn: Jeder Vorschrift des Alten Bundes steht eine solche des Neuen
Bundes gegenüber. Vgl. Lesarten und Erläuterung hierzu bei Corin, Wi 2,
S. 265, 10.

und ihren Werken sie nicht durchschreiten konnten. Aber sie sehnten sich sehr und mußten lange und mit Schmerzen warten, bis der Neue Bund kam, das bedeutet: Friede und Freude im Heiligen Geist.

Wer in den Neuen Bund eintreten will, muß ohne Zweifel durch den Alten vorbereitet[2] sein, er muß leiden, Lasten tragen und sich unter die gewaltige Hand Gottes beugen, daß er in Geduld das Leid erträgt, innen oder außen, von wo (es) auch immer kommen mag. Liebe Schwestern! Seht euch vor, die Dinge müssen ganz anders laufen, als ihr denkt. Haltet Gottes Lehre fest; wer empfangen hat, der halte klug fest daran, solange ihr sie habt; unterwerft euch und ertraget[3] Gott(es Schickung) in jeder Art, und durch wen sie kommt.

Wollt ihr jemals zu dem Neuen Bund gelangen, so müßt ihr den Alten zuvor ertragen; fürchtet euch in der Demut eures Herzens, von wo euch auch immer Trost zuteil wird, von innen oder außen; denn man kommt mit diesem Weg nicht zum Ziel[4]; ihr müßt den Weg des Alten Bundes und keinen anderen gehen, versucht es, wie ihr wollt, es muß (so) sein. Sucht also im Sakrament in geistlicher Erleuchtung, in göttlichem Gefühl und menschlicher Hilfe nicht die Tröstung.

Ihr Lieben! Beuget den alten Menschen unter den Dienst des Alten Bundes in aller Demut und Gelassenheit und ertraget Gott in allem, was er schickt, in allen seinen Bürden. Ist doch in Wahrheit seine Bürde leicht und sein Joch sanft. Ich befehle euch vom Grunde meines Herzens in die Gefangenschaft des Kreuzes unseres Herrn Jesus Christus, auf daß dieses Kreuz in und außer euch sei, vor und hinter euch und (daß ihr) den starken Druck in unergründlicher Gelassenheit traget, wie Gott will und von Ewigkeit her gewollt hat; das Kreuz sei vor euch

---

Die Lesungen bei Vetter 395, 20 und in den Drucken, dem LT, AT, KT, geben keinen befriedigenden Sinn. Cod. Wi 2 verdient hier den Vorzug: Corin, S. 266, 6 und Lesarten.

Auch hier, 395, 25, ist Vetters Lesart nicht verwendbar. Corin, Wi 2, S. 266, zu Z. 11 hat „drait" = traget: nämlich Gottes Schickung.

Gemeint ist „der Weg der Tröstung": das geht aus den Lesarten zu der ganzen Stelle hervor; s. dieselben, Corin, Wi 2, S. 266 zu Z. 13—15.

und gebe euch Mut zukünftigen Leidens, es sei hinter euch in der Verachtung, der Verschmähung, der Verleumdung aller Menschen. Also beuget den alten Menschen unter (die Last) des Alten Bundes, bis Christus in Wahrheit in euch geboren werde im Neuen Bund, wo wahrhaft Friede und Freude ersteht. Die heiligen Patriarchen, wie sehr sie sich auch sehnten, mußten dennoch fünftausend Jahre warten. Aber, wahrlich, wolltet ihr (Gottes Wille) an euch geschehen lassen, so brauchtet ihr nicht einmal ein Jahr zu warten. Bedenket, wenn ihr ein oder zwei Jahre lang das viertägige Fieber hättet, ihr müßtet es aushalten.

Die anderen Leiden des Alten Bundes bestanden in furchtbaren Verurteilungen und strengen Offenbarungen der Gerechtigkeit Gottes. Das zeigt sich an in mancher Weise, im Leiden und in Gewissensbissen; das wollen etliche durch Beichten wegschaffen; aber du könntest tausendmal beichten, das hülfe dir nichts. Ist eine Todsünde erst durch Genugtuen gesühnt, so soll man das andere Gott überlassen und geduldig leiden, bis Gott es gutmacht: beichte *ihm*. Andere sind beladen mit innerer Dunkelheit; die wollen sie loswerden durch Fragen und Hören und hoffen stets, etwas Neues zu hören, und sehnen sich danach. Aber lauf in dieser Absicht all deine Lebtage: es hilft dir nichts; von innen mußt du Hilfe erwarten und sie *da* ergreifen, oder es wird nichts daraus. Ich habe auch gesehen, wie der heiligste Mensch, den ich je kennenlernte, innerlich und von außen, nie mehr als fünf Predigten all sein Leben gehört hat; als er wußte und sah, was da verkündigt wurde, dachte er, es sei genug: er starb, dem er sterben sollte, und lebte, dem er leben sollte.

Laß das (einfache) Volk (zu den Predigern) laufen und (ihnen) zuhören, damit sie nicht verzweifeln oder in Unglauben fallen. Alle aber, die Gott innen und außen angehören wollen, die kehren sich zu sich selber und in sich selbst; und wollt ihr jemals (Gott) teuer werden, so müßt ihr euer auswärtiges Suchen aufgeben und euch nach innen kehren; durch Worte gelangt ihr nie dahin, ihr mögt hören, soviel ihr wollt; sondern liebet Gott allein von Grund eures Herzens und habt ihn im Sinn und eure Nächsten wie euch selber; laßt alle Dinge, wie sie sind. Laßt eure Herzen nach Gott verlangen, wie es die heiligen

Patriarchen taten, begehrt, wessen ihr begehren (sollt), und laßt alle Dinge auf sich beruhen.

Das Dritte, was der Alte Bund kannte, war die dunkle und ferne Hoffnung auf Erlösung; denn die Pforte (des Himmels) war verschlossen, und kein Prophet vermochte zu sagen, wann die Erlösung geschehen werde. So muß der Mensch sich Gott überlassen, schlicht und in vollem Vertrauen in seinen ewigen Willen, in geduldiger Gelassenheit, wenn er will, daß die Erlösung geschehe. Dann wird Gott sicher kommen, er wird (in dir) geboren werden. Aber wann? Das überlaß ihm; bei einigen in ihrem Alter, bei anderen in ihrer Todesstunde, das befiehl ihm! Du brauchst auch keine besonderen Übungen vorzunehmen: halte die Gebote und den heiligen Glauben! Lerne die Glaubensartikel und die heiligen Gebote, und dulde und überlasse dich Gott in allen Dingen; so wird Christus sicher in dir geboren, der Neue Bund, Friede in der Wahrheit und Freude im Heiligen Geist; wenn in euch ein Leben geboren würde, dem der Engel vergleichbar an Schärfe des Geistes [5], das dünkte euch etwas Großes: nein, das, was ich meine, ist (noch) viel mehr; der Geist erweckt (in euch) ein wahrhaft göttliches Leben seiner selbst; übersteigend alles engelhafte Leben oder menschliche Verständnis, alle Sinne und alle Vernunft; aber (nur) auf diesem Weg, den ich anzeigte, und auf keinem anderen läßt es sich verwirklichen. Wohl vermag der Mensch dazu kommen, dieses edle Leben [6] zu verstehen, er gefällt sich in Vorstellungen und Gedanken über diesen Gegenstand; aber dieses Leben zu erreichen und zu führen, dazu kommt man nur auf dem (angegebenen) Weg: durch wahre Gelassenheit; dann findet man es sicher.

Die Leviten trugen die Bundeslade. Hier aber trägt die Lade *uns*. Wer also Gott nicht ertragen will in seiner Gerechtigkeit und in seinen Urteilen, der verfällt ohne Zweifel für alle Ewig-

---

[5] Vetters Lesung 397,14 ist verdorben. Der Vorschlag Corins, Sermons II, 324 Anm. 2 dürfte dem Sinngehalt der Stelle entsprechen: er findet Stütze durch die Lesart Wi 2, S. 270,9—10 und andere z. B. in F1 und Str (A 89).
[6] Corin, Sermons II, 324 verdeutlicht den Text Vetters 397,17 und der Hs. Wi 1, S. 271,1 durch die Übersetzung „ce noble être", die er dann = „cette noble vie" setzt (Anm. 3).

keit seiner Gerechtigkeit und seinem Urteil. Es kann nicht anders sein, wende es her und hin, wie du willst: du mußt dich lassen und geduldig tragen; dann trägt uns Gott wahrlich in allen Dingen, in allem Leid, bei allen Bürden; Gott schiebt seine Schulter unter unsere Last und hilft uns, unser Leid tragen. Leidet Gottes Willens wegen; denn litten wir, indem wir uns Gott wahrhaft unterwürfen, so wäre uns kein Leiden und überhaupt nichts unerträglich. Aber weil wir jetzt ohne Gott sind und in unserer eigenen Schwäche befangen, darum können wir nichts dulden, nichts wirken.

Daß wir dieses Joch Gottes alle mit Würde tragen, dazu helfe uns Gott. AMEN.

Beati oculi qui vident quod videtis

Glücklich die Augen, die sehen, was ihr seht (Luk. 10, 23 ff.)

51

Diese Predigt nach Sankt Lukas auf den Dreizehnten Sonntag (nach Dreifaltigkeit) lehrt uns, Gott allein zu suchen und unsere eigene Blindheit und Niedrigkeit zu erkennen. So werden wir zu rechter Demut des Geistes und der Natur gelangen.

MAN LIEST, daß sich unser Herr einst freute, als er mit innerem Blick die betrachtete, die von seinem Vater auserwählt worden waren, und sprach: „Ich danke dir, himmlischer Vater, daß du diese Dinge vor den Großen und Weisen dieser Welt verborgen und sie den Kleinen geoffenbart hast." Dann wandte er sich zu seinen geliebten Jüngern, sah sie an und hub mit der frohen Botschaft an, die man heute für die Woche liest, im Offizium der Zeit: „Glücklich die Augen, die sehen, was ihr seht; denn viele Könige und Propheten begehrten zu sehen, was ihr jetzt seht, und sahen es nicht, zu hören, was ihr hört, und hörten es nicht." Da kam ein Meister im Gesetze, wollte unseren Herrn versuchen und zu Fall bringen, fragte ihn und sprach: „Meister, was muß ich tun, um das ewige Leben zu besitzen?" Unser Herr antwortete ihm freundlich, obwohl er wußte, daß sein Sinn böse war: „Wie liesest du im Gesetz?" Da antwortete jener: „Du sollst Gott lieben von ganzem Herzen und von ganzer Seele, aus deinem ganzen Gemüte und deinen Nächsten wie dich selbst." Da sprach unser Herr: „Tu das, und du wirst ewig leben."

Doch wir betrachten (jetzt) das erste Wort: „Selig die Augen, die sehen, was ihr seht." Der Mensch besitzt zweierlei Augen, äußere und innere. Und hätte er die inneren nicht, so wäre es um das äußere als ein sehr geringes und schwaches Ding schlecht bestellt und auch um den ganzen Menschen, und dieser unterschiede sich nicht von gezähmtem oder wildem Getier.

Wie kann es, meine Lieben, nun dazu kommen, daß der edle Verstand, das innere Auge, so erbarmungswürdig verblendet ist, daß es das wahre Licht nicht sieht? Der verderbliche Schaden ist daher gekommen, daß (über des Menschen inneres Auge) eine dicke, grobe Haut gelegt, ein dickes Fell gezogen wurde; das ist die Liebe und die Neigung zu den Geschöpfen, zu sich selbst oder etwas des Seinen; davon ist der Mensch blind und taub geworden, er sei in welchem Stand auch immer, dem weltlichen oder geistlichen. Und in diesem Zustand empfangen diese Leute den heiligen Leib unseres Herrn, und je öfter sie das tun, um so tauber und blinder werden sie, und jene Haut wird immer dicker.

Woher, glaubt ihr wohl, kommt das, daß der Mensch auf keine Weise in seinen Grund gelangen könne? Das kommt daher, daß so manche dicke, schreckliche Haut darüber gezogen ist, ganz so dick wie eine Ochsenstirn: die haben ihm seine Innerlichkeit verdeckt, daß weder Gott noch er selber da hineingelangen kann; der Eingang ist verwachsen. Wisset, manche Menschen können dreißig oder vierzig (solcher) Häute haben, dick, grob, schwarz, wie Bärenhäute. Was sind das für Häute? Das ist ein jegliches Ding, dem du dich mit freiem Willen zukehrst: Antrieb zu (selbstsüchtigen) Worten und Werken zur Gewinnung von Gunst oder (aber) Trieb zur Abneigung (gegen einen anderen Menschen), Hochmut, Eigenwillen, Wohlgefallen an irgendeinem Ding, das mit Gott nichts zu tun hat, Härte, Leichtfertigkeit, Unachtsamkeit im Betragen und dergleichen mehr. Solche Dinge bilden alle dicke Häute und große Hindernisse, die dem Menschen die Sicht verdunkeln. Sobald aber der Mensch sich mit Schmerzen davon Rechenschaft gibt, sich demütig vor Gott schuldig bekennt und, was noch besser ist, den Entschluß faßt, sich zu bessern, soweit das nur in seinen Kräften steht, wird (noch) alles gut.

Manchen Leuten kann man aber sagen, was man will: sie hören davon nicht mehr, als wenn sie schliefen. So sehr sind ihnen die Felle vor den Augen und Ohren gewachsen. Von ihren Götzen wollen sie nicht lassen, welcher Art die auch seien. Sie verhalten sich wie Rahel, die sich auf ihre Abgötter setzte. Die Bilder, die man von diesen besitzt, die machen die Hindernisse (im Fortschreiten) aus. Und die Felle bedecken die inneren Augen und die Ohren so dicht, daß die Augen der Vernunft nicht sehen können, wovon sie selig werden: „Selig sind die Augen, die sehen, was ihr sehet."

Ein Mensch, der bei Sinnen ist, könnte von sich selbst aus beobachten, wie wunderbar es sein muß, mit dem zu sein, der der Ursprung all dieser Wunder ist, wenn nichtige und weltliche Menschen sich (schon) so wohl fühlen bei den Geschöpfen, die doch gar nichts sind.

Unser Herr nannte seine Jünger selig, um dessentwillen, was sie sahen. Betrachten wir die Dinge näher, so sollten wir uns (wohl auch) selig schätzen, denn wir sehen von unserem Herrn Jesus Christus weit mehr als (etwa) Sankt Petrus oder Sankt Johannes. Sie sahen einen armen, schwachen, leidenden, sterblichen Menschen vor sich; wir aber erkennen kraft unseres heiligen, edlen Glaubens (in ihm) einen großen, ehrwürdigen, gewaltigen Gott und Herrn, der Himmel und Erde und alle Geschöpfe aus nichts geschaffen hat. Betrachten wir das richtig, so finden unsere Augen und unsere Seelen (darin) ewiges Heil.

Meine Lieben! Die großen Gotteslehrer und die Lesemeister streiten sich über die Frage, ob Erkenntnis oder Liebe (für die Heiligung des Menschen) wichtiger und edler sei. Wir aber wollen hier jetzt sprechen von den Lebemeistern. Wenn wir in den Himmel kommen, werden wir gewiß aller Dinge Wahrheit schauen. Unser Herr sagte: „Eines ist not!" Welches ist nun dieses eine? Dieses *eine* besteht darin, daß du erkennest dein Nichts, das dein eigen ist, erkennest, was du bist und wer du aus dir selber bist. Um dieses eine hast du unserem Herrn solche Angst eingeflößt, daß er Blut geschwitzt hat. Darum, daß du dieses eine nicht erkennen wolltest, hat er am Kreuz gerufen: „Mein Gott, mein Gott, wie hast du mich verlassen!", denn dieses eine, das not ist, sollte von allen Menschen so ganz preis-gegeben werden. Laßt darum fahren alles, was ich selbst und alle Lehrmeister je gelehrt haben, (alles, was sie) über Wirksamkeit und Beschauung, über erhabene Betrachtung (gesagt haben), und lernt allein dieses eine, daß euch *das* werde: dann habt ihr gut gearbeitet. Darum sprach unser Herr: „Maria hat das beste Teil erwählt", ja das beste von allem.

Wahrlich, könntest du dies erlangen, du hättest alles erlangt, nicht einen Teil, sondern alles. Freilich besteht dies nicht darin, wie etliche Leute das tun, so vernünftig und demütig von ihrem Nichts zu reden, ganz so, als ob sie diese edle Tugend wesenhaft be-säßen, und dabei kommen sie sich in ihrer Selbsteinschätzung höher vor als der Dom dieser Stadt. Solche Leute wollen groß scheinen; sie betrügen die anderen (damit), zuallermeist aber sich selbst, denn sie sind diejenigen, welche in Wahrheit betrogen bleiben.

Meine Lieben! Dieser Grund ist wenigen bekannt. Nehmt an, es seien drei von all den Leuten, die hier sind, die das betrifft. Es befindet sich weder im Denken noch in der Vernunft. Aber es hilft wahrlich schon viel, wenn man es sich immer wieder vor Augen rückt, und auch durch die Übung kommt man zum Sein, denn fleißige Übung läßt uns das Ziel zuletzt nach Form und Sein erreichen. Sobald man merkt, daß man innerlich — bei Gott — oder äußerlich — bei den Menschen — Aufsehen er-regen will, soll[1] man sogleich sich niedersinken lassen in den allertiefsten Grund, schnell, unverzüglich; in dem Grunde ent-sinke (dann) in dein Nichts. Da kommen dann etliche, die auch sagen: „Ich tue alle Tage dies oder das, das ist das Leben unseres Herrn", und solcher Worte mehr. Hieltest du von irgendeiner deiner Tätigkeiten oder Übungen irgend etwas, so als ob das einen Wert habe, so wäre dir viel besser, daß du nichts tätest und dich in dein lauteres Nichts kehrtest, in deine Untauglich-keit, dein Unvermögen, als daß du in großer Wirksamkeit stün-dest, innen oder außen, und du deines Nichts vergäßest.

---

[1] Die in den Lesarten unterschiedliche Stelle — Vetter, 197, 22—23 und der LT: „enies ufsehendes", Wi 1, S. 91, 19: „vpscheissens", der KT: „erhebens" — läßt sich durch Quints Hinweis — Textbuch S. 104 Anm. 13 auf Pred. 43, Vetter 186, 4 — wohl verstehen; demgemäß ist hier übersetzt.

Beginnen wir nun mit dem äußeren Menschen: sieh, was du bist. Woher bist du gekommen? Aus unsauberem, faulem, bösem, unreinem Stoff, widerlich und ekelerregend in sich selbst und für alle Menschen. Und was ist aus dir geworden? Ein unreines übelriechendes Behältnis voll des Unrates. Und keine noch so reine und noch so edle Speise, kein noch so herrliches noch so klares Getränk kann in dich eingehen, ohne in dir unsaubere, übelriechende Unreinheit anzunehmen. Und kein Mensch hat den anderen so lieb, und hätte der um seinetwillen auch das ewige Leben und die Höllenstrafe gewagt — in der Todesstunde verläßt er ihn und flieht in wie einen toten Hund.

Nun hat Gott alle Geschöpfe der (menschlichen) Natur gegenübergestellt: Himmel, Sonne und Sterne. Jetzt friert dich, dann ist dir wieder zu heiß; heute reift, morgen schneit es; einmal fühlst du dich wohl, dann (wieder) schmerzt dich (etwas); jetzt hungert, dann dürstet dich; dieses Mal (plagen dich) Wanzen, ein andermal Spinnen, Fliegen und Flöhe[2], und du kannst dich oft ihrer nicht erwehren. Sieh, wieviel besser das vernunftlose Vieh seiner Natur nach daran ist: ihm wachsen die Kleider, daran genügt es ihm, sei es warm oder kalt; du mußt deine Kleidung dir von ihnen leihen lassen! Und an solcher Armut gewinnst du Vergnügen, Freude, Stolz! Ist das nicht eine unaussprechliche Blindheit? Den Tieren, dem Vieh genügt es an ihrer Speise, ihrem Trank, an Kleidern und Lager, wie Gott es (ihnen) gegeben hat.

Nun sieh, was Wunders du alles brauchst, um deine arme Natur zu erhalten! Und das bereitet dem Menschen auch noch große Lust, und er begeht schwere Sünden bei Ausnutzung der toten Tiere. Früher weinten die Heiligen, wenn sie essen sollten, und lachten, wenn es in den Tod ging. Aber betrachte dein Nichts weiter! Welch Elend in deiner Natur! Betest du, fastest und wachst du gerne? Bittest du gerne im Konvent hingestreckt um Verzeihung deiner Sünden?[3] Was wird aus all dem? Was

---

[2] Die Lesart bei Corin Wi 2, S. 93, 13 und die Lesarten zu Z. 13, die eine Verbindung zu dem LT und AT herstellen — der KT hat wieder „woelff" — verdienen den Vorzug.

[3] Vetter 198, 23 hat eingefügt: „venjest du gerne?" Die Drucke der LT, AT,

du willst, tust du nicht; was du nicht willst, tust du. Wie viele furchtbare Versuchungen bedrängen dich; sieh, Gott verhängt manche Gebrechen über dich, innen und außen, damit du darauf achtest, das eine zu lernen, was not tut. Bleibe fest! Gott läßt dies alles zu um deines Besten willen, damit du durch all das zum Bewußtsein deines Nichts gelangest; und das ist dir vielleicht besser, als wenn du mit großen Dingen beschäftigt wärest.

Aber da kommen die Leute zu dir mit drohenden Gebärden und harten Worten, ferner die großen „Vernünftler" mit ihren ungestümen, großen und erhabenen Ausdrücken, als wenn sie die Apostel (selbst) wären. Laß dich (da) tief in den Grund sinken, in dein Nichts, und laß den Turm mit all seinen Stockwerken über dich fallen. Laß alle Teufel, die in der Hölle sind, über dich kommen, Himmel und Erde mit all ihren Geschöpfen! Das alles wird dir auf wunderbare Weise zum Nutzen sein; versenke dich nur (in deinen Grund), und alles wird für dich zum besten ausschlagen.

Nun sagt man mir: „Herr, ich betrachte alle Tage das Leiden unseres Herrn, wie er vor Pilatus stand, vor Herodes, an der Geißelsäule und hier und dort." Darüber will ich dich belehren: du sollst deinen Gott nicht wie einen reinen Menschen ansehen, sondern ihn betrachten als allergrößten, gewaltigen, ewigen Gott, der Himmel und Erde mit einem Worte geschaffen hat und (wieder) vernichten kann, als alles Sein überragenden, unerkennbaren Gott; betrachte, daß Gott für seine armen Geschöpfe so zunichte hat werden wollen, und (dann) erröte vor Scham, daß du sterblicher, hündischer Mensch jemals an Ehre, Vorteil, Hoffart gedacht hast; beuge dich unter das Kreuz, woher es auch kommt, von außen oder innen. Beuge deinen stolzen Sinn unter (des Heilandes) Dornenkrone, und folge deinem gekreuzigten Gott mit unterworfenem Gemüt nach, in wahrer Selbstverkleinerung jeder Art und Weise, innen und außen, da dein großer Gott so zunichte geworden ist, von seinen (eigenen) Geschöpfen verurteilt und gekreuzigt worden ist und den Tod er-

KT, haben daraus „weinestu gerne?" gemacht. Ich versuche, durch Einschiebung des Wortes „hingestreckt" die Sachlage zu verdeutlichen.

litten hat. Auf solche Weise sollst du dich geduldig leidend und in aller Demut seinem Leiden nachbilden und dich ihm einfügen[4].

Das aber tun die Leute nicht; ein jeder denkt wohl an das heilige Leiden unseres Herrn, doch in einer erloschenen, blinden Liebe, ohne Mitgefühl[5], so daß dieser Gedanke nicht in ihr Tun und Treiben hineinwirkt und niemand bereit ist, auf sein Vergnügen, seinen Stolz, seine Ehre, die leibliche Befriedigung seiner Sinne zu verzichten, und alle bleiben ganz, wie sie sind.

Ach, wie wenig Frucht bringt das liebevolle Leiden in diesen Menschen! Die Frucht erscheint in der Nachahmung, der wahrnehmbaren Lebensführung, in den Sitten und Handlungen.

Auf solche Weise sollst du das heilige Leiden unseres Herrn üben und betrachten und darauf bedacht sein, daß es lebendige Frucht in dir bringe. Und du sollst dich selber vernichten und dich bedünken lassen, daß die Erde dich unverdientermaßen auf ihrem Rücken trage und dich (wundern, daß sie dich deiner Sünden wegen) nicht verschlinge. Bedenke (auch), daß Tausende von Menschen in der Hölle sind, die vielleicht nie soviel Bosheit besessen haben (wie du). Hätte ihnen Gott ebensoviel des Lichtes und großer guter Gaben verliehen wie dir, aus ihnen wäre etwas ganz anderes geworden, als du bist! Deiner hat er geschont, auf dich hat er gewartet, sie aber hat er ewig verdammt. Das sollst du oft bedenken und sollst keinen Tropfen Wassers mit (ungehöriger) Freiheit noch vermessener Kühnheit zu dir zu nehmen wagen, sondern in demütiger Furcht. Gebrauche alle Dinge nach den Bedürfnissen deiner Schwachheit und nicht zu deiner Befriedigung.

Da kommen denn welche, die reden von so großen, vernünftigen, überwesenhaften, überherrlichen Dingen, ganz so, als ob sie über alle Himmel geflogen wären, und doch haben sie nie auch nur einen Schritt aus sich selber getan in der Erkenntnis ihres eigenen Nichts. Wohl mögen sie zu vernunftmäßiger Wahr-

---

[4] Wörtlich zu Vetter 199, 21: „dich da hineindrücken".
[5] Vetter 199, 23 fügt hinter „blinder" das Wort „rower" (von „rou, rô, râ"), was ich durch „ohne Mitgefühl" dem Sinnzusammenhang gemäß wiedergegeben habe.

heit gelangt sein, aber zu der lebendigen Wahrheit, die wirklich Wahrheit ist, kommt niemand als auf dem Weg seines Nichts. Und wer diesen Weg nicht gegangen ist, wird mit großem Schaden und großer Schande dastehen an dem Tag, an welchem alles offenbar wird.

Ach, da möchten solche Leute wünschen, daß sie nie ein geistliches Kleid getragen, nie von hohen vernunftgemäßen Erkenntnissen vernommen noch damit umgegangen, nie berühmt geworden wären; und sie werden dann wünschen, sie hätten täglich das Vieh auf die Weide getrieben und ihr Brot im Schweiß (ihres Angesichts) gewonnen.

Höret, der Tag wird kommen, da Gott Rechenschaft verlangt von den Gaben seiner Liebe, die er jetzt so freigebig ausstreut und von denen der Mensch einen so schlechten Gebrauch ohne alle Frucht macht.

Die Erniedrigung (deiner selbst) soll keine zweifelnde Furcht mit sich führen, wie das bei den Zweiflern der Fall ist, sondern demütige Unterwerfung unter Gott und alle Geschöpfe bewirken in rechter Gelassenheit.

Hielte der Mensch irgend etwas in sich für Demut, so wäre das falsch. Darum sprach unser Herr: „Wenn ihr nicht werdet wie dieses Kind, werdet ihr nicht in das Himmelreich eingehen." Darum soll man von dem, was wir tun, nichts halten; denn unser Herr sprach: „Lasset die Kleinen zu mir kommen." Das Erdreich ist das niederste aller Elemente und ist deshalb am weitesten vom Himmel weggeflohen. Und darum gerade jagt ihm der gewaltige Himmel mitsamt Sonne, Mond und Sternen mit all seiner Kraft nach; und gerade auf die Erde übt er, vor allen höheren Elementen, den fruchtbarsten Einfluß aus. Wo das Tal am tiefsten ist, da fließt das Wasser am reichlichsten, und die Täler sind im allgemeinen fruchtbarer als die Berge.

Die wahre Verkleinerung seiner selbst versinkt in den göttlichen inneren Abgrund Gottes. Da verliert man sich in völliger und wahrer Verlorenheit seines Selbst. „Ein Abgrund ruft dem anderen in sich hinein" (Ps. 41, 8). Der geschaffene Abgrund zieht seiner Tiefe wegen an. Seine Tiefe und sein erkanntes Nichts ziehen den ungeschaffenen offenen Abgrund in sich; der eine fließt in den anderen, und es entsteht ein einziges Eins, *ein* Nichts in dem anderen.

Das ist das Nichts, von dem Sankt Dionysius sprach, daß Gott all das nicht sei, was wir nennen, verstehen oder begreifen können; da wird der (menschliche) Geist (dem göttlichen) ganz überantwortet; wollte Gott ihn ganz zunichte machen und könnte er selbst (in dieser Vereinigung) zunichte werden, er würde es aus Liebe zu dem Nichts, mit dem er ganz verschmolzen ist, tun, denn er weiß nichts mehr, liebt und fühlt nichts mehr als das Eine.

Meine Lieben! Selig die Augen, die so sehend geworden sind! Von ihnen konnte unser Herr wohl das Wort sprechen: „Selig die Augen, die das sehen, was ihr sehet!" Könnten wir doch alle selig werden, dank einer wahren Anschauung unseres eigenen Nichts. Dazu helfe uns Gott. AMEN.

Diliges dominum deum tuum
Du sollst den Herrn, deinen Gott, lieben (Luk. 10, 27)

52

Die dritte Auslegung des Evangeliums vom dreizehnten Sonntag
(nach Dreifaltigkeit) spricht von drei Arten des Pharisäismus,
von dreierlei Liebe, dargestellt durch drei Bilder, und unter-
scheidet drei Arten starker Liebe.

EIN PHARISÄER WOLLTE unseren Herrn versuchen und
fragte ihn, was er tun solle, um das ewige Leben zu erlangen.
Unser Herr verwies ihn auf sein eigenes Wissen und seine eigene
Überlegung und fragte ihn, was er im Gesetz gelesen habe. Der
Pharisäer antwortete: „Du sollst den Herrn, deinen Gott, lieben
aus deinem ganzen Herzen, deiner ganzen Seele und deinem
ganzen Gemüte." Liebe Schwestern! Dieser Mann suchte nicht
Gott, nicht das ewige Leben, denn seine Absichten waren treulos.
Ach, wie ist ein solches Pharisäertum jetzt über die ganze Erde
verbreitet! Unter religiösem Äußeren suchen die Leute in ihren
Worten und Werken äußere Vorteile; und trotz des Scheines
denken sie mehr an äußere Dinge, an Gut und Ehre und Vorteil;
man will gekannt und beachtet sein, will Gunst und Vergnügen
gewinnen.

Kurz gesagt: all die Menschenwerke, die getan werden mehr
oder lieber in der Absicht, zu scheinen, gesehen oder gekannt zu
werden, als verborgen zu bleiben [1], um all diese Werke kümmert

[1] Die Lesart des BT (bei Vetter Lesart zu 246, 18—19) gibt den Sinn, den
Tauler meint, deutlich wieder.

Gott sich nicht, wie groß und hoch sie immer auch scheinen mögen. Wer die Ursache eines Werkes ist, wer die Geburt gebiert, dem ist die Geburt zu eigen und niemand anderem; das Ende entspricht dem Anfang.

Aber es gibt auch ein inneres Pharisäertum. Bei allem, was ein pharisäischer Mensch auch tut, denkt er immer nur an sich. So verhalten sich manche geistlichen Leute, die glauben gut mit Gott zu stehen. Betrachtet man aber ihr Werk recht, so lieben sie sich nur selbst und haben sich im Grunde nur immer selbst im Sinn, ob es sich nun um (ihr) Gebet oder sonst etwas handelt. Aber sie geben sich davon keine Rechenschaft. Und bei einem solchen Menschen wird der Grund kaum je gefügig, in dem einen (freilich) mehr als in dem anderen. Solche Leute tun viele Werke, die (nach außen) als groß erscheinen, laufen um (jeden) Ablaß, beten, schlagen sich an die Brust, betrachten die schönen Bilder (in den Kirchen), fallen auf die Knie und laufen in der Stadt umher von einer Kirche zur anderen. Und Gott hält von all dem nichts, denn ihr Herz und ihr Sinn sind nicht zu ihm gekehrt. Sie neigen sich (vielmehr) den Geschöpfen zu: da finden sie ihre Lust und ihr Genüge mit Willen und Wissen, oder es ist ihr eigen Gut, ihre Bequemlichkeit, ihre Lust, ihr Nutzen, innen oder außen (dem sie sich zuwenden). Das ist nicht der Sinn des Gebotes, daß man Gott lieben solle von ganzem Herzen, von (ganzer) Seele und aus (ganzem) Gemüte. Und darum kümmert sich Gott um all dies nicht.

Dann findet man auch Leute, die ein wenig besser daran sind. Die haben sich nach einer ersten Verirrung von den weltlichen Dingen abgekehrt, soweit sie nur vermögen. Aber ihr religiöses Leben ist noch ganz sinnenhaft, ganz auf bildliche Erfassung ausgerichtet. Sie können so viel denken an den liebreichen Menschen Jesus, wie er geboren ward, sein Leben führte, den Tod erlitt, und all das fließet mit viel Lust oder (auch) mit Tränen durch (ihre Seele), ganz so glatt wie ein Schiff den Rhein hinunterfährt, und das alles ist rein sinnenhaft: das nennt man in den Predigten die fleischliche Liebe. Wir wollen es aber sinnenhafte Liebe nennen, das heißt, daß diese Menschen in bildhafter Weise nach (der Kraft) ihrer Sinne an unseren Herrn denken,

397

recht vom Haupt bis zu den Füßen. Und diese Leute zieht zuweilen mehr die Lust und das wohlige Gefühl (zu ihrer Betrachtung) als die wahre göttliche Liebe.

Und das ist *auch* eine pharisäische Weise: diese Leute sehen mehr auf ihr Werk als auf den, in dem alle Werke ihr Ziel finden. Denn sie haben im Sinn und lieben mehr ihre Zufriedenheit und ihr wohliges Gefühl (die ihnen aus solcher Übung erwachsen) als den, auf den ihr Sinn gehen sollte. Darum sehen sie mehr auf das Drum und Dran als auf das Wesen, mehr auf den Weg als auf das Ziel, mehr auf das Außen als das Innen. Und sie lieben das Dazukommende so sehr, daß sie Gott nur zum geringsten Teil lauter im Sinn haben; denn die natürliche und die göttliche Liebe laufen gleichen Schrittes nebeneinander her, daß man die eine vor der anderen nicht gut erkennen kann. Und es ist wohl sicher, daß, wenn ein Mensch auch keine Empfindung der Süßigkeit hätte und alles täte, was in seinen Kräften stünde in jeglicher Weise, er sich selber besser kennenlernte. Zwar ist diese Art und diese Empfindung (religiösen Lebens) nicht das Höchste; aber wollte Gott, daß wir viele solcher Leute hätten!

Liebe Schwestern! Von dieser Liebe, die uns geboten ist, spricht Sankt Bernhard: er unterscheidet die süße und die weise Liebe; eine dritte Art nennt er die starke Liebe. Diese drei Arten sollt ihr an einem Vergleich mit dreierlei Bildwerken (besser) verstehen lernen. Die erste ist ein hölzernes Bildwerk, über und über vergoldet; die zweite ein solches aus Silber, auch vergoldet; die dritte ist ein Werk aus feinem, lauterem Gold. Das hölzerne versinnbildet die süße, das silberne die weise Liebe; die starke Liebe wird durch das goldene Bildwerk dargestellt. Die erste, sinnenhafte, liebevolle, bildhafte Liebe gleicht dem hölzernen Bildwerk: dessen Anblick bereitet dem Betrachtenden große Freude, wenn es wohl geformt und gebildet und vergoldet ist. Schabt man indes das Gold ab, so ist es kaum zwölf Pfennig wert.

So ist es mit dieser süßen, bildhaften Liebe bestellt: sie ist vergoldet mit (dem Gold) der guten Meinung. Schabt man die Vergoldung ab, so ist, was da übrigbleibt, geringen Preises wert; aber es erfreut die sinnenhafte Natur (des Menschen). Gott aber zieht und lockt mit solcher Süße den Menschen weiter vorwärts, daß die wahre Liebe in diesem Empfinden zunehme, in ihm gebildet und geboren werde und daß dadurch Freude und Lust an den Geschöpfen und allen anderen Dingen in ihm verlösche. Der Mensch soll all (diesen Weg) nicht verwerfen; er soll ihn in Ehrfurcht und Demut gehen und es seiner Kleinheit und seinem Unwert zuschreiben, daß man ihn dazu so locken und antreiben muß. Er soll über die bildhaften Vorstellungen auf die Stufe der Bildlosigkeit steigen, durch die äußeren sinnhaften Übungen (der Frömmigkeit) (hinein) in sich selber, in den Grund, wo das Reich Gottes in Wahrheit ist. Denn man findet (gar) manchen Menschen, der in der bildhaften Weise (der Frömmigkeit) sehr bewandert ist und große Freude an solcher Übung besitzt, aber keinerlei Zugang zur Innerlichkeit (seiner Seele) hat: ganz wie ein Berg aus Eisen, in dessen Inneres kein Weg führt. Das kommt (bei diesen Menschen) vom Mangel an Übung und auch daher, daß sie zu sehr bei den sinnlichen Bildern verweilen und dabei verharren und nicht vorwärtskommen und nicht in den Grund durchbrechen, wo die lebendige Wahrheit leuchtet: denn man kann nicht zwei Herren dienen: den Sinnen und dem Geist.

Danach kommt die andere (Art der) Liebe, von der Sankt Bernhard schreibt, die er eine weise, das heißt eine vernünftige Liebe nennt. Meine lieben Schwestern! Diese Liebe steht in wunderbarer Weise hoch über der ersten. Und wir vergleichen sie dem silbernen Bildwerk, das vergoldet ist. Das ist an sich so kostbar, daß (wäre es groß genug) man eine ganze Kirche damit zieren könnte. So ist diese edle, vernünftige, weise Liebe ein gar edles, kostbares, herrliches Ding. Nun überlege, wie du dahin gelangen kannst. Du sollst deinen Grund den ewigen Dingen zuwenden. Wie du zuvor in deiner Betrachtung dich der Bilder bedientest, indem du an die (zeitliche) Geburt (des Herrn) dachtest, an sein Leben, seine Werke, so wende dich nun zur Betrachtung seines inneren Lebens, seines inneren Werkes, seiner ewigen Geburt: wie das ewige Wort in dem väterlichen Herzen geboren wird, getrennt von ihm und doch darinnen bleibend, und wie der Heilige Geist ausfließt und sich (aus dem Vater und dem Sohn) ausbreitet in unaussprechlicher Liebe und in Wohlgefallen, und wie das göttliche Wesen in drei Personen eine einfache lautere Einheit ist. Dorthin begib dich, dorthin trag dein Nichtsein, dein Nichts und deine vielfältige Zerstreuung; betrachte das Geheimnis der inneren Verborgenheit der heiligen Dreifaltigkeit, und stelle ihr gegenüber deine nach außen drängende Äußerlichkeit. Betrachte seine Ewigkeit, die kein „Zuvor" noch „Nachher", sondern nur ein gegenwärtiges Besitzen seines Selbst in einem einzigen Augenblick und aller Dinge in ihm kennt, und das ohne allen Wandel; dahin trag das Zerfließen und die Unbeständigkeit deiner Zeit, deines wandelbaren Lebens und Seelengrundes, die keine Beständigkeit in sich haben. Auf diese Weise erhebt sich die Liebe besser zur Abgeschiedenheit; sie wird der weisen Liebe gleich und steigt über alle Bilder, Formen und Gleichnisse und erhebt sich dank der Bilder über alle Bilder.

Liebe Schwestern! Diese weise Liebe zieht des Menschen Grund fernab von den fremden, äußerlichen Dingen, daß er schließlich ihrer ganz vergißt. In der ersten Art, der süßen Liebe, wendet er sich wohl (nur) mit großem Schmerz von diesen Dingen ab. In der weisen Liebe aber entfallen die Dinge ihm; er verschmäht sie, und es entsteht in ihm ein Ekel und eine Verachtung alles dessen, was Unordnung heißt, und dieses Gefühl treibt deine Gunst von den zeitlichen Dingen viel weiter weg, als es große äußere Übungen der Frömmigkeit vermöchten. Hier, meine Lieben, wird der Mensch in innerlicher Weise in Gott geboren und schaut die göttliche Finsternis, die (sonst) das Erkenntnisvermögen und die Kraft des Schauens jedes geschaffenen Geistes bei weitem übersteigt, der Engel und aller Geschöpfe; so wie die Sonne die Augen des Menschen durch ihren Glanz blendet, so schreibt Sankt Dionysius, daß Gott über all dem steht, was man an Namen, Weisen oder in Bildern von ihm sagen kann, jenseits des Wesens aller Dinge.

Hat der Mensch (erst einmal) diese innerliche Liebe verkostet, so läßt ihn das versinken in sein eigen Nichts und in seine Kleinheit und mit ihnen verschmelzen; denn je klarer und lauterer Gottes Größe in ihn leuchtet, um so deutlicher wird er sich seiner Klarheit und Nichtigkeit bewußt. Und daß dieses göttliche Einleuchten in Wirklichkeit ein wesentliches Einleuchten war, nicht in Bildern, nicht in die Kräfte, sondern in den Grund der Seele, das erkennt man daran, daß der Mensch tiefer in sein eigenes Nichts versinkt. Dies richtet sich gegen die freien Geister, die mit ihrer falschen Erleuchtung die Wahrheit erkannt zu haben glauben und die sich mit ihrem eigenen Wohlgefallen und ihrer Selbstgefälligkeit erheben, die ihren Sinn auf ihre falsche Untätigkeit kehren und in unehrerbietiger Weise von unserem Herrn sprechen, ob man noch nicht über solche Bilder (wie die des Heilandes) hinausgekommen sei und andere ungehörige Worte mehr.

Wisset, ein guter Mensch hält sich niemals für über irgendein Ding erhaben, wie klein oder schwach das auch immer sei, wenn es nur gut ist; und selbst wenn er diese unteren Formen (der Frömmigkeit) hinter sich gelassen hat, so liebt und schätzt er sie doch ebenso wie je. Von sich glaubt er, unter allen Dingen zu stehen und über keines hinausgekommen zu sein.

Jene (freien Geister) aber kommen in ihrer vernünftigen Weise, machen viel Aufhebens[2] und glauben, wenn sie nur wilde Worte hören, die (doch) weder Leben noch Lebensregeln mit sich bringen, sie hätten nun die reinste Wahrheit gehört. Hört man sie nur reden, so weiß man schon, wen man vor sich hat. Aber die lebendige, reine Wahrheit, die sie viel nötiger hätten, die sagt ihnen nicht zu. Das sind zurückbleibende Menschen. Sie verlassen sich auf ihren natürlichen Verstand, sind sehr stolz darauf, sind niemals wirklich in das ehrwürdige Leben unseres Herrn Jesus Christus eingedrungen, haben ihre Natur auch nicht zu bessern versucht durch Tugendübungen und sind nicht den Weg der wahren Liebe gegangen; doch halten sie fest an ihrer Vernunft und an falscher innerer Untätigkeit. Und das ist so angenehm für ihre Natur, daß sie in diesem bilderlosen Grund in Stille und Ruhe verbleiben; das ist so eingewurzelt in die Natur, Rast und Ruhe, daß es den barmherzigen Gott erbarmen muß (zu sehen), wie sehr die Neigung der Menschen jetzt in dieser Richtung geht.

[2] Vetter 250, 13: flogieren: wörtl. „von einem zum anderen schweifen, flattern, mit dem Kopfputz schmücken". Letzteres führt zu der von Corin, Sermons III, 346 — „prennent de grands airs" — und mir verwandten Übersetzung.

Denn in dieser kranken Zeit will keiner sich selbst wehe tun; und die Menschen sind in sich selbst verliebt. Die liebenswerten Menschen aber, die recht zu dieser weisen Liebe gelangt sind, die dürstet nach dem Leiden und nach Verkleinerung ihres eigenen Selbst; sie wollen der liebevollen Lehre ihres geliebten Herrn Jesus Christus nachfolgen. Und sie verfallen auf keine falsche Untätigkeit noch auf unrechte Freiheit und zeigen sich nicht unbeständig; denn sie sind klein und nichts in ihren Augen, und darum sind sie groß in Gottes Augen und ihm wert.

Nun kommen wir zur dritten Art der Liebe, die starke genannt. Das ist die wesentliche: die vergleichen wir mit dem reinen, lauteren Gold. Findet ein Mensch in sich keine dieser drei Arten und findet er auch in seinem Grund keine, so soll er wissen, daß es gar sorglich und beängstigend um ihn steht; solche Leute sollten wohl Tag und Nacht weinen.

Liebe Schwestern! Das Gold, mit dem wir *diese* Liebe vergleichen, ist so glänzend und strahlend, daß man es kaum anblicken kann. Sein Glanz ist den Augen zu stark. So verhält es sich mit dem Geist in dieser starken Liebe, in der der Herr gegenwärtig ist. Sie leuchtet so wesentlich in den Grund, daß der Geist in seiner menschlichen Schwäche das nicht ertragen kann; er muß da notwendigerweise zerfließen und wieder in seine Ohnmacht zurückgeworfen werden. Da hat der Geist denn keine andere Stütze: er versinkt und entsinkt in dem göttlichen Abgrund und verliert sich in ihm, so daß er von sich selber nichts weiß; denn das Bild [3] Gottes, das dieser Liebe entspricht, ist ihm zu übermächtig. Und dann tut er, ganz wie Elias tat, als er im Eingang zur Höhle stand, was bedeutet: in seiner menschlichen Schwäche an der Türe von Gottes Gegenwart. Er zog den Mantel über die Augen, das heißt, der Geist entfällt seiner eigenen Erkenntnis und seiner eigenen Wirksamkeit; Gott muß alle Dinge in ihm wirken; er muß in ihm erkennen, lieben, denn der menschliche Geist ist in dieser starken Liebe sich selbst entsunken, er hat sich in dem Geliebten verloren wie ein Tropfen

---

[3] Vetter 251, 15; wörtlich: der göttliche Gegenstand, der dieser Liebe entspricht, ist ihm zu übermächtig.

Wasser im tiefen Meere; er ist weit mehr eins mit ihm geworden als die Luft mit der Klarheit der Sonne, wenn diese am lichten Tag scheint. Was da vor sich geht, das kann man eher erleben als davon sprechen.

Was bleibt dem Menschen hier übrig: nur ein abgründiges Vernichten seines (eigenen) Selbst und ein gänzliches Verleugnen aller Eigenheit an Willen, Gemüt, Leben und Lebensführung. Denn hier in dieser Verlorenheit versinkt der Mensch in die letzte Tiefe; könnte er noch tiefer sinken, derart, daß er zunichte würde aus Liebe und Demut, er täte es gar zu gerne. Denn der Drang solchen Vernichtens seines Selbst ist in ihm lebendig geworden. Er dünkt sich unwürdig, ein Mensch zu sein, in eine Kirche zu gehen, das Kruzifix anzublicken, das da an die Wand gemalt ist, (ja) er dünkt sich ärger als der böse Feind. Aber das Leiden unseres Herrn und seine heilige Menschheit ist ihm nie so von Grund aus lieb gewesen, und ihm ist, als beginne er (jetzt) erst zu leben; und jetzt erst beginnt er so recht mit allen Tugenden und heiligen Übungen. Und dies (neue Leben) wächst in ihm in wesenhafter Weise in dem geringsten wie in dem größten Ding; denn das größte und das kleinste sind in ihm eins.

Denn Gott hat ja auch die Dinge der Natur so geordnet, daß das niederste dem höchsten entspricht. Der Himmel ist das oberste und das Erdreich das niederste. Nun wirkt der Himmel nirgendwo fruchtbringender als in der Niederung der Erde. Und so wirkt auch Gottes Arbeit nirgendwo fruchtbringender und göttlicher als in der tiefsten Niedrigkeit des Menschen. Und wie die Sonne die Feuchtigkeit aus dem niederen Erdreich zieht, so zieht der hohe Gott den (menschlichen) Geist zu sich hinauf, daß dieser empfindet, wähnt, glaubt ganz und gar Gott zu sein; und dann sinkt er ganz in sich nieder und glaubt weniger als ein Mensch zu sein. Es ist wie in einem Kessel kochenden Wassers: das Wasser kocht und steigt, als ob es überlaufen wolle; zieht man aber das Feuer weg, so sinkt es tief nieder.

Ebenso treibt und zieht die starke Liebe den Geist, daß dieser, über sich selbst hinausgetrieben, ganz außer sich selbst in ein Nichtwissen will, das ihn in eine Unkenntnis, dann wieder in eine Erkenntnis seines Nichts führt.

Diese starke freie Liebe hat drei Eigenschaften: einmal, daß sie den Geist des Menschen in überschwenglicher Weise in jenen erhebt, den er liebt, und ihn weit wegzieht von allem Eigenen, aus der Kraft und der Wirksamkeit des Gedächtnisses und des Willens. Das geht über allen Verstand[4] und alle Sinne. Die zweite Eigenschaft besteht darin, daß diese Liebe den Geist (des Menschen) niederdrückt in den Grund, das heißt in ein unergründliches Vernichten. Und diese Demut ist durch die Sinne nicht mehr faßbar und hat in deren Bereich ihren Namen verloren. Die dritte Eigenschaft der starken freien Liebe macht den Menschen wesentlich, und das in wunderbarer Weise. Er wendet sich nach innen und bleibt in jeder Lebenslage zufrieden, nimmt die Dinge, wie sie kommen, zeigt nicht viel (äußere) Wirksamkeit, sondern verharrt in stiller Ruhe, bereit, überall hinzugehen, wohin der Herr ihn führen will oder wozu er ihn gebrauchen will, wie ein Knecht, der an der Tafel seines Herrn wartet und ihn nur ansieht, um ihm jeden Wunsch zu erfüllen.

Nachdem der edle Mensch all dies hinter sich gebracht hat, kann es wohl kommen, daß der Feind ihm die übelsten und schlimmsten Versuchungen sendet, und dies in der schwierigsten Weise, wie sie ein Mensch nur erfahren kann. Aber sie führen den Menschen (nur) in unvorstellbarer Weise empor, jenseits alles Maßes. In diesem Sturm werden die Felsen noch stärker zerbrochen; und findet sich in der Natur (des Menschen) etwas, das (von Gott) nicht durchdrungen ist, so geschieht das jetzt, und alles (an ihm) wird ganz und gar geläutert.

Wenn der Mensch all diese Prüfungen überstanden hat, verhält es sich mit ihm wie mit dem Priester am Altar, der auf Gottes Anordnung hin in der heiligen Kirche die Weihe empfangen hat. Alles, was der Priester um und an hat, das ist geheiligt; er hat die Vollmacht, den ehrwürdigen Leib unseres Herrn aufzuheben oder niederzulegen; und bei allem Heben und Senken wagt er nicht zu sprechen: „Vater unser", es sei denn, er sage zuvor und entschuldige sich gleichsam mit den Worten: „Oremus; praeceptis salutaribus moniti", das heißt: „Gemahnt

---

[4] „wîse", Vetter 252, 24, mit „Verstand" umschrieben.

durch göttliches Gebot und unterwiesen durch göttliches Gesetz, wagen wir zu sprechen: Vater unser." In dem gewaltigen Abstand des kleinen Menschen von dem großen, ehrwürdigen Gott ist es begründet, daß man Gott mit furchtsamem Zittern aussprechen muß.

Solcher Art soll der Mensch betrachten, welch Wunder das ist, daß der Mensch in seiner Kleinheit und Schwäche Gott seinen Vater nennen darf.

Was bleibt nun dem gottförmigen Menschen? Eine Seele Gottes voll und ein Leib voller Leiden. Dann aber blickt Gott so oft wie ein Blitzstrahl in den Grund (dieses Menschen), daß ihm alles Leid noch zu gering erscheint. Und in dem Licht des plötzlich in seinen Grund kommenden Gottes erkennt der Mensch, was er tun soll, wofür er bitten oder auch was er etwa predigen soll.

Möchten wir doch alle so leben, daß die wahre Liebe unseres Herrn uns erleuchte! Dazu helfe uns der, der seinem Sein nach die wahre Liebe ist. AMEN.

Beati oculi qui vident quae vos videtis
Glücklich die Augen, die sehen, was ihr seht (Luk. 10, 23)

53

Eine gehobene geistliche Auslegung des ersten Evangeliums vom dreizehnten Sonntag (nach Dreifaltigkeit); sie lehrt uns, wie der Mensch auf seinen Eigenwillen verzichten, den Weg der Liebe gehen und mit seiner Vernunft sechs Bedingungen erfüllen muß, soll er das Sein seiner Seele erkennen.

IN DEM EVANGELIUM DIESER WOCHE findet man die lauterste Wahrheit, in der die höchste Seligkeit liegt, in den Worten, über die ich dieser Tage gesprochen habe, nämlich daß unser Herr zu seinen Jüngern sagte: „Selig die Augen, die sehen, was ihr seht; denn viele Könige und Propheten wollten sehen, was ihr seht, und haben es nicht gesehen." Dann wird erzählt, wie ein Schriftgelehrter, von seinen Büchern kommend, unseren Herrn versuchen und prüfen wollte. Nun, den Nächsten zu versuchen ist ein ganz treulos Ding.

Dieser sprach: „Meister, was muß ich tun, um das ewige Leben zu erlangen?" Unser Herr antwortete ihm in aller Sanftheit, als ob er seine Falschheit nicht erkannt hätte, und verwies ihn auf das Zeugnis der Schrift. Denn jeder Mensch muß, soll ihm Recht werden, drei Zeugnisse haben. Das eine muß von Gott kommen; das zweite aus ihm selbst, seinem eigenen Grunde, seinem lebendigen Geist; das dritte aus der Heiligen Schrift. Der Schriftgelehrte aber besaß nur eines, auf das ihn unser Herr verwies, indem er sprach: „Wie liesest du (im Gesetz)?" Er antwortete: „Du sollst den Herrn, deinen Gott, lieben aus deinem ganzen Herzen, deiner ganzen Seele, aus allen deinen Kräften, deinem ganzen Gemüte und deinen Nächsten wie dich selbst." Seine Antwort war gut, und weil er davon überzeugt war, so hätte er gerne eine Antwort gehabt. So begann er das Gespräch von neuem.

Doch lassen wir die Antwort (des Herrn), welcher der Nächste (eines Menschen) sei, beiseite, damit wir um so rascher zum Gegenstand (unserer Predigt) kommen. Man kann die Rede von den Augen, die selig genannt werden, auf zweierlei Weise verstehen. Welches sind diese seligen Augen?

Der erste Sinn ist das innere geistliche Betrachten des großen, wunderbaren Adels, in dem die wunderbare Verwandtschaft (der Menschen mit Gott beruht) und die Gott in den Grund der Seele gelegt hat. Dies gut und recht zu betrachten, bringt dem liebenden Herzen große Seligkeit.

Von diesem inneren Adel, der im Grunde verborgen liegt[1], haben viele Lehrmeister gesprochen, alte und neue: Bischof Albrecht, Meister Dietrich, Meister Eckhart. Der eine nennt ihn ein „Seelenfünklein", der andere einen „Grund" oder einen „Wipfel", einer einen „Ursprung" und Bischof Albrecht ein „Bild", auf dem die heilige Dreifaltigkeit zu sehen ist und worin sie wohnt. Dieser Funke fliegt, wenn wohl vorbereitet, so hoch, daß (menschliche) Erkenntniskraft ihm nicht folgen kann, denn er rastet nicht, bis er wieder in den (göttlichen) Grund gelangt, von dem er ausgegangen ist und wo er im Stande seiner Ungeschaffenheit war.

Die Lehrmeister, die hiervon sprachen, haben diese Kenntnis dank ihrer Lebensführung und ihrer Denkkraft erlangt. Sie haben sie erfahren und empfangen von den großen Heiligen und Lehrern der heiligen Kirche; und auch vor Gottes Geburt (auf Erden) haben viele Meister davon gesprochen: Platon, Aristoteles und Proklos. Und so wie dies die Guten stark reizt und sie eine rasche Umkehr tun und sich diesem hohen

---

[1] „Grund" umschreibt Wyser, wenn er a. a. O. S. 219 von „diesem unserem innigsten und tiefsten geistigen Sein" spricht.

Adel, (der) in naher Verwandtschaft (mit Gott besteht), zuwenden, so fügen sich die Treulosen damit ewigen Schaden zu.

Nun wollen wir den Weg betrachten, der zu wahrer Seligkeit
führt; davon habt ihr dieser Tage (bereits) gehört. Es ist (der
Weg der) wahren Demut und ein gänzliches Verleugnen des
Menschen selbst und seiner eigenen Art; nichts von sich zu
halten noch von allem, was man tut oder tun kann; von allem
sich loszulösen und sich für gar nichts zu halten, womit man
auch das Richtige trifft. Gibt es irgend etwas, so ist es nichts
dem Menschen Eigenes, sondern ganz und gar Gottes. In diesen
Grund mußt du kommen; sollen deine Augen selig werden, so
mußt du gründlich in diesen Grund sehen lernen; diese Regel
hat uns unser Herr hinterlassen, als er sprach: „Lernet von mir,
der ich demütig und sanftmütig bin." Diese beiden — Demut
und Sanftmut — sind zwei Gespielen, zwei Schwestern, die
allerwege zusammenwohnen und miteinandergehen. Ist die eine
im Grunde, so muß die andere notgedrungen auch darinnen sein.
Den Kleinen offenbart der himmlische Vater die großen, hohen,
verborgenen Dinge; vor den Großen und Weisen hat er sie ver-
hüllt. In dieser Kleinheit allein wird die reine lautere Wahrheit
verstanden, in der das Wesen der Seligkeit liegt und nirgends
anderswo.

Nun sprach unser Herr: „Viele Propheten und Könige wollten
dies sehen und sahen es nicht." Unter „Propheten" verstehen
wir die großen, gewandten, vernünftigen Geister, die sich in der
Genauigkeit ihrer Unterscheidungen an ihre Urteilskraft halten
und sich damit wunder wie vorkommen. Deren Augen werden
nicht selig. Unter „Königen" verstehen wir die herrscherlichen [2],
starken, gewaltigen Menschen, die Herren ihrer selbst sind in
Werken, Worten, (in der Kraft) ihrer Zungen und tun können,
was sie wollen: fasten, wachen, beten; sie glauben, das sei etwas,
und setzen die anderen herab. (Auch) dies sind nicht die Augen,
die das erblicken, was sie selig macht. Diese alle wollten sehen
und sahen nichts. Sie wollten sehen: dies kraft ihres Eigenwillens.

---

[2] Die Lesart bei Corin Wi 2, S. 149,9 „herlichen" ist der bei Vetter 348, 8—9
„heiligen" und der des LT vorzuziehen. Aber das Wort „herrlich" wirkt miß-
verständlich; es ist „herrscherlich" dafür eingesetzt.

Meine Lieben! In diesem Willen liegt der Schaden, denn er ist (so) recht der Gegenstand des Hindernisses. Der Wille bedeckt die Augen von innen so, wie wenn vor dem leiblichen Auge ein Fell oder eine Decke wäre und darum das Auge nicht sehen könnte. Darum muß das Auge ohne alle Farbe sein, damit es alle Farben sehen könne. Ebenso muß das innere Auge frei und ledig allen Wollens oder Nichtwollens sein, wenn es unbehindert und in Seligkeit soll sehen können. Der Wille hat viele Farben; in weltlichen Herzen ist er grob und nach außen gerichtet; in geistlichen aber hat er seine eigene Farbe; denn der Mensch verhält sich, als ob er drei Menschen wäre und ist doch (nur) einer. Der erste ist der äußere, tierische, sinnliche Mensch; der zweite der geistige mit seiner Erkenntniskraft; der dritte der sich zu sich selbst neigende Seelengrund, der oberste Teil der Seele, das Gemüt. Alles zusammen macht nur einen Menschen aus. So sind auch verschiedene Arten des Willens in dem Menschen, jede nach ihrer Weise.

Der (eigene) Wille, meine Lieben, muß weg, wie unser Herr sprach: „Ich bin nicht gekommen, meinen Willen zu tun, sondern den meines Vaters. So lange und die ganze Zeit über, während welcher du deinem Eigenwillen lebst, wisse, daß dir an dieser Seligkeit gebricht. Denn alle wahre Seligkeit liegt an rechter Gelassenheit, an der Ablösung vom Eigenwillen; das kommt alles aus dem Grunde der Demut; da wird der Eigenwille abgetan; denn dieser Wille ist recht wie eine Säule, darin sich alle Unordnung findet[3]. Könnten wir *die* fällen, so stürzten die Mauern alle zusammen. Je demütiger, desto weniger Wille.

Nun wollen wir weiter reden von der Liebe, wie die sein soll aus ganzem Herzen, ganzer Seele, aus allen Kräften und aus ganzem Gemüte. Über diesen Gegenstand hat es viel Streit unter den Gelehrten gegeben, ob die Erkenntnis höher stehe

[3] Die Stelle zeigt verschiedenen Sinn, je nachdem man sich für die Lesart Vetters 348, 32—33 und der Drucke, des LT, AT, KT — „unordenunge" —, oder für die der Hs. Wi 2, S. 151, 3 — ordenunge — entscheidet. Ich habe mich für jene entschieden und demgemäß durch das hinweisende Fürwort „dieser" bei Wille = „der Eigenwille" den Sinn der Stelle annehmbarer zu machen versucht.

oder die Liebe. Davon wollen wir (hier) nicht sprechen. Aber daran ist kein Zweifel: auf Erden ist die Liebe viel verdienstlicher und nutzbringender als die Erkenntnis. Die Liebe gelangt da hinein, wo die Erkenntnis außen bleiben muß. Auch bedarf die Liebe keiner großen, fein unterscheidenden Erkenntnis, sondern nur des lauteren, lebendigen Glaubens eines christlichen Lebens.

Jetzt betrachten wir, welches die Form, der Gegenstand, das Ziel der Liebe sei. Gegenstand der Liebe ist unser Herz, unsere Seele, sind unsere Kräfte. Ihre Form ist die Liebe, denn ihre Wirksamkeit besteht aus aller Kraft zu lieben. Ziel und Zweck ist unmittelbar Gott. Der Liebe Wesen ist Liebe; denn sie liebt, um zu lieben. — Nun gibt uns Richard (von Sankt Viktor) (gewisse) Unterscheidungen von der Liebe und sagt: Liebe im niedersten Grad ist die des Herzens, die in Gedanken; die von der Seele (ausgehende) Liebe ist die des Wohlwollens und der Befriedigung; die von den Kräften (kommende) Liebe ist Unterdrückung all dessen, was der Liebe zuwider ist, und die, von welcher wir hier sprechen, ist keine von allen. Bischof Albrecht gibt von alldem eine Auslegung zu diesem Evangelium und sagt: „aus ganzem Herzen", das bedeutet, mit wohlüberlegtem freiem Willen sich tätig zu zeigen aus ganzem Herzen, der Seele und den Kräften. Denn es kommt wohl vor, daß es einem Menschen einfällt, ein Ding zu lieben, und die Einsicht aus ihrer Freiheit heraus (ihn) zurückhält. Und etwas anderes ist es, daß ihn seine wohlüberlegte Einsicht etwas anderes zu lieben nötigt, wozu er nicht von solchem Drang, so ganz aus Verlangen getrieben wird. So soll diese Liebe (die wir meinen) aus einem wohlbedachten, freien, willigen Herzen (kommen) als Gegenstand von allem, von Gesinnung und Gedanken, soweit dies in dieser wandelbaren Zeit möglich ist.

Weiter: „aus ganzer Seele", das heißt: aus aller Begierde und aller Freude, aus Geneigtheit und liebender Zuneigung und aus freiem Willen; und Gott zu lieben aus allen Orten der Seele, das bedeutet: mit seinem inneren und äußeren Menschen. Diese Liebe kommt aus der Erkenntnis der Wahrheit. Ferner: „aus allen Kräften", das will sagen: geliebt aus ganzem Fleiß und ganzer Übung, so daß man die tierischen Kräfte (in uns) und die Sinne und alles Äußerliche niederhalte und sich mit ganzer Kraft, außen und innen zur Liebe kehre mit alldem, womit man sich in der Liebe üben kann. Soweit nur möglich; so recht die Kräfte anspannen, wie einer, der einen Bogen stark spannt, da er weit schießen und ein rechtes Ziel treffen will. Das ist der Liebe Vollkommenheit, ihre oberste Stufe.

Sodann: „aus ganzem Gemüte". In dem, was das „Gemüt" ist und heißt — Grund unseres Geistes[4] —, ist alles andere eingeschlossen. Es wird ein Maß genannt, denn es mißt alles übrige. Es gibt ihm Form, Schwere und Gewicht; es entscheidet alles ringsum: Habitus mentis: Gewohnheit des Geistes.

Sankt Augustinus sagt: „Kein gutes Werk macht im eigentlichen Sinne eine Tugend aus, es sei denn, daß sie zur förmlichen Gewohnheit geworden, und einem Menschen so gewohnt, so leicht und erfreulich sei, als ob sie ihm zur (zweiten) Natur geworden wäre. Das kommt aus dem Grunde demütiger Liebe."

Nun müssen wie hier bedenken, was dieses „Gemüt" ist. Es steht bei weitem höher und innerlicher als die Kräfte; diese haben all ihr Vermögen von ihm und sind darin und von da heraus geflossen; und es ist in allem doch über jeglichem Maß. Es ist gar einfach, wesentlich und förmlich.

Ein Lehrmeister spricht davon und mehr noch (als die anderen). Die Meister sagen, dieses „Gemüt" der Seele sei so edel, stets wirkend, der Mensch schlafe oder wache, er wisse darum oder nicht, es habe ein gottförmiges, ständiges, ewiges Rückblicken auf Gott. Andere sagen, es schaue allerwege und liebe und genieße Gott ohne Unterlaß. Wie es sich damit verhält, das übergehen wir jetzt; aber es erkennt sich als Gott in Gott, und dennoch ist es geschaffen.

Proklus, ein heidnischer Lehrmeister, nennt es einen Schlaf, eine Stille, ein göttlich Rasten[5] und sagt: „Wir suchen auf ver-

---

[4] Die Beifügung zu „Gemüt" — vgl. Vetter 350, 1 — soll das Abgleiten des Verständnisses in die heutige Auffassung von „Gemüt" als dem Ort „vorwiegender Ansprechbarkeit des Gefühles" vermeiden helfen.
[5] Vetter 350, 21 hat „rasen", die Drucke jedoch (LT, AT, KT) und Wi 2, S. 156, 2 „rasten", was besser in den Zusammenhang paßt.

borgene Weise das Eine, das weit über Vernunft und Erkenntnis steht." Wann immer die Seele sich dorthin kehrt, wird sie göttlich und führt göttliches Leben. Solange der Mensch unter diesen äußerlichen, sinnlichen Dingen lebt und sich mit ihnen abgibt[6], kann er davon nichts wissen, ja er vermag es nicht zu glauben, daß das in ihm sei. Das Gemüt, der Grund, ist wie eingepflanzt in die Seele, so daß sie ein ewiges Streben und Ziehen in sich selbst hinein hat; und der menschliche Geist, der Grund[7], hat ein ewiges Neigen, ein Grundneigen wieder nach dem Ursprung. Dieses Neigen verlischt auch in der Hölle nicht, und das ist die größte Pein der Verdammten, daß ihnen die Erreichung ihres Ursprunges ewiglich versagt bleibt.

Wendet sich der Mensch dann an seine Vernunft, so richtet diese all die niederen Kräfte aus und verbessert sie und bezwingt sie; sie offenbart all die Gelüste und das Begehren der Unvernunft und legt alles ab, was nach den niederen Kräften verlangt; sie löst sich von ihnen allen ab als von fremdartigen Wesen, entfernt sich von den Sinnen und wird aller Betrübnis fremd. Und ist all dies gestillt, so sieht die Seele ihr eigenes Sein und all ihre Kräfte und erkennt sich als ein vernünftiges Bild dessen, von dem sie ausgeflossen ist. Von dem, was sie sehen, darf man diese Augen wohl seligpreisen, die hier recht hineindringen und diesem mit ihrem edlen Grunde einfach und seinshaft anhangen und darein versinken. „Das ist das *wunderbarste*", sagt Bischof Albrecht, „was sich hierin findet, das unvermischteste und *sicherste;* davon kann man euch am wenigsten *abziehen,* daran am wenigsten *hindern,* das am wenigsten *zurückbehalten.*" In diesem Glück gibt es keine Widerwärtigkeit, denn hier ist keine Gestalt, keine Sinnlichkeit, nicht Zeitlichkeit noch Vergänglichkeit; denn bis dahin gelangen die Unterscheidungen nicht, die von den Bildern kommen, wie Sankt Dionysius sagt.

Bischof Albrecht legt nun die genannten sechs Punkte aus und spricht: das ist darum das wunderbarste, weil über und außer-

---

[6] Nach Hs. S, s. Vetter 350, Lesarten zu Z. 24.
[7] Vgl. hierzu Wyser, a. a. O. S. 235.

halb diesen kein Wunder ist; und wer da hineinsieht, dem kann
nichts mehr wunderbar erscheinen; es ist das Allerhöchste,
über das nichts hinausreichen kann. Es ist auch das Unvermischteste, denn es hat nichts gemein mit Stofflichkeit noch mit stofflichen Dingen. Darum ist es auch das Allersicherste: denn diese
Wege geben allen Wegen Sicherheit und empfangen von ihnen
keine. Und das kann dem Menschen auch am wenigsten entzogen werden: denn weder das Fleisch noch sinnliche Gebrechen
der Untugend oder der Versuchung ziehen einen solchen Menschen von der Übung seiner Tätigkeit ab; und nichts kann ihn
daran hindern; denn er befindet sich in dem allerklarsten Licht,
das er jetzt absichtlich ergriffen hat, das ihm jetzt zur Natur
geworden ist, so daß er darin kein Leid mehr findet und es ihm
zur Gewohnheit geworden ist. Es ist auch das Allerbleibendste:
denn es kennt keine Widerwärtigkeit; diese Freude kann nicht
verlorengehen; denn sie hat das Ihre nicht im sinnlichen Teil
der Seele; und das ist die unvermischteste Wahrheit im Licht
und im Leben der Wahrheit[8].

Und das nennt man die ewige Seligkeit um dreier Dinge
willen; es ist ganz und gar göttlich und ein Bild Gottes im Menschen[9]; es ist *auch* göttlich, weil es ganz in Gott versunken ist;
die dritte Ursache ist: (es ist göttlich,) weil Gott selbst sich
dieses Werkes der Übung erfreut; und es ist göttliche Substanz
darum, weil sie einen Teil von Gott in sich aufgenommen hat.
All dieses Unwandelbare und Unermeßliche, von denen dieser
Meister hier sprach, ist nicht in der Wirksamkeit, sondern in
der Wesentlichkeit zu sehen, (nämlich) im Grunde, da ist es
unverlierbar und festbleibend und nicht in der Wirksamkeit
noch in der Weise dieser Zeit; denn in ihr sind die Dinge wandel-
bar, auch die Unermeßlichkeit im Wirksamen. Von alldem kann
es wohl eine Unterbrechung im Wirken, nicht aber im Sein
geben, wenn es recht darum steht. Und wer da recht hinein-

---

[8] Wyser, a. a. O. S. 300 ff. geht auf das Zitat Taulers aus des Albertus Magnus „In Lucam“ (10, 24), ed. Borgnet, Vol. 23, 46, ein und erweist es als in
Taulers Sinn „zurechtgebogen“.
[9] Die Zufügung des Albertus Magnus: „et hoc est intellectus“, läßt Tauler
weg! Vgl. Wyser, a. a. O.

gelangt ist, darf wohl fortan selig heißen. Und diese Seligkeit meinte unser Herr, als er sprach: „Selig die Augen, die das sehen, was ihr seht."

Meine Lieben! Dies zu erleben, dazu muß man einen günstigen Ort, eine gute Zeit haben, Stille, Sammlung, Losgelöstheit (vom Äußeren); dazu ist die Nacht gut geeignet; sie ist stille und lang. Und sollte man des Morgens ein wenig von diesem fühlen, so hat man dies und das zu tun, beginnt etwas anderes, läuft her und hin und erwartet dieses Erleben nicht von innen in Loslösung. Da kommt der Teufel, versperrt dir die Wege, daß dir dieses Licht nie mehr zuteil wird, und ein anderer wird an deine Stelle gesetzt, der (besser) diese Gelegenheit wahrnimmt. Liebe Schwester! Gibt dir Gott ein Königreich, so gibt er dir auch einen Klosterhof. Gibt Gott dir diese große Gnade, so wird er dir auch geben, wessen du bedarfst. Das aber ist euer größter Schaden, daß ihr (bei solcher Übung) nicht verharrt. Niemand soll sich (in das Leben) dieser Leute mischen; denn der Papst und die heilige Kirche tun es (auch) nicht: sie lassen Gott mit ihnen schalten.

Das alles könnte man wohl bekräftigen aus vielen Stellen der Schriften der allergrößten Heiligen, die je gelebt. David nennt es einen Schlummer — „In pace in idipsum dormiam et requiescam" — und Sankt Paulus einen Frieden, der alle Sinne übertrifft, Sankt Johannes eine Stille, die eine halbe Stunde währt. Viele andere große Heilige der heiligen Kirche, Sankt Dionysius, Sankt Gregorius und manche andere haben viel hierüber geschrieben. Da heißt es Zeit und Fleiß daranwenden. Sankt Augustinus sagt: „Will Gott wirken, so soll man mit eifriger Geduld sich zu seinem Wirken halten." Diese Menschen werden hören, daß unser Herr Sanftmut und Demut lehrt, daß sein Joch sanft, seine Bürde leicht sei. Ein Joch ist ein Ding, mit dessen Hilfe man führt oder zieht. Der himmlische Vater führt und zieht diese Menschen nach innen bis zum Allerinnersten und auch äußerlich mit erstaunlichen Prüfungen und schwerer Übung; das erscheint diesen Menschen alles sanft; alle Bürde ist ihnen wunderbar leicht, der Vater mag sie ziehen, wie er will. Laß dich nur schwere Schläge treffen, schweig stille: Gott will seine

Bürde auf dich legen. Sagt man, du habest den Verstand verloren, mit dir sei es nicht richtig: schweig dazu! Gott hat dir
diese Last bestimmt; und nicht daß man dir den Kopf sollte
abschlagen, wie man den Heiligen getan hat.

Daß wir den Weg gehen, der uns sehen läßt, was unsere
Augen selig macht, dazu helfe uns Gott. AMEN.

In omnibus requiem quaesivi
Überall suchte ich eine bleibende Statt (Sir. 24, 7)

54

Diese Predigt über das Ende der Mutter Gottes und ihre Auf-
nahme in den Himmel mahnt uns, unsere Ruhestatt nicht in
etwas Körperlichem oder Geistigem zu suchen und uns daran
genügen zu lassen, sondern in unserem unbekannten Gott; auch
lehrt uns die Predigt, wie wir in zwei Reichen wohnen sollen.

JENES WORT ist dem Buch des Jesus Sirach entnommen; man
wendet es auf Gottes Mutter an und legt ihr diese Worte in den
Mund: „Überall suchte ich Ruhe; ich fand sie im Gebiet meines
Herrn." Dieses Wort kann man im eigentlichen Sinn verstehen
von Unserer Lieben Frau, denn mit der Kraft ihrer Erkenntnis
stieg sie über die Himmel, in den Abgrund der Hölle, in die
Tiefen des Meeres; sie umfuhr den Umkreis der Erde und fand
(doch) nirgends eine Ruhestatt. Niemand, meine Lieben, soll in
diesem Leben in seinen Übungen der Frömmigkeit so hoch
steigen, daß er nicht je eine Stunde sich frei hielte, um der liebreichen Gottesmutter ein besonderes wonniges Lob und eben
solchen Dienst zu erbieten und sie auf liebevolle Weise zu bitten,
daß sie uns führe und ziehe und helfe, zu ihrem geliebten Kind
zu kommen.

Meine Lieben! Ihre Würdigkeit überschreitet jegliche Vorstellung[1], jedes Maß. Welch ein Wunder! Sie hat ihren Gott und

[1] Vgl. Corin, Sermons II, 368 und Anm. 1 zu der Aufgabe, für das Wort
„wîse" jeweils eine der Meinung Taulers und dem Sinnzusammenhang ent-

Schöpfer in ihrem Schoß und auf ihren Armen getragen in der begehrenswertesten und anmutigsten Weise, die über alle Sinne geht. Und nie hatte sie den geringsten Zweifel und war dessen stets sicher, daß dieses Kind ihr Gott war, und konnte mit ihm verfahren, wie sie wollte; es verhielt sich ihr gegenüber wie ihr Kind; doch hat sie durch ihr ganzes Leben hindurch daran nie ihr Genüge gefunden; vielmehr stieg der Grund ihrer Seele zur Höhe und erhob sich ohne Unterlaß bis in den göttlichen Abgrund; dort allein fand sie ihre Ruhe; da war ihr Erbe, ihre Ruhestätte, ihre Wohnung.

Meine Lieben! Durch die Vergiftung, die von der ersten Sünde ausging, ist die Natur in ihr niederstes Teil hinabgesunken. Der Mensch ist geschaffen und gestellt zwischen zwei Grenzpunkte: zwischen Zeit und Ewigkeit. Die Zeit sollte für uns nie mehr sein als ein Durchgang zu dem Ziel, und Ewigkeit sollte unsere Wohnung, unser Endziel sein. Nun wendet sich der arme Mensch infolge des Falles seiner Natur und seiner Blindheit ganz nach der schwächsten Seite, sucht seine Ruhe auf dem Weg und verliert sein wirkliches Ziel. Und so naschhaft ist die menschliche Natur geworden: sie hält sich sogleich an das, worauf sie stößt, und sucht dort ihre Ruhe, es sei ein geistliches oder leibliches Gut, ein inneres oder ein äußeres. Wie die weltlichen Leute ihre Ruhe und ihre Lust suchen, das ist wohlbekannt, und was aus ihnen werden wird, das werden sie schon noch erfahren. (Und offenbar wird werden,) wie es all denen ergehen wird, in welchem Stand sie auch seien, besonders die, welche unter geistlichem Gewand weltliche Herzen tragen und ihre Ruhe in zeitlichen Dingen suchen, welcher Art sie auch seien. Wüßten sie, welche Sorgen ihrer warteten[2], das Herz würde ihnen vor Angst im Leibe verdorren!

Wisset, Gott hat alle Dinge erschaffen zur Befriedigung des notwendigen Bedarfes, nichts aber, damit (die Menschen) dar-

---

sprechende Prägung zu finden. Tauler verleiht diesem Worte öfters einen erweiterten Sinn, der dann auch von der ursprünglichen Bedeutung des Wortes abweichende Übersetzungen rechtfertigt.

[2] Unter Veränderung der Zeichensetzung bei Vetter 202, 25 ff. ergibt sich ein besserer Sinnzusammenhang.

an ihr Genüge finden oder sich ihrer freuen, es sei denn er selbst.

Liebe treibt mich, euch folgendes zu sagen: ich bin mißverstanden worden, wenn man behauptet, ich habe gesagt, ich wolle niemandem die Beichte abnehmen, es sei denn, er verspreche mir alles zu tun, was ich wolle. Dies „was ich wolle" ist falsch wiedergegeben. Ich verlange von niemandem anderes als das, was geschrieben steht, und heiße niemanden, mir ein solches Versprechen abzulegen. Ich kann (aber auch) niemanden lossprechen, es sei ihm denn seine Sünde leid — das kann selbst der Papst nicht — und er habe den Willen, sich zu hüten vor der Sünde und vor den Ursachen, die ihn selbst zur Sünde führen.

An den Ursachen, die die Gelegenheiten zur Sünde sind, halten manche Leute mit Willen und Wissen fest; so gehen sie zur Beichte und zum Tisch des Herrn und wollen ihr Gebrechen nicht eingestehen; solange sie nicht (geradezu) gestohlen oder grobe Unkeuschheit getrieben haben, setzen sie (ihr Leben) in der gewohnten Weise fort. Sie mögen (selbst) zusehen, wie sie die Lossprechung erlangen. Sie werden das wohl noch erfahren und merken, welche Reue sie packt. Sie suchen ihre Ruhe, ihre Befriedigung an Dingen, die nicht Gottes sind, es seien Menschen, Kleider, Speise, Trost durch die Geschöpfe.

(Aber) auch an gut scheinenden Dingen sucht der Mensch seine Ruhe. Hat er sich irgendwie vergangen, so eilt er zu einer äußeren Beichte, bevor er sich in innerer Beichte Gott demütig schuldig bekannt hat. In der äußeren Beichte sucht die (menschliche) Natur ihre Ruhe, daß sie Zufriedenheit (mit sich selbst) erlange und das innerliche Schelten und Tadeln in sich stille und zum Schweigen bringe. Hat der Mensch gebeichtet, so schweigt der Tadel, und jener ist dann recht zufrieden (mit sich selbst). Wisset, die Gewissensbisse und die (Selbst)vorwürfe sind wie eine frische und schmerzende Wunde: sie scheuern den Rost der Sünden auf wunderbare Weise ab.

Die (menschliche) Natur sucht auch Ruhe in geistlichen Übungen, manche Leute in inneren Übungen und Werken, in ihrem Vorhaben, ihren besonderen (geistlichen) Bräuchen; und damit hindern sie — denn sie beharren auf ihren eigenen Formen der

Frömmigkeit — den Herrn, sie zur nächsten (Stufe der) Wahrheit zu erheben. Kurz gesagt: All das, worin der Mensch seine Ruhe sucht und das nicht lauter Gott ist, ist wurmstichig. Es ist nicht genug, daß du (um deine Demut zu zeigen) einen abgenutzten Mantel trägst und ein anderer den schönen Schein der Heiligkeit: nein, wahrlich, dazu gehört mehr.

Nun gibt es Leute, die sprechen von den schönsten und schlichtesten Dingen, wie alles nach Wunsch gegangen und ihnen alles leicht gefallen sei und Freude bereitet habe: Beten, Wachen, Fasten, Weinen, und doch sehe ich, daß sie dabei stehenbleiben. Merket, so gut, so gut dies immer sein oder scheinen mag, auch wenn es ohne Bilder, Formen, bestimmte Vorstellungen vor sich geht, ob es sich nun handle um Übersinnliches oder um Genießen: alles, worauf der Mensch mit Lust beharrt und was er so besitzt, wird wurmstichig. (Wichtig ist) ein reines, schlichtes Entsinken in das reine, einfache, unbekannte, ungenannte Gut, das Gott ist, in einer sich selbst verleugnenden Weise, und in alles, was sich in ihm enthüllen mag. So sprach der heilige Dionysius: alles solle sich an sein Nichts halten; nichts wissen, nichts erkennen, nichts (hienieden) wollen, es sei denn in sich selbst verleugnender Weise, nichts suchen, nichts für sich wollen als alles in einer (in Gott) entsinkenden Weise. Denn Gott ist nichts von alldem, was du von ihm aussagen kannst: er ist jenseits aller (menschlichen Vorstellung von) Form, Wesen oder Gut. Er ist nichts von dem, was du von ihm erkennen oder aussagen kannst; er ist über alldem, was ein (menschliches) Verständnis begreifen kann, nicht hoch noch tief, weder so noch so, sondern weit über jeden (menschlichen) festumrissenen Begriff [3].

In diesem unbekannten Gott suche deine Ruhestätte, und blicke nicht aus nach Empfindung noch Erleuchtung. Mach es wie ein Hund, der irgendwo ein Stück guten Fleisches findet: er getraut sich nicht, es anzurühren, und entflieht. Man hat ihn mit schweren Schlägen an solch Verhalten gewöhnt. Später wirst du (diese Freude) empfinden. Für jetzt halte dich demutsvoll an dein lauteres Nichts, das du in Wahrheit bist. Gibt es irgend

---

[3] Vgl. Anm. 1 zu dieser Predigt.

etwas, so ist das Gottes und nicht das Deine. Und wende dich nicht zu allem, was in dich leuchtet, es sei form- und gestaltlos, bildlos, über allem Sein erhaben. „Aber, Herr", sagen solche Leute, „es ist mir ganz gegenwärtig und erweist sich ganz wie Gott." Kehr dich nicht dahin, um dort zu ruhen, laß es sein, was es will, frage und forsche nicht weiter, halte dich unten, tauche ein in dein Nichtwissen und Nichtwissen-Wollen. Halte dich, von allem entblößt, an deinen verborgenen und unbekannten Gott, und denke, du seist nicht der Mensch, den großen, unbekannten, verborgenen Gott irgendwie zu erkennen; bleibe vielmehr in Stille und Ruhe ohne Erleuchtung und Empfinden.

Beim Propheten Ezechiel steht geschrieben: „Die Menschen, die bestimmt sind, das Allerheiligste zu betrachten, sollen keinen Erbbesitz haben; ich selbst will ihr Erbe sein." Obgleich diese Worte den Priestern gelten, kann man sie in einem geistigen Sinn auf all die Menschen anwenden, die das Allerheiligste betreten wollen, das ist die Verborgenheit der vertrauten Gemeinschaft mit Gott. Diese sollen kein Erbe ihr eigen nennen außer dem göttlichen, nicht bestimmbaren, formlosen, namenlosen, verborgenen Sein Gottes: das allein soll ihr Erbe sein. Ihr Haupt soll auf nichts anderem ruhen, es sei innerlich oder äußerlich, sonst verfällt es dem Wurmfraß. Halte dich nicht auf, wenn alles so glatt geht, daß man sagen könnte, alles sei eben. Liebe eher das Rauhe und Unebene als dieses (wohlige) Kosten und Empfinden. Nein, ruhe dich da nicht aus, suche dein Nichts.

Als Gott alle Dinge schaffen und machen wollte, da hatte er nichts vor sich als das Nichts. Daraus allein schuf er ein Etwas; er schuf alle Dinge aus dem Nichts. Wo Gott in der ihm eigentümlichen Weise wirken soll und will, braucht er nichts als das Nichts. Das Nichts ist geeigneter als alles, was ist, in leidender Weise das Wirken Gottes zu erfahren. Willst du ohne Unterlaß stets empfänglich sein für all das, was Gott seinen auserwähltesten Freunden geben kann oder will und in ihnen wirken, an Sein und Leben? Willst du, daß er dich mit seinen Gaben überströme? Dann befleißige dich vor allen Dingen (zu begreifen), daß du in deinem Grunde in Wahrheit nichts seiest. Denn unsere Selbstsucht und unser Mangel an Entsagung hindern Gott, sein edles Werk in uns zu vollbringen.

Job, der heilige Mann, den unser Herr lobte und von dem er sagte, daß er gerecht und schlicht sei und seinesgleichen nicht gefunden werde, und von dem geschrieben steht, daß er nie ein törichtes Wort aussprach, sagte: „Mein Platz und der alles dessen, was mein ist, ist der tiefste Abgrund der Hölle. Glaubst du, daß ich dort werde Ruhe finden können?" Seht, dieser heilige Mann verstand unter „sich und was sein war" nicht sein geschaffenes Nichts, da ohne Zweifel von diesem Gesichtspunkt aus natürlicherweise nichts ist, sondern er meinte mit dem „sich und was sein sei" sein schuldbares Nichts. Dieser Gerechte wollte, seiner Schuld wegen, in den tiefsten Grund der Hölle hinabsteigen, in deren beängstigendsten und finstersten Teil. Es ist, als ob er hätte sagen wollen: „Es ist nicht gewiß, daß es irgendeinen Ort gibt, wo ich für meine Sünden und verdienten Strafen genugtun kann." Und er wollte die größten und peinvollsten Qualen ausstehen und nie mehr davon befreit sein. Weiß man, ob er mit irgendeiner Genugtuung für diese Schuld genugtat? [4]

In gleicher Weise wie Job sprach einer unserer Brüder, Wigman mit Namen. Er erkannte sein Nichts in solchem Maß, daß er seinen Platz nirgends anderswo finden konnte als im tiefsten Grund der Hölle unter Luzifer. Als er da lag, hörte er eine Stimme vom obersten Himmel her rufen: „Wigman, komm rasch herauf auf den höchsten Thron, in das Herz des himmlischen Vaters." Sankt Gregorius sprach: „Diese Leute suchen den Tod und finden ihn nicht." Der Liebe in solch abgrundtiefer Vernichtung antwortet, in Wahrheit, das Leben, unbegehrt, ungesucht, ungewollt. Daher, ihr Lieben, je mehr man hinabsteigt, um so mehr steigt man hinauf, je weniger man verlangt, um so mehr erhält man.

Nun kommen wir auf das Wort Unserer Lieben Frau zurück: „Ich fand meine Ruhestätte im Erbe meines Herrn." Wir haben ein zweifaches Erbe, in dem wir wohnen sollen. Das eine ist

[4] Zu Vetter 205,24: Corin verbessert den hier vorliegenden Wortlaut in folgender Weise: „als ob er spreche: es ist misselich, ob minre schulde ... iht genügen sulle". Das gibt einen annehmbaren Sinn.

zeitlich: darin sollen wir jetzt wohnen: das ist das ehrwürdige Leben und Leiden und das heilige Vorbild unseres Herrn. Das andere Erbe erwarten wir: das verklärte Erbe der herrlichen Gottheit. Es ward uns versprochen, daß wir Miterben seines Landes sein sollten, Gottes Hausgenossen ewiglich.

Bewahren wir nun, meine Lieben, in Treue das zeitliche Erbe mit Liebe und wahrer Dankbarkeit — das Leben unseres Herrn —, so werden wir das ewige Erbe um so reichlicher und seliger in Ewigkeit besitzen, je besser wir das irdische Erbe bewahrt haben. Die Wunden unseres Herrn sind alle heil, mit Ausnahme der fünf Wunden, die offen bleiben sollen bis an den Jüngsten Tag. Wie klar die Gottheit da heraus scheinet und welche Seligkeit die Heiligen und die Engel davon empfangen, das läßt sich nicht in Worte fassen.

Diese fünf Pforten sollen hienieden unser Erbe sein; durch sie sollen wir das ewige Erbe in unseres Vaters Reich betreten. Der Pförtner dieser fünf Tore ist der Heilige Geist. Seine gütige Liebe ist allzeit bereit, uns, wenn wir klopfen, einzulassen und eintreten zu lassen durch sie in das ewige väterliche Erbe. Gewiß, der Mensch, der hier eintritt, wie es sich gehört, wird nicht irregehen. An diesen ehrwürdigen Wunden sollen wir fünferlei lernen, dank dessen wir ungehindert eintreten können; das ist: Meiden, Leiden, Schweigen, Verachten, Sich-selbst-Verleugnen in wahrer Gelassenheit. Beuge dich über die Wunde des linken Fußes, presse deine Lippen darauf, um dort die Kraft zu empfangen, alle Lust und alle Befriedigung zu fliehen, die du ohne ihn haben oder empfangen könntest. Dann beuge dich mit all deiner Kraft über die Wunde des rechten Fußes, und lerne dort leiden, was über dich kommt, innerlich oder äußerlich, wo immer es her kommt. Ferner sauge aus der rechten Hand des Herrn den süßen Saft, und bitte ihn, dir die Kraft zum Schweigen zu geben, innerlich und äußerlich; wer diese Tugend besäße, zu allem zu schweigen, dem könnte nichts widerfahren. Schöpfe sodann aus der Wunde der linken Hand die Gnade, verachten zu können, das heißt, gleichgültig zu bleiben gegenüber den zeitlichen Dingen, die von außen oder von innen auf dich zukommen, gegenüber allem, was dir widerfährt oder dir in den Sinn kommt. Was du weder liebst noch erstrebst, aber dennoch Eindruck auf dich macht, um all das kümmere dich nicht, laß fallen, laß fahren; laß es dich nicht bekümmern. Dann dringe mit allem, was du bist, in das liebende, gütige Herz, in das liebliche Brautbett, das er den Seinen, die ihm gern ihr Herz schenken wollen, aufgetan hat, wo er sie mit den edlen Armen seiner Liebe umfangen will und wo sie sich ewig seiner Gemeinschaft erfreuen sollen. Dort soll man lehren, sich in allen Lagen selbst zu verleugnen: in Lieben und Leiden, im Haben und Darben, in Zeit und Ewigkeit, wie es der Herr will und es seinem göttlichen Herzen gefällt, in dir und allen Geschöpfen. Laß alle Dinge davonstieben und fliegen, daß es ihm allein behage.

So und in mancher heiligen Andacht sollt ihr dieses liebevolle (irdische) Erbe üben und durch diese sicheren Pforten in das ewige Leben eingehen.

Opfert dem himmlischen Vater das unverschuldete Leiden Jesu auf für eure wohlverdienten Leiden, seine unschuldigen Gedanken für eure schuldvollen, seine heiligen Worte für eure unheiligen und all sein Tun, seine Demut, Geduld, Sanftmut, Liebe für all das, woran es euch hierin gebricht, innerlich oder äußerlich. Besitzt ihr aber dieses liebreiche Erbe hienieden gewißlich, so dürft ihr wohl des zukünftigen sicher sein, daß ihr wohnen bleibt und ruhet in dem Erbe des Herrn mit Unserer Lieben Frau in alle Ewigkeit.

Möchten wir (doch) in allen Dingen so unsere Ruhe suchen, damit wir zu diesem (ewigen) Erbe gelangen, dazu helfe uns Gott. AMEN.

Transite ad me omnes qui concupiscitis me et a generacionibus meis adin-
plemini
Kommet alle zu mir, die ihr meiner begehrt, und sättigt euch an meinen
Früchten (Sir. 24, 19)

55

*Diese Predigt vom Feste der Geburt Unserer Lieben Frau zeigt
die Gottesmutter als Vorbild und Antrieb unseres Strebens nach
der Geburt Gottes in uns.*

MAN BEGEHT HEUTE den schönen Tag, da die göttliche Jungfrau, Unsere Liebe Frau, lauter (von der Sünde), unbefleckt und
heilig aus dem Schoß ihrer Mutter, in dem sie geheiligt ward,
hervorging. In ihr wurde zurückgebracht, was im Paradies verlorenging, das edle Bild, das der Vater nach seinem Ebenbild
geschaffen hatte und das dort zugrunde gerichtet worden war.
Sie sollte zusammen mit dem Vater die Wiedergebärerin all der
Glieder (seines mystischen Leibes) durch deren Zurückführung
in ihren Ursprung werden. Gott wollte aus unergründlicher
Barmherzigkeit durch sie uns wieder aus dem ewigen Abgrund
heraushelfen, in den wir, soweit das an uns gelegen hatte, gefallen waren. Dies (nun) wird über diese Jungfrau gesagt, und
die Weisheit sprach es: „Kommet alle zu mir, die ihr meiner
begehrt, und sättigt euch an meinen Früchten."
    Dieses Wort meint eigentlich den himmlischen Vater und
leitet und zieht uns zu der (in ihm vollzogenen) Geburt (seines
Sohnes). Die gleichen Worte bezog die Weisheit aber ebenso
eigentlich auf diese Jungfrau, denn diese Geburt, die der himmlische Vater vollzogen hat, ist auch die ihrige, diese Geburt hat
auch *sie* geboren, und sie leitet uns an, uns zu erheben, um von

den Früchten dieser lieblichen Geburt gesättigt zu werden. Die Weisheit sprach: „Euch allen, die mich ersehnen, die in Wahrheit und voll Zufriedenheit diese Geburt ersehnen, wird zuweilen ein kleiner Strahl dieser Geburt zuteil werden." Damit wird deren Begehren angeregt und angetrieben, noch mehr zu begehren.

Sprechen wir also mit dem heiligen Augustinus: „Herr, für dich hast du uns geschaffen, und davon ist unser Herz unruhig, bis es ruhet in dir." Diese Unruhe, die man ständig und ohne Unterlaß haben sollte, wird aufgehalten und behindert durch fremdartige Geburten, die in dem Menschen geschehen: zeitliche, vergängliche, sinnliche Dinge, Befriedigung und Freude an den Geschöpfen, seien sie tot oder lebendig, Freundschaften und Gesellschaften, Kleider, Speise, kurz alles, woran der Mensch Freude hat, diese Dinge werden in dem Menschen geboren; und sie sind die Erzeuger solcher Geburten in dir, daß Gott, solange solche Geburten mit deinem Wissen und Willen in dir vollzogen werden, solange du von der Freude an solchen Dingen besessen bist, nie in dir geboren werden wird, wie unbedeutend und klein jene Dinge auch sein mögen. Diese Kleinigkeiten nehmen dir und berauben dich deines großen Gottes und der liebevollen Geburt, durch die Gott in dir erzeugt werden wollte und sollte; sie benehmen dir das Begehren nach jener Gottesgeburt in dir, die freudige Zuversicht, die du zu Gott und jener Geburt haben solltest; darin hemmt dich solche Lust.

Und wenn die Leute dann klagen: „Ach, mir fehlt die Liebe (zu Gott), das Begehren (nach ihm)", so liegt es allein daran: du beharrst (in deiner Freude an den irdischen Dingen), das hält Liebe und Begehren in dir auf. Betrachte dein Hindernis selbst; niemand kennt es so gut wie du. Nicht mich frage, sondern dich, warum du weder Liebe noch Begehren besitzest. Ihr wollt Gott und die Geschöpfe zugleich besitzen, und das geht nicht. Freude an Gott zusammen mit der Freude an den Geschöpfen, das ist unmöglich, und wenn du blutige Tränen weintest.

Damit sind nicht *die* Dinge gemeint, die man (zum Leben) braucht oder die man durch Gott oder in Gott besitzt, oder solche, deren Beseitigung die menschliche Natur nicht erlaubt, wie etwa die Lust, die der Hungrige am Essen, der Durstige am Trinken hat, der Müde am Rasten, der Gefangene am Schlaf. Wenn man freilich dies alles aus Lust aufsucht, nicht aus Bedürfnis oder natürlichem Nutzen, vielmehr aus Lust oder Begierde, so hindert dies alles die Geburt (Gottes im Menschen), aber doch in geringerem Maß als die Begierde nach anderen Dingen: denn dergleichen hängt mit der natürlichen Notdurft zusammen, und die Begierde nach diesen Dingen kann, soweit die Natur dabei mitwirkt, von der Befriedigung (des natürlichen Dranges) nicht geschieden werden.

Der Mensch aber, der der ewigen Geburt kein Hindernis bereiten und im Begehren nach ihr voranschreiten will, der achte auf die Hindernisse, die durch die Lust der Sinne oder der (menschlichen) Natur oder der Geschöpfe bereitet werden. Je geringer diese Hindernisse, um so größer jenes Begehren (nach der Gottesgeburt); je mehr Kälte entweicht, um so mehr Wärme dringt ein. Auch soll der Mensch nicht in Trägheit beharren, in Unachtsamkeit, (der Neigung zu) Bequemlichkeit, blinder Schwäche.

Und (doch) gehen manche Menschen wie die Blinden ihres Weges; und was sie tun, das tun sie so unvorsichtig und unvernünftig, in einer Art Unüberlegtheit. Wisse: über alle diese Gebrechen, die sich von deiner Anhänglichkeit (an die Geschöpfe) und von deiner Gleichgültigkeit herschreiben, hat dein Beichtvater keine Gewalt, solange du mit Willen in ihnen verharren willst. Du könntest des Tages zehnmal beichten, das hülfe dir nichts, du wollest denn von jenen Gebrechen ablassen.

Und wisse ferner: wirst du (in der Stunde deines Todes) aus eigenem freiem Willen mit der Liebe zu den Geschöpfen behaftet erfunden, so kommst du nimmer vor Gottes Antlitz. Das sagt die ganze Heilige Schrift, und im Evangelium steht es überall; das ist das Gebot des Alten und des Neuen Bundes, daß man Gott (von ganzem Herzen, aus ganzer Seele) lieben solle.

An einer anderen Stelle liest man: „Wer nicht alles verläßt, was er besitzt, ist meiner nicht wert." Und anderwärts: „Nicht alle, die da sprechen: ‚Herr, Herr!' werden in das Himmelreich gelangen, sondern die den Willen meines Vaters tun, die werden in das Himmelreich eingehen." Glaubt ihr, daß Gott sein Reich

elenden Geschöpfen geben wolle und er darum sein kostbares
Blut vergossen und sein teures Leben hingegeben habe? Seht euch
vor! Denkt nicht, Gott werde es so hingehen lassen. Wüßtet ihr,
wie schwer Gott all dies bestrafen wird, ihr würdet vor Angst
vergehen. Gott hat (uns) alle Dinge gegeben, damit sie ein Weg
zu ihm seien; und er allein will Ziel dieses Weges sein, anders
nicht, weder so noch so. Glaubt ihr, das sei Scherz? Nein, wahrlich: die Zugehörigkeit zum Orden (allein) macht euch nicht
heilig; weder meine Kapuze noch meine Tonsur, weder mein
Kloster noch meine heilige Umgebung, all das (allein) macht
(mich) nicht heilig. Ich muß einen heiligen, ledigen, lauteren,
freien Grund besitzen, soll ich heilig werden.

Nicht daß ich oft sage: „Herr, Herr!", viel bete und lese, gut
zu reden wisse, gut auffasse und (nach außen) einen guten Eindruck mache, das alles hilft mir nicht (zum Eintritt ins Himmelreich), dazu gehört anderes. Betrügst du dich, so hast du den
Schaden, nicht ich. All diese Dinge (von denen ich sprach) nimmt
man bei euren weltlichen Herzen, eurem (weltlichen) Grunde,
eurem nichtigen Wesen in geistlichem Gewande, in gleicher Weise
wahr, wie (es der Fall ist,) wenn (ein Gärtner) einen Zweig auf
einen Stamm pfropft: die Früchte, die davon kommen, arten
nach dem Pfropfreis und nicht nach dem Stamm. So geraten all
eure Früchte, besessen, wie ihr seid, mit fremden, äußerlichen
Geburten, nach den Pfropfreisern[1]. Eure guten Werke, die göttlich sein sollten, bleiben menschlich und nutzlos, denn das, was
sie hervorbringt, sind eure inneren und äußeren Kräfte.

Davon sagt Job: „Im Grauen eines nächtlichen Gerichtes
ergriff mich Schrecken und Beben; all mein Gebein wurde entblößt, und als der Geist vorüberging in meiner Gegenwart,
sträubten sich alle Haare meines Leibes." Dieses Grauen des
nächtlichen Gerichtes, das ist die dunkle und blinde Besitznahme
(des Herzens durch die Geschöpfe). Es folgt ein unbegreiflicher
Schrecken und ängstliches Beben, das alles Gebein erzittern
läßt. Der Vorübergang des Geistes in seiner Gegenwärtigkeit
ist der Vorübergang Gottes.

---

[1] Vetter, 225, 5 „nach den zwigen". Um im Bild zu bleiben, empfiehlt es sich,
das Wort „zwie" = „zwî" im Sinn von „Pfropfreis" zu gebrauchen.

Nun spricht auch hier das Evangelium von einem Vorübergang. Zweimal „Transite" bedeutet einen zweifachen Vorübergang, der eine ist der des Geistes, das heißt: Gottes zu uns, der andere ist unser Hingang zu Gott. Dieser Gang muß, wie ihr gehört habt, einen Weggang haben. Denn wie die Lehrmeister sprechen, können nicht zwei Formen zugleich im gleichen Stoff sein. Soll Feuer entstehen, so muß das Holz verbrennen, soll der Baum wachsen, so muß der Kern zugrunde gehen; soll Gott seinen Weg in unser Inneres nehmen und seine Geburt in uns vollziehen, so muß das Geschöpf in uns zunichte werden.

Zu der Stelle: „die Haare meines Leibes sträubten sich beim Durchgang des Geistes", verweist Sankt Gregorius auf die Leviten, denen man die Haare abscheren mußte. Dies bedeutet: wie die Haare im Fleisch wachsen, so wächst in den oberen wie den niederen Kräften die Anhänglichkeit der alten Gewohnheit; die soll man mit dem scharfen Schermesser eines heiligen Fleißes abscheren; das soll man schärfen und wetzen an dem gewaltigen, erschreckenden, verborgenen Urteil Gottes und an seiner raschen Gerechtigkeit, die (auch) einen Gedanken nicht unbeurteilt läßt. Das geringste Bild, das mit freiem Willen festgehalten wird, muß mit unleidlichem Fegefeuer abgebüßt werden, ehe man vor Gottes Angesicht gelangt.

Wenn nun diese bösen, unreinen Haare mit dem scharfen Schermesser abgeschoren sind, so wachsen sie wieder nach; so muß man mit neuem Fleiß darangehen. Es gibt Menschen, die (darin) so eifrig sind, daß, kaum daß sie eines Gedankens gewahr werden, sie ihn mit eisernem Willen wegscheren. Zuerst ist das hart, sich selbst stets so in acht zu haben. Hat sich aber der Mensch daran gewöhnt, so fällt es ihm gar leicht. Und was zuerst einen eisernen Willen erforderte, dazu genügt ein Hauch.

Auch soll der Mensch eine tätige und allgemeine Liebe besitzen, nicht nur für einen bestimmten Kreis, sondern für alle Menschen, nicht nur für die Guten, sondern für die Allgemeinheit der Armen, ohne Unterschied. So handelten die gottgeliebten Menschen, Vater und Mutter Unserer Lieben Frau. Die teilten all ihre Habe in drei Teile: ein Teil war für den Dienst Gottes und für den Tempel bestimmt; ein zweiter Teil der Allgemeinheit der Armen. Von dem dritten Teil lebten sie selber. Wisset: wo die Neigung zu Schlemmerei besteht oder aber der Geiz herrscht, da ist ein gewaltiger, unsauberer Abgrund, durch und durch böse. Der Mensch sollte im Gebrauch der wertlosen vergänglichen Dinge freigebig sein. Wer gibt, dem wird gegeben, dem der vergibt, wird wieder verziehen. Wie du missest, so wird auch dir zugemessen werden.

Nun haften etliche auch an inneren Dingen, so daß davon gleichfalls böse Haare wachsen, von denen sie nichts wissen. *Die* könnten so sein, daß diese Menschen niemals damit vor Gottes Angesicht träten. Diese Leute könnten wohl gar lauter vor Gott gelebt und große Übungen der Frömmigkeit gezeigt haben; das aber, woran sie hängen und haften, liegt im Grunde verborgen, und sie wissen selbst nichts davon. Darum wäre es gar gut, daß *die* Menschen, die gerne der Wahrheit leben möchten, einen Gottesfreund besäßen, dem sie sich unterwürfen und der sie nach Gottes Geist leitete. Denn jenes nimmt man nicht sogleich wahr, ohne etlichen Umgang mit Leuten gehabt zu haben, die an solch innerer Anhänglichkeit leiden. Diese Leute sollten auf hundert Meilen in der Runde einen erfahrenen Gottesfreund suchen, der den rechten Weg kennte und sie zu leiten vermöchte. Und ist ein solcher nicht zu finden, so täte es ein gewöhnlicher Beichtiger auch; wie schlicht diese auch sein mögen, so spricht doch oft der Heilige Geist durch sie von ihres Amtes wegen, ohne daß sie es selbst wissen und verstehen. Solchen soll man sich unterwerfen, ihnen Gehorsam erzeigen und nicht nach eigenem Kopfe leben (wollen).

In der Heiligen Jungfrau besitzen wir in dieser Hinsicht ein vollkommenes Vorbild. Als sie noch Kind war, gehorchte sie ihren Eltern, Vater und Mutter. Dann kam sie unter die Obhut des Tempelpriesters, darauf unter die Josephs, sodann unter die unseres Herrn Jesus Christus, schließlich unter die des heiligen Johannes, dem sie unser Herr an seiner Statt anbefahl.

Und darum wollen wir sie mit aller Andacht bitten, daß (auch) sie uns in ihre Obhut nehme und sie uns, am Tag ihrer Geburt, wiederum in unseren Ursprung gebäre. Daß dies uns allen zuteil werde, dazu helfe uns Gott. AMEN.

429

Transite ad me omnes qui concupiscitis me et a generationibus meis adinplemini

Kommet alle zu mir, die ihr meiner begehrt, und sättigt euch an meinen Früchten (Sir. 24, 19)

56

Diese Predigt vom Oktavtage der Geburt Mariens unterweist uns über das Bittgebet und die Versuchungen des bösen Feindes; sie berichtet von den Erscheinungen des Herrn an Job und Elias; sie zeigen uns die Verdienste einer willigen Annahme der Leiden.

HEUTE BEGEHT MAN DIE OKTAV des Festes der Geburt Unserer Lieben Frau. Und der heilige Bernhard, klug und verständig, und andere Heiligen bekennen, daß sie sie nicht angemessen loben können und ob des Lobes, das sie verdiente, schweigen müssen. Jener sprach: „Liebe Frau, wie hoch euch auch eine Verwandtschaft mit der anbetungswürdigen Gottheit gestellt haben mag, so vergesset darüber nicht die Verwandtschaft, die euch mit der armen Menschheit verbindet. Und verliert euch nicht so sehr in den göttlichen Abgrund, daß ihr nicht der menschlichen Schwäche gedächtet, die ihr (ja) wohl auf manche Weise erfahren habt." Und solch innerlicher Gebete dieses und anderer Heiligen zu ihr kennen wir noch mehr.

(Was das Gebet betrifft,) haben die Menschen zwei (voneinander) verschiedene Weisen. Die einen wollen mit ihrem Gebet nichts erbitten und sagen, das könnten sie nicht, denn sie wollen und müssen sich Gott überlassen, damit er mit ihnen und ihren Anliegen mache, was er wolle. Die anderen, die rufen gar eifrig unsere Liebe Frau und die Heiligen um all ihre Angelegenheiten an. Beider Art kann Mängel haben.

Die ersten haben nicht erkannt, daß die heilige Kirche das Beten angeordnet hat. Und unser Herr hat uns selber gelehrt zu beten, und das Vorbild des Gebetes hat er uns selber gegeben und zu seinem Vater gebetet. Jene Menschen entschuldigt ihre schlichte Meinung dafür, daß sie (von Gott) nichts erbitten; das entschuldigt sie, und sie werden doch erhört, denn sie meinen es nicht böse. Und es gibt Dinge, die der Herr nur auf das Gebet hin tun will. Sankt Gregorius sagt: „Gott will gebeten sein." Wisset: Gott läßt den Menschen oft in Not geraten, um ihn zum Gebet anzutreiben; dann hilft Gott ihm und erhört ihn, damit seine Liebe von neuem angeregt werde und der Mensch durch die Erhörung Trost empfange.

Den anderen, die ihre Anliegen im Gebet Gott vortragen, kann es daran fehlen, daß sie sich nicht Gott überlassen und wollen, daß das Anliegen, wofür sie beten, vorangehe. Sie sollten wohl bitten, aber das in rechter Gelassenheit, derart, daß das, was Gott gefiele, ihnen lieb wäre in jeder Art und in allen Dingen.

Nun betrachten wir das Wort „transite" unseres Textes. Wir haben in diesen Tagen viel davon gesprochen, wie die beginnenden Menschen die groben, großen Sünden wegscheren sollen, die groben Haare, und die zunehmenden die bösen Neigungen, und die, welche der Vollkommenheit näher gerückt sind, die feinen Haare in ihrem Inneren[1]. Der Mensch, der sich (von den Geschöpfen) abgekehrt und sein Herz Gott zugewendet hat, ist bestrebt, Gott allein zu lieben und an ihn allein zu denken. Den bringt der Feind in solch schwere Versuchung, daß ein weltlich (gesinnter) Mensch vor ihr erschräke.

Versuchungen haben (zwar) der innerliche wie der weltlich gesinnte Mensch; aber ihr Grund ist verschieden. Dem weltlichen Menschen kommt die Versuchung aus einem nicht (den Ge-

---

[1] Vetter 225, 12 „die inwendig schoener sint" gibt keinen annehmbaren Sinn. Corin, Sermons III, 14, Anm. 2, verweist auf eine Stelle in Predigt 57 (= Vetter Nr. 52), wo von den „Schoßhaaren" die Rede ist, den bösen Neigungen, die infolge langer Gewohnheit im Hintergrund geblieben sind, also sozusagen „inwendig" gewuchert haben. Unter Benutzung dieses Hinweises — Sermons III, 25 oben — ergibt sich eine vertretbare Übersetzung.

schöpfen) abgestorbenen Grunde, aus seiner Natur von Fleisch und Blut, und er entledigt sich der Versuchung, indem er das tut, was sie von ihm will. Und der Feind braucht ihn nicht mehr weiter zu versuchen, ein Hauch genügt, und er hat keine Mühe mehr (mit diesem Menschen). Der gute Mensch aber steht in Lauterkeit da. Die Versuchung kommt von außen an ihn heran und nicht aus seinem Grunde, oder doch nur sehr wenig. Dieses Umstandes bedient sich der Feind; er findet[2] eine Neigung (zu irgend etwas Bösem), wie lauter auch dieser Mensch sonst sei, etwa daß er eine Neigung zum Zorn habe: sobald der Feind *das* merkt, so setzt er die Ruder (in dieser Richtung) ein mit aller List und Bosheit. Solche Arbeit verursacht der weltlich (gesinnte) Mensch (dem Feinde) nicht: er folgt sogleich. Dem guten Menschen gegenüber verhält sich der Feind wie einer, der einen Menschen mit Kletten bewirft: er wirft eine nach der anderen auf ihn, bis jener ganz damit behängt ist.

So verhält sich der Feind: findet er einen Menschen zum Zorn geneigt, so läßt er ihn ein Bild nach dem anderen sehen, das ihn zum Zorn reizt; zuletzt wird der Mensch so zornig und ruft und schreit, als ob er schlagen und stechen wolle. Könnte ein solcher Mensch zu sich selber kommen, einen tiefen Fall vor Gott tun in den Grund seiner Demut, falls er keinen Beichtiger aufsuchen kann; könnte er mit dem Gegner sich ausgleichen und ihm genugtun, daß er dann, ohne jegliche Entschuldigung, in das Bewußtsein seines Nichts und seines großen Fehlers sänke: in einem solchen Menschen schmölze sein Fehler vor Gott wie Schnee vor der heißen Sonne; alles würde gesühnt; und der Feind zöge mit leeren Händen ab. Und wollte der Mensch klug hieraus lernen, so würde er lauterer werden und geeigneter, um zur Höhe zu steigen.

Nun wollen wir einen Gegenstand behandeln, der nicht jedermann angeht. Arme Menschen, die wir sind, mögen wir erschrecken, von solch hohen Dingen zu sagen und zu hören, wenn wir sie nicht selbst erlebt haben. Die, für die das gilt, wissen davon und können doch nicht vollständig darüber sprechen.

Job sprach: „Als der Geist, da ich zugegen war, über mich

---

[2] Vetter 225,24: „es vint". Mit Strauchs Verbesserung in PBB XLIV,23 „er vint" ergibt sich eine brauchbare Übersetzung.

hinwegzog, sträubten sich die Haare meines Leibes. Jemand war da, dessen Gesicht ich nicht kannte, und ich vernahm eine Stimme wie die eines leichten Hauches."[3] In diesem Geist, der Job erschien und sich in Bewegung kundtat, sieht Sankt Gregorius die heilige Menschheit unseres Herrn. Die Form, die Job sah und nicht erkannte, war die unbekannte Gottheit, verborgen und unerkennbar allen Geschöpfen. Und er zieht heran, was im ersten Buch der Könige[3] geschrieben steht: der Engel sprach zu Elias: er solle auf den Berg steigen, damit der Herr komme. Als Elias auf dem Berge stand, kam ein gewaltiger Sturm dahergebraust, der Berge wegriß, harte Felsen spaltete, Steine in Stücke brach. Aber der Herr war nicht in diesem Sturm. Dann geschah ein großes, gewaltiges Erdbeben: aber darin war der Herr nicht; es folgte ein gewaltiges Feuer: doch auch darin erschien der Herr nicht. Endlich wehte ein milder, ruhiger Wind, beruhigend, leise wie ein Murmeln: und darin erschien dem Elias der Herr. Elias hielt sich im Eingang einer Grotte und zog sich den Mantel über die Augen. In keiner dieser Weisen, weder in der Bewegung noch in der Verwüstung, auch nicht im Feuer kam der Herr. Das alles war (nur) Vorbereitung und Weg zu des Herrn Kommen.

Nach dem heiligen Gregorius sind die hohen Berge die Menschen eines erhabenen, bedeutsamen Seelengrundes; die harten Felsen aber, die von der Erschütterung so mitgenommen wurden, sind die ungelassenen Herzen und die Leute, die auf ihren eigenen Vorsätzen beharren, in harter Eigenwilligkeit und in Ungelassenheit, die großes Aufsehen erregen und beachtliche Werke tun, aber alles mit Eigenwillen[4]. Will der Herr dann zu diesen Menschen kommen, so muß er zuerst eine große Bewegung senden, die alles in diesen Menschen umkehrt. Leider gibt es nicht viele Leute, die so mit sich verfahren lassen[5]. Dies ist

---

[3] Das Zitat Taulers ist nach Parsch, a. a. O. berichtigt (Job 4, 15—16); gleich darauf auch die falsche Angabe aus den Büchern der Könige.
[4] Die Änderung der Zeichensetzung bei Vetter 226, 32 ergibt einen besseren Sinn. Vgl. Corin, Sermons III, 17, Anm. 1.
[5] Die Beifügung zu Vetter 226, 34 „die so mit sich verfahren lassen" dient der Verdeutlichung.

die Ursache: sie klammern sich an zeitliche Dinge und verharren in der Anhänglichkeit unserer elenden Natur (an die sinnlichen Dinge) und in sinnlichem Behagen. Unter denen jedoch, in welchen jener Stoß sich auswirkt und recht fühlbar ist, wennschon mehr oder weniger, habe ich viele kennengelernt, die mehr als hundertmal glaubten, mit ihrem Leben sei es zu Ende.

Ein Mensch fragte unseren Herrn, was er tun solle, da er Tag und Nacht glaubte sein Leben einbüßen zu müssen, ob er auf solche Weise sein Leben daransetzen solle. Da antwortete ihm unser Herr: „Kannst du das nicht daransetzen und innerlich leiden, was ich in so furchtbarer Weise körperlich litt, an meinen Händen, meinen Füßen und meinem ganzen Leibe?"

Diese (innerliche) Erschütterung[6] können manche Leute nicht ertragen; sie laufen hierhin und dorthin. Sie suchen Ruhe außerhalb und finden keine. Sie sollten sich in Geduld schicken und sich bis in den Grund in das Leiden fügen. Was glaubt ihr wohl, was dem Sterben (dieser Menschen) folgen werde? Das ist wunderbar.

Wäre ein Mensch so rein, als er unmittelbar nach seiner Taufe gewesen ist, hätte er niemals eine Sünde begangen, er müßte selbst dann, wollte er zur höchsten Stufe der lebendigen Wahrheit emporsteigen, durch diese Bewegung hindurch auf diesem Weg in vollkommener Gelassenheit voranschreiten: sonst bliebe er zurück.

Nach dieser Erschütterung kam Feuer: der Herr aber kam darin nicht und war auch nicht darin. Meine Lieben, das ist die brennende Liebe, die verzehrt Mark und Blut, und in der gerät der Mensch ganz außer sich. Ein Mensch erglühte einst so sehr, innerlich und äußerlich von diesem Brand, daß er keinem Stroh nahe zu kommen wagte aus Furcht, er werde es entzünden[7]. Ein anderer, er lebt noch, konnte infolge dieser Glut nur im Winter schlafen, wenn viel Schnee gefallen war. Dann wälzte er sich im Schnee und schlief ein, und sogleich verwandelte sich der Schnee

---

[6] Zu Vetter 227, 9: Wörtlich: „dieses innere Treiben"; deutlicher: „diese innere Erschütterung". So ähnlich bald darauf nochmals.

[7] Vetter, 227, 22: „enpfangen"; Corin schlägt, Sermons III, 18 und Anm. 2, „entfunkt" vor, was einen besseren Sinn gibt.

rings um ihn fern und nahe in Wasser. Seht, so dringt die feurige Liebe durch den Geist in den (menschlichen) Körper ein.

In alldem aber kam der Herr nicht. Dann geschah ein sanftes, mildes, leises Raunen, wie (einer Menschenstimme) Wispern: und darin erschien der Herr.

Ach, meine Lieben, was glaubt ihr wohl, was das war, worin der Herr kam? Wenn der Herr in den Menschen kommt nach all diesen ungestümen und starken Vorbereitungen, die soviel Bewegung und Getümmel hervorgerufen, und wenn alles, was in der armen Menschennatur und im Menschengeist ist, so durchglüht ist, und dann der Herr selber kommt, was glaubt ihr wohl, was da geschehen werde? Wisset: erhielte Gott die Natur (des Menschen) nicht in übernatürlicher Weise, so könnte ein Mensch, und hätte er auch die hundertfache Kraft, aus eigener Kraft solch eine Freude, so Wunderbares nicht ertragen. Und doch dauert das nur einen Augenblick.

Der Herr kam wie ein Blitz. Aber der Glanz (seines Blickes) überschritt jegliches Maß; er war so gewaltig, daß Elias, im Eingang der Höhle stehend, den Mantel über die Augen zog. Die Höhle bedeutet die menschliche Unfähigkeit (dergleichen zu ertragen), der Eingang nichts anderes als den Blick in die Gottheit. Und daß er den Mantel über die Augen zog, die Ursache dessen war die (göttliche) Erscheinung. So kurz und rasch verlaufend ein solches Gesicht auch sein mag, es geht über die Kräfte jeder Menschennatur, und diese allein könnte es weder ertragen noch begreifen.

Dieses Gesicht ist wahrhaftig Gott. Der Herr ist in Wahrheit zugegen. Die Süßigkeit (dieses Geschehens) geht über Honig und Honigseim — und das gilt unter den äußeren Dingen für das süßeste. Solch ein Gesicht geht über alle Sinne, jedes Verständnis, alle Kräfte und verliert sich in unergründlicher Tiefe. Wie ein krankes Auge das Sonnenlicht nicht ertragen kann, tausendmal weniger vermag die (menschliche) Natur infolge ihrer Schwäche diese Empfindung (Gottes) zu ertragen.

Was man auch davon sagen mag, wie groß und gut man mit den Sinnen, den Worten, der Fassungskraft (solch ein Gesicht) darzustellen versucht, es bleibt ebensoviel und -weit hinter der

Wahrheit zurück, als ob ich euch von einem Stück schwarzer Kohle sagte: „Seht, das ist die klare Sonne, die alle Welt erleuchtet."

Hier wird, ihr, meine Lieben, der wahre, wesentliche Friede geboren, der Friede, der alle Sinne übertrifft. Ein Mensch (der solch ein Gesicht gehabt), ist von da ab im wesentlichen Frieden gegründet, und niemand vermag ihm diesen Frieden zu nehmen.

Was die Gestalt angeht, die Job erblickte, doch nicht erkannte, so war das die liebevolle Person des Sohnes in der Gottheit, und das sanfte, leise Raunen, in dem der Herr kam, war der Heilige Geist.

Sankt Gregorius fragt hierzu: „Was bedeutete das, daß (Gott) in stillem Raunen und nicht mit lautem Lärm kam?" Und als Ursache gibt er an: „Der Herr kommt für die äußeren Menschen in sinnlicher Weise, damit sie in äußerer Tätigkeit für die Christenheit wirken könnten. Aber (im Fall des Job) war diese Weise nicht vonnöten. Da diese Erscheinung im Geist kam, bedurfte es keiner anderen Weise." Selig der Mensch, wann immer er geboren ist, der auch nur einen Augenblick vor seinem Tod zu diesem großen Besitz kommt.

Doch wisset: Wie groß und gut (solch ein Besitz) sei, so ist er doch so wenig der Süßigkeit des ewigen Lebens zu vergleichen wie der geringste Tropfen Wasser dem grundlosen Meer.

Wo aber bleiben, wohin gelangen *die* Menschen, denen diese unaussprechliche Freude, dieses Wunder dargeboten und eröffnet worden ist? Sie versinken in ihr abgründiges Nichts in unaussprechlicher Weise. Ihre Freude wäre, hundertmal — wäre dies möglich — zunichte zu werden, Gott zum Lob, oder daß sie vor Gottes hohem Sein um seiner großen Würde willen und aus Liebe zu ihm ins Nichtsein hinabsteigen könnten. Vor Gottes Hoheit wollten sie gerne in den tiefsten Grund sinken. Denn je mehr sie seine Hoheit erkennen, um so mehr wird ihnen ihre Kleinheit und ihr Nichts deutlich.

In dieser Vernichtung sind sie ihrem eigenen Selbst so sehr entzogen, daß, wollte Gott ihnen des Trostes und des Empfindens (das sie durch jenes Gesicht erhielten) noch mehr geben, so wollten sie es nicht und eilten davon; und wollten sie wirklich

mit freiem überlegtem Willen (jenes Trostes und jener Empfindung) mehr erlangen, so würde bei ihnen nichts Rechtes daraus;
ja sie könnten leicht in Fehler fallen und Fegfeuer dafür leiden
müssen: und das wäre ein Zeichen dafür, daß es mit ihnen nicht
durchaus gut stünde[8].

Die liebende Kraft freilich muß stets den gleichen Durst spüren, Vernunft und Urteil aber fliehen hinweg. Diese Menschen
haben den heftigsten Durst nach Leiden. Für all die Freude und
den Trost, den Gott ihnen gegeben hat, suchen sie dem liebevollen Vorbild ihres Herrn nachzufolgen und verlangen danach
in der härtesten, schimpflichsten, schmerzhaftesten Weise, die
man (nur) ertragen kann. Sie dürstet nach dem Kreuz, und sie
beugen sich voll Liebe und innigen Begehrens unter das geliebte
Kreuz des von ihnen geliebten Heilandes. Da wird das heilige
Kreuz erhoben. Das ist des heiligen Kreuzes (Fest)tag in Wahrheit. Denn das Leiden lieben sie so sehr, und hier wird das
Vorbild unseres Herrn nachgeahmt in seinem wahren Adel.
Sankt Paulus, der edle Himmelsfürst, der in den Himmel entrückt war, sprach: „Fern sei mir, mich zu rühmen, außer im
Kreuz meines Herrn Jesus Christus." Und unser lieber Job
sagte: „Erhängt will meine Seele werden, den Tod erwählt hat
all mein Gebein." Das hatte er erwählt für all das Gute, das
Gott ihm erwiesen hatte. Das Hängen am Kreuz bereitet den
größten Schmerz, da sein Gott um seinetwillen an dem Kreuz
hing. (Ist in einem Menschen der Wunsch erwacht, dem leidenden, gekreuzigten Heiland nachzufolgen[9]), so schickt Gott ihm
die furchtbarste Finsternis und das tiefste Elend vollkommener
Verlassenheit.

Wie behauptete sich die liebende Kraft, die im Brand der
Liebe derart empfangen ward und nun ganz und gar zu Boden
geschlagen und aller Empfindung des Trostes beraubt worden
ist? Da kommt Vernunft und Urteil und spricht zur Liebeskraft:
„Sieh, Liebender, das ist, was dein Geliebter dir hinterlassen, was

---

[8] Zu dieser bei Vetter 229, 18 schwer verständlichen Stelle gibt Corin III, 21
eine einsichtige Übertragung.
[9] Eine bei Corin, Sermons III, 22, Anm. 1 angegebene Erläuterung ist in den
Text aufgenommen („Ist . . . nachzufolgen").

er den von ihm Geliebten zurückgelassen hat, eine Seele Gottes voll und eine Natur voller Leiden." Und je nachdem die Liebe weniger oder mehr brennt, um so mehr und besser freut sich ein Mensch dieses Erbes, mehr sogar als aller Trost ihn je erfreut hat. Das ist das begehrenswerte Erbe, das unser Herr seinen Freunden durch den Propheten versprochen hat, und je edler sie dieses Erbe erheben und lieben, um so mächtiger, innerlicher, seliger werden sie das himmlische Erbe in alle Ewigkeit besitzen. Dieses Erbe haben die heiligen Martyrer mittels ihrer großen Liebe erlangt. (Was) *die* Menschen (betrifft) (von denen ich gesprochen habe), so glauben sie, daß sie erst zu leben angefangen, und sie fühlen sich recht als Anfänger.

Ach, daß dieses köstliche, außergewöhnliche, große, wahre, lautere Gut nicht erstrebt, daß es um so geringer, unbedeutender Dinge willen vernachlässigt wird, das muß den barmherzigen Gott erbarmen und ihm immer mehr geklagt sein.

Daß wir alle den rechten Weg gehen und zu dem erhabensten Ziel kommen mögen, dazu helfe uns Gott. AMEN.

Transite ad me omnes qui concupiscitis me et a generationibus meis adinplemini
Kommet alle zu mir, die ihr meiner begehrt, und sättigt euch an meinen Früchten (Sir. 24, 19)

57

Diese Predigt lehrt, wie wir unsere bösen Neigungen bekämpfen sollen, und legt das Verhalten dar, wenn Gott uns im Grunde unserer Seele heimsucht.

LIEBE SCHWESTERN, in der letzten Predigt habe ich zu euch über diese Worte gesprochen, die die ewige Weisheit sagte; man bezieht sie auf Unsere Liebe Frau, deren Würde und Ehre niemand auf irgendeine Weise und mit irgendeinem Wort auszusprechen vermag, denn diese Würde übertrifft alle Fassungskraft unserer Sinne.

Ich habe, meine Lieben, euch gesagt, welche Übungen, welche Werke für den „beginnenden Menschen" nötig sind, um auf den Weg der Wahrheit zu gelangen, und ferner, was die „zunehmenden Menschen" zu tun haben, und schließlich, *wie* der „vollkommene Mensch", soweit man hienieden Vollkommenheit erlangen kann, und *wo* er zu seinem Ziel gelange und welches dieses Ziel sei.

Und ich habe gesagt, wie der beginnende Mensch notwendigerweise allen Dingen die groben, unreinen Haare der schweren Sünde abscheren müsse, als da ist Unreinheit, Geiz, Hoffart, Zorn und die weltliche Eitelkeit des Herzens mit all der törichten Lust an alldem, was geschaffen ist, sei dies nun lebend oder tot. Kurz gesagt: ist es so um einen Menschen bestellt, daß er sich nicht mit frisch entschlossenem Herzen und ganzem Willen zu

439

Gott kehrt, derart, daß er Gott in seinem Grunde lieben will und ihn vor allem suchen, so gelangt er nie zu Gott, und täte er ebensoviele gute große Werke wie alle Menschen zusammen und hätte er einen noch so großen Verstand und spräche mit Engelszungen und ließe seinen Leib um Gottes willen verbrennen und gäbe all sein Gut den Armen, wie Sankt Paulus sagt. Wie können *die* ihre Liebe und ihren Willen auf Gott wenden, die Herzen und Begehr mit freiem Willen den Geschöpfen zugekehrt haben; sie wissen, daß diese den Platz eingenommen haben, der Gott gebührt, und daß sie ihm diesen Platz wissentlich entziehen. So liegt auch Gott an ihren Werken nichts, wenn er der Herzen und der Liebe (dieser Menschen) beraubt ist. Was soll ihm die Spreu, wenn ein anderer das Korn hat?

Die beginnenden Menschen haben die groben Haare (der schweren Sünden) mit dem scharfen, eisernen Fleiß, von dem ich schon mehr gesprochen habe, abgeschnitten [1]. Dieser Fleiß muß wie ein scharfes Schermesser sein, geschärft und gewetzt an der großen Gerechtigkeit Gottes, der kein Wörtlein, keine Begierde, und seien sie noch so klein, ungestraft läßt. Und (geschärft und gewetzt muß das Schermesser auch sein) an dem verborgenen schrecklichen Urteil Gottes, von dem nimand weiß, was es ihm bringen wird. Ist doch dem Menschen unbekannt, ob er sich unter Gottes Zorn befinde oder in seiner Huld. Wenn nun der beginnende Mensch die böse Untugend abgeschoren hat, soll er die Schoßhaare ins Auge fassen, das sind die Neigungen, die ihm infolge langer Gewohnheit im Grunde geblieben sind: die entschuldigen sich und geben sich für Tugenden aus; und sind nur falscher Schein, denn im Grunde verborgen liegt die Hoffart. Und man glaubt sie überwunden zu haben. Es bleibt aber der Wetteifer in der Kleidung und dergleichen Angelegenheiten; das nennt man Sauberkeit; und die Begierde nach allen Dingen der Sinne, nach Speise und Trank nennt man Notdurft. Dann gibt es Menschen voll des Zornes und Grimmes: die wollen jeden belehren, und sind dazu schrecklich rasch bereit; und das nennen

---

[1] Diese Stelle, Vetter 235, 22 ff. schwer verständlich, habe ich zerlegt. Corin verfährt ähnlich.

sie Vernunft und Gerechtigkeit; und wo nichts anderes als Trägheit ist, da denkt man oft, es sei Schwäche.

Meine Lieben! Wenn ihr an einem dieser Dinge haftenbleibt, wenn ihr eure eigene Selbstzufriedenheit und Selbstgefälligkeit und eure eigenen vernünftigen hohen Weisen und Worte zur Schau tragt[2], dann kommt in eurer Todesstunde der Teufel und nimmt euch mit; die, welche so gut daran zu sein glauben, vor allem die mit verborgener Hoffart, und unter dem Schein der Demut und in ihrer vernünftigen Lebensweise: die gehören so recht unter Luzifers Banner. Und je höher sie ihre Selbstzufriedenheit erhoben hat, um so tiefer stürzen sie in den Abgrund.

Meine Lieben! Seht euch vor! Es geht nicht um Kleinigkeiten. Müßtet ihr Nacht und Tag in einer überheizten Stube liegen, das käme euch zu beschwerlich vor. Was soll ich da sagen von einem Aufenthalt mitten in der Feuersglut, viele Jahre oder gar für alle Ewigkeit?

Liebe Schwestern! Kehrt euch zu euch selber; denn „das Reich ist *in* euch". Schaut, womit ihr umgeht und wo ihr mit all eurem Fleiß geblieben seid, und seht in euren Grund und auf eure gewohnheitsmäßigen Neigungen. Denn wenn ein Mensch ein oder zwei Jahre in einem Fehler verharrt, dann wurzelt der sich so tief im Menschen ein, daß dieser ihn auch mit allem Fleiß kaum überwinden kann. Darum sollten junge Leute sich mit allem Fleiß davor hüten, die Gebrechen in ihnen Wurzel fassen zu lassen, und sollten sie gleich zu Beginn ausreißen; das wäre leicht, während es später sehr schwerfiele. Und vor allem soll man mit allem Fleiß vier Dinge in vier Kräften beachten, in deren Bereich gar leicht und unmerklich schädliche, böse Haarbüschel wachsen.

Das erste ist die Freude an äußeren sinnlichen Dingen: die hat ihren Sitz in der Begehrlichkeit. Die Menschen lassen sich gewöhnlich hier festhalten. Wie schädlich das ist, vermag kein Mensch zu sagen. Alle, die gerne gut wären, nehmen sich diese oder jene Übung vor und bleiben im Bereich ihrer Sinne und fern von der lauteren Wahrheit; sie kehren sich nicht in sich

[2] Vgl. Anm. 2 zu Predigt 52.

selbst, und ihr Inneres bleibt ihnen verschlossen, als ob es ein ganz fremdes Ding wäre, tausend Meilen und mehr entfernt. Aber äußere, sinnliche Dinge, die sind ihnen durchaus gegenwärtig, und dabei bleiben sie und entfremden sich sich selbst, so daß sie nicht mehr wissen, woran sie sind.

Die zweite Kraft ist die des Zornes, davon wird ein recht ungehöriger Gebrauch gemacht. Sie sollte sich nicht nur auswirken bei Dingen, die Gott zuwider sind; denn sie ist, an sich betrachtet, eine edle Kraft. Aber darin wachsen in manchen Menschen gar schlimme Haare, daß sie mit Ungestüm über alles herfallen, und das in ungeordneter Weise und unter dem falschen Schein der Gerechtigkeit. Sie wollen alles besser haben: Menschen, Lebensweisen, Werke, und betrügen sich selber und andere Leute mit ihrem Ungestüm, ihrem hartnäckigen Zorn, ihrer mangelnden Gelassenheit, die sich in rügenden, harten, peinlichen, Ärger erregenden Worten kundtut.

Der dritte Fehler entspringt der Kraft der Vernunft; an ihr bleiben gar manche Menschen auf schadenbringende Weise haften; sie verlassen sich auf ihre Vernunft, dünken sich darin etwas Besonderes und verfehlen durch die Wahrheit der Vernunft die lebendige und wesentliche Wahrheit. Denn damit, daß man die Wahrheit erkennt, besitzt man sie noch nicht. Das machen sich manche Leute selbst vor und glauben, sie besäßen die Wahrheit, wenn die Vernunft ihnen das vorspiegelt; und sie ist ihnen doch hundert Meilen fern, und sie gehen auf solche Weise, indem sie sich selbst und andere Leute täuschen, des edlen Schatzes verlustig, nämlich einer tief versinkenden Demut.

Der vierte Schaden entsteht aus der inneren Lust des Geistes. Liebe Schwestern! Dieser Fehler findet sich bei vielen Menschen. Sie lassen sich durch den guten Schein betrügen: die Begierde zieht sie mehr an als die göttliche Liebe, und sie halten diese Begierde für Gott; und was sie für Gott halten, das ist ihre Begehrlichkeit. Denn verginge ihre Lust, so wäre es auch bald mit ihrem Eifer zu Ende.

Seht euch vor! Oft scheint manches Ding aus göttlicher Liebe zu stammen; es hat aber doch so manches an sich, das euer Vergnügen, euern Geschmack, eure Empfindung mehr reizt, als man denkt; und es kommt bisweilen von einem neuen Anreiz, einer neuen Neigung, aus der Furcht vor der Hölle oder dem Wunsch, selig zu werden, wie es der Mensch von Natur aus begehrt. Wisset: wo man Gott nicht im Sinn hat, erreicht man kein göttliches Ziel und empfängt keinen göttlichen Lohn. — All diese Dinge, von denen ihr gehört habt, müssen mit eifrigem, eisernem Fleiß abgeschoren werden. Den Fleiß, das Schermesser soll man an dem strengen Urteil Gottes schärfen und an seiner unerschütterlichen Gerechtigkeit, die kein Ding unbeachtet läßt.

Wenn nun diese äußeren groben Gebrechen abgeschoren sind, bleiben im Grund der Neigung die Bilder der früheren Gewohnheit; die soll der Mensch vertreiben mit Hilfe der lieblichen Vorbilder unseres Herrn Jesus Christus und soll die Anhänglichkeit an jene Bilder durch die Anhänglichkeit an unseren Herrn (und Heiland) ersetzen und soll dessen Vorbild so innerlich und mit so großer Andacht in den Grund seiner Seele ziehen und einprägen, daß alle Ungleichheit (zwischen dem göttlichen Vorbilde und uns) in unserem Grunde zunichte und ausgelöscht werde.

Da Gott sein Wort gegeben hat, daß ein Stein oder ein Kraut die Kraft haben sollten, viele schwere Krankheiten zu heilen: wieviel mehr Macht, glaubt ihr wohl, hat der lebendige Gottessohn, alle Krankheiten der Seele durch sein heiliges Vorbild, sein Leiden und seinen bitteren Tod zu vertreiben?

Da also der Mensch von sich aus nichts vermag, soll er das ehrwürdige Leiden (unseres Herrn) in der Form des Gebetes verehren, indem man sich innerlich dem himmlischen Vater zu Füßen werfen und um seines geliebten Sohnes und eines jeden besonderen Punktes seines Leidens willen ihn bitten soll, daß er uns helfe, denn ohne ihn vermögen wir nichts. Man soll sich angewöhnen, das ehrwürdige Leiden und das liebevolle Vorbild (unseres Herrn) nie aus dem Herzen zu verlieren, und sich davor hüten, daß jemals ein fremdes Bild dort Platz finde.

Und dann soll man seinen Grund und seinen Geist zu der glorwürdigen hohen Gottheit erheben und sie mit großer, demütiger Furcht und Selbstverleugnung betrachten. Wer so vor Gott seine dunkle, elende Unkenntnis ausbreitet, der versteht, was Job spricht: „Der Geist ging vor mir vorüber." Von diesem Vorübergang des Geistes entsteht in (der Seele des) Menschen eine starke Bewegung. Je klarer, wahrer, unverhüllter dieser Vorübergang ist, um so geschwinder, stärker, schneller, wahrer und lauterer ist das Werk, der Antrieb, die Umkehr in diesem Menschen; um so deutlicher erkennt der Mensch sein Zurückbleiben (auf dem Weg der Vervollkommnung).

Und dann kommt der Herr in einem geschwinden Augenblick und leuchtet in den Grund und will da selber Werkmeister sein. Und wird man der Gegenwart des Herrn gewahr, so soll man ihm freie Hand lassen und sich untätig verhalten, und alle Kräfte sollen schweigen und (Gott) eine große Stille bereiten; in diesem Augenblick wäre des Menschen Tätigkeit ein Hindernis (für Gottes Wirken), sogar seine guten Gedanken. Der Mensch aber soll nichts tun, als Gott gewähren zu lassen; wenn er jedoch dann (wieder) sich selbst überlassen wird und Gottes Wirken in sich weder empfindet noch erkennt, dann soll er selber in heiligem Fleiß wirken und seine frommen Übungen (wieder) aufnehmen. Und so soll der Mensch bisweilen wirken, bisweilen rasten, je nachdem er innerlich von Gott getrieben und gemahnt wird, und ein jeglicher nach dem, was, wie er empfindet, ihn am meisten zu Gott zieht, sei es im Wirken, sei es in der Stille. Wer nicht mit innerer (beschaulicher) Untätigkeit vorankommt, der versuche es in der Wirksamkeit nach heiligen Vorbildern und Übungen, derart, daß man „in heiliger Liebe verwurzelt und gegründet werde, damit ihr begreifen könnet mit allen Heiligen, welches die Höhe, die Länge, die Tiefe und die Breite" sei, wie man (in der Epistel) des heutigen Tages liest.

Liebe Schwestern. Das zu begreifen ist unmöglich; aber man muß daran hangen in Liebe und mit lauterer Gesinnung; da soll der Geist sich in die über allem Sein aufragende Höhe schwingen, alle niederen sinnlichen Dinge übersteigen und betrachten, wie Gott, der doch alle Dinge kann, nicht imstande war, ein so edles Geschöpf zu schaffen, das die hohe Seinsfülle seines (göttlichen) Seins mit seiner natürlichen Erkenntniskraft erreichen oder erkennen konnte; denn die Tiefe des göttlichen Abgrundes ist aller (menschlichen) Vernunft unerreichbar. Aber in diese Tiefe wird man eindringen durch vertiefte Demut.

Darum verschwieg Unsere Liebe Frau all das große Gut, das Gott in sie gegossen hatte, und sprach nur von ihrer grundlosen Demut, um derentwillen sie alle Geschlechter seligpreisen sollten, „denn es hat dem Herrn gefallen, diese Niedrigkeit anzusehen". Was die Breite Gottes betrifft, so soll der Mensch sie verstehen als die allgemeine Liebe, durch die Gott sich gibt an allen Orten, in allen Landen, in jeglicher Art, in allen guten Werken.

Nichts ist so gerecht und so allgemein wie Gott, noch so nahe unserem innersten Grunde: wer ihn dort suchen will, findet ihn da. Auch finden wir ihn jeden Tag im heiligen Sakrament, in allen Gottesfreunden und in jeglichem Geschöpf. Dieser Breite soll man mit fleißigem, innigem, ledigem Gemüt folgen, unbehindert von allem anderen, und sich dem gegenwärtigen Gott mit allen Kräften anheimgeben: da wird dem Menschen Freiheit des Geistes gegeben und eine jegliches Sein übersteigende Gnade; der Geist erhebt sich (da) über alle Bilder und Formen in einem Aufschwung über alle geschaffenen Dinge.

Hierzu sagt Sankt Gregorius: „Wenn wir zu einer Erkenntnis der unsichtbaren Dinge kommen wollen, müssen wir uns über die sichtbaren erheben."

Die Länge (Gottes) endlich, das ist die Ewigkeit, die kein Vorher noch Nachher kennt, denn es ist ein stilles, unwandelbares Jetzt, in dem alle Dinge gegenwärtig sind in einem steten, unwandelbaren Anschauen Gottes seiner selbst und aller Dinge Gegenwart in ihm: dieser „Länge Gottes" soll der Mensch mit stetem, unwandelbarem Geiste folgen, mit einem unwandelbar in Gott versunkenen Geist und sich getrösten der Liebe und des Leides und aller Geschöpfe, derart, daß man sich in Gott getrösten könne, im Frieden bleibe und alles Gott überlasse.

Und so geht das edle Wort in Erfüllung: „Transite", (das bedeutet,) daß man sich über alle Dinge erhebt. Und dies wird vollendet in der Geburt Gottes in uns. Der liebevollen Jungfrau Maria sollen alle Menschen große Ehre erweisen, so sehr sie immer können; und sollen ihr je eine abgemessene Zeit einräumen, um sie zu ehren und ihr zu dienen.

Könnten wir ihr nun alle so folgen, daß wir mit (den Früchten) ihrer Geburt gesättigt würden. Dazu helfe uns Gott. AMEN.

Et ego, si exaltatus fuero a terra, omnia traham ad me ipsum
Wenn ich erhöht bin, werde ich alles an mich ziehen (Joh. 12, 32)

58

*Diese Predigt vom Fest Kreuzerhöhung spricht von der geringen
Achtung, die man dem Kreuze unseres Herrn erweist, von der
Bedeutung des häufigen Empfangens der hl. Kommunion für den
Fortschritt im Guten; sie zeigt, wie das Kreuz Christi, d. h. der
gekreuzigte Heiland in uns durch Überwindung unserer bösen
Neigungen geboren werden könne.*

HEUTE IST DER TAG der Erhebung des heiligen Kreuzes, des
liebevollen Kreuzes, an dem das Heil der ganzen Welt aus Liebe
gehangen hat. Durch das Kreuz sollen wir erneuert werden in
dem hohen Adel, den wir in der Ewigkeit besessen hatten;
dahin sollen wir aus der Liebe dieses Kreuzes wieder hineingeboren und getragen werden. Die übergroße Würde dieses
Kreuzes läßt sich nicht in Worten ausdrücken.

Nun hat unser Herr gesagt: „Wenn ich erhöht bin, werde ich
alles an mich ziehen." Er will sagen, daß er unsere irdischen
Herzen, die von der Liebe zu den Geschöpfen eingenommen
sind, und unsere Lust und Befriedigung an irdischen Dingen sich
zuwenden und an sich ziehen will; und an sich ziehen will er den
hoffärtigen, stolzen Grund unserer Seele mit seiner Selbstgefälligkeit, mit seiner Liebe zu vorübergehender Befriedigung unserer
Sinnlichkeit, damit er so erhaben werde in uns und groß in
unserem Herzen; denn wem Gott je groß ward, dem sind alle
Geschöpfe klein, und vergängliche Dinge bedeuten ihm nichts.

Das liebevolle Kreuz ist der gekreuzigte Christus; er ist erhoben weit und unvorstellbar über alle Heiligen und Engel und über all die Freude und Lust und Seligkeit, die sie alle zusammen besitzen; und da seine rechte wesentliche Wohnstatt im obersten Himmel ist, will er auch in dem wohnen, was (bei uns Menschen) das oberste ist, das heißt in unserer obersten, innerlichsten, empfindendsten Liebe und Gesinnung. Er will die niederen Kräfte in die oberen und diese mitsamt jenen in sich selbst ziehen. Fügen wir uns dem, so wird er auch uns nach sich ziehen in seine oberste und letzte Wohnstatt. Denn so muß es sein: sollen wir dahin kommen und dort verbleiben, so muß ich ihn notwendigerweise hier in das Meine aufnehmen: soviel ich ihm gebe, soviel wird er mir geben: das ist ein angemessener Tausch.

Aber ach! Wie vergißt man doch dieses liebevolle Kreuz fast ganz, und wie wird ihm der Grund (der menschlichen Seele) und ihr Innerstes so ganz verschlossen und ihm (der Eintritt) verweigert durch die Hinneigung und die Liebe zu den Geschöpfen, die leider in dieser betrüblichen Zeit unter geistlichen Leuten herrscht, so sehr, daß deren Herzen mit den Geschöpfen verlorengehen. Meine Lieben! Das ist die jammervollste Verblendung, die sich des Menschen Herz und seine Sinne vorstellen können. Und wüßte man, was hernach kommt, welche Strafe, welcher Zorn Gottes, man könnte vor Angst vergehen. Aber darum kümmert man sich nicht; man läßt es gehen und duldet es, als sei es ein Spiel. Es ist leider zur Gewohnheit geworden, und man läßt es gut sein. Das Kreuz sollte ein Gegenstand des Ruhmes sein, und es ist, als sei es ein Spott: darüber würden alle Heiligen, wenn sie es könnten, blutige Tränen vergießen. Die Liebeswunden unseres Herrn werden von diesem Jammer aufgerissen darum, daß das Herz, um das er sein liebevolles, junges, blühendes Leben gegeben hat, und seine liebe heilige Seele ihm in so schändlicher Weise genommen und er selbst so schmählich daraus vertrieben wird. Das soll Gott immer geklagt sein! Möge Gott sich dessen erbarmen!

Denkt nicht, ich sage dies von mir aus, nein, die ganze Heilige Schrift sagt euch dasselbe. Spricht nicht das Evangelium: „Niemand kann zwei Herren dienen; er wird den einen lieben und den anderen hassen"; und ferner: „Wenn dein Auge dich zur Sünde verführt, reiß es aus", und anderswo: „Wo dein Schatz ist, da ist dein Herz." Sieh zu, wieviel deines Herzens Gott besitzt und ob er (wahrhaft) dein Schatz sei. Sankt Augustinus sagt: „Wenn du die Erde liebst, bist du Erde, denn die Seele ist mehr da, wo sie liebt, als wo sie Leben gibt." Und Sankt Paulus: „Wenn ich meinen Leib den Flammen preisgäbe, wenn ich mit Menschen- und Engelszungen redete, wenn ich all meine Habe den Armen austeilte, hätte aber die Liebe nicht, so wäre ich nichts."

Ihr solltet, meine lieben Schwestern, mit großer Dankbarkeit und in tätiger Liebe die große Gnade aufnehmen, die Gott euch in diesem Orden durch den (häufigen) Empfang des Leibes unseres Herrn gegeben hat. Und ich wünsche von ganzem Herzen und ganzer Seele, daß diese liebevolle Übung nicht nachlasse in dieser sorgenvollen Zeit und nicht einschlafe; denn die Natur kann heute nicht mehr so feststehen, wie sie früher tat entweder man muß Gott mit aller Kraft anhangen oder gänzlich hinabstürzen.

So war es früher nicht. Und darum bedürfen die Menschen heute einer großen, kräftigen Unterstützung, um vor diesem sorgenbringenden Sturz bewahrt zu werden. Und glaubet nicht daß man um großer, hoher Vollkommenheit willen (häufig zum Tisch des Herrn gehen solle); nein, das ist notwendig (geworden) wegen der verderblichen Schwäche des Menschen; der Kranke bedarf des Arztes; der Gesunde braucht ihn nicht. Es ist eine Hilfe und eine Kraft, um behütet und bewahrt zu bleiben vor diesem sorgenvollen Sturz, der sich heute so sehr unter geistlichen Leuten findet. Und darum soll niemand von ihnen sprechen, falls sie nicht von großer Vollkommenheit sind oder große Werke vollbringen. Es genügt, daß sie die heilige Regel beobachten wollen, soweit sie das vermögen, und daß sie die Absicht haben, das zu tun; vermögen sie es aber nicht, daß sie sich davon befreien lassen. Man benötigt hierzu auch keines großen Verständnisses, sondern es ist durchaus genug, daß sie es gerne recht und gut machten und daß die Augen ihnen so weit geöffnet seien, um sich vor diesem todbringenden Schaden bewahren zu wollen, und daß sie ihnen auf diese Weise offenbleiben. Und darum sollen unsere lieben jungen Schwestern oft und gerne zum Tisch des Herrn gehen.

Nun aber will ich etwas zur Entschuldigung und Verteidigung unserer alten Schwestern sagen: die sind in großer Heiligkeit in den Orden gekommen damals, als es noch nicht so übel um die Menschen stand, und sie haben die Regeln und Gesetze in großer, harter Strenge gehalten. Und weil sie die Vorschriften geliebt und im Sinn gehabt haben, möchten sie auch gerne sie in alter guter Weise halten und (nur) alle vierzehn Tage zum Tisch des Herrn gehen. Bei ihrer großen Vollkommenheit und Frömmigkeit genügt das auch wohl; denn damals waren die Zeiten besser und nicht so schädlich für die verdorbene Natur in den jungen Leuten, denn sie neigen heute viel mehr zum Bösen, als es damals der Fall war. Darum ist heute eine stärkere Hilfe nötig als damals, und ohne besondere Unterstützung kann man sich in den höchsten guten Übungen nicht behaupten. Heute sinkt alles in den Grund tierischer Lust, sinnlicher Begierden. Darum hüte dich vor der Gesellschaft derer, die sich derart benehmen oder ebenso jung und schwach und aus demselben Holz[1] sind wie jene.

Darum, meine lieben Schwestern, meine lieben, teuren Töchter, verlange ich von euch keine große Vollkommenheit noch Heiligkeit, sondern (nur) daß ihr euren heiligen Orden liebt und danach strebt, die schönen Vorschriften zu halten, soweit ihr (nur) könnt, daß ihr euer Schweigegebot gerne beachtet, überall da, wo es gilt, und am allermeisten bei Tisch und im Chor, und daß ihr euch gerne hüten wollet vor aller Menschen Vertraulichkeit, die euch Gott entfremdet. Die älteren unterließen es aus heiliger Gesinnung, die jüngeren sollen es tun um ihrer Schwäche willen. Seid dessen sicher: beachtet ihr dies in aller Andacht, so werdet ihr mit Gott vertraut, und ihr entflieht all den Ursachen,

---

[1] Vetter 233, 15 wörtlich: „desselben Leders" durch eine zeitgemäße Wendung ersetzt.

die solchen Schaden, Verderbnis des Herzens, mit sich führen. Wißt, daß unerträgliches Leiden über etliche Klöster gekommen ist. Und hätten sie jene liebevolle Übung vordem nicht fleißig beachtet, so hätten sie wohl zugrunde gehen können.

Und empfindet ihr, meine lieben Schwestern, in dem heiligen Mahl nicht Süßigkeit, so erschreckt darob nicht. Tut der Mensch sein Mögliches und ist dann innerlich verlassen, wenn alle Kräfte nach Gott begehren und er ganz gelassen ist und danach dürstet, Gott empfindend zu lieben, und er (dennoch) in dunkler, kalter Härte steht — so ist das mehr als das Verkosten und Empfinden, das man haben mag.

Meine Lieben! Dieses Kreuz geht über alle Kreuze, die man erleiden kann. Dieses bittere Leid trägt den Menschen näher in den Grund der lebendigen Wahrheit als alles Empfinden. Unser Herr sprach: „Mein Gott, warum hast du mich verlassen?" und am Ölberg: „Herr, dein Wille geschehe, nicht der meine!"

Liebe Schwestern, fürchtet euch nicht. Unser Herr sprach: „Die mir nachfolgen wollen, sollen ihr Kreuz aufnehmen und mir folgen."

Dieses Kreuz ist der gekreuzigte Heiland. Der soll und muß (in uns) geboren werden durch alle Kräfte hindurch, Vernunft, Wille, den äußeren Menschen, die Sinne, vor allem durch die folgenden vier:

Die erste ist die äußere Begehrlichkeit: da muß das Kreuz hindurch, um geboren zu werden. Sankt Paulus sprach: „Die Gott gehören, haben ihr Fleisch mit all seinen Lüsten ans Kreuz geschlagen." Diese Lüste müssen gezähmt und niedergehalten werden.

Die zweite Kraft ist der Zorn. (Man muß dahin kommen,) daß man sich in allen Dingen lassen kann und stets denken, daß ein anderer mehr recht habe als man selbst, und nicht streiten und zanken, sondern lernen, sich zu lassen, und stille sein und gütig, woher der Wind auch weht.

Ein Mensch befindet sich in einer Versammlung, und da sind einige, die schwätzen und kaum je den Mund halten können. Da sollst du lernen, dich zu lassen, zu leiden und dich auf dich selbst zu kehren. Wollte ein Mensch eine Kunst verstehen und sie nicht lernen; wollte er Fechtmeister werden und nicht fechten lernen, so könnte er großen Schaden anrichten, wollte er die Kunst ausüben, ohne sie gelernt zu haben.

So muß man in jeglicher Widerwärtigkeit streiten lernen.

Die beiden anderen Kräfte, durch die das Kreuz hindurch muß, um (in uns) geboren zu werden, sind von feinerer Beschaffenheit: es ist die Vernunft, und es sind die inneren geistigen Begierden.

Kurz, durch den äußeren und inneren Menschen (hindurch gehend) wird der gar liebevolle, gekreuzigte Heiland in uns und außer uns geboren werden; und so werden wir wiedergeboren in der Frucht seines Geistes, wie geschrieben steht: „Ihr werdet sein wie neugeborene Kinder."

Liebe Schwestern, lebt ihr so, dann habt ihr alle Tage Kirchweihe in euch, und in dieser Geburt des heiligen Kreuzes werden euch alle eure Sünden ganz vergeben.

Daß wir dem liebevollen Kreuz, das Christus (selbst) ist, so anhangen mögen, daß er ohne Unterlaß in uns neu geboren werde, dazu helfe uns Gott. AMEN.

Ego si exaltatus fuero, omnia traham ad me ipsum
Wenn ich erhöht bin, werde ich alles an mich ziehen (Joh. 12, 32)

59

Nach kurzem Bericht über den Anlaß zur Einsetzung des Festes Kreuzerhöhung lehrt uns diese Predigt, wie wir das Kreuz in uns erhöhen sollen, damit der Herr uns an sich ziehe, wie wir unsere läßlichen Sünden für die Erkenntnis unseres Nichts frucht-bar machen können und wie nach Überwindung der beiden nie-deren Menschen in uns wir uns in die Verborgenheit des gött-lichen Abgrundes erheben können.

HEUTE IST DER TAG der Erhebung des über alles wertvollen, heiligen Kreuzes, dessen Würdigkeit man nicht in Worte fassen kann, mit dem all die Ehre und das Ansehen verbunden ist, die man sich in Zeit und Ewigkeit auszudenken vermag. Denn man hat dabei *den* im Sinn, der am Kreuz starb, und darum nehmen geistliche Leute dieses Kreuz heute auf sich und beginnen mit dem Regelfasten, ein wertvolles Ding für alle, die es können, und ein erfreuliches (dazu).

Man begeht heute den Tag, an dem der Christenkaiser dem heidnischen König dieses heilige Kreuz abnahm und es mit all den Ehren und der Würde, die seine Herrschaft leisten oder aus-denken mochte nach ihrem Werte — nicht nach des Kreuzes Wert —, nach Jerusalem bringen wollte. Als er auf die Stadttore zuritt, verschloß eine starke, dicke Mauer den Eingang, und ein Engel stand darauf und sprach: „Du kommst hierhergeritten mit dem Kreuz in großer Erhabenheit; der aber am Kreuz starb, wurde mit großer Schmach und Schande hier hinausgetrieben und trug es barfuß auf seinem Rücken." Der Kaiser sprang sogleich vom Pferd, entledigte sich seiner Kleider bis aufs Hemd, nahm das heilige Kreuz auf seine Schultern — da tat sich das Tor wieder auf — und trug es in die Stadt. Und es geschahen gar viele Wunderzeichen an allerlei Kranken, an Lahmen, Blinden und Hüftkranken.

Unser Herr sprach: „Wenn ich erhöht bin, ziehe ich alle Dinge an mich." Damit ist der Mensch gemeint, denn er gleicht allen Dingen. Es gibt wohl viele Menschen, die das Kreuz finden und die Gott gar sehr an das Kreuz zieht mit manchem Leiden und mancher Übung, um sie so an sich (selbst) zu ziehen. Aber das Leiden muß („erhöht", das heißt) aufgenommen werden, wie man heute von diesem heiligen Kreuz feiert, nicht allein auf- gefunden, sondern erhoben werden. Nähme der Mensch seines eigenen Selbst öfters wahr und kehrte sich zu sich selber, er fände das Kreuz wahrlich zwanzigmal im Tageslauf in manchem schmerzlichen Einfall und Zufall, womit er, hielte er sich zu sich selber, gekreuzigt würde. Aber er nimmt das Kreuz nicht auf seine Schultern, und er tut ihm (damit) schweres Unrecht. Man sollte alle Bürden des Kreuzes frei in Gott auf sich nehmen, als eigenes Kreuz, sei es äußerlich oder innerlich, leiblich oder geistig. So wird der Mensch in Gott hineingezogen, der alle Dinge an sich ziehen will, wenn er, wie er sagte, erhöht sein werde.

Nun findet man Menschen, die dieses Kreuz nach außen wohl mit guter äußerlicher Übung tragen und die Bürde eines Ordens auf sich genommen haben: sie singen und lesen, gehen zum Chor oder Refektorium; sie leisten mit ihrem äußeren Menschen, ihrem Singen und Lesen unserem Herrn einen geringen Dienst. Glaubt ihr wohl, Gott habe euch geschaffen, nur damit ihr seine Vögel wäret? Er wollte an euch gerne seine besonderen Bräute und Freundinnen haben. Jene Leute tragen das Kreuz äußerlich; aber sie sind gar sehr darauf bedacht, daß es nicht in ihr Inneres komme, und suchen Zeitvertreib, wo immer es geht. Sie tragen das Kreuz nicht wie unser Herr, sondern wie der rothaarige Simon, der dazu gezwungen ward. Aber (auch) diese Art ist

noch recht gut: sie behütet sie vor mancher Untugend und Leichtfertigkeit, erspart ihnen furchtbares Fegfeuer und rettet sie wohl
gar vor der ewigen Verdammnis.

Unser Herr sprach nun, er wolle alle Dinge an sich ziehen.
Wer Dinge ziehen will, der sammelt sie zuerst, und dann zieht
er. So tut (auch) unser Herr. Er ruft den Menschen zuerst von
seinem äußeren Herumirren und seinen Zerstreuungen, seine
Sinne und Kräfte, sein Wort und Werk und innen seine Gedanken und Meinungen, sein Vorstellen und Begehren, seine Neigung, sein Verständnis, sein Wollen und seine Liebe. Und ist das
alles gesammelt, so zieht Gott den Menschen an sich, denn es
muß alles weg, woran du innen oder außen mit aller Befriedigung hängst. Dieses Abziehen erweist sich als schweres Kreuz,
und das um so mehr, je fester und stärker du an allem gehangen
hast. Denn alle Neigung und Liebe, die du zu den Geschöpfen
hast, wie heilig oder göttlich auch immer sie scheine oder heiße
oder sie dir vorkommt, das muß alles notwendigerweise weg,
sollst du jemals recht erhöht oder in Gott gezogen werden.

Das ist nun der erste und niederste Grad. Es muß alles fort,
notgedrungen. Diese Kreuzaufhebung findet im äußeren Menschen statt. Dann soll man das Kreuz aufnehmen im inneren
Menschen, daß *der* von aller inneren Lust abgezogen werde, von
seiner Anhänglichkeit, von aller Lust des Geistes, die auch von
den Tugendübungen kommt. Die Lehrmeister streiten sich in den
Schulen darüber, daß man sich keiner Tugend freuen soll, sondern sie fruchtbar nutzen; freuen solle man sich allein an Gott.
Die Tugendübungen können freilich nicht ohne Lust sein, aber
man soll die Tugenden ohne Eigensucht üben.

Meine Lieben! Was glaubt ihr, was dies für eine Freude und
Befriedigung sei? Daß ein Mensch gut fasten, wachen, beten, die
Regeln befolgen kann: diese Lust, meinem Orden genugzutun,
wollte Gott keineswegs (in mir). Warum, denkt ihr, daß Gott
es erlaubt, daß dir selten ein Tag oder eine Nacht wie die andere vergeht? Was dir heute zur Andacht half, das nützt dir
morgen oder noch heute nacht nichts, du hast viele Bilder und
Einfälle, und aus deiner Andacht wird nichts.

Dieses Kreuz nimm von Gott, und erdulde es innerlich. Es würde ein gar liebevolles Kreuz, wenn du es Gott darbieten und in rechter Gelassenheit von ihm nehmen könntest und Gott dabei danken: „Hochpreiset meine Seele den Herrn, und meine Seele erhebet Gott in allen Dingen", er nehme oder gebe: des Menschen Sohn muß am Kreuz erhöht werden. Unsere Schwestern sind gar lauter in ihrem Grunde; aber sie hangen (den Dingen) zu sehr an und wollen gerne empfinden und verkosten und vernünftig erkennen. Liebe Schwester, davon laß ab, und bemüh dich um rechte Gelassenheit, scheue eher die Dinge, bekenne dich unwürdig, und denke daran, das Kreuz der Versuchung der Blüte gefühlvoller Empfindung vorzuziehen; denn der Mensch muß immer ein Kreuz haben.

„Christus mußte leiden, um so in seine Herrlichkeit einzugehen." Was deinem Inneren entgegenkommt, Glanz oder Freude, laß ab davon, und kümmere dich nicht darum. Frage nicht, was es sei, sondern versinke in dein Nichts, sieh auf dein Nichtsein, und daran halte dich und an nichts anderes. Unser Herr sprach: „Wer zu mir kommen will, nehme sein Kreuz auf sich und folge mir nach." Nicht mit Wohlsein, sondern mit dem Kreuz folgt man Gott. Sprach doch der liebenswerte Sankt Andreas: „Ich grüße dich, geliebtes Kreuz; nach dir habe ich mich von ganzem Herzen gesehnt; nimm mich von den Menschen weg, und gib mich meinem Herrn." Und das darf nicht an einem Tag sein und am anderen nicht: es soll alle Tage sein; ohne Unterlaß sollst du dich selbst beobachten in allem, was dir äußerlich oder innerlich begegnet, woher es auch komme. Auch deine Sünden und deine Gebrechen berechne; und fällst du des Tages siebzigmal, ebensooft kehre um und komme wieder zu Gott; dann kommst du nicht so oft zu Fall. Beeile dich vielmehr und dringe so ungestüm in Gott, daß dir die Sünden entfallen und du sie nicht mehr wissest, wenn du damit zur Beichte kommst. Dies darf dich nicht erschrecken; denn nicht zu deinem Schaden widerfährt dir das, sondern zur Erkenntnis deines Nichts und zur Verschmähung deines eigenen Selbst in Gelassenheit, nicht zu Niedergeschlagenheit, wenn nur der Mensch *das* in sich findet, daß er einen guten, bereiten Willen zu Gott habe. Denn der Mensch ist nicht sündenlos, wie Unsere Liebe Frau. Und sei zufrieden, all dieses Leiden und dieses Kreuz auf dich zu nehmen. Sankt Paulus sprach: „Denen, die Gott lieben, gereichen alle Dinge zum besten." Die Auslegung fügt hinzu: „Schweig und flieh zu Gott; sieh auf dein Nichts, und bleibe in dir selbst, und geh damit nicht sogleich zu deinem Beichtvater."

Sankt Matthäus folgte Gott sogleich, ohne Unterweisung und ohne Vorbereitung. Wenn du, Mensch, dich in Gebrechen verstrickt findest, so mach dir das Kreuz mit deinen äußeren Sinnen nicht zu schwer, sondern überlaß der Wahrheit, es dir zuzumessen, sei nur in deiner Reue getreu. Denn Verderben droht nicht denen, die in Christus Jesus sind, sondern denen, die sich mit freiem Willen zu den Geschöpfen kehren. Im Gegenteil! Denen, die Gott gerne liebten und im Sinn hätten, dient es nur zur Übung. Aber ich warne euch wohlmeinend: seid ihr den Geschöpfen verhaftet, aus freiem Willen, wie ihr geht und steht, und gebt Ursache dazu, so ist das eure Verderbnis. Und selbst wenn euch Gott wahre Reue darüber gibt — was sehr ungewiß ist —, so werdet ihr doch gewaltiges Fegefeuer dafür zu leiden haben; könntet ihr das jetzt sehen, ihr könntet es nicht ertragen. „Und damit geht ihr (auch noch) zum Tisch des Herrn und handelt so" — spricht ein großer Heiliger —, „als ob ihr ein zartes, junges Kind nähmet und es unter eure Füße in eine Schmutzlache trätet." Das tut man dem lebendigem Gottessohn an, der sich uns aus Liebe hingegeben hat! So geht ihr zur Beichte, wollt euch aber vor den Ursachen (zur Sünde) nicht hüten; davon kann euch der Papst mit all seinen Kardinälen nicht freisprechen; denn es ist keine Reue da; und bedenket: sooft ihr das tut, macht ihr euch wahrhaft schuldig am Leibe unseres Herrn.

Nun spricht unser Herr: „Willst du mir folgen, so verzichte, verleugne dich selbst und nimm dein Kreuz auf dich." Dieses Verleugnen und dieses Kreuz wird manchem edlen Gottesfreund vorgehalten und so weit getrieben, daß man es gar nicht zu sagen wagt, wie sehr man sich zu Grunde lassen und sich selbst verleugnen müsse, in welchem Stand man auch sei. Was nichts kostet, ist auch nichts wert. Wer spärlich säet, erntet auch wenig. Wie du missest, so wird man dich wieder messen. Doch soll niemand das im Sinn haben, sondern nur Gott allein.

Aber was soll das alles, was man euch hierüber sagen kann, euch, die ihr eure alte Art und Gewohnheit nicht lassen wollt und an eurer äußeren Wirksamkeit mit euren Sinnen festhaltet, an Psalter und Vigilien und (äußeren) Übungen nach eurer Wahl? Wahrlich, du mußt dich selbst aufgeben und deinem Selbst von Grund aus sterben. Der Herr sprach: „Folge mir nach!" Der Knecht folgt seinem Herrn, er geht ihm nicht voran, sondern folgt ihm, nicht nach seinem Willen, sondern nach des Herrn Willen. Und hätten wir keine andere Lehre empfangen, wir brauchten nur die Diener und Mägde zu betrachten, wie wenig sie ihrem eigenen Willen folgen können, wie alle Zeit ihr Fleiß, ihre Kraft ganz und gar dem Willen und Dienst ihres Herrn gehören.

Meine Lieben! Das Weizenkorn muß sterben, soll es Frucht bringen. Du mußt deinem eigenen Willen von Grund aus sterben. Der Mensch sollte auch niemals sein eigenes Selbst und seinen eigenen Willen preisgeben, außer wenn er sich Gott innerlich hingibt; dann sollte es gerade so sein, als wenn er nie einen Willen gehabt hätte.

Eine Ordensfrau stand im Chor und sang und sprach: „Herr, diese Zeit gehört dir und mir; kehre ich mich jedoch in mich selbst, so ist sie dir und nicht mir." Will der Mensch sich Gott hingeben, so soll er sich in unergründlicher Weise in allem seines Willens entschlagen. Denn der Mensch ist wie aus drei Menschen gestaltet: das Tier in ihm, das nach seinen Sinnen lebt, das Geistwesen und der oberste Mensch, gottförmig, gottgebildet. In diesen obersten inneren Menschen soll der Mensch sich wenden, mit ihm sich vor den göttlichen Abgrund legen, aus sich (selbst) herausgehen und sich mit allem Gott gefangengeben. Die beiden niederen Menschen (in sich) soll er übersteigen und sie unterdrücken. Hierzu sagt Sankt Bernhard[1]: „So hart wie es ist, den

---

[1] Nach der von Corin, Sermons III, 51 unten, bei Vetter 357, 24 geänderten Zeichensetzung.

sinnlichen Menschen mit seiner Lust von den Dingen abzuziehen, die er mit Zuneigung besessen hat — ein wie schweres Kreuz das ist, wißt ihr selbst —, es ist um nichts weniger schwer, sagt er, den nach außen gerichteten Menschen in die Innerlichkeit zu ziehen und von den bildhaften und sichtbaren Dingen zu den unsichtbaren." Das ist im Grunde das, was Augustinus „abditum mentis" (die Verborgenheit, das Geheimnis des Geistes) nennt.

Alle die Vorfälle und das Kreuz, die auf die beiden niederen Menschen (im Menschen) fallen, die ihn, wie er meint, oft von dieser Einkehr abziehen und daran hindern, die betrachte der Mensch als das (ihm von Gott bestimmte) Kreuz; die Vorfälle befehle er Gott an, seien sie nun aus den Sinnen oder der Vernunft; die lasse er alle (beiseite) und überlasse sie den niederen Kräften.

Mit aller Kraft erhebe er sich darüber in sein oberes Teil, wie Abraham tat; er ließ Knecht und Esel unten am Berg, auf dem er Gott opfern wollte, und ging allein mit seinem Sohn hinauf. So laß (auch du) den Esel, den sinnlichen Menschen, der wahrlich ein Esel ist, und den Knecht, der die natürliche Vernunft darstellt, die hier wohl ein Knecht ist (zurück); denn sie haben bis hierher gedient, sie haben den Menschen bis zum Berg des Aufganges gebracht: da aber sollen sie bleiben. Du sollst die beiden am Fuß des Berges lassen und allein mit dem Sohn den Berg hinaufsteigen, das heißt mit dem Geiste an den geheimen Ort, in das Allerheiligste, um dort dein Opfer zu verrichten. Gib dich da selbst gänzlich preis, tritt dort ein, und verbirg den verborgenen Grund deines Geistes, wie Augustinus das nennt, in der Verborgenheit des göttlichen Abgrundes. So spricht der Prophet im Psalter: „Herr, du wirst sie verbergen in der Verborgenheit deines Antlitzes." In der Verborgenheit wird der geschaffene Geist wieder in seine Ungeschaffenheit zurückgetragen, wo er im Grunde Gottes von Ewigkeit gewesen ist[2], ehe er geschaffen wurde; er erkennt sich als Gott in Gott und doch an sich selbst als Geschöpf und geschaffen. Aber in Gott sind alle

---

[2] Zur Verdeutlichung der Stelle bei Vetter 358, 11 hinzugefügt („im Grunde Gottes").

Dinge, in denen dieser Grund sich findet, Gott. „Wenn der Mensch da eintritt", sagt Proklus, „achtet er dessen nicht, was immer auf ihn fallen mag: Armut, Leiden oder Gebrechen, welcher Art sie auch sein mögen."

Der Prophet spricht: „Du wirst sie beschützen vor der Heimsuchung durch die Menschen." Diese Leute folgen unserem Herrn, wie auch unser Herr an anderer Stelle sprach: „Ich bin in dem Vater, und der Vater ist in mir, ich bin in euch und ihr in mir."

Möchten wir doch alle von unserem Herrn so gezogen werden, wie er alle Dinge hat an sich ziehen wollen; möchten wir das Kreuz so aufnehmen, daß wir durch es in den wahren Grund gelangen, wohin der für uns vorausgegangen ist, der am Kreuz für uns alle starb! Dazu helfe uns Gott! AMEN.

Ego si exaltatus fuero, omnia traham ad me ipsum
Wenn ich erhöht bin, werde ich alles an mich ziehen (Joh. 12, 32)

60

*Die dritte Predigt vom heiligen Kreuz[1] spricht von einem aus
vier Holzstücken gezimmerten Kreuz. Diese vier Holzstücke
versinnbilden vier Tugenden: die Liebe zu Gott, tiefe Demut,
innere Reinheit und vollkommenen Gehorsam.*

WIR BEGEHEN HEUTE den Tag der Erhöhung des edlen,
liebenswerten Kreuzes, dessen Wert niemand vollends ausdenken kann. Auf dieses edle Kreuz kann man die Worte
anwenden, die im Buch der Weisheit stehen: „Quasi cedrus ... —
Ich bin erhöht wie die Zeder auf dem Libanon und wie eine
Zypresse auf dem Berge Sion." „Auf dem Libanon": darunter
sollen wir den Weihrauch verstehen (der dort wächst), und der
versinnbildet ein göttliches, geistliches Opfer; wir sollen darunter verstehen, daß wir Gott ein besonderes Opfer sein sollen.
Der Duft des Zedernbaumes (aber) macht das Gift der Schlange
unschädlich: so wird auch durch das Kreuzesholz alles Gift des
bösen Feindes, der giftigen Schlange, in all ihrer Heimtücke unschädlich gemacht. An jener Stelle heißt es weiter: „Ich bin
erhöht wie die Zypresse auf dem Berge Sion." Die Zypresse
aber hat die Eigenschaft: wer Nahrung nicht bei sich behalten
kann, wird von diesem Übel befreit, wenn er das Holz der
Zypresse zu sich nimmt.

[1] Diese „Kreuzpredigt" ist nach Corin, Wi 2, S. 299 ff. übersetzt.

Der (tiefere) Sinn aber ist dieser: wer das Kreuz aufnimmt und trägt, dem bleibt die edle Speise des Gotteswortes erhalten, das Heilige und Propheten gesprochen haben; derart, daß das Wort Gottes unverloren bleibt in dem Menschen, der es bereitwillig aufnimmt, und es wirkt (in ihm) zu seinem Besten: denn der edle Duft zieht an und kräftigt; so geht auch von diesem Gotteskreuz ein edler Duft aus, der allen Wohlgeruch übersteigt und das Menschenherz zum Kreuz hinzieht, wie (ja) unser Herr sprach: „Wenn ich erhöht bin, werde ich alles an mich ziehen." So wie er mittels dieses Kreuzes, an dem er erhöht werden sollte, (alles an sich zieht,) so wollte er alle Menschen durch Demut, Geduld und Liebe an sich ziehen; denn so wie er gelitten hat, sollen wir ihm folgen nach dem Maß unserer Kräfte, um so auf geistige Weise gefangen und gebunden zu werden. Unser Herr wurde so nackt und bloß an das Kreuz geschlagen, daß ihm nichts von seiner Bekleidung am Leibe verblieb, und vor seinen Augen (würfelten die Soldaten) um seine Kleider. Sei dessen gewiß: willst du jemals zur Vollkommenheit gelangen, so mußt du alles dessen entblößt sein, was nicht Gott ist; du darfst nichts davon zurückbehalten; das muß alles verspielt und vernichtet werden und (dieses Spiel) anderen Menschen ein Gegenstand des Spottes sein (und ihnen) als Torheit und Narrheit erscheinen.

Unser Herr sprach: „Wer zu mir kommen will, nehme sein Kreuz auf sich und folge mir nach"; und so sagte er auch dem Jüngling: „Willst du vollkommen werden, verkaufe, was du hast, nimm dein Kreuz auf dich, und folge mir nach." Du sollst also Kreuzträger sein. In der Geheimen Offenbarung lesen wir, daß große, unsägliche Plagen (über die Menschheit) kommen werden, nicht viel geringer als die des Jüngsten Gerichtes, obwohl dieses noch nicht da ist. Die Zeit der Geschichte, auf die sich diese Vorhersage bezieht, ist erfüllt; wir warten auf sie alle Tage, alle Jahre, jeden Augenblick und wissen nicht, wann diese Plagen eintreten und von wannen sie kommen werden. Aber niemand wird gerettet werden, der nicht das Zeichen des Kreuzes an sich trägt. Als unser Herr dem Engel Erlaubnis gab, alles, was auf Erden war, zu schlagen und zu vernichten, sprach er: „Du sollst nur derer schonen, die das Siegel, das heißt das

Zeichen des Kreuzes, auf ihrer Stirn tragen." Wer aber das Kreuz nicht in sich noch auf der Stirne trägt, dessen wird nicht geschont. Kreuz aber bedeutet Leiden. Nicht die Gelehrten, nicht die Beschaulichen noch die Tätigen werden geschont werden, sondern die Leid getragen haben. Unser Herr sagt auch nicht: „Wer mir nachfolgen will, soll mir, will er zu mir gelangen, in beschaulicher Betrachtung folgen", sondern: „Er soll mir folgen, indem er sich selbst verläßt und leidet."

Wer (aber) das Kreuz, von dem ich jetzt sprechen werde, auf sich nimmt, wird der allerbeste Mensch auf Erden; keine Plage kann ihm schaden, ja die ganze Welt nicht, und er wird auch nicht ins Fegefeuer kommen. Es ist (dabei) nicht die Rede von (besonders) großen Leiden; denn es ist (heute) leider so, daß die Menschen glauben, große Leiden nicht mehr ertragen zu können; sie sind schwach geworden, und leider ist der Eifer und die Festigkeit der früheren Zeiten erkaltet und erloschen, und niemand will sich mehr etwas sauer werden lassen. Vermöchten wir nur einen Weg zu finden, der niemandem schwerfiele, den könnten wir wohl vorschlagen, und ohne Zweifel würde der eine oder andere ihn einschlagen; denn zu viele Menschen lieben sich selbst. Dabei handelt es sich nicht um Kniefälle und Fasten, nicht um den Entzug des Schlafes oder Liegen auf harter Bettstatt, um Wallfahrten, große Almosen, (freiwillige) Armut, nichts von alledem; doch dient dies alles dem (gesetzten) Ziel, als da ist: Fasten, Wachen, jegliche sonstige Übung; und alles, was du in diesen verschiedenen Übungsweisen tust, kann dir dienlich sein und dich dem Ziel näher bringen. Für das, was ich meine, ist (jedoch) niemand zu schwach, zu alt oder zu unerfahren, nämlich: dieses edle Kreuz auf sich zu nehmen.

Dieses Kreuz setzt sich aus vier Stücken Holzes zusammen: eines oben, eines unten, zwei nach den beiden Seiten. Der obere Teil bedeutet die wahre Liebe zu Gott, der linke Balken tiefe Demut; an ihn wird ein Mensch geheftet mittels der Geringschätzung seiner selbst und aller Dinge, die ihm zufallen können [2]. Das bedeutet mehr als Verachtung, denn dieser wohnt (gar leicht)

---

[2] Unter Heranziehung von Hambergers Ausgabe (Frankfurt a. M. 1864).

ein wenig geheime Hoffart bei. Der rechte Kreuzesarm mag wahre Lauterkeit bedeuten; an ihn wird man geheftet durch rechte, bereitwillig (ertragene) Armut, durch Entäußerung alles dessen, was die Lauterkeit beflecken oder trüben könnte, das sei auf Erden, was immer es sei. Der Fußteil, an den die Füße geheftet sind, versinnbildet wahren, vollkommenen Gehorsam: er bedeutet wahre, willige Gelassenheit gegenüber alldem, womit du verbunden bist und was du besitzest nach eigenem Willen. Was das immer auch sein mag, überlasse dich (Gott) ohne Zaudern, sobald du dein eigen Ich darin findest. Die Hölzer des (Kreuzes) werden in der Mitte zusammengefaßt durch „fiat voluntas tua", das heißt, da ein Holzstück in das andere eingefalzt wird, ein wahres und vollkommenes Ende deines eigenen Willens; eine wahre Beseitigung, ein wahrer Fortfall des freien Entschlusses.

Nun achtet zum ersten darauf, wie ihr die Bedeutung der linken Hand, die die Demut versinnbildet, verstehen sollt! Sankt Augustinus sprach: „Wer in Demut wandelt, wird im Leiden gerettet." Wisset, der Mensch muß in seinem Gemüt und in aller Menschen Augen ganz zunichte werden, er muß entblößt werden von allem Inhalt und von allem, was er ist; und das muß vor seinen Augen verspielt werden, wie unserem Herrn geschah. Das heißt: du mußt in solchem Grad verspottet und verachtet werden, dein Leben in solchem Maß verkannt und für Torheit gehalten werden, daß die, welche dich umgeben, dich mit Schmach bedecken, und das vor deinem Angesicht, daß sie deine Lebensweise für Irrung oder Ketzerei halten und sie hassen. Erfährst du davon oder siehst du es, so sollst du ihre Haltung nicht für nichts achten, indem du denkst oder (zu dir selbst) sagst: „Da wird schon Abhilfe geschaffen werden; das ist nun einmal so ein Mensch", oder aber: „Mir geschieht von ihm Unrecht", sondern du sollst denken, daß du niemals würdig seiest der Verachtung eines so edlen Menschen, und du sollst dich neigen und unter seine Meinung (von dir) beugen und ihr (sonst) keine Aufmerksamkeit schenken.

Die rechte Hand bedeutet die wahrhafte Lauterkeit, sie ist an das Kreuz geheftet durch bereitwillige Entbehrung all der

Dinge, die nicht lauter Gott sind, und alles dessen, was die Lauterkeit beflecken kann, aller Sinnenlust.

Der Fuß des Kreuzes bedeutet wahren Gehorsam gegenüber Obrigkeit und Kirche; hier sind die Füße ans Kreuz geheftet mittels der Gelassenheit, dank deren man sich bereitwillig (Gott über)lassen kann in jeglicher Sache.

Das Mittelstück versinnbildet einen freien Verzicht und ein wahres Ende deines eigenen Willens, die dich bereitwillig jedes Leid annehmen lassen, das dir Gott und die Menschen auferlegen, daß du dich dessen freuen kannst und dich beugen unter das Kreuz. Du könntest mir sagen: „Herr, das kann ich nicht; dazu bin ich zu schwach!" Du mußt dir Rechenschaft darüber ablegen, daß du zweierlei Willen hast, einen höheren und einen niederen, ganz wie Christus auch. Der natürliche, niedere will allzeit Leid fliehen; der höhere aber soll mit Christus sprechen: „Nicht wie ich will, sondern wie du willst."

Der Kopfteil (des Kreuzes) versinnbildet die Liebe. Christus hatte keine Stütze, worauf er sein Haupt hätte ruhen lassen können, so sehr verlassen war er, trostlos, ohne Freunde, hilflos. Er hatte keine Stütze, sondern nichts als ein Verlieren und Verlassensein von Gott und allen Geschöpfen; daher seine Worte: „Mein Gott, mein Gott, wie hast du mich verlassen!" Sein Haupt war ohne jegliche Stütze. Wenn ein Mensch die Liebe hätte, wenn er Gottes wahrnähme und in jenen Zustand der Gottergebenheit gelangen könnte und empfände jenen Zustand trostloser Verlassenheit, was könnte ihn denn noch in Verwirrung bringen? Ein tugendhafter Mensch fragte einst unseren Herrn, warum er seine Freunde so schrecklich leiden lasse; er erhielt die Antwort: „Der Mensch ist allzeit geneigt, dem sinnlichen Vergnügen nachzugeben und gefahrbringender Befriedigung; darum streue ich Dornen auf seinen Weg, damit er in mir seine einzige Befriedigung sehe." Der Kopf, der die Liebe versinnbildet, hing hernieder, da er keine Stütze fand.

Meine Lieben! Es kann nicht anders sein, man drehe und wende es, wie man wolle: der Mensch muß ein Kreuz tragen, will er anders ein guter Mensch werden und zu Gott gelangen. So muß er immer leiden, er muß immer ein Kreuz tragen, welcher Art es auch sei; flieht er das eine, so trifft er auf ein anderes. *Der* Mensch ward noch nicht geboren, dessen schöne Worte dir es hätten ausreden können, daß du leiden müßest[3]. Fliehe, wohin du willst; tu, was du willst; es mag eine Weile wohl so scheinen, daß Gott seine gütige Schulter unter dein Kreuz schiebt, die Bürde an dem schwersten Teil trägt und sich empfinden und wahrnehmen läßt und dir die Schwere deiner Bürde verbirgt. Ach, ihr Lieben, da fühlt sich der Mensch so frei und leicht; ihm dünkt nicht, daß er jetzt leide, noch daß er je gelitten habe; und er weiß dann um kein Leiden mehr. Zieht aber Gott seine Unterstützung zurück, so bleibt (dem Menschen) die Bürde in ihrer ganzen Schwere, ganzen Bitternis und ihrer ganzen drückenden Last.

Christus hat solche Last uns vorangetragen unter der beschwerlichsten Form und der schmerzlichsten Weise; und alle, die ihm die liebsten waren, sind ihm darin gefolgt. Dieses Kreuz, das ist der feurige Wagen, der Elias zum Himmel führte, nachdem er seinen Mantel dem Elisäus zurückgelassen hatte. Und hört ein Gleichnis: Es war (einmal) eine Schwester unseres Ordens, die hatte immer und immer wieder vom Herrn begehrt, er möge sich ihr als Kind zeigen; da erschien ihr einst während ihrer Andacht unser Herr als kleines Kind, gewickelt und gebunden in eine Fülle scharfer Dornen, so daß sie das Kind nicht (in die Arme) nehmen konnte, ohne tapfer in die spitzen Dornen zu greifen. Auf solche Weise wurde ihr zu verstehen gegeben: wer dieses Kind sein eigen nennen wolle, der müsse sich entschließen, Leid zu tragen.

Nun sagen manche Leute: „Ja, wäre ich so rein und unschuldig, daß ich mit meinen Sünden (diese Leiden) nicht verdient hätte, so könnten sie mir wohl von Nutzen sein." Dazu ist zu sagen: Ein schuldiger und sündiger Mensch kann in der Weise leiden, wie ich gesagt habe, und zwar so, daß seine Leiden ihm vorteilhafter, nützlicher, lohnender sind als manchem, der unschuldig ist. Aber wie? Es ist wie bei einem Menschen, der

---

[3] Dieser Satz erinnert an die Lehre der sog. „freien Geister", die in der „Passionskollazie" (Hildesheimer Hs.: Hi Nr. 17) abgewiesen wird.

einen großen Sprung tun will; er springt zuerst zurück; davon gewinnt er Raum (zum Anlauf) und Kraft, mit Macht nach vorne zu springen. So soll der Mensch sich für sündig achten und sich zurückziehen (zum Anlauf); und je weiter er zurücktritt, um so stärker und tiefer wird sein Sprung ihn in Gott tragen. Je mehr er sich fernhält und je mehr er sich (von der Vollkommenheit) entfernt achtet, in Wahrheit und im Grunde seiner Seele, nicht in eitlem Fühlen, sondern wahrhaftig und von Grund seines Herzens, um so weiter wird er wahrlich nach vorne springen, um so vollkommener und tiefer wird sein Sprung ihn in Gott tragen.

Möchten wir alle von dem Kreuz so angezogen werden, daß wir unser (eigenes) Kreuz mit Liebe und Freude tragen. Dazu helfe uns Gott. AMEN.

Fratres, si spiritu vivimus, spiritu et ambulemus
Leben wir im Geist, so laßt uns auch im Geiste wandeln (Gal. 5, 25)

61

Diese Predigt aus dem Brief des heiligen Paulus vom fünfzehnten
Sonntag (nach Dreifaltigkeit) spricht von dreierlei Arten des
Lebenswandels: die erste (besteht darin), daß wir uns nicht im
Zorn gehenlassen, die zweite, daß wir dem Vorbild Christi in
allen Tugenden folgen, die dritte, daß wir die dunklen Wege,
auf denen uns weder Bild noch Anschauung vorwärtshelfen, bis
zu Ende gehen sollen.

„Brüder, wenn wir im Geist leben, laßt uns auch im
Geist wandeln; wir wollen nicht eitlem Ruhm nachjagen, nicht
einander herausfordern und mißgünstig sein. Wenn einer unversehens einen Fehltritt tut, so richtet ihn im Geist der Sanftmut auf; dabei gebt auf euch selbst acht, daß ihr nicht auch in
Versuchung kommt. Einer trage des anderen Last. So werdet ihr
das Gesetz Christi erfüllen. Wer sich einbildet, etwas zu sein,
obwohl er doch nichts ist, täuscht sich selbst. Ein jeglicher prüfe
sein eigenes Tun und behalte seinen Ruhm für sich, statt ihn vor
andere zu bringen. Jeder hat doch seine eigene Last zu tragen.“
Diese Worte sprach Sankt Paulus, und sie sind voll (guten)
Sinnes, besonders das erste Wort der Briefstelle: „Wenn wir im
Geist leben, laßt uns auch im Geist wandeln“, das heißt: im
Heiligen Geiste. Denn ebenso wie unsere Seele dem Leibe Leben
gibt und unser Leib durch die Seele lebt, so ist der Heilige Geist
das Leben der Seele, und die Seele lebt durch den Heiligen Geist,

und er ist das Leben unserer Seele. Nun sprach Sankt Paulus: „Wenn wir im Geist leben, laßt uns auch im Geist wandeln." Hier haben wir dreierlei Art des (Lebens)wandels zu unterscheiden: die erste Art ist unser äußeres Verhalten im Hinblick auf uns selbst und unseren Nächsten; die zweite Art wird verwirklicht gemäß dem Vorbild unseres Herrn; die dritte Art vollzieht sich außerhalb (anschaulicher) Bildhaftigkeit[1].

Der Text sagt: „Ihr sollt nicht eitlem Ruhm nachjagen." Man sieht wohl, wie weltliche Leute Tag und Nacht mit allem Fleiß auf eitle Ehre aus sind; in solchen wohnt der Heilige Geist nicht, und sie sind nicht Glieder Gottes, denn sie sind (von seinem Leibe) getrennt. Gott legt auf sie keinen Wert. Es gibt andere Leute, die unter geistlichem Gewand weltliche Herzen tragen und Ehre an allen Dingen suchen: an Kleidern, Schmuck, an Freundschaften, an Gesellschaft, Verwandtschaft, Kameradschaft und dergleichen mehr. Je länger das währt, um so schädlicher ist es. In ihnen wohnt der Heilige Geist nicht. Sie leben in größerer Gefahr, als sie (selbst) glauben mögen. Eitle Ehre, das ist alles, wodurch man mehr als andere beachtet, geehrt, geliebt sein will. Diese Sucht, meine Lieben, schleicht sich so sehr in alle guten Übungen, Worte, Taten, Haltungen ein, daß der Mensch mit vollem Fleiß auf seiner Hut sein und Gott bitten muß, ihn zu schützen, denn von sich selbst vermag er nichts. Dies betrifft unser Verhalten im Hinblick auf uns selbst.

Wir sollen auch Vorsicht walten lassen in dem, was unseren Nächsten betrifft, nicht zänkisch sein, uns nicht vom Zorn fortreißen lassen, niemanden betrüben. Das vor allen Dingen soll der Mensch lernen, daß niemand über einen anderen mit harten oder bitteren Worten herfallen, sondern liebevoll und sanftmütig (mit ihm sprechen) soll. Jeder habe acht auf sich selbst; er betrübe seinen Nächsten nicht und bringe ihn nicht aus der Fassung. Manche kommen uns mit den schrecklichsten Worten und Gebärden, die sie nur finden können, und um einer un-

---

[1] Corin, Sermons III, 66 erinnert in Anm. 2 mit Recht daran, daß das Wort „bilde" bei Tauler nicht nur unserem Worte „Bild" als bildhafte Darstellung von Ideen entspricht, sondern auch alle unsere Ideen bezeichnen kann, insofern sie nämlich von Bildern abstrahiert sind.

bedeutenden Sache willen geraten sie in Wut, Zorn und Bitterkeit. Wisset in Wahrheit: wo dergleichen sich bei euch oder anderen findet, da ist der Heilige Geist nicht. Und hat man sich irgendwie vergangen, so wollen solche Leute das nicht verzeihen. Hier muß jeder sein eigenes Verhalten beobachten; aber jeder soll (auch) des anderen Last tragen; es soll *ein* Leib in Christus sein, in wahrer brüderlicher Liebe. Die Oberen sollen ihre Untergebenen gütig belehren und liebevoll tadeln, wie unser Vater Dominikus tat, dessen Sanftmut bei (allem) heiligen Ernst so groß war, daß, wie verkehrt auch seine Untergebenen gehandelt haben mochten, sie von der Art seines Tadels bekehrt wurden. So soll ein milder Mensch einen harten und strengen durch seine Geduld zur Milde bekehren. Und die Unwissenden soll man, nach dem Worte des heiligen Paulus, durch das Vorbild der Sanftmut unterweisen. Jeder beachte, wie er mit seinem Nächsten umgehe, daß er Gottes Tempel in ihm nicht zerstöre und er selbst nicht Gottes Strafe verfalle.

Die zweite Art des Lebenswandels, die wir besitzen sollen, soll sich nach einem Vorbild richten, nämlich dem liebevollen Vorbild unseres Herrn Jesus Christus. Dieses Vorbild sollen wir einem Spiegel gleich uns vorhalten, wie der tut, der etwas abbilden will, damit wir all unser Tun nach ihm richten, soweit es in unserer Macht steht. Wir sollen betrachten, wie geduldig und sanftmütig, wie gütig, schweigsam und getreu, wie milde, gerecht und wahrhaftig seine überströmende Liebe und sein ganzes Leben gewesen sind. Diese Überlegung soll die Form eines Gebetes haben. Der Mensch soll Gott aus dem Grunde seines Herzens bitten, daß er ihm helfe, diesen Weg einzuschlagen, denn aus eigener Kraft können wir das nicht: wir sollen gar dringlich Gottes unerschöpfliche Güte anrufen, denn von dir selbst bist, hast und vermagst du nichts. Stelle deinen Mangel an Übereinstimmung mit Gottes Gebot der Übereinstimmung des Lebens des Herrn mit dem Willen Gottes gegenüber, und sieh, wie fern und fremd du diesem liebevollen Weg bist. Opfere alle Tage dem himmlischen Vater die vollkommene Übereinstimmung des Heilandes (mit Gottes Wort) für deine Abweichung von demselben, seine schuldlosen Gedanken, Worte,

Werke, seine Tugend, seinen Wandel, sein unschuldiges, bitteres Leiden für deine Schuld und die aller Menschen, lebender und toter.

Unser Herr, meine Lieben, ist so gut, daß der, welcher sich richtig ihm gegenüber verhielte, von ihm alles, was er nur wollte, empfinge. Er will so gerne gebeten sein, er erhört seine Freunde so gerne. Er ist so gerne bereit, dem, der sich von Grund aus und innerlich an ihn wendete, die Strafe des Fegfeuers zu erlassen, derart, daß von einer solchen Seele alle Gebrechen abfielen, aller Mangel an Übereinstimmung (mit Gott), jedes Hindernis und daß alle verlorene Zeit eingebracht würde. Die Umkehr freilich, die muß Gott geben und wirken, und um diese Kehr soll der Mensch so herzlich und demütig Tag für Tag unseren Herrn bitten, und der Mensch soll wohl darauf achten, daß, wenn er zu solcher Umkehr aufgefordert wird, er alles fahren lasse, was ihn hindere, und er auf Gottes Wirken in seinem Inneren warte.

Das innere Gebet, meine Lieben, durchdringt die Himmel, sofern man dabei den liebenswerten Fußstapfen unseres Herrn Jesus Christus nachfolgt. „Adorabimus in loco, ubi steterunt pedes eius." Denn meine und aller Lehrer Bemühen zielt dahin, daß wir in unseres Herrn liebliche Fußstapfen treten.

Sankt Peter sprach: „Unser Herr hat für uns gelitten, damit wir seinen Fußstapfen nachfolgten." Niemals wird ein Mensch so hoch steigen, daß er sie je verlassen wird. Je höher er sich hebt, um so nachdrücklicher wird er den Schritten des Herrn nachfolgen, und dies wird durch die Tat oder durch Betrachtung geschehen. Da kommt mir eine Jungfrau bis[2] vors Markustor und setzt sich nieder, als ob alle Arbeit schon getan sei. Nein, so weit sind wir noch nicht. *So* geht es nicht. „Sie sollen", sagt Sankt Paul, „ihren Leib mit all seinen Begierden ans Kreuz geschlagen haben." Sie klagen über Hindernisse; aber wenn sie

---

[2] Vetter 210, 22: „So kumet min jungfröwe von der Marporzen"; der Vettersche Text erlaubt nicht, Corins Auffassung: „Mademoiselle qui arrive devant la Porte de Marc . . .", zu rechtfertigen. Da aber der Sinnzusammenhang mir diese Deutung nahezulegen scheint, habe ich sie in die Übersetzung übernommen.

beten sollen, schlafen sie. Fürwahr, das ist kein Wunder. Sie hätten (sagen sie) keine Annehmlichkeit. Ja, willst du da Annehmlichkeit suchen und empfinden, wo dein Herr in großer, unleidlicher Bitternis war? Deine Trägheit[3] entfernt und entfremdet dich von seinen Fußspuren. Das kommt daher, daß du stets das Deine in allen Dingen suchst, in allen Übungen, all deinem Tun. Nein, suche niemals (deine) Lust, weder in Bildern noch in dem, was die Vernunft dir bieten kann; sondern beuge dich demütig und innerlich unter das Vorbild des Heilandes, und blicke in dein Nichts, das du bist; je mehr du dich niederbeugest, um so höher wirst du erhoben werden; denn die sich erniedrigen, werden erhöht werden. Setze dein Nichts in das über allem Sein erhabene göttliche Sein, und sieh, wie es durch dich dieses Nichts geworden ist, und glaube doch nicht, deine unüberwundene Natur müsse nicht angegriffen werden.

Die Vollkommenheit wird dir vom Himmel nicht in den Schoß fallen. Manche Leute sind so begierig (nach geistlichen Freuden), daß ihnen Gott ihren Reichtum nehmen muß. Aber wäre ein Mensch gelassen, Gott nähme ihn ihm nicht, ja er ließe ihn noch reicher werden. Was nichts kostet, gilt auch nichts. Nein, daß junge, gesunde, starke, ungebändigte Naturen, die (noch) in ihrem Fleisch und Blut leben, klagen, sie hätten zuviel Zerstreuung, Bewegung, zuviel (Phantasie)bilder, das ist wohl möglich, denn du hast ja noch gar nicht recht gesucht. Du mußt einen anderen Weg einschlagen, um zum Ziel zu kommen. Solche Leute sind ganz von Simons Geschlecht, der des Herrn Kreuz aus Zwang trug und nicht aus Liebe.

Der Mensch soll in allem, was er tut, in sich bildlich darstellen das ehrwürdige Kreuz und den gekreuzigten Heiland. Wenn du schlafen willst, so lege dich auf das Kreuz, und laß, nach deinem Wunsche, den liebreichen Schoß dein Bett, sein mildes Herz dein Kopfkissen, die liebevollen Arme dein Deckbett sein. Diese, weit geöffnet, sollen deine Zuflucht sein in all deinen inneren und äußeren Nöten: so bist du wohl behütet. Wenn du issest und trinkst, sollst du jeglichen Bissen in das Blut von Christi Liebes-

---

[3] Nach dem BT, der „lazheit" = „Trägheit" hat.

wunden tauchen. Wenn unsere Schwestern ihre Psalmen singen, sollen sie jeglichen Psalm für sich in je eine besondere Wunde (des Heilandes) legen. *So* bildest du ihn in dir nach und gestaltest dich in ihm. Was hilft das, in schlichter Weise zu versichern, wie die Leute das tun, daß sie an unseren Herrn denken und seine Gebete sprechen, wenn sie sich nicht seinem Vorbild nachbilden durch Leiden und Nachfolge.

Die dritte Art des Lebenswandels vollzieht sich außerhalb anschaulicher Vorstellungen, ganz und gar unbildhaft. Meine Lieben! Das ist ein rascher, gerader, finsterer Weg, unbekannt und voll der Einsamkeit. Von diesem sprach Job, und Gott sprach es durch ihn: „Dem Menschen ist der Weg verborgen, und Gott hat ihn mit Finsternis umhüllt." Was bedeutet dies anders als den Weg, von dem wir sprechen? Hier werden Frauen zu Männern; und alle, die Männer, die Gott nicht folgen, werden zu nichts. Dieser Weg nun ist gar dunkel, denn all das, wovon wir zuvor gesprochen haben, ist denen (die diesen Weg gehen) entfallen, es zieht sie nicht mehr an; wohin der Weg sie führen wird, ist ihnen unbekannt, sie sind hier in großer Drangsal, und der Weg ist wahrlich für sie „mit Finsternis umhüllt". Sankt Gregorius sagt zu diesem Wort, daß der Mensch hier aller Erkenntnis beraubt ist. Es gibt in der Tat manche, die gar wohl daran zu sein glauben; am Ende des Weges aber erwartet sie der ewige Tod.

Meine Lieben! Wer diesem finsteren, unbekannten Wege folgt, muß die weite, breite Straße meiden, denn die führt zum ewigen Tod, wie das Evangelium spricht (Matth. 7, 13); man muß den engen, schmalen Weg einschlagen: das ist (nur) ein kleiner Pfad. Der Weg, den da der Mensch vor sich sieht, ist Wissen und Unwissen. Zwischen beidem muß der Mensch mit einem Auge hindurchsehen wie ein Schütze, der einen Punkt aufs Ziel nimmt, den er treffen will.

Ebenso muß sich dieser Mensch verhalten, den kleinen, engen Pfad (nicht aus dem Auge) verlieren und den breiten Weg meiden. Auf diesem gar engen Weg befinden sich zwei Punkte, zwischen denen der Mensch hindurchschlüpfen soll. Der eine heißt „Wissen", der andere „Unwissen". Bei keinem soll er sich aufhalten, sondern zwischen beiden schlichten Glaubens hindurchgehen. Zwei andere Punkte sind Sicherheit und Unsicherheit; zwischen diesen hindurch soll der Mensch voll heiliger Hoffnung seinen Weg fortsetzen. Und noch zwei Punkte (trifft der auf dem engen Pfad wandernde Mensch an): Friede des Geistes und Unfriede der Natur. Zwischen ihnen soll den Menschen rechte Gelassenheit hindurchführen. Und dann erfaßt ihn große Zuversicht und befällt ihn unbegründete Furcht: zwischen beiden soll er seinen Weg nehmen voll Demut.

Auf diese engen Wege und diese Pfade muß der Mensch achten. Das Unwissen soll man verstehen im Hinblick auf den inneren Grund. Aber was den äußeren Menschen und die Fähigkeiten betrifft, so soll man wahrlich wissen, woran man ist und womit man umgeht; denn es ist eine Schande für einen gewöhnlichen Menschen, daß er andere Dinge kennt, sich selbst aber nicht. Dank dieser Kenntnis wird er bewahrt vor dem furchtbaren Schrecken, von dem Sankt Gregorius sprach. Denn im Wissen wie im Unwissen kann der Mensch irren: das eine kann ihn erheben, das andere niederdrücken. Daher soll sich der Mensch in solchen Fällen und in manch anderen, von denen man schreiben könnte, nur auf demütiges Entsinken verlassen in rechter Gelassenheit, in allem, was ihn trifft.

Entsinke in dein Nichts und deinen heiligen Glauben in göttlicher, lebendiger Hoffnung, und hüte dich vor bösem Verzweifeln, das gar manchen zurück hat weichen lassen, da sie glaubten, das Voranschreiten auf diesem Weg sei ihnen unmöglich: und so ließen sie (von ihrem Vorhaben) ab.

Nein, laß dich nicht zurücktreiben, sondern durchdringe (die Schwierigkeiten) mit Liebe und Verlangen, und halte dich fest, und lehne dich zarten und freundlichen Empfindens an deinen guten Gott.

Wo die Natur gut ist und die Gnade dazukommt, da geht es schnell voran, wie ich von mehr als einem Menschen weiß, von jungen Leuten, fünfundzwanzig Jahre alt, verheiratet, edler Abkunft, die vollkommen (ihren Platz) auf diesem Weg einnehmen. Aber statt daß man (solche unter unseren Schwestern) ihres Zieles, nämlich des Werkes Gottes (in ihnen), warten läßt,

jagt man sie auf und läßt sie nach Brot gehen. So können große
Dinge versäumt werden. Es ist schwierig, mit Leuten zu tun zu
haben, die auf diesem finsteren Weg schreiten; sie können gar
leicht (ihr Ziel) verfehlen.

Im Leben dieser Menschen gibt es drei Dinge zu beachten;
das eine ist: in ihnen wirkt Gott (selbst) alle ihre Werke, soweit
sie sich ihm gelassen haben, und in dieser Hinsicht sind sie durchaus gut und lobenswert. Anderseits sind, sobald der Mensch sich
mit seinem ganzen Seelengrunde in Gott gekehrt und mit Gott
in seinem (eigenen) Inneren mitwirkt und nach ihm verlangt
und ihn liebt, seine Werke wiederum gut. Sobald der Mensch
sich (jedoch) mit der Selbstsucht und dem Eigenwillen seiner
Natur in Wohlgefälligkeit und voll Behagens zu Werken wendet, da ist sein Verhalten ganz und gar böse und vernichtet (das
Gute), und dadurch wird die Finsternis vermehrt und verlängert.

In diesem Dunkel kommt die (menschliche) Natur in große
Drangsal und Unruhe, denn der Mensch steht hier inmitten
zweier (einander widersprechender) Wege: zwischen Bildhaftigkeit und Bildlosigkeit. Denn all das, wovon wir zuvor sprachen,
das ist ihm entfallen und hat keinen Reiz mehr für ihn. Und
was ihn anzieht und was er sucht, das findet er nicht mehr, und
so steht er in großer Bedrängnis und Bangigkeit. Diese Drangsal hat manchen (zur Wallfahrt) nach Aachen und Rom oder
unter die Armen und in Klausen getrieben. Je mehr sie draußen
suchten, um so weniger fanden sie. Und manche fallen (in
ihrem Streben) wieder auf den Gebrauch vernünftiger Bilder
zurück, spielen mit ihnen, da sie die Bedrängnis nicht (bis zu
Ende) durchleiden wollen, und stürzen ganz und gar in die
Tiefe[4].

Ach, ihr Lieben, die edlen Menschen, die dieses Leiden in
dieser einsamen Finsternis bis zu Ende ertragen, werden die
liebsten, edelsten Menschen. Die Natur freilich muß manchen
Todes sterben.

Ein Jünger fragte (einst) im Wald seinen Lehrmeister, was er
tun solle. Der Meister sprach: „Geh in deine Zelle, setze dich

---

[4] Vetter 213,30: „Tiefe" statt des vieldeutbaren „Grund".

dort nieder, und rufe ohne Unterlaß mit dem Propheten: ‚Meine Tränen waren mein Brot, Tag und Nacht, da man mir jeden Tag sagte: Wo ist dein Gott?' "

Meine Lieben! Der Mensch muß hart und fest in den lieblichen Fußstapfen (unseres Herrn) stehen, von denen wir zuvor gesprochen haben; das muß so sein. Denn was soll es, daß man viel (an unseren Herrn) denkt, wenn man ihm nicht nachfolgen mag? Die Menschen (die ihn *so* nachahmen) verlieren ihre Mühe nicht.

An welches Ziel werden diese Leute gelangen? Wie wird das enden? In einem kurzen Augenblick — so geschwind wie ein Blitz fällt — kommt plötzlich der Herr und bringt ihnen liebreich die verborgene Güte; da wird ihnen in dem wunderbaren Licht alles offenbar, die verborgene Wahrheit in dem Glanz und dem hellen Schein, die in den inneren Grund (dieser Menschen) leuchten. Da wird ihnen deutlich, wohin und wie sie der Herr auf den dunklen Wegen geführt und wie er sie nun in das Licht hineingebracht und sie entschädigt hat für ihr langes Warten und ihr Leiden. Da ist dem Menschen wie noch nie not, sich in den Grund tiefer Demut und rechter Gelassenheit sinken zu lassen. Je tiefer und unergründlicher ein Mensch sich niederbeugt, um so innerlicher und herrlicher nimmt Gott sich derselben und all seiner Werke an und wirkt sie (selbst) in übernatürlicher Weise.

Möchten wir alle dem Heiland auf diesen dunklen Wegen folgen, auf daß er uns in das wahre Licht führe! Dazu helfe uns Gott. AMEN.

Quaerite primum regnum Dei et iustitiam eius
Suchet zuerst das Reich Gottes und seine Gerechtigkeit (Matth. 6, 33)

62

Diese Predigt aus dem Evangelium des hl. Matthäus auf den bereits genannten fünfzehnten Sonntag (nach Dreifaltigkeit) verbietet alle (ängstliche) Sorge, erzählt viele Beispiele von Habgier, tadelt vor allem geistliche Leute wegen ihrer Art, gedankenlos dahinzuleben, und vergleicht ihr Verhalten mit der Simonie.

„SUCHET ZUERST DAS REICH GOTTES und seine Gerechtigkeit, und alles wird euch beigegeben werden"; und unser Herr gab ein gar deutliches Beispiel, verwies den Menschen auf das Gras des Gartens und die unvernünftigen Vögel des Himmels und sprach: „Betrachtet die Lilien des Feldes, die spinnen nicht und nähen nicht, und (doch) war Salomo in all seiner Pracht nicht gekleidet wie eine von ihnen; und die Vögel des Himmels, sie säen nicht, ernten nicht und sammeln nicht in die Scheunen, und unser himmlischer Vater ernährt sie doch. Seid ihr nicht mehr wert als sie? Und ich sage euch: Ihr sollt nicht ängstlich sorgen für euer Leben, was ihr essen, noch für euren Leib, womit ihr euch kleiden sollt. Und nicht sprechen: ‚Was sollen wir essen?' oder: ‚Was sollen wir trinken?' oder: „Womit sollen wir uns kleiden?' Denn die (weltlich gesinnten) Leute fragen so. Euer himmlischer Vater aber weiß wohl, daß ihr dies alles nötig habt." Er schilt und spricht: „Ihr Kleingläubigen, worum sorgt ihr euch? Suchet zuerst das Reich Gottes und seine Gerechtigkeit, und alles übrige wird euch beigegeben werden."

Zuvor, liebe Schwestern, sprach er, daß niemand zwei Herren dienen könne: Gott und dem (irdischen) Besitz; er muß, wenn er den einen liebt, den anderen hassen. Darin liegt ein Wunder und ein unbegreiflich Ding beschlossen. Wir sollten diese Botschaft uns so recht vor Augen halten, es sollte unser Vaterunser sein: Wie lehrt uns der Herr doch hier so unverhüllt die Wahrheit in offenen Worten und mit guten wahren Gleichnissen und verbietet alle Sorge um vergängliche Dinge und spricht: „Wer von euch kann mit seiner Sorge seine Größe vermehren, ihr Schwachgläubigen!" An diesen Worten seht ihr wohl, wie wenig die Menschen (dieser Welt) allüberall nach der Wahrheit leben. Unter dieser Sorge verbirgt sich ein heimliches Gebrechen: das ist die leidige Habgier, eine der sieben Hauptsünden. Diese Sünde richtet, ohne daß man es merkt, den größten Schaden auf Erden an.

Betrachte doch jeder Mensch, und schaue, wie erstaunlich viel Mühe sich Menschen geben, welche Zeit, welchen Fleiß, wieviel Geschicklichkeit sie darauf verwenden, ihrem Nächsten zu schaden. Wollte man diesen Gegenstand zu Ende behandeln, was würde daraus? Aber mit eurer Erlaubnis will ich doch ein weniges davon sagen.

Achtet darauf, woher das kommt, daß jemand (so) wenig Gott zu trauen wagt; daß die Menschen sorgen, schaffen, wirken und tun, ein jeder so, als ob er ewig leben solle: das kommt alles aus dem Grunde (der Habgier). Sähe man recht zu, man müßte erschrecken, wie der Mensch das Seine in allen Dingen sucht, auf Kosten aller anderen, in Worten, Werken, in Gaben, im Dienst, immer das Seine: es sei Lust oder Nutzen, Ehre und Gegendienst, immer etwas für sich; das wird gesucht, das hat man stets im Sinn, (im Dienst) Gottes wie der Geschöpfe. Dieses Gebrechen ist so tief eingewurzelt, daß alle Winkel des Menschen davon voll sind. Der Mensch sieht nur das Irdische, ganz wie die gekrümmte Frau, von der uns das Evangelium spricht, die so zur Erde gekrümmt war, daß sie nicht über sich zu blicken vermochte.

Armer blinder Mensch, geistlich dem Äußeren nach, nicht in Wahrheit, warum vertraust du Gott nicht, der dir soviel Gutes erwiesen und dich von der vergifteten Sorge um diese böse, falsche Welt erlöst hat, daß er dir so unbedeutende, kleine Dinge, wie du sie (nun einmal) nötig hast, geben werde? Ist es nicht ein kläglich Ding, daß eine Ordensfrau so mit ihrem Fleiß und ihrer ganzen Hingabe in emsiger Mühe nachts und tags um ihre (eigene) Arbeit bemüht ist, ihre Röcke, daß sie etwas spinne, oder was da sonst ist, daß sie dessentwegen kaum jemals recht unbeschwert zu Gott oder in ihr eigenes Herz kommt; und geht es mit der Arbeit, die sie unter den Händen hat, gut voran, so hat sie keine Sorge, sich noch weiter mit ewigen Dingen zu belasten; die begnügt sich mit dem Nötigsten, was Gott betrifft, und geht ihrer Lust nach diesen Dingen nach; und an diesen kleinen, unbedeutenden Dingen hängen sie so ganz wie weltliche Menschen an großen.

Unser Herr sagt, man könne nicht zwei Herren dienen, Gott und dem Geld, sondern: „suchet zuerst das Reich Gottes" — das heißt vor allem und über alles — „und seine Gerechtigkeit, und alle anderen Dinge werden euch zugeworfen werden"; er sagt nicht: „gegeben", sondern: „geworfen" werden, als ob er sagen wollte, das verdiene gar nicht die Bezeichnung „Gabe". Darum also sagt er „zugeworfen". Wie sehr diese nutzlosen, unbedeutenden Dinge erstrebt, geliebt und gesucht werden, heimlich und öffentlich, welche Sorgfalt man darauf verwendet, wie sehr man sie begehrt, wie man sie in Unordnung anhäuft — das ist ein unerschöpflicher Gegenstand; davon will ich lieber schweigen.

Nun sagt Sankt Petrus: „Werfet all eure Sorge auf Gott, er wird sich eurer annehmen!" Diese Sorge um (solch) äußere Dinge hat dreifachen Schaden für den Menschen im Gefolge: sie verblendet zuerst das Urteil und die Einsicht, sodann verlöscht sie das Feuer der Liebe, indem sie ihr Ernst und Wärme entzieht[1]; schließlich verdirbt und verbaut sie die Wege des inwendigen Zuganges zu Gott, ganz wie ein böser Nebel oder ein dichter Rauch, der aufsteigt und sich dem Menschen auf den

---

[1] Nach Corins Übersetzung in Sermons III, 79, die freilich nicht durchaus überzeugend ist.

Atem legt. Diese Sorge kommt von der Sünde und der Untugend der Habgier.

Achtet darauf, womit ihr umgeht, während ihr in dieser Zeit lebt, und sucht das Reich Gottes, damit es gefunden und entdeckt werde im Grunde der Seele, wo es verborgen liegt; dort ist es zu erwerben[2]. Das geht (freilich) nicht ohne Kampf ab; denn es wird nicht recht gefunden, wenn nicht dieses Gebrechen (der Habgier) zuvor abfällt, und das geschieht nicht an einem Tag. Was der Mensch in seine Gewalt bekommen will, muß er mit Mühen und Fleiß erwerben; nur mit emsigem Fleiß kann man den äußeren Menschen von der Liebe zu vergänglichen Dingen in dieser äußeren Sorge abziehen.

Denn sie ist in der Natur (des Menschen) in dessen tierischem Grunde verborgen, so daß der Mensch das Seine in allen Dingen sucht: in Worten, Werken, seiner Art zu leben, im Dienst und in der Freundschaft. Weil dieses leidige Spüren nach Gewinn überall in der (menschlichen) Natur im verborgenen wirkt und auch mit Bezug auf Gott, wollen sie Trost haben, Licht, Wahrnehmung, Empfindung, wollen immer etwas haben, möchten gerne ein Zeichen der Vertraulichkeit[3]. In dem heiligen Christenglauben muß man wohl leiden, und Leiden gibt dir Gott gerne wegen der Vergeltung. Tu große Werke, und übe dich in allen guten Tugenden: Gott wird dir großen Lohn geben, solange du dich vor der Verurteilung deines Nächsten hütest und dich nicht selber für besser hältst als einen anderen. Tätest du das, so wüßte ich wahrlich nicht, ob dir jemals etwas zuteil würde.

Liebe Schwestern! Hütet euch vor diesem geschickten Spüren der Natur, daß ihr geistliche Übungen vornehmt, um irgendwelcher leiblichen, zeitlichen Vorteile willen. Das sieht sehr nach Simonie aus, die die heilige Kirche mehr verurteilt als

---

[2] Vetter 361, 5: „verderbet", was kaum gemeint sein wird. Aber auch in Wi 2, S. 178, 8 ist die Lesung nicht recht klar; geht man mit Corin von „verdemptit" aus, so gibt das immerhin einen annehmbaren Sinn. Vgl. Corin, Sermons III, 79, Anm. 2.

[3] Vetter 361, 16: „himelrich", das auch in den Drucken, dem LT, AT, KT, eine Stütze findet, wird besser mit S und Wi 2 — „heymileichis" — durch „Heimliches", das heißt „Vertraulichkeit", ersetzt.

irgendeine Sünde, und ist ganz und gar wider alle Gerechtigkeit. Denn Gott ist von Natur das rechte Ende aller Dinge; du aber setzest da an seiner Statt ein böses, wertloses, vergängliches Ding als Ziel deines Wirkens. Wir sollen Gottes Gerechtigkeit suchen: *das* ist *gegen* seine Gerechtigkeit.

Meine Lieben! Nehmt des Grundes in euch wahr, sucht das Reich Gottes und allein seine Gerechtigkeit; das heißt: suchet Gott allein, *er* ist das wahre Reich. Um dieses Reich bitten wir, und darum bittet jeder Mensch im Vaterunser Tag für Tag. Meine Lieben! Das ist ein allzu hohes, starkes Gebet. Ihr wißt nicht, worum ihr bittet. Gott ist sein eigenes Reich; in diesem Reich herrschen alle vernünftigen Geschöpfe; daher kommen sie, dorthin streben sie zurück. Das ist das Reich, um das wir bitten: Gott selbst in seiner ganzen Herrlichkeit. In diesem Reich wird Gott unser Vater, und da offenbart sich väterliche Treue und väterliche Kraft. Dadurch, daß er eine Stätte für sein Wirken in uns findet, wird sein Name geheiligt, verherrlicht und erkannt. Das ist seine Heiligung in uns, daß er in uns walten könne und sein rechtes Werk in uns wirken; da geschieht sein Wille hier auf Erden so wie dort im Himmel; das heißt in uns wie in ihm selber, in dem Himmel, der er selbst ist. Ach, wie empfiehlt man sich so oft in seinen Willen und nimmt sich so rasch wieder zurück und geht ihm verloren.

Beginn von neuem, und überantworte dich ihm wieder! Gib dich dem göttlichen Willen gefangen in rechter Gelassenheit, und vertraue der väterlichen Kraft, die alles vermag und deren du oft in aller Öffentlichkeit hast gewahr werden können und (noch) täglich und stündlich wirst. Wagst du nicht dich ihr zu überlassen? Suche seine — Gottes — Gerechtigkeit; das ist seine Gerechtigkeit, daß er bei denen bleibt, die ihn innerlich suchen, ihn im Sinne haben, sich ihm überlassen. In denen waltet Gott. Von allen denen, die sich in rechter Gelassenheit zu Gott halten und sich ihm überlassen, fällt alle ängstliche Sorge ab. Nicht daß man Gott versuchen dürfe: denn man muß durchaus eine vernünftige und kluge Vorsorge treffen, alle Dinge zu ordnen, wie es dir und deinem Nächsten gebührt, für unseren Gebrauch und den Dienst der allgemeinen Barmherzigkeit, und daß jedes

Ding, wie es kommt, in guter Ordnung und Einsicht getan werde. Und dasselbe (göttliche Gut), das man, frei von äußerem Wirken in der Kirche, im Sinn hatte, das soll man auch in aller Tätigkeit im Sinn haben, sei es, daß man arbeite oder rede, esse oder trinke, schlafe oder wache: suche in allem das göttliche Gut und nicht das Deine.

Nun könnte man der Meinung, daß Gott niemanden verläßt, der auf ihn vertraut, entgegnen: er läßt doch oft gute Menschen schwere Gebrechen leiden. Das tut er, wie Bischof Albert sagt, um dreier Ursachen willen; zuerst: weil er prüfen will, ob der Mensch wirklich den Mut habe, ihm zu glauben und zu vertrauen. Darum läßt Gott den Menschen oft in Not geraten, damit er ihn Gelassenheit lehre und auch, wenn er ihm aus der Not hilft, der Mensch Gott erkenne, seine Freundschaft und seine Hilfe; (auch darum,) daß des Menschen Liebe und Dankbarkeit von da ab zunehme, daß er Gott näherkomme und lieber werde. Sodann: daß er (mit dem Leiden) seine Strafe im Fegfeuer mindern will. Schließlich: denen zur Verurteilung, die dieses Leiden bessern können und es nicht tun.

Suche also zuerst das Reich Gottes, das heißt: nur und allein Gott und nichts anderes. Ist (erst) die Anhänglichkeit (an irdische Dinge) abgeworfen, so geschieht der Wille Gottes auf der Erde wie im Himmel; so wie der Vater ewiglich Gewalt im Himmel hat, das heißt in seinem Sohn. Wenn der Mensch bei Gott steht, nichts anderes meinend, wollend, begehrend als dasselbe (nämlich Gott), wird er selber Gottes Reich, und Gott waltet in ihm; da sitzt (denn) der ewige König herrlich auf seinem Thron und gebietet und herrscht in dem Menschen. Dieses Reich ist eigentlich im Allerinnersten des Grundes, sobald der Mensch mit aller Übung den äußeren Menschen in den inneren, geistigen hineingezogen hat und dann die zwei Menschen — der Mensch der sinnlichen und der der geistigen Kräfte — sich gänzlich in den allerinnersten Menschen erheben, in den verborgenen Abgrund des Geistes, worin das wahre Bild Gottes liegt, und dieses sich in den göttlichen Abgrund erschwingt, in dem der Mensch von ewig her in seiner Ungeschaffenheit war.

Wenn nun Gott sieht, wie der Mensch zu ihm kommt, frei

von allem Bildhaften, und frei (von allem, was nicht Gott ist), so neigt sich der göttliche Abgrund und sinkt in den lauteren, auf ihn zukommenden Grund (des Menschen), überformt den geschaffenen und zieht ihn mit der Überformung in die Ungeschaffenheit, daß der (menschliche) Geist eins mit Gott wird. Könnte sich der Mensch in diesem Zustand sehen, er sähe sich so edel, daß er glaubte, gänzlich Gott zu sein, und hunderttausendmal edler, als er an sich als Gottes Geschöpf ist. Er sähe alle Gedanken, Strebungen, alles Wort, Werk und Wissen, seines wie das aller Menschen; alles, was je geschah, das würdest du bis auf den Grund erkennen, falls du in dieses Reich kommen könntest, und in diesem Zustand verschwände alle ängstliche Sorge und fiele ab (von dir). Das ist das Reich, das man mitsamt seiner Gerechtigkeit zuerst suchen soll; das heißt, daß man Gott in allem Wandel sich zu einem wahren Ziel all unseres Strebens, unserer Werke setze und ihm vertraue. So wie Gott die Menschen nie zu sehr lieben [4] konnte, so könnte nie ein Mensch Gott zuviel vertrauen, wenn es nur ein rechtes Vertrauen wäre und er alle (ängstliche) Sorge von sich täte, wie Gott es gesagt hat.

Nun sagt aber Sankt Paulus: „Ihr sollt sorgen, die Einheit des Geistes zu wahren im Band des Friedens." Meine lieben Schwestern! Der Frieden, den man im Geist und im innerlichen Leben findet, verdient wohl Sorge. Denn im Frieden findet man dies alles: da wird das Reich (Gottes) entdeckt und gefunden und (auch) die Gerechtigkeit. Den Frieden soll sich der Mensch von niemandem nehmen lassen, wie alles auch kommen mag: Schaden oder Nutzen, Ehre oder Schande. Halte nur den inneren Menschen in wahrem Frieden, im Band des Friedens, das heißt in allgemeiner ungeteilter Liebe, so daß man jeden Menschen liebt wie sich selbst; und nehmt vor eure Augen das liebreiche Vorbild unseres Herrn Jesus Christus, und betrachtet, wie seine Liebe gewirkt hat: sie hat ihm Leiden gebracht, mehr als alle Heiligen oder alle Menschen je erlebt haben. Und in all seinen Lebtagen fand er weniger Trost als je ein Mensch;

---

[4] Vetter 363, 24: „gewinnen"; richtiger dürfte die Lesung „geminnen" sein, die sich bei Corin, Wi 2, S. 186, 1 — „zů vil geminen" — findet.

er endete in dem bittersten Tod, den je ein Mensch starb, und (doch) war er in seinen oberen Kräften nicht weniger beseligt, als er es jetzt ist.

Die, welche ihm nun in aller Wahrhaftigkeit nachfolgen in äußerer Trostlosigkeit und in wahrem Mangel, innen und außen, an jeglicher Stütze und die sich freihalten von aller Anhänglichkeit und Anmaßung, die kommen als ganz Erhabene und ganz Lautere, von allem Bildhaften Befreite dahin, wo das Reich Gottes entdeckt und gefunden wird. Und das ist seine Gerechtigkeit, daß man es finde in den wahren Fußspuren (echten Verzichtes): in wahrer, gelassener Trostlosigkeit, williger Armut des Geistes, im Elend.

Dazu, daß wir alle dieses Reich so suchen, daß wir es in Wahrheit finden, gehört, daß wir uns selber und alle gottfremde Sorge abtun, denn unser Herr spricht: „Wer sein Leben verliert, wird es retten." Das geschieht in wahrer Verleugnung des eigenen Menschen selbst in allem, worin er sich findet, innen und außen: dazu helfe uns allen der, welcher aus Liebe um unsertwillen zugrunde ging. AMEN.

Flecto genua mea ad Deum et patrem Domini Jesu Christi, a quo omnis paternitas in celo et in terra nominatur

So beuge ich denn meine Knie vor Gott, dem Vater unseres Herrn Jesus Christus, von dem jeder Vatername im Himmel und auf Erden stammt (Eph. 3, 14 f.)

63

Diese Predigt über die Briefstelle beim heiligen Paulus vom sechzehnten Sonntag (nach Dreifaltigkeit) lehrt unter vielen anderen tiefen Betrachtungen, wie der Mensch mit Hilfe dreier Tugenden in die Höhe der über allem Sein erhabenen Gottheit gelangen kann: durch Gelassenheit infolge der Ergebung in Gottes Willen, Entsagung gegenüber äußeren Dingen und Verzicht darauf, sich selbst etwas zuzuschreiben (weil alles von Gott kommt)[1].

SANKT PAULUS SPRICHT: „Ich beuge meine Knie vor dem Vater unseres Herrn Jesus Christus, von dem jeder Vatername kommt im Himmel und auf Erden, damit ihr nicht um meiner Leiden willen verzagt, die ich für euch erdulde, und er euch den Reichtum seiner Herrlichkeit gebe und mit Tugenden seines Geists in dem inneren Menschen stärke und Christus in eurem Herzen wohnen lasse, eingewurzelt durch den heiligen Glauben in der Liebe, damit ihr begreift mit allen Heiligen, welches die Breite und Länge, die Höhe und Tiefe sei, um so die höchste

[1] Vetter 366, 29: „lidikeit" deutet auf „geduldiges Ertragen"; Corin, Wi 2, S. 191, 19 und App. 2 wie auch öfters „ledicheit" wäre durch „Entsagung gegenüber äußeren Dingen" umschreibend wiederzugeben; auch „Lossagung, Loslösung von äußeren Dingen" kommt in Frage. Auch „unanemlichheit" bedarf einer Umschreibung mit erläuterndem Zusatz. So wie oben sind diese Begriffe auch im folgenden aufzufassen; die Umschreibungen in jedem Einzelfall erübrigen sich dann.

Liebe Christi zu erkennen und mit aller Gottesfülle erfüllt zu werden."

Diese Worte sind so reich und so voll des Sinnes, daß wir nicht zu den Erläuterungen zu greifen brauchen, um sie einzusehen oder etwas zu ergänzen. Als Sankt Paulus diesen Brief schrieb, lag er gefangen und wollte (nur), daß seine Freunde sich darum nicht betrübten, wie er sagt: „daß etlichen Menschen meine Gefangenschaft Kummer bereitet, das ist mir wahrlich leid, und sie sind mir darum um nichts lieber". Und da er in dem Gefängnis war, verwies er seine Freunde auf den Weg der Gelassenheit: sie sollten sich weder über seine Gefangenschaft noch über sonst etwas betrüben; etlichen Menschen geht ihrer Freunde Leid näher als ihr eigenes; damit wollen sie sich entschuldigen, aber es ist doch unrecht (von ihnen)[2]. *Das* wollte er, daß sie allerwege recht gelassen wären; denn rechte Gelassenheit macht (einen Menschen) empfänglich für alle Gnaden, Gaben und Tugenden, die Gott je gab oder jemals geben wird. Er wollte sie ohne Betrübnis wissen; denn Betrübnisse sind ein großes Hindernis: sie ersticken das Leben, verdunkeln das Licht, verlöschen das Feuer der Liebe. Und darum sagt Sankt Paulus: „Freuet euch stets in unserem Herrn, nochmals sage ich: Freuet euch!" Dann sagt er: „Ich beuge meine Knie"; er meinte das in einem inneren Sinn und sprach nicht von den leiblichen Knien. Denn die Innerlichkeit ist hunderttausendmal weiter und breiter, tiefer und länger als das, was äußerlich ist. Die Knochen geben uns den äußeren Halt; ebenso soll der Mensch all sein *Können* vor Gott beugen. Alles, was er ist und kann, soll er ganz unter die gewaltige Hand und Kraft Gottes beugen und soll von Grund aus sein natürliches und sein gebrechliches Nichts erkennen. Das natürliche Nichts, das ist, daß wir von Natur aus nichts sind; das gebrechliche Nichts ist unsere Sünde, die uns zu einem Nichts gemacht hat[3].

[2] Die Drucke, der AT und KT, geben zum Sinn dieser Stelle — s. Corin Wi 2, S. 190, 8 und Lesarten — einen erläuternden Textzusatz: „obwohl es doch keine wahre Gelassenheit ist, man soll alles Gott anbefehlen".

[3] Diese Stelle — Vetter 365, 22 — findet im KT einen erläuternden Zusatz, der manches für sich hat und den ich in die Übersetzung aufgenommen habe.

Mit diesem doppelten Nichts sollen wir uns vor Gottes Füße legen. Dieses Niederbeugen weist uns auf eine rechte Unterwerfung, auf rechte Gelassenheit, auf Entsagung (gegenüber äußeren Dingen) und auf den Verzicht jeglicher Anmaßung. Diese drei sind recht wie drei Schwestern, die die gleichen Kleider tragen: wahre Demut. Der Mensch soll in geordneter Ausgeglichenheit stehen gegenüber Lieb und Leid, Haben und Darben, Hart und Weich und jegliches Ding (als) von Gott (gekommen) annehmen und nicht von den Geschöpfen.

Der Mensch ist gleichsam aus dreien zusammengefügt. Den Menschen der Sinne soll man zwingen, soweit man immer kann, gelassen zu sein und ihn in den zweiten Menschen ziehen, der innen ist; das ist der geistige Mensch, das heißt, der seinen Sinnen nachlebende Mensch darf nicht tätig sein oder irgendwohin laufen, außer nach den Anweisungen des geistigen Menschen, und nicht nach seinen tierischen Trieben handeln. Wenn dann der zweite Mensch, der geistige, in rechter, entsagender Gelassenheit steht und sich nicht Dinge zuschreibt (die von Gott sind), dann hält er sich in seinem lauteren Nichts, läßt Gott den Herrn sein und unterwirft sich ihm. Dann wird der dritte Mensch (in diesem Menschen) zu seiner ganzen Größe aufgerichtet, bleibt ungehindert, kann sich in seinen Ursprung kehren und in den Zustand seiner Ungeschaffenheit, worin er ewig gewesen ist, und steht da ohne Bilder und Formen in rechter Entsagung (eigenen Tuns). Da gibt ihm (denn) Gott nach dem „Reichtum seiner Herrlichkeit"[4]. So reichlich geschieht das, daß davon die niederen, mittleren und oberen Kräfte beschenkt und gestärkt werden in empfindender und verkostender Weise.

Das ist es, was Gott nach dem Reichtum seiner Herrlichkeit schenkt. Hier wird der Mensch mit Tugenden gestärkt, was den inneren Menschen betrifft. Gebe euch Gott, daß Christus in eurem Herzen wohne. Versteht mir diese Worte recht: wohnen durch den heiligen Glauben. So wie der Mund spricht: „Ich glaube an Gott Vater, den Allmächtigen", so besitzen diese Menschen den Glauben innerlich in einer viel höheren Weise,

---

[4] Vgl. Rösch, a. a. O. Eph. 3, 16 u. Regensburger NT, Bd. 7, S. 142.

ihn empfindend und verkostend. Gleichermaßen wie wenn ein sechsjähriges Kind dieses Bekenntnis spräche und ein Lehrmeister von Paris auch: es ist zwar *ein* Bekenntnis, aber es wird von beiden sehr unterschiedlich verstanden: so haben diese Menschen es in dem inneren Menschen, im Licht, in Klarheit und mit Unterscheidung. In dem dritten, dem obersten Menschen, dem verborgenen, da besitzen sie diesen Glauben oberhalb des Lichtes im Dunkel ohne Unterscheidung, jenseits der Bilder und Formen und (begrifflichen) Unterscheidungen in einfacher Einheit.

Diese Leute besitzen den Glauben in fühlbarer, empfindlicher, verkostender Weise. Sankt Paulus sagt: „Gott gebe euch, daß Christus in euerem Herzen wohne." „Christus" bedeutet soviel wie „Salbung"[5]. Wo Gott den Grund (eines Menschen) so bereitet und ihm zugekehrt findet, dahin fließt die Salbung Christi und wohnt da; dadurch werden diese Menschen von Grund aus so gütig und freundlich und können keine Härte mehr zeigen. Wo diese drei Tugenden in dem Grunde gefunden werden: Gelassenheit, Entsagung[6], die Nichtanmaßung (göttlichen Gaben gegenüber), da fließt die Salbung Christi ununterbrochen hinein und macht den Grund so gütig und freundlich. Könnten diese Menschen sich selbst gleich einer Salbung allen Menschen mitteilen, das bedeutete eine Freude für sie. Ihre Liebe weitet und verbreitet sich: sie umschließt alle, und sie möchten (gerne), wie Sankt Paulus, alle Menschen selig machen; er war den Heiden ein Heide, den Juden ein Jude, damit er alle gewinne nach dem Beispiel unseres Herrn Jesus Christus, der mit den Sündern aß und mit ihnen verkehrte. Christi Salbung durchfließt sie in gütiger, allgemeiner Liebe.

Nun sagt Sankt Paulus auch: „auf daß ihr verwurzelt und gegründet seiet in der Liebe". Liebe Schwestern! Danach strebt mit all eurer Kraft, daß ihr verwurzelt werdet und gegründet seid in der Liebe. Je tiefer der Baum und je besser er verwurzelt ist, um so höher und weiter und breiter wächst er. Ach, wie wird mancher kräftig scheinende Baum, der scheinbar so schön geblüht

---

[5] Wörtlich: „Salbe" (Vetter 366, 25).
[6] Vgl. der erläuternden Zusätze wegen Anm. 1 zu dieser Predigt.

hat, niederstürzen zu Boden, wenn die heftigen Winde kommen! Unser Herr spricht: „Alle Pflanzen, die nicht mein Vater gepflanzt hat, werden mit den Wurzeln ausgerissen werden." Seht zu, daß ihr in der Liebe festgewurzelt und gegründet seid, damit ihr begreifen könnt mit allen Heiligen, welches die Breite, die Länge, die Höhe und die Tiefe (Gottes) ist.

Die Breite in Gott bedeutet, daß man seiner Gegenwart überall gewahr werde[7], an jedem Orte, bei jeder Übung, in jeder Arbeit. Sankt Augustinus sagt: „Mensch, du kannst dich Gottes Gegenwart nicht entziehen; verlässest du ihn, wenn er dir ein freundliches Antlitz zeigt, wohlwollend, liebreich, so wirst du ihn mit furchterregender Miene wiederfinden, grimmig zürnend, verurteilend." Diese Breite kennt in Gott keine Grenze. Man soll sie auch in uns erkennen: sie stellt sich dar als uneingeschränkte Liebe. Die Liebe ist in diesen schlimmen Zeiten ganz erloschen. Man kennt nur noch die Liebe mit Vorbehalten: „indem einer (nur) seinen Mitbruder, die Mitglieder seines Ordens oder seines Konvents liebt, stets nur eine bedingte Liebe!" Nein, meine Lieben, die Liebe muß allen erzeigt werden, soweit es nur geht. Die allgemeine Liebe schließt alles in sich. Könnte sie sich allen Menschen mitteilen, sie täte es gerne, wie unser Vater, der heilige Dominikus, getan; er bot sich selber feil, daß man mit dem Erlös denen hülfe, die Not litten. Man soll stets aus dem Geist der Liebe wirken und, so man kann, alles darin einschließen.

Dann die Länge (Gottes). Das bedeutet, daß man sich in das immerwährende Jetzt der Ewigkeit kehre, deren Länge weder ein Vorher noch ein Nachher kennt und ganze Unwandelbarkeit ist. Dort kosten, erkennen und lieben die Heiligen dasselbe, was Gott verkostet. Wir sollten mit ihnen zusammenwirken, liebreich mit ihnen lustwandeln ohne Unterlaß, wirkend und kostend, soweit das uns hienieden möglich ist.

Die Tiefe, die in Gott ist: ein solcher Abgrund, daß alle geschaffene Erkenntniskraft sie nicht erreichen noch durchdringen kann, nicht einmal die Seele unseres Jesus Christus; sie kann

[7] Nach Corin, Wi 2, S. 195, 12—13, da Vetter 367, 12 und seine Übersetzer Lehmann 2, 175 und Oehl S. 119 eine auf eine Lücke deutende „Kurzfassung" aufweisen.

auch nicht erreicht oder ergründet werden als nur von Gott allein. Dieser Tiefe sollen die Menschen in der Weise nachgehen, daß sie ihr mit (ihrer eigenen) Tiefe begegnen, das heißt der bodenlosen Tiefe unergründlicher Selbstvernichtung. Könnten sie, anders gesagt, zu einem lauteren Nichts werden, das dünkte sie recht und billig. Das kommt aus der Tiefe und der Erkenntnis ihres Nichts. Sie gehen unter die verblendeten, verdorbenen Sünder, erleiden qualvollen, empfindlichen Schmerz, empfindliches Leiden und haben Erbarmen mit deren Blindheit. Ihre Tiefe ist so unergründlich, daß sie in den Grund der Hölle gezogen werden, so daß — wäre das möglich und hätte es Gott so bestimmt, was er aber nicht getan hat — alle, die in der Hölle sind, sie verlassen dürften, sie selbst aber an ihrer aller Statt dableiben: das täten sie aus Liebe gerne. Aber niemand darf das tun noch auch nur daran denken, außer im Gebet, denn sonst wäre es gegen die göttliche Ordnung. Liebe und Demut aber haben sie so benommen gemacht wie den liebevollen Paulus, der diesen Wunsch aussprach: „Herr, tilge mich aus dem Buch der Lebenden, damit *sie* gerettet werden." Diese Tiefe wird in uns geboren aus dem Abgrund der unergründlichen Tiefe Gottes, die kein Verstand der Menschen oder Engel erreichen und begreifen kann. Wie sollte man etwas darüber aussagen können, was sie ist? Es ist uns unbekannt; darin liegt nichts Erstaunliches[8].

Dann (sprechen wir) von der Höhe Gottes. Ach, dergleichen gibt es sonst nicht. Sie ist derart, daß Gott, der alles kann, kein so edles, so erhabenes Geschöpf hätte schaffen können, über den Cherubim und Seraphim stehend, das aus seiner Natur die Höhe Gottes hätte erreichen oder erkennen können. Selbst dann aber wäre solche Höhe ein abgründiges Nichts vor Gottes Höhe, da sie ja geschaffen wäre. Diese Menschen streben der Höhe Gottes in der Weise nach, daß ihr Seelengrund zur Höhe überschäumt, oberhalb von allem, mit so großer Dankbarkeit und solch hohem Gedankenflug, daß es ohnegleichen ist. Gott erscheint diesen

---

[8] Von „Wie sollte . . ." ab nur in Corin, Wi 2, S. 199, 2—4. Vgl. Vetter 368, 15.

Menschen dann so groß, daß alles, was nicht Gott ist, ihnen klein und nichtig erscheint, wie der Prophet spricht: „Der Mensch wird sich erheben zu einem hohen Herzen: da wird Gott erhöht." Denn Gott ist für *den* Menschen niemals hoch und groß, der etwas, das geringer ist als Gott, für hoch und groß halten kann.

Wer aber die Höhe Gottes verkostet hat, dem erhebt sich sein Seelengrund so hoch in Liebe und Dankbarkeit und im Gefühl von Gottes hoher Würde, daß ihm nichts mehr zusagt, was unterhalb Gottes ist. Denn alles Geschaffene steht so unaussprechlich tief unter Gott wie ein reines Nichts gegenüber vollkommenem Sein [9]. Diese Höhe des über allem Wesen stehenden Seins zieht des Menschen Seelengrund hoch über sich hinaus in Liebe, Dankbarkeit und Lob. Sie erheben sich wie im Flug so weit über sich hinaus, daß sie all ihr Lob und das der Geschöpfe, der Engel und Heiligen hinter sich lassen. Wenn sie diesen in liebevollem Begehren begegnen, so dringt ihr Lob über all diese empor (zu Gott).

Gleichwie durch Entzündung vieler Kohlen ein ganz großes Feuer entsteht und die helle Flamme über alle Kohlen und alle Dinge in die Höhe schlägt, so soll der Mensch in einer über alle Gedanken und Vorstellungen und Wirkungen seiner niederen und oberen Kräfte hinausgehenden Weise seinen Grund durchdringen lassen, auf zur Höhe, weit über alles Vermögen und Wirken seiner selbst und aller Geschöpfe, zur jenseits alles Wesens stehenden Gottheit. Dergleichen erlebte eine junge Frau, die in der Ehe lebte: ihr Geist schwang sich in die Höhe, und darin ward ihr ihr eigener Grund entdeckt und gezeigt, und sie sah ihn in unaussprechlicher Klarheit und unerreichbarer Höhe, die kein Aufhören hatte, in endloser Länge, Breite und Tiefe, alles unergründlich. So also, wie ihr jetzt gehört habt, gelangt man zu dem, was Sankt Paulus in die Worte faßte: „damit ihr erkennet die Höhe, die Länge, die Breite und Tiefe Gottes".

---

[9] Eine wohl schon früh durch Textänderung schwer verständlich gewordene Stelle, da bereits der von Vetter eingesehene BT — vgl. Vetter, Lesart zu 368, 22 — bessert, wie später auch Lehmann 2, 177 und Oehl, S. 122.

Liebe Schwestern![10] Die, welche ohne die genannten drei Tugenden, rechte Gelassenheit, Entsagung und Nichtanmaßung (gegenüber göttlichen Gaben), alle gekleidet in Demut, hierherkommen — und diese Tugenden wohnen im Kloster der Liebe — und die nicht in rechter Übung hier durchgegangen sind, stürzen in den Abgrund. Aber du bist hierhergekommen mit diesen Tugenden, so bleibt dir jener Stand, und du stehst (fest) darinnen. Entfällt er dir (wirklich), so kann das (nur) von der Anmaßung (dir die Gaben Gottes zuschreiben zu wollen) und vom Eigenwillen gekommen sein. Hier wird die Gnade geboren. Der Same ergießt sich in den Grund. „Tretet zu mir herüber, und sättigt euch an den Früchten meiner Geburt" (Sir. 24, 19). Man muß über all diese (irdischen) Dinge hinauskommen. Das wird wohl manchen gezeigt, ist aber nicht mit ihnen geboren. Der Mensch jedoch, der außen wie innen auf rechte Gelassenheit abzielt, in dem kann jene Geburt geschehen, falls er jenen Weg durchlaufen hat. Von diesem Geist finde ich etwas in jungen Leuten; in den alten aber ist er verdorben; denn sie halten sich zu sehr mit Eigenwillen auf ihren Vorhaben und ihren alten Verfahren und sind mürrisch und voll absprechenden Urteils; ihnen fehlt der Geist liebevoller Sanftmut. Sanftmut jedoch dient diesem inneren Geist, sie hat mehr Wirkung nach innen als Gelassenheit; die hat mehr mit dem äußeren Menschen zu tun.

Dieser innere Grund muß notgedrungen denen verborgen bleiben, die mit ihrer ganzen Wirksamkeit im äußerlichen, sinnlichen Menschen (stecken)bleiben. Solch ein Mensch ist zu bäurisch und zu grob für diesen edlen, grundlosen Geist. Denn es gibt manchen, der sich sehr hochstehend dünkt und (doch) nicht einmal die niederste Stufe seines inneren Menschen kennenlernte. Und wenn Gott die Menschen in die Innerlichkeit ziehen will und sie auf Gelassenheit und Verzicht hinweist, so treiben sie Gott mit all ihren Kräften ganz von sich weg, als wenn er der Teufel wäre; sie verharren bei ihren eigenen Lebensgewohnheiten,

[10] Die folgende Stelle, Vetter 369, 16, ist im BT stark verändert, wohl weil man eine Erläuterung für angebracht hielt, die sich bei Vetter, a. a. O. unter den Lesarten findet.

in ihrer Anmaßung dessen, was von Gott kommt, und in ihrer Ungelassenheit. Das ist wie ein recht böser Mehltau; wie diese Pflanzenkrankheit die Frucht verdirbt, so verderben jene Menschen die Frucht, die hier geboren werden sollte.

Wie hoch du immer steigen magst — besitzest du die drei miteinander verschwisterten Tugenden nicht, so wird nichts aus deinem Streben; dann kommt der böse Feind und wartet, ob er da nichts für sich finde. Findet er dich anhänglich (an äußere Dinge), so hält er sich daran. Was soll ich von diesem edlen Sein zu *denen* sprechen, die ihren äußeren Menschen nicht fernhalten von diesem Geplapper und der vielen äußeren Tätigkeit, ihren vielen Vigilien, die alle ihrer Natur nach Geplapper sind. Liebe Schwester! Sprich eine Vigilie nach guter Ordnung nach außen gerichtet und zwei nach innen blickend mit liebevollem Geist. Wieviel du da, nach innen gerichtet, auch redest[11], es kann nicht zuviel sein. Laß dich bei diesem inneren Gebet von niemandem hindern oder von ihm abziehen. Deinen inneren Menschen sollst du niemandem unterwerfen außer Gott; aber deinen äußeren Menschen, den unterstelle in aller Demut unter alle Geschöpfe. Der äußere Mensch sei wie ein Knecht, der untätig vor seinem Herrn steht, wartend auf das, was dieser von ihm getan haben will. So soll auch der äußere Mensch innerlich warten, was ihm der innere gebietet, um dem auf jede Weise mit jeder Arbeit genugzutun. Das tun *die* nicht, die nur mit dem äußeren Menschen auf ihre sinnliche Weise nach außen wirken und andere Menschen auf denselben Weg ziehen und zuviel schwätzen.

Liebe Schwester, schweige, bleib gesammelt, dulde! Hättest du diese liebreichen Tugenden, von denen du gehört hast: Gelassenheit, Entsagung, Fehlen jeder Anmaßung (gegenüber den Gaben Gottes), du könntest dich einen ganzen Tag mitten in aller Unruhe aufhalten, es würde dir nicht schaden, es sei denn, du wärest zu schwach dazu: dann gehe deinen Weg. Liebe Schwestern! Wenn ich diesen wahrhaften Grund finde, dann rate ich, was mir Gott zu sagen gibt, und lasse jeglichen mich

11 Wörtlich: „klaffest", Vetter 370, 21. Hier ist dieses Wort vermieden, um einem Mißverständnis vorzubeugen.

verwünschen und mich schelten, soviel er nur will. Unsere Schwestern haben in dieser Sache ein gutes Verhalten: will sich von ihnen eine in ihren Seelengrund kehren, so sind sie dessen froh und geben ihr soviel Erlaubnis, als sie haben will; das geht doch weit und sehr über eure Satzungen hinaus: es ist aber ein liebliches und heiliges Ding, vom Heiligen Geist ins Werk gesetzt.

Liebe Schwester! Bleib stets im Konvent der drei vorgenannten Tugenden, und hüte dich vor deren Stiefschwester, der Anmaßung, und vor selbstsüchtiger Liebe: der muß man wirklich den Kopf abschlagen, denn die will immer etwas (für sich) haben. Sie geht zur Predigt, zum Tisch des Herrn, (nur) immer, daß sie etwas (für sich) habe. Wer Ohren hat, zu hören, der höre!

Nun spricht Sankt Paulus: „Daß ihr die Liebe[12] Christi erkennet." Nun höret, was darunter zu verstehen ist. Seine Liebe zeigte sich, als er des Teufels List durch den bittersten, schändlichsten Tod überwand, den ein Mensch je erlitt und womit er uns alle erlöste. Und als er vor allen Menschen der verlassenste war, da war er seinem Vater am wohlgefälligsten, als er rief: „Mein Gott, mein Gott, wie hast du mich verlassen!" Denn er war bitterlicher verlassen, als je ein Heiliger verlassen war. Diese Verlassenheit erkannte er bereits, als er auf dem Berg Blut schwitzte. Und war doch zu gleicher Zeit nach seinen oberen Kräften im Besitz dessen, wessen er sich (auch) jetzt erfreut: der Gottheit, die er selber war.

Das ist die Liebe Christi: sie ginge über alles Wissen, wenn der Mensch von außen und innen auf jeglichen Trost verzichten, wenn er, verlassen und aller Stütze beraubt, in rechter, sich gleichbleibender Gelassenheit verharren könnte, so wie unser Herr Jesus Christus verlassen war. Wer in dieser Verlassenheit und Trostlosigkeit am wahrhaftigsten wäre, gefiele dem (himmlischen) Vater am meisten. In solch einem Menschen herrscht und waltet Gott, und in dieses Menschen inwendigem Geist wird der wesentliche Friede geboren. Diesen Frieden, den dir Gott da ge-

---

[12] Das in den Texten stehende Wort „kunst" kann nicht wörtlich mit „Liebe" übersetzt werden. Doch stimmen bedeutende Übersetzer in dieser Wiedergabe der bei Vetter 371, 22 angeführten Stelle aus Paulus, Eph. 3, 14 überein.

493

geben hat, sollst du dir nimmer nehmen lassen, weder von Menschen noch Engeln, noch Teufeln; doch soll man den äußeren Menschen in Zucht halten, in niedergedrückter Unterwerfung, ihn beargwöhnen, ihm nicht trauen oder glauben, sondern ihn niederhalten, daß er dem inneren Menschen in keiner Weise zum Hindernis werde, besonders nicht in seinen sinnlichen Begierden. Denn solange der Mensch in dieser Zeitlichkeit lebt, kann er nicht frei von Befriedigung sein. Aber hier soll die Einsicht Meisterin bleiben, damit alle Lust, alle Befriedigung in Gott oder durch Gott sei; und man soll bei Gott Hilfe suchen. Und unser Herr stärkt mit eigener Kraft die, welche innerlich bei ihm Hilfe suchen: mit seiner Weisheit erleuchtet er, mit seiner Güte durchdringt er sie.

Möchten wir doch alle der liebevollen Mahnung des heiligen Paulus folgen, damit wir die Wahrheit ihrem vollen Sein nach erlangen. Dazu helfe uns Gott! Amen.

Sequere me! at ille relictis omnibus secutus est eum
Folge mir! Und jener verließ alles und folgte ihm nach (Luk. 5, 27 f.)

64

*Diese Predigt vom Feste des hl. Apostels Matthäus zeigt uns
zwei Wege, auf denen wir über die Gewinnung der drei den
niederen Kräften angehörigen Tugenden Demut, Sanftmut, Geduld und der drei den oberen Kräften zugehörigen Glaube,
Hoffnung, Liebe zur Überwindung und Loslösung von äußeren
Dingen und inneren Hindernissen gelangen können. Entscheidend
ist, daß wir wie der hl. Matthäus Christus nachfolgen.*

UNSER HERR SPRACH zu Sankt Matthäus: „Folge mir nach!"
Und er verließ alles und folgte ihm.

Dieser liebenswerte Heilige ist ein Vorbild für alle Menschen
gewesen; zuvor aber war er ein großer Sünder, wie die Schrift
von ihm berichtet, und ward danach einer der allergrößten
Gottesfreunde, denn unser Herr sprach ihn innerlich an, in
seinem Grunde; und da verließ er alles und folgte ihm. Daran
liegt alles, daß man Gott in der Wahrheit folgt; und dazu gehört
ein ganz wahres Lassen all der Dinge, die nicht Gott sind, das
sei, was es sei, was der Mensch in seinem Grunde vorfindet und
wovon er besessen ist, das sei, was auch immer, Lebendes oder
Totes, er selbst oder irgend etwas des Seinen. Denn Gott liebt
die Herzen; und es geht ihm nicht um das, was man außen sieht,
sondern um die innige, lebendige Einwilligung, die eine bereite
Neigung zu allem, was göttlich und tugendhaft ist, besitzt, wo
und an wem das immer sei; darin steckt mehr aufrichtige und

treue Gesinnung, als wenn ich ebensoviel betete wie alle Welt zusammen oder wenn ich so hoch sänge, daß es zum Himmel reichte, oder als alles, was ich nach außen durch Fasten, Wachen und andere fromme Übungen tun könnte.

Nun sprach unser Herr: „Folge mir nach!" Durch Übung folgender sechs Stücke folgt der Mensch unserem Herrn nach: drei gehören dem Bereich der niederen, drei dem der höheren Kräfte an: jene sind Demut, Sanftmut und Geduld; diese erheben sich über alle Kräfte: es sind Glaube, Hoffnung und Liebe. — Nun aber spricht unser Herr: „Folge!"

Diese Nachfolge kann in *einer* Weise nach dem liebreichen Vorbild unseres Herrn geschehen in Begehren, Dank und Lob, zuweilen aber auch einen kürzeren Weg einschlagen, ohne all dies: ohne sich Gedanken zu machen oder sonst etwas, nur in einem inneren, ganz gelassenen, stillen Schweigen, in einem nach innen gekehrten Seelengrund und einem lauteren Erwarten Gottes, auf das hin, was er in einem Menschen wirken wolle an Reinstem und Höchstem, wie es ihm gefällt oder nach seinem Willen sein mag. Wohl findet man Leute, die großen Gefallen finden an äußeren Übungen und denen nichts von alldem haften bleibt. Am Gebet und Fasten, am Wachen und allen anderen derartigen Übungen haben sie so große Lust, daß Gott daran viel weniger hat. Und ihre Lust könnte so groß sein, daß Gott gar nichts mehr an ihren Übungen liegt und er sich davon abkehrt. Das kommt daher, daß diese Leute ihr Werk aus ihrem eigenen Selbst tun, mit Eigenwillen und als ob es gar von ihnen selbst käme; und dabei ist alles Gute von Gott, und kein bißchen davon gehört dir zu eigen.

Nun könnte man fragen, wie man das Wohlbehagen trennen soll von dem, was gut ist. Dafür ein Gleichnis! Im Alten Bund war den Priestern verboten, das Fett von dem für das Opfer bestimmten Fleisch zu essen; sie sollten es verbrennen und Gott opfern. Das Fett aber, das sich innen in dem ihnen (für den Genuß) erlaubten Fleische befand, das durften sie essen. So soll man alles Behagen, das man an allen Tugendübungen und guten Werken haben kann, in das Feuer der Liebe werfen und es Gott wieder darbieten, dem es ja doch gehört. Das eigene Wohl gefallen aber und die Befriedigung, die von Natur an den Werken haften, insofern sie gute Werke sind, die darf der Mensch in argloser Weise haben, ohne daß sich darin Anmaßung verbirgt.

Nun das Wort: „Folge mir!" und wie Sankt Matthäus alles verließ und Gott nachfolgte. Der Mensch, der alle Dinge verläßt und sich selbst in allen Dingen, soll Gott über alle Dinge hinaus folgen mit dem äußeren Menschen, mit jeglicher Tugendübung und der allgemeinen Liebe und mit dem inneren Menschen in rechter Gelassenheit seines Selbst in jeder Weise, wie es gerade kommt und Gott es ihm schickt, von innen oder von außen.

Versteht mich recht! Was ich von mir sage, das gilt von allen Menschen. Ich habe durch Gottes Gnade und von der heiligen Kirche meinen Orden empfangen, diese Kutte und dieses Gewand, mein Priestertum und den Auftrag, zu lehren und Beichte zu hören.

Käme es nun so, daß der Papst mir dies nehmen wollte und die heilige Kirche, von der ich es habe, so sollte ich, wäre ich ein gelassener Mensch, ihnen alles miteinander überlassen und nicht fragen, warum sie es mir nehmen; ich sollte, könnte ich ihn haben, einen grauen Rock antun, niemals mehr bei meinen Brüdern im Kloster sein, es verlassen, nie mehr Priester sein noch Beichte hören oder predigen, alles in Gottes Namen, nichts mehr von alledem, denn sie haben es mir gegeben und können es mir auch nehmen; ich habe sie nicht zu fragen, falls sie es tun[1], sofern ich nicht Ketzer wollte geheißen werden oder in den Bann getan werden wollte.

Wollte mir aber jemand anders eines dieser Dinge nehmen, so sollte ich, als wahrhaft gelassener Mensch, eher den Tod auf mich nehmen, als es mir nehmen zu lassen. Auch wenn die heilige Kirche uns den äußeren Empfang des heiligen Sakramentes nehmen wollte, so sollten wir uns darein ergeben. Aber es auf geistliche Weise zu empfangen, das kann uns niemand nehmen. Alles, was die heilige Kirche uns gegeben hat, kann sie

---

[1] Vetter 255,21 ist mit Corin, Sermons III, 101, Anm. 1 besser „obe" statt „oder" zu lesen.

uns wieder nehmen. Und das alles sollte geschehen ohne irgendein Murren oder einen Widerspruch.

Das betrifft aber (nur) das Äußere; ebenso und noch mehr sollte es mit dem Inneren bestellt sein. Was besitzen wir, das uns Gott nicht gegeben hätte? Und darum soll man all das, was er uns gegeben hat, ihm in rechter Gelassenheit überlassen, so als ob man es nie empfangen hätte.

Euch, meine lieben Leute, die ihr mit heiligen Vorbildern, Gedanken, Werken und Weisen umgeht, meine ich hier nicht, zu euch spreche ich hier nicht, ihr braucht meine Worte nicht auf euch zu beziehen. Aber ich denke an jene besonderen Menschen, die finstere Wege gehen und durch enge Pfade hindurchschlüpfen müssen: das ist nicht jedermanns Sache. Diese Menschen müssen sich ganz anders vorwärtsbewegen als die, von denen wir bis jetzt gesagt haben, wie sie die Dinge betreiben sollen. Jene haben manches zu tun, anderes zu unterlassen: in dem Bereich der (unteren) Kräfte soll man die Dinge bewahren, doch ohne allen Eigenwillen; in dem, was die (unteren) Kräfte übersteigt, soll man weder die Dinge besitzen noch die Anhänglichkeit an ihren Besitz[2]. Es liegt indes in der Natur aller Menschen, zu haben, zu wissen und zu wollen; darin besteht die Tätigkeit der Kräfte.

Hier nun müssen wir von den sechs Stücken sprechen (mit deren Hilfe man dem Herrn nachfolgen soll), die wir oben bereits erwähnt haben. Drei von ihnen gehören zu den niederen, drei zu den oberen Kräften. Jene sind Demut, Sanftmut und Geduld; zu den oberen zählen: Glaube, Hoffnung und Liebe.

Da ist nun der Glaube; er raubt und nimmt der Vernunft all ihr Wissen hinweg und macht sie blind. Und ihr Wissen muß sie verleugnen. Die Kraft der Vernunft muß beiseite geschoben werden. Dann kommt die Hoffnung und nimmt uns die Sicherheit und die Gewißheit des Besitzens. Dann kommt die Liebe und beraubt den Willen allen Eigensinnes und Besitzes. Sprechen wir jetzt von den drei Tugenden im Bereich der niederen Kräfte: der Demut, der Sanftmut, der Geduld: diese entsprechen den

---

[2] Die Stelle — Vetter 256, 4 — ist nicht recht klar. Die Übersetzung Corins, Sermons III, 102, dazu Anm. 2, scheint mir den wahrscheinlichen Sinn besser zu erfassen als Lehmann 2, 59.

drei Tugenden im Bereich der höheren Kräfte. Die Demut versinkt gänzlich in einem Abgrund; sie verliert ihren Namen, steht
auf ihrem lauteren Nichts und weiß nichts (mehr) von Demut.
Die Sanftmut hat die Liebe alles Eigenwillens beraubt, derart,
daß ihr alle Dinge gleich gelten und nichts ihr zuwider ist. Darum weiß sie nichts von Tugendbesitz und betrachtet alle Dinge
in gleich friedvoller Weise. Die Tugend hat ihren Namen ein-
gebüßt und ist zum Sein geworden. So auch ist es mit der Geduld. Die geduldigen Menschen lieben, und es dürstet sie nach
Leiden, und sie wissen nichts von ihrer Geduld.

Und doch kann dir bei all dieser Gelassenheit (einmal) ein
hartes Wort entfahren: darüber darfst du nicht erschrecken.
Gott hat es für dein größeres Wohl geschehen lassen, damit du
noch tiefer in dein Nichts versinkst. Und du kannst auch einmal
in Zorn geraten: das alles soll dich zu stärkerem Verleugnen
führen. Das verweist dich alles gar sehr auf dein Nichts, so daß
du dich dessen unwürdig hältst, daß Gott dir einen guten Gedanken sende. Daran liegt alles: in einem abgründigen Entsinken in ein unergründliches Nichts. Das Wirken dieser Leute
beruht nicht mehr auf äußerer Tätigkeit, weder in festen Formen
noch in Bildern.

In diesen sollt *ihr* euch, liebe Leute, die ihr jene Stufe (noch)
nicht erreicht habt, fleißig üben. Gott wird euch eure Sünden
vergeben und das Himmelreich schenken, wenn ihr eure Strafe
im Fegefeuer abgebüßt habt. Aber wisset: mit euren Formen der
Frömmigkeit könntet ihr nicht einmal die Knechte der Knechte
jener Leute werden.

Wenn es mit diesen Leuten aber gut vorangeht, wird ihr
Leben köstlich über alle Maßen. Aber gefährlich ist ein solches
Leben, ebenso gefährlich wie das Leben des wildesten Menschen,
der in der Welt nach seiner Weise lebt; denn der Weg jener
Leute ist gar finster und unbekannt. Es ist, wie es bei Job heißt,
dessen Wort ich nannte: „Dem Menschen ist der Weg verborgen
und mit Finsternis umgeben." Auf diesem Wege müssen die
Menschen, (die ihn gehen) stets auf all das verzichten, was sich
ihnen darbieten mag. Und stets sagt unser Herr: „Folge mir;
schreite durch all das hindurch; ich selbst bin das nicht; geh

zu, folge mir, nur vorwärts!" Der Mensch könnte da wohl antworten: „Herr, wer bist du, daß ich (dir) so in die Tiefe, die Wildnis, die Einsamkeit folgen soll?" Der Herr aber könnte ihm erwidern: „Ich bin Mensch und Gott, ja weit mehr als Gott!" Könnte ihm der Mensch nun aus seinem (als) wesenhaft (nichts)[3] erkannten Grunde antworten: „Ich aber bin nichts, weit weniger als das!", so wäre das Werk bald vollendet, denn die jenseits aller Namen stehende Gottheit hat keine zum Wirken geeignetere Statt als im Grunde der allertiefsten Selbstverleugnung.

Die Lehrmeister schreiben: Soll eine neue Form entstehen, so muß notwendigerweise die alte ganz zunichte werden; sie sagen auch: Wenn ein Kind im Mutterleibe empfangen wird, so ist es zuerst bloße Materie; dieser wird dann eine tierische Materie eingegossen, so daß sie wie ein Tier lebt. Darauf, nach Ablauf einer bestimmten Zeit, erschafft Gott eine vernünftige Seele und gießt sie hinein; dann vergeht die erste Form völlig im Hinblick auf das, was sie in ihrem Sosein kennzeichnete: nach ihrer Tätigkeit, Denkfähigkeit, Größe, Farbe; all das muß weg; nur eine ledige lautere Materie bleibt übrig. In gleicher Weise müssen — soll der Mensch überformt werden mit dem jenseits allen Seins liegenden Sein — all die Formen zunichte werden, die er je im Bereich aller Kräfte empfing: Können, Wissen, Wollen, Wirksamkeit, Gegenstandsempfinden, Empfindlichkeit, Eigentümlichkeit. Als Sankt Paulus nichts sah, sah er Gott. Darum bedeckte Elias seine Augen mit dem Mantel, als der Herr kam.

Hier werden alle starken Felsen (der Eigenliebe) zerbrochen; alles, worauf der Geist ausruhen könnte, muß entfernt werden. Und sind all diese Formen verschwunden, so wird der Mensch in einem Augenblick überformt. Und so mußt du voranschreiten; darum spricht der himmlische Vater zu diesem Menschen: „Ich wähnte, du würdest ‚mein Vater' mich rufen und niemals dich von mir wenden" (Jer. 3, 19). Du sollst immer weiter voranschreiten, dich um so höher erheben, je tiefer du in den un-

---

[3] Vetter 257, 10: in Übereinstimmung mit dem folgenden Text erläuternd eingefügt.

bekannten und unbenannten Abgrund versinkst. Sich selber verlieren, sich ganz und gar entbilden jenseits aller Weisen, Bilder
und Formen, jenseits aller Kräfte: in dieser Verlorenheit bleibt
(dann) nichts als ein Grund, der wesentlich auf sich selber steht,
ein Sein, ein Leben, ein Über-alles-(Hinaussein). Von diesem
Zustand läßt sich sagen, daß man losgelöst werde von aller
Erkenntnis, jeglicher Liebe, allem Tun, ja sogar vom Geist. Das
geschieht nicht auf Grund natürlicher Eigentümlichkeit, sondern
(als Folge) der Überformung, die der Geist Gottes dem geschaffenen Geist zuteil werden läßt in einem Akt freiwilliger Güte,
entsprechend auch der unergründlichen Verlorenheit des geschaffenen Geistes und seiner abgrundtiefen Gelassenheit. Von solchen Menschen kann man sagen, daß Gott sich in ihnen erkenne,
sich liebe, sich seiner (in ihnen) erfreue; denn er ist nur ein
Leben, ein Sein, ein Wirken[4]. Wollte aber jemand diesen Weg
in mißbräuchlicher Freiheit und in falscher Erleuchtung beschreiten, das wäre wohl die gefährlichste Art, sein Leben in
dieser Zeitlichkeit zu führen.

Der Weg, der zu diesem Ziel bringt, muß über das anbetungswürdige Leben und das Leiden unseres Herrn Jesus Christus
führen, denn er ist der Weg, und diesen Weg muß man einschlagen. Er ist die Wahrheit, die diesen Weg erleuchten muß;
und er ist das Leben, zu dem man gelangen soll. Er ist die Tür;
und wer durch eine andere Tür eintreten will, ist ein Räuber.
Durch diese liebenswerte Tür soll man eingehen, indem man
seine Natur bezwingt und sich in den Tugenden übt, in Demut,
Sanftmut und Geduld. Wisset in Wahrheit: wer nicht diesen
Weg wählt, geht schließlich irre. Gott geht vor den Leuten her,
die diesen Weg nicht einschlagen, ja er geht (mitten) durch sie
hindurch: aber sie bleiben dennoch blind.

Über die jedoch, die diesen Weg beschreiten, hat der Papst
keine Gewalt, denn Gott selbst hat sie „freigesprochen"[5]. Sankt
Paulus sagt: „Die, welche vom Geist Gottes getrieben oder

[4] Zur Stelle 258, 4 bei Vetter wird auf Corins Darlegung in Sermons III, 107,
Anm. 4 verwiesen.
[5] Gedacht ist bei der Wahl dieses Wortes — Vetter 258, 17 — an „die Frei-
sprechung" des Lehrlings, der Geselle wird.

geführt werden, sind keinem Gesetz mehr unterworfen." Diesen Leuten wird die Zeit niemals lang, und Verdruß kennen sie nicht. Das gilt nicht für alle die, welche die Welt lieben, daß sie keinen Verdruß kennten und ihnen die Zeit nicht lang würde. Aber jene, von denen wir sprechen, leben, was den oberen Teil ihres Wesens betrifft, oberhalb der Zeit und sind, was den niederen Teil angeht, ganz frei und gelassen; die Dinge mögen kommen, wie immer es sei, sie bleiben in wesentlichem Frieden. Sie nehmen alle Dinge von Gott an und bringen ihm alle in Reinheit wieder dar; sie bewahren den Frieden, wie Gott auch alle Dinge fügt, wenn auch der äußere Mensch gar sehr leiden muß und erschüttert wird. Das sind selige Menschen! Wo immer man sie findet, soll man sie loben. Aber ich fürchte, solche Art ist sehr selten anzutreffen.

Bitten wir also unseren Herrn, daß wir ihm folgen können, daß wir dieses lautere Gut in Wahrheit erlangen. AMEN.

Fratres, obsecro vos ego vinctus in Domino
Als der Gefangene im Herrn ermahne ich euch, Brüder (Eph. 4, 1—6)

65

Diese Predigt auf die Epistel vom heiligen Paulus auf den sieb-
zehnten Sonntag nach Dreifaltigkeit spricht von dreierlei Leuten,
die Gott ruft, und sagt, wie jeder gemäß der Stufe, auf der
er sich befindet, leben solle: die der ersten, indem sie die Gebote
(Gottes) befolgen; die der zweiten, indem sie die evangelischen
Räte beachten, die der dritten, indem sie die Einheit des Geistes
wahren.

„MEINE LIEBEN BRÜDER! Ich, der Gefangene im Herrn,
ermahne euch: ‚Wandelt würdig der Berufung, die euch zuteil
wurde, in aller Demut, Sanftmut und Geduld. Ertraget einander
in Liebe, und seid bestrebt, die Einheit des Geistes zu wahren
durch das Band des Friedens; *ein* Leib und *ein* Geist gemäß eurer
Berufung...‘ "[1]

Liebe Schwestern, in diesen Worten, mit denen der heilige
Paulus uns bittet, würdig zu wandeln gemäß der Einladung
und der Berufung, die uns zuteil geworden, sind vier Dinge
zu beachten. Zuerst (gilt es zu wissen), wer der sei, der uns
hier ruft und einlädt; sodann: wozu er uns rufe, wohin er uns
haben wolle; ferner: wie und auf welche Art er uns rufe; endlich: wie man dem Ruf dieser Einladung in würdiger Weise
folgen solle.

[1] Von Eph. 4, 4 ab nur noch Angabe dem Sinn nach. Vgl. Regensburger NT,
Bd. 7, S. 145.

Zum ersten: Wer uns ruft, das ist der himmlische Vater; er ruft uns mit alldem, was er ist, hat und vermag. Es lädt und lockt uns seine Güte, seine Liebe, sein edles Wesen; das alles lädt uns ein zu ihm und in ihn. Wahrlich: Gott bedarf unserer so sehr, als ob all seine Seligkeit an uns läge. Und sein Wesen, alles, was Gott der Vater gemacht und geschaffen hat im Himmel und auf Erden mit all seiner Weisheit und Güte, hat er darum geschaffen, daß er uns damit wieder rufe und einlade, in unseren Ursprung zurückzukehren, daß er uns wieder in sich brächte. Und all dies ist ein lauteres Rufen an uns, damit wir beginnen.

Ein Lehrmeister sprach: „Alles, was Gott je getan hat oder (noch) tut, hat er darum getan, auf daß er die (menschliche) Seele wieder (zu sich zurück) bringe, sie seinen Ruf hören und ihn lieben wolle."

Nun das zweite: wozu Gott uns rufe. Zu seinem geliebten Sohn, daß wir dessen Brüder und Miterben seien. Er ist der erste und höchste unter den Brüdern und hat das angeborene Erbe von Natur; wir sollen Miterben aus Gnade sein. Und dazu ruft er uns: daß wir seinem Vorbild nachfolgen; denn er ist der Weg, den wir einschlagen sollen; er ist die Wahrheit, die uns auf diesem Weg die Richtung weisen, er das Leben, das unser Ziel sein soll und (das) wir, soweit wir vermögen, nicht allein mit Gedenken und Danken, sondern mit tugendhaftem Leben und geduldigem Leiden nachahmen sollen.

Das dritte: welches der Ruf sei und wann er ruft. Der Ruf, mit dem Gott den Menschen ruft, ist von mancherlei Art: innen im Grunde ruft Gott den Menschen ohne Unterlaß mit mancher Mahnung und innerlicher Warnung Nacht und Tag von innen und auch von außen: mit harten Strafen, mit all den Schickungen, die er über uns verhängt und die in mancher Weise kommen: jetzt Freude, dann Leid: das sind all die lauten Stimmen, mit denen Gott den Menschen ruft. Wollte der Mensch den liebevollen, sanften Rufen folgen, so bedürfte es nicht harter Stimmen, so manchen Leides und mancher Schickung.

Das vierte ist: wie wir jetzt würdig wandeln sollen mit aller Geduld, Demut und Sanftmut.

Jetzt wollen wir betrachten, wen Gott ruft: das sind dreierlei Leute. Das sind zuerst die beginnenden Leute: die werden auf die niederste Stufe gerufen; danach die (in der Vollkommenheit) zunehmenden Leute: die werden auf die zweite Stufe gerufen; die dritten, das sind die vollkommenen Menschen, die auf die oberste Stufe der Vollkommenheit gerufen werden. Und das soll niemand Gott verübeln, denn er ist der Herr und kann tun, was er will: damit wir seinem eingeborenen, ihm von Natur (gleichen) Sohne ähnlich[2] und seine liebsten Kinder werden.

Nun wollen wir überlegen, wie wir auf diesen Ruf antworten sollen. Etliche Dinge sind uns *geboten*, andere *ver*boten. Unter denen, die uns geboten sind, ist uns als höchstes geboten: daß wir Gott über alles lieben sollen. Da sagen viele Leute: sie liebten Gott über alles; aber sie wollen von den Dingen nicht lassen, die tiefer in ihre Liebe und ihr Begehren eingegangen sind als Gott; und sie haben mehr Lust und Freude daran als an Gott, und das hindert sie ganz und gar an der göttlichen Liebe. Sie mögen zusehen, wie sie Gott lieben! — Das zweite (Gebot) heißt: „Du sollst deinen Nächsten lieben wie dich selbst, das heißt, indem du ihm das gleiche Gute wünschest wie dir. — Ferner: Du sollst Vater und Mutter ehren, das heißt alle, die über dir stehen. Sodann: Du sollst den Namen Gottes nicht unehrerbietig aussprechen. Schließlich: Du sollst die Feiertage halten. Dies alles ist uns geboten; das müssen wir tun[3], damit wir errettet werden.

Nun die Dinge, die uns *ver*boten; zuerst: Du sollst deinem Nächsten keinen Schaden zufügen, weder am Leibe noch an seinem Gut, noch an seiner Ehre; weder mit Worten noch mit der Tat. Auch sollst du nichts von dem begehren, was ihm

---

[2] Vetter 241, 22: „mitformig" = „von gleicher Form"; Corins Übersetzung mit „semblable" in Sermons III, 112 bedeutet: „nach Wesen und Art ähnlich"; Oehl, S. 75: „damit wir gleichförmig werden seinem eingeborenen Sohne von Natur . . ." Ich habe dieses letztere Wort an eine für das Verständnis günstigere Stelle gerückt.

[3] Corin macht Sermons III, 113, Anm. 2 mit Recht darauf aufmerksam, daß von den vier angekündigten „Geboten" eines ein Verbot ist.

gehört; und: Du sollst enthaltsam sein. Das sind die vier Verbote; es gibt ihrer noch mehr; doch sind alle hierin beschlossen. Wisset: Wenn ein Mensch den Weg dieser Gebote und Verbote recht geht, in dem wahren rechten Glauben, nach rechter Ordnung untertänig ist und gehorsam der heiligen Kirche, so steht er auf der untersten Stufe, auf der man dem Ruf Gottes folgt. Die sich hier bewähren, die sind sicher auf dem Weg zu Gott, wenn im Fegfeuer all das weggebrannt ist, worin sie hier nicht rein gelebt haben.

Nun gibt es eine höhere Stufe, die heißt (der Weg) des göttlichen Rates. Die ist viel höher, und die Menschen, die diesem Rate folgen, die kommen viel und weit über jene Menschen (der ersten Stufe) hinaus. Dieser Rat bedeutet den Weg der Tugenden, wie etwa Reinheit des Leibes, Besitzlosigkeit, Gehorsam. Dieser Ruf (Gottes an den Menschen) ist viel höher und andersartiger als der erste, der mit den Geboten. Damit diesem Rat Gottes in diesem Ruf wohl und recht gefolgt werde, hat die heilige Kirche auf den Rat des Heiligen Geistes geistliche Gemeinschaften und Orden eingesetzt, daß man darin dem Rat Gottes folgen könne. Und diese haben viele Vorschriften, die alle diesem Ziel gelten. Und welcher Mensch, der mit (freiem) Willen und bedachtem Sinn sich einem solchen Orden angeschlossen hat, dieses Band zerreißt, den zu richten, behält sich die Kirche (als ihr Recht) vor. Wenn aber eine Person, die sich außerhalb eines Ordens Gott verbunden hat, heiratet, so richtet das die heilige Kirche nicht, sondern Gott muß da selber richten und handeln. Nun ist diese liebreiche Einrichtung meist sehr zu ihrem Nachteil verändert und verdorben; manche tragen unterm (äußeren) geistlichen Gewand ein weltliches Herz, und manche in der Welt lebende Leute haben geistliche Herzen.

Von jenen sprach Sankt Augustinus: Verflucht, wer auf Gottes Wege irregeht." Dies ist der Weg Gottes, auf den der Mensch gerufen ist, Gott und seinem Rat zu folgen. Ein jeder sehe sich vor, wie er sicher auf diesem Weg wandle und Gottes Einladung so sorgfältig folge, daß er am Tag des Gerichtes nicht ohne hochzeitliches Gewand befunden und in die äußerste Finsternis geworfen werde. Jeder sehe auch mit offenem innerem

Auge, welches sein Weg sei und auf welchen der drei Wege, von denen ihr gehört habt, Gott ihn rufe.

Aber ihr kommt ja nicht bis in euer Inneres, noch kennt ihr eure Berufung; heute beginnt ihr mit diesem, morgen mit jenem, je nachdem was ihr von außen sehet und höret und was euch eure Sinne zutragen; das ist aber nicht das Rechte für euch, und so bleibet ihr nicht dabei, und aus all (der Bemühung) wird nichts, weil ihr alles blindlings tut. Wisset, des einen Menschen Leben ist des anderen Menschen Tod.

Kehrt euch zu euch selbst, sehet, womit ihr umgeht, vernachlässigt euch nicht. Wißt, es gibt manche Frau in der Welt, die Mann und Kinder hat, und mancher Mann stellt Schuhe her, und sie suchen Gott (indem sie arbeiten) und versuchen dadurch, sich und ihre Kinder zu ernähren. Und mancher arme Mensch im Dorf fährt Mist und gewinnt sein bißchen Brot in harter, saurer Arbeit. Und es kann wohl sein, daß diese alle hundertmal besser fahren (als ihr), indem sie in schlichter Weise dem (an sie ergangenen) Ruf (Gottes) folgen: und das ist doch ein traurig Ding! Diese Menschen leben in der Furcht Gottes in ihrer Armut, demütig, und folgen in Schlichtheit dem Ruf (Gottes). Armer, blinder, geistlicher Mensch, sieh dich vor, nimm deines Rufes mit allem Fleiß von innen wahr; (sieh,) wohin der himmlische Vater dich haben will, und folge ihm, und verirre dich nicht auf seinem Weg.

Der höchste und oberste Weg des Rufes (Gottes) besteht darin, dem liebevollen Vorbild seines über alles geliebten Sohnes nach außen und innen zu folgen, in wirkender und in leidender Weise, (in der Betrachtung) mit Hilfe der Bilder oder in der Beschauung jenseits aller Bilder. Und wer diesem (Vorbild) ganz lauter und gänzlich nachfolgt, der wird das alleroberste und allerhöchste Ziel erreichen. Und hierbei sollt ihr euch selber erkennen, wie nahe oder wie ferne ihr diesem Vorbild seid. Ihr sollt diesem Vorbild auch in eurem Innern folgen und es da suchen; in diesem Grunde lebt es seinem Sein und Wirken nach.

Von diesem Eingang (in uns selbst) steht bei Jeremias geschrieben: „Du sollst mich Vater heißen; ich habe dich heute geboren, und du sollst nicht aufhören, (in mich) einzugehen."[4] Das soll heißen, daß du ohne Unterlaß eingehen sollst, du sollst nicht aufhören einzugehen. Und Laban sprach zum Patriarchen Jakob dieses Wort: „Gebenedeiter Gottes, geh ein, warum stehst du außen?"

So kann ich auch zu euch sprechen. Gesegnet sind die Menschen, die ihres Rufes wahrgenommen haben, zuerst in der Befolgung der Gebote, dann der heiligen Räte, schließlich in der Nachahmung des würdigen Vorbildes unseres Herrn, und die würdig (ihrer Berufung) gewandelt sind, wie Sankt Paulus spricht, in aller Demut und Geduld. Diese Menschen sollen in das Innere (ihrer Seele) eintreten, zuweilen in begehrender und bildhafter Weise, zuweilen in Stille und Schweigen ohne jegliche Tätigkeit und Bildhaftigkeit; sie sollen sorgfältig darüber wachen, wie sie die Einheit des Geistes im Band des Friedens bewahren, ein Geist und ein Gott in der Überformung der geschaffenen Geister durch den ungeschaffenen. Diese Überformung ist um so höher, je würdiger man gewandelt ist nach dem würdigen Vorbild unseres Herrn Jesus Christus in aller Geduld, Demut und Sanftmut. Eines entspricht dem anderen, nicht mehr und nicht weniger.

„Die Sorgfalt, die Einheit des Geistes zu wahren", bedeutet einen wackeren, heiligen, lebendigen Fleiß, Tag und Nacht, den Ruf des Geistes wahrzunehmen, im Inneren in (der Übung der) Tugenden, im äußeren ein jegliches nach seiner Eigenart, wie es gerade kommt. Zuweilen soll der Mensch sich üben im Dienst der heiligen Liebe, wie es gerade erforderlich ist und wie es an ihn kommt, zuweilen sich diesen Diensten in liebevoller und heimlicher Weise entziehen und sich heiligem innerem Gebet zuwenden, heiliger Betrachtung und heiligen Vorbildern, oder auch ohne eines von beiden zu tun, wie der heilige Anselmus sagt: „Entzieh dich der Zerstreuung durch äußere Werke, laß den Sturm der inneren Gedanken sich stillen, setze dich, ruhe dich aus und erhebe dich über dich selber."

[4] Die Übersetzung bei Parsch, a. a. O. und in der Echter-Bibel, 2. Lfg., S. 16 zu Jeremias 3, 19 fügt sich schlecht zu dem Fortgang des Textes (vgl. Vetter 243,32): daher wurde hier von der sonst gebrauchten Übersetzung abgewichen.

Denn wenn der Mensch die Ruhe in sich hat einkehren lassen, wenn all der Lärm sich gelegt hat, dann kommt der Herr, wie er es bei Elias tat, in einem stillen Raunen, in einem Wispern, und verbreitet Licht im Geist (dieses Menschen). Und wenn des Menschen Geist oder der Mensch selbst der Gegenwart Gottes gewahr wird, so geschieht ihm, wie es mit Esther geschah, als sie vor König Aswerus kam und ihn anblickte: sie verlor die Besinnung und fiel in Ohnmacht. So war es auch mit Elias, als er den Herrn gegenwärtig vor sich sah, obwohl er den Mantel über sein Gesicht gezogen hatte, um es zu bedecken. Folgt aber die Seele der Gegenwart Gottes, so gerät sie ganz außer sich, und die Sinne vergehen ihr. Esther neigte sich und sank um, und der König mußte sie aufrichten. So geht es auch dem Menschen: er gerät außer sich, die Sinne vergehen ihm, das heißt (es entschwindet ihm) jegliche Stütze; alles dessen, was sein war, dem entsinkt er hier in jeder Weise; und in allem taucht er unter ganz und gar in sein lauteres Nichts. Und würde er nicht von den liebevollen Armen der Kraft Gottes gehalten, so müßte er, wie ihm dünkt, gänzlich zu einem lauteren Nichts werden, und der Mensch kommt sich (da) in all seinem Verstehen bei weitem schlimmer und geringer vor als alle Geschöpfe: zum Tod bestimmt, hinfällig, unvernünftig, ja ärger als der böse Feind oder Luzifer; er weiß nicht, was tun, was lassen[5]. Könnte er aus Liebe (zu Gott) vergehen, er tät' es gerne.

Wenn der König sieht, daß die Seele so ganz außer sich gerät, so stützt er sie, richtet sie auf und gibt ihr den Kuß seiner göttlichen Liebe. Diese Erhebung kommt von der Erniedrigung; denn je mehr man sich erniedrigt, um so mehr wird man erhöht; wer sich erniedrigt, wird erhöht, und zwar um so mehr, je mehr er sich erniedrigt hat. Da entspricht eines dem anderen, und es entsteht ein einiges Eins. Gottes Hoheit blickt recht eigentlich und allermeist in das Tal der Demut.

Wenn der Mensch sich auf solch liebevollen Wegen ergangen hat und auf eine gar hohe Stufe gelangt ist, ereignet es sich

---

[5] „was tun, was lassen", zu Vetter 254, 11: hier als Ausdruck der Rat- und Hilflosigkeit des Menschen eingesetzt.

wohl, daß dann der Feind sich an ihn macht und ihn mit geistlicher Hoffart versucht. Damit der Mensch seines Nichts dann noch tiefer sich bewußt werde, läßt ihn Gott in einen kleinen Fehler fallen: vielleicht gibt er einer Neigung zum Zorn nach, oder ihm entschlüpft ein hartes, verletzendes Wort. Nun, das läßt dich selbst und andere, die es sehen oder hören, deine Kleinheit fühlen, und du wirst damit noch tiefer in dein Nichts versenkt; schäme dich dessen nicht; sobald du dadurch noch tiefer in dein Nichts sinkst und du dich (besser) erkennst, wird des noch guter Rat, und um so würdiger wirst du nach diesem „in der Einheit des Geistes wandeln in den Banden des Friedens". Wer so wandelt und dem ehrwürdigen Vorbild unseres Herrn Jesus in aller Geduld und Sanftmut und Demut und in all der Weise, wie ihr hier gehört habt, nachfolgt, in dem wird der Friede geboren, der alle Sinne übertrifft, der hienieden beginnt und ewig währen wird. Und dieser Friede wird des Menschen Leben und Sein verklären.

Daß wir dies alle erreichen mögen, dazu helfe uns der ewige Gott. AMEN.

Fratres, ego vinctus in domino obsecro vos: estote iusti in domino, ut digne ambuletis vocacione qua vocati estis, in omni humilitate et mansuetudine cum paciencia supportantes in vicem in caritate

Brüder, als der Gefangene im Herrn ermahne ich euch: Wandelt würdig der Berufung, die euch zuteil wurde, in aller Demut, Sanftmut und Geduld, einander in Liebe ertragend (Eph. 4, 1—3)

66

Diese zweite Auslegung der vorstehenden Briefstelle lehrt, wie man Sanftmut und Geduld erwerben muß in Widerwärtigkeiten; (ferner) durch welche Vorbereitung man zur Einheit des Geistes kommt und welchen drei Dingen die (menschliche) Natur absterben muß.

SANKT PAULUS SAGT: „Als der Gefangene im Herrn ermahne ich euch: Wandelt würdig der Berufung, die euch zuteil wurde, in aller Demut, Sanftmut und Geduld. Ertragt einander in Liebe, und seid bestrebt, die Einheit des Geistes zu wahren durch das Band des Friedens. Ein Leib und ein Geist, wie auch eure Berufung euch eine Hoffnung gegeben hat."

Diese liebevollen Worte sollte ein jeder Mensch sich vorhalten; wo er wäre, was er täte, sollte er dieser liebreichen Mahnung des liebenswerten Apostelfürsten niemals vergessen und allzeit seines Rufes wahrnehmen in aller Demut und Sanftmut mit Geduld.

Liebe Schwestern! Nehmt diese Lehre zu Herzen, und ertraget eine der anderen Mängel in Liebe; darum bitte ich euch um all der Zuneigung und Liebe willen, die ihr zu Gott habt; und wenn ich euch um eines bitten darf oder euch dienen kann (so ist es das), daß ihr euch *darin* übet und es mit allem Eifer beachtet, denn all die guten Werke, die ihr etwa tut, innerlich oder äußerlich, der eifrige Empfang des heiligen Altarsakramentes, oder was immer und wie groß es sei, das ist vor Gott wertlos oder unlieb, falls euch diese Tugenden fehlen. Sie (aber) erwirbt der Mensch nur, wenn ihm Dinge begegnen, die ihm zuwider sind. Daß ein Mensch viel an Demut denke, ohne erniedrigt, viel an Geduld, ohne angefochten zu werden, und dergleichen mehr: das will nichts heißen; das hat keinen Kern; es fällt (wieder) ab; es ist übertüncht und steht nicht auf (festem) Grund. Geschieht einem Menschen Schande und Schmach, in Worten oder durch die Tat, so sollte ein Mensch in gütiger Sanftmut, freundlich und besonnen sich beeilen, dem, der ihn beleidigt, einen Liebesdienst zu erweisen. Verschmäht jener (diese Absicht) so, als ob er ihn geringschätze, so soll der Mensch darum nicht davon ablassen, ihm einen besonderen Dienst zu erweisen, sosehr er nur immer kann.

Sanftmut und Geduld, diese beiden wollen stets durch Widerwärtigkeiten erkämpft werden. Tritt mir einer nicht entgegen, wie könnte ich in einem solchen Fall mich in der Tugend üben? Besonders sollte dem Menschen viel daran liegen, sich in der Sanftmut zu üben. Sie zielt mehr ins Innere, in den Grund, als die Geduld; diese hat es mehr mit der Übung in der Tätigkeit des nach außen blickenden Menschen zu tun. Würde ich also ein falscher Mensch genannt, meine Unterweisung für nichts geachtet, mir Schande angetan, wem das leid täte und wer mir diese Beglückung nicht gönnte, der wäre mir um nichts lieber, ja sogar weniger lieb. Ach, wie wenig wäre ich (dächte ich anders) wert, in die Fußstapfen meines Herrn und Gottes zu treten, dessen Lehre und Leben verfälscht und für nichts geachtet wurden. Und darum, meine Lieben, bitte ich euch um alles dessen willen, worum ich euch bitten kann, daß ihr euch in diesen Tugenden übt, auf euren Geist achthabt und nie einem Menschen weder in eurem Benehmen noch in euren Mienen oder in euren Worten jemals Leid zufügt, was man euch auch tue oder erzeige. Ertraget eine der anderen Mängel in allseitiger Liebe.

Nun spricht Sankt Paulus: „Bewahret die Einheit des Geistes im Band des Friedens." Diese Tugenden sind wahrlich ein Band, womit man (sich) zusammenbindet; also bindet euch zusammen in Frieden und in der Einheit des Geistes. Wie aber gelangt man zu dieser Einheit? Die beste Hilfe für diese Mühe findet man des Nachts nach den Metten, wenn die Nacht lang ist. Die Menschen, die diese Einheit erlangen wollen, sollen sich des Abends zeitig zur Ruhe begeben, damit sie den nötigen Schlaf (vor den Metten) finden können. Nach den Metten soll der Mensch auf seinen Grund achten und sich in das Allerinnerste seines Herzens kehren, das ist das Allerinnerste seines Grundes, und sollte beachten, was ihn am allermeisten anreizen kann. Wer daran gewöhnt und dazu geneigt ist, der möge das Leben unseres Herrn Punkt für Punkt betrachten. Ist es ihnen nur gegeben, Betrachtungen anzustellen über eine besondere Seite (des Lebens und Leidens) unseres Herrn [1], so mögen sie in Gottes Namen mit ihrer guten Übung beginnen, doch ohne allen Eigenwillen, und das ehrwürdige Leiden unseres Herrn oder seinen heiligen Tod, seine heiligen Wunden oder sein heiliges Blut zum Gegenstand ihrer Betrachtung nehmen, dabei aber stets ihres Grundes gedenken. Auf diese Weise wird der Mensch seine Liebe erwecken; wie aus viel Kohlen und Holz ein großes Feuer entsteht und die Flamme nach außen dringt und in die Höhe schlägt, so werden diese guten Übungen den Seelengrund entzünden. Dann aber soll man die Bilder bald fahrenlassen und mit flammender Liebe durch den mittleren in den allerinnersten Menschen hindurchdringen; dieser besitzt keine Tätigkeit, denn die Wirksamkeit in ihm ist allein Gottes; er hält sich (auf eigene Tätigkeit) verzichtend unter dem Wirken Gottes. Es mag sein, daß schnelle Bilder der guten Übungen, die er früher vorgenommen, vor ihm erscheinen, sei es das Leiden unseres Herrn oder des Menschen Fehler oder Gebete, die es für irgendeinen Toten oder Lebenden zu verrichten gilt.

Durch (all) das soll man hindurch und in Gott dringen, schlicht, lauter, befreit (von allem Fremdartigen). Werden all diese Anblicke durchbrochen in edler, entsagender Weise, dann

---

[1] Vetter 382, 12 und Wi 2, S. 234, 10 (Corin) weichen voneinander ab. Der der Stelle bei Vetter entsprechende Text lautet in Wi 2: „vnd inhant si nit dan sonderliches van vnseme herren . . .“ Vetter und Lehmann denken hierbei wohl an besondere Gnaden; aber es ist wohl besser, hier an die Betrachtung besonderer Ausschnitte aus des Heilandes Leben und Leiden zu denken, wie Corin, Sermons III, 123 tut.

kommt die Wahrheit, blickt in sich selbst und zieht den Grund entsagend in sich selbst hinein; das geschieht in einem Nu oder in kürzerer Zeit oder wie das Kommen und Gehen der Engel, das noch rascher vor sich geht: je rascher es geschieht, um so edler. Hier soll man in einem Augenblick alles wieder in den Grund tragen und *ein* Geist mit Gott werden — denn Gott ist ein Geist —, *ein* Geist mit ihm. Das sind die wahren Anbeter, die „den Vater anbeten im Geist und in der Wahrheit". Hier wird der wahre und wesentliche Friede geboren, und die Tugenden, von denen wir zuvor gesprochen haben, führen dahin. Und wenn der Mensch diese Übung vornimmt, bleibt seine *Natur* arm und trocken; für sich selbst hat sie nichts; so denkt sie: „Gott segne mich! Wohin ist es mit deinen Kniefällen gekommen, mit den Übungen der Frömmigkeit, warum bleibt dein Psalmbuch ungenutzt liegen!" Die Natur besäße, wüßte und wollte gerne etwas; und es kommt die Natur hart an, dieses dreifache „etwas" in ihr sterben zu lassen.

Meine Lieben! Das geht nicht an einem Tag und auch nicht in kurzer Zeit: man muß sich damit quälen und daran gewöhnen mit emsigem Fleiß; man muß dabei aushalten: so wird es zuletzt leicht und erfreulich. Es ist, wie man von den Heiligen liest: „Ein wenig und in kleinen Dingen mußten sie leiden, aber in vielen Dingen wird ihnen wohl sein." Wenn die Natur nun erkaltet ist, soll man, wie Sankt Bernhard spricht, unseren Herrn mit den liebevollsten und freundlichsten Worten anreden, die man sich nur ausdenken kann: „Ach allerliebstes, einziges Gut, wäre ich doch würdig, einer deiner liebsten Freunde zu sein, und könnte ich doch in meiner Seele dich umarmen und mit tausend Küssen bedecken! Und dich so umfassen und in mich schließen, daß ich dich nie mehr verlöre!" [2] Das soll man aus dem Grunde des Herzens denken und sprechen.

Liebe Schwestern! Wendet eure Herzen ganz zu Gott, in welcher Weise auch immer. Denn irgend etwas von Gott, wodurch der Mensch sich am meisten angezogen fühlt und die besten

---

[2] Der Text, Vetter 383, 19, ist auch in Wi 2 und den Drucken nicht recht klar; vgl. Corin, Wi 2, S. 237, 9—10 und Lesart. Ich versuche eine mögliche Deutung.

Gnaden erhält, ist Gott ganz und gar. Wisset, sich in die heiligen Wunden unseres Herrn aufzuschwingen ist Gott lieber als aller Orgel- und Glockenklang, alle die schönen Gesänge und die Meßgewänder mit den Schilden. Kehrtet ihr euch von Grund aus mit allem Eifer zu Gott, so hörte die Versuchung, die euch entstellt, auf; euer vieles Beichten hörte gänzlich auf; und alles käme in Ordnung durch innere Übung, derart, daß man sich innerlich zu Gott wendete, seine Fehler bekennte und sich ihm schuldig gäbe: da fiele alles ganz ab, und käme man zur Beichte, so wüßte man nichts mehr zu sagen.

Gebe uns Gott allen, daß wir ihm durch Übung in den Tugenden so nachfolgen, daß wir ihn erlangen können. Dazu helfe uns Gott. AMEN.

Angeli eorum semper vident faciem patris mei qui in celis est
Ihre Engel schauen stets das Antlitz meines Vaters, der im Himmel ist
(Matth. 18, 10)

67

Am Tage des Festes der heiligen Engel hören wir von Wesen
und Aufgabe der einzelnen Engelchöre und unseres Schutzengels.
Sie stehen je nach ihrem Range dem Menschen der Natur, dem
der Vernunft, dem innerlichen Menschen bei, die alle zusammen
recht eigentlich den Menschen ausmachen. Der Friede Gottes und
das Gefühl des eigenen vollkommenen Nichts kennzeichnet die
Freude Gottes. (Der Übersetzer)

ES IST HEUTE DER HOHE GEDENKTAG der heiligen ehrwürdigen Engel. Wie dieses Fest entstand auf Grund von
Offenbarungen auf dem Berg (Gargano), habt ihr heute nacht
gelesen: davon wollen wir jetzt nicht mehr sprechen.

Die Schrift sagt: „Ihre Engel schauen allezeit das Antlitz
meines Vaters im Himmel." Mit welchen Worten man von diesen
lauteren Geistern sprechen könne und solle, weiß ich nicht; sie
haben weder Hand noch Fuß, nicht Gestalt, Form noch Stoff;
ein Wesen, das von alldem nichts besitzt, kann weder von den
Sinnen erfaßt noch vom Verstand begriffen werden: wie sollte
man also sagen können, was sie sind? Das wissen wir nicht, und
das ist kein Wunder; kennen wir doch uns selbst nicht, nicht den
Geist, durch den wir Menschen sind und von dem wir alles das
haben, was wir an Gutem haben; wie sollten wir dann diese
übermächtigen edlen Geister erkennen, deren Adel *den* weit
übertrifft, den die ganze Welt hervorzubringen vermag. Und

darum sprechen wir von ihrem Wirken uns gegenüber und nicht von ihrem Sein. Denn ihr Wirken besteht darin, daß sie uns allzeit schauen und betrachten in dem Spiegel der Gottheit, nach Form und Sein, in unserem Wirken mit Unterscheidung. Und sie haben ein besonders unterschiedliches Wirken in uns.

Gott freilich wirkt ohne Unterlaß in uns auf eine viel eigenere und edlere Weise; sie aber haben mit Gott ein Mitwirken in uns, dem zu vergleichen, das die Sonne am Himmel hat mit ihrem unermeßlichen Wirken und ihrem Einfluß auf die Erde und wie die Sterne stets mit der Sonne zusammenwirken in ihrem Wirken auf das Erdreich und jedes Geschöpf des Erdreiches. Die Sterne haben ein emsiges Blicken zur Sonne, und die Sonne blickt sie wiederum an, und daher ist ihr Wirken untrennbar. Würde auch nur der kleinste Stern — wenn das möglich wäre — vom Himmel genommen: alle Geschöpfe, Menschen, alles Vieh und Tier, würde zunichte.

Es gibt neun Engelchöre: die bilden drei Hierarchien; denn eine jegliche umfaßt drei Chöre. Von diesen drei Hierarchien hat eine jede eine besondere Tätigkeit und eine besondere unterschiedene Beziehung zu den drei Bereichen, die im Menschen sind; die erste: der äußere, leibliche Mensch; die zweite: der geistige Mensch; die dritte: der hohe, edle, gottförmige, ganz innerliche, in Gott verborgene Mensch. Und doch bilden die drei Stufen (nur) *einen* Menschen. Auf diese drei wirken die Engel je in besonderer Weise. Und darüber hinaus hat ein jeder Mensch seinen besonderen Engel, der ihm in der Taufe beigegeben ward; der Mensch ward diesem Engel so anbefohlen, daß dieser ohne Unterlaß bei ihm ist, ihn niemals verläßt und ihn behütet, wachend oder schlafend, auf allen seinen Wegen und in seinen Werken, sie seien böse oder gut; und es hätte der Mensch Gott für nichts mehr zu danken und ihn gar sehr zu lieben als dafür, daß die hohen, jenseits aller (menschlichen) Erkenntnis stehenden, edlen Geister dem armen Menschen so sehr verbunden sind, ohne Unterlaß. Dementgegen hat jeder Mensch auch einen besonderen Teufel, der ständig dem Menschen feind ist und stets auf ihn einwirkt, ebenso wie des Menschen Engel. Wäre ein Mensch nun klug und eifrig, so sollte ihm des Teufels Widerstand und Einwirkung nützlicher werden als die Tätigkeit des guten Engels. Denn gäbe es keinen Streit, so wäre auch kein Sieg.

Nun (etwas) über die Hierarchien: der niederste Chor der ersten Hierarchie ist der der Engel. Sie dienen miteinander dem äußeren, leiblichen Menschen, mahnen und warnen ihn, helfen ihm und leiten ihn zur Ausübung der Tugenden und zu den Gnaden; sie behüten den Menschen in stets wirkendem Eifer. Wäre dieser Schutz nicht, was für unzähliges Unglück, glaubt ihr wohl, fiele auf den Menschen. Denn die unzählig vielen Teufel stellen dem Menschen ununterbrochen nach, wie sie ihn wachend oder schlafend verderben könnten. Dafür sind diese edlen Engel (geschaffen), das zu verhüten.

Der zweite Chor sind die Erzengel. Man pflegt sie als Priester darzustellen; deren besonderes Wirken besteht in ihrem Dienst am heiligen Sakrament und darin, daß sie dem Menschen raten und ihm helfen zur würdigen Wirkung des hohen Sakramentes von unseres Herren Leib.

Der dritte Chor sind die Virtutes. Diese dienen und raten dem Menschen, sie mahnen ihn, daß er nach Tugend strebe, nach den natürlichen wie nach den sittlichen. Und sie erwerben dem Menschen die göttlichen Tugenden: Glaube, Hoffnung und Liebe. Die Menschen, die ihnen folgen und ihnen vertraut sind, werden so tugendhaft, daß ihnen die Tugenden so leicht und lustvoll werden, als ob sie ihr Sein und ihre Natur geworden seien. Meine Lieben! Gegen einen solchen Menschen erheben sich alle die feindlichen Geister, die aus diesen Chören herniedergefallen sind, mit all der List, deren sie fähig sind, um den Menschen davon abzuhalten, ihren Platz, aus dem sie verstoßen worden sind, einzunehmen. Die Bosheit, die sie dazu ohne Unterlaß aufwenden, ist unglaublich; jeder Mensch sollte ununterbrochen und mit überaus großem Fleiß auf seiner Hut sein gegen die feindselige Bosheit (dieser Gegner), die ihm so gar sehr nachstellen. Wenden sie doch die versteckteste List, deren sie sich zu ihrem Zweck bedienen, oft in durchaus gut scheinenden Dingen an. Zumeist ziehen sie den Menschen in Unbeständigkeit, und vermögen sie nicht *mehr,* so bringen sie den Menschen in eine (nach außen) gutscheinende Stelle und Lebensweise und bringen ihm die Vorstellung bei, es stehe alles gut mit ihm; er solle sich damit genügen lassen und nicht weiterstreben.

Das ist ein sorgenvolles Ding, heute mehr denn je. Denn Sankt Bernhard sagte: „Auf dem Weg zu Gott stehenbleiben heißt zurückgehen." In dieser Lage befinden sich all die Menschen weltlichen Herzens, die da sprechen: „Wir tun soviel guter Werke wie diese und jene, und das reicht uns durchaus; wir werden doch besser daran sein als sie; wir wollen in unserer Gewohnheit und Lebensart bleiben wie die, welche vor uns lebten." Kommen aber große Prüfungen[1], so wird man argen Jammer hören von denen, die nun gut daran zu sein wähnen. Da werden die bösen Geister, denen sie gefolgt sind, ihnen großes Herzeleid bereiten und sie zuletzt ohne Widerrede mit sich führen. Und solche Fälle sehen wir bereits jetzt. Denn wenn die schweren Versuchungen und die (himmlischen) Strafen vorübergegangen sind, werden die heiligen Engel den geläuterten Menschen so vertraut werden; sie werden sie auf Weg und Steg begleiten, mit ihnen Verkehr pflegen und ihnen klar und freundschaftlich kundtun, was sie tun oder lassen sollen.

Nun gibt es eine zweite Hierarchie. Die Engel derselben richten ihr Augenmerk auf die zweite Stufe im Menschen, die des geistigen; was diese Stufe betrifft, steht der Mensch weit über allen leiblichen Geschöpfen und den Engeln gleich. Der erste Chor dieser Hierarchie sind die Engel, die man „die Gewaltigen" heißt, der zweite „die Fürsten", der dritte „die Herren". Sie alle wirken in den Menschen, von denen sie sehen, daß sie in den Tugenden vorangeschritten, daß sie Herren ihres eigenen Selbst nach innen und außen sind, ihrer Sinne und sinnlichen Tätigkeiten in allen Dingen, ihres inneren Menschen, ihrer Gedanken und Strebungen in Wort und Werk. Diese Menschen werden wirklich frei und herrschen ebenso sicher über ihre Untugenden, wie man es vom heiligen Franziskus liest, daß er seinen äußeren Menschen durchaus in der Gewalt hatte: sobald er eine

[1] Die Rechtfertigung, die Corin, Sermons III, 133 und Anm. 1 für seine Auffassung gibt, daß es bei den „grossen plagen" (Vetter 374, 20) sich eher um Prüfungen denn um Strafen handle, erscheint annehmbar.

Übung vorzunehmen gedachte, war sein Leib gar rasch bereit, (gleichsam) mit den Worten: „Sieh, ich bin bereit." Solche Menschen werden ganz wie die Fürsten der Welt, frei und niemandem untertan. Ebenso in ihrem geistigen Leben werden sie so, daß sie alle Bewegungen ihres äußeren und inneren Menschen in der Gewalt haben.

Wenn das die bösen Geister sehen, ergreift sie ein gar furchtbarer Haß darüber, daß diese Menschen die Plätze einnehmen sollen (die sie selbst einst verloren); sie setzen all ihre Bosheit daran, bringen solch einen Menschen in die allerschlimmsten Versuchungen, wie man sie sich kaum ausdenken kann und von denen die, welche der Welt und dem bösen Feind dienen, nie gehört oder erfahren haben. Sie vermehren ihre Anstrengungen, da sie jene Menschen gerne mit sich herabzögen. Und wenn sie dann den armen Menschen so umlagert haben, daß es ihm dünkt, er müsse den Verstand verlieren oder aber es gehe ihm an sein Leben, dann kommen diese edlen Gewaltigen, diese Fürsten und Herren und vertreiben die bösen Geister, und der Mensch hat gesiegt. Und wer die bösen Geister einmal so herrlich überwunden hat, zu dem wagen sie nicht mehr mit einer Versuchung zu kommen: dazu sind sie zu hoffärtig und fürchten das gewaltige Volk der guten Geister. Und wenn die Engel dieser Hierarchie regieren, kommt die Herrenmacht (Gottes) und wirkt in dem Menschen, daß der Mensch der zweiten Stufe, der in dem Menschen ist, stärker werde, daß die Menschen so vernünftig und weise werden, daß sie die Arglist der Feinde wohl erkennen, wie Sankt Paulus spricht, daß ihm weder böse Geister noch die Welt, das Fleisch oder irgendein Geschöpf etwas anhaben könnten.

Dann ist da die dritte Hierarchie. Deren Wirken gilt dem allerinnerlichsten Menschen, dem nach Gott gebildeten, gottförmigen Menschen. Der erste Chor wird „Throne" genannt, der zweite „Cherubim", der dritte „Seraphim". Die „Throne" wirken im innersten Grund (der menschlichen Seele), so daß der Mensch recht wie ein königlicher Thron wirkt, wo zu weilen und zu herrschen Gott sein Wohlgefallen[2] hat; da urteilt und

[2] Das Wort „wille" bei Vetter 376,14 ist besser durch die Lesung „minne" Corin Wi 2 S. 217, 13 zu ersetzen.

belohnt er und wirkt all sein Werk in diesen Menschen, nach innen wie nach außen. Diese Menschen werden in ihrem Grunde so unerschütterlich und finden sich in einem göttlichen Frieden, daß weder Liebes noch Leidvolles, weder Hart noch Weich sie aus ihrer Sicherheit bringen kann, wie Sankt Paulus spricht: „Weder Tod noch Leben wird uns scheiden können von der Liebe Gottes." Hundertfacher Tod könnte diese Menschen nicht bewegen oder aus der Fassung bringen. Gleichermaßen wäre einem sterbenden Menschen all die ehrenvolle oder verächtliche Behandlung, die man ihm antun könnte, gänzlich gleich, denn sein Sinn wäre auf etwas anderes gerichtet; so ist es mit diesem inneren Grunde: der ist Gott zugekehrt und ein so starker Thron Gottes, daß diesen Menschen nichts verwirren kann, nicht Liebes noch Leidvolles; dieser Mensch bleibt in seinem wesenhaften Frieden, wo Gottes Aufenthalt ist, wie David sagt: „Im Frieden ist seine Wohnstatt."

Diesen Frieden, liebe Schwester, den behalte und behüte, daß dir *den* niemand nehme, daß Gottes Stätte (in dir) nicht zerstört werde. Schweig und dulde es, meide (die Unruhe), bewahre die Ruhe. Vertraue voll Ruhe, halte dich bei dir selber, wache über dich, und lauf nicht viel nach außen. Laß dein (geschäftiges) Herumlaufen (im Konvent), mische dich nicht in alles ein, bring nichts in Verwirrung: das überlaß deiner Tante; bleib du bei dir selber, achte auf den Herrn in deinem Grunde, wer als gewaltiger Herrscher thront, damit diese Stätte nicht zerstört, dein Friede nicht gemindert werde. Denn wenn der Mensch in diesem Frieden weilt, kommen die Cherubim in ihrer Klarheit und erleuchten diesen Grund mit ihrem gottfarbenen Licht, gleichwie mit einem schnellen Blitz. Von diesem Blitz werden diese Menschen ganz durchleuchtet und ihr Grund von Licht durchstrahlt: wäre es möglich, so könnten sie wohl allen Menschen Unterscheidungsfähigkeit genug geben.

Diese Erleuchtung geschieht nur mit der Schnelligkeit eines Blitzes, je schneller, desto wahrer, edler und sicherer. Dann kommen die leuchtenden Seraphim mit flammender Liebe und entzünden den Grund. Auch dies geschieht wie ein Blitz: da wird des Menschen Liebe[3] so groß und so weit, daß sie alle Dinge einschließt. Ihm ist, er wolle alle Menschen entflammen — auch dies geschieht in ihm wie mit *einem* Blick — und sich selbst dabei verzehren.

All das entsteht in dem innersten Grunde des verklärten Menschen. Doch dieser Glanz leuchtet auch nach außen auf die beiden anderen Stufen des Menschen, die geistige und die sinnenhafte, und bewirkt, daß dieser (ganze) Mensch so göttlich und geordnet und so heimisch wird in der Tugend, die ihn friedlich und still macht, daß man an ihm keiner Unordnung mehr gewahr wird, nicht in Worten noch in Werken.

Diese Menschen halten sich selber für gar nichts und schreiben sich von alldem (was sie erlangen) nicht mehr zu, als ob all dies in ihnen nicht gewirkt worden oder tausend Meilen von ihnen entfernt wäre. Von alldem, was Gott in ihnen wirkt oder wirken kann, davon betrachten sie nichts als ihr eigenes Werk und schreiben sich davon nichts zu; denn sie halten von nichts mehr als von ihrem lauteren Nichts und betrachten sich als unter allen Menschen stehend.

Das sind wohl die Himmel, in denen der Vater wohnt, wie es in der Schrift heißt: „Ihre Engel schauen des Vaters Antlitz in den Himmeln." Daß wir alle dorthin kommen, dazu helfe uns Gott.   AMEN.

---

[3] Nach Wi 2 (vgl. Corin, Sermons III, 136), wo statt der Lesung „wille" bei Vetter 376, 14 sich „minne" findet.

In domo tua oportet me manere
Heute muß ich in deinem Hause weilen (Luk. 19, 5)

68

*Diese Predigt aus dem Evangelium des heiligen Matthäus auf
das Fest der Kirchweihe spricht uns von einer Erneuerung; wir
erfahren, wie die (menschliche) Natur auf sich selbst verzichten
muß in all den Fällen von Anhänglichkeit, an denen sie ihre
Freude findet, wenn der Mensch ein Wohlgeruch Gottes werden will.*

HEUTE IST DAS FEST der Kirchweihe, des großen Domes,
der Mutterkirche, und gestern wurde das gleiche Fest in vielen
Kirchen über ganz Köln hin gefeiert. Wie ich gestern sagte,
haben alle Formen und Tätigkeiten der heiligen Kirche den
inneren Menschen zum Ziel, in dem in Wahrheit Kirchweihe und
Erneuerung ohne Unterlaß sein sollte. Und diese äußere Handlung ruft, lockt und mahnt uns zur Vorbereitung in Wahrheit,
damit Gott in uns festliche Aufnahme finden möge.

Kirchweihe bedeutet Erneuerung. Wo diese geschehen soll,
muß die Natur sich selbst verleugnen und niedergehalten werden
in all ihrem Haften und ihrer Anhänglichkeit, in der sie sich
befindet, es seien Freunde oder Verwandte. All das muß weg,
was von außen der Natur zugefallen ist, und alles, woran die
(menschliche) Natur ihre Lust hat mit all ihren Sinnen oder
Kräften, in allem Verhalten und Tun. Hierzu ist leibliche Übung
gut und nützlich, wie Fasten und Wachen, wenn der Mensch es
ertragen kann.

Liebe Schwestern! Ihr merket nicht, wie verborgen und heimlich die Natur das Ihre sucht und ihre Befriedigung da findet, wo man glaubt, man habe es mit dem Bedarf an Notwendigem zu tun. Der geistige Mensch soll mit Eifer über den leiblichen Menschen herrschen. Dem muß mit Eifer nachgestrebt werden. Das tut zuerst gar wehe: all der ungeordneten Lust an Speise und Trank, am Sehen, Hören, Gehen und Stehen, an Worten und Werken abzusagen. Wenn wir diesen Teufelsgeruch[1] böser sinnlicher Lust in uns in all seiner Unordnung vertrieben haben, so würden wir ein Wohlgeruch Christi. Sind diese in deiner Natur liegenden Hindernisse überwunden, so geschieht dir, liebe Schwester, wie im Psalter geschrieben steht: „Du hast die Wolken dir ˙zum Wagen gemacht, der du auf Sturmesfittichen einherfährst." Wenn der Mensch seine irdischen Neigungen getötet hat, so nimmt Gott ihn auf eine höhere Stufe; die Schrift spricht von drei Arten von Flügeln, auf denen unser Herr wandelt: die Flügel der Tauben, die Schwingen des Adlers, die Fittiche der Winde.

Die Flügel der Tauben versinnbilden die lauteren Menschen, die in heiliger Einfalt leben, ohne Galle, Verurteilung, Argwohn und Verdrehung alles dessen, was in anderen Menschen vorgeht, sanftmütig, still und gütig, nachfolgend dem sanftmütigen Herrn Jesus Christus. Diese Flügel, das heißt all der Aufschwung (dieser Seelen), ihre Begehrungen, Liebe, Gesinnungen, tragen unseren Herrn.

Zum anderen wird unser Herr getragen von den Schwingen des Adlers. Der Adler fliegt so hoch, daß man ihn aus dem Blick verliert. Er bedeutet *den* Menschen, der mit all seinen Kräften innerlich aufsteigt in die Höhe, während er seinen ganzen äußeren und inneren Menschen anspannt und in die Höhe fliegt, erkennend und liebend, was keine sinnliche Fähigkeit erlangen kann: diese Schwingen tragen unseren Herrn.

Sodann wandelt der Herr auf den Fittichen der Winde: der Wind ist gar schnell und behend. „Du weißt nicht, von wannen

---

[1] Vetter 377, 22 hat einen wohl mißverstandenen Text. Dem dargestellten Gegensatz kommt die Lesart Corins, Wi 2, S. 220, 12: „viencliche stank", und der KT: „feyntliche gestank" besser entgegen.

er kommt und wohin er geht." Dieser Wind stellt den aller-innersten Menschen dar, den verborgenen, obersten, nach Gott gebildet, gottförmig; er steht so hoch über aller Erkenntniskraft und allem, daß dahin die Vernunft mit all ihrer Arbeit nicht gelangen kann. Es geht das über alle Sinnenkräfte hinaus. Dieser innerliche Mensch kehrt in seinen Ursprung zurück, in seine Un-geschaffenheit und wird da Licht im Licht. In diesem Licht ver-löschen — sie werden der Finsternis gleich — alle natürlichen und eingegossenen Lichter, die jemals unter diesem Licht ge-leuchtet haben. Gleichermaßen, wenn die klare Sonne scheint, so verblaßt der Glanz der Sterne, die jetzt so schön am Himmel stehen wie in vergangener Nacht: aber das starke Sonnenlicht hat sie ihres Glanzes beraubt. Ebenso verdunkelt das Licht, das hier in den Grund scheint, alle geschaffenen Lichter, die je schienen, und bringt sie um ihren Glanz. Und jenes Licht scheint in dem Grunde so klar, daß es dem (menschlichen) Geist über-mächtig wird und ihm dieses Übermaß an Licht wie Dunkelheit erscheint, daß es alle Sehkraft des Menschen wie aller Geschöpfe übertrifft. Denn die Fassungskraft aller Geschöpfe verhält sich diesem Licht gegenüber wie das Auge der Schwalbe gegenüber dem Licht der hellen Sonne. Und wenn du mit deinen schwachen Augen in das Licht des Sonnenrades blicken wolltest, so er-schiene es deiner Sehkraft wie dunkel infolge des überstarken Lichtes und der Schwäche deiner Augen.

Darüber schreibt ein heidnischer König: „Gott ist der Seele (des Menschen) wie eine Dunkelheit infolge seines überstarken Glanzes, und man erkennt ihn, indem man fühlt, daß des Menschen Geist ihn nicht erkennt." Das ist eine große Schande für uns, das dies ein Heide, noch dazu ein König, verstand; und wir armes Volk, womit befassen wir uns?

Nun lesen wir zu dieser Kirchweihe, daß Zachäus unseren Herrn gerne gesehen hätte; er war aber zu klein. Was tat er daher? Er erklomm einen dürren Feigenbaum. So ist es auch mit dem Menschen: er begehrt den zu sehen, der dieses Wunder in ihm und all dies Stürmen bewirkt hat. Aber dazu ist er zu klein von Wuchs. Was soll er also tun? Er soll den dürren Feigen-baum ersteigen, das bedeutet all das, wovon wir bereits ge-

sprochen haben, als da ist: absterben dem Seinen in der (menschlichen) Natur[2] und leben dem inneren Menschen, auf dessen
Fittichen Gott getragen wird, wie ihr gehört habt. Das ist die
größte Torheit vor den Weisen dieser Welt, die je gehört ward.
Es dünkt sie ein Wahn und eine Torheit; ihnen ist wie denen,
die vielleicht für zweihundert Mark Bücher besitzen und fleißig
darin lesen; und jenes erscheint ihnen als Dummheit. Ich aber
sage fürwahr: „Das ist die Torheit, die Gott erwählt hat." Sagt
doch unser Herr: „Ich danke dir, Vater, daß du diese großen
Dinge vor den Großen und Weisen dieser Welt geoffenbart
hast."

Hierüber erhielt das edle Geschöpf Gottes, Sankt Hildegard,
eine Offenbarung unter viel anderen liebreichen Dingen; davon
ist eine Zeichnung in Sankt Hildegards Buch zu sehen, und auch
im Speisesaal unserer Schwestern finden sich davon zwei kleine
Bilder. Das eine stellt eine in Blau gekleidete Person dar, die
keine Augen besitzt, deren Kleid jedoch über und über mit
Augen bedeckt ist. Diese Gestalt versinnbildet die heilige Furcht
Gottes. Das ist aber nicht „Furcht" in dem Sinn, wie ihr das
versteht, sondern es bedeutet ein fleißiges Beobachten des Menschen seiner selbst an allen Orten und Gelegenheiten, in Worten, in der Tat; darum ist jene Gestalt ohne Antlitz und hat
keine Augen; denn die Furcht Gottes vergißt sich selbst, mag
man sie lieben oder hassen, loben oder schelten; sie hat auch
keine Hände: denn sie maßt sich nichts (von Gottes Gaben) an,
in keiner Weise; sie steht in rechter Gelassenheit. Und eine andere Gestalt steht neben jener in einem blassen Kleid, mit erhobenen Händen; beide Gestalten sind barfuß, und die zweite
hat kein Haupt. Über ihr sieht man die Gottheit in klar-gol-
denem Glanz; sie besitzt kein förmlich gezeichnetes Gesicht,
sondern (an seiner Stelle) lauteres Gold: das bedeutet die un-
verkennbare Gottheit; Lichtwogen zeigen sich an der Stelle des
Hauptes auf diesem Bild; die Gottheit selbst ist das Haupt:
dieses Bild versinnbildet die wahre, bloße Armut des Geistes,

[2] Vetter 379,7: „den sinnen und der nature"; ich ziehe die von Corin, Wi 2,
S. 225,2 vorgeschlagene Lesung „des sinen in der nature" vor; vgl. auch
Sermons III, 142 Anm. 1.

deren Haupt Gott selbst ist. Die Blässe des Kleides (der zweiten
Gestalt) meint die Schlichtheit des Wandels, das Fehlen jeder
Anmaßung (dem gegenüber, was Gott gibt) und reine, freie Ge-
lassenheit. Die bloßen Füße beider Gestalten bedeuten die un-
eingeschränkte Nachfolge des wahren Vorbildes unseres Herrn
Jesus Christus. Das blaue Kleid (der ersten Gestalt) zeigt die
Stetigkeit an: nicht daß man sich heute übe und morgen schlafe;
sondern es soll sein eine emsige, unwandelbare Festigkeit bis ans
Ende, mit erhobenen Händen bereit zu sein für den göttlichen
Willen, es sei wirkend oder duldend. Das ist stets wohl der ver-
dorrte Feigenbaum, den alle die erklimmen müssen, die Gott in
der edelsten Weise sehen wollen in Zeit und Ewigkeit.

Was sagte unser Herr zu Zachäus: „Steig schnell herunter!"
Du mußt herabsteigen; du sollst von all dem nichts halten, sondern in dein lauteres Nichts, dein Nichtstaugen, dein Unvermögen herabsteigen. „Denn heute muß ich in deinem Hause
sein." Ist es dir geglückt, auf den Baum zu steigen, und hat dir
die Wahrheit ein wenig geleuchtet, so besitzest du sie doch noch
nicht, sie ist nicht dein eigen geworden. Denn in dir ist noch
Anhänglichkeit an deine menschliche Natur; Natur und Gnade
arbeiten in dir beide noch zusammen, du bist noch nicht zu rechter Gelassenheit gelangt.

Wisset: was die (menschliche) Natur wirkt, ist immer noch
mit Flecken behaftet, ist noch nicht vollkommen rein. Einem
solchen Menschen ruft Gott zu, herabzusteigen: das heißt, (er
ruft ihn) zu gänzlicher Verleugnung und Loslösung von seiner
Natur in jeder Weise, von allem, worin man noch etwas Eigenes
besitzt. „Denn ich muß heute — das ist das Heute der Ewigkeit — in deinem Hause sein. Diesem Hause ist heute Heil zuteil
geworden."

Daß uns allen dies geschehe, dazu helfe uns Gott. Amen.

Domus mea domus oracionis vocabitur

Mein Haus soll ein Bethaus genannt werden (Matth. 21, 13)

69

*Diese zweite Auslegung von der Kirchweihe spricht vom Wesen
der Andacht, zu der man durch drei Stücke kommen muß; jedes
wird gesondert mit seinen Eigentümlichkeiten betrachtet: das
erste ist der wahre Glaube; das zweite die Erkenntnis Gottes
mit Hilfe der Vernunft; das dritte das Gebet.*

UNSER HERR HAT UNS HIER selber gelehrt, wie wir dazu
kommen, daß unser Inneres ein Haus des Gebetes werde, denn
der Mensch ist eigentlich ein heiliger Tempel Gottes. Zuerst
müssen die Kaufleute ausgetrieben werden: die Bilder und
Phantasien und die Befriedigung an den Geschöpfen und die
Freude am Eigenwillen. Dann soll der Tempel mit Tränen
gewaschen werden, damit er rein sei. Die Tempel sind nicht
dadurch heilig, daß sie Häuser sind, weder dieser hier noch
einer zu Rom oder sonstwo, sondern durch Gott werden sie zu
heiligen Stätten. Dieser Tempel, die Seele, ist der liebenswerte
Tempel Gottes, in dem Gott in Wahrheit wohnt, wenn alle
Ungelassenheit hinausgetrieben und weggeräumt ist. Wie kann
das Gott: eine Wohnung haben? Ehe ein einziger Gedanke von
Gott in der Seele sich findet, kommen ihrer vierzig von anderen
Dingen. Wir berührten schon die Frage, welche Kaufleute da
sind und was sie wären. Und wir fanden, daß das die Menschen
sind, die ihrem freien Willen nachleben, mit Lust und Befriedigung an den Geschöpfen; es besteht kein Zweifel daran, daß

der Mensch, der will, daß Gott in ihm wohne und wirke, notgedrungen alle Hindernisse und alles Gottfremde beseitigen
muß, das heißt alle Liebe zu den Geschöpfen, alle Befriedigung
an ihnen, deren wahre Ursache nicht Gott ist.

Wer nun spräche, zehn Hindernisse (auf dem Weg zu Gott)
seien weniger schädlich als eines, das heißt, daß die Vertrautheit
mit zehn Menschen, Liebe und Freundschaft zu ihnen geringeren
Schaden stifteten als zu einem, der spräche wie ein Tor, und ein
Kind könnte verstehen, daß das nicht stimmt, daß (in Wahrheit)
ein Hindernis leichter zu überwinden sei denn zehn; aber eines
sollt ihr wissen: daß zehn Fehler, die der Mensch für Fehler
hält und anerkennt, nicht so schwer wiegen als einer, den der
Mensch nicht anerkennen will und nicht für einen Fehler halten
und an dem er in Vermessenheit festhalten will. Der Mensch
soll stets eine demütige Furcht vor unbekannten Fehlern haben.
Wenn der Mensch sich in Demut dem barmherzigen Gott zu
Füßen wirft und sich vor ihm für einen Sünder hält, so kann
alles gut werden; aber da, wo der Mensch in Übermut verharrt
und sich stets entschuldigt, kann nichts Gutes herauskommen.
Davor hütet euch wie vor dem ewigen Tod und vor dem,
welchem seine Sache so gut zu stehen scheint.

Wer den heiligsten Menschen, der auf Erden ist, fragte, ob
er schon so viel geweint habe, wie er hätte tun sollen, so sagte
ihm der: nein, er habe nicht den tausendsten Teil geweint, den
er hätte weinen sollen, er habe kaum damit begonnen: wenn das
heiliger Leute Art ist, dann hütet euch! Man könnte wohl
fragen, wenn ein guter Mensch so beschaffen ist, daß er zu weinen
anfangen müsse: soll man denn allezeit weinen? Ja und nein!
Niemand soll denken, daß er einen Fehler überwunden habe,
wie unbedeutend er auch sei. — Wenn nun der Tempel gereinigt
ist und die Kaufleute hinausgetrieben: wann ist das geschehen?
Dann, wenn du allen Einfluß von seiten der Geschöpfe und
alle Befriedigung durch sie ausgelöscht hast, so daß du sie mit
deinem Willen oder deiner Nachgiebigkeit nicht mehr aufnimmst
noch behältst. Wenn du so weit bist und diese bösen Kaufleute
kommen nochmals mit ihrer bösen Ware herein, so müssen sie
sogleich wieder hinaus; sie müssen das Feld räumen; geschähe

es, daß sie ohne meinen Willen und ohne meine Nachgiebigkeit eine Weile dablieben, so schadete *das* mir nichts; wie lange es sei, sie müssen zur gleichen Tür hinaus, durch die sie hereingekommen sind; und außerdem: findet sich etwas Böses, etwas Unreines darin, sei es auch, daß es zwanzig Jahre dort geblieben sei, das müssen sie mit sich wegtragen und so diesen Tempel reinigen. Ist es ohne meine Zulassung geschehen, was immer es auch sei, Hoffart, Geiz, Unreinheit, sobald es gegen meinen Willen geschah, befleckt es mich nicht, es reinigt mich, denn dem guten Menschen gereicht alles zur Hilfe.

Nun weiter! „Mein Haus soll ein Haus des Gebetes sein!" Zum Gebet gehört die Andacht. Was ist das? Das Wort „devotio" (Andacht) bedeutet „gleichsam sich Gott weihen", ein inwendiges Verbinden mit Gott in einer Bewegung auf die Ewigkeit zu. Wenn du dich Gott so verbindest, dich ihm so gelobst, hast du Andacht, wo immer du seist oder gleich welche guten Werke du tun magst. Man muß nicht stets jubeln oder große Süßigkeit empfinden — das mag wohl dazukommen; das Wesen der Andacht liegt in deiner Ergebung, deiner Vereinigung, deiner Verbindung mit Gott. Dies führt uns nahe ans Ziel; da ist der Widder (eine Belagerungsmaschine, mit der die feindlichen Mauern eingestoßen wurden) nahe an die Mauer geschoben; bald fallen die Mauern, und der Mensch kommt in das Reich, das in uns ist.

Nun schreibt Hilarius von drei Bedingungen, unter denen man geradewegs in dieses Reich gelangt: die erste ist wahrer Glaube, die zweite das Erkennen Gottes mit Hilfe der Vernunft, die dritte das Gebet.

Was ist das: Glaube? Sind nicht alle Christen „gläubig"? Wisset, ebenso wie auf dem Friedhof viele Tote sind, so gibt es in der heiligen Kirche gar manche Menschen, die lebend scheinen, in Wahrheit aber tot sind. Was ist nun ein lebendiger Glaube? Das ist nichts anderes als eine lebendige Hinneigung zu Gott und zu allem, was göttlich ist. Ein Mensch höre oder sehe Dinge, die den Glauben betreffen, es sei die Gottheit, die Menschheit (Jesu), die Dreifaltigkeit, oder was das sei, so fühlt er in sich einen lebendigen Glauben, der ihm besser sagt, was

Gott ist, und ihm klarer innewohnt, als alle Lehrmeister ihm sagen können. Dieser Glaube lebte und wohnte in dem inneren Reich, wo dieses Leben aus seinem eigenen Brunnen quillt. Andere Leute — es sind leider sehr viele — hängen wohl auch an dem Glaubensleben, aber es kommen gar leicht Wolken. Es ist, als wäre der Sonnenschein ein lebendig Ding, das sich bewegte; deckte eine Wolke ihn zu, so verginge das Leben. So kommen auch die Wolken der Sünden gar leicht und decken in solchen Menschen dieses Leben ganz zu und nehmen es ihm weg, denn es ist nur schwach. Kommt über die Leute lebendigen Glaubens eine Sündenwolke — denn alle Menschen sind gebrechlich —, so dringt die Sonne, das Leben des Glaubens, hindurch und ist bald wieder zu sehen, denn das Glaubensleben hat da Wurzel geschlagen; daher kommt es wieder, es dringt durch die Wolken, und diese fliehen davon. Wenn die anderen fallen, die Leute lebendigen Glaubens bleiben stehen; jene sind nicht ins Innere gedrungen; sind sie es aber doch, so finden sie darin einen toten Hund: er riecht übel, schaff ihn weg, er ist tot! Ein lauer, dürrer, kalter, toter Mensch, schwerfällig zu allem, was Gottes ist und Gott angehört; er wäre glücklich, bliebe er doch (wenigstens) am Leben (des Glaubens) *hängen:* wie schwach die Verbindung auch wäre, er würde gerettet; würde er in solcher Lage gefunden, er käme zuletzt (doch noch) ins Himmelreich, wenn er auch lange warten müßte. Aber gar leicht fallen diese Menschen ab, denn ihr Weg und ihre Art führt sie nicht in ihr Inneres, sie leben allein in den äußeren Dingen, sind so nichtig, so vertrocknet, sich selbst fern und fremd. Die edlen Menschen lebendigen Glaubens wohnen in diesem Leben, finden es in ihrem Inneren, wissen um Innerlichkeit und Wahrheit: und begegnet ihnen in ihrem äußeren Leben etwas Göttliches, so erweckt dies in ihnen inneres Leben mit Neigung und Liebe, mit einem Wohlgefallen, das in ihnen ist und sonst nirgends; sie wohnen in dem inneren Reich, und das kosten sie aus; das bleibt denen verborgen, die nicht dahin gelangen.

Die zweite Bedingung (um in das Reich zu kommen, das in uns ist) besteht in der geistigen Erkenntnis Gottes. Die findet man im inneren Leben; man braucht sich danach nicht zu strecken

noch sie in der Ferne zu suchen; man findet sie dort; sie offenbart sich von selbst; hier gelangt man in das innere Reich zur
rechten Tür, nicht von hinten; hier kommt man auf die rechte
Straße. Zu diesen Menschen darf man sagen: „Das Reich Gottes
ist in euch!" Diese finden die Wahrheit, die allen denen unbekannt ist, die nicht bei sich wohnen, und denen allein bekannt,
die bei sich zu Hause sind. Sie finden das, was Sankt Dionysius
schreibt: „Das ist jenseits aller Vernunft, jeden Gedankens, jeglichen Verstandes: das Licht im Licht!" Die großen Lehrmeister
von Paris lesen in den großen Büchern und wenden die Seiten
um: das ist recht gut; aber diese Menschen des inneren Lebens
lesen das lebendige Buch, darin alles lebt, die durchlaufen Himmel und Erde und lesen dort das wunderbare Werk Gottes; sie
dringen bis zum Verständnis der heiligen Engel; sie gelangen zur
höchsten Kunde der heiligen Dreifaltigkeit, wie der Vater von
aller Ewigkeit her den Sohn geboren, wie das ewige Wort sich
ewiglich in dem Herzen des Vaters ausspricht[1], wie der Heilige
Geist von ihnen beiden ausfließt und die heilige Dreifaltigkeit
sich in alle seligen Geister ergießt und diese sich wiederum in
wunderbarer Seligkeit in Gott ergießen. Das ist die Seligkeit,
von der unser Herr sagte: „Das ist das ewige Leben, daß sie
dich, den Vater, erkennen und den du gesandt hast, Jesus
Christus." Das ist das wahre Leben in diesem Tempel, das ist
das edle Schauspiel; hier ist der oberste Priester in seinem eigenen
Palast, hier ist das Reich gewonnen, denn hier ist die wahre
Gegenwärtigkeit Gottes, in der alles Leid, alle Leiden verschwinden. Wer dies erlebt hat, der allein weiß davon; allen
kenntnisreichen Lehrmeistern und den Klugen bleibt das unbekannt. Welcher Mensch das aber am stärksten in diesem Leben
empfunden hat und *dem* am nächsten kommt, der wird auch
Gott am nächsten sein, dieses Glück am allermeisten in sich empfinden und der allerseligste sein.

---

[1] Die wörtliche Übersetzung von „hat gespilt" bei Vetter 421,7 empfiehlt
sich nicht. Auch Corin vermeidet sie. Sermons III, 151 oben: „comment le
Verbe s'est éternellement dit dans le cœur du Père". Vgl. hierzu Echter-
Bibel, Sprüche 8, 30.

Die dritte Bedingung, unter der man nach dem heiligen Hilarius in das Reich, das in uns ist, gelangt, ist das Gebet. Was ist das? Zum ersten, wie geschrieben steht, ist es eine Erhebung des Geistes zu Gott; in einem näheren Sinn ist das Gebet eine vereinende Einkehr des geschaffenen Geistes in den ungeschaffenen Geist Gottes, kraft eines Vorsatzes, der bestimmt ist von der Gottheit von Ewigkeit her. Das sind die wahren Anbeter, die den Vater anbeten im Geist und in der Wahrheit; der Vater begehrt solcher, die ihn nach diesem Wort Christi anbeten; diese empfangen, worum sie bitten, und finden, was sie suchen. In diesem Gebet[2] wird gefunden und verloren. Was wird verloren? Der Tempel und der Geist und alles, wovon wir gesprochen haben. Wohin ist das alles gekommen? Es ist in Gott geflossen, in ihn eingetaucht, ist *ein* Geist mit Gott geworden, wie der liebe Sankt Paulus sprach: „Wer Gott anhanget, wird *ein* Geist mit ihm." Was das sei und wie, das kann man eher erleben, als man davon zu sprechen vermag; was hierüber gesprochen wurde, ist so ungleich und so gering, wie eine Nadelspitze gegenüber dem großen Himmel. Gott gebe uns, daß wir es erreichen; und daß uns das geschehe, dazu helfe uns Gott der Vater, der Sohn und der Heilige Geist. Amen.

---

[2] Die Lesung Corin, Wi 2, S. 290,14 und Lesarten „gebede", die auch die Drucke der LT, AT, KT, zeigen, verdient vor der Lesung bei Vetter 421,25 „gebende" den Vorzug.

Renovamini spiritu mentis vestrae
Erneuert euch im Geist eures Gemütes (Eph. 4, 23)

70

Diese Predigt auf die Epistel aus dem heiligen Paulus auf den neunzehnten Sonntag (nach Dreifaltigkeit) tadelt streng die Menschen, die trotz geistlichen Gewandes ihre volle Freude an zeitlichen Gütern haben, an Kleidern oder Schmuck.

„BRÜDER, ERNEUERT EUCH im Geiste eures Gemütes, und zieht den neuen Menschen an, der nach Gott geschaffen ist mit wahrer Gerechtigkeit und Heiligkeit. Darum legt die Lüge ab. Ein jeder rede mit seinem Nächsten die Wahrheit, wir sind ja Glieder untereinander. Wenn ihr zürnt, sündigt nicht. Laßt die Sonne über eurem Zorn nicht untergehen. Gebt dem Teufel, der euch zum Zorn reizen will, keinen Raum. Wer gestohlen hat, stehle nicht wieder, sondern gewinne ehrlichen Verdienst durch seiner Hände Arbeit, um dem Bedürftigen helfen zu können."

Dies ist die Epistel, die man diese Woche liest. Der so liebens-werte Apostelfürst, Sankt Paulus, hat sie geschrieben, und sie ist voll edlen Sinnes und voller Lehren. Und besonders sollen wir die liebevolle Mahnung beachten, daß wir erneuert werden sollen im Geist unseres Gemütes.

Der Apostel lehrt uns, wie wir zu dieser Erneuerung kommen sollen, und gibt uns zu verstehen, daß wir etliche Dinge tun, etliche unterlassen sollen. Und hier sind es drei Dinge, die wir notwendigerweise unterlassen müssen, wenn wir zu dieser Er-neuerung gelangen wollen.

Zum ersten sollen wir die Lüge meiden und die Wahrheit sprechen, ein jedes zu seinem Nächsten. Zum zweiten: wir sollen nicht zürnen. Zum dritten: wir sollen nicht stehlen. Diese drei Gebote muß der Mensch beachten, der sich erneuern will. Was (aber) ist „lügen"? Wenn ein Mensch etwas kundgibt durch Vorzeigen oder Aussehen, durch Wort oder Tat, das er nicht im Herzen meint, wo (also) Mund und Herz einander widersprechen: das heißt „lügen". Nun gibt es eine Art Leute, die geistliches Gewand tragen, deren Wesen dem aber ungleich ist, denn ihr Herz ist weltlich und von den Geschöpfen eingenommen, welcher Art die (auch) seien, tot oder lebend. Ich spreche nicht von Leuten, die in der Welt leben, sondern von weltlichen Herzen, die freien Willens Lust haben an zeitlichen Dingen, die nichts mit Gott zu tun haben, wie etwa an ihren Kleidern, ihrem Schmuck. Sagt man ihnen das, so geraten sie in Zorn und bringen falsche Ausreden vor und sagen, sie seien jung und müßten sich (an solchen Dingen) erfreuen; sie täten es, um Gott desto besser und lieber dienen zu können. Das ist eine schlimme Lüge. Solltest du Gott (wirklich) besser dienen (können), wenn du dich mit Dingen abgibst, die dich vom Weg Gottes abbringen? Sollte dich der liebreiche Gott nicht besser erfreuen können als die Geschöpfe, die dich verderben und in die Irre führen? Das ist (doch) eine schlimme Lüge. Das sieht und hört man wohl!

Es gibt aber noch andere Lügner, die (ein) geistliches (Leben zu führen) scheinen, weil sie sich gewissen guten, frommen Übungen hingeben; aber dabei denken sie mehr an sich selber und an das Ihre als an Gott und leben dahin so dreißig oder vierzig Jahre und erkennen weder sich noch ihre Gesinnung. Dieses Nichtwissen entschuldigt sie aber nicht, denn sie müßten ihr Streben erkundet, sich selbst und ihre Absicht erkannt haben, damit sie es nach Gott und nicht nach dem Ihren ausgerichtet hätten weder (nach) Belohnung noch (nach) dem Himmelreich, nicht nach Freude noch nach Nutzen. Es gehört, ihr meine Lieben, ein großer, wundersamer Fleiß dazu, damit der Mensch seine Gesinnung wohl erkenne; dazu gehört, Tag und Nacht sich selbst zu beobachten, sich vorzustellen (was man in diesem oder jenem Fall tun würde), sich selbst zu prüfen und zu bedenken, was uns zu all unseren Werken treibt und bewegt. Und dann soll man mit allen Kräften sein Tun unmittelbar auf Gott richten[1]. Dann wird der Mensch nicht mehr lügen. Denn all die guten Werke, die der Mensch auf anderes als auf Gott richtet, sind Lüge. Denn alle Dinge, deren Ziel nicht Gott ist, sind Abgötterei.

Das zweite, was Gott uns verbietet, ist das Zürnen. Der Prophet und Sankt Paulus sagen übereinstimmend, daß wir zürnen, aber nicht sündigen sollen. Beim Zürnen sollen wir stets einen Widerwillen haben gegen all das, was Gott zuwider ist, und das auch am rechten Ort und zu rechter Stunde zeigen, wenn man es bessern kann und es uns angeht. Aber da findet man Leute, die wollen anderer Menschen Fehler bessern und fallen selbst in größere. Das sind die Leute, welche der Jähzorn und die Bitterkeit treibt, die dann harte Worte gebrauchen; sie zeigen strenges Benehmen und strenges Gesicht und bringen sich selbst und ihren Nächsten um den Frieden. Man sagt dann, sie seien im Kopf krank. Was hat aber ein anderer mit deinem kranken Kopf zu schaffen? Schmerzt dich der Kopf, so schone dich, und verschone die anderen. Und weißt du nicht, wie man zürnen soll, so zürne nicht. Zürnen können ist eine große Meisterschaft, zürnen, ohne zu sündigen, wie man uns hier heißt. Du willst das (brennende) Haus eines anderen löschen und zündest dein eigenes an! Hüte dein Haus mehr als das eines anderen! Du willst bei deinem Nächsten eine kleine Wunde heilen und schlägst ihm dabei zwei oder drei größere!

Nun sagt Sankt Paulus: „Laß die Sonne über deinem Zorn nicht untergehen." Er will damit sagen: Wer sich in Streit mit seinem Nächsten befindet, soll sich, soweit es an ihm liegt, mit ihm versöhnen, ehe die Sonne am Himmel untergeht. Aber der Apostel hat auch im Sinn die Sonne der Einsicht. Wisset: wenn ihr dieser Lehre nicht folgt, wenn ihr mit eurem Nächsten in Unfrieden lebt, so verliert ihr Gott und seine Gnade, und alles, was ihr seit langem gesammelt habt, geht hier mit einem Male verloren.

---

[1] Nach den bei Quint (Textbuch S. 118, Z. 53) zu dieser Stelle — Vetter 260,16 — angegebenen Lesarten übersetzt.

Und nun zum dritten: ihr sollt nicht stehlen. Stehlen, das heißt, daß der Mensch etwas sich aneignet, es sei Leibliches oder Geistliches, das ihm nicht gehört. Das findet sich oft bei geistlichen Leuten, die sich zu Ehren drängen, in vorteilhafte Stellungen oder andere Dinge derselben Art, die Gott nicht für sie bestimmt hat und von denen sie nicht *den* Gebrauch machen, den Gott von ihnen will und welchen sie gerechterweise davon machen sollten: dazu drängen sie sich. Solcher Dinge sollte sich niemand anmaßen, sondern mit lebhafter Furcht jede vorteilhafte Stellung annehmen; denn er könnte später auf schimpfliche Weise daraus vertrieben und sein Platz einem anderen gegeben werden. Lange Jahre hindurch wagte ich nicht, zu denken, ich sei ein Sohn unseres Vaters, des heiligen Dominikus, und achtete mich nicht für einen Prediger; so unwürdig hielt ich mich dieses Platzes.

Man kann „stehlen" auch mit Bezug auf Almosen verstehen; denn es ist eine bedenkliche Sache damit. Man muß darauf sehen, wozu und wofür man sie empfängt und wie man sie verdient hat. Meine lieben Schwestern! Obwohl es mir auf Grund der Vorschriften des Alten wie des Neuen Testamentes als Priester erlaubt ist, Almosen zu nehmen — denn wer dem Altar dient, soll auch vom Altar leben —, so nehme ich Almosen doch nur mit Furcht an. Hätte ich gewußt, was ich nun weiß, als ich noch der Sohn meines Vaters war, ich hätte vorgezogen, von seinem Erbe zu leben und nicht von Almosen.

Sankt Paulus sagt ferner: „Ihr sollt euch erneuern im Geist eures Gemütes." Der Geist des Menschen wird auf verschiedene Weise bezeichnet, je nach der Art seiner Wirksamkeit und nach den Gesichtspunkten seiner Beziehung. Zuweilen wird der Geist „Seele" genannt, das ist insofern gesagt, als sie dem Leibe Leben verleiht, und so verstanden, ist der Geist (als „Seele") in jedem unserer Glieder, denen er Leben und Bewegung mitteilt.

Zuweilen wird die Seele auch „Geist" genannt, und das ist insofern gesagt, als sie eine alle Maße übersteigende Verwandtschaft zu Gott hat. Denn Gott ist Geist, und die Seele ist Geist, und infolgedessen hat sie ein ewiges Sichhinneigen und Hinblicken in den Grund ihres Ursprungs. Von der Gleichheit im Geistigen neigt und beugt sich der Geist wieder in den Ursprung, die Gleichheit. Dieses Sichneigen erlischt nie, nicht einmal bei den Verdammten. Die Seele wird auch „Gemüt" genannt; das ist ein köstlich Ding: in ihm sind alle Kräfte vereinigt, Vernunft, Wille, aber es selbst steht über diesen, und es besitzt mehr als diese. *Über* der Wirksamkeit der Kräfte gibt es (noch) ein inneres und wesentliches Ding; und wenn das „Gemüt" geordnet und gut (auf Gott) ausgerichtet ist, so geht auch alles andere gut: und ist das „Gemüt" (von Gott) abgewandt, so ist alles abgewandt, ob man sich dessen bewußt ist oder nicht.

Schließlich heißt die Seele auch „mens". Das, liebe Schwestern, ist der Grund, in dem das wahre Bild der heiligen Dreifaltigkeit verborgen liegt. Und dieser Grund ist so edel, daß man ihm keinen eigenen Namen zu geben vermag. Zuweilen nennt man ihn den Boden, zuweilen den Wipfel der Seele. Aber man kann ihm keinen (treffenden) Namen geben, sowenig als man Gott (einen solchen) zu geben vermag. Wer sehen könnte, wie Gott in diesem Grunde wohnt, den würde dieses Gesicht selig machen. Die Nähe und die Verwandtschaft (zwischen der Seele und Gott) sind in diesem Grunde so unaussprechlich groß, daß man es nicht wagt, viel darüber zu sagen, und dessen auch nicht fähig ist.

Nun sagt Sankt Paulus aber auch: „Ihr sollt euch erneuern im Geist eures Gemütes." Wenn mit diesem Gemüt alles wohl steht, so wird es gedrängt, sich in diesen (seinen eigenen) Grund herniederzuneigen[2], wo das über alle Kräfte hinausreichende Bild ruht. Die Wirksamkeit des Gemütes übertrifft an Adel und Erhabenheit die Kräfte weit mehr, als der Inhalt eines Fuders Weins einen Tropfen übertrifft. In diesem Gemüt soll man sich erneuern, indem man sich immer wieder in den Grund hinabneigt und sich Gott in wirkender Liebe und Gesinnung unmittelbar zukehrt. Diese Kraft (der Hinkehr zu Gott) findet sich wohl in dem Gemüt, das seine Anhänglichkeit an Gott ohne Unterbrechung bewahren kann und seine Gesinnung aufrechterhalten, während die Kräfte nicht die Fähigkeit besitzen, in sich gleich bleibender Anhänglichkeit zu verharren.

---

[2] Das heißt also, daß der „Grund" insofern „Gemüt" heißt, als er dieses Herniederneigen in sich selbst vollzieht. Vgl. Wyser, a. a. O. S. 234; ferner Reypens, Dict. de Spiritualité, I, 452 (1937, Art. Ame).

So also soll die Erneuerung im Geist des Gemütes vor sich gehen. Da Gott ein Geist ist, soll der geschaffene Geist sich (mit ihm) vereinen, sich aufrichten und sich in den ungeschaffenen Geist Gottes mit einem von allem Eigenen befreiten Grunde einsenken. So wie der Mensch vor seiner Erschaffung durch die Ewigkeit hindurch Gott in Gott war, so soll er nun in seiner Geschaffenheit sich ganz und gar wieder (in Gott) versenken.

Die Lehrmeister fragen, ob, wenn der Mensch sich mit freiem Willen auf vergängliche Dinge richte, der Geist (zu gleicher Zeit) mitvergehe. Sie bejahen diese Frage übereinstimmend. Aber ein großer und edler Lehrmeister sagt:

Sobald der Mensch mit seinem Grunde und vollem Willen umkehrt und jenseits aller Zeit seinen Geist in den Geist Gottes hineinträgt, so wird sogleich alles zurückerstattet, was verloren war. Und könnte der Mensch das tausendmal am Tag tun, so fände jedesmal eine wahre Erneuerung statt, und dieses innerliche Werk wäre die wahrste und lauterste Erneuerung, die (überhaupt) stattfinden kann. „Hodie genui te — Heute habe ich dich neu geboren." Wenn der Geist (des Menschen) ganz und gar mit seinem innersten Wesen sinkt und einschmilzt in Gottes Innerstes, so wird er davon neu gebildet und erneuert, und je geordneter und reiner er diesen Weg (zu Gott) gegangen ist, je lauterer er Gott im Sinn gehabt, um so mehr wird dieser Geist überströmt und überformt von Gottes Geist. Gott ergießt sich in diesen Geist in derselben Weise, in der die Sonne ihren Schein in die Luft ergießt. Da wird die ganze Luft von dem Licht durchdrungen; und kein Auge kann Licht und Luft scheiden noch (die Grenze) erfassen, wo beide zu trennen sind. Und wer vermöchte denn diese göttliche, übernatürliche Einung scheiden, durch die der Geist hineingenommen und gezogen wird in den Abgrund seines Ursprungs? Wisset, könnte man den (geschaffenen) Geist in dem ungeschaffenen erblicken, man glaubte, ohne Zweifel, Gott selbst zu sehen.

Meine Lieben! In dieser Erneuerung und dieser Einkehr erhebt sich der (geschaffene) Geist allzeit über sich (selbst), (höher als) je ein Adler sich auf die liebe Sonne zu hin erhob oder das Feuer in die Höhe. So schwebt der Geist der göttlichen Finsternis entgegen, wie Job sprach: „Dem Menschen ist der Weg verborgen und ist mit Finsternis umkleidet." Das ist die Finsternis der göttlichen Unbekanntheit, wo Gott über allem steht, was man von ihm aussagen kann, ohne Name und Form, ohne Bild, jenseits aller Weisen und allen Seins. Das ist, ihr meine Lieben, die wesentliche Umkehr. Für sie ist die Stille der Nacht von besonderem Nutzen und großer Förderung. Wenn dann der Mensch vor den Metten einen guten Schlaf getan hat, soll er sich sachte all seiner Sinne und sinnlichen Kräfte entziehen und nach den Metten sich mit aller Kraft ganz in sich versenken und sich emporschwingen über all seine Kräfte, über alle Bilder und Formen hinaus. Seine Schwäche empfindend, darf er nicht daran denken, sich der erhabenen Finsternis zu nahen, von der ein Heiliger schreibt: „Gott ist Finsternis trotz allen Lichtes"; aber wegen der Finsternis von Gottes Unerkanntheit soll sich der Mensch Gott in aller Schlichtheit überlassen, nichts fragen, nichts verlangen, nur Gott im Sinne haben und ihn lieben. Wirf dann alle Dinge in den unbekannten Gott, auch deine Gebrechen, deine Sünden und all das, was du vorhast, alles in wirkender Liebe; wirf all das in den finsteren, unbekannten göttlichen Willen.

Dieser Mensch soll auch, abgesehen hiervon, nichts verfolgen noch wollen; weder eine (bestimmte) Art noch Ruhe oder Wirksamkeit, weder dies noch das, so oder anders: er soll sich (vielmehr) dem unbekannten Willen Gottes überlassen. Wäre aber der Mensch bei jenem inneren Werk und Gott fügte es so, daß er dieses hohe, edle Tun unterbräche, (etwa) um einem Kranken einen Dienst zu erweisen, ein Getränk zu bereiten, so sollte jener Mensch das in großem Frieden tun. Und wäre ich ein solcher Mensch und müßte jene Übung unterbrechen, um zu predigen oder einen ähnlichen Dienst zu tun, so könnte es wohl sein, daß Gott mir gegenwärtiger wäre und mehr Gutes in dem äußeren Werk wirkte als vielleicht in (dem Zustand) tiefer Beschaulichkeit.

So sollen diese edlen Menschen, wenn sie sich des Nachts gar wohl in dieser innerlichen Einkehr und auch des Morgens ein wenig geübt haben, in gutem Frieden ihre Arbeit verrichten, jeder wie Gott es ihm fügt, und Gott während ihrer Tätigkeit im Sinn haben, denn man darf sicher sein: es kann dir bei deiner Arbeit mehr Gutes geschehen als bei jener Beschauung. Sankt Paul selbst sagt uns ja, daß wir mit unseren Händen arbeiten sollen, denn dies sei gut für den Arbeitenden selbst und auch für seinen Nächsten, wie das Bedürfnis sich einstellt.

Das sind die wahren Armen im Geist, die sich selbst und das Ihre verleugnet haben und Gott folgen, wohin er immer will, es sei zur Ruhe oder zum Wirken. Aber wahrlich, junge beginnende Menschen müssen Gott und ihrem inneren Leben viel Zeit widmen, bis jenes Leben in ihr Wesen eingeht; denn sie könnten gar leicht sich so stark nach außen wenden, daß sie im Äußerlichen steckenbleiben; wenn keiner dieser Menschen Gott empfindet, nichts ihm zusagt und er (mit seinen Übungen) nicht vorankommt, so soll er diese Dürftigkeit nur (ja) leiden; denn er kann höher hinaufsteigen und größer werden durch Leiden und dadurch, daß er sich (Gott über)läßt, als durch Wirken und Besitzen. Dieser Mensch soll sich ganz schlicht an seinen heiligen Glauben halten.

Ja, meine Lieben! Wie, glaubt ihr wohl, daß diese Menschen vorankommen? Es ist nicht auszudenken und nicht zu glauben, wie sehr sie (in der Frömmigkeit) zunehmen, mit jedem Gedanken, mit jedem Wort, bei jeder Behandlung, mag die Sache selbst, um die es sich handelt, noch so unbedeutend und unnötig sein. Aber was sie tun, ist über alle Maßen verdienstlich, und sie kommen (dabei) in wunderbarer Weise voran. Es bedeutet für solche Leute viel, lang hienieden zu leben, denn ihre Erneuerung und ihr Wachsen ist gar groß, wenn sie diesen Weg recht bis zu Ende gehen und sich nirgendwo, wie ihr gehört habt, aufhalten lassen. Diese Leute kennen die Höhe ihres eigenen Zustandes selbst nicht und gehen (immer) weiter, schlicht und aufrichtig. Gott verbirgt sie ihnen, denn die (menschliche) Natur erhebt sich gar leicht zu sehr über sich selbst. Handelte es sich aber um einen wahrhaft demütigen Menschen — es gibt deren leider so wenige! —, den würde Gott sie erkennen lassen; denn der wahrhaft demütige Mensch versenkt sich um so mehr in den Grund, je besser er die ihm zugefallene Ehre erkennt, denn er rechnet sich selbst nichts Gutes zu. Diese Menschen nehmen hauptsächlich durch Leiden zu. Denn unser Herr gibt ihnen dazu Gelegenheit, und alle, die um sie sind, tun desgleichen; in einem Konvent gibt es ihrer vielleicht einen oder zwei, die von den anderen durch hartes Benehmen und harte Worte, gleich Hammerschlägen, „geübt" werden.

Früher marterten Heiden und Juden heilige Menschen; jetzt werden dich *die* martern, die gar heilig scheinen, viel Aufsehen erregen und viel mehr (fromme) Werke tun als du. Diese Peinigung wird dir bis ins Mark dringen, denn du seiest, sagen sie, auf ganz falschem Weg; sie aber haben viel gesehen, haben die berühmten Prediger gehört und wissen (mit allem) wohl Bescheid. Ach, und da weißt du nicht, was tun, wohin dich wenden. Trage das geduldig, überlasse dich (Gott), beuge dich, schweig stille, und sprich bei dir: „Lieber Herr, du weißt, daß mein Sinnen nur dir gilt!" Jene Leute möchten alle Mitglieder eines Ordens nach ihrem Kopf ausrichten, alle auf denselben Weg verweisen; und das kann nicht sein. Jedes muß seine Weise haben und sich nach seiner Berufung verhalten. *So* werden wir alle erneuert werden, in Heiligkeit, Wahrheit und Gerechtigkeit.

Meine Lieben! All unsere Heiligkeit und Gerechtigkeit ist nichts. Unsere Gerechtigkeit ist Ungerechtigkeit, befleckt und erbärmlich, etwas, das man mit den Augen nicht zu betrachten wagt. Unsere Erneuerung[3] aber muß in der Gerechtigkeit und Heiligkeit Gottes vor sich gehen, nicht auf irgendeine unserer Weisen, nicht nach unseren Worten oder nach irgend etwas des Unseren, sondern in ihm.

Möchten wir doch alle so von Grund aus in ihn versinken und verfließen, daß wir in Wahrheit in ihm erneuert, in ihm gefunden werden. Dazu möge er uns helfen. AMEN.

---

[3] Corin fügt hier — Sermons III, 166 — das Wort „renouvellement" zur Verdeutlichung ein. Ich bin ihm hierin gefolgt.

Videns Jesus turbas, ascendit in montem
Als Jesus die Volksscharen sah, stieg er auf den Berg (Matth. 5, 1 ff.)

71

Diese Predigt auf das Fest Allerheiligen über das Evangelium
von den acht Seligpreisungen zeigt uns, wie die große Menge
der Heiligen Gott gefolgt ist und wie jeder Mensch des Rufes
achten soll, den Gott an ihn ergehen läßt.

JESUS STIEG DEN BERG HINAN, ihm folgte eine große
Schar. Da öffnete er seinen Mund und sprach: „Selig sind die
im Geist Armen", und fortfahrend sprach er von acht Seligkeiten. Der Berg, auf den Jesus stieg, war seine eigene Seligkeit
und sein Sein, in dem er mit dem Vater eins ist. Und eine
große Schar folgte ihm: das ist die Schar der lieben Heiligen,
deren Tag man heute begeht; die sind ihm alle nachgegangen,
ein jeglicher dem Ruf gemäß, den Gott an ihn ergehen ließ.
Darin sollen wir sie nachahmen, daß jeglicher vor allen Dingen
beachte, welches der Ruf sei, den Gott an ihn ergehen läßt, und
diesem Rufe folge.

Diese großen Heiligen sollen wir nun mit allem Fleiß verehren. Welches ist wohl die beste Verehrung, die wir ihnen
erweisen können? Daß wir in duldender Entsagung mit ihnen
(uns) sinken (lassen) in den edlen Grund, in den sie sich verloren und worin sie ihre größte Seligkeit gefunden haben.
Versinke du in diesen Grund mit (ihnen), du kannst sie nicht
mehr ehren noch ihnen Lieberes tun.

Nun betrachten wir die Scharen der Heiligen, wie sie Christus auf den Berg gefolgt sind, ein jeder, wie der Ruf an ihn erging. Als erste finden wir (in diesem Zug) die heiligen Väter des Alten Bundes in drängendem Verlangen und dem Glauben an seine Ankunft. Diese waren mit Gott in heiliger Liebe und Hoffnung aufs innigste verbunden und nicht von außen, sondern von innen ledig und bloß alles dessen, was nicht Gott ist. In ihrer großen Liebe teilten sie, was sie besaßen, mit dem erwählten Volk und achteten mit aller Sorgfalt darauf, daß dem Menschen, aus dem diese Geburt erfolgen sollte, an nichts mangele. Ohne allen Eigenwillen hinsichtlich ihres Leibes waren sie ganz darauf eingestellt, dieser Geburt zu dienen, aus welchem Stamm auch immer (des erwählten Volkes) sie erfolgen würde[1]. Von denen aber, die auf diese Weise (dem Ruf Gottes) folgten, liest man heute, daß es von jedem Stamm zwölftausend Gezeichnete waren. Das Volk aber umfaßte zwölf Stämme. Das war wahrlich eine große Zahl; aber darüber hinaus waren noch andere, die man nicht zu zählen vermochte.

Den Vätern des Alten Bundes folgte eine andere Schar: das waren die heiligen Apostel. Sie kamen nach der Geburt unseres Herrn und waren zu einem viel höheren Weg von unserem Herrn berufen und zu größerer Vollkommenheit. Diese verzichteten nicht nur innerlich, sondern auch äußerlich auf Besitz in wahrer leiblicher und geistiger Armut, und das in dem höchsten Grad, den man erreichen kann. Ihnen schritten die heiligen Blutzeugen nach: eine gar große Zahl; diese gaben nicht nur allen Besitz dahin, sondern auch ihr Leben, wie Gott es fügte und wie und durch wen er wollte. Sodann kamen die heiligen Bekenner; die sind ihrem Ruf in unterschiedlicher Weise gefolgt: die einen haben Gott allein gelebt in der Loslösung (von allen geschaffenen Dingen) und die Wahrheit in ihrem Inneren aufgenommen in stillem schweigendem Hören dessen, was Gott, das ewige Wort, zu ihnen sprach; andere sind in Wälder und Höhlen geflohen; andere in die heiligen Orden und haben deren Regeln befolgt. Wieder andere haben inmitten der heiligen

---

[1] Corin nimmt eine annehmbare Änderung von Helanders Zeichensetzung vor — Helander, a. a. O. S. 352 —, wodurch der Satz „aus welchem Stamme . . ." zum vorhergehenden gezogen wird.

Christenheit gelebt, predigend, schreibend, Beichten hörend, leh-
rend und ermahnend, stets aber bereitwillig ihren Willen Gott
unterordnend, in wahrer Gottergebenheit ihres Selbst und der
Trennung von alldem, was nicht Gott war. Ihnen schloß sich
die wohlgefällige, liebenswerte Schar der Jungfrauen an, rein
und unbefleckt an Leib und Sinn. Welch ein schönes, freudvolles
Ding ist das (doch), an seinem Leibe unberührt wie ein Engel
erwiesen zu werden! Wem Gott diese Ehre zuteil werden ließ,
im Gewand (der Reinheit) erfunden zu werden, das er selber
und seine werte Mutter als schönste Zierde trugen, *den* Menschen
sollte vor Freude (über diesen Vorzug) niemand in dieser Zeitlichkeit betrüben können, kein Leid, kein Schaden sollte ihm
zu Herzen gehen, solange er diesen Schatz unversehrt bewahrt.
Und wer ihn in seinem rechten Adel erhalten will, muß streiten
und leiden; sein Herz wird von den Sinnen, der Bosheit der
Natur, der Welt und dem bösen Feinde manche Wunde empfangen. Aber wisse, eine jegliche Anfechtung durch Versuchung
bringt dem, der auf sein Inneres schaut, neue Lauterkeit: das ist
der Lohn. O ihr Lieben, wer (doch) auf den Lohn dieser Geburt
achthaben wollte!

Den Zug schließt die Zahl derer, die nichts Besonderes auf-
zuweisen haben; sie kommen heran in und mit (zeitlichen)
Dingen behaftet[2], aber auch sie werden gerettet um ihres Glaubens willen und dank des Gebetes der Gottesfreunde. Sie müssen
(freilich) im Fegfeuer geläutert werden, oder sie können nicht
in das Reich des Vaters[3] kommen. Und so wie man heute den
Tag der Lauteren feiert, so morgen den der Befleckten, damit
sie geläutert werden. Im Fegfeuer müssen wir mehr Pein erdulden um *eines* irdischen Vergnügens und einer läßlichen Sünde
willen als alle Martyrer, deren Tag wir heute feiern, an Pein
zusammen erlitten haben; das *muß* so sein (schon) wegen des

---

[2] Die freie Übertragung Corins, Sermons III, 172 erscheint nicht nötig; auch
die strenge Bindung an den Wortlaut — „dinc" = „zeitliches Ding" —
ergibt einen brauchbaren Sinn.
[3] Bei Helander, S. 354 wörtlich: „in das riche mins vatters". Tauler mag
hier ein Wort des Heilandes vorgeschwebt haben.

geringsten Widerstandes, den wir Gott durch unsere Sünden[4] geleistet haben, indem wir uns seinem Ruf entzogen und (irdische Dinge) zwischen ihn und uns treten ließen.

Dies also sind die Scharen, die Christus auf den Berg seiner eigenen Seligkeit folgten. Da öffnete er seinen göttlichen Mund und sprach (zu ihnen) von acht Seligkeiten. Von jeder wollen wir einiges wenige sagen.

Zum ersten: „Selig sind die im Geist Armen, denn ihrer ist das Reich Gottes." Diese Tugend (der geistigen Armut) ist die erste, denn sie ist das Haupt und der Anfang aller Vollkommenheit. Ihr Lieben! Wendet es hin und her: der Grund des Menschen muß bloß, losgelöst, frei, arm und unbeeinträchtigt (von irdischen Dingen) sein, soll Gott in eigener Weise darin wirken können; er muß ledig allen Eigenwillens sein; (nur) dann kann und muß Gott ihn in Besitz nehmen.

Diese Armut kann man verstehen und halten auf vielerlei Weise. Da sind zuerst die Armen, die es sind ohne ihre Absicht und ihren Willen. Über diese Armen soll niemand streng urteilen; denn unser Herr sieht über ihre Mängel gnädiger hinweg, weil sie arm sind. Von der zweiten Weise der Armut sagt Meister Thomas, daß man sie so weit lieben und pflegen müsse, als ein Mensch in seinem Inneren fühlt und merkt, daß sie ihm eine Hilfe und Förderung sei zur Freiheit und Ledigkeit seines Herzens (von irdischen Dingen); denn manches Menschen Geist ist lauterer und lediger, wenn er sein (tägliches) Auskommen hat, als wenn er es tagtäglich suchen müßte; denn wer sein (tägliches) Auskommen mit Zustimmung (seiner Vorgesetzten) besitzt und es mit Bescheidenheit gebraucht, ist (in seinem Inneren) wohl freier als (einer), der es (täglich) suchen muß. Aber fände ein solcher Mensch, daß er sein Herz an die Güter des täglichen Lebens gehängt habe oder in Gefahr sei, es zu tun, und er seine Mittel nicht zur Übung der Tugenden verwende, wie z. B. der Freigebigkeit und Mäßigkeit, der Demut und Lauterkeit bei (innerer) Loslösung (von irdischem Besitz), so müßte er ganz

---

[4] Wörtlich bei Helander, S. 354: „das wir gotte widerstent mit sünder"; es ist zu lesen mit Corin, Sermons, S. 172 „mit Sünden".

und gar auf dieses Güter verzichten und arm werden, wie es die äußerlich Armen sind. — Die (dritte Weise der) Armut (ist die) [5], daß ein Mensch Gott innerlich so liebte, daß kein Ding ihn (daran) hindern könnte, sondern (im Gegenteil) ihm dazu jegliches nützlich wäre; wie denn Sankt Paulus sagt, daß dem Guten alle Dinge zur Förderung gereichen. So wäre ein solcher Mensch von allem unberührt, was nicht rein und lauter Gott ist, von allen solchen Dingen, die seinen Grund verschütten könnten; er bliebe arm, ledig, frei. Diese Menschen dürfen mit Sankt Paulus sprechen: „Wir sind besitzlos und doch im Besitz von allem." Solche Menschen könnten ein Königreich innehaben, es schadete ihrem inneren Menschen nicht. — Die vierte Weise der lauteren Armut ist: arm zu sein innen und außen aus Hinneigung zu dem liebevollen Vorbild unseres Herrn Jesus Christus, um aus rechter, wahrer Zuneigung seiner lauteren, bloßen Armut nachzufolgen, losgelöst und unbeschwert innen und außen, nur strebend nach einem reinen, unvermittelten Rückfluß des ganzen Geistes ohne Unterlaß in seinen Ursprung und Beginn; und so schnell könnte kein Entweichen geschehen, der Grund würde dessen sogleich gewahr und rasch wieder (in den Ursprung) zurückkehren.

Ihr Lieben! Das ist die lauterste Armut: denn der höchste Adel und Armut besteht darin, daß dieser Rückfluß sich ledig, frei und ungehindert vollziehe und (je mehr dies der Fall ist, um so) [6] seliger sind die Armen in Zeit und Ewigkeit.

Die zweite Seligpreisung lautet: „Selig sind die Sanftmütigen. Auf ewig werden sie das Erdreich besitzen." Hier kommt man der Seligkeit einen Schritt näher; mit der wahren Armut nämlich befreit man sich von den Hindernissen, aber mit der Sanftmut dringt man tiefer in den Grund und treibt alle Bitterkeit, allen Zorn, allen Mangel an ruhiger Überlegung aus, wie denn geschrieben steht: „Dem Reinen sind alle Dinge rein"; aber auch dem Sanftmütigen ist kein Ding bitter. Daß dem Guten alle Dinge gut sind, kommt von dem guten, lauteren Grund. Ihr Lieben! Vormals waren es die Heiden, die die Freunde Gottes

[5] Nach Corin, Sermons III, 174, der eine Lücke in Helanders Text ergänzt.
[6] Entsprechend Anm. 5.

marterten, vorbereiteten, reinigten; jetzt aber werden die gutscheinenden Christen das tun, und die Wunden (die diese zufügen) gehen tief; denn es sind unsere Nachbarn. Wendest du
dich Gott zu, so sagen sie, du seiest verwirrt, geistig krank, ein
Sonderling und (alles) sei Trug. Da greift die Sanftmut ein,
weist dich (den rechten Weg) und kehrt zu dir selber in deinen
Grund ein, damit du (die Beschimpfung) als von Gott (zugelassen) nehmest und nicht als von den Menschen kommend
(betrachtest). So bleibst du im wahren Frieden und sagst:
Welchen Schaden kann dir jemand zufügen, wenn du Gott zum
Freund hast? Und so besitzt der Sanftmütige sein Reich, daß er
im Frieden bleibt, was auch auf ihn fallen mag. Handelst du
aber nicht so, dann verlierst du die Tugend (der Sanftmut) und
deinen Frieden dazu und (dein Verhalten) ist dem eines knur-
renden Hundes gleich.

An dritter Stelle sprach unser Herr Christus: „Selig sind
die Weinenden; sie werden getröstet werden." Welches sind die
Weinenden, die er meinte? In einer Hinsicht die Leidenden, in
einer anderen die, welche ihre Sünden beweinen, ohne die edlen
Gottesfreunde (zu nennen), die, was dies betrifft, am seligsten
sind: sie haben ihre Sünden ausgeweint und brauchen darum
keine Tränen mehr zu vergießen. Und doch ist ihr Auge nicht
trocken: sie weinen bitterlich um der Sünden und Mängel ihres
Nächsten willen. Wir lesen, daß unser heiliger Vater Dominikus
einen seiner Begleiter, der bitterlich weinte, fragte, warum er
dies tue? Der antwortete: „Lieber Vater, um meiner Sünden
willen." Dominikus erwiderte: „Nicht doch, die sind gänzlich
durch dein Weinen getilgt. Aber, lieber Sohn (fuhr er fort), ich
bitte dich, für jene zu weinen, die das selber nicht tun wollen."
So weinen die wahren Gottesfreunde über die Blindheit und das
Leid der Sünden dieser Welt und wegen deren Verblendung. Wenn
nämlich Gott sein Urteil und seinen Zorn uns Sünder fühlen
lassen will, wie man das im Hinblick auf schreckliche Sünden
oft gesagt hat, durch Feuer, Wasser, große Finsternisse, starke
Winde, teure Zeiten, so wenden sie Gott Nacht und Tag durch
ihre Tränen davon ab, und er schont (unser), hält inne und
wartet, ob wir uns nicht bessern wollen; und unterlassen wir das,

so warten unser gewiß mehr und schwerere und schädlichere Plagen. Die Wolke ist gerade jetzt über uns, und (deren Unheil) halten die Gottesfreunde mit ihrem Weinen auf. Aber dessen seid sicher: bessern wir uns nicht, so wird sie sich gar furchtbar über uns entladen; dann wird ein solches Treiben und Jagen einsetzen, daß man an den Jüngsten Tag denken wird und soll; und die jetzt in gar großem Frieden leben, werden große Bedrängnisse auszustehen haben; das Wort und der Gottesdienst wird gar selten werden; die einen wird es hier, die anderen dorthin treiben, und man wird nicht wissen, wie das enden soll. Aber der treue Gott wird stets ein Nestlein finden, darin er die Seinen bergen wird.

Christi vierte Seligpreisung lautete: „Selig sind, die hungern nach der Gerechtigkeit." Ihr Lieben! Das ist eine Tugend, die wenige Leute in Wahrheit haben, (derart,) daß all ihre Begierde und ihr Verlangen nichts anderes bezweckt, sucht noch empfindet als Gerechtigkeit. Ein gerechter Mensch läßt dabei weder Gunst und Ungunst gelten, weder zu seinem (eigenen) Nutzen noch dem seiner Freunde; (er blickt) auch nicht auf seine Ehre, nicht auf Lob oder Tadel; er fällt kein unwahrhaftiges Urteil, ihn kümmert nicht Gunst noch Ungunst. Wo man solchen Grund fände, könnte man es loben, denn solche (Menschen) hätten eine kostbare Stufe erreicht, weil ihnen nichts mundete und ihnen nach nichts gelüstete als Gerechtigkeit: diese Menschen dürfte man wohl selig nennen.

Zum fünften sprach Jesus: „Selig sind die Barmherzigen; sie werden Barmherzigkeit finden." Von der Barmherzigkeit sagt man, daß sie bei Gott über allen seinen Werken stehe; darum ist ein barmherziger Mensch ein so recht göttlicher Mensch, denn Barmherzigkeit entsteht aus Liebe und Güte. Darum sind die Gottesfreunde in Wahrheit gar barmherzig und stehen den Sündern und Leidenden vertrauensvoller gegenüber als andere, die die Liebe nicht besitzen. Und da die Barmherzigkeit aus der Liebe entsteht, die wir einander schuldig sind, ein Mensch dem anderen, so wird unser Herr beim letzten Gericht, sind wir nicht barmherzig gewesen, darüber besonders Rechenschaft fordern; und er wird dem, bei welchem er diese notwendige Tugend nicht findet, seine ewige Barmherzigkeit versagen, wie er selber spricht, und wird alle (andere) Vollkommenheit mit Schweigen übergehen und (allein) vermissen, daß man nicht barmherzig gewesen sei. Diese Barmherzigkeit äußert sich nicht allein durch Gaben, sie zeigt sich auch im Hinblick auf all die Leiden, die den Nebenmenschen[7] treffen oder treffen können. Wer diese alle bei ihnen nicht mit rechter Liebe und wahrem Mitleiden ansieht und auf jegliches Leiden und auf ihre Gebrechen nicht mit Barmherzigkeit schaut, der muß sich wohl fürchten, daß ihm Gott seine Barmherzigkeit versagen werde, „denn mit dem Maß, mit dem du missest, wird man dich wieder messen". Darum sehe sich jeder vor, daß er seinen Nebenmenschen nicht verurteile oder verdamme, wenn er selbst nicht verdammt sein will für alle Ewigkeit.

An sechster Stelle spricht Christus von den Friedfertigen: „Selig die Friedfertigen, sie werden Kinder Gottes genannt werden." Die vom wahren Frieden durchdrungenen Menschen sind so liebenswert; den Frieden kann ihnen niemand nehmen, nicht in der Zeit, nicht in der Ewigkeit; denn ihren (eigenen) Willen haben sie ganz dem Willen Gottes unterstellt, in Lieb und Leid, Wohl und Wehe, für Zeit und Ewigkeit; dadurch tun sie ihre Werke und führen so ihr ganzes Leben gänzlich in Gott; (sie leben) nicht in menschlicher, sondern in göttlicher, übernatürlicher Weise. Getauft sind sie in der Kraft des Vaters, der Weisheit des Sohnes, der gütigen Liebe des Heiligen Geistes und so davon durchdrungen, daß ihnen niemand ihren Frieden nehmen kann, ja so durchdrungen, daß sie, wäre es nötig, sie diesem Land ihren, (den wahren) Frieden bringen könnten, so durchflossen sind sie vom Licht der ewigen Weisheit, so voll Liebe; könnten sie sich selber ausströmen, innerlich und äußerlich, in wahrer Liebe zu ihrem Nächsten, sie entflössen sich selbst in rechter überfließender Güte; nichts findet man an ihnen als Güte und Friede, wo man sie auch berührt. Das sind die von Herzen Friedfertigen, denn der Friede, der alle Sinne übersteigt, hat sie so erfaßt, daß ihn niemand ihnen entreißen kann. Mit

---

[7] „ubenden menschen" bei Helander, S. 358 scheint eine Verlesung für „nebenmenschen" zu sein. Vgl. Corin, Sermons III, 178.

Recht werden sie Söhne Gottes geheißen: denn was der ein-
geborene Sohn Gottes von Natur besitzt, wurde ihnen durch
(Gottes) Gnade zuteil; die Friedfertigen werden in der Tat in
Gott und aus Gottes Herzen geboren; dieser (göttliche) Friede
kann nirgendwo anders entstehen, nicht in Übungen, noch in
(besonderen) Weisen, überhaupt in nichts Äußerem; aber die
in solchem Frieden leben, werden große Anfechtungen erleiden
in vielerlei Arten entsprechend den Ansichten der im Äußerlichen (lebenden) Menschen.

Sodann sagte Christus: „Selig sind die reinen Herzen, denn sie
werden Gott schauen." Was ist das, ein reines Herz? Ein Herz,
lauter, ledig, frei von allen Geschöpfen, damit Gott den Grund
ungebunden, unbehindert finde, wenn er dort einziehen will[8].
Die Reinen werden Gott in Wahrheit schauen. Die Reinheit des
Herzens wird getrübt dadurch, daß der Mensch aus eigenem
Antrieb sich den Geschöpfen zuwendet, seine Befriedigung an
ihnen findet und bei ihnen verweilt. Und um so viel, als er in
dem, was Gottes nicht ist, Aufenthalt nimmt und verweilt, um
eben soviel scheidet er sich von Gott und wird Gottes Bild in
ihm verdunkelt, so daß er Gott derweilen in sich selbst nicht
erblicken kann. Die Reinheit des Leibes ist wertvoll für die des
Herzens, wie Sankt Paulus sprach, daß die unverheirateten
Frauen Tag und Nacht den Gedanken haben sollen, daß sie Gott
an und in sich tragen, was *die* nicht können, die einen Gatten
haben. Wie des Leibes Reinheit verlorengeht mit dem äußeren
Verlust der Vollkommenheit des Leibes, so wird die Vollkommenheit des edlen, gottförmigen Geistes zerbrochen und
verloren mit der freiwilligen Vermengung (des Geistes) mit
Dingen, die weder (Gottes) Bild noch seinem Ursprung entsprechen, derart, daß der Geist beladen und verdunkelt wird,
so daß er seinen Ursprung nicht (mehr) zu sehen vermag in
seinem lauteren Grunde. Dazu (aber) ist er (doch) geschaffen
und (aus ihm) ausgeflossen, um ohne Unterlaß wieder in seinen
Ursprung einzufließen, Gott zu schauen mit den Augen seines

---

[8] Hier ist zweimal dasselbe mit fast den gleichen Wörtern gesagt; ich kürze,
da ich die Wiederholung für einen Irrtum des Schreibers halte.

Geistes und seines Gemütes. Die Reinheit verdient darum großes Lob, da sie einen steten, ungehinderten Zugang (zu Gott) hat. Eine Braut Gottes soll sich so verhalten, daß sie in nichts jemandem zu gefallen trachte außer Gott allein, sofern sie seine Braut heißen will.

Die achte Seligkeit besteht darin, daß diejenigen selig genannt werden, die „Bedrückung und Verfolgung leiden um der Gerechtigkeit willen". Niemand vermag das mit Worten auszudrücken noch mit den Sinnen zu deuten oder zu fassen, welch unaussprechliches Gut im Leiden verborgen liegt. Der getreue Gott, der seine Freunde zu so inniger Teilnahme an seiner eigenen Seligkeit erwählt hat, läßt sie, sobald er sieht, daß sie nicht in einer solcher Berufung würdigen Weise leben, diese Weise auf dem Weg über große und heftige Leiden erreichen. Daß sie so die Seligkeit erreichen, ob sie (nun) wollen oder nicht, das ist die unermeßliche Treue Gottes; der Mensch aber sollte Gott außerordentlich dankbar sein, zum Leiden genötigt zu werden. Es sollte in ihm eine große Hoffnung aufkeimen, weil Gott ihm die Ehre zuteil werden ließ, ihm, Gott, zu gleichen und ihm (im Leiden) zu folgen. So sprach Sankt Bernhard: „Ein kleines, mit Geduld ertragenes Leiden ist ungleich viel edler vor Gott als große und zahlreiche Übungen in guten Werken." Und Sankt Thomas sagt: „Es gibt kein noch so kleines äußeres oder inneres Leiden, das nicht ein Nachbild des hohen würdigen Leidens unseres Herrn Jesus Christus wäre." Es ist dem Menschen durchaus möglich, in jeglichem Leiden sich eine ganze Teilhabe am Leiden unsres Herrn zu verdienen. Nun gibt es ein edleres, (Gott) näheres Leiden; denn obgleich dies (von dem ich soeben sprach) unermeßlich nützlich, fruchtbar und wertvoll ist, so ist doch jenes noch wertvoller und edler: es besteht darin, Gott auf innerliche Weise zu erleiden; und so hoch und ferne Gott über den Geschöpfen steht, so erhaben ist dieses Leiden über allem Werk, das man vollbringen kann. Darum sollten wir Gott ganz besonders deshalb lieben, weil er unsere ewige Seligkeit in ein Gott-Leiden gelegt hat. Das Werk (aber) soll Gottes sein und nicht unseres: wir sollen Gott in (uns) aufnehmen. Der Mensch kann von Natur mehr leiden als wirken, mehr nehmen als geben; eine jegliche Gabe bereitet und regt (im Menschen) das Begehren zu tausendfach mehr Gaben an, wollte er sich nur der Ruhe überlassen, sich (innerlich) frei machen und stillhalten und des göttlichen Wirkens in seinem Innern warten, Gott aufnehmen und in sich wirken lassen, damit er sein edles göttliches Werk in ihm vollbringen könne; denn Gott ist reines Wirken und unser Geist in ihm selbst reines Erdulden. Bliebe der Mensch in seinem edlen Stand und hielte er sich ledig und lauter unter Gott, daß Gott sein Werk in ihm vollbringen könnte, so entstände — wäre es Gottes Wille — daraus wundervolle Seligkeit. Daß wir Gott in uns wirken lassen, damit wir sein Werk sich in uns vollenden sehen, dazu helfe *er* uns. AMEN.

Qui mihi ministrat, me sequatur

Wer mir dienen will, der folge mir nach (Joh. 12, 26)

72

Diese Predigt über das Evangelium nach dem heiligen Matthäus
auf den ersten Sonntag nach Allerheiligen spricht von der Um-
schrift auf der Münze, lehrt uns, durch alle Ereignisse zu Gott
aufsteigen, und gibt uns bemerkenswerte Anweisungen darüber,
was uns bei diesem Aufstieg hemmt oder fördert.

UNSER HERR SPRACH: „Wer mir dienen will, folge mir
nach", und: „Wo ich bin, da soll auch mein Diener sein." Diese
Worte sind voll des edlen und reichen Sinnes, und man könnte
über jedes Wort ein Buch schreiben. Aber nehmen wir nur die
letzten Worte: „Wer mir dienen will, folge mir nach", und: „Wo
ich bin, da soll auch mein Diener sein." Diese Worte lassen uns
deutlich erkennen, welches die wahren Diener Gottes sind, die
welche Gott in Wahrheit dienen: das sind die, welche Gott folgen, wohin und auf welche Weise er sie zieht. Gott zieht seine
Diener nicht nur auf *einem* Weg noch durch *ein* Werk, noch auf
eine Art, sondern er zieht sie dahin, wo er ist, das heißt auf alle
Wege, durch alle Werke, auf alle Arten, denn Gott allein ist
in *alle*n Dingen, sofern sie gut sind[1]. *Der* aber dient Gott nicht
eigentlich, der ihm nur in ihm auferlegter Weise dient, sei es
im Chor oder beim Gebet, nach seiner Weise, und sobald ihm

[1] Nach Corin, Wi 2, S. 274, 1 Lesarten u. App. (1). Diese Lesart ist wohl
der Vetters 413, 9 vorzuziehen. Die Hs. Sal und die Drucke, der LT, AT,
lassen die strittige Stelle aus. KT: „in allen dingen, die gut seyn".

diese Weise nicht möglich ist und Gott ihn einen anderen Weg ziehen will, so kehrt er wieder um und verbreitet sich mit seinen Sinnen auf die Dinge, inmitten deren er lebt oder ist; das sind nicht die Diener Gottes; sie kehren sich von Gott ab, dem sie an allen Orten, auf alle Weisen, mit allen Werken dienen sollten. Und da Gott allüberall ist und sie ihm nicht lauter und ausschließlich in den Dingen dienen und ihn nicht innerlich und wahrhaft vor sich haben, und er auch nicht in ihnen ist, darum ergeben sie sich einem ungelassenen Leben, veräußerlichen sich und bringen Werke und Weisen und Orte, Leute und Dinge um ihren Frieden.

Was ist die Ursache, daß diese Menschen sich so zerstreuen und sich berauben? Das ist der Umstand, daß Gott nicht in deinem Grunde gewesen ist, daß du einen erdachten[2] und einen gemachten Gott hast, in deiner Weise, der aber gar nicht seinem Wesen entspricht[3]. Wenn deine Art der Frömmigkeit dir entfällt, verlierst du auch Gottes Gegenwart und bist kein rechter Diener, der ihm folgt. Die andere Ursache besteht darin, daß der Mensch sich in die Dinge ergießt und sich an die heftet, die ihm vor den Sinnen sind; denn wer sich mit den Dingen nicht vermengen will, soll die äußeren, sinnlichen Dinge hinfließen lassen und durch sie hindurchgehen wie durch etwas, was er nicht beachtet; er soll sie nie tiefer in sich hereinlassen, als es die augenblickliche Notdurft erfordert[4], sie nicht festhalten, um bei ihnen zu verweilen oder sich innerlich mit ihnen zu unterhalten, mit ihnen zu sprechen, zu rechnen. Sie sollen für ihn etwas sein, was man für nichts hält, nach dem man nicht verlangt, das man nicht sucht; was kommt, lasse er kommen und handle in allem, als ob er stets spräche: „Gott suche ich, nach Gott verlange ich,

---

[2] Nach Hs. Sal; vgl. Quint, Textbuch, Var. zu Predigt 5, S. 127 zu Z. 29 = Vetter 413, 2.

[3] Nach dem LT u. AT; vgl. Quint, Textbuch, Var. zu Predigt 5, S. 127 zu Z. 30—31 = Vetter 413, 22.

[4] Vgl. die Lesarten zu dieser unklaren Stelle — Vetter 413, 28 — bei Quint, Textbuch, Var. zu Predigt 5, S. 127 zu Z. 37—42, dgl. die bei Corin, Wi 2, zu S. 275, 4—9. Die Übersetzung bedient sich Corins Verbesserungsvorschlages, a. a. O. App. (2).

Gott jage ich nach. Was mir begegnet, Gott mag es lenken, zu gutem Ende führen, und es mag seinen Lauf nehmen. Was könnte mir eine schlimmere Hölle, ein ärgerer Teufel sein, als den nicht zu lieben, dem alle Geschöpfe nachjagen?"

Der Mensch soll mit all seinen Kräften durch alle Vorkommnisse, alle Schicksalsschläge zu Gott hinstreben; er kümmere sich nicht viel um Dinge, die ihn aufhalten könnten, es sei Freud oder Leid. Laß sie dahingleiten, und wolle nicht gerade richten, was dich nichts angeht; sondern folge Gott mit deiner Urteilskraft ohne Sorge und Vorbereitung; die Sinne machen nicht den ganzen Menschen aus; daher kommt, daß der Mensch all seine Handlungen verrichten kann, ohne selbst an ihnen teilzuhaben[5]; so kann er dank dieses Umstandes in der Ungelassenheit der täglichen Geschäfte Gott stets gegenwärtig haben und sich selbst von aller Zerstreuung frei halten. Dazu gelangt man, wenn man sein Herz nicht an die Dinge hängt, sondern rein und ausschließlich auf Gott zuschreitet, ohne Rückweg oder Umweg, ohne den Blick auf Freude oder Nutzen zu richten, auch nicht auf das, was gefällt oder mißfällt, sondern indem man allein und ausschließlich Gott sucht. Packt den Menschen gegen seinen Willen ein anderer Gedanke, dann soll er mit seiner Vernunft sich darüber erheben, sowie er dessen gewahr wird; er wende sein Schifflein mit dem Steuerruder der Urteilskraft[6], da er ja sein Werk auf keinem verkehrten Weg begann. Bleibt der Diener Gottes dabei, so wird nichts von dem, was ihm begegnet an Werken, Weisen, an äußerem Treiben, ihn in die Ungelassenheit führen, und er wird sich niemals durch die Vorkommnisse verwirren lassen, wieviel ihrer auch sein mögen. Und wäre Gott auch nicht in so treuer Weise seinem Geist gegenwärtig, er wäre es doch seinem Grunde, und zwar so nahe und vertraut als nur möglich.

Sowie eigene Fehler oder die Geschöpfe nicht bis in seinen Grund hineinwirken, bringen ihn weder Werke noch Vorkomm-

---

[5] Nach Corin, Wi 2, S. 276, 4—7 unter Heranziehung von Corins App. (2), wo er eine annehmbare Umschreibung zu Vetter 414, 5 gibt.
[6] Vetter 414, 11 unklar. Corin, Wi 2, S. 276, 13—14 bietet eine annehmbare Fassung.

nisse um seinen Frieden; geschieht dies aber dennoch durch eines der Werke oder der Weisen, so soll er fürwahr wissen — sei es von sich selbst, oder bei wem er es findet —, daß es ihm am Grunde gebricht, daß seine Werke nicht recht getan und sein Wirken nicht ganz rein auf Gott gerichtet war. Findet der Mensch aber, daß in ihm Gott nicht allein und ausschließlich ist, so muß er mit all seinen Kräften danach trachten[7], daß Gott ihm zuteil werde, und alles fliehen, was ihn daran hindern kann, es sei, was es sei oder wie es heiße; sonst geht es ihm wie einem Menschen, der einen Pfeil in seinem Leibe stecken hat: man kann ihn nicht herausziehen, ohne ihm großen Schmerz zu bereiten; geschieht aber nichts, und man läßt dem Dinge seinen Lauf, so beginnt die Wunde zu schwären, das Fleisch wird brandig; der Pfeil gehört nicht ins Fleisch.

So auch, wahrhaftig: Ist etwas in dir, das nicht lauter Gott noch dessen Ursache Gott ist, so gehört es nicht in dich. Nimmst du nicht den Schmerz auf dich, wie schlimm er auch sei, so wird (später) ein solcher Schmerz dich heimsuchen, der allen Schmerz und alle Sinne übersteigen wird. Wisse also: dein Geist muß rein[8], frei von allen Bildern und ausschließlich auf Gott gerichtet sein, ihn im Sinn haben und nichts anderes, nicht das Eigene suchen, sondern in all seinem Tun und seiner Art sich so halten, als ob es spräche: „Könnte ich doch, o Gott, etwas dir Liebes tun, irgendwo, bei irgendwem, nach deinem Willen!" Kann der Mensch aber wählen, was ihm das nächste sei zu Gott, so soll er es vorziehen, mit Liebe erfassen und die Flucht ergreifen vor aller Ungelassenheit und sich mit aller Kraft zu sich selber kehren. Der Mensch soll Gott dienen nicht nach seinem Willen, sondern nach Gottes Willen in allen Dingen von innen und außen. Wohin der Mensch geht, was er tut, er hat keine Sicherheit, keine Gewißheit, sobald er Gott nicht in sich hat. Die Schrift sagt: „Weh dem, der allein ist; stürzt er, so nimmt sich seiner niemand an." Hat der Mensch sich aber vorgesehen und die Burg gut besetzt, so können die Feinde sie nicht einnehmen.

[7] Corin, Wi 2, S. 277,11 hat eine bessere Lesart als Vetter 414,22 und die Drucke, der LT, AT, KT.
[8] Übersetzt ist „ledic"; Vetter 414,32: „lidig".

Hat der Mensch Gott wohl in sich gefaßt und als gegenwärtig in sich gezogen, so läßt er sich an kleinen Dingen genügen; alles ist ihm dann gut und genug, wenn auch die Gelassenheit seinem Zustand, seiner Arbeit, seinem Verhältnis zu den Leuten fehlt; ist Gott in dem Menschen, so schreitet der Mensch voran und gelangt zur Tugend eher als (im Zustand der) Gelassenheit, obwohl es der Natur gar schwer ist; er bedarf viel größeren Fleißes und stärkerer Hinwendung seines Seelengrundes. So ist es im Zustand der Gelassenheit nicht: da geht alles von selbst, und der Mensch kann nicht sehen, ob er ein getreuer Diener Gottes sei; geht ihm die gottergebene Gelassenheit ab, so wächst der Mensch mehr und hält sich selbst für viel treuer als in dem Zustand der Fügung in Gottes Willen. Verliert der Mensch sich aber selbst, so soll er es nicht lange dabei belassen, er beschuldige seine Kleinheit und sein Nichts dieses Fehlers und kehre schnell wieder zu Gott zurück, je eher desto besser: dann ist jener Zustand rasch beendet und der Einklang mit Gott wiederhergestellt. Will (aber) der Mensch lange bei seinen Fehlern verweilen und will sehen, wie es dazu gekommen ist und ob es nicht so oder so hätte getan werden müssen, das hält ihn alles in seiner Unordnung fest. Kehre unverzüglich zu Gott zurück, wenn du die Übereinstimmung mit Gott verloren hast. Wie kannst du sie besser wiedererlangen? Wie kann der Mensch sich weiter vom Tod entfernen, als wenn er sich mit dem wahren, wesentlichen Leben vereint? Wie kann ein Mensch sich besser erwärmen, als wenn er sich dem Feuer nähert? Auch soll der Mensch all seine Angelegenheiten Gott übergeben, ihm überlassen und ihm anheimgeben, alles aufs beste zu verrichten, ihm ganz vertrauen und in diesem Vertrauen alles, was kommt, für das beste halten und ganz zufrieden sein.

Will der Mensch aber Gott nicht vertrauen und sich ihm nicht überlassen, wenn er mit den Dingen arbeiten, sorgen und wirken will, so läßt ihn Gott oft in Not geraten, damit er sehe, wie weit er aus eigener Kraft kommen kann; verließe sich jedoch der Mensch in rechtem Vertrauen auf Gott, in allen Dingen, in all seinem Tun: dann sorgte Gott sicherlich nach innen und außen unsagbar besser, als alle Geschöpfe es können; denn Gott ist voll der Gnade und Wahrheit; was man bei ihm im Vertrauen sucht, findet man. Aber das Vertrauen muß aus der Treue kommen, die man darauf wendet, Gott aus Zuneigung und willentlich zu suchen. Dann ist Vertrauen allem überlegen. Wie man Gott nicht zuviel lieben kann, so kann man ihm auch nicht zuviel vertrauen, wenn das Vertrauen aus der Treue entspringt. Diese Lebensweise, in der der Mensch in allen Lagen, Arbeiten und an allen Orten volle Freude und vertrauensvollen Frieden findet, wird nur gelernt und gefunden in der Innerlichkeit, in der Zugekehrtheit des Gemütes zum Grunde, und dazu ist vor allem nötig Entsagung, Muße, (geeignete) Zeit und (günstiger) Ort.

Im Grunde innerlichen Lebens wächst dieser Baum mit all seinen Zweigen und seinen Früchten. Denn durch innere, (dem Grunde) zugewandte Entsagung entdeckt und erkennt der Mensch den Weg und das Verhalten, das zu Gott führt, und es werden erkannt die Wege und die Weisen Gottes zu dem Menschen; je mehr das so ist, um so klarer und wahrer werden diese Wege erkannt. Findet der Mensch an sich selbst oder einem anderen, daß es ihm an dieser Erkenntnis fehlt, so soll er wissen, daß er diesen Weg zu Gott verfehlt hat, daß man ihm weder günstige Zeit noch geeigneten Ort noch die Muße gegeben, daß er selbst von innen nicht gesucht hat. Solche Menschen führen nur scheinbar ein geistliches Leben nach ihren eigenen Vorsätzen; sie wissen gar nicht, woran sie sind, und fühlen und empfinden sie Gott nicht, so lassen sie es dabei bewenden. Sie glauben, ihr eigenes Verhalten sei Gelassenheit, und es ist doch nur sorglose Unachtsamkeit; kommt anderes dazu, so nehmen sie selbst oder etwas des Ihren die Stelle Gottes ein, denn es ist ebenso unmöglich, daß der Mensch Gott in seinem Innern habe und ohne Liebe sei [9], wie daß er ohne Seele lebe, er mag es nun wissen oder nicht.

Und so geht der Mensch durchs Leben in Verblendung, verläßt sich auf seinen geistlichen Stand, in dem er sich befindet,

---

[9] Vgl. Quint, Textbuch, Lesarten, S. 130 zu Zeile 150, wo sich die gute Lesart der Salzburger Hs., der Drucke, LT, BT, findet (Vetter 416, 32).

seine (guten) Werke, die er tut, und beachtet seinen Grund nicht; er glaubt, den rechten Weg gegangen zu sein. Kommt er aber an sein Ende, so führt sein Weg in den ewigen Tod, denn er ist nicht den Weg gegangen, der Christus ist, der von sich selber sagte, er sei der Weg, die Wahrheit und das Leben. „Wer diesen Weg nicht einschlägt, geht in die Irre." Es ist eine große Schmach und Schande, daß ein Mensch so viele andere Dinge kennt, sich selbst aber nicht. Niemand soll sich über sein ewiges Leben Zweifel machen, denn er soll wissen und nicht nur etwas darüber vermuten, wie Gott in ihm ist und wie er zu Gott stehe; und mangelt es ihm an diesem wahren Wissen, so suche er es bei heiligen weisen Leuten, damit er sicheres Wissen und nicht nur eine Vermutung besitze; denn was der Mensch jetzt versäumt, wird ihm nie mehr zuteil: alle Heiligen und alle Geschöpfe könnten ihm — weinten sie auch blutige Tränen — nicht einen Augenblick ewigen Lebens mehr verschaffen, als er hienieden selber verdient hat[10]. Die, welche bereit waren, gingen mit dem Bräutigam zur Hochzeit ein; die sich fertig machen wollten und zu spät kamen, denen sagte er bei seinem Eide in Wahrheit, er kenne sie nicht. Wieso kannte er sie nicht? Ja, unter den Scharen derer, die er als die Seinen kannte, die ihm vertraut sind und ihm nahestanden, erkannte er sie nicht, und wie heftig sie auch klopften, sie kamen nicht zu ihm hinein. Sankt Augustinus sagt: „Nichts ist so sicher wie der Tod, nichts so unsicher wie die Todesstunde", wann der Tod kommt oder wie, die Zeit, die Art des Todes; und darum ist nichts so notwendig, als daß man ohne Unterlaß bereit sei und daß man wisse, wie es um einen steht, und nicht nur eine Vermutung darüber hege.

Darum leben wir in dieser Zeitlichkeit, nicht damit wir irgendwelche Werke tun, sondern um uns dieses Wissen zu erwerben, damit die Werke aus diesem Wissen fließen, wie die Früchte dem Baum entstammen. Darum sollen wir uns in dieser Zeit bemühen, mehr Wissen zu erlangen und (der Wahrheit) näherzukommen; wer sich daher selbst mit Gewalt dazu durch-

---

[10] Quint, Textbuch, S. 131 zu Z. 167 (Vetter 416, 32), wo sich die brauchbare Lesart des LT findet.

gekämpft hat und sich über diese Lebenszeit erheben kann und auf Gottes Willen hin und auf die vertraute Gemeinschaft mit ihm all sein Leben eingestellt hat, den ziehen nicht ab, den zerstreuen und hindern nicht die Dinge, die da in der Zeit sind und die das Leben ihm zuträgt. Denn je stärker und innerlicher des Menschen Grund an Gott geheftet ist, um so friedvoller, geordneter und gleichmäßiger ist der Mensch in all seinem Tun, um so mehr vermag er seinen Gleichmut zu bewahren; das aber ist das Zeichen eines guten Menschen, daß all sein Tun so ist, wie er es in *der* Stunde haben möchte, da sein Leib in die Erde gesenkt wird, damit die Seele in der unergründlichen Gottheit begraben werde. Darum allein sind wir in diesem Leben; versäumen wir uns in dieser Hinsicht, so ist jenes Gut uns für ewig verloren.

Wessen die Umschrift auf der Münze ist, dem gibt man sie ohne Widerspruch: es sei Gott oder die Geschöpfe. Darum blicke jeder täglich und oft in seinen Grund, wessen die Überschrift sei, was von ihm am meisten geliebt, verlangt und gesucht sei, was ihn am allermeisten zu trösten, erfreuen, bewegen vermag, was sein Inneres am häufigsten und am meisten beschäftige, wie lieb ihm Gott sei und alle göttlichen Dinge, Gottes Freunde, Gottesdienst, oder was dazu gehört, was er im Hinblick auf sie empfinde, wie sein Seelengrund zu Gott gewandt sei, wohin sein Wille gehe, die Ausrichtung seines Lebens und seines Wandels, seine Worte und Werke und wie er sich selbst zu sich selber verhalte: ob ihm nicht mehr gefalle und erfreue, nach innen und außen, seine Lust, sein Nutzen und Trost, seine Ehre, sein Vorteil, seine Freunde, sein Besitz und seine Bequemlichkeit, mehr als die göttlichen Dinge.

Wer diese Dinge gründlich durchdenkt in rechter Einsicht, gewinnt ein Wissen in großer, demütiger Zuversicht darüber, wo er hingehört, was seine Umschrift sei: was der Grund seiner Gesinnung sei im Grunde seiner Seele. Denn seid sicher: ist in des Menschen Grund etwas, ein einzig Ding, das nicht wahrhaft Gott oder dessen wahre Ursache nicht Gott ist, du seiest es selber oder was sonst und wie unbedeutend das sei, so wird Gott nie dein von Grund aus; und vergössest du darum so viele Tränen als Wasser im Meer ist, es hülfe dir nichts, du müßtest das ewige Gut entbehren, eine Ewigkeit lang. Womit beschäftigen sich die Menschen und wieso schauen sie nicht in die Ecken und Winkel ihrer Natur, die so gar heimlich mit den Dingen und mit sich selbst verhaftet ist und das Ihre in allen Dingen bei Gott sucht und an den Geschöpfen und immer wieder gebeugt ist auf das Ihre und auf sich selber? Der Mensch sollte ohne Unterlaß gar sehr eilen, denn wir haben keine Zeit, wie Sankt Paulus sagt. Wo (auch nur) etwas von Gott ist, wie wenig es auch sei, darin steckt mehr Wert als in allem, was unter Gott steht, je mehr, desto näher Gott.

Daß wir alle Gott so dienen und ihm folgen, um dahin kommen zu können, wo er ist, dazu helfe er uns selber. AMEN.

Ecce, prandium meum paravi
Siehe, mein Mahl ist bereitet (Matth. 22, 4)

73

HEUTE BEGEHT MAN den Tag der edlen Jungfrau Cordula. Sie wurde ihrer eigenen Schwachheit überlassen; und sie stieg hinab, tiefer als all ihre Gefährtinnen, auf die unterste Stufe menschlicher Furcht. Sie wäre (gerne) geflohen; und doch ist zu beachten, daß sie eben dadurch auf die oberste Stufe über alle anderen gelangte. Denn alle die Todesarten, das vergossene Blut, die Knüttel und Keulenschläge, die Wunden, die feindseligen Gesichter der bösen Menschen, das alles ging ihr durch Herz und Einbildungskraft hindurch, und sie starb mit jeder einzelnen ihrer Gefährtinnen in ihrem Gemüt einen eigenen Tod. Sie erlitt mehrfachen Tod, während die anderen nur je den einen starben; danach ergab sie sich willig ganz in die Gewalt ihrer Feinde und empfing den Todesstreich.

Meine gar lieben Schwestern! Hier müssen wir gar sehr die über alle Wunder hinausgehende Treue Gottes beachten und die geheimnisvollen Wege, auf denen Gott den Menschen zu sich zieht, die bewundernswerte Weise, in dem er ihn zu den höchsten Dingen gelangen läßt auf unerforschbare Weise und auf geheimnisvollen Wegen. Gott überläßt den Menschen oft sich selbst in großen und schrecklichen Versuchungen, in großer Not und Drangsal, in menschlicher Schwäche. Wollte der Mensch Gott auf diesem Weg folgen, auf ihn achten, er führte ihn zweifellos, wenn der Mensch dazu Fleiß und Ernst aufwenden wollte, tausend Stufen höher mittels des Kampfes und der Schwäche. Beachtete der Mensch die göttliche Hilfe und gedächte ihrer, traute Gott und verzweifelte nicht an ihm und fiele auch nicht in unrechte Freiheit, so könnten die Anfechtungen nie so böse, so schwer, so groß sein — sie vermöchten ihm nichts anzutun.

Im Evangelium vom Tag liest man, wie ein König seinem Sohn ein Hochzeitsfest ausrichtete und wie viele Leute da zu Tische geladen waren. Dieser König ist der himmlische Vater, der Bräutigam unser Herr Jesus Christus. Die Braut, das sind wir, deine und meine Seele; wir alle sind gerufen und geladen, und alle Dinge sind zum Mahl bereit, zur Vereinigung Gottes mit der liebenden Seele, seiner Braut. Das ist so unaussprechlich, und die Liebe ist so nahe, so innerlich, so vertraut, so freundlich und liebreich, daß das alle Verstandeskraft übertrifft. Die so sehr gelehrten Meister von Paris können mit all ihrem Scharfsinn nicht zu dieser Liebe gelangen; wollten sie darüber sprechen, so müßten sie verstummen, und je mehr sie darüber sprechen wollten, um so weniger könnten sie es und um so weniger verstünden sie diese Liebe. Nicht nur ihre natürlichen Mittel versagten hier, sondern auch aller Reichtum der Gnade; auch nicht die Hilfe aller Engel und aller Heiligen könnte ihnen ermöglichen, diese Liebe in Worte zu fassen. Aber ein schlichter Mensch, der sich Gott gelassen hat in Demut, empfindet und fühlt etwas davon in seinem inneren Grunde; zu begreifen freilich vermag er es doch nicht, er kann es nicht, auf keine Weise, in Worte bringen, denn es geht über das Begreifen jeglichen Geschöpfes hinaus.

Diese Braut soll man vorbereiten, wie man es bei einer irdischen[1] Braut tut. Man soll sie waschen, ihr neue Kleider anlegen, sie mit jeglichem Schmuck zieren und die alten Kleider wegwerfen, selbst wenn sie noch gut sind; versteht, was „waschen" hier bedeutet: die Reinigung von Sünden und Fehlern; das Entkleiden bezieht sich, in einem gröberen Sinn, auf den alten Menschen, alle Untugenden, seine alten Sitten und Gewohnheiten; die neuen Kleider, das sind neue Tugenden,

---

[1] Da die Lesung bei Vetter 432, 11 keinen befriedigenden Sinn gibt, ist die Verbesserung Corins, Sermons III, 196, Anm. 2 benutzt worden.

ein himmlisches, göttliches Leben, der neue Mensch, der nach Christus gebildet ist. Nun zur Bedeutung in einem feineren Sinn: wenn man die guten Kleider, weil sie alt sind, der Braut auszieht, wenn man der göttlichen Braut diese alten Kleider, die geringeren Tugenden und Verhaltensweisen, weil sie alt sind, ausziehen soll und ihr andere von höherer Art anziehen und wenn man spräche — ich tue das nicht —, man solle der Tugenden entkleidet werden und über die Tugenden hinauskommen, könnte man da irgendwie verhüten, daß dieses „über die Tugenden hinauskommen" zu Unrecht gesagt würde? Ja und auch nein! Niemand soll noch kann (in *dem* Sinn) über die Tugenden hinauskommen, daß er sie nicht lieben noch üben oder haben solle.

Doch ist auch folgendes richtig: ein Mensch, der von Gott entrückt wird, übt sich währenddessen nicht in den Werken der Tugend, nicht in Geduld noch in Barmherzigkeit und dergleichen mehr. Kommt er aber wieder zu sich selbst, so muß er alle Tugenden üben, so wie die Umstände es verlangen. Aber noch in einem anderen Sinn kann man der Tugenden entkleidet werden. Ein Mensch möchte dies oder das von Gott haben. Er wollte gerne so arm sein, daß er nicht zwei Nächte am gleichen Ort zubringen könnte; er wollte gerne alles erkennen und großen Trost von Gott empfangen und empfinden und vertrauten Umgang mit Gott haben, und daß ihm geschähe wie diesem oder jenem. Von dem allem soll man entkleidet werden, sich dem wohlgefälligsten, liebsten Willen Gottes in rechter Gelassenheit anheimgeben, wie Gott es will. So soll man sich ihm überlassen und entkleiden von allem, wie gut es dir scheine oder sei, und in den göttlichen Willen einsinken. Wie gut dies auch sei, der Mensch hat eine verborgene Unart in sich, die alles Gute in ihm verdirbt und vernichtet, ganz so, wie wenn einer eine ausgesuchte gute Speise in eine unsaubere Schüssel täte oder guten Wein in ein unsauberes Faß. Der getreue, liebreiche Gott erkennt das und läßt Ereignisse über den Menschen kommen, die dieser weder anstrebte noch herbeiführen will, damit er lerne, sich zu lassen, und die böse Unart überwinde; da ist ihm die Entkleidung oft ungleich besser, als wenn er reich gekleidet wäre.

Ach, ihr Lieben, wer seines Grundes wahrnähme, was in ihm ist, und seiner Unart, wer sich ließe und Gott folgte, wie und in welcher Weise und auf welchen Wegen der ihn ziehen wollte, der käme bald durch alle Prüfungen durch und nähme alles von Gott, was von außen oder innen auf ihn fiele, und nähme das verborgene Urteil Gottes und seine Verhängnisse mit Dankbarkeit an. So fremdartig und widerwärtig dies auch schiene, so wirst du doch auf diesem Weg besser gekleidet als mit den erhabensten Übungen, mit deren Hilfe du große Dinge zu schaffen wähntest. So sprechen manche: „Ach, Herr, ich hätte mich gerne selbst in der Gewalt und hätte gerne inneren Frieden und möchte, daß mir so wäre wie diesem oder jenem." Nein, es soll anders sein. Du mußt entkleidet, du mußt auf dein Nichts gewiesen werden und sehen, was in dir verborgen und verdeckt liegt. Bleib bei dir selber!

Ich fragte einen hohen, edlen, ganz heiligen Menschen, was der höchste Gegenstand seiner Betrachtung sei. Er antwortete: „Die Sünde, und so komme ich zu meinem Gott"; er hatte durchaus recht. So laß Gott und alle Geschöpfe dich auf deine Sünde verweisen, und verurteile dich selbst; so wirst du, nach Sankt Paulus' Wort, nicht von Gott verurteilt. Das soll in der Wahrheit geschehen, ohne alle Verstellung, nicht mit gemachter Demut, denn diese ist eine Schwester der Hoffart. Das soll in dem Grunde geschehen, und zwar ohne Erregung, als ob man sich den Kopf zerbrechen sollte, sondern mit stiller, besonnener, gelassener Unterworfenheit in demütiger Furcht Gottes leg ihm deinen bösen, (von deinem Selbst) besetzten Grund vor, in herzlichem Gebet, das im Geist geschieht: so suche ihn; gehst du andere Wege, es hilft dir nichts. Richte dich nicht nach diesem oder jenem; das wäre völlige Blindheit.

So verschieden die Menschen sind, so verschieden sind auch ihre Wege zu Gott: was dem einen Menschen Leben bedeutet, ist für den anderen Tod. Und nach dem, was Beschaffenheit und Natur eines Menschen ist, richtet sich oft die Gnade, die sie empfangen; darum blicke nicht auf das Verhalten der Leute; auf ihre Tugenden magst du wohl schauen, die sie besitzen: es sei

Demut, Sanftmut und dergleichen. Was[2] dein eigenes Verhalten betrifft, so richte dich nach deiner Berufung; darum mußt du vor allen Dingen darauf sehen, wozu Gott dich berufen hat, und dem folgen. Nähmest du Gottes Ruf mit Eifer wahr, so wäre er dir bald so klar und läge so offen vor dir wie deine Hand.

Nun aber bleibt ihr nicht bei euch selber und suchet eure Berufung nicht getreulich von innen her bei Gott; ihr seht alles von außen; und so bleibt euch Gott und ihr euch selbst in Wahrheit unbekannt und ihr lauft auf die gleiche Weise durch zwanzig, dreißig und mehr Jahre, die ganze Zeit, während welcher ihr ein geistliches Leben geführt zu haben scheint. Und eurem Ziele seid ihr nicht näher oder ferner als am ersten Tag. Das ist doch wahrlich ein Jammer! Also beachtet das Unkraut in euch, und das vernichtet, nicht aber eure Natur. Weil ihr das nicht tut, geschieht es, daß ihr in einer Stunde verliert, was ihr in eines Jahres Arbeit gesammelt habt, durch Worte und Werke, die aus dem bösem Unkraut hervorwachsen, das im Grunde geblieben ist. Solange als euch die mannigfachen Vorhaben und Arten (eures geistlichen Lebens) nach eurem eigenen Willen beherrschen und ihr darin gekleidet seid, kann der Bräutigam euch nicht nach seinem Willen kleiden. Achtet auf keine Art, auf kein Tun als nur auf seinen göttlichen Willen. Wäre ich den anderen gefolgt, ich lebte schon lange nicht mehr. Verlangt nach Gott, und liebt ihn von Grund auf und seine Ehre und nicht die eure, in keinen Dingen, auch nicht Lust oder Nutzen. Gebt euch gefangen der göttlichen Finsternis, der Unerkenntlichkeit des verborgenen Abgrundes, laßt euch auf *die* Weise führen, die *ihm* gefällt: so wird er euch köstlicher mit sich selbst bekleiden in wunderbarer[3] Weise, so wie kein Auge es je gesehen, kein Ohr gehört, in keines Menschen Herz je gedrungen ist. Daß dies uns allen zuteil werde, dazu helfe uns der liebreiche Gott durch sich selbst. AMEN.

[2] Eine Veränderung der Zeichensetzung bei Vetter 433, 33 ergibt die von Corin, Sermons III, 199 gebotene Lesart.
[3] Nach dem KT, vgl. Corin, Sermons III, 200, Anm. 4. Doch scheint auch Vetters Lesung, 439, 15 „wunnenklicher" denkbar.

Ecce, prandium meum paravi
Siehe, mein Mahl ist bereitet (Matth. 22, 4 f.)

74

*Diese Predigt aus dem Evangelium des heiligen Matthäus auf
den zwanzigsten Sonntag (nach Dreifaltigkeit) spricht uns von
einem Mann, der kein hochzeitliches Gewand anhatte. Sie sagt,
wie Gott uns gerne die schädlichen Wurzeln unserer bösen Neigungen kennen lassen würde, um sie auszureißen.*

GESTERN WURDE EUCH GESAGT, daß man im Evangelium
dieses Wort des Herrn liest: „Sehet, mein Mahl ist bereitet,
kommet, die ihr zur Hochzeit geladen seid", und wir haben von
dieser Hochzeit, die der König bereitet hatte, gesprochen; wir
sagten, wie die Braut ihre alten Kleider ablegen muß, damit sie
ganz neu gekleidet und geschmückt werden könne, und wie Gott
alle Dinge darum gibt, nimmt, gestattet und verhängt, damit
diese liebliche Braut entkleidet werde und er sie in edler und
wonniger Art wieder kleiden könne mit rechten göttlichen Braut-
kleidern; und es wäre uns gar sehr und ungleich nötiger, daß wir
entkleidet würden als gekleidet; denn hätten wir unsere alten
Kleider abgelegt und wären bereit (neue anzulegen), so würde
Gott uns ohne Zweifel in wunderbarer Weise kleiden, denn alle
Dinge sind ganz und gar bereit.

Nun habe ich in der gestrigen Predigt ein Wort gesprochen,
das ihr nicht alle verstanden habt, nämlich daß die Quecke her-
ausmüsse; das meine ich so: wird ein Garten oder Acker gereinigt vom Unkraut, so bleibt da zuweilen ein Würzlein des

Unkrautes im tiefen Boden, das man nicht bemerkt; das Land wird eingesät und geeggt; und soll nun der gute Samen aufgehen, so kommt die böse Frucht, nämlich das böse Unkraut, hervor, das aus den bösen Wurzeln aus dem Grunde hervorwächst, und verdirbt und erstickt das edle, gute Kraut: dieses Unkraut habe ich eine Quecke genannt. Das sind die schlimmen Fehler, die im Grunde liegen; man hat sie nicht getötet, (sondern) die Egge darüber geführt mit Beichte und Buße; man hat den Pflug guter Übungen darüber gehen lassen, aber die Neigung, die böse Wurzel ist im Grunde geblieben, es sei Hoffart oder Unenthaltsamkeit, Haß, Neid und dergleichen; die brechen dann auf, und wenn das göttliche tugendhafte Leben sich an dir zeigen sollte, kommt die böse Frucht, diese schlimme Quecke, und verdirbt die liebreiche Frucht, das liebevolle Leben. Gott (aber) stellt diesem nach mit allem, was er dem Menschen schickt im Geben und Nehmen, damit diese schädliche Wurzel erkannt und ausgerissen werde; dieweil sie drinnen bleibt, findest du keine Ruhe, und wenn du es am wenigsten weißt, so bricht sie ohne allen Zweifel hervor.

Das ist wohl deutlich geworden an manchen großen Menschen und Vätern, die in der Wildnis lebten dreißig oder vierzig Jahre und große Übungen und Werke vornahmen, aber doch dieses böse Unkraut nicht sahen noch ausrissen und zuletzt ganz der Sünde anheimfielen und verdarben. Seht euch also vor, wenn der Grund verwachsen ist mit diesem Unkraut, es bricht, wie lange es auch schlafen mag, zuletzt doch hervor, es sei als Hoffart oder Zorn, als Haß, Selbstliebe oder der Neigung zu fremden Dingen. Dem soll man nachstellen mit allem Eifer und soll, findet man es, mit strengem Urteil es überwinden, mit tiefer Demut, innigem, herzlichem Gebet und Verlangen nach Gott; das suche, und wisse, niemand außer Gott kann dir diese bösen Wurzeln wegnehmen; und verharre dabei, und mache es nicht wie jene Leute, die vom Gebet ganz ablassen, wenn sie nicht die Frucht ihres Gebetes finden. Dieser schlimmen Neigungen wegen soll man stets sich selbst argwöhnisch betrachten, voll der Furcht und mit Aufmerksamkeit auf sich selbst. Denn wenn

569

ihr bei den bösen Neigungen bleibt, dann kommen die bösen Stürme, die wir erwarten, durch die alles durcheinandergeworfen wird. Wie groß (dann auch) Jammer und Not werden wird, der liebevolle Gott findet jeweils ein Nestlein, wo er die Seinen hält und verbirgt. Und auch in der Stunde des Todes werden *die* in Jammer und Not geraten, welche jetzt nicht (auf die verborgenen bösen Neigungen) geachtet haben, wenn der Grund aufgedeckt und dann ohne alle Barmherzigkeit geurteilt werden wird. Darum demütigt euch, betrachtet das in euch wachsende Unkraut in Geduld. Dies sei euer Fegfeuer; haltet euch für das, was ihr seid.

Liebe Schwestern! So klein ist kein Fleckchen, so klein kein (ungeordnetes) Bildchen, das du mit freiem Willen in dich aufgenommen hast und womit du Gott ein Hindernis in dir gewesen bist für sein edles Wirken (in dir) — ich schweige von schweren Sünden —, daß du nicht im Fegfeuer mehr Pein leiden müßtest, als alle Märtyrer je zusammen litten. Statt dann vielleicht im Fegfeuer dreißig oder vierzig Jahre zu leiden, möchtest du zweifelsohne auf diese Art deine Fehler hier ablegen oder in demütiger Weise eine kurze Weile leiden und dir damit auch noch großes wunderbares Gut und ewigen Ruhm erwerben. Nun sagt das Evangelium: „Der König sprach: ‚Rufe die, welche geladen sind zum Hochzeitsfest, meine Ochsen sind geschlachtet, das Geflügel getötet, alles steht bereit.'" Die Leute entschuldigten sich: sie könnten nicht kommen; einer ging in sein Dorf, ein anderer zu seinem Geschäft; einige erschlugen des Königs Knechte; es waren viele gerufen, wenige auserwählt. Das zeigt sich leider in aller Welt, unter geistlichen und weltlichen Leuten, diese wunderliche Geschäftigkeit und diese Ruhelosigkeit, die die Welt treibt. Der Kopf könnte sich einem drehen, so viel hat man an kostbaren Kleidern, an Speisen, an Bauten, daß man mit der Hälfte reichlich auskäme. Und doch sollte dieses Leben nur ein Durchgang zur Ewigkeit sein, und man sollte nur so viel haben, daß Leib und Seele zusammenbleiben könnten. Ein Mensch sollte lieber Hungers sterben, als sich all diese Sorgen zu machen.

Meine Lieben! Seht euch vor, euch, die Gott gerufen hat weg

von der falschen Welt, um ihm zu dienen. Wir sollen uns mit aller Kraft abkehren von aller wertlosen Geschäftigkeit, Zerstreuung und dem, was nicht zur baren Notdurft gehört, und uns zu uns selbst kehren und unseres Rufes harren, wie, wo und in welcher Weise uns Gott gerufen hat: den einen zu innerem Schauen, den anderen zur Wirksamkeit, den dritten weit über diese beiden hinaus zu liebevollem, innerlichem Rasten, um in stiller Schweigsamkeit dem göttlichen Dunkel anzuhangen, in der Einheit des Geistes. Und auch diesen ruft er zuweilen zu äußerer Tätigkeit oder zu innerlichem Leben, wie es ihm gefällt. Aber der Mensch achtet des göttlichen Rufes nicht: will ihn Gott für ein Leben der Innerlichkeit haben, so kehrt er sich nach außen; und will Gott ihn für eine äußere Wirksamkeit haben, so möchte er ein Leben der Innerlichkeit führen: und so wird gar nichts daraus. Bliebe der Mensch bei sich selber und nähme Gottes Wille in sich wahr und hätte Gott ausschließlich im Sinn und sonst nichts, so würde ihm Gott seinen Willen anzeigen, so deutlich wie sonst nichts, wenn du nur dich Gott gegenüber stets gleich verhieltest. Und wollte ein Mensch, der zum edlen, stillen Schweigen in das göttliche Dunkel geworfen wurde, ganz ohne Liebestätigkeit bleiben — wo doch heute nur wenige besondere Liebeswerke tun wollen —, so wäre das nicht recht. Fügt es sich und fällt es ihm zu, so soll er in Liebe Liebeswerke verrichten, und zwar indem er von sich selbst absieht, nicht in der überkommenen Weise mit Lust und Befriedigung (für uns selbst), wie manche Leute Liebeswerke zu tun pflegen, sondern es soll aus Liebe geschehen, aus Loslösung (von der Welt), aus Flucht in die Entsagung; denn wer seine Wirksamkeit in Loslösung ausübt, dem dünkt alles, womit er umgeht, eine Zerstreuung, denn niemand kennt sie besser, als wer in der Abgeschiedenheit (von allem Äußeren) lebt.

Man sollte alle Zerstreuung fliehen, auch gute, ehrsame Gesellschaft, das sind die „Kundigen!" Wenn sie beieinandersitzen, reden sie von vielen Dingen: das tut diese und das tat jene; und das sollte so und so sein. Kannst du dich davon nicht fernhalten, so kehre dich mit aller Kraft (von dem Gerede) ab, oder du wirst verbildet und von deinem auf Gott gerichteten Leben ab-

gezogen. Und hast du dich nun in Liebeswerken geübt, in geordneter Weise, dann lenke deinen Blick in dich selbst, und eile
dich, in die innere Ruhe und den Verzicht (auf eigene Tätigkeit)
zu gelangen. Findest du diesen Verzicht nicht sogleich, so sollst
oder magst du dich einem inneren Werk zuwenden.

Betrachten wir also die unaussprechliche Güte Gottes, die sich
gewaltig gezeigt hat an seinem wunderbaren Ausströmen an den
Menschen selbst in mancher Weise, an allen Menschen und an
den liebevollen Werken seiner Menschheit, an seinem Leiden
und Tode und an seinen Heiligen. In dergleichen Betrachtungen
flieht der Mensch in Gott hinein in großer Liebe und Dankbarkeit; das ist sehr nützlich; oder aber wir erkennen unsere Fehler.
Und wenn dies auch gut ist und sehr (zu Gott) hinzieht, so ist
es doch dem (inneren Weg) des Schweigens und Ruhens sowenig
zu vergleichen wie ein inneres Werk einem äußeren. Und in dem
inneren Werk irren manche Leute ebenso wie in dem äußeren;
zuerst, indem sie die Bilder und Formen (dieser Betrachtungen)
in sich hineinziehen, denn all diese Betrachtungen geschehen
in Bildern und Formen; hat nun der Mensch in seinem Inneren
irgendeine Tätigkeit, so läuft das alles zuweilen so gut ab, daß
er sich selbst darin mit Lust und Befriedigung bewegt, und so
kann er auf diese Weise nicht zur geistlichen Armut gelangen,
sondern er klebt an dem angenehmen Gefühl wie der Bär am
süßen Honig; und dabei bleibt es dann. Und das sollte doch
nur ein Weg zu dem edlen, lauteren Gut sein, diese Menschen
sollten nicht daran hangen und haftenbleiben, nicht des Ihren
suchen noch im Sinn haben, sondern nur Gottes Ehre und Willen,
damit ihnen nicht geschehe wie einem Knecht, den der Herr über
ein großes Gut gesetzt hatte und der fand, daß jener Knecht
das Gut in unrechtmäßiger Weise sich aneignete und zu seinem
eigenen Nutzen damit verfuhr: der Herr nähme ihm all das
Gut ab und ließe ihn aufhängen.

Aus diesen beiden Arten von Werk, der äußeren und der
inneren, wird, wenn sie in guter Ordnung gewirkt werden, das
edle, lautere Gut geboren, die innere Ruhe, durch die man über
das Verstummen aller Bilder und Formen in das göttliche
Dunkel gelangt, wo man in Ruhe verharrt und Gott verkostet.

Im Alten und im Neuen Testament ist davon die Rede: so wurde Moses in das (göttliche) Dunkel geführt, und im dritten Buch der Könige lesen wir (über die Vision des Elias), wie zuvor aller Art Stürme vorbeibrausten, in denen der Herr nicht war, und wie er schließlich in einem sanften Raunen (des Windes) kam, das einem Flüstern glich. Man liest auch: „In der Mitte der Stille, als alles von tiefstem Schweigen und dunkelster Nacht umhüllt war, kam, o Herr, dein allmächtiges Wort aus der Höhe, vom königlichen Stuhl." Dieser edlen Stille sollen alle Übungen (der Frömmigkeit), alle Werke dienen, nicht sie stören, sondern stärken.

Auch hierin gehen etliche in die Irre. Sie schlagen diesen Weg ein mit ihrer natürlichen Art zu ruhen und betrachten dies als Gegenstand ihres natürlichen Wohlgefallens; davor soll man sich hüten und sich mit liebevoller Furcht in unterwürfiger Demut halten, in der Nichtachtung seiner selbst, allerwege argwöhnisch gegen sich selbst sein wie auf all den anderen (Stufen des geistigen Lebens)[1], die vorangegangen sind, und gar eilig zu Gott fliehen, daß er mit starker Hand die Angst tragen helfe, die man verspürt, wenn es sein Wille ist.

Aber die Drangsal und die Unruhe, die der Mensch hat, (eigener Tätigkeit) zu entsagen und schlicht (zu bleiben), das ist sein Fegfeuer, und er wird auf diese Weise geläutert und noch mehr bereitet. Auch falls der Mensch sich der äußeren Mannigfaltigkeit in der Übung der Liebeswerke nicht so schnell entziehen kann, braucht er darum nicht zu erschrecken. Wenn die Liebeswerke aus wahrer göttlicher Liebe hervorgangen sind, so vollbringt der liebreiche Gott das Versäumte und ersetzt es binnen kurzem, da er nicht vieler Zeit zu seinen Werken bedarf. Kehre dich schnell mit ganzem, wahrem Gemüt in den innerlichen Grund, mit der Schnelligkeit eines Augenblicks; und bietet sich das Namenlose in der Seele dar, so stellt sich alles, was einen Namen in dem Namenlosen, in Gott, hat, ein. Darin ist alles in entsprechender Weise eingeschlossen, was Namen besitzt.

[1] Die Auffassung Corins von dieser Stelle (Vetter 401, 36) — s. Sermons III, 208 oben — dürfte vor der Lehmanns 2, 211: „wie alle anderen es gemacht haben, die voraufgegangen sind", den Vorzug verdienen.

Kann der Mensch nun nicht sogleich zu diesem Verzicht (auf
eigenes Tun) gelangen, so mag er den Weg des inneren Werkes
für kurze Weile und in geordneter Weise einschlagen; das ist
ihm vielleicht nützlicher; jener Weg aber wäre der edlere. Hat
der Mensch Gott in lauterer Weise im Sinn und nicht sich selbst,
so wird ihn Gott ohne Zweifel nicht in Irrtum fallen lassen,
welchen Weg er auch einschlägt.

Die guten Menschen, die davon hören, wollen nun sogleich
damit beginnen; denn allezeit anzufangen, bedeutet ihnen Leben
und entspricht ihrem Wesen. Die Vernünftler aber ziehen dies
alles in ihre Art mit hinein und eignen es sich an mit der Behen-
digkeit ihrer Vernunft. Kommt aber für sie die Todesstunde,
so finden sie Gott nicht in ihrem Grunde und kommen in große
Not; haben sie nicht im Glauben geirrt und sind sie ohne schwere
Sünde geblieben, so müssen sie doch mit den groben Sündern in
das Fegefeuer; ist dem aber nicht so, so müssen sie für alle
Ewigkeit in der Hölle brennen.

Laßt uns jetzt sehen, wie der Herr sein Hochzeitsfest bereitet
hat. „Seine Ochsen sind geschlachtet": darunter kann man die
äußeren Werke verstehen. „Sein Geflügel ist getötet": dabei
mag man an die inneren Werke der Beschaulichkeit denken. Und
das Fest versinnbildet die innerliche Ruhe, in der man sich
wirkend[2] und verkostend verhält, wie (ja auch) Gott sich selbst
in wirkender Weise verkostet, und wo der königliche Herr alle
Stunde kommt, das Fest zu besehen.

Nun berichtet die Schrift, wie der Herr dort einen Gast
sitzen fand, der kein festliches Gewand anhatte, und ihn fragte,
wie er ohne das Festkleid hereingekommen sei: er hieß ihm
Hände und Füße binden und ihn in die äußerste Finsternis
werfen. Dieses hochzeitliche Gewand, das jenem fehlte, das ist
wahre göttliche Liebe und wahrhaftiges Gottsuchen: das schließt
die Liebe zu sich selbst und zu gottfremden Dingen aus und
alles, was nicht auf Gott gerichtet ist. Nun gibt es welche, die
sich (diesen Zustand der Seele) deshalb zusprechen, weil sie

---

[2] Statt der Lesart der ehemaligen Straßburger Hs. A 89, die „wúrdeclichen"
hat (Vetter 402, 26), empfiehlt sich die Lesung der Hs. F 1, die „wirklichen"
schreibt.

ihn verstehen und von ihm gehört oder gelesen haben; sie „besitzen" ihn, so wie man die Dinge mit der Vernunft besitzt, aber nicht wie das, was man wirklich erworben hat; er ist in ihrem Wissen, aber nicht in ihrem Wesen; ihre Liebe und ihr Streben gehören nicht lauter und ungeteilt Gott in dem Grunde, sondern sie suchen sich selbst. Zu denen spricht unser Herr: „Freund, wie bist du hier hereingekommen ohne das Kleid der wahren Liebe?" Sie waren mehr auf Gottes Gaben aus als auf Gott selbst. Der Mensch soll alle Gaben Gottes wohl nutzen, genießen aber nur Gott allein; und darum soll man ihm Hände und Füße binden, das heißt alle Kräfte und alle Vermögen, und ihn hinauswerfen in die äußerste Finsternis: da wird er weinen und mit den Zähnen klappern. Ach, liebe Schwestern, verlanget und liebet Gott in lauterer Weise, damit ihr nicht hinausgeworfen werdet in die wahre Finsternis.

Daß uns der ewige Gott in das wahre Licht führe, dazu helfe er uns. AMEN.

75

*Diese Predigt über die Epistel aus dem Brief des heiligen Paulus
auf den einundzwanzigsten Sonntag (nach Dreifaltigkeit) spricht
vom großen Nutzen der Versuchungen und davon, wie man sich
gegen sie waffnen soll; und welches der Schild und der Panzer
ist und wie man mit dem Wort Gottes als dem Schwerte fechten
solle.*

DER LIEBENSWERTE SANKT PAULUS sagt in der Briefstelle vom heutigen Tag: „Brüder, seid stark im Herrn durch
seine mächtige Kraft. Legt an die Waffenrüstung Gottes, damit
ihr den Ränken des Teufels widerstehen könnt. Unser Kampf
gilt nicht Fleisch und Blut, sondern den Mächten und Gewalten,
den finsteren Weltherrschern und den bösen Geistern in den
Himmelshöhen. Legt darum an die Waffenrüstung Gottes. Nur
so könnt ihr am bösen Tag Widerstand leisten und, alles nieder-
kämpfend, das Feld behaupten."

Wie wir gestern hier sagten, muß die Braut aller Dinge entkleidet werden; jetzt (sprechen wir davon), daß sie neue Kleider
anlegen soll. Aber sie sieht, daß das, was der Bräutigam von ihr
zu tun und zu lassen begehrt, so groß sei, daß es ihr unmöglich
sei (seinen Wunsch zu erfüllen). Und davon befällt sie eine so
große Traurigkeit und ein natürlicher Zweifel. Hierzu gibt ihr
Sankt Paulus einen guten Rat, indem er spricht: „Conforta-
mini — Seid stark im Herrn"; was ihr nicht in euch vermögt,

das vermögt ihr in ihm. Senket euch in ihn, und überlaßt euer Tun ihm, so vermöget ihr alle Dinge. Suchet diese Kraft in seiner Herrschaft, in seiner Macht, in seiner Menschheit; er kann alles; suchet diese Kraft in ihm, innerlich von Grund aus, in Beständigkeit. Nimm von ihm entgegen all dein Vermögen und deine Kraft, in dem Herrn, in der Stärke seiner Kraft. Da aber Gott jetzt seine allvermögende Kraft verbirgt, da er schweigt und in Geduld zusieht, benehmen die Menschen sich, als ob sie selber Gott sein wollten, als ob sie keine andere Gewalt noch Herrschaft kennten, denn die ihre. Ein jeder verhält sich so in seinem Tun nach all seinem Vermögen, Geistliche und Weltliche, die einen mehr als die anderen. Seid dessen sicher, Gott wird nicht allerwege schweigen und seine Gewalt verbergen!

Dann sprach Sankt Paulus: „Legt an die Waffenrüstung Gottes!" Damit will er die Menschen warnen und zum Streit mahnen. Wißt ihr auch, welches diese Waffen sind, die der Bräutigam der Braut selbst verfertigt und übergeben hat? Das ist eine große und würdige Sache, daß sie in seinen Waffen streiten darf. Welches sind seine Waffen? Sie sind in den Werken bezeichnet: „Lernet von mir, denn ich bin sanftmütig und demütig von Herzen!" Nichts hat die Braut so nötig, als daß sie streiten lerne, denn in der Versuchung lernt sie sich selber kennen, wie sie ist; all den hohen Fürsten, die in der Welt zugrunde gegangen sind, hat es nur an dieser Kunst gefehlt; und daher sind sie, als die Versuchung kam, ihr unterlegen, nachdem sie vierzig oder fünfzig Jahre in Übung großer Dinge verbracht; und doch hatten ihre Tugenden und ihre Frömmigkeit etwas Großes an sich.

In der Versuchung wird man seines Grundes gewahr. Welchen Nutzen haben doch die Versuchungen! Wer das wahrnähme und da hineinblickte, dem wären sie so notwendig wie die Tugenden; und wie wir der Gnaden bedürfen, so auch der Versuchungen. In der Versuchung wird die Tugend erfaßt; in ihr wird sie auch vollendet. Das muß so sein, soll sie Wirksamkeit gewinnen; in all den Lebenslagen, in die der Mensch kommt, innerlich und äußerlich, muß er notgedrungen versucht werden. Ein Lehrmeister sagt: „Sowenig das Fleisch ohne Salz erhalten werden kann, damit es nicht faule, so wenig auch der Mensch ohne Versuchung." Gott kann sich (dem Menschen) ebenso zu eigen geben durch die Versuchung wie durch die Tugend und die heiligen Sakramente. In der Versuchung werden die Flecken und die Wurzeln des Unkrautes erkannt; und diese werden ausgerissen, und Demut wird durch die Furcht Gottes geboren, und man wird dazu ermahnt, zu ihm zu fliehen, Hilfe bei ihm zu suchen und den Kampf ihm zu übertragen.

O ihr Lieben, legt diese edlen Gotteswaffen an, dann werdet ihr ohne allen Zweifel die Versuchungen überwinden. Seid demütig und sanftmütig, beugt euch unter Gott und alle Geschöpfe. Wer diese Waffen angelegt hätte, den könnte weder der Teufel noch ein Mensch, noch irgendein Kampf jemals überwinden, und hätten es alle Geschöpfe geschworen; wer jener Waffen aber entbehrt, der wird ohne Zweifel unterliegen. Zorn widersteht der Sanftmut; er kommt vom Eigensinn, von der Eigenliebe; Hoffart widersteht der Demut und entsteht aus Selbstgefälligkeit und Eigenwille, der sich der Demut widersetzt. Der demütige Mensch hat keinen Eigenwillen und keinen eigenen Kopf: er ist arm im Geist; Gott ist sein Haupt, seine Stütze, sein eigenes Tun.

Meine Lieben! Demütigt euch unter die gewaltige Hand Gottes; dann erhöht er euch; laßt euch von Gott und allen Geschöpfen verurteilen, verurteilt euch mit, beugt euch selbst darnieder, überlaßt euch willig dem Leiden, verleugnet euch in allem, worin ihr euch findet, und flieht zu Gott: ohne Zweifel, es wird mit allen Versuchungen bald ein gutes Ende nehmen.

Ach, wo sind die Waffen der Sanftmut im Menschen! Sagt man einem ein Wort (das ihm etwas mißfällt), sogleich antwortet er mit zehn; stracks fährt das böse Unkraut hervor; der eine erregt sich und knurrt gegen die Bosheit des anderen, so wie wenn zwei Hunde sich anknurren, anbellen und sich beißen; solcher Art besitzt du nicht die Waffen der Demut, du bist wie ein dawider knurrender Hund; du solltest dich freuen und dich für unwürdig halten, denn durch Übung entsteht die Tugend und wird wirksam. Wenn man dich mit Bitterkeit behandelt, solltest du dich in deinen Grund kehren und dich selber für noch weniger halten, als der andere tut. Du sollst des anderen Bitterkeit heilen mit deiner Sanftmut, die Wunden eines anderen Menschen heilen und selbst unverletzt bleiben.

Diese Fehler wie alle anderen soll man durch inniges Gebet überwinden, durch das Gebet des Geistes und durch die Beharrlichkeit in der Wahrheit. Davon sprechend, fragte Petrus, des Gregorius Jünger, (seinen Lehrer) und sprach: „Das ist ein schweres Wort, daß der Mensch allezeit streiten solle." Sankt Gregorius antwortete: „Es ist weder schwer noch angsterregend, wenn der Mensch Kampf und Sieg Gott überläßt und sich geduldig von den feindlichen Geschossen treffen läßt. Und wer diese Waffen der Sanftmut und der Demut besäße, schlüge nicht wieder zurück, sondern kehrte sich zu seinem Grunde und finge die Pfeile in ruhiger, gütiger Verfassung auf. Die liebevollen Schläge träfen bei ihm auf den Schildbuckel des lebendigen Glaubens." Mit diesen Waffen könnt ihr den Nachstellungen des Teufels widerstehen, denn nicht Fleisch und Blut haben wir zu bekämpfen; das sollen sich die Leute merken, die das arme Fleisch martern, aber nicht die böse Sippschaft töten, die im Grunde verborgen liegt. Was hat dir das arme Fleisch getan? Solche Leute benehmen sich, als ob sie mit dem Kopf durch die Wand wollten. Töte die Untugend und nicht das Fleisch; töte den Bock, und laß den Sohn leben.

Sankt Paulus sagte uns dann: „Wir müssen gegen die Fürsten und die Mächtigen streiten, gegen die Herren des Reiches der Finsternis." Das sind die Teufel und auch die Fürsten der Welt: *die* sollten die allerbesten sein und sind leider so recht die Rosse, auf denen die Teufel reiten, um Unfriede und Streit hervorzurufen; sie peinigen die Menschen in Hoffart, mit unrechter Gewalt und mancher Bosheit, wie man in der ganzen Welt sieht. „Und gegen die Herren der Finsternis." Es ist ein Jammer, zu sehen, welch unaussprechliche Finsternis jetzt in der Welt herrscht, bei geistlichen und weltlichen Leuten, daß die Heiden und die Juden nach ihrer natürlichen Einsicht auf ihre Weise ihr Leben viel besser regeln als wir. Und sie sind doch ganz in der Verblendung und in der Finsternis; wir aber haben so viele wunderbare Anweisungen: den heiligen Glauben, das

Evangelium, das Leben Christi und der Heiligen; und doch bleiben wir bei all dem blind, sind voll Eitelkeit und geschöpflicher Bilder und bleiben ganz und gar zurück in Liebe und dem lauteren Verlangen nach Gott: mit blinden, ungläubigen Leuten zusammen werden wir gerichtet werden.

Aber es gibt andere Leute, die die Finsternis dieser Blindheit hinter sich gelassen, sich von sich selbst und von allen Dingen weggekehrt haben in das wahre Licht. In einem stillen Schweigen all ihrer Kräfte sind sie eingesunken und eingeschmolzen in ihren Ursprung. Sie haben sich in das Dunkel der göttlichen Einsamkeit gestürzt, das jenseits alles (menschlichen) Verständnisses ist. Und darin schwingen sie sich in solche Ferne, daß sie in ihrer Vereinigung mit Gott das Bewußtsein des Unterschiedes verlieren; sie verlieren sich selbst und alle Dinge und wissen nur noch um den lauteren, einfachen Gott, in den sie versunken sind. Solange sie in diesem Zustand bleiben, geht alles gut für sie, und sie gehen nicht in die Irre; wenn sie wieder zu ihrer Vernunft zurückkehren, so versteht diese nicht das, was sich ereignet hat. Sie begreift es nicht, denn es ist gänzlich jenseits ihrer Fassungskraft und all ihres Vermögens. Da mischt sich die geistliche Bosheit ein, in Himmelshöhen, das sind spitzfindige Geister, Teufel, die die anderen weit an Scharfsinn und Bosheit übertreffen; sie erkennen, daß diese ganz göttlichen Menschen eines Tages ihren Platz im Himmelreich einnehmen werden; daraus erwächst in ihnen ein gewaltiger Haß, daß sie diese edlen Menschen nie zur Ruhe kommen lassen. So machen sie sie glauben, sie seien selber Gott: das wäre der bedenklichste Sturz; da soll man gar sehr den Glauben zum Schild nehmen und den gar dicht vor sich halten und sehen, daß nur *ein* Gott ist, werden kann und soll; und mit diesem starken Schild des Glaubens fange man die feurigen Pfeile und die Geschosse des Feindes auf. Nehmet euch den Helm des Heiles, gürtet euch, schürzet euch mit der Gerechtigkeit, legt an den Panzer, der aus allen Tugenden gefertigt ist; und nehmt das Schwert des Gotteswortes zur Hand, und schirmt euch tapfer nach allen Seiten, und wehrt euch gegen alle Geschosse und Listen eurer Feinde und all ihre Bosheit, daß ihr in aller Vollkommenheit bestehen könnt an bösen Tagen. Das sind die Tage, denen wir entgegensehen, wo die Säulen der Welt wanken und alles durcheinandergeworfen werden wird.

Jene aber, die so gestritten und gesiegt haben, werden sich in diesem Abgrund in großer Sicherheit befinden, versunken in Gott, frei ihres Selbst und aller Schrecken. Darum begeben sie sich alle Tage in jenen göttlichen Abgrund und ziehen alle die Ihren mit sich, die ihnen besonders anbefohlen sind; diese dürfen nicht glauben, sie seien von jenen vergessen, gewiß nicht, sie treten alle mit ihnen ein, in einem Augenblick, ohne bildhafte Vorstellungen und im Namen der gesamten Christenheit. Dann verlassen sie (jenen Grund) wieder, um sich Liebeswerken zuzuwenden, kommen zurück und schwingen sich hinein und verfließen in dem liebevollen, unergründlichen Abgrund. Und alles, was sie empfangen, tragen sie wieder hinein, maßen sich nichts von allem an, sondern bringen alles in jenen Grund und überlassen alles dem, dessen es ist. Das sind so recht die Säulen, auf denen die Christenheit steht; hielten uns diese Säulen nicht, besäßen wir sie nicht, es könnte uns gar übel ergehen, das sollt ihr wissen. Also, meine Lieben, haltet fest den Schild des heiligen Glaubens, wehrt euch nach allen Seiten mit dem Schwert des heiligen Gotteswortes, und fallt ihr einmal oder werdet aus dem Feld geschlagen, so beginnt von neuem, siebenundsiebzig-, ja tausendmal, ja mehr als man sagen kann, und steht voll in der Wahrheit bis an den ewigen Tag des Heiles. Dazu helfe uns Gott. AMEN.

Oro, fratres, ut caritas vestra magis ac magis abundet
Brüder, so bete ich, eure Liebe möge immer mehr zunehmen
(Phil. 1, 9)

76

Diese Predigt über die angegebene Briefstelle des heiligen Paulus auf den zweiundzwanzigsten Sonntag (nach Dreifaltigkeit) spricht von der großen Frucht der Liebe; sie sagt uns, wie wir aus Liebe die Fehler unseres Nächsten in Güte erdulden und ertragen und wie wir uns selbst, was all unsere Wünsche betrifft, unter den Willen Gottes stellen sollen.

SANKT PAULUS SAGT: „Brüder, ich bitte euch, verhaltet euch so, daß eure Liebe immer mehr wachse und überfließe", und ausführlicher: „Gott ist mein Zeuge, wie ich mich in der innigsten Liebe Christi nach euch allen sehne und euch bitte, daß eure Liebe immer mehr wachse und überfließe in jeglicher Erkenntnis und jeglichem Empfinden, um zu unterscheiden, worauf es ankommt, und daß ihr am Tag Christi lauter und ohne Tadel seid, erfüllt mit der Frucht der Gerechtigkeit, Jesu Christi zu Lobe und zu Ehren." Der Sinn dieser Stelle ist, daß Sankt Paulus mit großem Fleiß und Ernst sagt, daß Gott sein Zeuge sei, wie er sich der Seinen in seinen Gedanken erinnere. Hätten wir Liebe, so sollte uns das gar wunderbar anregen, daß Gottes Freunde so von Grund aus von uns verlangen, wir sollten unsere Dinge in guter Pflichterfüllung vollbringen. Wir sollten ihren Wünschen schon aus diesem Grund Genüge tun, wenn wir wirklich nichts anderes tun wollten. Sankt Paulus sagte: „Ich bitte, daß eure Liebe mehr und mehr wachse und überströme, daß sie aus einer geringeren Liebe zu einer größeren, zu einer vollkommenen werde."

Das edelste und köstlichste Ding, von dem man sprechen kann, ist die Liebe; man kann nichts Nützlicheres lernen. Gott verlangt weder große Vernunft noch tiefe Gedanken, noch große Übungen der Frömmigkeit, wenn man auch gute Übungen nie aufgeben soll. Aber allen Übungen gibt erst die Liebe Wert und Würde. Gott verlangt nur Liebe, denn nach Sankt Paulus' Lehre ist sie „ein Band aller Vollkommenheit". Große Vernunft und Geschicklichkeit besitzen Juden und Heiden (auch), große Werke tun Gerechte und Ungerechte, die Liebe allein trennt den Bösen von dem Guten: denn Gott ist die Liebe, und die in der Liebe wohnen, die wohnen in Gott und Gott in ihnen. Und darum lernt vor allem wahre Liebe; und da uns Gott zuvor so unaussprechlich geliebt hat, so sollten wir ihn doch auch lieben, wie Sankt Augustinus sprach. Dadurch wird unsere Liebe nicht auf einen anderen Weg gelenkt, noch nimmt sie ab, sondern sie wächst und nimmt zu, denn mit Liebe verdient man sich Liebe, und je mehr man liebt, um so mehr vermag und kann man lieben.

Die Liebe kennt zwei Arten der Wirksamkeit: eine innere und eine äußere. Das äußere Werk gilt dem Nächsten, das innere geht unmittelbar auf Gott. Daß diese Liebe recht geübt werde, dazu bedarf der Mensch der Erkenntnisse; davon sagt Sankt Paulus: „daß eure Liebe zunehme in Erkenntnis und Empfinden". Denn wir sollen uns nicht mit dem Guten begnügen, sondern nach dem Allerbesten streben und überströmend in der Liebe werden. Wissen ist die dritte Gabe unter den sieben Gaben des Heiligen Geistes und kommt unmittelbar vor der Liebe, ganz wie eine Magd, die einer vornehmen Frau dient und ihr vorangeht.

Die wahre göttliche Liebe, die sollst du in deinem Inneren haben, die sollst du erkennen und wahrnehmen an der Liebe, die du nach außen zu deinem Nächsten hast; denn nicht eher liebst du Gott, als bis du findest, daß du deinen Nächsten liebst, wie geschrieben steht: „Wie kannst du Gott lieben, den du nicht siehst, solange du deinen Bruder, den du siehst, nicht liebst?" Daran hängen alle Gebote und das Gesetz Gottes: „Liebe Gott und deinen Nächsten wie dich selbst." Du sollst dich mit ihm freuen und mit ihm leiden in allen Dingen und ein Herz und eine Seele sein, wie es zu Zeiten der Apostel war: „Sie hatten alles miteinander gemein." Kannst du das nicht zeigen, weil es dir an Mitteln fehlt, so sollst du (die Bereitschaft dazu) in deinem Inneren haben, in deinem Grunde, in der Wahrheit, nicht in einer übertünchten, sondern in der lauteren Wahrheit, in der Zuneigung, der Liebe und dem (zur Liebestätigkeit) bereiten Willen. Kannst du für deinen Nächsten nichts anderes tun, so sag ihm ein gutes, liebevolles Wort, kommend aus einem wahren, guten Grunde.

Deine Liebe soll sich auch zeigen gegenüber dem verkehrten Menschen; dessen Fehler sollst du in liebevoller Geduld und liebreich ertragen; du sollst kein hartes Urteil darüber fällen, sondern in barmherziger Weise sein ungehöriges Betragen dir gegenüber[1] erdulden; zuweilen kommen seine Fehler nicht aus eingewurzelter Bosheit[2], sondern aus Unvorsichtigkeit oder Trägheit oder auch, wie Sankt Gregorius sagt, aus Gottes Verhängnis, damit der Mensch dadurch gedemütigt werde und seine Gebrechen erkenne. Solche Menschen, deren Fehler nicht aus lasterhafter Gewohnheit kommen, sondern aus äußeren Umständen, kehren wieder um, verurteilen sich selbst und geben sich schuldig; die anderen aber bleiben hartnäckig und wollen immer recht haben, sie geben in nichts ihren Standpunkt auf. Diese alle sollst du liebevoll ertragen und daran dich selbst prüfen; aber wenn du flink und mit hartem Urteil darüber herfällst, wie das manche mit des Nächsten Fehlern tun, so geht das so rasch, als ob sie mit dem Kopf durch die Wand wollten: das ist ein sicheres Zeichen, daß die göttliche Liebe in dir erkaltet und weiter erkalten wird.

Liebe Schwestern, seht euch vor in eurem Betragen gegenüber eurem Nächsten, seht, wie ihr dasitzt, die Kapuze über den

---

[1] Die Lesung Vetters 408, 35: „nút ga in dir" ist besser durch Corins Vorschlag, Sermons III, 222, Anm. 1 zu ersetzen: „intgain dir".

[2] Vetters Text 408, 36 und 408, 39 bringt den scholastischen Ausdruck „habitus". Ich habe den heute nicht mehr allerwärts verständlichen Ausdruck durch Umschreibung zu veranschaulichen versucht.

Kopf zieht und euren Nächsten freventlich verurteilt; ihr solltet euch selbst betrachten, euch selbst richten und sehen, womit ihr umgeht. Hier wird sehr gesündigt, darin, daß niemand den anderen in Liebe aus dem Grunde seines Herzens erträgt und seine Schwächen erduldet; einen anderen Menschen kann vielleicht der Kopf schmerzen, er kann aus Unaufmerksamkeit oder anderen äußeren Gründen (fehlerhaft) handeln. Die Liebe zum Nächsten soll in allem, was du tust, überströmen, soll wachsen und zunehmen, und an ihr sollst du die andere Liebe prüfen, die nach innen gekehrt ist zu Gott in seinen Ursprung. Zu *dieser* Liebe bedarf es der Erkenntnis, daß gute Ordnung herrsche in dem Menschen in der doppelten Übung der Liebe, der äußeren wie der inneren. Das ist, was Sankt Paulus von uns begehrt, daß die Liebe wachse und sich mehre; denn die deine trägt den Keim zur anderen in sich, die aus jener geboren wird, wenn das Wissen die Übung dieser Liebe gut geordnet hat.

Will der Mensch Gott lieben, so sieht er, in sich blickend, daß er lieblos und gnadenlos ist; er sollte Gott von Grund aus lieben und nach ihm verlangen, aber er findet weder Liebe noch Verlangen in sich; da erhebt sich in ihm ein schreckliches Urteil und ein Jammern über sich selbst; und er versenkt sich dann in die Hölle oder in furchtbares Fegfeuer, und alles, was ihn jemals bedrückt hat, wird lebendig in ihm. Das ist wahrlich recht, denn der Mensch soll sich selbst verurteilen. Was aber tun wir armen Würmer, die hier auf Erden im Staub kriechen? Empfinden wir dies, so sprechen wir: „Barmherziger Gott, habe Mitleid mit mir, erlöse mich, und hilf mir, tu mir dies oder jenes, hilf mir, daß ich ohne Fegfeuer in den Himmel komme" — was wenigen Heiligen geschehen ist. So zu sprechen ist wohl gut, ich will nichts dawidersagen. Aber wer die wahre Liebe besäße, der senkte sich voll Liebe mit all seinem Urteil und all seinen Fehlern in Gott, in seinen wohlgefälligen, guten Willen, unter wahrhaftem Verzicht auf jeglichen Eigenwillen; denn wahre Liebe zu Gott läßt den Menschen sich selbst verleugnen und sich jedes Eigenwillens entschlagen; und darum wirft sich der Mensch in solchen Umständen Gott zu Füßen und begehrt Gottes barmherziges Urteil, und daß Gottes Gerechtigkeit genug geschehe an ihm und allen Geschöpfen, daß Gottes Wille an ihm geschehe nach seinem liebsten Willen, so wie er es von Ewigkeit her gewollt hat, wie er es in seinem ewigen Willen vorgesehen hat oder noch ordnen wird, es sei im Fegfeuer, oder wie immer es ihm gefällt, was, wie, wann, wie lange oder wie bald: „Herr, wie du willst." Mag er klein oder groß sein, nahe oder fern von Gott, alles geschehe nach dessen Willen; der Mensch soll sich freuen, daß Gottes Gerechtigkeit genug geschehe an seiner Kleinheit und Gottes Größe und Höhe an ihm, dem unwürdigen Menschen. Liebe nur, und so wird die Gnade eines anderen auch die deine.

Liebe Schwestern, das hieße wahre Liebe! Wer in seiner letzten Stunde eine solche Umkehr vornehmen könnte, daß er sich ganz und gar in Gottes Willen senkte und darin befunden würde, der käme ohne Hinderung zu Gott, hätte er auch alle Sünden begangen, die je in der Welt begangen wurden. Das kann dir aber nur Gott geben. Und wie es keinen sichereren und besseren Tod gibt als in solchem Zustand der Seele, so auch kein edleres und nützlicheres Leben als in diesem allzeit zu leben: das brächte dem Menschen wunderbaren Fortschritt ein, ohne Unterlaß. Die Liebe versinkt in den Geliebten.

Hierbei stellt sich ihr die Sünde entgegen; dann andere Schwierigkeiten, nämlich große und schwere Versuchungen in vielerlei beschwerlicher Gestalt, was immer das auch sei. Das muß man so verstehen: die Versuchung als Versuchung, das heißt als Einbruch der Sünde, darf man weder wollen noch wählen, wohl aber die Pein, die in dem Widerstand und der Überwindung liegt, die soll der Mensch wählen. Und so lege sich der Mensch unter die schwere Bürde. Wollte Gott das von ihm erduldet haben bis zum Jüngsten Tag, das sollte der Mensch gerne leiden wollen, Gott zuliebe und zu Ehren. Und wollte Gott den ganzen Lohn, den du hiermit verdienen könntest, Läuterung und Seligkeit, einem Heiden oder Juden zuteil werden lassen oder einem Menschen überm Meer, den du nie zu Gesicht bekommen, so solltest du es diesem vom Grunde deines Herzens nach Gottes Willen gönnen ebenso wie dir selbst.

Und noch etwas stellt sich der Liebe entgegen: sie möchte den

Vielgeliebten empfinden, ihn erkennen, ihn verkosten, sich seiner freuen. Hätte nun der Mensch alles, was er wünscht oder von Gott wünschen kann, oder könnte er es haben und Gott nähme ihm in dem Augenblick, da er es besäße, alles ab und gäbe es dem größten Feind, den dieser Mensch in dieser Zeit haben könnte, so sollte er ihm das vom Grunde seines Herzens und aus Liebe wohl gönnen.

Einen Gottesfreund, der ein gar heiliger Mensch war, hörte ich sagen: „Ich kann und mag nicht anders; ich muß meinem Nächsten das Himmelreich mehr und mit größerem Verlangen wünschen als mir selber. Das verstehe ich unter Liebe." Der Gegenstände, die der liebende Mensch begehrt, sind gar viele: so wäre er gern arm, und was dergleichen Wünsche mehr sind. Laß davon ab, dein Leben selbst einrichten zu wollen, überlaß das der Liebe; geh aus dem Deinigen heraus in liebevollem Verzicht auf dein eigenes Selbst, in Demut und lauterer Loslösung (von dem Deinen). So soll man in der Liebe überströmende Einsicht zeigen, so daß man sie nicht nur in guter Weise, sondern in der allerbesten besitze, und das mit Erkenntnis ihrer Übung, denn der Feind hat jetzt aller Enden das Unkraut unter die Rosen gesät; daß die Rosen von den Dornen des Unkrauts erstickt und gestochen werden. Ihr müßt gewisse Personen fliehen, euch anders verhalten wie sie, euch absondern, es sei in den Klöstern oder draußen; das bedeutet keine Abspaltung, wenn die Gottesfreunde sich anders verhalten als die Freunde dieser Welt.

Die Liebe, von der Sankt Paulus will, daß sie in uns überfließe, findet sich in der Weise, wie wir geschildert haben, in den niederen Kräften; aus dieser Übung wird der menschlichen Natur geistige Süßigkeit geschenkt, Leckerbissen und süßer Wein. In solcher Liebe befanden sich die Jünger unseres Herrn, als er noch bei ihnen war. Er aber sprach zu ihnen: „Es ist gut und nützlich für euch, daß ich von euch gehe" (er meinte dem Leibe nach). Sollten die Jünger ihn in erhabener Weise empfangen, so mußte er (dem Leibe nach) von ihnen gehen.

Und darum wisset, es gibt noch eine andere Liebe, die ebenso hoch über dieser ersten steht wie der Himmel über der Erde: diese Liebe ward den heiligen Aposteln später zuteil. Wer diese

Liebe erlangen könnte, hätte ein schönes Ziel erreicht. In *dieser* Liebe gibt es nur ein Verleugnen des eigenen Selbst, kein Bejahen; sie besteht nicht in einem Besitzen, wie die Jünger es zuerst hatten, sondern in einem Darben. In *dieser* Liebe herrscht ein Nichtwissen, ein Fehlen der Erkenntnis; sie steht weit über unserer Verstandeskraft, jenseits alles Wesens und aller Weisen. Ach, das tut der armen Menschennatur so wehe, daß sie sich hin und her windet wie ein Kind, das man von der Mutterbrust wegnimmt. Diese boshafte Natur mit ihren Winkeln ist da so ganz verlassen, denn die Übung *dieser* Liebe geht durchaus über ihr Vermögen und ihre Wirksamkeit hinaus; und sie kommt auf eine solche Stufe der Entblößung, daß sie nicht einmal einen Blick in ihr Inneres tun kann; sie kann noch nicht einmal einen Gedanken, ein Verlangen, eine Absicht haben. Sie kann nicht einmal diese selbe Armut Gott als Opfer darbringen, denn in ihrem Nichtwissen hängt sie gar sehr daran; sie muß ihr eigenes Selbst verleugnen in *dieser* Liebe und allen Gegenständen sterben, die sie im ersten Grad der Liebe besessen hat, denn Gott liebt sich hier selbst und ist sich hier sein eigener Gegenstand. Hier gibt es nur ein Verleugnen, eine Überformung, ein verborgenes göttliches Dunkel, von dem Sankt Dionysius viel geschrieben hat. Hier wird die arme Natur einen anderen Weg geführt in eine Anfechtung nicht nur innerlich, sondern auch äußerlich, bar aller Unterstützung und alles Trostes. Man entzieht ihr die Sakramente auf Grund der Anordnung Gottes. Ehe sie dazu kam, hätte ich sie alle Tage zum heiligen Mahl zugelassen; jetzt aber keinesfalls. Sie muß einen anderen Weg einschlagen, der über ihr ist, wo ihr Geist sich ausruht im Geist Gottes in einer geheimnisvollen Stille in dem göttlichen Wesen. *Da* leuchtet das Licht in die Finsternis, da wird das einfache Wesen durch sich selber und in sich selber gefunden und anders nicht. Da wird alle Zerstreuung (im Hinblick auf Gott) zur Einheit. Das ist der Tag Jesu Christi, von dem Sankt Paulus sprach, an dem Jesus Christus erst als an seinem wahren Tag recht empfangen wird mit all der Frucht seines Leidens und seines Todes, am klaren Tag und in der rechten Läuterung, nicht daß sein Leiden und sein Tod in ihm sich noch lauterer finden ließen, aber in uns werden sie reiner und erhabener empfangen, nicht in sinnen- und bildhafter Weise, wie die Sinne uns das zeigen oder wie wir es in der Einbildungskraft besitzen, sondern innerlich und edel, göttlich und geheimnisvoll und nicht mehr wie zuvor auf der ersten Stufe der Liebe.

Ein Vergleich wird dies deutlicher machen. Vor seinem Tod ließ unser Heiland sich von Magdalena berühren, sich die Füße waschen, trocknen und sich das Haupt salben. Aber nach seinem Eingang in die Unsterblichkeit wollte er nicht mehr in solcher Weise berührt sein und sprach: „Rühre mich nicht an, ich bin noch nicht aufgefahren zu meinem und eurem Vater." Ebenso auf der ersten Stufe, dem niedersten Grad ließ er sich wohl waschen, trocknen und salben in fühlbarer Weise; in dem höheren Grad aber nicht mehr solcher Art, sondern nur in der Art, wie er im Vater ist. Er ist zum Himmel aufgefahren mit allem, was er ist. Das findet man an dem wahren Tag, da findet man das liebreiche Schauspiel, wie der Sohn seine vom Vater empfangene Liebe diesem zurückgibt und wie beide in aufblühender Liebe den Heiligen Geist hauchen. Das ist der wahre Tag, hier wird die wahre Liebe in ihrer rechten Art und ihrem rechten Adel geboren, und dies alles durch Jesus Christus, wie der heilige Gregorius schreibt: „per dominum Jesum Christum". Hiervon schreibt ein angesehenes Mitglied unseres Ordens einer Versammlung der Ordensbrüder: „Das Licht Jesu Christi leuchtet in unserem Inneren klarer, als alle Sonnen am Himmel leuchten können; jenes Licht aber geht von innen nach außen, nicht von außen nach innen." Liebe Schwestern! Hierin liegt ein wunderbares Zunehmen über alle Maßen, nicht nur jeden Tag, sondern zu jeder Stunde und in jedem Augenblick; der Mensch soll sich selbst eifrig betrachten und mit Fleiß auf dieses Leben der Liebe blicken. *Das* wünschen die wahren Gottesfreunde von uns mit großem Ernst, und deshalb bittet Sankt Paulus, daß die Liebe in uns überströme.

Daß uns allen dies zuteil werde, dazu helfe uns der, welcher die wahre Liebe ist. AMEN.

Miserunt Iudaei ab Ierosolymis sacerdotes et levitas ad Iohannem, ut interrogarent eum: Tu quis es?

Die Juden sandten Priester und Leviten aus Jerusalem zu Johannes, um ihn zu fragen: „Wer bist du?" (Joh. 1, 19 ff.)

77[1]

Anknüpfend an die Frage der Abgesandten der Pharisäer, spricht diese Predigt von verschiedenen Arten von Fragen, denen die, welche nicht mehr fragen, gegenübergestellt werden; fast alle Menschen wollen etwas sein oder scheinen. Sich Gott anheimgeben und den Eigenwillen überwinden hilft uns auch die Prüfungen bestehen, die Gott uns durch andere Menschen schickt.
(Der Übersetzer)

DIE JUDEN und die Pharisäer sandten zu Johannes und fragten ihn, wer er sei. Ob Elias? Er bekannte, leugnete nicht und sprach: „Ich bin es nicht!" Ob denn Christus? (Er antwortete): „Nein!" Oder ein(er der) Prophet(en)? „Ich bin es nicht!" (erwiderte er.)

Solcher Pharisäer, Kinder, findet man (auch heute) noch viele, die mit unnützen Fragen herumlaufen. Die einen fragen nach weltlichen Dingen, was die oder jene treiben, was man in den Städten, in (anderen) Ländern, unter den (hohen) Herren sich erzähle; was unter den Leuten, geistlichen wie weltlichen, geschehe, durch diesen oder jenen, und sie freuen sich, wenn sie etwas Neues erfahren. Pfui! der großen Schande für geistliche Leute! Die sollten sich stets schämen, Neuigkeiten zu erzählen

---

[1] Der Text dieser in Bihlmeyers Seuse-Ausgabe nach der Hs. Gi 2 veröffentlichten Tauler-Predigt findet sich in Corin, Wi 2, S. 469 ff. nach der Hs. Br 4 mit den Lesarten des KT.

oder erfahren zu wollen! Was geht sie all das an, was sich in dieser Welt zuträgt? Die anderen fragen aus Neugierde: sie möchten gerne viel wissen, etwas von hohen Dingen verstehen und darüber reden können; auch aus denen wird nichts. Die dritten versuchen andere Leute mit ihren Fragen: sie kommen und schmeicheln ihnen, wie die Juden taten, als sie (zu Christus) sprachen: „Meister, wir wissen, daß du wahrhaftig bist." So gehen *die* vor. Finden sie dann ihre (eigene) Art in denen wieder (zu denen sie so sprechen), so ist alles gut; wenn aber nicht, so können jene es ihnen auf keine Art recht machen. Sie fragen dann andere, einen nach dem anderen, möchten ihre verkehrte Art verteidigen und wollen gar nicht davon lassen, man mag ihnen sagen, was man wolle. Die vierten sind gute Frager: ihnen steht Herz und Seele nach nichts anderem, als Gottes liebsten Willen zu erfahren; ob sie essen oder schlafen, arbeiten, gehen oder stehen, immer quält sie die Frage: „Wie erfüllen wir den liebsten, besten Willen Gottes?" Die fünften fragen (gar) nicht, das sind vollkommene Menschen, die über die Stufe, auf der man fragt, (bereits) hinausgelangt sind. Aber wo findet man sie? Sie kennen keine Neugier, denn Augustinus und Aristoteles sagen, Fragen komme von der Neugier. *Die* findet sich bei ihnen nicht (mehr): sie sind durchdrungen von der Wahrheit.

Die Boten (der Juden und Pharisäer) fragten Johannes, wer er sei. Was antwortete Johannes, dieser Himmelsfürst, dieser Morgenstern, dieser irdische Engel?[2] Er bekannte und leugnete nicht, er sprach: „Ich bin es nicht!" Die Menschen nämlich verleugnen dieses Wort so gerne; sie verbergen und stellen es in Abrede, dieses: „Ich bin es nicht!"[3] Sie möchten (doch) alle etwas sein oder scheinen, im geistigen oder natürlichen Bereich.

Meine Lieben! Wer allein dahin käme, diesen Grund der Erkenntnis seines eigenen Nichtsseins zu erreichen, der hätte den nächsten, kürzesten, den geradesten, sichersten Weg zur höchsten

---

[2] Nach Hs. Br 4: „ertsche-engel", nach Be 12: „eerdsche engel"; der KT hat: „ertzengel".

[3] Der KT bezieht das „verleugnen" nicht auf den eigenen Namen und Stand, sondern auf das Wort des heiligen Johannes des Täufers: „Ich bin es nicht." Das gibt freilich einen anderen, doch wie mir scheint, annehmbaren Sinn.

und tiefsten Wahrheit gefunden, die man auf Erden erreichen kann. Diesen Weg einzuschlagen, ist niemand zu alt oder zu schwach, auch nicht zu einfältig oder zu jung, nicht zu arm oder zu reich. Dieser Weg lautet: „Ich bin nichts!"[4] Ach, welch unaussprechliches Leben liegt in diesem „Ich bin nichts!"

Ach, diesen Weg will niemand einschlagen, man kehre sich hin, wo immer man wolle. Gott verzeihe mir! Wahrlich, wir sind und wollen und wollten stets (etwas) sein, immer einer vor dem anderen. In diesem (Streben) sind alle Menschen so befangen und gebunden, daß niemand sich lassen will, dem Menschen wäre leichter, zehn Arbeiten zu verrichten, als sich einmal gründlich zu lassen. Darum geht aller Streit, alle Not; aus diesem Streben heraus wollen weltliche Menschen Gut und Freunde und Verwandte besitzen; sie setzen Seele und Leib daran, nur um etwas zu sein, groß, reich, vornehm, gewaltig. Wieviel (auch) Geistliche darum etwas unternehmen oder unterlassen, leiden oder wirken, darin möge ein jeglicher sich selber prüfen. Solch Streben, daß jeglicher etwas sein oder scheinen möchte, erfüllt (sogar) Klöster und Klausen.

Luzifer erhob sich im Himmel und wollte (etwas) sein; das stürzte ihn nieder in den tiefsten Grund, den Grund des Nichts, schlimmer als alles Nichts. Das trieb auch unsere Stammeltern, das *ver*trieb sie aus dem herrlichen Paradies und hat uns allen viel Not und Mühsal gebracht. Hiervon kommt aller Jammer, alle Klage; daher schreibt sich, daß man uns (Menschen) für gott- und gnadenlos, für lieblos und aller Tugenden bar hält; darum finden wir keinen Frieden, weder von innen noch von außen; nur darauf müssen wir alles zurückführen, dessen es uns Gott und den Menschen gegenüber gebricht. Das kommt allein davon, daß wir etwas sein wollen. Ach, das Nichtssein, das hätte in jeglicher Art, an allen Orten, mit allen Menschen ganzen, wahren, wesentlichen, ewigen Frieden und wäre das Seligste, Sicherste, das Edelste, das diese Welt hat, und doch will sich

---

[4] Mhd. „niut", bei Corin, Wi 2, S. 417, 7 „neit" bedeutet „nicht" und „nichts". So ergibt sich bei Tauler, dem es auf die Erkenntnis des eigenen Nichtsseins ankommt, der Übergang von „Ich bin es nicht!" bei Johannes zu dem erstrebten: „Ich bin nichts!"

niemand darum bemühen, weder reich noch arm, weder jung noch alt.

Wir lesen bei Sankt Lukas, daß ein reicher Mann, ein Pharisäer, unseren Herrn Jesus Christus in sein Haus geladen hatte. Das war ein sehr großes gutes Werk, Christus mit allen seinen Jüngern zum Mahl zu bitten. Und es waren viele Gäste da. Der Gastgeber meinte es gar gut, (aber) ihm fehlte (der Sinn für) das edle „Ich bin nichts!" Es kam (nämlich) eine Sünderin, die fiel (vor Christus) nieder und sprach in ihrem Grunde: „Ich bin nichts!" Deswegen wurde sie über alle Himmel erhoben und über manchen Engelchor. Diese fiel, so tief sie konnte, nieder zu Christi Füßen und sprach aus ganz innigem Herzen: „Ich bin nichts!" Aus (ihrem) Grunde wuchs da ein ewiges, immerwährendes: „Ich bin etwas (in Gott)." Christus gewährte ihr alles, was sie (haben) wollte. Der Gastgeber (aber) saß dort, er, der sehr geschäftig war, ihnen allen für Essen und Trinken zu sorgen; er verachtete (Christi) Handlungsweise, und als sich Christus zu ihr umkehrte, sprach er bei sich selbst: „Aber das ist ja eine Sünderin!" Ach, in ihm herrschte das leidige „Ich bin etwas!" und nicht das „Ich bin nichts!" Ihn dünkte, zu *ihm* solle man sich kehren, auf *seine* Worte hören, mit *ihm* reden und nicht mit dieser Frau.

Ach, was findet man solcher Pharisäer unter geistlichen und weltlichen Leuten! Die Welt ist ihrer voll, voll, voll! In schwarzer und roter, grauer und blauer Kleidung (kommen sie daher), die um ihres Gutes und ihrer Verwandtschaft, um ihrer Weisheit, Kunstfertigkeit, geistiger Begabung willen, ihrer Almosen wegen, oder weil sie sich heiliger dünken, glauben, man müsse sich voller Achtung zu ihnen wenden, man solle mit ihnen sprechen, auf ihre Worte hören, um ihretwillen etwas unternehmen und sogleich denken: „Sollte man mir dies nicht gewähren? Ich habe (doch) dies oder das getan, ich bin (doch) der und der!" Und sie würden es sehr geringschätzen, wollte man sie nicht über andere stellen, denen sie solche (guten) Eigenschaften (wie sie sie selbst zu besitzen glauben) nicht zuerkennen. Bei Gott! Wer sind sie, woher kommen sie, wie wagen sie zu denken, daß wir (dies und das um ihretwillen) tun müßten und andere Leute verschmähen. So verhielt sich der Pharisäer, der sich über den Zöllner stellte und ungerechtfertigt blieb, denn ihn dünkte, er sei etwas; der arme Zöllner (aber) sagte: „Ich bin nichts (vor dir, o Gott)", hielt nichts von sich, schlug seine Augen nieder und sprach: „Herr, erbarme dich meiner, ich bin nichts, ich bin ein Sünder, weniger als nichts", und er ging gerechtfertigt nach Hause. Gottes edler Mund selbst sprach: „Ein jeder sehe sich vor und erhebe sich über niemanden, er sei, wer er sei."

Diese selige Sünderin, die in des Gastgebers Haus ging, führte drei wirksame Taten durch: sie wandte sich (zu Gott) zurück, so wie sie sich (von ihm) abgekehrt hatte; und wie sie ihre Augen der Welt zugewandt hatte, so begoß sie Christi Füße mit heißen Tränen; und mit ihrem Haar trocknete sie ihm die Füße als Sühne dafür, daß sie der Welt damit gedient hatte, mit ihrem Leibe büßend durch Niederfallen, mit ihrem Gut durch den Kauf der Narde für Jesus. Das zweite, was sie tat: sie überläßt sich sogleich und gänzlich Christus; das dritte: ihr Herz war voll (tiefen) Leides.

Meine Lieben! Von all der Gelassenheit, die sich nicht im Tun zeigt, halte ich gar nichts; sie sollte erreicht werden durch Taten und in der Wahrheit, außerhalb der bösen Natur (des Menschen), die über tausend Listen und Winkel verfügt, in denen sie sich aufhält. Wird das nicht beseitigt, so möchte ich glauben, ein Teufel erscheine mir, angetan wie ein Engel. Auf dieser Leute Reden ist nicht mehr zu bauen, als ob jemand einen Halm für eine Brücke über den großen Rhein ansehen wollte und glaubte darüber gehen zu können — ebenso sicher ist man dieser Leute und ihrer Gelassenheit. Die ist trügerisch.

Da kommen sie denn und sagen: „Ach, Herr, sprich zu uns von der tiefsten Wahrheit!" Nein, dieses Wort ist mir recht zuwider! Pilatus fragte unseren Herrn Jesus Christus, was Wahrheit sei, und Christus schwieg. Was Wahrheit sei, vermag man sowenig zu sagen, wie was Gott sei. Gott *ist* die Wahrheit, die Lauterkeit und Einfachheit, das ist ein und dasselbe Sein. Diese Leute (mit ihrer trügerischen Gelassenheit) fahren gar bald auf und werden ausfällig, wenn man etwas sagt oder tut, das ihnen unangenehm ist; und es ärgert sie, daß man das getan hat, und sie (beginnen zu) klagen. Und dann sieht man deutlich, wo die Gelassenheit an Worten und Werken war, und ihr (wirklicher) Grund blickt da hindurch.

Betrügt euch nicht selber! Mir schadet es nichts, macht ihr mir etwas vor; ihr selbst bleibt die Betrogenen. Euch bleibt der Schaden, nicht mir. Ich zweifle nicht im geringsten daran, es gibt Tausende von Menschen, die sich als gar heilig und ausgezeichnet erweisen, alle Tage ihres Lebens dem geistlichen Stand angehört und ihr Haupt sehr niedergebeugt getragen haben und (doch) so sterben werden, daß sie wahre Gelassenheit keinen Augenblick kennengelernt haben. Das kann einen verständigen Menschen jammern, oder man mag auch vor Verwunderung lachen oder spotten, daß dies(e) Leute sich selbst so sehr betrügen. Wisse in Wahrheit, solange du in deinem Fleisch noch einen Tropfen Blutes hast oder Markes in deinen Knochen, ohne sie für rechte Gelassenheit aufgewandt zu haben, so maße dir ja nicht an, ein gelassener Mensch zu sein; und wisse (vielmehr): solange dir das allerletzte Pfund rechter Gelassenheit an deren wahrer Erlangung fehlt, wird Gott dir ewig fernbleiben, und du wirst die tiefste und höchste Seligkeit nicht erfahren in Zeit und Ewigkeit.

Das Weizenkorn muß notwendigerweise zugrunde gehen, soll es Frucht bringen; stirbt es aber, so bringt es viele und große Frucht. Hier muß ein Sterben, ein Zunichtewerden, ein Vernichten geschehen, hier muß ein „Ich bin nichts!" statthaben. Wahrlich, bei Gott, der die Wahrheit ist, hier genügt kein Wünschen, kein Begehren, kein Bitten, du mußt es (mit Anstrengung deiner Kräfte) erlangen, du mußt es (dich) wahrlich (Mühe) kosten lassen; denn was nichts kostet, gilt nichts. Könnte man es mit Begehren erreichen, mit Bitten und mit Wünschen, mühelos und ohne Anstrengung, daß es nicht schmerzte noch sauer würde, dann wäre es ein gar leichtes Ding. Das, wahrlich, kann nicht sein. Sankt Augustinus sagt: „Gott hat dich ohne dein Zutun geschaffen, aber er rechtfertigt dich nicht ohne deine Mitwirkung." Glaube ja nicht, und stelle dir nicht vor, daß Gott es durch ein Wunder tun wolle, so als wenn Gott uns jetzt (im

Advent) wollte eine Rose erblühen lassen. Er könnte es gar wohl, aber er unterläßt es; er will vielmehr, daß es in Ordnung geschehe, im Mai durch Reifung, Tau und auf manche Weise und durchs Wetter, das dazu geordnet und gefügt worden ist.

Ach, es ist doch in Wahrheit ein erbärmlich und kläglich Ding, daß unter geistlichen Leuten jemand dreißig und vierzig Jahre lebt, fragt[5] und klagt und ein ganz unnützes Leben führt und bis heute noch nicht weiß, woran er ist. Er sollte gerne ein Jahr (seines Lebens) opfern und sterben und zunichte werden und das Netz (in dem er sich gefangen) zerreißen. Ach und weh! Wenn der Tod nun (wirklich) kommt und er die langen Jahre seines Lebens versäumt, verloren und vergeudet hat! Welch ein Weh, welch ein nicht wiedergutzumachender Schaden, dieses ewige Zurückbleiben und das ewige Verfehlen (des Sich-Gott-Lassens)! Dadurch entsteht mehr Jammer, als man hienieden sagen kann.

Ein geistlicher, wohlgeordneter Mensch sollte leben in Eifer und stetem Ernst, sich selbst zu lassen und mehr des Guten zu erlangen, daß kein Tag wäre, an dem er nicht so viel weiter vorangekommen wäre, daß er seinen vorherigen Zustand kaum noch wahrnehmen könnte. Das ist ein Elend, daß die Weltleute um nichtige, vergängliche Dinge sich eifriger mühen als die Gotterwählten um das lautere Gut, das Gott heißt und ist. Ein wohlgeordneter, geistlicher Mensch sollte so des (eigenen) Willens ermangeln, daß man an ihm nur das „Ich bin nichts" erblickte.

Da kommen denn viele Leute und erdenken sich mancherlei Wege (um zu diesem Ziel zu gelangen): die einen wollen ein Jahr lang von Wasser und Brot leben, die anderen eine Wallfahrt machen, bald dies, bald das. Ich nenne dir den einfachsten und kürzesten Weg: Geh in deinen Grund, und prüfe, was dich am meisten hindert, dich (am meisten von Erreichung dieses Zieles) zurückhält; *darauf* richte deinen Blick, *den* Stein wirf in des Rheines Grund. Wenn nicht, lauf bis zum Ende der Welt, und tu alles mögliche, es hilft dir nichts. Das Messer, das das Fleisch von den Knochen trennt, heißt Sterben des eigenen

---

[5] Nach Bihlmeyers Text, der aus dem KT „vriesen" = „vreschen" übernimmt. Vgl. Corin, Wi 2, S. 476, 16, Lesarten u. Anm. 7.

Willens und Begehrens. Viele Leute töten die Natur und lassen die Gebrechen leben: daraus wird nie etwas.

Ach, ihr Lieben, kehrt euch zu euch selbst, und schaut, wie fern und wie ungleich ihr dem liebevollen Bild unseres Herrn Jesus Christus seid, dessen Verzicht größer und gründlicher war als all der Verzicht zusammen, den je alle Menschen in dieser Zeitlichkeit geleistet haben oder jemals leisten werden. Die Sünderin aber überließ sich Christus allein; und das soll man so verstehen: sich um Gottes willen lassen heißt alles Gott lassen. Viele Leute lassen sich wohl Gott, wollen sich aber nicht den Menschen lassen. Sie wollen, daß Gott sie bedränge, aber nicht die Menschen. Nein, man soll sich lassen, wie Gott es haben will. Und wer dir dein Nichts dartun will, den nimm mit großer Dankbarkeit und Liebe auf; denn du wirst (durch ihn) in Wahrheit daran erinnert, was du bist: nichts!

Daß wir alle zu dieser Vernichtung (unseres Selbst) kommen und dadurch in das göttliche Wesen versinken mögen, dazu helfe uns Gott. AMEN.

Vigilate, quia nescitis horam, quando dominus vester venturus sit
Seid wachsam, denn ihr wißt nicht den Tag, an dem euer Herr kommt
(Matth. 24, 42) [1]

78

Diese Predigt auf das Fest eines Bekenners, des heiligen Augustinus, lehrt uns auf das Kommen des Herrn warten, gibt Hilfen dazu an und zeigt uns, wie wir den Nachstellungen des Feindes entgehen können, sie weist den Unterschied zwischen wahren und falschen Mystikern auf und empfiehlt Geduld für den engen Weg, der zu den höheren Stufen geistlichen Lebens führt.

(Der Übersetzer)

DIESE WORTE BEDEUTEN: „Seid wacker und wachsam, denn ihr kennt die Zeit nicht, zu der euer Herr von der Hochzeit zurückkehren wird."[2] Denn der Feind wendet ohne Unterlaß all seine List auf und all seine Geschicklichkeit, uns zu verführen und uns ewig zu verderben. Vor allem achtet er darauf, wo er eine Stunde, ja einen Augenblick findet, in denen wir nicht eifrig der Andacht obliegen und wir ein Fenster unserer äußeren Sinne aufgelassen haben und wir nicht auf unserer Hut sind. Dann schleicht er sogleich in unser Inneres und stiehlt uns all unser Gut. Darum hütet (die Fenster) eurer Sinne, und wachet, damit er nicht euer Haus untergrabe, wie es ein Dieb tut. Seid also ohne Unterlaß wachsam, bewahrt euch die Verfügung über all eure Kräfte und die Sammlung eures Grundes. Denn sowie

[1] Hier fehlt die sonst in S vorangesetzte Inhaltsangabe.
[2] Da Tauler (Vetter 214, 22 f.) aus dem Gedächtnis zitiert, nicht genau.

598

das Gefühl des Stolzes, der Selbstgefälligkeit, der Vermessenheit oder des Eigenwillens in des Menschen Seele Platz greift, gleich ist der Feind da und schneidet diesem Menschen die Börse ab, die wohlgefüllte, in der er seine guten Werke trägt.

Meine Lieben! Wie viele Leute findet und seht ihr doch, die große (gute) Werke getan, sich großen Übungen der Frömmigkeit gewidmet und einen großen Namen und viel Ansehen erworben haben! Dann aber hat übermäßiges Wohlgefallen (an ihrer eigenen Tätigkeit) sie alles verlieren lassen, so daß sie dankbar sein müssen, wenn man sie zu den groben, ungelehrten, ungefügen Leuten stellt; und (gar) manche arme, schlichte Menschen, von denen wegen ihrer demütigen Haltung die Leute ihrem Äußeren und ihren Werken nach nichts halten, werden über jene so hoch steigen, daß man kaum sehen kann, wo sie sich befinden. Wachet mit frischem Gemüt und offenen Augen, und ihr werdet die reine Wahrheit schauen, sei es mit, sei es ohne gestalthafte Vorstellungen. Wachet in Gedanken, Worten, Werken, in eurem Tun und Lassen, in tugendhaften Werken, in geduldigem Leiden; und achtet auf euch mit Sorgfalt, innerlich und äußerlich.

Meine Lieben! Ihr wißt ja nicht, in welcher Gefahr ihr schwebt wegen der Schwäche unserer Natur und unserer eigenen großen furchtbaren Gebrechen und auch wegen des großen, überragenden Gutes, das wir ohne Unterlaß von Gott empfangen können und um das wir uns bringen, ohne Vorteil daraus zu ziehen; (ihr wißt auch nicht,) daß die klaren Augen Gottes uns so durchblickend ansehen und bis in unseren Grund schauen, daß der Mensch wie ein Unreiner vor diesem Blick erscheint und er Gott *das* sehen läßt, was nicht von allem, das nicht Gottes, gereinigt ist[3]. Wie müssen wir uns dessen so tief schämen, und wie streng wird gerichtet werden! Steht doch geschrieben, daß kaum ein Gerechter gerettet wird; was soll dann aus dem armen Sünder werden? Sankt Augustinus sprach: „Wehe, ob all der Gerechtigkeit, wenn Gott sie nicht nach seiner Barmherzigkeit

---

[3] Vetter 215, 20 ist verdorben. Lehmanns Übersetzung 2, 15 befriedigt nicht. Corins Vorschlag, Sermons III, 235 u. Anm. 1 dürfte den Sinn wohl treffen.

beurteilen will." Wüßtet ihr daher, in welcher Gefahr (alle) die stehen, denen anderes als Gott Freude bereitet, eure Sinne könnten das kaum ertragen. Der heilige Dulder Job sprach: „Wie klein hast du mich gelassen; noch ehe ich meinen Speichel schlucke, sündige ich; o Wächter der Menschen, warum hast du mich dir entgegengesetzt?"

Weiter oben heißt es im Evangelium: „Eure Lenden umgürtet und brennende Lampen in euren Händen, so sollt ihr wachen und auf euren Herrn warten, bis er von der Hochzeit zurückkehrt." Von dieser Wachsamkeit habt ihr bereits gehört; aber es gibt noch drei kleine Punkte zu beachten. Der erste: die Lenden sollen gegürtet und gebunden sein wie bei einem, den man fest an ein Seil nimmt, um ihn wider seinen Willen ziehen und führen zu können; oder auch wie bei einem Pferd, das man zäumt, um es zurückzuhalten, wenn es drauf und dran wäre, in einen Graben zu stürzen. Die Lenden bedeuten die sinnlichen Freuden: die soll man binden und zäumen und zusammengürten und ihnen keine Freiheit lassen. Der zweite Punkt: „Ihr sollt brennende Lampen in euren Händen tragen." Das bedeutet die Werke der Liebe. Ihr dürft niemals aufhören, Werke der wahren, brennenden Liebe zu vollbringen, innen und außen, soviel ihr (nur) könnt, am meisten in euren wechselseitigen Beziehungen, in aller Aufmerksamkeit, und soweit eure Kraft reicht. Der dritte Punkt: Ihr sollt auf euren Herrn warten, bis er von der Hochzeit zurückkehrt: „Selig und abermals selig sind die Knechte, die der Herr wach findet, wenn er kommt. Er wird sie über all sein Gut setzen; er wird sich schürzen und sie bedienen." Diese Hochzeit, von der der Herr kommt, findet im Allerinnersten der Seele, in ihrem Grunde statt, dort, wo sich das edle Gottesbild findet. Wie nahe da Gott der Seele ist und die Seele Gott und welch wunderbares Werk er da vollbringt und welche Freude und Wonne da Gott erlebt, das geht über alle Sinne und jegliche Verstandeskraft, und der Mensch weiß und merkt noch nicht einmal etwas davon.

Die Menschen aber, an denen Gott solche Freude erlebt und mit denen er jene Hochzeit feiert, sind die, welche Herz und Sinn auf Gott gerichtet und von der Welt und allen Geschöpfen abgewandt haben; sie leitet der ewige Wille, ihm allein zu leben. Was die Menschen betrifft, die ihr Genüge finden an den ihnen eigenen Dingen, die nicht Gottes sind, sie seien lebend oder tot, mit Willen und Wissen, mit denen hat Gott nichts zu schaffen.

Aber auch die wartenden Leute läßt der böse Feind nicht aus den Augen. Bleibt der Herr zu lange aus, so kommt *er* und bringt ihnen etwas mit, das außen oder innen ihr Wohlgefallen erregt; (und er will, daß) sie sich daran genügen lassen. Davon sollst du nichts halten, sondern wachsam bleiben. Selig sind die Knechte, die (auf den Herrn) warten; zwar wissen sie die Stunde seiner Ankunft nicht, ob es in der ersten, zweiten oder dritten Nachtwache sein wird. Denn er wird sie bedienen, und das soll heißen: er wird ihnen schenken, sie gewahren lassen einen Vorgeschmack der verborgenen Wonne der Hochzeit; und *so* wird er sie stärken, daß ihnen das Warten nicht zu sauer werde. Und dadurch, daß er sie die Lieblichkeit seines Wohlwollens kosten läßt, stärkt er sie, damit sie des Wartens bis zu seiner Ankunft nicht überdrüssig werden.

Nun erläutert Sankt Gregorius ein Wort im Psalter: „Ich bin geflohen und in der Einsamkeit geblieben." Wenn der innere Mensch so lange gewartet hat, gewartet und wiederum gewartet, soll er alle Dinge fliehen und in der Einsamkeit bleiben. Diese Einsamkeit besteht darin, daß er nicht allein die äußere Zerstreuung hinter sich läßt, sondern auch die der inneren Kräfte, das heißt die darstellenden Kräfte mit ihren Bildern, die Werke der Einbildungskraft und die Gedanken, und daß der Mensch sich von aller Bildhaftigkeit abkehre und in der Einsamkeit verbleibe. Und hat der Mensch in dieser Entsagung alles überwunden und durchgehalten, dann kommt der Herr, auf den er gewartet hat, in einem Augenblick und erhebt ihn in diesem über alle Dinge und entschädigt ihn für sein langes Warten. Dann beugt er ihn aufs neue, damit er in diesem (göttlichen) Erleben sich nicht überhebe, und drückt ihn nieder. Von diesem Zustand sprach Jeremias: „Nicht habe ich mich im Anblick deiner Hände gerühmt, denn dein Drohen hat mich in Schrecken versetzt."[4]

4 Vgl. Anm. 2.

Was sollen diese Worte bedeuten? Wenn der Mensch zur Ruhe seines Inneren gelangt, in sein eigen Selbst, kommt Gott mit Drohungen über ihn und erfüllt ihn mit Schrecken, ganz so, als ob er ihm mit beiden Fäusten drohte. Die erste Faust, mit der er droht, ist eine Finsternis, die ihn innerlich umgibt, und ein langer, einsamer Weg, auf dem er nichts weiß und nichts besitzt. Darüber hinaus fällt alles (erdenkliche) Unglück über ihn: Sünde, Prüfung, Stolz, Unreinheit, Glaubenszweifel, all die Versuchungen, deren er sich ledig hielt und die er seit langem glaubte überwunden zu haben. Das flößt ihm großen Schrecken ein, und er empfindet es als Drohung. Die andere Faust, mit der Gott dem Menschen droht, ist der Gedanke an das furchtbare Gericht. In dieser Hinsicht hält der Mensch keinen anderen Platz sich angemessen als den untersten Grund der Hölle. Diese beiden (drohenden) Fäuste lasten gar sehr auf dem Menschen; mit all diesem Drohen will Gott (in dem Menschen) den bösen, vergifteten Grund der Hoffart austilgen.

Wer die Drohung dieser beiden Fäuste recht gewahrt, in dem wird jede Begehrlichkeit gründlicher ausgelöscht, als dies durch jahrelange äußere Übungen geschehen könnte. Wenn der Mensch sich nun wie der Prophet in die Einsamkeit zurückgezogen, dort seine Wohnstätte aufgeschlagen hat und aller Sturm in ihm gestillt ist, alles Denken, jedes Bild, jede Form: dann kommt Gott und sein heiliger Engel und wecken in ihm in einem Augenblick die tätige Liebe, die im Innern des Menschen wohnt, oder erinnern ihn an seine Aufgabe, die ihm für die heilige Christenheit auferlegt worden war oder für die Toten oder die Lebenden. Ihrer wird er in einem Augenblick gewahr. Unser Herr verfährt nun so, als ob er sagte: „Du hast nicht nötig, mir etwas zu sagen, ich weiß wohl, was du willst und wünschest." Und er erfüllt ihm sein Begehren. Das geschieht, wenn man im Geist (auf das Kommen des Herrn) wartet, wie (es) die wahren Anbeter (tun).

Aber auch der Feind sucht die Menschen (in ihrer Einsamkeit) heim und prüft, ob er nicht etwas für sich gewinnen könne; er erweckt und regt leidvolle Gedanken auf und stellt sie den Menschen vor Augen. Ihnen soll der Mensch keine Aufmerksamkeit schenken, sie an sich vorüberstreichen lassen, damit er daran keine Freude finde, und sich in seinen Gedanken nicht mit ihnen befassen; dann muß der Feind mit Schande bedeckt und mit leeren Händen seines Weges ziehen. Und der Mensch wird durch solche Anstöße ganz besonders (für Gott) bereitgemacht.

In manchen Ländern findet man Leute, die einer falschen Untätigkeit pflegen und alle Tätigkeit abweisen; sie hüten sich sogar vor guten Gedanken und sagen, daß sie in Frieden seien; und auch Übungen der Tugend wollen sie nicht vornehmen und (behaupten), sie seien darüber hinausgekommen. Sie haben einen kleinen Teufel bei sich wohnen, der alles unterbindet, was sie von innen oder außen auf irgendeine Weise aus ihrem (falschen) Frieden vertreiben könnte, in ihrem Denken oder sonstwie; er erhält sie in diesem Frieden, damit er sie später (in ihrer Todesstunde) mit sich führen könne in ewigen Unfrieden, in seine Hölle; aus diesem Grund bewahrt er ihnen ihren falschen Frieden.

Die Gerechten handeln anders: sie üben sich innerlich und äußerlich, und sie gehen geduldig die Wege, die der Herr sie führt: Versuchung und Dunkelheit; sie behaupten nicht, den Frieden gefunden zu haben; aber sie leben auch nicht in Friedlosigkeit, denn sie gehen den engen Pfad zwischen Frieden und Friedlosigkeit, zwischen (vermessener) Hoffnung und übertriebener Furcht, zwischen Sicherheit und Zweifel. Und leuchtet wahrer Friede in sie und Freiheit des Geistes und Sicherheit, so senken sie all dies sogleich in den Grund, ohne ihm anzuhängen.

Die Menschen, meine Lieben, die diesen engen Weg gehen sollen, müssen vor allen Dingen darauf sehen, fest und ausdauernd in die Fußstapfen unseres lieben Herrn Jesus Christus zu treten. Je fester und ausdauernder ein Mensch dies tut, um so lauterer wird er. Dann lösen sich die drohenden Fäuste (Gottes) und wandeln sich in gütige liebevolle Hände: dann nimmt der Herr diese Menschen in seine väterlichen Arme und führt sie hoch hinauf, weit über alle Dinge. Dabei fallen alle geschöpflichen Dinge von dem Menschen ab, und alles, was nicht lauter Gott ist, verdrießt ihn. Nun läßt der Herr ihn die schweren, dunklen Wege sehen und die engen Pfade, die er durchschritten hat; niemand kann ihm mehr schaden, und er wird für all sein Elend entschädigt.

Das gilt aber nicht für die freien Geister, die sich einer falschen Freiheit rühmen, auch nicht für die, welche mit einer falschen Tatenlosigkeit und einem falschen Frieden prahlen, auch nicht von denen, die auf den Frömmigkeitsübungen beharren, die sie sich nach ihrer eigenen Weise selbst gegeben haben, und die vielleicht vierzig Jahre oder mehr daran festgehalten und große Werke verrichtet haben. Diese alle wollten *nicht* den engen Weg gehen. In einer großen Gemeinschaft sind vielleicht kaum einer oder zwei, die diesen Pfad gehen wollen. Und alle, die mit ihnen leben, sollten diese Menschen unterstützen und sie (zu diesem Werk) vorbereiten. Aber man mißhandelt sie vielleicht gar und fährt sie an. Das mußt du erleiden, und entfährt dir wohl auch einmal eine harte Antwort oder ein schmerzliches Wort, so wende dich sogleich auf dich selbst zurück; bekenne deinen Fehler, und laß ihn dir leid sein. Schweig stille, und nimm dergleichen als von Gott geschickt, damit du dich dadurch selbst erkennest; denn hättest du (den Menschen gegenüber) viel Geduld gezeigt, so könntest du darob hochmütig werden. Demütige dich darum, und schreite voran: alles ist bestimmt, dich zu bereiten, es sei krumm oder gerade; alles kommt dir zugute, wenn du nur aufmerksam und strebsam bist. Wer des Herrn so mit wachenden Augen wartet, wie es der Heilige, dessen Fest wir heute feiern, Augustinus, getan hat, dem wird der Herr dienen und ihm volle Freude zuteil werden lassen, wie er auch diesem Heiligen getan hat.

Daß dies uns allen zuteil werde, dazu helfe uns Gott. AMEN.

Dilectus meus loquitur mihi: Surge, propera, amica mea, et veni
Mein Geliebter sagt mir: Auf, Freundin, eile und komme! (Hohel. 2, 10)

79

Diese Predigt über die Worte der Braut im Hohenlied spricht von vielen Bedingungen, die eine Braut Gottes erfüllen muß, damit der göttliche Friede innerlich in ihr wohne und sie über drei Gegner siegen könne: die Welt, den bösen Geist und das eigene Fleisch.

DIESE WORTE SPRICHT die Braut im Hohenlied: „Mein Geliebter sagt mir: Auf, meine Freundin, eile und komme!" Wer eine besondere Freundin unseres Herrn sein und wissen will, ob sie eine ausgewählte Braut unseres Herrn sei, soll wohl beachten, ob sie die folgenden Bedingungen erfülle; tut sie das, so ist sie zweifellos eine ganz auserwählte Braut Gottes. Die erste Bedingung ist, daß sie mit unserem Herrn in solchem Frieden sei, daß kein Geschöpf sie dieses Friedens in ihrem Inneren berauben kann. Darüber sagte der Prophet: „Im Frieden ist meine Wohnstätte." Eine auserwählte Braut unseres Herrn soll sich so verhalten, daß sie auf alle Dinge verzichten könne. Wer wegfährt, fahre weg; wer bleibt, der bleibe, (derart,) daß (dadurch) ihr göttlicher Friede innen unversehrt bleibe und sie in Gott und durch ihn auf alles verzichten könne.

Nun könntest du fragen, wem gegenüber du Frieden bewahren sollst. Drei Widersachern gegenüber sollst du Frieden bewahren: der Welt, dem Feind, deinem eigenen Fleisch.

Wie nun gegenüber der Welt? Daß du nicht darauf achtest,

was die Welt dir tun mag, ob sie dir nehme oder gebe: dahin gelangst du mit Hilfe vollkommener Geduld.

Das zweite: den Frieden zu bewahren gegenüber dem bösen Feind. Dazu kann der Mensch kaum je kommen; der Feind streitet je und je wider ihn; er bringt stets etwas herbei und geht mit all seinen Werken, seinem Tun und Lassen darauf aus, den Menschen zu hindern. Die feurigen Strahlen des Feindes überwindet der Mensch mit nichts so vollkommen als mit innigem, andächtigem Gebet; das versenkt und verjagt den Feind und schlägt ihn in die Flucht mit all seinen Listen; wenn daher der Mensch die feurigen Pfeile sieht, die auf ihn zufliegen und ihm seinen geistlichen Frieden rauben wollen, so mache er sich sogleich mit Nachdruck an sein inniges Gebet; er achte der Hindernisse nicht; nichts ist dem bösen Feind widerwärtiger, und so wird der Mensch aller Hindernisse ledig. Vom heiligen Bartholomäus wird erzählt, daß während seines Gebetes ihm der Teufel zugerufen habe: „Ach, du verbrennst mich mit deinem Gebet, und mit deinen feurigen Banden hast du mich gebunden!"

Die dritte Bedingung ist: Du sollst Frieden haben mit dir selber. Aber wie? Du sollst deinen Leib dem Geist in allen Dingen unterwerfen, daß du jenen jederzeit in Gewalt habest, daß er dich auf keinem der Wege hindere, die Gott dich gehen heißt. So taten die Heiligen, so daß sie ihren Leib jederzeit beherrschten; und sie hatten ihn auch so gewöhnt, daß er, wenn der Geist es wollte, hervorsprang, als wolle er sagen: „Ich will vor dir da sein!"

Durch vier[1] Mittel vermag der Mensch die Herrschaft über seinen Leib zu gewinnen. Das *erste,* daß du ihm etwas an Essen, Trinken, Schlafen und jeder Bequemlichkeit verweigerst; und siehst du, daß er Böses tun will, so lege ihm Zügel an mit starker Bußübung.

Das *andere* besteht darin, daß du feind seiest dem Durst der Welt, ihren Sorgen und allen weltlichen Dingen. Laß die Toten ihre Toten begraben, folge du Gott nach; dir sterben Freunde,

---

[1] Stillschweigende Verbesserung: Tauler spricht im Text von drei Mitteln, behandelt aber deren vier.

sie kommen oder gehen, Kummer, Ehre, Reichtum wird ihnen zuteil, was es auch sei: freust du dich dessen oder bereitet dir das Sorgen, so besitzest du noch nicht den Geist des Verzichtes, von dem wir sprechen. Eine Heilige sagt: „Mit wem du dich freuest oder dich betrübest, mit dem zusammen sollst du beurteilt werden." Sankt Paulus schreibt: „Ihr sollt euch im Hinblick auf die Welt für tot erachten." Ein Toter kümmert sich nicht darum, ob du ihn lobst oder schiltst, ob du gibst oder nimmst; ein Toter oder ein Sterbender gäbe auf all das Gold, die Edelsteine, auf alle Ehre oder Freude, auf Freunde oder Trost gar nichts. Du sollst es halten wie ein Einsiedler, der im Wald lebte, zu dem sein leiblicher Bruder kam und sagte: „Lieber Bruder, ich bin in großer Not, ein Karren mit viel teurem Gut ist mir ins Wasser gefallen; hilf mir ihn herausziehen!" und schrie und weinte und bat ihn gar sehr. Der Waldbruder aber antwortete: „Wende dich an den Bruder, der dort in der Nähe wohnt, was störst du mich?" Der Flehende erwiderte: „Dieser Bruder ist seit einem Jahr tot!" Jener entgegenete: „Ich aber bin vor zwanzig Jahren gestorben!" ließ ihn gehen und kümmerte sich nicht um ihn.

Das *dritte* Mittel besteht darin, daß du ein auf Gott gerichtetes Gemüt habest und allezeit in seiner Gegenwart lebest. Wahrhaftig, willst du den Schöpfer der Geschöpfe besitzen, so mußt du auf die Geschöpfe verzichten. Es kann nicht anders sein: je mehr deine Seele entblößt und entleert[2] ist, je weniger der Geschöpfe darin weilen, um so mehr Gott: das ist ein Tausch zu gleichen Bedingungen (auf beiden Seiten). Sankt Augustinus sprach: „Der Mensch, dem an Gott nicht genügt, ist zu habgierig; was kannst du dir wünschen, das du bei ihm nicht fändest?" Bedenke: was ein einziges Herz zu ersinnen vermag, findest du tausendfältig bei ihm; willst du Liebe oder Treue, Wahrheit, Trost oder stete Gegenwart, all dies ist bei ihm, ohne Ausnahme, über alles Maß oder jede Art hinaus. Begehrst du Schönheit: er ist der Schönste; Reichtum: er ist der Reichste; suchst du Gewalt: er ist der Gewaltigste; was je ein Herz verlangen kann,

[2] Vetter 425,32 und der LT, AT lesen „geteilet", was kaum sinnvoll ist. Der KT gibt durch seine Wortwahl „geledicht" eine brauchbare Klärung.

findet man tausendfach bei ihm. Dies alles findest du an dem einfachen, allerbesten Gut, das Gott ist. Darum treibe aus, jage fort alle Geschöpfe mit all ihrem Trost. Sag: „Geh weg von mir, du bist nicht der, den ich suche, nach dem ich verlange, den ich liebe; es sei Ehre, Reichtum, Freude, Freundschaft." Sprich: „Geh fort, weg von mir! Laß sein, laß fallen; ich kümmere mich nicht um dich!"

Woher kommt es, daß dir Gott so fremd ist und dir seine liebreiche Gegenwart so oft verlorengeht? Das hat keine andere Ursache als *die,* daß dein Geist weder frei noch unbeschwert ist, daß du mit den Geschöpfen beschwert und durch sie entstellt bist. Davon sprach Sankt Bernhard: „Betrachtung ist nichts anderes als ein Anhangen an Gott, verbunden mit einem Vergessen aller zeitlichen Dinge." Und Augustinus: „Wer frei von irdischen Gedanken ist, der haftet an den Dingen, die Gottes sind", und auch: „O guter Jesus, meine Seele begehrt unaussprechlich nach deiner Liebe." Ich bitte dich: laß mich zur Betrachtung geführt werden, zu deinem Kreuz, gezogen zur allerheiligsten Lieblichkeit deiner Menschwerdung, damit ich der Nichtigkeit und den Anfechtungen dieser Welt widerstehen kann; ich begehre, entrückt zu werden in den Himmel, um das Geheimnis der Sakramente Gottes zu schauen! Möchte ich zunehmen in geistlichen Dingen und entrückt werden, deine göttliche Dreifaltigkeit zu erblicken, damit ich in allen meinen Werken deinen göttlichen Willen erkenne und ich in deine Bande gebunden werde; und sollte ich nur auf die erste oder zweite Stufe gestellt werden, daß ich ohne Zögern mich wieder in die Höhe hebe. Und sähe oder hörte ich irdische[3] Dinge, daß ich sie nicht beachte, ihnen gänzlich sterbe und nur dir allein lebe!

Du sollst ein Ding wissen: wärest du nur frei[4] von geschöpflichen Bildern, so müßtest du Gott ohne Unterlaß besitzen; denn er könnte sich weder im Himmel noch auf Erden zurück-

---

[3] Statt Vetter 426, 24 „ersten" empfiehlt sich mit Corin, Wi 2, S. 297, 13 „irdensche" zu lesen. Vgl. Lesarten und den Hinweis in App. (3) ebd.

[4] Der Zusatz zu „leidich" — s. Corin, Wi 2, S. 297, 15 und Lesarten — „der bilde" bei Vetter 426, 26, in den Drucken, dem LT, AT, KT, läßt die Bedeutung jenes Wortes (= ledic) deutlich werden.

halten, er müßte in dich kommen; und hätte er es geschworen, er müßte sein Wort rückgängig machen und in dich kommen und deine Seele erfüllen, falls er sie leer fände. Aber wende es, wie du willst! Solange die Geschöpfe in dir sind, mußt du Gottes leer sein und seiner entbehren. Nimmst du ihm des Seinen ein kleines, so nimmt er dir ohne Zweifel ein ungemessen Teil des Großen, Unermeßlichen, das er ist. Man erzählt, daß eine schöne weiße Frau ein Kind gebar, das war schwarz wie ein Mohr; da klagte man Meister Albert dieses große Leid; er fand das Bild eines Mohren, das die Frau betrachtet hatte, und sprach: „Frau, ich habe eures Kindes Vater gefunden"; und das erhärtete er mit einer Henne, die er einem Sperber gegenübersetzte; der Anblick führte dazu, daß alle Küken der Henne wie Sperber aussahen. So wird vom Anblick des Göttlichen in dir Göttliches, von dem der Geschöpfe Geschöpfliches erzeugt.

Das *vierte* Mittel ist: du sollst deine natürlichen Sinne gezähmt und sie allezeit in der Gewalt haben: du sollst sehen und doch nicht sehen, weder Augen noch Ohren auftun zu irgendeiner Nichtigkeit, deinen Mund nur, um etwas Nützliches zu sagen, deine Hände, Füße, irgend etwas deines Betragens in strenger Zucht, in Gewalt und in Schutz halten, damit nichts in dich gelange noch an dir gesehen werde, als was durchaus göttlich ist. Sankt Augustinus sprach: „Wir sollen sterben und doch nicht sterben, unsere Natur mit Gewalt unterdrücken und unsere Sinne. Ist unser Gott Herr, so werden wir zweifellos auch Herren unsers Selbst werden."

Daß uns dies zuteil werde, gewähre uns Gott. AMEN.

Revela Domino viam tuam
Stelle deinen Weg dem Herrn anheim (Ps. 36, 5)

80¹

Diese Predigt enthält nützliche Anweisungen über den guten Gebrauch des Tages, die Beobachtung der Regeln, wie des Fastens und des Schweigens, auch über das Verhalten bei der Betrachtung.

DIES SCHREIBT DER PROPHET im Buch der Psalmen: „Stelle deinen Weg dem Herrn anheim; hoffe auf ihn, er wird's schon (gut) machen." Diese Worte sollte der Mensch sich (stets) vorhalten; denn für alles, dessen man zu einem Gott wohlgefälligen Leben bedarf, findet *der* hier einen Weg, der zu suchen versteht. „Stelle deinen Weg dem Herrn anheim; hoffe auf ihn, er wird's schon (gut) machen." Nun will ich euch, liebe Schwestern, (in Erläuterung dieser Worte) sagen, welches eure Übungen (der Frömmigkeit) sein sollen, innerlich und äußerlich, im Geist und in der Natur. Wenn man guten Wein hat, muß man auch ein helles Faß haben, um den Wein darin aufzubewahren; desgleichen schafft eine gute, wohlgeordnete Natur einen guten geordneten Grund, gute Werke, gute Übung.

Diese Übungen bestehen im Fasten, Wachen und Schweigen. Aber wie soll dies Fasten beschaffen sein? Die Schwestern, die es ohne Schwächung können, mögen die durch die Regel vorgeschriebenen Fasten halten; doch dränge ich nicht dazu. Aber

¹ Der Text in Wi 1 und Wi 2 voneinander abweichend; auch ist Taulers Verfasserschaft nicht außer Zweifel.

dies soll eure Weise sein: esset des Morgens, wessen ihr bedürft, des Abends jedoch sehr wenig; das ist gut für Geist und Natur. Dabei überlasse ich eurer Entscheidung, wie gut des Morgens die Speise sein solle, nach eurem Bedarf und dem Nutzen.

Ferner soll man des Abends zeitig zur Ruhe gehen, gleich nach der Komplet, so daß man nach Mitternacht um so frischer sei und sich um so nachdrücklicher Gott zuwenden könne. Kann aber jemand des Abends nicht schlafen, so verhalte er sich ruhig und nehme sich das vor, was er nach den Metten tun wollte.

Lernet stets im Frieden bleiben, wie die Dinge auch kommen mögen. Nach den Metten bleibet etwa für die Zeit einer Singmesse im Chor: da habet acht auf euer Herz und euren Grund[2]; wird euch aber der Kopf schwer und fühlt ihr euch müde, so geht in eure Zelle, wo ihr am wenigsten gehindert seid, zu eurem Bett, oder legt euch darauf, und kehrt euch ganz zu euch selbst; in der bequemen Lage gelingt das besser denn sonstwo; denn wenn eure Natur rastlos ist und gequält wird, dann wird sie grob und zerstreut, und der Mensch schläft dann nur um so tiefer und reichlicher.

Einmal in Ruhe soll dann der Mensch diesen Vers (zur Betrachtung) vornehmen: „Offenbare dem Herrn deinen Weg, und hoffe auf ihn; er wird es schon (gut) machen." Was bedeutet das nun, daß du unserem Herrn deinen Weg offenbaren sollst? Sind ihm doch alle Dinge offen und bekannt! Das bedeutet: Du sollst dir selber deinen Weg offenlegen und erkennen, welches dein Weg sei. Der erste Schritt (dieser Betrachtung) ist der Anblick und die wahre und tiefe Erkenntnis deiner Fehler. Auf diese Weise beginnen alle auserwählten Gottesfreunde. Und seine Fehler, welche das auch seien, soll man Gott klagen, und welche Gnade oder Tugend, oder was sonst du begehrst, sollst du (ihm als) deinem einzigen liebsten Freund offen sagen und darlegen, alle deine Bekümmernis und deine Fehler ihm klagen und ihm unbesorgt vertrauen. „Er wird es schon gut machen."

Glaub ihm allein! Beteten zwei Menschen zu unserem Herrn,

[2] Vgl. Wyser, a. a. O. S. 220: „ ,herze', praktisch synonym mit ,grunt' gebraucht". Hinweis auf: A. Vogt-Terhorst, Der bildliche Ausdruck in der Rede Joh. Taulers (Breslau 1920), S. 33.

der eine um etwas Großes, dessen Verwirklichung unmöglich erschiene, und vertraute gänzlich unserem Herrn, der andere um eine kleine, unbedeutende Sache, (jedoch) ohne Gott völlig und gänzlich zu vertrauen; der, welcher um die große Sache bäte, deren Verwirklichung unmöglich schiene, würde dank seines großen Vertrauens besser und viel eher erhört werden als der andere mit seiner kleinen Angelegenheit. „Dem, der glaubt", sagt Christus, „sind alle Dinge möglich." „Glaubt", das heißt: „vertraut Gott". Er wird es schon gut machen. Gott und der Prophet lügen nicht. Vertraue auf ihn! Wie ihn niemand zuviel lieben kann, so kann ihm auch niemand zuviel trauen. Was du mir oder irgendeinem Lehrer oder guten Freunde sagen oder klagen würdest, das klag alles ihm, und bringe es ihm dar. „Und er wird es (gut) machen." Er wird es hunderttausendmal lieber tun als du, es zu empfangen. Er gibt viel tausendmal lieber, als der Mensch gerne nimmt. Willst du deine Sünden ausgelöscht sehen und Gnade empfangen, traue ihm allein in vollem Vertrauen, ohne (jedoch dabei) verkehrt leben zu wollen. So werden hier Tugenden gewonnen und Untugenden abgelegt. Geschähe es nun, daß der Mensch sich (in der beschriebenen Weise) nach innen kehrt und von unserem Herrn nichts Sonderliches erfährt, so nehme er in Gottes Namen für sich seine gute gewöhnliche Übung vor, welcher Art sie auch sei und wozu er die meiste Gnade verspüre, es sei das Leben unseres Herrn, sein Leiden oder seine Wunden.

Das alles darf keinerlei eigensüchtiges Wollen mit sich führen, derart, daß, wollte Gott diesen Menschen nach innen ziehen, er ihm sogleich folge. Ziehet ihn Gott nun noch stärker nach innen, so darf er nicht mit seinen Sinnenkräften suchen, was das sei und wie es sei, er soll in aller Schlichtheit alles Gott überlassen und ihm anbefehlen. Er wird schon handeln, hoffe nur! Kommt dir der Gedanke, für jemanden zur bitten, oder der Gedanke an deine Mängel, biete ihm diese Gedanken in aller Schlichtheit dar: „Hoffe auf ihn, er wird es schon gut machen."

Laß niemals Schwermut dich überkommen, denn sie hindert dich an allem Guten. Wirst du dessen gewahr, daß Gott dich nach innen ziehen will, laß alles fallen, folge Gott einfach, laß alle deine bildhaften Vorstellungen fallen. Kommen dir irgendwelche Gedanken dazwischen, laß sie fallen, sollten es (selbst) göttliche Erleuchtungen sein. Maße dir nichts an durch deine Sinne; kommst du mit all dem nicht zum Ziel, leg es auf Gott: „Er wird es gut machen." Dann wird gegen Morgen der Schlaf über dich kommen; dieser Schlaf gibt der Natur viel Kraft; Natur und Vernunft wird geläutert, der Kopf gestärkt, der Mensch den Tag über friedlicher, gütiger und ruhiger, dank der innerlichen Übung, durch die er sich mit Gott vereinigt hat. Davon werden alle seine Werke gut geordnet; und hat ein solcher Mensch sich zuvor auf seine Tätigkeit vorbereitet und seine Lebensweise auf die Tugenden gebaut, so wird seine Arbeit, wenn es dazu kommt, tugendhaft und gotterfüllt.

Widerfährt es dir, daß du während deiner Einkehr ein wenig schläfst oder wider Willen einnickst, beunruhige dich nicht; eine schlummernde Einkehr ist oft besser als viele äußere mit den Sinnen faßbare Übungen im wachen Zustand. Beginn von neuem: „Auf das Herz zu Gott!", du kommst nie zu oft zu Gott. Wende deinen Grund zu ihm; sprich mit dem Propheten: „Mein Blick sucht dein Antlitz; wende nicht dein Gesicht von mir." so kehre deine Augen, deinen befreiten Grund Gott zu[3]. Wenn das namenlose Innere sich so innerlich Gott darbietet, so bietet sich danach oder zugleich damit alles dar, was im Menschen Namen hat, und antwortet dem, was in Gott ist. Dem entgegen bietet sich das Ungenannte und Unbekannte und alles das, was in Gott einen Namen hat, dem Menschen in seinem Grunde dar. Dafür ist ein großer Vorteil, daß der äußere Mensch in Ruhe sei, daß er sitze und schweige und nichts Äußeres ihn störe, auch an seinem Körper nicht. Meine lieben Schwestern! Um dieser Ruhe willen wird Gott euch das Himmelreich und sich selbst geben.

Betrachten wir jetzt den folgenden Vers: „Et deducet quasi lumen iustitiam tuam", das heißt: „Er wird erleuchten deine Gerechtigkeit wie ein Licht." Worin besteht unsere Gerechtigkeit? Daß wir uns selber erkennen. Sankt Bernhard sagt: „Die

---

[3] Wi 2, S. 248, 1 ff.: „Ker dinen grunt in zů yme . . .", der LT: „. . . so kere deynen innewendigenn grundt eyn tzu ym . . ."

höchste Erkenntnis, die beste, die, welche uns am nächsten zu Gott führt, ist die Erkenntnis unserer selbst." Meine Lieben! „Er wird deine Gerechtigkeit wie ein Licht erleuchten." Eure Gerechtigkeit wird in würdiger Weise geleitet durch die Beobachtung der Regel eures Ordens und vor allem durch das Gebot des Schweigens. Dem sollt ihr eifrig zu allen Zeiten, an allen Orten nachstreben, wie euch vorgeschrieben ist. Worum ich euch im Namen Gottes bitte, daß ihr das Gebot des Schweigens zu allen Zeiten befolgt und euch fernhaltet von allen Menschen und besonders von denen, die das nicht erstreben und suchen, was ihr selbst (als Ziel) verfolgen wollt, wer und welcher Art die auch immer seien: mit denen sollt ihr nicht viel reden, sondern nur freundlich „ja" oder „nein" sagen. Rügt man euch (wegen dieses Verhaltens), laßt reden, es sei denn diese Menschen wollten euch auf eurem Weg zu Gott folgen. Ich bitte und rate euch, erlaubt keinem Fremden, dessen Grund ihr nicht kennt, in das Innere eurer Seele einzudringen. Haltet euch frei von allem menschlichen Einfluß, wenn ihr nicht in die Irre gehen wollt. Ihr habt so viel gehört und besitzt so viel Geschriebenes, daß euch das genügen kann. Bleibet bei euch selbst, und kehrt euch nicht denen zu, die große Worte machen. Bleibt bei eurem inneren Menschen.

Dann heißt es in der Schrift weiter: „Et judicium tuum tamquam meridiem — Und dein Urteil sei wie der (helle) Mittag!" Welches deiner Urteile soll so erhellt werden? *Das*, wodurch du dich selbst verurteilst. Paulus spricht: „Verurteilen wir uns selber, dann werden wir nicht verurteilt." Welcher Mensch das recht betrachtete, wie hoch, edel und lauter er in seiner Ungeschaffenheit war und wie schwach und jenem Zustand ungleich er jetzt ist in seiner Geschaffenheit, der müßte sich wohl selbst verurteilen und zu einer gar deutlichen Erkenntnis seiner Kleinheit kommen: könnte er zunichte werden, er würde es gerne. Denn ein ganz unbegreifliches Urteil entstünde aus solcher Erkenntnis. Steht der Mensch unter diesem unermeßlichen Urteil, so wird sein Urteil hell wie der Mittag.

Das ist so: im Sommer, wenn die Sonne zu Mittag heiß scheint, verbrennte sie Kraut und Gras, würde sie nicht durch die Wolken (in ihrer Hitze) gemildert. Ebenso verfährt unser

Herr mit seinen Leuten: er muß mit seiner Gnade, die er in den Menschen strahlen läßt, das schreckliche Urteil mildern und (das Gefühl der) Vernichtung; sonst könnte der Mensch es ganz und gar nicht ertragen.

Etwas Ähnliches geschah einem Menschen, der in eine so große strahlende Hitze versetzt wurde, daß er glaubte, er müsse ganz und gar verbrennen; es dünkte ihn, er müsse zu reinem Nichts werden; unser Herr mußte die Empfindungen in diesem Menschen abschwächen.

Nun fährt die Schriftstelle fort: „Subditus esto domino et ora eum — Unterwirf dich unserem Herrn und bete ihn an!" Von diesem Gebet in Unterwürfigkeit sollt ihr verstehen, daß es innerlich verrichtet werden soll mit einem vernünftigen, innerlichen, gegenständlichen Anblicken des Geistes, derart, daß der Mensch mit all seinen Fehlern und der Empfindung seines Nichts sich setze und niederlege unter die Pforte der großen Ehrwürdigkeit Gottes, wo Gott sich in Barmherzigkeit ergießt, und daß er Gott darbringe alles, was in ihm ist an Tugenden und guten Werken, und damit sich unter jene Pforte setze, wo sich Gott in Güte und Liebe ergießt.

So soll diese Unterwerfung und dieses Gebet aus dem Geist und der Vernunft sein; das ist euren vielen Vigilien und dem Lesen in eurem Stammbuch ebenso ungleich wie Laufen es gegenüber dem Sitzen ist.

Liebe Schwestern. Kehrt mit all eurem Fleiß und euren Übungen nach innen in den Grund, und bleibt nicht an äußerer Übung haften; begebt euch in den inneren Menschen, und wirkt von da aus all euer Werk, mag es sich nun um die (Betrachtung der) hohen, obersten Dinge handeln oder auch um das hohe, ehrwürdige Leiden unseres Herrn Jesus Christus. Besonders sollt ihr mit aller Andacht die fünf heiligen Liebeszeichen (des Heilandes) betrachten; die begehrende Kraft tragen und begraben in der ehrwürdigen Wunde des heiligen linken Fußes, die Zorneskraft in der des rechten; euren Eigenwillen legt in die Wunde der linken Hand. Dann kommt mit all der Mannigfaltigkeit eurer sinnlichen Kräfte; senket eure Vernunft in die Wunde der heiligen rechten Hand, damit er euren inneren Menschen leite

615

und regiere mit der göttlichen Kraft (dieser Hand). Eilt sodann mit eurer Liebeskraft in das göttliche, aufgetane, liebevolle Herz (unseres Herrn), daß er euch da mit sich vereine und eure Liebe und eure Gesinnung bis auf den Grund abziehe von alldem, was er (selbst) nicht lauter und dem göttlichen Sein nach ist; und daß er euch ganz und gar in sich ziehe mit all euren Kräften innen und außen, und dies alles durch seine heiligen, ehrwürdigen Wunden und sein bitterliches, großes Leiden.

Das alles sollt ihr mit innerem Fleiß betreiben. Das vollbringe Gott in euch nach all seiner Herrlichkeit. AMEN.

81

LIEBE SCHWESTERN! Ich rate, ermahne und bitte euch, Gott innerlich und lauter all eure Gebrechen zu bekennen, euch vor ihm von Grund aus schuldig zu nennen, eure Fehler vor ihm innerlich mit schmerzlicher und tiefer Reue zu bedenken (und) nicht danach zu trachten, äußerlich lange zu beichten, viele Einzelheiten zu erzählen von euren täglichen Verfehlungen. Das nämlich trägt euch wenig Fortschritte ein, und ihr nehmt den Beichtigern kostbare Zeit weg und macht sie verdrießlich und unlustig. Das Reden schafft die Gebrechen nicht weg. Ich habe es oft genug gesagt: der Beichtiger schafft diese Verfehlungen nicht weg; kein Priester kann das[1]. Wendet euch in euch und erkennt euch selbst. Denn dieses äußere Hersagen ohne innere Beteiligung bringt wenig Frucht, wenn es sich um Dinge dreht, die keine schweren Sünden sind; das ist das Kennzeichen eines dem inneren Bekenntnis gegenüber unbesorgten Menschen. Wo diese (nämlich) in Wahrheit stattfände, da verschwänden die täglichen (kleinen) Verfehlungen so gründlich von innen, daß man kaum eine oder vielleicht gar keine mit bestimmten Worten bezeichnen könnte. Und es ginge alles recht gut, wenn man (seine Verfehlungen) Gott gegenüber auf die angegebene Weise schlichtete.

[1] Vgl. hierzu Corin, Sermons III, 257, Anm. 3. Zweifellos dürfen diese auf eine ganz bestimmte Lage zugeschnittenen Ausstellungen Taulers nicht als Stellung gegen die Einrichtung der Beichte betrachtet werden.

All das betrifft die täglichen (leichteren) Verfehlungen. Vor schweren Sünden bewahre euch Gott!

Wollte doch der Mensch sich selbst innerlich untersuchen! Er hat es bitter nötig; denn gar manche Haut bedeckt seinen (Seelen)grund und hat ihn gar überwachsen. So deckt er sich selbst die Wahrheit zu, kennt sie nicht, weiß nichts von ihr. So viele Dinge kennt er, sich selbst aber nicht. Wohl dreißig oder vierzig Häute sind da, so dick und hart wie Stierköpfe. Das ist ganz wie bei der Gerbergrube[2], die ganz voll saurer Häute ist, eine unter der anderen bis auf den Grund. Das könnt ihr durch die Beichte nicht loswerden, wie ihr wohl glaubt. Welches sind denn diese Häute? Das ist all das, worin du dich und das Deine besitzest und liebst, im Sinn hast, suchst und genießest, all das, dessen wahre Ursache und (wahres) Ziel nicht Gott ist. Das sind alles Abgötter, die Bilder der Dinge, deine eigene Lust, Eigenwilligkeit, Befriedigung der Sinne in deiner (menschlichen) Natur: die bewahrt der Mensch, wie Rachel es mit den Götterbildern tat, indem sie sich auf sie setzte. Das ist Vermessenheit, Ungelassenheit, Unachtsamkeit und Unfleiß in allen göttlichen Dingen. Diese (Mängel) sind die Ursache all dieser Häute. Das alles läßt sich nicht vom Anfang bis zum Ende beichten; aber der Mensch soll nur darauf in seinem Innern achten und diese Fehler demütig vor Gott bekennen und sich ihm wahrhaft zu Füßen werfen. Wenn sich der Mensch in solcher Weise ganz und gar schuldig bekennt, wenn er sich mit allem Fleiß von seinen Gebrechen abwenden will, soweit das nur mit Gottes Hilfe möglich ist, dann wird noch alles gut.

[2] Sollte man hier bei „loche" (Vetter 275,14) statt an „louche" = „Zwiebel" (Wörterverzeichnis zu Vetter) nicht eher an „Lauge" im Sinn von „Gerbergrube" denken, ein Wort, das in dieser Bedeutung auch heute noch, z. B. in Sachsenhausen (Frankfurt a. M.), gebraucht wird? Lehmann übersetzt in diesem Sinn.

82

MIT FOLGENDEN WORTEN kann man im Schuldkapitel[1] seine täglichen Sünden bekennen: „Ich bekenne, gesündigt zu haben durch nichtige und nutzlose Gedanken, und zwar während des Stundengebetes und meiner eigenen Gebete; ich hätte ihnen mit guten Gedanken zuvorkommen sollen; aber das hat mangelnder Eifer verhindert; ferner habe ich gesündigt durch müßige und unnütze Worte; durch Nichteinhalten des Stillschweigens an Orten und zu den Zeiten, da zu sprechen verboten war; durch rasche und leere Worte, durch zu vieles Reden, harte, spöttische, unbedachte Worte, durch unangemessene, halbwahre, auch unfreundliche Worte; dann mit Werken: durch Vernachlässigung meiner selbst, des göttlichen Willens, meines Ordens, meiner Chorpflichten, der Regeln, durch Ungehorsam und Undankbarkeit; dadurch, daß ich Gott nicht geliebt und gelobt, seine Eingebungen nicht befolgt, meinen Schwestern kein gutes Beispiel gegeben habe, wie ich es hätte tun sollen, durch Vergehen gegen Armut, Reinheit, Gehorsam; daß ich all das nicht gehalten habe, was ich Gott und dem Orden versprochen. All dessen bekenne ich mich schuldig."

Solcher Art könnt ihr um die Nachlassung euer Sünden bitten

---

[1] Die Vermutung Corins, Sermons III, 261, Anm. 3, daß es sich um ein öffentliches Sündenbekenntnis im sog. Schuldkapitel handle, hat für einen Teil des Stückes gewiß manches für sich.

und dabei denken oder sprechen: „Lieber Herr, könnte ich dahin kommen und wäre ich frei, so wollte ich die Vergebung erbitten und erflehen, müßte ich auch durch Regen[2], Schnee, Nässe und Kälte hindurch."

„Lieber Vater! Weil ich nicht mehr (zu tun) vermag, so komme ich zu dir mit der Bitte, mir die Verzeihung meiner Sünden als freigebiges Almosen zu geben und die Gunst, an allen frommen Übungen teilzuhaben, die in unserer Kirche und allen anderen Orten geschehen. Erweise mir Gnade für all meine Sünden aus den fließenden Wunden deiner Liebe, aus denen uns alle Gnade zuteil wird."

Diese Bitte könntest du mit solchem Glauben und solchem Vertrauen in diese Worte aussprechen, daß du dadurch die ganze Welt (auf ihrem Weg zu Gott) voranbringen könntest.

---

[2] Die Annahme Corins, Sermons III, 262, Anm. 1, es könne sich bei Vetter 276, 14 um eine Vermengung mit dem Worte „Regen" handeln, scheint begründet, insofern dann die Aufzählung an dieser Stelle geschlossener ist.

Audi, Israel
O Israel, höre! (Deut. 6, 4)

83

Wie man in Gott, obwohl er ein ganz einfaches Wesen ist, mit Nutzen verschiedene Eigenschaften unterscheiden und nacheinander die Wirklichkeit, die alles übersteigende Güte, die geheimnisvolle Innerlichkeit, seine Einsamkeit und sein göttliches Dunkel betrachten kann.

MOSES SPRACH: „Israel, höre! Der Herr ist unser Gott, der Herr allein." Er ist einfachen Seins. Doch können wir großen Nutzen ziehen aus den besonderen, eigentümlichen, bestimmten Namen, die wir ihm zulegen, und aus (der Betrachtung) seines göttlichen Seins, mit dem wir unser Nichts vergleichen sollen. Aber während, wie ich schon öfters gesagt habe, der Mensch zu Beginn seine Betrachtung einem zeitlichen Gegenstand zuwenden soll[1], wie der Geburt, dem Werk, dem Leben und dem Beispiel unseres Herrn, soll er jetzt seinen Geist erheben und sich über die Zeitlichkeit in Gottes ewiges Leben und Sein erschwingen.

Der Mensch kann in diesen Eigenschaften (Gottes) sein eigenes Sein widerspiegeln in wirkender Weise, damit er sehe, daß Gott ein lauteres Sein ist, Sein allen Seins und doch keines von allen.

---

[1] Vetter 276, 26: Die Deutung Corins, Sermons III, 263, der das „vorher — nun" (bei Lehmann 2, 80 und Oehl S. 94) in den Gang der Betrachtungsübung einfügt, scheint mir dem Sinne angemessen.

In allem, was ist und Sein ist und Sein hat und gut ist, ist Gott. Sankt Augustinus sagt: „Wenn du einen guten Menschen, einen guten Engel, einen guten Himmel siehst[2], tu den Menschen, den Engel, den Himmel weg, und was übrigbleibt, ist das Sein des Guten, ist Gott; er ist ganz in allen Dingen und doch hoch über ihnen. Alle Geschöpfe haben Gutes (in sich), haben Liebe; aber sie sind nicht das Gute, sind nicht die Liebe usw. Aber Gott allein ist das Sein des Guten, der Liebe und all dessen, was man Sein nennen kann. Auf ihn zu soll der Mensch sich wenden und dahinein versenken mit all seinen Kräften, in wirkender, fühlender, schauender Weise, daß er von seinem Nichts ganz durchdrungen und (dies Gefühl) in ihm erneuert werde, daß er Sein empfange in dem göttlichen Sein, das allein Sein ist und Leben und Wirken in allen Dingen. Dann betrachte der Mensch die Eigenschaften der so einfachen Einheit (Gottes), denn Gott ist der letzte Inbegriff aller Einfachheit; in ihm ist alles Unterschiedene geeint und vereint in der Einheit *eines* Wesens. Sein Sein ist sein Wirken, sein Erkennen, sein Belohnen, sein Lieben, sein Richten, sein Erbarmen, seine Gerechtigkeit: all das ist (in ihm) nur eins. Dahinein wende dich, und trage dorthin deine unbegreiflich große Vielfalt, daß er sie eine in seinem einfachen Sein.

Dann betrachte der Mensch die unaussprechliche Verborgenheit Gottes, von der Isaias sprach: „Wahrlich, Herr, du bist ein verborgener Gott." Er ist in allen Dingen weit verborgener, als irgendein Ding im Seelengrunde (eines Menschen) sich selbst verborgen ist, verborgen allen Sinnen und ganz unerkannt innen im Grunde. Dahinein dringe mit all deinen Kräften weit über alle Gedanken, über deine äußerliche Äußerlichkeit hinaus, die so fremd, so fern sich selber ist und aller innerlichen Innerlichkeit wie ein Tier, das seinen Sinnen nachlebt, keine Erkenntnis, kein Bewußtsein, keine Erfahrung[3] besitzt. In diese Verborgenheit Gottes versenke dich, verbirg dich vor allen Geschöpfen

---

[2] Nach der Lesart des BT: „Siehst du . . .", bei Vetter, Lesart zu 277, 5 ff.
[3] Die wörtliche Übersetzung der Stelle Vetter 277, 26 — bei Lehmann 2, 81 und Oehl S. 95 — dürfte die Meinung Taulers kaum treffen.

und vor alldem, das dem Sein fremd und ungleich ist. Das alles darf nicht durch die Einbildungskraft geschehen oder in der Weise bestimmter Gedanken, sondern in wesentlicher, wirkender Weise mit allen Kräften und allem Verlangen über alles Sinnhafte hinaus in empfindender Weise. — Dann soll der Mensch betrachten die Eigenschaft der Einsamkeit Gottes in der stillen Leere, in der nie ein Wort in dem Sein nach seinshafter Weise gesprochen noch ein Werk gewirkt wurde. Denn (alles) ist dort so still, geheimnisvoll und leer. Darin ist nichts als die lautere Gottheit. Dorthin kam nie etwas Fremdes, kein Geschöpf, kein Bild, keine Form. Diese Einsamkeit meint unser Herr, wenn er durch den Propheten Oseas spricht: „Ich will die Meinen in die Einsamkeit führen und da zu ihrem Herzen sprechen." Diese Einsamkeit ist seine stille, einsame Gottheit: dahin führt er alle die, welche die Einsprechungen Gottes aufnehmen, jetzt und in Ewigkeit. In diese einsame, stille, freie Gottheit trag deinen unnützen, häßlichen Grund, in Gottes Einsamkeit deinen Grund, der überwachsen ist mit Unkraut, ledig alles Guten, voll der wilden Tiere, nämlich deiner Sinne und Kräfte, die tierischem, viehischem Verlangen nachgeben.

Dann betrachte das göttliche Dunkel, das infolge unaussprechlicher Klarheit allem Verständnis, allen Engeln und Menschen Finsternis ist, so wie der Glanz des Sonnenrades dem schwachen (menschlichen) Auge zur Finsternis wird. Denn aller geschaffene Verstand verhält sich nach seiner Natur gegenüber der göttlichen Klarheit so, wie das Auge der Schwalbe gegenüber der klaren Sonne, und muß in sein Nichterkennen und seine Blindheit zurückgeworfen werden, insofern es geschaffen und Geschöpf ist. Dem entgegen trage *deine* unergründliche Finsternis, die allen wahren Lichtes beraubt, allen Lichtes entbehrt, und laß den Abgrund der göttlichen Finsternis, sich selbst allein bekannt und allen (geschaffenen) Dingen unbekannt, (dich erleuchten). Dieser selige Abgrund, unbekannt und ungenannt, wird mehr geliebt und ziehet mehr Seelen an sich als alles, was sie erkennen können an dem göttlichen Sein in der ewigen Seligkeit.

84

GEGENSTAND OHNE ÜBERSCHRIFT und Thema, wird ein
Büchlein genannt, das von vier gar sorgenvollen, genau bestimmten Versuchungen spricht und davon, mit welchen Übungen man ihnen zuvorkommen und sie überwinden könne.

Dies hier ist eine nützliche und notwendige, liebevolle Rede
für alle deutschen Bücher, die sich an die Vernunft wenden, mit
fein unterscheidenden Gedanken zu einem innerlichen, entsagen-
den, abgeschiedenen geistlichen Leben. Im Namen der ewigen
Weisheit unseres Herrn Jesus Christus sollen alle, die dieses
Büchlein lesen oder anhören, wissen: daß, wenn die hier folgende
Lehre ganze, lautere, schlichte Wahrheit ist, sie dennoch all denen
sorgenvoll zu lesen ist, die ihr eigenes Selbst nicht freien Willens
gänzlich verleugnen und gelassen haben, jetzt und in Zukunft
in abtötender Übung ihres Fleisches und Blutes, ihrer Sinne und
der Werke ihrer Vernunft, wozu sie nämlich von Gott und seinen
vertrauten Freunden gemahnt und getrieben werden.

Jetzt herrschen vier schwere Versuchungen in der Welt.

Die erste besteht darin, daß man nach außen lebt nach der
natürlichen Verständigkeit der Seele, in Unachtsamkeit alles
inneren geistlichen Ernstes und in (geistlicher) Dürftigkeit und
nicht daran denkt, Gott zu leben mit großer innerer Liebe ohne
Unterlaß, wirksam und gegenwärtig, an ihm allein zu hangen
in lauterem, schlichtem Verlangen und mit lustvoller, wirklicher
Hinneigung zu seinem allerliebsten Willen und darin zu bleiben
im Haben oder Darben leiblicher und geistlicher Dinge.

Die zweite Versuchung besteht in inneren und äußeren Offenbarungen und Erleuchtungen, Gestalten, Ansprachen, Gesichten in fremder, ungewöhnlicher Weise; und wenn auch Gott seinen Freunden zuweilen einen Teil Wahrheit offenbart, so soll man doch diese Art nicht schnell glauben und ihr trauen, denn der Mensch, der davon viel halten wollte, hat wenig geistlichen Nutzen davon, aber weit mehr mannigfachen großen geistlichen und auch leiblichen Schaden.

Die dritte Versuchung ist ein Prunken mit vernunftgemäßer Wahrheit, die mit aller Unterscheidung ausgesprochen wird, aber zusammen mit der inneren Arbeit der Vernunft anzusehen ist, unter Anreizung und Lockung der großen Lust an dem natürlichen Licht, wobei man sich das Wohlgefallen an sich selbst nicht eingesteht; hierzu sind alle Menschen von Natur geneigt; diese Versuchung ist viel sorgenvoller bei einem Menschen ohne Selbstverleugnung, denn sie erzeugt geistliche Hoffart, ein verblendetes Leben und große Irrungen in geistlicher Form.

Die vierte Versuchung ist eine innere, nichtige, blinde Muße ohne wirkende Liebe und ohne Verlangen; sie besteht darin, daß man sich leiblich niedersetzt, in einem schädlichen Niederbeugen auf sich selber, in einem Entschlafen oder Entsinken in sich selbst; dies widerfährt einem beginnenden, einem jungen oder einem nicht beharrlichen Menschen; diese Menschen nämlich wollen sich dieser Übung mit Übertreibung zuwenden, halten zuviel davon und wollen sich allzeit ihr überlassen, als ob es der Friede und die Gabe Gottes wäre; hierbei werden sie aber gar schwer getäuscht, denn ihre eigene Natur und der böse Feind gibt ihnen diesen Rat und verleitet sie in sorgenvoller Weise.

Der Mensch aber, der diesen Anfechtungen entfliehen und Gott ehrlich und sich selber nützlich nach dieser hier niedergeschriebenen Lehre leben will, der soll sich mit geordnetem Ernste nach außen und innen üben, ohne allen Eigenwillen auf keiner Weise der Übung zu beharren, und emsig und in verständiger Weise auf Gottes Wirken in sich achten. Und die Weisen und Dinge, die ihn außen und innen am meisten zu guten Werken und zur Gottesliebe verlocken, die soll er nicht so bald verlassen, bis daß sie selber von ihm abfallen, es sei, daß ihm etwas Höheres gezeigt und bekannt würde. Doch die Zeit, in welcher der Mensch noch nicht vierzig Jahre alt ist, soll er nicht, weder nach innen noch außen, zuviel dem Frieden, dem Verzicht oder auch der Herrschaft (über sich selbst) vertrauen: denn all das ist noch gar sehr mit der Natur vermischt; und er soll mehr trauen und sich verlassen auf die tätige Liebe, innen und außen, und auch alle Entbehrung wirkender Liebe und innerer Ruhe hinnehmen und sich darin selber gedulden in sanftmütiger Demut. Wenn Gott es fügt oder der Mensch die Übung der Liebe nach seinem Vermögen ernstlich gesucht hat, so kann er um so sicherer sich gedulden und kann entbehren. Und daß alle Menschen sich nicht so bald auf den geistlichen Frieden und Besitz verlassen und ihm trauen sollen, das bestätigt Sankt Gregorius, wo er sagt, daß die Priester des Alten Bundes erst im Alter von fünfzig Jahren Hüter des Tempels wurden, daß sie aber, solange sie im Alter darunter waren, nur Träger des Tempels waren und mit Übungen beschäftigt wurden.

Aber von welchem Alter der Mensch auch sei, der seinen inneren Grund voll Ernst übt, mit schlichter, lauterer, göttlicher Gesinnung in geordneter, demütiger, anhaltender Furcht, so empfängt er unaussprechlichen, unbekannten Reichtum in göttlicher Vereinigung, wenn ihm der innere Grund zuweilen entsinkt in genießender Liebe und innerem Frieden, ruhend in Verlorenheit und Vergessenheit seines eigenen Selbst. Und für diese Art und aller äußeren Tugend Ordnung soll aller Reichtum der Vernunft, die ein Mensch besitzt, ein dienender Knecht sein. Die vertraute Gemeinschaft mit Gott soll der Vernunft unbekannt bleiben. Dazu sagte Dionysius: „Laßt alles sinnenhafte und vernünftige Tun, und erhebt euch ohne (die) Erkenntnis (durch die Vernunft) zu der Einung mit Gott, die da über alle Vernunft ist." Wer sich so in Ordnung innerlich übte, dem wird oft das innere Gezelt ohne Hilfe der Erkenntnis gezeigt, in dem die göttliche Einheit wohnt und ruht, genießend und göttlich schauend. Solchem Erlebnis ist bei keinem Menschen vor seinem fünfzigsten Lebensjahre zu trauen.

Wer nun diese zuvor und hernach geschriebene Lehre verstehen und Gott ehrlich und für sich selbst nützlich leben will,

soll sich mit innigem Ernst und demütiger Übung und in Gebeten innerlich zu Gott kehren und bitten, daß ihm die Wahr-
heiten dieser Belehrung bekannt werden[1], im liebsten Willen
Gottes nach seiner Notdurft. Dazu helfe uns die ewige Weisheit,
unser lieber Herr Jesus Christus.   AMEN.

[1] Erläuternde Umschreibung nach Corin, Sermons I, 162 zu Vetter 424, 3.

HÄUFIGER BENUTZTE HILFSMITTEL
UND ABKÜRZUNGEN

1. Handschriften und Drucke

Be 2	Cod. Germ. oct. Nr. 68, Staatsbibl. Berlin.
Be 5	Cod. Germ. 4° Nr. 166, Staatsbibl. Berlin.
Be 11	Cod. Germ. 4° Nr. 1131, Staatsbibl. Berlin.
Be 14	Cod. Germ. fol. Nr. 1257, Staatsbibl. Berlin.
Br 4	Bibliothèque Royale de Bruxelles, Nr. 14 688.
Ge 1	Universitätsbibliothek Gent, Hs. Nr. 966. (Corin: Gand, 966).
Gi 2	Gießen, Universitätsbibliothek Nr. 850.
Hi	Hildesheim, Beverinsche Bibliothek, Hs. Nr. 724 b.
E	Engelberg, Stiftsbibliothek, Hs. Nr. 124.
F 1	Freiburg, Universitätsbibliothek, Hs. Nr. 41.
S	Abschrift der ehem. Straßburger Hss. durch K. Schmidt (einzeln z. B.: A 89, A 91).
Sal	Salzburg, Öffentl. Studienbibliothek, Hs. V 3, H.
Wü 1, 2	Würzburg, Universitätsbibliothek, M.ch f. 66 und M.ch quarto 151.
LT	Leipziger Taulerdruck (1498).
AT	Augsburger Taulerdruck (1508).
BT	Basler Taulerdruck (1521).
KT (bei Corin C)	Kölner Taulerdruck (1543).

2. Ausgaben

Vetter	F. Vetter, Die Predigten Taulers aus der Engelberger und der Freiburger Handschrift sowie aus Schmidts Abschriften der ehem. Straßburger Handschriften, hrsg. von Ferd. Vetter = Dt. Texte des MA, hrsg. von der Kgl. Preuß. Akademie der Wissenschaften, Bd. XI (Berlin [Weidmann] 1910).

Corin, Wi 1   A.-L. Corin, Sermons de Tauler et autres écrits mystiques,
               édités pour la première fois, avec les variantes des éditions
               de Vetter (1910), de Leipzig (1498), d'Augsburg (1508) et de
               Cologne (1543) I. Le codex Vindobonensis 2744 (Wi 1), Bibl.
               de la Faculté de Philosophie et Lettres de l'Université de
Corin, Wi 2   Liège, fasc. 33 (Paris 1924). — II. Le codex Vindobonensis
               2739 (Wi 2) in der gleichen Reihe: fasc. 42 (Paris 1929).

Naumann   Ausgewählte Predigten Taulers, hrsg. von L. Naumann =
(Auswahl)   Kleine Texte, hrsg. von Hans Lietzmann, Nr. 127 (Bonn 1914)
               (8 Predigten [nach Vetter] Nr. 2, 3, 11, 25 [60e], 28, 32, 33,
               41).

Quint   Textbuch zur Mystik des dt. Mittelalters: Meister Eckhart,
               Johannes Tauler, Heinrich Seuse, hrsg. von Josef Quint (Halle
               a. d. S. 1952, ²1957) (5 Predigten [nach Vetter] Nr. 45, 37, 42,
               56, 77).

Bizet   Mystiques Allemands du XIVᵉ siècle Eckhart-Suso-Tauler.
               Choix de Textes, Introduction et Notes par J.-A. Bizet
               (Paris 1957) = Bibl. de Philologie Germanique XIX.

Helander   „Tauler als Prediger" (Lund 1923). Darin zwei nicht bei Vetter
               vorhandene Predigten (in der Reihenfolge der Übersetzung
               Nr. 60 und 71), im Schrifttum meist L 79, L 83.

Bihlmeyer   „Heinrich Seuse, Deutsche Schriften", hrsg. von Karl Bihlmeyer
               (Stuttgart 1910). Darin eine Predigt (in der Reihenfolge der
               Übersetzung Nr. 77), die in diese Übersetzung Taulerscher
               Predigten aufgenommen wurde.

3. Übersetzungen

Ffm.   Die Predigten Taulers, in jetzige Schriftsprache gefaßt, hrsg.
               von Senator Thomas und G. F. Kloos (Frankfurt a. M. 1826);
               2. Aufl. hrsg. von Hamberger 1864 und 1872.

Lehmann   Taulers Predigten, übertragen von W. Lehmann, 2 Bde (Jena
               1913, ²1923) (in Anschluß an Vetters Ausgabe).

Corin,   Sermons et autres écrits mystiques de J. Tauler éd. par P.
Sermons   P. Hugueny et Théry, OP, et A. L. Corin, 3 Bde (Paris 1927,
               1930, 1935) (unter Zugrundelegung der Ausgabe Vetters, der
               Wiener Hss., der Frühdrucke. Zahlreiche philologische und
               theologische Anmerkungen).

Naumann   Joh. Taulers Predigten, in Auswahl übersetzt und eingeleitet
               von L. Naumann = Der Dom, Bücher deutscher Mystik (Leip-
               zig [Insel-Verlag] 1923). Predigten [nach Vetter] Nr. 2, 5,
               6, 8, 11, 15, 23, 24, 26, 32, 33, 39, 41, 45, 64, 53, 55, 57,
               60 d (= 29), 65, 73, 81, L 79, L 83 [s. o. Helander] 60.

Kunisch,   Ein Textbuch aus der altdeutschen Mystik, Eckhart, Tauler,
Textbuch   Seuse, hrsg. von H. Kunisch: Rowohlt, Mittelalterl. Theologie
            und Philosophie, Bd. I (Hamburg 1958) (3 Predigten [nach
            Vetter] Nr. 37, 41, 61).

Oehl   Deutsche Mystiker, Bd. IV: Tauler, übers. in Auswahl von
            W. Oehl (Kösel u. Pustet o. J.) (19 Predigten [nach Vetter]
            Nr. 5, 7, 11, 16, 19, 24, 26, 33, 42, 53, 57, 60, 65—68, 72
            75, 80).

Denifle, H. S. „Das Geistliche Leben". Dt. Mystiker des 14. Jh., hrsg. und
            eingeleitet von P. Albert Sauer OSB, 1936 (enthält zwar keine
            vollständigen Predigten, aber eine Fülle von Predigtstellen
            auch aus Tauler, nach Vetters Zählung).

Elliot, W. The Sermons and Conferences of J. Tauler. First Complete
            English Translation by the Very Rev. William Elliot. Brook-
            land Station, Washington DC. Apostolic Mission House 1910
            (allein 137 Predigten!).

Strakosch, E. Signposts to Perfection. A Selection from the Sermons of
            Johann Tauler. Selected, edited and translated by Elizabeth
            Strakosch (London [Blackfriars] 1958) (16 Predigten und 4 An-
            sprachen [nach Vetter] Nr. 1, 2, 5, 6, 9, 10, 13, 14, 19, 27,
            28, 30, [600], 44, 45, 46, 65; 58, 59, 60, 71).

Anmerkung: Die Übersetzung von Elliot ist das Werk der liebevollen Beschäftigung eines auf Verinnerlichung bedachten Geistlichen mit Taulers Gedanken
und Werk. Sie gründet vor allem auf der 2. Aufl. der Frankfurter Ausgabe
(so. o.), hrsg. von Hamberger; gehört ihrer Quelle nach der vorkritischen Zeit
der Taulerforschung an. — Die Auswahlübersetzung von E. Strakosch legt den
Leipziger Taulerdruck (1498) zugrunde, dessen Leseweise ohnedies häufig in
den Anmerkungen erscheint. Es erübrigt sich daher, Stellen aus Strakoschs
Auswahlübersetzung gesondert aufzuführen. Aus den angegebenen Gründen
erscheinen beide Werke auch nicht in den dieser Übersetzung beigegebenen
Übersichten.

*4. Darstellungen und Untersuchungen, die in besonderem Maß für die
Übersetzung herangezogen wurden*

Kunisch, Diss. Kunisch, H., „Das Wort ‚Grund'" in der Sprache der deutschen
            Mystik des 14./15. Jh. (Diss. Münster 1929).

Strauch   Phil. Strauch, „Zu Taulers Predigten": PBB = Pauls und
            Braunes Beiträge zur Geschichte der deutschen Sprache und
            Literatur, Bd. 44, S. 1 ff.

Wyser   P. Wyser, OP, Der Seelengrund in Taulers Predigten: SA aus: „Lebendiges Mittelalter", Festgabe für Wolfgang Stammler (Univ.-Verl. Freiburg [Schweiz] 1958).

Corin   A.-L. Corin, Textkritische Vorschläge zur Vetterschen Ausgabe der Predigten Taulers: Neophilologus 8 (1923) S. 30 ff.

5. Nachschlagewerke (mit Ausnahme der sprachlichen)

Echter-Bibel   Die Heilige Schrift in deutscher Übersetzung, Echter-Bibel: Das AT, hrsg. von Nötscher (Würzburg [Echter-Verlag] 1954).

Regensburger NT: Regensburger Neues Testament, hrsg. von Wikenhauser, Kuß u. a. (Regensburg [Pustet] 1955 ff.).

Rösch   P. Dr. Konstantin Rösch, OFMCap, Das Neue Testament (Paderborn 1936).

Parsch   Pius Parsch, Die Heilige Schrift des Alten Bundes, hrsg. von P. Parsch, 2 Bde (Klosterneuburg 1934).

VERGLEICHENDE BEZIFFERUNG
DER EINZELNEN PREDIGTEN

Angabe der der jeweiligen Predigtübersetzung zugrunde liegenden Ausgaben
und der herangezogenen Übersetzungen

V = Vetter, L = Lehmann, C = Corin, N = Naumann

| | Numerierung | | | | |
vorlieg. Übers.	bei Vetter	bei Lehmann	bei Corin	Benutzte Ausgaben	Benutzte Übersetzungen
1	1	1	1	V	L, C
2	2	2	2	V, Wi 2, N (Ausw.)	L, C, N
4	3,4	3,4	3,4	V, Wi 2, N 2. Teil [nach Be 11]	L, C
5	5	5	5	V, Wi 2	L, C, N, Oehl
6	6	6	6	V, Wi 2	L, C, N
7	7	7	7	V	L, C, Oehl
8	8	8	8	V	L, C, N
9	9	9	9	V	L, C
10	10	10	10	V, Wi 2	L, C
11	11	11	11	V, Wi 2, N [nach LT]	L, C, N, Oehl
12	12	12	12	V, Wi 2	L, C
13	13	13	13	V, Wi 2	L, C
14	14	14	14	V, Wi 2	L, C
15a				V, Wi 2 z. T.	L, C, N
15b	15	15	15	V, Wi 2 z. T.	L, C, N
16	16	16	16	V	L, C, Oehl
17	60a	60a	17	V, Wi 1	L, C
18	60b	60b	18	V, Wi 1	L, C
19	19	19	19	V, Wi 2	L, C, Oehl
20	20	20	20	V	L, C
21	21	21	21	V	L, C
22	22	22	22	V	L, C
23	23	23	23	V, Wi 2	L, C, N
24	24	24	24	V, Wi 2	L, C, N, Oehl
25	60e	60e	25	V, Wi 1, N [nach Be 5]	L, C
26	26	26	26	V	L, C, N, Oehl
27	27	27	27	V	L, C
28	28	28	28	V, N [nach Be 14]	L, C
29	60d	60d	29	V	L, C, N
30	60c	60c	30	V	L, C
31	60f	60f	31	V, Wi 1	L, C
32	32	32	32	V, N [nach Hi]	L, C, N

	Numerierung			Benutzte Ausgaben	Benutzte Übersetzungen
vorlieg. Übers.	bei Vetter	bei Lehmann	bei Corin		
33	33	33	33	V, N [nach Hi]	L, C, N, Oehl
34	60g	60g	34	V, Wi 1	L, C
35	60h	60h	35	V	L, C Oehl
36	36	36	36	V, Wi 1	C, N
37	37	37	37	V, Wi 1, Quint	L, C
38	38	38	38	V, Wi 1	L, C, Oehl
39	62	62	39	V	L, C, Oehl
40	39	39	40	V	L, C, N
41	41	41	41	V, N [nach Be 2]	L, C, N, Oehl
42	63	63	42	V, Wi 1	L, C
43	40	40	43	V, Wi	L, C, Oehl
44	61	61	44	V	L, C
45	43	43	45	V	L, C
46	72	72	46	V, Wi 2	L, C, Kunisch,
47	42	42	47	V, Quint	Oehl
48	57	57	48	V, Wi 1	C
49	44	44	49	V	L, C
50	73	73	50	V, Wi 2	L, C, N
51	45	45	51	V, Wi 1, Quint	L, C
52	54	54	52	V	L, C, Oehl
53	64	64	53	V, Wi 2	L, C
54	46	46	54	V	C
55	49	49	55	V	L, C
56	50	50	56	V	L, C, Oehl
57	52	52	57	V	L, C
58	51	51	58	V	L, C
59	65	65	59	V, Wi 2	L, C
60	Helander 1	—	60	H, a. a. O.	L, C, N, Oehl
61	47	47	61	V	L, C
62	66	66	62	V, Wi 2	L, C
63	67	67	63	V, Wi 2	L, C
64	55	55	64	V	L, C
65	53	53	65	V	L, C, Kunisch
66	70	70	66	V, Wi 2	L, C
67	68	68	67	V, Wi 2	L, C
68	69	69	68	V, Wi 2	L, C, N
69	78	78	69	V, Wi 2	L, C, N
					Kunisch
70	56	56	70	V, Quint	L, C
	Helander			Helander	L, C
71	Helander 2	—	71	Helander	C
72	77	77	72	V, Quint,	L, C
				Wi 2 z. T.	
73	81	81	73	V	L, C, Oehl
74	74	74	74	V	L, C, Oehl
75	75	75	75	V	L, C, N, Oehl

vorlieg. Übers.	Numerierung			Benutzte Ausgaben	Benutzte Übersetzungen
	bei Vetter	bei Lehmann	bei Corin		
76	76	76	76	V	L ,C
77	Bihlmeyer	—	83	Bihlmeyer	L, C, N
78	48	48	77	V	L, C, N
79	80	80	78	V, Wi 2	L, C
80	71	71	79	V, Wi 1, Wi 2	L, C, N
81	58	58	80	V	L, C
82	59	59	81	V	L, C
83	60	60	82	V	L, C
84	79	79	Vorwort	V	L, C

SACHVERZEICHNIS

Das Verzeichnis bezieht sich nur auf solche Stellen, die für das Verständnis Taulers bedeutsam sein können. Vollständigkeit der Nachweise ist nicht erstrebt, auch da nicht, wo nicht ausdrücklich auf weitere Beispiele verwiesen wird. Eigennamen sind nicht aufgenommen.

Abendmahl: 120 f. Häufigkeit des Empfangs; 208 f. Verarbeitung der Gottesspeise; 211 Wirkung im Menschen; 212 leichtfertiger Empfang; 212 Häufigkeit, Mängel; 213 innere Umkehr; 213 f. Gründe geringer oder guter Wirkung; 216 f. Bedingungen für den Empfang; 219 rechter Empfang; 219 3 Stufen des Empfangs; 219 förderl. Wirkung; 220 Entäußerung, Angst; 226 Erhabenheit; 226 Leben für den Empfänger; 226 Vorbereitung; 227 verkannter Reichtum; 227 angemess. Vorbereitung; 228 Einigung mit Gott; 231 häufiger Empfang; 231 sicherster Weg z. Vollkommenheit; 232 umwandelnde Wirkung; 233 Vorbereitung auf ein Fest; 235 Bedeutung; 237 242 geistl. Empfang; 237 ff. Hindernisse für die Wirkung; 240 dgl. in d. Natur d. Menschen; 241 eig. Behagen, blinde Furcht; 241 f. richtiger Empfang; 244 Bedeutung für die Verstorbenen; 247 dgl. f. d. Schwäche des Menschen; 248 geringer Fortschritt; 249 Hilfe in Schwäche; 250 Gegenwirkungen, und öfters; u. a. noch: 366 führt zu wahrem Gebet; 367 falsche Scheu; 368 keine fühlbare Andacht nötig; 368 Speise der Kraft; 369 Gebet beim Empfang; 369 zur Versöhnung Gottes; 370 Früchte; 373 Gesichtspunkte; 373 Dauer der Wirkung; 448 häufiger Empfang empfohlen; 449 niemanden drängen; 497 Empfang auf geistl. Weise usf.

Abgeschiedenheit: 154 161 571 von allem Äußeren.

Abgrund (s. a. Grund): 190 väterlicher; 196 göttlicher; 313 321 336 Gottes Wohnung; 337 die Kräfte unter sich; 444 Tiefe; s. auch: Vereinigung d. Seele mit Gott, Versinken.

leute unter den heiligen Bekennern.

Ordensregel: 84 Gott suchen; 85 f. Sinn und Ziel; 370 auf besondere Fälle Rücksicht nehmen; 448 f. häufiger Empfang des Altarsakramentes, Beachtung der Vorschriften; 454 unzulängliche Durchführung der Vorschriften: ein von Gott gesandtes Kreuz; 614 Gerechtigkeit geleitet durch Befolgung der Regel.

Pharisäer: 62 ihre Art: äußerer Schein; 70 geistliche Leute voll Eigenliebe; 369 nicht über andere hochmütig urteilen; 590 viele Arten heute; 593 unter geistlichen und weltlichen Leuten.

Pharisäertum: 396 außen; 397 innen.

Pharisäische Art: 62 bei Leuten dieser Art bleibt Gott nicht; 71 in der Natur gefestigt; 72 Leute dieser Art im Leiden hilflos.

Prediger: 545 im Zuge der Heiligen.

Priester: 111 wissen nicht, was sie selber sind; 326 nicht alle vollkommen; 327 oberster Priester bei den Juden.

Priesteramt: 326 Sinn; 326 sakramentalische und geistige Ausübung.

Quecke: 586 ff. böses, tiefwurzelndes Unkraut.

Rasten: 150 Ausdeutung.

Rechtfertigung: 595 nicht ohne Mitwirkung des Menschen.

Reden: 175 mit und von Gott; 281 zu Ehren Gottes; 370 Art und Weise, mit anderen zu reden.

Reich Gottes: 201 in uns; 479 f. Gott ist das wahre Reich; 530 Bedingungen für den Eintritt in dieses Reich.

Reue: 55 Ausdeutung einer der Hallen am Schaftorteich; 456 getreu und wahr.

Richten: 111 niemanden als sich selbst; 111 durch den Heiligen Geist.

Ruhe: 574 wirkende, verkostende Ruhe.

Sammlung (aller unserer Kräfte): 180 um dem Hl. Geist Raum zum Wirken in uns zu schaffen; 297 drei Stufen der Sammlung für das Gebet.

Sanftmut: s. Heiliger Geist (Gaben).

Seele: 15 zwischen Zeit und Ewigkeit; 17 f. ihre Ohnmacht, falls sie nicht von sich ausgegangen ist; 21 Feinde der Seele; 41 zwischen Zeit und Ewigkeit; 277 durch Gottes Gnade all das, was Gott von Natur ist; 277 Teufel im Grunde der Seele; 528 Tempel Gottes; 537 Neigen in den Ursprung; 538 = mens: Wortbedeutung; 538 = Gemüt: Wortbedeutung.

Seelenfünklein: 252 das edle, gottfarbene; 407 Bezeichnung unseres tiefsten geistigen Seins, s. Anm.

Seelengrund: 28 35 ff. frei machen für Gottes Wirken; unterschiedliches Verhalten des Menschen; 308 317 378 407 433 bedeutsamer Seelengrund; 490 Erhebung in Liebe und Dankbarkeit.

Seelenkräfte: 15 335 niedere — obere; 335 Seelenkräfte des Begehrens, des Zürnens; 336 Seelenkräfte der Vernunft, des Willens, der Liebe; 495 niedere — höhere.

Sein: 148 göttliches; 185 formlos, namenlos, artlos; 621 einfaches, lauteres Sein; Sein allen Seins; 622 das Sein des Guten; 622 Mensch empfängt Sein von dem göttl. Sein.

Seine (das): 477 Mensch sucht das Seine überall; 479 ebenso u. ö.

Selbst: 519 Herr des eigenen Selbst; 614 bei sich selbst bleiben.

Selbstbeachtung: 281 Balken und Splitter.

Selbstbeherrschung: 609 626 ihr mißtrauen.

Selbstbeobachtung: 248 in Wahrnehmung eigener Gebrechen; 311 dessen, was am meisten zu Lust und Leid bewegt; 324 f. wohin